송재우의
# 사주에듀

## 송재우의 사주에듀

**초판 1쇄 발행** 2022년 10월 12일
**2쇄 발행** 2024년 4월 9일

**지은이** 송재우
**펴낸이** 장길수
**펴낸곳** 지식과감성#
**출판등록** 제2012-000081호

**교정** 정은지
**표지 디자인** 최순영
**본문 디자인** 윤혜성
**편집** 윤혜성
**검수** 김우연, 윤혜성
**마케팅** 고은빛, 정연우

**주소** 서울시 금천구 벚꽃로298 대륭포스트타워6차 1212호
**전화** 070-4651-3730~4
**팩스** 070-4325-7006
**이메일** ksbookup@naver.com
**홈페이지** www.knsbookup.com

ISBN 979-11-392-0702-6(03180)
값 40,000원

• 이 책의 판권은 지은이에게 있습니다.
• 이 책 내용의 전부 또는 일부를 재사용하려면 반드시 지은이의 서면 동의를 받아야 합니다.
• 잘못된 책은 구입하신 곳에서 바꾸어 드립니다.

지식과감성#
홈페이지 바로가기

이게 여러분들이
배워야 할 사주명리학입니다!

# 송재우의 사주에듀

송재우 지음

**6단계 수준의 180개 강의**

입문 1-30강
기초 31-58강
기초응용 59-94강
심화 95-132강
심화응용 133-160강
실전 161-180강

지식과감성

## 서문

많은 분들이 개인적 관심과 자기 계발을 위해 사주를 배우지만, 실제 상황에서 사주를 효과적으로 활용하는 데 어려움을 겪고 계십니다. 이는 사주 명리학의 내용이 많고 어렵기 때문입니다.

그래서 포에잇클래스를 시작하였습니다. 방대하고 어려운 사주 학습 내용 중 꼭 필요한 내용만 요약해서 사주 학습 효과를 극대화시켰습니다. 포에잇클래스에서 제공하는 180개의 핵심 강좌를 순서대로 따라오시면 어느새 사주를 잘 해석하고 활용하게 되실 것입니다.

포에잇클래스 교재 송재우의 사주에듀의 주요 특징은 다음과 같습니다.

1 시중에 떠도는 근거 없는 낭설을 배제하고 자평 명리학 이론에 집중합니다.
2 전반부(입문, 기초, 기초응용)는 이론 설명과 개념 학습이 중심이고, 후반부(심화, 심화응용, 실전)는 실전 해석과 이해가 중심입니다.
3 매 강의의 핵심 내용을 마지막 총정리로 제공하여, 배운 내용을 잘 정리하고 복습할 수 있습니다.
4 강의를 들으시면서 주요 내용을 필기하실 수 있도록 교재에 여유 공간을 많이 두었습니다.
5 강의 순서대로 학습하시기를 권장드립니다. 특히 사주를 처음 배우시는 분에게 강의 순서가 중요합니다.
6 기초편 35-36강, 기초응용 64-65강은 트레이닝 모드입니다. 책에 제시된 방식으로 노트에 옮겨서 연습할 수 있습니다.

송재우의 사주에듀가 사주를 배우고자 하는 분들께 올바른 이정표가 될 것입니다.

대표저자 **송재우** 올림

# 목차

## 1 입문

| | | |
|---|---|---|
| 제1강 | 사주와 인생 | 11 |
| 제2강 | 사주명리학의 역사와 원리 | 13 |
| 제3강 | 음양(陰陽) | 14 |
| 제4강 | 오행(五行) | |
| | - 목(木) 화(火) 토(土) 금(金) 수(水) - | 16 |
| 제5강 | 십천간(十天干) | 18 |
| 제6강 | 십이지지(十二地支) | 19 |
| 제7강 | 육십갑자 | 20 |
| 제8강 | 궁성론(宮星論) 1 | 21 |
| 제9강 | 궁성론(宮星論) 2 | 23 |
| 제10강 | 사주(四柱) 세우기 | 24 |
| 제11강 | 서머타임(summer time) 외국 출생자 | 27 |
| 제12강 | 대운 세우기 | 29 |
| 제13강 | 대운 세우기 실습, 대운 수 계산법 | 31 |
| 제14강 | 오행의 상생상극, 천간의 역할 | 34 |
| 제15강 | 지지의 역할 | 35 |
| 제16강 | 천간 합 | 36 |
| 제17강 | 천간 합의 성립조건 | 37 |
| 제18강 | 월령용사(月令用事) | 39 |
| 제19강 | 인원용사(人元用事), | |
| | 화토동궁(火土同宮) | 40 |
| 제20강 | 지장간의 흐름 1 | 42 |
| 제21강 | 지장간의 흐름 2 | 43 |
| 제22강 | 방합(方合) | 45 |
| 제23강 | 삼합(三合) | 46 |
| 제24강 | 반합(半合) | 48 |
| 제25강 | 육합(六合), 암합(暗合) | 49 |
| 제26강 | 통근(通根) | 51 |
| 제27강 | 토의 통근(通根)과 투간(透干) | 53 |
| 제28강 | 충(沖) 1 | 55 |
| 제29강 | 충(沖) 2 | 57 |
| 제30강 | 지장간의 역할 | 59 |

## 2 기초

| | | |
|---|---|---|
| 제31강 | 십신(十神)의 정의 | 64 |
| 제32강 | 일간(日干)별 십신(十神) | 66 |
| 제33강 | 십신의 상생(相生)과 상극(相剋) | 68 |
| 제34강 | 체(體)와 용(用) | 70 |
| 제35강 | 십신(十神) 찾기 1 | 71 |
| 제36강 | 십신(十神) 찾기 2 | 73 |
| 제37강 | 간지(干支)끼리의 상호관계 1 | 76 |
| 제38강 | 간지(干支)끼리의 상호관계 2 | 77 |
| 제39강 | 운(運)의 역할 1 | 79 |
| 제40강 | 운(運)의 역할 2 | 80 |
| 제41강 | 사령(司令) | 82 |
| 제42강 | 사주의 세력 | 84 |
| 제43강 | 오행용사(五行用事) | |
| | 왕상휴수사(旺相休囚死) | 86 |
| 제44강 | 왕쇠강약(旺衰强弱) | |
| | 약변위강(弱變爲强) | |
| | 강변위약(强變爲弱) | 87 |
| 제45강 | 득령(得令), 실령(失令), 득지(得地) | |
| | 실지(失地), 득세(得勢), 실세(失勢) | 89 |
| 제46강 | 신왕(身旺) 신약(身弱) 판단하기 | 91 |
| 제47강 | 십이운성(十二運星) 1 | 93 |
| 제48강 | 십이운성(十二運星) 2 | 95 |
| 제49강 | 신살(神殺), 십이신살(十二神殺) 1 | 98 |
| 제50강 | 십이신살(十二神殺) 2 | 101 |
| 제51강 | 신왕사주(身旺四柱)의 특성 | 103 |
| 제52강 | 신약사주(身弱四柱)의 특성 | 105 |
| 제53강 | 인신사해(寅申巳亥) 특성 | 107 |
| 제54강 | 인신사해(寅申巳亥) 대입해 보기 | 109 |
| 제55강 | 자오묘유(子午卯酉) 특성 | 110 |
| 제56강 | 자오묘유(子午卯酉) 대입해 보기 | 112 |
| 제57강 | 진술축미(辰戌丑未) 특성 | 113 |
| 제58강 | 진술축미(辰戌丑未) 대입해 보기 | 115 |

## 3 기초응용

| | | |
|---|---|---|
| 제59강 | 상생(相生) 심화 | 120 |
| 제60강 | 상극(相剋) 심화 | 122 |
| 제61강 | 왕하다는 것? 많다는 것? | 124 |
| 제62강 | 약하다는 것? | 127 |
| 제63강 | 없다는 것? | 129 |
| 제64강 | 오행의 세력 찾기 1 | 132 |
| 제65강 | 오행의 세력 찾기 2 | 134 |
| 제66강 | 기신(忌神)과 용신(用神) | 136 |
| 제67강 | 조후용신(調候用神) 1 | 138 |
| 제68강 | 조후용신(調候用神) 2 | 140 |
| 제69강 | 억부용신(抑扶用神) 1 | 142 |
| 제70강 | 억부용신(抑扶用神) 2 | 144 |
| 제71강 | 병약용신(病藥用神) 1 | 147 |
| 제72강 | 병약용신(病藥用神) 2 | 149 |
| 제73강 | 종격(從格) | 152 |
| 제74강 | 가종격(假從格) | 154 |
| 제75강 | 양기성상격(兩氣成像格) | 156 |
| 제76강 | 개두(蓋頭) | 158 |
| 제77강 | 절각(截脚) | 161 |
| 제78강 | 물상(物像) | 164 |
| 제79강 | 천간(天干) 물상(物像) 1 | 166 |
| 제80강 | 천간(天干) 물상(物像) 2 | 169 |
| 제81강 | 지지(地支) 물상(物象) 1 | 172 |
| 제82강 | 지지(地支) 물상(物象) 2 | 175 |
| 제83강 | 지지(地支) 물상(物象) 3 | 178 |
| 제84강 | 지지(地支) 물상(物象) 4 | 180 |
| 제85강 | 살(殺)을 다루는 방법(합살) | 182 |
| 제86강 | 살(殺)을 다루는 방법(화살) | 184 |
| 제87강 | 살(殺)을 다루는 방법(제살) | 186 |
| 제88강 | 공망(空亡) | 188 |
| 제89강 | 공망(空亡) 찾는 법 | 190 |
| 제90강 | 혼잡(混雜) | 192 |
| 제91강 | 설기(洩氣) | 194 |
| 제92강 | 설기(洩氣)가 되는 사주 보기 | 196 |
| 제93강 | 천을귀인(天乙貴人) | |
| | 문창귀인(文昌貴人) | |
| | 문곡귀인(文曲貴人) | 199 |
| 제94강 | 형살(刑殺) 귀문관살(鬼門關殺) | 201 |

## 4 심화

| | | |
|---|---|---|
| 제95강 | 육친(六親) - 남자 중심 | 206 |
| 제96강 | 육친(六親) - 여자 중심 | 208 |
| 제97강 | 현대적 의미의 육친 보기 1 | 210 |
| 제98강 | 현대적 의미의 육친 보기 2 | 212 |
| 제99강 | 육친의 영향력 1 | 215 |
| 제100강 | 육친의 영향력 2 | 217 |
| 제101강 | 남편과 자식 1 | 219 |
| 제102강 | 남편과 자식 2 | 221 |
| 제103강 | 비견(比肩)의 특성 | 224 |
| 제104강 | 비견(比肩)의 역할 | 226 |
| 제105강 | 겁재(劫財)의 특성 | 228 |
| 제106강 | 겁재(劫財)의 역할 | 230 |
| 제107강 | 식신(食神)의 특성 | 232 |
| 제108강 | 식신(食神)의 역할 | 234 |
| 제109강 | 상관(傷官)의 특성 | 237 |
| 제110강 | 상관(傷官)의 역할 | 239 |
| 제111강 | 편재(偏財)의 특성 | 242 |
| 제112강 | 편재(偏財)의 역할 | 244 |
| 제113강 | 정재(正財)의 특성 | 247 |
| 제114강 | 정재(正財)의 역할 | 249 |
| 제115강 | 편관(偏官)의 특성 | 252 |
| 제116강 | 편관(偏官)의 역할 | 254 |
| 제117강 | 정관(正官)의 특성 | 257 |
| 제118강 | 정관(正官)의 역할 | 259 |
| 제119강 | 편인(偏印)의 특성 | 262 |
| 제120강 | 편인(偏印)의 역할 | 264 |
| 제121강 | 정인(正印)의 특성 | 266 |
| 제122강 | 정인(正印)의 역할 | 268 |
| 제123강 | 비겁이 태왕(太旺)한 경우의 문제점 1 | 271 |
| 제124강 | 비겁이 태왕(太旺)한 경우의 문제점 2 | 273 |
| 제125강 | 식상이 태왕(太旺)한 경우의 문제점 1 | 275 |
| 제126강 | 식상이 태왕(太旺)한 경우의 문제점 2 | 277 |
| 제127강 | 재성이 태왕(太旺)한 경우의 문제점 1 | 279 |
| 제128강 | 재성이 태왕(太旺)한 경우의 문제점 2 | 281 |
| 제129강 | 관살이 태왕(太旺)한 경우의 문제점 1 | 283 |
| 제130강 | 관살이 태왕(太旺)한 경우의 문제점 2 | 285 |
| 제131강 | 인성이 태왕(太旺)한 경우의 문제점 1 | 287 |
| 제132강 | 인성이 태왕(太旺)한 경우의 문제점 2 | 289 |

## 5 심화응용

| | | |
|---|---|---|
| 제133강 | 격(格)의 정의 | 294 |
| 제134강 | 격 잡는 방법 1 | 296 |
| 제135강 | 격 잡는 방법 2 | 299 |
| 제136강 | 격의 종류와 의미 | 302 |
| 제137강 | 격이 투간된 경우와 그렇지 못한 경우 | 305 |
| 제138강 | 길신(吉神)과 흉신(凶神) 1 | 307 |
| 제139강 | 길신(吉神)과 흉신(凶神) 2, 성격(成格)과 패격(敗格) | 309 |
| 제140강 | 격국별 성패(식신격) | 311 |
| 제141강 | 격국별 성패(상관격) | 314 |
| 제142강 | 격국별 성패(편재격, 정재격) | 316 |
| 제143강 | 격국별 성패(편관격, 정관격) | 318 |
| 제144강 | 격국별 성패(편인격, 정인격, 녹겁격) | 321 |
| 제145강 | 일간(日干)의 정의 | 324 |
| 제146강 | 갑목(甲) 일간 | 326 |
| 제147강 | 을목(乙) 일간 | 328 |
| 제148강 | 병화(丙) 일간 | 330 |
| 제149강 | 정화(丁) 일간 | 332 |
| 제150강 | 무토(戊) 일간 | 334 |
| 제151강 | 기토(己) 일간 | 336 |
| 제152강 | 경금(庚) 일간 | 338 |
| 제153강 | 신금(辛) 일간 | 340 |
| 제154강 | 임수(壬) 일간 | 342 |
| 제155강 | 계수(癸) 일간 | 344 |
| 제156강 | 계절의 정의 | 346 |
| 제157강 | 계절의 의미(목왕절) | 349 |
| 제158강 | 계절의 의미(화왕절) | 351 |
| 제159강 | 계절의 의미(금왕절) | 353 |
| 제160강 | 계절의 의미(수왕절) | 355 |

## 6 실전

| | | |
|---|---|---|
| 제161강 | 좋은 사주, 나쁜 사주 1 | 360 |
| 제162강 | 좋은 사주, 나쁜 사주 2 | 362 |
| 제163강 | 좋은 사주, 나쁜 사주 찾아보기 | 365 |
| 제164강 | 건강 보기 1 | 367 |
| 제165강 | 건강 보기 2 | 370 |
| 제166강 | 원국(原局)에 없는 십신(十神)이 운(運)에서 오는 경우 | 373 |
| 제167강 | 사주에서 돈이란? | 376 |
| 제168강 | 성장환경 보기 | 378 |
| 제169강 | 인간관계 처세술 | 381 |
| 제170강 | 진로·적성 보기 1 | 384 |
| 제171강 | 진로·적성 보기 2 | 387 |
| 제172강 | 궁합(宮合)의 유래, 궁합(宮合)의 가치 | 390 |
| 제173강 | 궁합(宮合) 보는 법 | 392 |
| 제174강 | 결혼생활이 적합하지 않은 사람 | 395 |
| 제175강 | 사주로 보는 이성과의 인연 | 398 |
| 제176강 | 현장 상담 요령 | 400 |
| 제177강 | 실전 사주 풀어 보기 1 | 402 |
| 제178강 | 실전 사주 풀어 보기 2 | 403 |
| 제179강 | 실전 사주 풀어 보기 3 | 404 |
| 제180강 | 성공하는 역학인의 7가지 상담 윤리 | 405 |

이게 여러분들이 배워야 할 사주명리학입니다!

## 송재우의 사주에듀

https://www.48class.com

### 목차 미리보기

| 제1강 | 사주와 인생 |
| 제2강 | 사주명리학의 역사와 원리 |
| 제3강 | 음양(陰陽) |
| 제4강 | 오행(五行) - 목(木) 화(火) 토(土) 금(金) 수(水) |
| 제5강 | 십천간(十天干) |
| 제6강 | 십이지지(十二地支) |
| 제7강 | 육십갑자 |
| 제8강 | 궁성론(宮星論) 1 |
| 제9강 | 궁성론(宮星論) 2 |
| 제10강 | 사주(四主) 세우기 |
| 제11강 | 서머타임(summer time) 외국 출생자 |
| 제12강 | 대운 세우기 |
| 제13강 | 대운 세우기 실습, 대운 수 계산법 |
| 제14강 | 오행의 상생상극, 천간의 역할 |
| 제15강 | 지지의 역할 |
| 제16강 | 천간 합 |
| 제17강 | 천간 합의 성립조건 |
| 제18강 | 월령용사(月令用事) |
| 제19강 | 인원용사(人元用事), 화토동궁(火土同宮) |
| 제20강 | 지장간의 흐름 1 |
| 제21강 | 지장간의 흐름 2 |
| 제22강 | 방합(方合) |
| 제23강 | 삼합(三合) |
| 제24강 | 반합(半合) |
| 제25강 | 육합(六合), 암합(暗合) |
| 제26강 | 통근(通根) |
| 제27강 | 토의 통근(通根)과 투간(透干) |
| 제28강 | 충(沖) 1 |
| 제29강 | 충(沖) 2 |
| 제30강 | 지장간의 역할 |

입문 1

1~30강

**일러두기**

❶ 책의 내용은 포에잇클래스 동영상 강의 교재입니다.
포에잇클래스 동영상 강의를 들을 때 필수로 지참하셔야 합니다.

❷ 이 책은 독학용으로 사용할 수 있으나 학습 효과를 높이기 위하여 포에잇클래스 강의를 수강하는 것을 권합니다.

❸ 책 내용 일부가 동영상 강의 PPT와 다른 경우가 있습니다. 추가로 보강한 부분이 있고, 아주 약간의 강의 PPT 오탈자를 바로잡은 부분이 있으니 책을 믿고 가시면 됩니다

# 제 1 강 사주와 인생

① **사람의 인생을 결정짓는 요소**
– 선천적 요소: 운, 명, 환경
– 후천적 요소: 처신, 노력

② **운(運)**

[운(運)]
특정 시기에 겪는 기운

③ **명(命)**

[명(命)]
태어난 시점의 기운(四柱八字)

④ **환경**

[환경]
– 공간적 변수(태어난 국가, 지역)
– 시대적 변수(왕조 시대, 현대 시대)
– 부모의 변수(혈통, 부모 재력)

⑤ **당사자 개인의 처신**

[개인의 의지로 하는 선택]

⑥ **노력**

[노력]
얼마큼 노력했는가

⑦ **사주명리학 공부를 하는 이유**

– 정해진 나의 역량과 쓰임을 알기 위해서
– 내가 노력할 방향과 방법을 찾아가기 위해서
– 그런 노력이 언제쯤 결과로 나오는지를 알기 위해서

⑧ **사주명리학 공부에 필요한 태도**
[이것만 기억하기]
1. 꾸준한 반복 연습하기
2. 눈으로 본 건 반드시 입으로 말해 보기
3. 하나를 알더라도 완벽히 이해하기
4. 매사 비판적으로 사고하기
5. 철저한 현실 반영하기

**송재우의 사주에듀** 이게 여러분들이 배워야 할 사주명리학입니다!

### 마무리 총정리

❶ 운, 명, 환경, 처신, 노력 이렇게 다섯 가지가 사람의 인생에 영향을 미친다.

❷ 그중 운, 명, 환경은 타고나는 것이지만, 처신과 노력은 만들어 가는 것이다.

❸ 사주명리학을 배운다는 것은 운과 명을 배우는 것이다.

❹ 사주명리학 공부에 필요한 태도는 다섯 가지다. 반복 연습, 입으로 표현, 완벽히 이해, 비판적 사고, 현실반영

❺ 사주를 푸는 것은 그 사람의 인생을 마주하는 것이다.

# 제 2 강 사주명리학의 역사와 원리

### ① 사주명리학의 시작

[사주명리학의 모태는 "천문학"]
우주의 별 움직임에 따라 사람의 인생이 변한다.
사람은 우주 일부이기에 그렇다.
이 가설을 기본으로 명리학이 시작되었다.

### ② 사주명리학의 발달과정

사주명리학은 농사에서 유래하였고, 전쟁을 계기로 발전하였다.
이후에는 주로 정치적 수단으로 활용되었다.

### ③ 서양과 동양의 관점 차이

| 서양 | 동양 |
|---|---|
| 4원소 | 오행 |
| 地, 水, 火, 風 | 木, 火, 土, 金, 水 |
| 서양의 점성학:<br>**길흉 판단** 위주 | 동양의 명리학:<br>**삶의 방향성**까지 제시 |

### ④ 사주명리학의 종류

1. 삼명학(三命學 고법 사주)
→ 목성과 황도 12궁 중심의 해석법

2. 자평학(子平學 신법 사주)
→ 태양과 달 중심의 해석법

3. 삼명학(三命學)
→ 그 사람 **가문을 중점**으로 해석

4. 자평학(子平學)
→ 사주 명조 당사자인 "나"를 중심으로 이 세상과 우주를 정의

### ⑤ 다른 동양학과 명리학의 차이

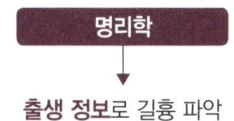

[명리 → 논리]
"논리가 아닌 건 명리가 아니다."

사주명리학은 자연계의 기운을 기호화, 규칙화하여 연역적 추리로 사람의 삶을 해석하고 예측하는 것이다.

### 마무리 총정리

❶ 사주명리학의 모태는 천문학이다.
❷ 사주명리학은 농사에서 유래하였고, 전쟁을 계기로 발전하였다. 이후에는 주로 정치적 수단으로 활용되었다.
❸ 서양은 우주를 4원소로 정의했고, 동양은 우주를 5원소로 정의했다.
❹ 삼명학이 목성과 황도 12궁 중심의 해석법이라면, 자평학은 태양과 달 중심의 해석법이다.
❺ 현재 우리가 쓰고 있는 명리학은 일간(日干) 중심의 자평학이다. 연지(年支) 중심의 삼명학은 학술적 용도로만 쓰인다.

# 제 3 강 음양(陰陽)

### ① 음양의 정의

[음양이란?]
우주에 있는 모든 사물과 현상에 적용되는 이분법이다.
(하나 속의 둘)

### ② 음양의 상대성

[음양이란?]
"혼자서는 존재할 수 없다."
"항상 상대적으로 변화한다."

### ③ 음양의 순환성과 일원성

|   |   |
|---|---|
| 음양의 순환성 | 음양의 일원성 |

### ④ 음양의 비교 사례

|  |  |
|---|---|
| 플러스(+) 개념 | 마이너스(−) 개념 |

**양(陽)의 예시:** 시작, 채우다, 발전, 남자, 본질, 빛, 하늘, 낮, 단순함

**음(陰)의 예시:** 끝, 덜어내다, 쇠퇴, 여자, 현상, 어둠, 땅, 밤, 복잡함

음양은 상대적 개념

### ⑤ 음양론의 핵심

[이것만 기억하기]
음양론 → 우주의 분열과 생성을 관찰해서 정리한 동양식 관점
　양 → 스스로 움직이려 하는 것
　음 → 스스로 움직이는 것이 아니라 누군가를 이용하고 의지하는 것

— 음과 양이 만나야 사건이 발생한다.
　• 남자(양) + 여자(음) → 연애
　• 질문(양) + 대답(음) → 문답
— 반대의 성향이지만 적대적이지 않은 이유는 음양은 원래 한 덩어리이기 때문이다.
— 음과 양이 조화를 이루어야 질서가 잡힌다.

### ⑥ 음양론의 사용범위

음양론은 사주명리학뿐만 아니라 점학, 관상학, 풍수학, 한의학 등 다른 동양 예측학과 술수학에도 폭넓게 쓰인다.

이게 여러분들이 배워야 할 사주명리학입니다!   송재우의 **사주에듀**

### 마무리 총정리

❶ 음양이란 우주에 있는 모든 사물과 현상에 적용되는 이분법이다. (하나 속의 둘)

❷ 음양은 고정적이지 않고 서로 돌아가면서 움직인다. 순환성이 있다.

❸ 음양은 정반대의 성향이지만 서로 떨어질 수가 없다. 이것이 음양의 일원성이다.

❹ 양은 스스로 움직이는 존재이다. 그러나 음은 스스로 움직이는 존재가 아니라 상대에게 의지하고 상대를 이용해야 한다.

❺ 음과 양이 만나야 사건이 생기고 조화-균형-질서를 이룬다. 서로 필요한 존재가 음과 양이다.

# 제 4 강 오행(五行)
## - 목(木) 화(火) 토(土) 금(金) 수(水) -

### ① 오행의 정의

[오행(五行)]
- 목(木), 화(火), 토(土), 금(金), 수(水)
  목(木), 화(火): 양이 분열된 것
  금(金), 수(水): 음이 분열된 것
- 목, 화, 금, 수와 달리 토는 정해진 역할이 없다. 그래서 토는 무엇이든 될 수 있다.

### ② 목의 특성

[소양(小陽)]
"음에서 양으로 변하는 과정"

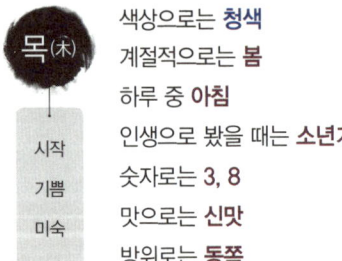

색상으로는 **청색**
계절적으로는 **봄**
하루 중 **아침**
인생으로 봤을 때는 **소년기**
숫자로는 **3, 8**
맛으로는 **신맛**
방위로는 **동쪽**

### ③ 화의 특성

[태양(太陽)]
"양 중의 양"

색상으로는 **적색**
계절적으로는 **여름**
하루 중 **대낮**
인생으로 봤을 때는 **청년기**
숫자로는 **2, 7**
맛으로는 **쓴맛**
방위로는 **남쪽**

### ④ 토의 특성

상황에 따라서는 음도 되고 양도 된다.
토(土)는 주체가 아닌 매개체

색상으로는 **황색**
계절적으로는 각 계절의 **환절기**
하루 중 특정 시간대에 있지 않고 고루 분포
인생으로 봤을 때는 **중년기**
숫자로는 **5, 10**
맛으로는 **단맛**
방위로는 **중앙**

## ⑤ 금의 특성

화, 토 → 금(金) → 수
(양) (전환)   (음)

[소음(小陰)]
"양에서 음으로 가는 과정"

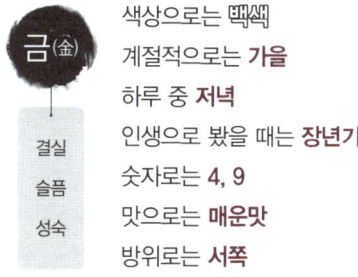

색상으로는 **백색**
계절적으로는 **가을**
하루 중 **저녁**
인생으로 봤을 때는 **장년기**
숫자로는 **4, 9**
맛으로는 **매운맛**
방위로는 **서쪽**

## ⑥ 수의 특성

[태음(太陰)]
"음 중의 음"

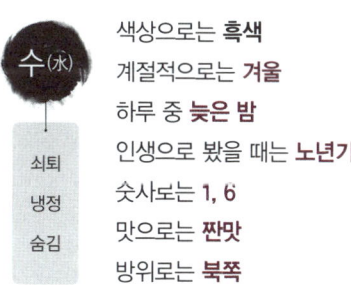

색상으로는 **흑색**
계절적으로는 **겨울**
하루 중 **늦은 밤**
인생으로 봤을 때는 **노년기**
숫자로는 **1, 6**
맛으로는 **짠맛**
방위로는 **북쪽**

## ⑦ 오행 도표

[오행 도표]

| 구분 | 목 | 화 | 토 | 금 | 수 |
|---|---|---|---|---|---|
| 색상 | 청색 | 적색 | 황색 | 백색 | 흑색 |
| 계절 | 봄 | 여름 | 환절기 | 가을 | 겨울 |
| 시간 | 아침 | 대낮 | 고루 분포 | 저녁 | 늦은 밤 |
| 인생 | 소년기 | 청년기 | 중년기 | 장년기 | 노년기 |
| 숫자 | 3, 8 | 2, 7 | 5, 10 | 4, 9 | 1, 6 |
| 맛 | 신맛 | 쓴맛 | 단맛 | 매운맛 | 짠맛 |
| 방위 | 동쪽 | 남쪽 | 중앙 | 서쪽 | 북쪽 |

### 마무리 총정리

❶ 오행은 '토'라는 매개체를 넣은 음양의 확장판이다.
❷ 양이 분열된 게 '목(소양)', '화(태양)'고 음이 분열된 게 '금(소음)', '수(태음)'다.
❸ 오행은 목, 화, 토, 금, 수가 각각 홀로 존재하는 게 아니고 기운의 흐름에 따라 움직인다. 음양처럼 순환성이 있다.
❹ 목, 화, 금, 수와 달리 토는 정해진 역할이 없다. 그래서 토는 무엇이든 될 수 있다.
❺ 양이 적당히 발달한 게 '목'이고, 양이 극도로 발달한 게 '화'다. 음이 적당히 발달한 게 '금'이고, 음이 극도로 발달한 게 '수'다.

# 제 5 강 십천간(十天干)

### ① 명리공부 순서

듣다 → 적다 → 고민하다 → 말하다 → 정립하다 → 증명하다(임상)

### ② 명리학은 철저한 실용학문

명리학은 철저한 실용학문이다.

### ③ 천간의 종류

갑(甲) 을(乙) 병(丙) 정(丁) 무(戊)
기(己) 경(庚) 신(辛) 임(壬) 계(癸)

### ④ 천간 글자 본연의 성질

"극양인 火에도 음양이 있고, 극음인 水에도 음양이 있다."

- 甲 → 양목(陽木)
- 乙 → 음목(陰木)
- 丙 → 양화(陽火)
- 丁 → 음화(陰火)
- 戊 → 양토(陽土)
- 己 → 음토(陰土)
- 庚 → 양금(陽金)
- 辛 → 음금(陰金)
- 壬 → 양수(陽水)
- 癸 → 음수(陰水)

### ⑤ 천간의 위치적인 특징

| | 시 | 일 | 월 | 년 |
|---|---|---|---|---|
| 천간(양) | 己 | 丁 | 丙 | 甲 |
| 지지(음) | | | | |

간(干)을 천간(天干)이라고 부르는 이유
→ 양을 강조하기 위해서 천간이라고 한다.
  (위치적인 의미, 글자 본연의 의미가 아님)

### ⑥ 천간이 열 개인 이유

오행이 두 개씩 배치되는 이유
→ 오행에서도 음양이 갈린다.

천간은 음양오행으로 짜여 있다.

### 마무리 총정리

❶ 명리 공부는 여섯 단계로 이루어진다.
   듣다 → 적다 → 고민하다 → 말하다 → 정립하다 → 증명하다(임상)
❷ 간(干)은 보통 천간(天干)이라고 표현한다. 이는 간이 양(陽)의 성질을 가지고 있기 때문이다. (위치적인 의미에서 양)
❸ 천간에는 열 종류가 있다.
   甲, 乙, 丙, 丁, 戊, 己, 庚, 辛, 壬, 癸
❹ 甲/乙은 목 丙/丁은 화 戊/己는 토 庚/辛은 금 壬/癸는 수의 의미가 있다.
❺ 천간에서도 음양이 갈린다. 따라서 천간은 음양과 오행의 성향을 둘 다 가진다.

# 제 6 강 십이지지(十二地支)

## ① 지지의 위치적인 특징

|  | 시 | 일 | 월 | 년 |
|---|---|---|---|---|
| 천간(양) |  |  |  |  |
| 지지(음) | 午 | 寅 | 子 | 未 |

- 지(支)는 보통 지지(地支)라고 표현한다.
- 이는 지(支)가 음(陰)의 성질을 가지고 있기 때문이다.
  (위치적인 의미, 글자 본연의 의미가 아님)

## ② 지지의 종류

[지지(地支)의 종류]

| 자(子) | 축(丑) | 인(寅) | 묘(卯) | 진(辰) | 사(巳) |
|---|---|---|---|---|---|
| 오(午) | 미(未) | 신(申) | 유(酉) | 술(戌) | 해(亥) |

지지의 토는 목, 화, 금, 수의 중간자 역할을 한다.

## ③ 지지 글자 본연의 특징

["지지는 천간과 상호작용(생, 극, 통근, 투간)을 한다."]
지지 역시 천간과 마찬가지로 음양이 교차하면서 이어진다.

- 子 → 양수(陽水)
- 丑 → 음토(陰土)
- 寅 → 양목(陽木)
- 卯 → 음목(陰木)
- 辰 → 양토(陽土)
- 巳 → 음화(陰火)
- 午 → 양화(陽火)
- 未 → 음토(陰土)
- 申 → 양금(陽金)
- 酉 → 음금(陰金)
- 戌 → 양토(陽土)
- 亥 → 음수(陰水)

## ④ 지지 子, 亥, 午, 巳만의 특성

지지 子, 亥, 午, 巳는 육십갑자와 십신에서의 음양이 달라진다.

- 子 → 육십갑자에서는 **양**, 십신으로 볼 때는 **음**
- 亥 → 육십갑자에서는 **음**, 십신으로 볼 때는 **양**
- 午 → 육십갑자에서는 **양**, 십신으로 볼 때는 **음**
- 巳 → 육십갑자에서는 **음**, 십신으로 볼 때는 **양**

### 마무리 총정리

❶ 지(支)는 보통 지지(地支)라고 표현한다. 이는 지가 음(陰)의 성질을 가지고 있기 때문이다. (위치적인 의미)

❷ 지지는 열두 종류가 있다.
자(子), 축(丑), 인(寅), 묘(卯), 진(辰), 사(巳), 오(午), 미(未), 신(申), 유(酉), 술(戌), 해(亥)

❸ 지지의 토는 목, 화, 금, 수의 중간자 역할을 한다.

❹ 지지 역시 천간과 마찬가지로 음양이 교차하면서 이어진다.

❺ 지지 子, 亥, 午, 巳는 육십갑자와 십신에서의 음양이 달라진다.

# 제 7 강 육십갑자

## ① 육십갑자의 의미

[육십갑자(六十甲子)란]
- 天干(양)과 地支(음)를 조합하여 나온 60가지 간지를 의미한다.
- 육십갑자는 천간과 지지의 순환적 조합이다.

## ② 육십갑자 표

| 甲 | 乙 | 丙 | 丁 | 戊 | 己 | 庚 | 辛 | 壬 | 癸 | 甲 | 乙 |
|---|---|---|---|---|---|---|---|---|---|---|---|
| 子 | 丑 | 寅 | 卯 | 辰 | 巳 | 午 | 未 | 申 | 酉 | 戌 | 亥 |

[육십갑자 표]

| 갑자 | 을축 | 병인 | 정묘 | 무진 | 기사 | 경오 | 신미 | 임신 | 계유 |
|---|---|---|---|---|---|---|---|---|---|
| 甲子 | 乙丑 | 丙寅 | 丁卯 | 戊辰 | 己巳 | 庚午 | 辛未 | 壬申 | 癸酉 |
| 갑술 | 을해 | 병자 | 정축 | 무인 | 기묘 | 경진 | 신사 | 임오 | 계미 |
| 甲戌 | 乙亥 | 丙子 | 丁丑 | 戊寅 | 己卯 | 庚辰 | 辛巳 | 壬午 | 癸未 |
| 갑신 | 을유 | 병술 | 정해 | 무자 | 기축 | 경인 | 신묘 | 임진 | 계사 |
| 甲申 | 乙酉 | 丙戌 | 丁亥 | 戊子 | 己丑 | 庚寅 | 辛卯 | 壬辰 | 癸巳 |
| 갑오 | 을미 | 병신 | 정유 | 무술 | 기해 | 경자 | 신축 | 임인 | 계묘 |
| 甲午 | 乙未 | 丙申 | 丁酉 | 戊戌 | 己亥 | 庚子 | 辛丑 | 壬寅 | 癸卯 |
| 갑진 | 을사 | 병오 | 정미 | 무신 | 기유 | 경술 | 신해 | 임자 | 계축 |
| 甲辰 | 乙巳 | 丙午 | 丁未 | 戊申 | 己酉 | 庚戌 | 辛亥 | 壬子 | 癸丑 |
| 갑인 | 을묘 | 병진 | 정사 | 무오 | 기미 | 경신 | 신유 | 임술 | 계해 |
| 甲寅 | 乙卯 | 丙辰 | 丁巳 | 戊午 | 己未 | 庚申 | 辛酉 | 壬戌 | 癸亥 |

## ③ 육십갑자가 60개인 이유

- 천간은 10개이고 지지는 12개인데 왜 120개가 아닌 60개의 경우의 수가 나올까?
→ 육십갑자는 양(陽)은 양끼리 음(陰)은 음끼리 결합해서 육십갑자가 나온다.

## ④ 육십갑자의 생성 원리

① 甲   甲
　 子(○)　丑(×)

② 乙   乙
　 丑(○)　寅(×)

| 천간 | 甲 | 乙 | 丙 | 丁 | 戊 | 己 | 庚 | 辛 | 壬 | 癸 |
|---|---|---|---|---|---|---|---|---|---|---|
| 음양 | 양 | 음 | 양 | 음 | 양 | 음 | 양 | 음 | 양 | 음 |
| 지지 | 子 | 丑 | 寅 | 卯 | 辰 | 巳 | 午 | 未 | 申 | 酉 | 戌 | 亥 |
| 음양 | 양 | 음 | 양 | 음 | 양 | 음 | 양 | 음 | 양 | 음 | 양 | 음 |

천간의 甲, 丙, 戊, 庚, 壬은 양이니
지지의 양인 子, 寅, 辰, 午, 申, 戌 하고만 짝이 된다.

천간의 乙, 丁, 己, 辛, 癸는 음이니
지지의 음인 丑, 卯, 巳, 未, 酉, 亥 하고만 짝이 된다.

## ⑤ 육십갑자는 표기법이다

- 사주명리학은 시간과 공간의 학문이다.
- 육십갑자는 시간의 흐름에 대한 간지의 규칙적 조합이다.

### 마무리 총정리

❶ 육십갑자는 천간과 지지의 순환적 조합이다.
❷ 육십갑자는 사주 세우기와 대운 세우기에서 많이 쓰인다.
❸ 사주명리학은 시간과 공간의 학문이다. 육십갑자는 시간의 흐름에 대한 간지의 규칙적 조합이다.
❹ 같은 간지가 돌아오려면 60년이 흘러야 한다.
❺ 육십갑자에서 천간과 지지가 양은 양끼리, 음은 음끼리 결합한다. 그래서 120개의 경우의 수 중에서 60개만 실현된다.

# 제 8 강 궁성론(宮星論) 1

### ① 사주원국 자리

[사주원국 표]

| 구분 | 시(時) | 일(日) | 월(月) | 년(年) |
|---|---|---|---|---|
| 천간(天干) | 시간 | 일간 | 월간 | 년간 |
| 지지(地支) | 시지 | 일지 | 월지 | 년지 |

년간 + 년지 = 년주
월간 + 월지 = 월주
일간 + 일지 = 일주
시간 + 시지 = 시주

년주, 월주, 일주, 시주 각각 네 개의 주…. 그래서 사주 명리학을 사주(四柱, 네 개의 기둥)라고도 부른다.
※ 사주는 명리의 별칭

### ② 궁성론은 지지를 중심으로 본다

사주원국의 자리는 천간 지지 여덟 자리지만 보통 궁성론(宮星論)은 지지를 중심으로 본다.

**사주원국(四柱原局): 타고난 사주 여덟 글자**

### ③ 년지의 원리

[년지(年支)]

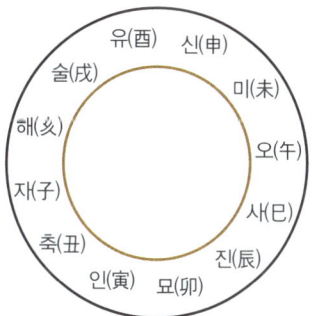

– 목성의 공전을 의미한다.

– 목성이 태양을 한 바퀴 돌 때 지구는 태양을 12바퀴를 돈다.
– 정확하게는 11.86바퀴를 돈다.

### ④ 월지의 원리

[월지(月支)]
– **지구의 공전**을 의미한다.
– 지구가 태양을 한 바퀴 도는 데 365일(정확히는 365.26일)이 걸린다.

### ⑤ 윤달이 생긴 이유

– 음력은 1년이 354일인데, 365일이 1년인 양력과는 11일 차이가 난다.
– 이 간극을 메꾸고자 생긴 것이 **윤달**이다.

### ⑥ 윤달의 주기

윤달의 주기는
→ 윤달은 19년에 7번 온다.

> 송재우의 **사주에듀** 이게 여러분들이 배워야 할 사주명리학입니다!

## ⑦ 일지의 원리

**[일지(日支)]**
- 달이 지구를 한 바퀴를 도는 데 걸리는 **달의 공전 주기**다.
- 달은 지구를 한 바퀴 도는 데 30일(정확히는 29.53일)이 걸린다.

## ⑧ 시지의 원리

**[시지(時支)]**
- **지구의 자전**을 의미한다.
- 지구는 자전하는 데 24시간이 걸린다.
- 정확히는 23시간 56분이 걸린다.

## ⑨ 각 지지별 작용 원리

① 년지(年支) → 목성의 공전(목성의 영향)
② 월지(月支) → 지구의 공전(태양의 영향)
③ 일지(日支) → 달의 공전(달의 영향)
④ 시지(時支) → 지구의 자전(지구의 영향)

### 마무리 총정리

❶ 궁성론(宮星論)은 머무르는 자리(宮)에 있는 별(星)을 뜻한다. 시간과 공간적인 의미가 있다.
❷ 궁성론(宮星論)은 지지를 중심으로 본다.
❸ 음력은 1년이 354일인데, 365일이 1년인 양력과는 11일 차이가 난다. 이 간극을 메꾸고자 생긴 것이 윤달이다.
❹ 윤달은 19년에 7번 온다.
❺ 년지(年支)는 목성의 공전(목성의 영향), 월지(月支)는 지구의 공전(태양의 영향), 일지(日支)는 달의 공전(달의 영향), 시지(時支)는 지구의 자전(지구의 영향)을 의미한다.

# 제 9 강 궁성론(宮星論) 2

### ① 년지의 해석

["내가 태어나기 전 과거"]
조상 궁을 의미
불가항력적인 부분(고정적)

### ② 월지의 해석

 명리학 ─ 사주(명)
                    └ 대운(운)

["내가 태어난 시점"]
부모궁(父母宮)을 의미
불가항력적인 부분(변동적)

### ③ 일지의 해석

["현재의 나의 모습"]
배우자 궁을 의미
(전업주부의 월지는 배우자)

### ④ 시지의 해석

["미래의 내 모습(희망 사항)"]
자녀궁(子女宮)을 의미

### ⑤ 사회적 공간과 개인적 공간

년지(年支), 월지(月支)는 사회적 공간이고 일지(日支), 시지(時支)는 개인적 공간이다.
근묘화실(根苗花實)이라고도 불린다.
뿌리를 내려서(根) 줄기가 자라고(苗) 꽃을 피우고(花) 열매를 맺다(實).

### ⑥ 근묘화실

[근묘화실(根苗花實)]

| 시(실) | 일(화) | 월(묘) | 년(근) |
|---|---|---|---|
| ○ | ○ | ○ | ○ |
| ○ | ○ | ○ | ○ |

### ⑦ 월지와 일지의 차이

- 사주에서 월지의 영향력이 일지의 영향력보다 더 크다.
- 월지의 영향력은 느리고 포괄적이지만, 일지의 영향력은 빠르고 구체적이다.

| 대상 \ 자리 | 월지 | 일지 |
|---|---|---|
| 학생 | 교장 | 담임 |
| 직장인 | 대표 | 사수 |
| 병사 | 부대장 | 분대장 |

### 마무리 총정리

❶ 궁성론에서 년지의 의미는 "내가 태어나기 전 과거"가 된다.
❷ 궁성론에서 월지의 의미는 "내가 태어난 시점"이다.
❸ 궁성론에서 일지의 의미는 "현재의 나의 모습"이다.
❹ 궁성론에서 시지의 의미는 "미래의 내 모습(희망 사항)"이다.
❺ 년지, 월지가 사회적 공간이고 일지, 시지는 개인적 공간이다.

# 제 10 강 사주(四柱) 세우기

### ① 만세력의 유래

[만세력]
만세력의 유래는 조선 시대 영조 시절의 백중력이다. 영조 시절의 백중력을 가지고 정조 때 천세력을 제작하였고,
천세력이 고종 때 만세력으로 이름이 바뀌어 지금까지 이어진다.

### ② 명리학에서 일년의 기준

명리학에서 1년의 기준
→ 입춘(立春)

### ③ 명리학에서 월의 기준

명리학에서 월의 기준
→ 절기(節氣)

### ④ 월두법

[월간을 정하는 방법]
월두법(月頭法) → 년간을 기준으로
甲, 己 년은 丙寅월부터 1년이 시작된다.
乙, 庚 년은 戊寅월부터 1년이 시작된다.
丙, 辛 년은 庚寅월부터 1년이 시작된다.
丁, 壬 년은 壬寅월부터 1년이 시작된다.
戊, 癸 년은 甲寅월부터 1년이 시작된다.

### ⑤ 각 월별 절기

[월(인월(寅月)~축월(丑月)]
- 인월(寅月, 목왕절의 시작)
    → 입춘부터 우수까지, 입춘이 시작되어야 인월이라는 뜻
- 묘월(卯月, 목왕절의 절정)
    → 경칩부터 춘분까지, 경칩이 시작되어야 묘월이라는 뜻
- 진월(辰月, 목왕절의 끝자락, 환절기)
    → 청명부터 곡우까지, 청명이 시작되어야 진월이라는 뜻
- 사월(巳月, 화왕절의 시작)
    → 입하부터 소만까지, 입하가 시작되어야 사월이라는 뜻
- 오월(午月, 화왕절의 절정)
    → 망종부터 하지까지, 망종이 시작되어야 오월이라는 뜻
- 미월(未月, 화왕절의 끝자락, 환절기)
    → 소서부터 대서까지, 소서가 시작되어야 미월이라는 뜻
- 신월(申月, 금왕절의 시작)
    → 입추부터 처서까지, 입추가 시작되어야 신월이라는 뜻
- 유월(酉月, 금왕절의 절정)
    → 백로부터 추분까지, 백로가 시작되어야 유월이라는 뜻
- 술월(戌月, 금왕절의 끝자락, 환절기)
    → 한로부터 상강까지, 한로가 시작되어야 술월이라는 뜻
- 해월(亥月, 수왕절의 시작)
    → 입동부터 소설까지, 입동이 시작되어야 해월이라는 뜻
- 자월(子月, 수왕절의 절정)
    → 대설부터 동지까지, 대설이 시작되어야 자월이라는 뜻
- 축월(丑月, 수왕절의 끝자락, 환절기)
    → 소한부터 대한까지, 소한이 시작되어야 축월이라는 뜻

이게 여러분들이 배워야 할 사주명리학입니다!   송재우의 **사주에듀**

### ⑥ 명리학에서 하루의 기준

[명리학에서 하루의 기준]
→ 자시(子時)

### ⑦ 시두법

[시간을 정하는 방법]
시두법(時頭法) → 일간을 기준으로
甲, 己 일은 甲子시부터 하루가 시작된다.
乙, 庚 일은 丙子시부터 하루가 시작된다.
丙, 辛 일은 戊子시부터 하루가 시작된다.
丁, 壬 일은 庚子시부터 하루가 시작된다.
戊, 癸 일은 壬子시부터 하루가 시작된다.

### ⑧ 사주 세우기 실습

## 2020년(윤 4월)

**1. 丁丑月(양 1.6~2.3)**

소한 6일 06시 29분

| 양력 | 1 | 2 | 3 | 4 | 5 | 6 | 7 | 8 | 9 | 10 | 11 | 12 | 13 | 14 |
|---|---|---|---|---|---|---|---|---|---|---|---|---|---|---|
| 음력 | 7 | 8 | 9 | 10 | 11 | 12 | 13 | 14 | 15 | 16 | 17 | 18 | 19 | 20 |
| 일진 | 癸卯 | 甲辰 | 乙巳 | 丙午 | 丁未 | 戊申 | 己酉 | 庚戌 | 辛亥 | 壬子 | 癸丑 | 甲寅 | 乙卯 | 丙辰 |
| 대운 남 | 8 | 9 | 9 | 9 | 소 | 1 | 1 | 1 | 1 | 9 | 9 | 8 | 8 | 7 |
| 대운 녀 | 2 | 1 | 1 | 1 | 한 | 9 | 9 | 9 | 8 | 8 | 7 | 7 |

대한 20일 23시 54분

| 15 | 16 | 17 | 18 | 19 | 20 | 21 | 22 | 23 | 24 | 25 | 26 | 27 | 28 | 29 | 30 | 31 |
|---|---|---|---|---|---|---|---|---|---|---|---|---|---|---|---|---|
| 21 | 22 | 23 | 24 | 25 | 26 | 27 | 28 | 29 | 30 | 1,1 | 2 | 3 | 4 | 5 | 6 | 7 |
| 丁巳 | 戊午 | 己未 | 庚申 | 辛酉 | 壬戌 | 癸亥 | 甲子 | 乙丑 | 丙寅 | 丁卯 | 戊辰 | 己巳 | 庚午 | 辛未 | 壬申 | 癸酉 |
| 3 | 1 | 1 | 2 | 2 | 3 | 3 | 4 | 4 | 5 | 5 | 6 | 6 | 7 | 7 | 0 | 8 |
| 7 | 6 | 6 | 5 | 5 | 4 | 4 | 3 | 3 | 2 | 2 | 1 | 1 |  |  |  |  |

**2. 戊寅月(양 2.4~3.4)**

입춘 4일 18시 02분

| 양력 | 1 | 2 | 3 | 4 | 5 | 6 | 7 | 8 | 9 | 10 | 11 | 12 | 13 | 14 |
|---|---|---|---|---|---|---|---|---|---|---|---|---|---|---|
| 음력 | 8 | 9 | 10 | 11 | 12 | 13 | 14 | 15 | 16 | 17 | 18 | 19 | 20 | 21 |
| 일진 | 甲戌 | 乙亥 | 丙子 | 丁丑 | 戊寅 | 己卯 | 庚辰 | 辛巳 | 壬午 | 癸未 | 甲申 | 乙酉 | 丙戌 | 丁亥 |
| 대운 남 | 9 | 9 | 9 | 입춘 | 10 | 9 | 9 | 9 | 8 | 8 | 8 | 7 | 7 | 7 |
| 대운 녀 | 1 | 1 | 1 | 춘 | 1 | 1 | 1 | 2 | 2 | 2 | 3 | 3 | 3 |

우수 19일 13시 56분

| 15 | 16 | 17 | 18 | 19 | 20 | 21 | 22 | 23 | 24 | 25 | 26 | 27 | 28 | 29 |
|---|---|---|---|---|---|---|---|---|---|---|---|---|---|---|
| 22 | 23 | 24 | 25 | 26 | 27 | 28 | 29 | 30 | 2,1 | 2 | 3 | 4 | 5 | 6 |
| 戊子 | 己丑 | 庚寅 | 辛卯 | 壬辰 | 癸巳 | 甲午 | 乙未 | 丙申 | 丁酉 | 戊戌 | 己亥 | 庚子 | 辛丑 | 壬寅 |
| 6 | 6 | 6 | 5 | 5 | 5 | 4 | 4 | 4 | 3 | 3 | 3 | 2 | 2 | 2 |
| 4 | 4 | 4 | 5 | 5 | 5 | 6 | 6 | 6 | 7 | 7 | 7 | 8 | 8 | 8 |

**3. 己卯月(양 3.5~4.3)**

경칩 5일 11시 56분

| 양력 | 1 | 2 | 3 | 4 | 5 | 6 | 7 | 8 | 9 | 10 | 11 | 12 | 13 | 14 |
|---|---|---|---|---|---|---|---|---|---|---|---|---|---|---|
| 음력 | 7 | 8 | 9 | 10 | 11 | 12 | 13 | 14 | 15 | 16 | 17 | 18 | 19 | 20 |
| 일진 | 癸卯 | 甲辰 | 乙巳 | 丙午 | 丁未 | 戊申 | 己酉 | 庚戌 | 辛亥 | 壬子 | 癸丑 | 甲寅 | 乙卯 | 丙辰 |
| 대운 남 | 1 | 1 | 1 | 경칩 | 10 | 9 | 9 | 9 | 8 | 8 | 8 | 7 | 7 | 7 |
| 대운 녀 | 9 | 9 | 10 | 칩 | 1 | 1 | 1 | 2 | 2 | 2 | 3 | 3 | 3 |

춘분 20일 12시 49분

| 15 | 16 | 17 | 18 | 19 | 20 | 21 | 22 | 23 | 24 | 25 | 26 | 27 | 28 | 29 | 30 | 31 |
|---|---|---|---|---|---|---|---|---|---|---|---|---|---|---|---|---|
| 21 | 22 | 23 | 24 | 25 | 26 | 27 | 28 | 29 | 3,1 | 2 | 3 | 4 | 5 | 6 | 7 | 8 |
| 丁巳 | 戊午 | 己未 | 庚申 | 辛酉 | 壬戌 | 癸亥 | 甲子 | 乙丑 | 丙寅 | 丁卯 | 戊辰 | 己巳 | 庚午 | 辛未 | 壬申 | 癸酉 |
| 3 | 4 | 4 | 4 | 5 | 5 | 5 | 6 | 6 | 6 | 7 | 7 | 7 | 8 | 8 | 8 |  |

**2020.3.7. 14:00**

| 시 | 일 | 월 | 년 |
|---|---|---|---|
| 辛 | 己 | 己 | 庚 |
| 未 | 酉 | 卯 | 子 |

**2020.1.4. 20:00**

| 시 | 일 | 월 | 년 |
|---|---|---|---|
| 戊 | 丙 | 丙 | 己 |
| 戌 | 午 | 子 | 亥 |

**2020.2.4. 04:00**

| 시 | 일 | 월 | 년 |
|---|---|---|---|
| 壬 | 丁 | 丁 | 己 |
| 寅 | 丑 | 丑 | 亥 |

※ 위의 표는 동학사의 『보기 쉬운 사주만세력』을 사용했음

※ 다른 출판사의 만세력으로도 사주를 세울 수 있음

**송재우의 사주에듀** 이게 여러분들이 배워야 할 사주명리학입니다!

**시간지조견표**

| 동경 135도<br>표준시 | 23:30<br>01:30 | 01:30<br>03:30 | 03:30<br>05:30 | 05:30<br>07:30 | 07:30<br>09:30 | 09:30<br>11:30 |
|---|---|---|---|---|---|---|
| 시(時) | 子 | 丑 | 寅 | 卯 | 辰 | 巳 |
| 甲己일 | 甲子 | 乙丑 | 丙寅 | 丁卯 | 戊辰 | 己巳 |
| 乙庚일 | 丙子 | 丁丑 | 戊寅 | 己卯 | 庚辰 | 辛巳 |
| 丙辛일 | 戊子 | 己丑 | 庚寅 | 辛卯 | 壬辰 | 癸巳 |
| 丁壬일 | 庚子 | 辛丑 | 壬寅 | 癸卯 | 甲辰 | 乙巳 |
| 戊癸일 | 壬子 | 癸丑 | 甲寅 | 乙卯 | 丙辰 | 丁巳 |

| 동경 135도<br>표준시 | 11:30<br>13:30 | 13:30<br>15:30 | 15:30<br>17:30 | 17:30<br>19:30 | 19:30<br>21:30 | 21:30<br>23:30 |
|---|---|---|---|---|---|---|
| 시(時) | 午 | 未 | 申 | 酉 | 戌 | 亥 |
| 甲己일 | 庚午 | 辛未 | 壬申 | 癸酉 | 甲戌 | 乙亥 |
| 乙庚일 | 壬午 | 癸未 | 甲申 | 乙酉 | 丙戌 | 丁亥 |
| 丙辛일 | 甲午 | 乙未 | 丙申 | 丁酉 | 戊戌 | 己亥 |
| 丁壬일 | 丙午 | 丁未 | 戊申 | 己酉 | 庚戌 | 辛亥 |
| 戊癸일 | 戊午 | 己未 | 庚申 | 辛酉 | 壬戌 | 癸亥 |

### 마무리 총정리

❶ 만세력은 원래 농사를 짓기 위해 만들어진 농사달력이다. 나중에 명리학계에서 사주원국(四柱原局)을 쉽게 뽑기 위해 활용한다.
❷ 명리학에서 1년의 기준은 입춘(立春)이다. 명리학에서 하루의 시작은 자시(子時)다.
❸ 월은 각 절기의 절입일로 결정된다. 정확하게는 분초(分秒)까지 따진다.
❹ 사주를 세울 때 월간은 년간을 기준으로 세운다. 이것을 월두법이라고 한다.
❺ 사주를 세울 때 시간은 일간을 기준으로 세운다. 이것을 시두법이라고 한다.

# 제 11 강 서머타임(summer time) 외국 출생자

### ① 한국의 자시

**[한국의 자시(子時)]**

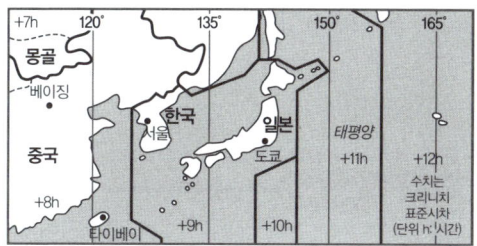

– 자연의 시간 (○)
– 인간의 시간 (×)

지리적으로 한국은 동경(東經) 127.5도에 위치한다. 그러나 역사적인 이유로 현재 한국은 동경 135도의 일시를 따른다.
이로 인해 실제 시간과 사용 시간이 약 30분 차이가 난다.

### ② 명리학 시간의 기준

**[명리학 시간의 기준]**

– 자시(子時) 23:30~01:29
– 축시(丑時) 01:30~03:29
– 인시(寅時) 03:30~05:29
– 묘시(卯時) 05:30~07:29
– 진시(辰時) 07:30~09:29
– 사시(巳時) 09:30~11:29
– 오시(午時) 11:30~13:29
– 미시(未時) 13:30~15:29
– 신시(申時) 15:30~17:29
– 유시(酉時) 17:30~19:29
– 술시(戌時) 19:30~21:29
– 해시(亥時) 21:30~23:29

### ③ 출생시가 경계시에 해당되는 경우

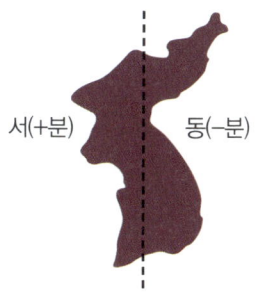

간혹 태어난 시각이 경계시에 걸릴 때가 있다.
**예시)** 11시 30분에 출생하면 오시(午時)로 봐야 할지, 사시(巳時)로 봐야 할지 혼돈이 갈 때가 있다.

일반적으로는 11시 29분이면 사시고 11시 30분이면 오시다.
그러나 이런 경우 반드시 출생 지역을 물어봐야 한다.
서울은 표준시보다 약 5분 느리고(실제 태어난 시각에서 +5분)
포항은 표준시보다 약 5분 빠르다. (실제 태어난 시각에서 -5분)
지역별로 해 뜨는 시간의 차이가 있어서 그렇다.
자세한 지역별 시차는 만세력을 참조한다.
보통 서쪽으로 갈수록 +분이 되고, 동쪽으로 갈수록 -분이 된다.
태양은 동쪽에서 먼저 뜨기 때문이다.

**[지도상 가운데 줄은 대전이다.**
**대전을 중심으로 동쪽 지역은 -분, 서쪽 지역은 +분]**

### ④ 서머타임의 정의와 기간

**[서머타임(summer time) 기간]**
– 1948년 양력 5월 31일 자정부터 같은 해 양력 9월 22일 자정까지
– 1949년 양력 3월 31일 자정부터 같은 해 양력 9월 30일 자정까지

**송재우의 사주에듀** 이게 여러분들이 배워야 할 사주명리학입니다!

- 1950년 양력 4월 1일 자정부터 같은 해 양력 9월 10일 자정까지
- 1951년 양력 5월 6일 자정부터 같은 해 9월 9일 자정까지
- 1954년 양력 3월 21일 자정부터 같은 해 5월 5일 자정까지
- 1955년 양력 4월 6일 자정부터 같은 해 9월 22일 자정까지
- 1956년 양력 5월 20일 자정부터 같은 해 9월 30일 자정까지
- 1957년 양력 5월 5일 자정부터 같은 해 9월 22일 자정까지
- 1958년 양력 5월 4일 자정부터 같은 해 9월 21일 자정까지
- 1959년 양력 5월 4일 자정부터 같은 해 9월 20일 자정까지
- 1960년 양력 5월 1일 자정부터 같은 해 9월 18일 자정까지
- 1987년 양력 5월 10일 2시부터 같은 해 10월 11일 3시까지
- 1988년 양력 5월 8일 2시부터 같은 해 10월 9일 3시까지

**⑤ 서머타임 출생자의 시간 적용법**

태어난 시각이 서머타임에 해당되면 사주를 세울 때 -1시간 한다.
**예시)** 10:00는 원래 사시(巳時)가 되나 서머타임 기간에 해당하면 진시(辰時)가 된다.
1988년 양력 6월 6일 10:00시는
→ 사시(×), 진시(○)

**⑥ 외국 출생자의 사주 시간 적용법**

[외국인 사주 보는 경우]
**출생지역의 실제 시각**을 기준으로 사주를 세워야 한다.
- 인종 (×)
- 출생지역 (○)

**마무리 총정리**

❶ 실제로 자시는 23:30~01:29이다. 원래의 기준인 23:00보다 30분 더 뒤로 봐야 한다. 한국은 일본보다 30분 늦게 태양이 뜨기 때문이다.
❷ 경계시(境界時)에 태어난 사람은 출생지까지 파악해서 시를 설정해야 한다.
❸ 서머타임 출생자는 실제 태어난 시각에서 한 시간을 빼고 사주를 세워야 한다.
❹ 한국의 서머타임은 1948년, 1949년, 1950년, 1951년, 1954년, 1955년, 1956년, 1957년, 1958년, 1959년, 1960년, 1987년, 1988년 총 13개 연도에 시행되었다.
❺ 모든 사람은 출생지역의 실제 시각을 기준으로 사주를 세워야 한다. 외국에서 태어난 사람 역시 마찬가지다.

# 제 12 강 대운 세우기

## ① 사주원국과 대운 표

명리학 ┬ 사주(평생)
     └ 대운(10년 단위 변화)

- 대운 수: 대운이 시작되는 나이
- 명리학의 모든 표기는 우 → 좌

[사주명조 예시]

(坤命) 1991년 6월 25일 寅시

| 시 | 일 | 월 | 년 |
|---|---|---|---|
| 庚 | 丙 | 甲 | 辛 |
| 寅 | 寅 | 午 | 未 |

| 74 | 64 | 54 | 44 | 34 | 24 | 14 | 4 | 대운 |
|---|---|---|---|---|---|---|---|---|
| 壬 | 辛 | 庚 | 己 | 戊 | 丁 | 丙 | 乙 | |
| 寅 | 丑 | 子 | 亥 | 戌 | 酉 | 申 | 未 | |

## ② 사주에 가장 큰 영향을 미치는 요소

사주에 가장 큰 영향을 미치는 것은 사주원국(四柱原局)과 대운(大運)이다.

> 사주원국 → 인생의 방향성
> 대운 → 인생의 시기
> 사주원국 = 사주 = 원국 = 명조

## ③ 순행과 역행

[월주가 甲子인 경우]

1. 순행대운 예시

| 庚 | 己 | 戊 | 丁 | 丙 | 乙 |
|---|---|---|---|---|---|
| 午 | 巳 | 辰 | 卯 | 寅 | 丑 |

2. 역행대운 예시

| 戊 | 己 | 庚 | 辛 | 壬 | 癸 |
|---|---|---|---|---|---|
| 午 | 未 | 申 | 酉 | 戌 | 亥 |

## ④ 순행대운, 역행대운의 기준

| 시 | 일 | 월 | 년 |
|---|---|---|---|
| ○ | ○ | 甲 | |
| ○ | ○ | 子 | ○ |

[대운 세우는 법]
① 사주 당사자의 성별 파악
② 성별과 년간을 대조해서 순행 또는 역행 결정
③ 월주를 보고 순행이면 전진, 역행이면 후진

[순행대운 기준]
- **양남음녀(陽男陰女)**는 대운을 순행
  → 양년간에 태어난 남자(양남), 음년간에 태어난 여자(음녀)

[역행대운 기준]
- **음남양녀(陰男陽女)**는 대운을 역행
  → 음년간에 태어난 남자(음남), 양년간에 태어난 여자(양녀)

## ⑤ 순행대운, 역행대운의 의미

[순행대운의 의미]
- 먼저 준비한 후 일을 추진한다.

[역행대운의 의미]
- 먼저 일을 추진하고 나중에 부족한 부분을 보완한다.

## 마무리 총정리

❶ 사주 해석에서 가장 큰 영향력을 가지는 것은 사주원국과 대운이다.

❷ 대운은 원국의 월주 연장선이기 때문에 반드시 사주원국을 알아야 대운을 세울 수 있다.

❸ 대운이 앞으로 흘러가는 것을 순행이라고 한다. 양년간의 남자와 음년간의 여자가 대운을 순행한다.

❹ 대운이 뒤로 흘러가는 것을 역행이라고 한다. 음년간의 남자와 양년간의 여자가 대운을 역행한다.

❺ 순행 대운의 사람은 먼저 준비한 후 일을 추진하고, 역행 대운의 사람은 먼저 일을 추진한 후 나중에 부족한 부분을 보완한다.

# 제 13강 대운 세우기 실습, 대운 수 계산법

## ① 대운 세우기 실습

[乾命(건명, 남자라는 의미)]

| 시 | 일 | 월 | 년 |
|---|---|---|---|
| 丙 | 庚 | 庚 | 甲 |
| 子 | 寅 | 午 | 子 |
| 시주 | 일주 | 월주 | 년주 |

丙乙甲癸壬辛
子亥戌酉申未

[乾命(건명, 남자라는 의미)]

| 시 | 일 | 월 | 년 |
|---|---|---|---|
| 戊 | 辛 | 戊 | 丁 |
| 子 | 丑 | 申 | 亥 |
| 시주 | 일주 | 월주 | 년주 |

壬癸甲乙丙丁
寅卯辰巳午未

[坤命(곤명, 여자라는 의미)]

| 시 | 일 | 월 | 년 |
|---|---|---|---|
| 丙 | 壬 | 癸 | 辛 |
| 午 | 寅 | 巳 | 酉 |
| 시주 | 일주 | 월주 | 년주 |

己戊丁丙乙甲
亥戌酉申未午

[坤命(곤명, 여자라는 의미)]

| 시 | 일 | 월 | 년 |
|---|---|---|---|
| 丁 | 辛 | 丁 | 甲 |
| 酉 | 亥 | 卯 | 子 |
| 시주 | 일주 | 월주 | 년주 |

辛壬癸甲乙丙
酉戌亥子丑寅

## ② 건명, 곤명의 의미

[남자는 건명이고 여자는 곤명인 이유]
- 남자는 자체가 양이라서 양을 상징하는 **하늘의 목숨(乾命)**이라고 하고,
- 여자는 자체가 음이라서 음을 상징하는 **땅의 목숨(坤命)**이다.

## ③ 대운 수의 의미

[坤命(곤명, 여자라는 의미)]

| 시 | 일 | 월 | 년 |
|---|---|---|---|
| 丁 | 辛 | 丁 | 甲 |
| 酉 | 亥 | 卯 | 子 |

| 54 | 44 | 34 | 24 | 14 | 4 |
|---|---|---|---|---|---|
| 辛 | 壬 | 癸 | 甲 | 乙 | 丙 |
| 酉 | 戌 | 亥 | 子 | 丑 | 寅 |

[대운 수는 4]
- 대운 수란 대운이 시작되는 나이 숫자다.

## ④ 대운 수는 대운 순서가 아니다

[坤命(곤명, 여자라는 의미)]

| 시 | 일 | 월 | 년 |
|---|---|---|---|
| 丁 | 辛 | 丁 | 甲 |
| 酉 | 亥 | 卯 | 子 |

| 54 | 44 | 34 | 24 | 14 | 4 |
|---|---|---|---|---|---|
| 辛 | 壬 | 癸 | 甲 | 乙 | 丙 |
| 酉 | 戌 | 亥 | 子 | 丑 | 寅 |

- 대운의 표기 순서는 순행이든 역행이든 우에서 좌로 나간다. 위의 사례의 경우는?
  - 1 대운 丙寅 대운, 2 대운 乙丑 대운 이렇게 흐른다.
    대운 수는 대운이 시작되는 나이지 대운의 순서가 아니다.
  - 24 甲子 대운(×)
    3 대운 甲子 대운, 24세부터 33세까지 (○)

### ⑤ 순행대운 사례

[乾命(건명, 남자라는 의미)]

| 시 | 일 | 월 | 년 |
|---|---|---|---|
| 丁 | 辛 | 丁 | 甲 |
| 酉 | 亥 | 卯 | 子 |

| 癸 | 壬 | 辛 | 庚 | 己 | 戊 |
|---|---|---|---|---|---|
| 酉 | 申 | 未 | 午 | 巳 | 辰 |

### ⑥ 순행대운 수 계산법

[순행대운 수 계산]
- 1984년(양력) 3월 18일 酉시 생 건명의 대운 수를 계산한다.
- 현재 생일인 양력 3월 18일부터 다음 달이 시작하는 절기(청명)인 4월 4일까지 17일 걸린다.
- 17 나누기 3 하면 5로 나누어지고 나머지는 2
- 나머지가 2가 나오니 나눈 몫 5에서 +1
  → 따라서 이 사주의 **대운 수는 6**
- 나머지가 없거나 1이면 나눈 몫이 대운 수이고, 나머지가 2이면 나눈 몫에 1을 더한 것이 대운 수이다.

### ⑦ 역행대운 사례

[乾命(건명, 남자라는 의미)]

| 시 | 일 | 월 | 년 |
|---|---|---|---|
| 辛 | 庚 | 甲 | 癸 |
| 巳 | 寅 | 寅 | 亥 |

| 戊 | 己 | 庚 | 辛 | 壬 | 癸 |
|---|---|---|---|---|---|
| 申 | 酉 | 戌 | 亥 | 子 | 丑 |

### ⑧ 역행대운 수 계산법

[역행대운 수 계산]
- 1983년(양력) 3월 3일 巳시 생 건명의 대운 수를 계산한다.
- 현재 생일인 양력 3월 3일부터 생일에 해당되는 월의 절기(입춘)인 2월 4일까지 27일 걸린다.
- 27 나누기 3 하면 9로 나누어지고 나머지는 없다.
- 나머지가 없으니 나눈 몫 9에서 +0
  → 따라서 이 사주의 **대운 수는 9**
- 나머지가 없거나 1이면 나눈 몫이 대운 수이고, 나머지가 2이면 나눈 몫에 1을 더한 것이 대운 수이다.

※ 간편하게 대운 수 보기

생일부터 절기까지 1~4일 날짜 차이는 대운 수 1
생일부터 절기까지 5~7일 날짜 차이는 대운 수 2
생일부터 절기까지 8~10일 날짜 차이는 대운 수 3
생일부터 절기까지 11~13일 날짜 차이는 대운 수 4
생일부터 절기까지 14~16일 날짜 차이는 대운 수 5
생일부터 절기까지 17~19일 날짜 차이는 대운 수 6
생일부터 절기까지 20~22일 날짜 차이는 대운 수 7
생일부터 절기까지 23~25일 날짜 차이는 대운 수 8
생일부터 절기까지 26~28일 날짜 차이는 대운 수 9
생일부터 절기까지 29~31일 날짜 차이는 대운 수 10
(순행, 역행 공통)

**마무리 총정리**

❶ 남자는 건명(乾命)이라고 표기하고, 여자는 곤명(坤命)이라고 표기한다. 음양을 하늘과 땅에 비유해서 나온 표현법이다.

❷ 대운은 10년 단위로 흘러가고 그 기준이 되는 나이가 있는데 그것이 대운 수이다.

❸ 대운 수를 뽑는 방법도 순행 대운, 역행 대운에 따라 다르다.

❹ 순행 대운은 생일 기준으로 앞의 절기까지 날짜를 계산하고, 역행 대운은 생일 기준으로 이전 절기까지 날짜를 계산한다.

❺ 순행대운, 역행대운 모두 절기를 기준으로 자기 생일과 절기까지의 날짜를 계산하고 그 날짜를 3으로 나눈 게 대운 수이다. 나머지가 없거나 1이면 나눈 몫이 대운 수이고, 나머지가 2이면 나눈 몫에 1을 더한 것이 대운 수이다.

# 제 14강 오행의 상생상극, 천간의 역할

## ① 오행의 상생

[오행의 상생]

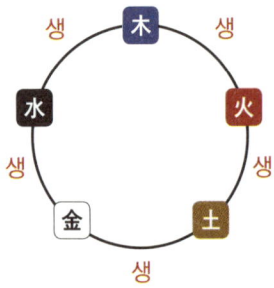

- 나무는 불을 키운다.
- 불은 흙을 만든다.
- 흙은 돌을 만든다.
- 돌은 물을 만든다.
- 물은 나무를 키운다.

## ② 오행의 상극

[오행의 상극]

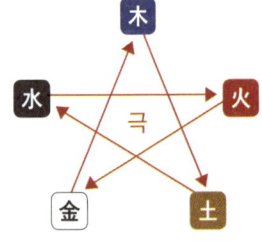

- 나무는 흙을 소모한다.
- 흙은 물을 막는다.
- 물은 불을 끈다.
- 불은 돌을 녹인다.
- 돌은 나무를 부순다.

## ③ 탐생망극

[탐생망극]

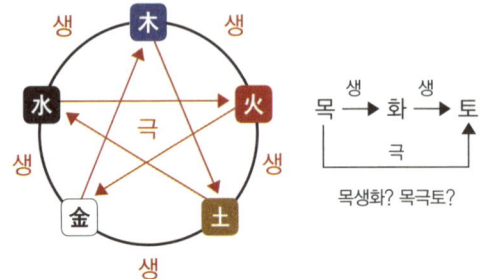

목생화? 목극토?

- 상생과 상극이 겹치면 상생이 우선이다.
- 이것을 탐생망극(貪生忘剋)이라 한다.

## ④ 천간의 역할

[천간의 정의]
- 천간은 "구체적으로 남들한테 보이는 행위"이다.
- 사회적인 영역이고 사건·사고를 뜻한다.
- 빠르고 크게 일어나지만 오래가지는 못한다. (속효성)

### 마무리 총정리

❶ 오행의 상생에는 다섯 종류가 있다. 목생화, 화생토, 토생금, 금생수, 수생목
❷ 오행의 상극에는 다섯 종류가 있다. 목극토, 토극수, 수극화, 화극금, 금극목
❸ 상생과 상극이 겹치면 상생이 우선이다. 이것을 탐생망극(貪生忘剋)이라 한다.
❹ 천간은 "구체적으로 남들한테 보이는 행위"이다. 사회적인 영역이고 사건·사고를 뜻한다.
❺ 천간은 속효성이 있다. 빠르고 크게 일어나지만 오래가지는 못한다.

# 제 15강 지지의 역할

## ① 지지의 역할

[지지의 정의]
- 지지는 "천간의 행위가 펼쳐지는 배경"이다.
- 개인적(가정적)인 영역이고 주어진 환경과 동기부여를 뜻한다.
- 느리고 작게 일어나지만 꾸준하게 이어진다.(지속성)

## ② 지지로 알 수 있는 부분

- 지지는 **계절**과 **오행**을 중심으로 본다.
- 그 사람의 **근본적인 환경**과 **건강상태**를 알 수 있다.

## ③ 월지만의 특별함

- 지지를 볼 때는 **월지** vs **년지**, **일지**, **시지** 이렇게 구분해서 보는 게 좋다.
- **통변의 시작은 월지이기 때문에 그렇다.**

|  지지별 공간적 비유  |
| :---: |
| • 년지 → 지구    • 일지 → 지역 |
| • **월지 → 나라**    • 시지 → 주소 |

## ④ 천간은 일간 중심, 지지는 월지 중심

- 천간은 **일간 중심**으로 해석한다.
- 지지는 **월지 중심**으로 해석한다.
- 나머지 천간, 지지들은 이 둘의 보조적인 해석이다.

| 시 | 일 | 월 | 년 |
|---|---|---|---|
| 戊 | 丙 | 戊 | 丁 |
| 子 | 辰 | 申 | 巳 |

### 마무리 총정리

❶ 지지는 "천간의 행위가 펼쳐지는 배경"이다. 개인적(가정적)인 영역이고 주어진 환경과 동기부여를 뜻한다.
❷ 지지는 지속성이 있어서 느리고 작게 일어나지만 꾸준하게 이어진다.
❸ 지지는 계절과 오행을 중심으로 본다. 그 사람의 근본적인 환경과 건강상태를 알 수 있다.
❹ 지지를 볼 때는 월지 vs 년지, 일지, 시지 이렇게 구분해서 보는 게 좋다. 통변의 시작은 월지이기 때문에 그렇다.
❺ 천간은 일간 중심으로 해석하고, 지지는 월지 중심으로 해석한다. 나머지 천간, 지지들은 이 둘의 보조적인 해석이다.

# 제 16 강 천간 합

## ① 합의 종류

**천간**에서 **한 가지**의 합, **지지**에서 **다섯 가지**의 합 이렇게 사주에는 **총 여섯 가지**의 합이 있다.

## ② 천간 합의 종류

[다섯 가지의 천간합(오합(五合)]
1. 갑기합(甲己合) → **갑목**과 **기토**가 만나서 합이 된다.
2. 을경합(乙庚合) → **을목**과 **경금**이 만나서 합이 된다.
3. 병신합(丙辛合) → **병화**와 **신금**이 만나서 합이 된다.
4. 정임합(丁壬合) → **정화**와 **임수**가 만나서 합이 된다.
5. 무계합(戊癸合) → **무토**와 **계수**가 만나서 합이 된다.

## ③ 천간 합의 문헌적 근거(황제내경)

[황제내경(黃帝內經)의 원문]
"귀유구가 말하기를 토는 갑과 기를 주관하고, 금은 을과 경을 주관하고, 수는 병과 신을 주관하고, 목은 정과 임을 주관하고, 화는 무와 계를 주관한다." (鬼臾區曰, 土主甲己, 金主乙庚, 水主丙辛, 木主丁壬, 火主戊癸)

## ④ 천간 합의 문헌적 근거(삼명통회)

[삼명통회(三命通會)]

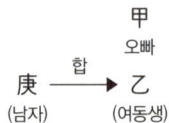

"동쪽의 갑을 목은 서쪽의 경신 금의 극을 두려워한다. 갑은 양에 배속되고 (을의) 오빠이다. 을은 음에 속하여 (갑의) 여동생이 되니, 을 여동생은 갑 오빠에게서 떠나 장차 금 가문으로 시집을 가 경의 아내가 되어 음양합 하여 무리를 이루어 갑오 목 둘 다 서로 손상당하지 않으니 이것이 을경합이다." (東方甲乙 木畏西方庚辛金克, 甲屬陽為兄, 乙屬陰為妹, 甲兄遂將乙, 妹嫁金家, 與庚為妻, 所以乙與庚合)

## ⑤ 천간 합의 예시

[사주명조 예시]

| 시 | 일 | 월 | 년 |
|---|---|---|---|
| ○ | 甲 | 庚 | 乙 |
| ○ | ○ | ○ | ○ |

- 월간 庚이 년간 乙과 합이 되어서, 월간 庚이 일간 甲을 극하지 못한다.
- 천간합은 해당되는 두 개의 천간이 만나 서로 묶여서 각자의 기능(생, 극)을 상실하는 것이다.
- 천간합이 되면 양간은 극의 기능만 상실하고 음간은 생과 극 기능 모두 상실한다.

**예시)** 乙庚합

乙은 庚과 합이 되면서 목생화, 목극토 둘 다 안 됨

庚은 乙과 합이 되면서 금극목이 안 됨

### 마무리 총정리

❶ 천간에서 한 가지의 합, 지지에서 다섯 가지의 합 이렇게 사주에는 총 여섯 가지의 합이 있다. 그중 천간에서 이루어지는 합을 천간합이라고 한다.
❷ 천간 합이 발생되면 해당 천간 둘 다 극의 기능을 상실한다. 특히 음간은 생의 기능까지 상실한다.
❸ 천간 합은 원국에서 이루어지는 경우가 있고, 합이 되는 글자가 운에서 들어와서 원국의 천간과 합이 되는 경우가 있다.
❹ 천간 합은 甲己합, 乙庚합, 丙辛합, 丁壬합, 戊癸합 이렇게 총 다섯 종류의 합이 있다.
❺ 천간끼리 합이 이루어졌다고 각각의 천간이 다른 오행으로 변하는 법은 없다.

# 제 17강 천간 합의 성립조건

## ① 천간 합의 성립조건

[천간 합의 성립조건 (1)]
- 천간 합에 해당하는 글자가 각각 한 개씩 있어야 한다.
- 甲과 己, 乙과 庚, 丙과 辛, 丁과 壬, 戊와 癸. 이렇게 각각 한 세트로 사주에 있어야 한다.

[천간 합의 성립조건 (2)]
- 월간과 시간이 일간을 건너뛰고 합하는 게 가능하다.

| 시 | 일 | 월 | 년 |
|---|---|---|---|
| 己 | 丙 | 甲 | ○ |
| ○ | ○ | ○ | ○ |

- 월간 갑목이 일간에 신경 쓰지 않고 시간 기토와 합이 된다.

[천간 합의 성립조건 (3)]
- 일간의 합은 맨 마지막이다.

| 시 | 일 | 월 | 년 |
|---|---|---|---|
| ○ | 己 | 甲 | 己 |
| ○ | ○ | ○ | ○ |

## ② 천간 합에 해당하는 글자를 가지고도 합이 안 되는 경우

[천간 합에 해당하는 글자를 가지고도 합이 안 되는 경우 (1)]
서로 떨어져 있는 경우

| 시 | 일 | 월 | 년 |
|---|---|---|---|
| 己 | ○ | ○ | 甲 |
| ○ | ○ | ○ | ○ |

[천간 합에 해당하는 글자를 가지고도 합이 안 되는 경우 (2)]
- 일간을 중심으로 쟁합이나 투합이 이루어지면 합이 성립되지 않는다.

| 시 | 일 | 월 | 년 |
|---|---|---|---|
| 己 | 甲 | 己 | ○ |
| ○ | ○ | ○ | ○ |

## ③ 쟁합과 투합

["쟁합(爭合)", "투합(妬合)"이란?]
- 쟁합(두 개의 양간이 한 개의 음간을 놓고 다투는 상황, 甲己甲)
- 투합(두 개의 음간이 한 개의 양간을 놓고 다투는 상황, 己甲己)

1. 합을 방해하는 글자(합하려는 글자를 극하는 글자)가 있으면 합이 성립되지 않는다.
   - 갑기합인 경우 경금(갑목을 극하니까)이나 을목(기토를 극하니까)이 같이 있으면 안 된다.
   - 경금, 을목 둘 중 하나만 있어도 갑기합이 성립 안 된다.
   - 운에서 와도 마찬가지다.

2. 천간 합을 하려는 글자가 극을 받고, 극하는 글자가 음양까지 같으면 천간 합이 성립되지 않는다.

예시) 庚이 甲을 극해서 합을 방해
　　　辛이 乙을 극해서 합을 방해
　　　壬이 丙을 극해서 합을 방해
　　　癸이 丁을 극해서 합을 방해
　　　甲이 戊을 극해서 합을 방해
　　　乙이 己을 극해서 합을 방해
　　　丙이 庚을 극해서 합을 방해
　　　丁이 辛을 극해서 합을 방해
　　　戊이 壬을 극해서 합을 방해
　　　己이 癸을 극해서 합을 방해

3. 오행의 상극관계
 – 수극화, 화극금, 금극목, 목극토, 토극수

[간지의 생극]
양간은 양간을 극하고, 음간은 음간을 극한다.
양간은 음간과 합을 하느라 음간은 역량이 되질 않아서 각각 극할 수 없다.
**예시)** 乙은 戊와 목극토의 관계이다.
　　　그러나 乙은 戊를 극하지 못한다.
　　　乙은 음이고 戊는 양이기 때문이다.

### 마무리 총정리

❶ 천간 합은 원칙적으로 1 대 1로만 작용한다. 그중 일간은 합의 순위에서 가장 낮다.
❷ 두 개의 양간이 한 개의 음간을 놓고 다투는 상황을 쟁합이라 하고, 두 개의 음간이 한 개의 양간을 놓고 다투는 상황을 투합이라 한다.
❸ 일간을 뛰어넘어서 시간과 월간이 합이 될 수 있다. 단 일간이 시간이나 월간을 극하지 않는다는 조건이 있어야 가능하다.
❹ 천간 합을 방해하는 천간 글자가 하나라도 있으면 천간 합이 성립되지 않는다.
❺ 서로 너무 떨어져 있으면 천간 합이 성립되지 않는다.

# 제 18 강 월령용사(月令用事)

## ① 지장간이란?

[지장간(支藏干)]
- 지장간이라는 것은 **지지**를 **천간**으로 환산하는 방법이다.
- 월지의 지장간은 계절적 흐름의 의미도 가지고 있다.

예시) 지지 寅 = 甲+丙+戊 조합

## ② 월령용사, 인원용사

지장간(支藏干)
① 월지의 지장간
  - 월령용사(月令用事) 또는 월률분야(月律分野)
② 월지 이외의 지지(년지, 일지, 시지)의 지장간
  - 인원용사(人元用事)

## ③ 월령용사 배치표

[월령용사 배치표]

|   | 子 | 丑 | 寅 | 卯 | 辰 | 巳 | 午 | 未 | 申 | 酉 | 戌 | 亥 |
|---|---|---|---|---|---|---|---|---|---|---|---|---|
| 여기 | 壬 | 癸 | 戊 | 甲 | 乙 | 戊 | 丙 | 丁 | 戊 | 庚 | 辛 | 戊 |
| 중기 |   | 辛 | 丙 |   | 癸 | 庚 | 己 | 乙 | 壬 |   | 丁 | 甲 |
| 정기 | 癸 | 己 | 甲 | 乙 | 戊 | 丙 | 丁 | 己 | 庚 | 辛 | 戊 | 壬 |
| 月 | 12 | 1 | 2 | 3 | 4 | 5 | 6 | 7 | 8 | 9 | 10 | 11 |

지장간의 정기는 지지와 음양오행이 같다.
※ 밑의 월은 양력

## ④ 월령용사 보기

[월지의 지장간(월령용사)]
- 子 → 癸(정기), 중기 없음, 壬(여기)
- 丑 → 己(정기), 辛(중기), 癸(여기)
- 寅 → 甲(정기), 丙(중기), 戊(여기)
- 卯 → 乙(정기), 중기 없음, 甲(여기)
- 辰 → 戊(정기), 癸(중기), 乙(여기)
- 巳 → 丙(정기), 庚(중기), 戊(여기)

[월지의 지장간(월령용사)]
- 午 → 丁(정기), 己(중기), 丙(여기)
- 未 → 己(정기), 乙(중기), 丁(여기)
- 申 → 庚(정기), 壬(중기), 戊(여기)
- 酉 → 辛(정기), 중기 없음, 庚(여기)
- 戌 → 戊(정기), 丁(중기), 辛(여기)
- 亥 → 壬(정기), 甲(중기), 戊(여기)

### 마무리 총정리

❶ 지장간이라는 것은 지지를 천간으로 환산하는 방법이다.
❷ 지장간에는 월령용사, 인원용사 두 종류가 있다.
❸ 월지의 지장간을 월령용사라고 한다. 다른 표현으로는 월률분야라고 표현하기도 한다.
❹ 월령용사는 월별 여기 → 중기 → 정기의 흐름으로 이어진다.
❺ 월지의 지장간은 계절적 흐름의 의미도 가지고 있다.

# 제 19 강 인원용사(人元用事), 화토동궁(火土同宮)

## ① 인원용사 배치표

[년지, 일지, 시지의 지장간(인원용사)]

|    | 子 | 丑 | 寅 | 卯 | 辰 | 巳 | 午 | 未 | 申 | 酉 | 戌 | 亥 |
|----|----|----|----|----|----|----|----|----|----|----|----|----|
| 여기 |    | 癸  | 戊  |    | 乙  | 戊  |    | 丁  | 戊  |    | 辛  |    |
| 중기 |    | 辛  | 丙  |    | 癸  | 庚  | 己  | 乙  | 壬  |    | 丁  | 甲  |
| 정기 | 癸  | 己  | 甲  | 乙  | 戊  | 丙  | 丁  | 己  | 庚  | 辛  | 戊  | 壬  |
| 月  | 12 | 1  | 2  | 3  | 4  | 5  | 6  | 7  | 8  | 9  | 10 | 11 |

※ 밑의 월은 양력

## ② 인원용사 보기

[년지, 일지, 시지의 지장간(인원용사)]
- 子 → 癸(정기), 중기 없음, **여기 없음**
- 丑 → 己(정기), 辛(중기), 癸(여기)
- 寅 → 甲(정기), 丙(중기), 戊(여기)
- 卯 → 乙(정기), 중기 없음, **여기 없음**
- 辰 → 戊(정기), 癸(중기), 乙(여기)
- 巳 → 丙(정기), 庚(중기), 戊(여기)

[년지, 일지, 시지의 지장간(인원용사)]
- 午 → 丁(정기), 己(중기) **여기 없음**
- 未 → 己(정기), 乙(중기), 丁(여기)
- 申 → 庚(정기), 壬(중기), 戊(여기)
- 酉 → 辛(정기), 중기 없음, **여기 없음**
- 戌 → 戊(정기), 丁(중기), 辛(여기)
- 亥 → 壬(정기), 甲(중기), **여기 없음**

## ③ 월령용사와 인원용사의 차이

[월령용사와 인원용사의 차이]

| 시 | 일 | 월 | 년 |
|----|----|----|----|
| 子 | 子 | 子 | 子 |
| 癸 | 癸 | 癸 | 癸 |
|   |   | 壬 |   |

| 월령용사 子 | 월지 | 癸(정기) + 壬(여기) |
|---|---|---|
| 인원용사 子 | 년지/일지/시지 | 癸(정기) |

| 월령용사 午 | 월지 | 丁(정기) + 己(중기) + 丙(여기) |
|---|---|---|
| 인원용사 午 | 년지/일지/시지 | 丁(정기) + 己(중기) |

| 월령용사 卯 | 월지 | 乙(정기) + 甲(여기) |
|---|---|---|
| 인원용사 卯 | 년지/일지/시지 | 乙(정기) |

| 월령용사 酉 | 월지 | 辛(정기) + 庚(여기) |
|---|---|---|
| 인원용사 酉 | 년지/일지/시지 | 辛(정기) |

| 월령용사 亥 | 월지 | 壬(정기) + 甲(중기) + 戊(여기) |
|---|---|---|
| 인원용사 亥 | 년지/일지/시지 | 壬(정기) + 甲(중기) |

## ④ 화토동궁

**화토동궁(火土同宮)**
- 토는 음양을 조절하고 이어 주는 역할을 한다.
- 또한, 토는 화의 연장선이라는 의미를 갖는다.
- 따라서 천간의 戊, 己는 천간의 丙, 丁과 같은 지지에서 도움을 얻는다.
- 이것을 '화토동궁'이라고 한다.

**예시)** 천간 丙, 丁에게 가장 큰 도움이 되는 지지는 巳, 午, 未
 천간 戊, 己에게 가장 큰 도움이 되는 지지도 역시 巳, 午, 未

이게 여러분들이 배워야 할 사주명리학입니다! **송재우의 사주에듀**

### 마무리 총정리

① 월지 이외의 지지 지장간을 인원용사(人元用事)라고 한다.

② 월령용사와 인원용사는 지지 子, 午, 卯, 酉, 亥에서 차이가 난다.

③ 토는 화의 연장선이라는 의미를 가진다. 이것을 화토동궁(火土同宮)이라고 한다.

④ 화토동궁설은 삼명학에서는 쓰이질 않다가 자평학으로 넘어오면서 쓰였다.

⑤ 화토동궁은 십이운성(十二運星)과 격국(格局)에서 잘 쓰이는 이론이다.

# 제20강 지장간의 흐름1

## ① 계절을 뜻하는 명리용어

[계절을 뜻하는 명리용어]
1. 목왕절 → **목**이 왕(旺)한 계절(**봄**을 의미, 寅卯辰 월)
2. 화왕절 → **화**가 왕(旺)한 계절(**여름**을 의미, 巳午未 월)
3. 금왕절 → **금**이 왕(旺)한 계절(**가을**을 의미, 申酉戌 월)
4. 수왕절 → **수**가 왕(旺)한 계절(**겨울**을 의미, 亥子丑 월)
→ 진술축미는 오행적으로는 토의 의미지만 계절적으로 볼 때는 봄, 여름, 가을, 겨울

## ② 지장간의 흐름

- 寅申巳亥 월은 각 계절의 **시작점**이고 전월들인 **辰戌丑未** 월의 정기를 이어받는다.

| 丑寅 | 未申 | 辰巳 | 戌亥 |
|---|---|---|---|
| 己甲 | 己庚 | 戊丙 | 戊壬 |
| 辛丙 | 乙壬 | 癸庚 | 丁甲 |
| 癸戊 | 丁戊 | 乙戊 | 辛戊 |

- 子午卯酉 월은 각 계절의 **절정**이고 전월들인 **寅申巳亥** 월의 정기를 이어받는다.

| 亥子 | 巳午 | 寅卯 | 申酉 |
|---|---|---|---|
| 壬癸 | 丙丁 | 甲乙 | 庚辛 |
| 甲 | 庚己 | 丙 | 壬 |
| 戊壬 | 戊丙 | 戊甲 | 戊庚 |

- 辰戌丑未 월은 각 계절의 **마무리**이고 전월들인 **子午卯酉** 월의 정기를 이어받는다.
- 금목과 수화는 정말 물과 기름과도 같아서 서로 대척점에 있는 관계이다.

| 卯辰 | 酉戌 | 子丑 | 午未 |
|---|---|---|---|
| 乙戊 | 辛戊 | 癸己 | 丁己 |
| 癸 | 丁 | 辛 | 己乙 |
| 甲乙 | 庚辛 | 壬癸 | 丙丁 |

## ③ 戊는 계승의 의미, 己는 변환의 의미

甲乙丙丁 戊 己 庚辛壬癸
성장(양)    ↓ ↓    쇠퇴(음)
         계승 변환

寅卯辰巳午   申酉戌亥子
   戊            戊

亥子丑寅卯   巳午未申酉
   己            己

- **진토**는 봄에서 여름, **술토**는 가을에서 겨울, 이렇게 양을 양으로 음을 음으로 계승하는 의미이지만 **축토**는 겨울에서 봄, **미토**는 여름에서 가을, 이렇게 **음(가을/겨울)에서 양(봄/여름)으로, 양(봄/여름)에서 음(가을/겨울)**으로 변환이 일어난다.
- 그래서 辰戌의 지장간 정기는 무토(戊)가 되고, 丑未의 지장간 정기는 기토(己)가 된다.
- 午의 지장간 중기에 기토(己)가 있는 것도 같은 원리이다.
- 무토는 **계승의 의미**를 지니고, 기토는 **변환의 의미**를 지니기 때문이다.

### 마무리 총정리

❶ 진술축미는 오행적으로는 토의 의미지만 계절적으로 볼 때는 봄, 여름, 가을, 겨울이다. 월지에 위치한 진술축미는 계절적 의미로 해석한다.
❷ 인신사해 월은 각 계절의 시작점이고 전월들인 진술축미 월의 정기를 이어받는다.
❸ 자오묘유 월은 각 계절의 절정이고 전월들인 인신사해 월의 정기를 이어받는다.
❹ 진술축미 월은 각 계절의 마무리이고 전월들인 자오묘유 월의 정기를 이어받는다.
❺ 무토는 계승의 의미를 지니고, 기토는 변화의 의미를 지니고 있다.

# 제 21 강 지장간의 흐름 2

## ① 진토 지장간에 을목, 계수가 있는 이유

| 수의 시작 | 목의 시작 | 화의 시작 | 금의 시작 |
|---|---|---|---|
| 금의 정점 | 수의 정점 | 목의 정점 | 화의 정점 |
| 화의 쇠퇴 | 금의 쇠퇴 | 수의 쇠퇴 | 목의 쇠퇴 |
| **목의 소멸** | **화의 소멸** | **금의 소멸** | **수의 소멸** |
| 申酉戌 | 亥子丑 | 寅卯辰 | 巳午未 |

| 申酉戌 | 亥子丑 | 寅卯辰 | 巳午未 |
|---|---|---|---|
| 庚辛戌 | 壬癸己 | 甲乙戌 | 丙丁己 |
| 壬 丁 | 甲 辛 | 丙 癸 | 庚 乙 |
| 戊壬辛 | 戊壬癸 | 戊甲乙 | 戊丙丁 |

**진토**는 목의 고지이면서, 동시에 수의 묘지가 된다. 목이 쇠퇴함과 동시에 앞의 계절 기운의 수를 모두 소모한다는 의미이다.

그래야 다음 계절인 **화왕절**을 시작할 수 있다.

– 고(庫) → 쇠퇴 직전 저장
– 묘(墓) → 소멸 직전 발산

## ② 미토 지장간에 정화, 을목이 있는 이유

| 목의 시작 | 화의 시작 | 금의 시작 | 수의 시작 |
|---|---|---|---|
| 수의 정점 | 목의 정점 | 화의 정점 | 금의 정점 |
| 금의 쇠퇴 | 수의 쇠퇴 | 목의 쇠퇴 | 화의 쇠퇴 |
| **화의 소멸** | **금의 소멸** | **수의 소멸** | **목의 소멸** |
| 亥子丑 | 寅卯辰 | 巳午未 | 申酉戌 |

| 亥子丑 | 寅卯辰 | 巳午未 | 申酉戌 |
|---|---|---|---|
| 壬癸己 | 甲乙戌 | 丙丁己 | 庚辛戌 |
| 甲 辛 | 丙 癸 | 庚 乙 | 壬 丁 |
| 戊壬癸 | 戊甲乙 | 戊丙丁 | 戊庚辛 |

**미토**는 화의 고지이면서, 동시에 목의 묘지가 된다. 화가 쇠퇴함과 동시에 앞의 계절 기운의 목을 모두 소모한다는 의미이다.

그래야 다음 계절인 **금왕절**을 시작할 수 있다.

## ③ 술토 지장간에 신금, 정화가 있는 이유

| 화의 시작 | 금의 시작 | 수의 시작 | 목의 시작 |
|---|---|---|---|
| 목의 정점 | 화의 정점 | 금의 정점 | 수의 정점 |
| 수의 쇠퇴 | 목의 쇠퇴 | 화의 쇠퇴 | 금의 쇠퇴 |
| **금의 소멸** | **수의 소멸** | **목의 소멸** | **화의 소멸** |
| 寅卯辰 | 巳午未 | 申酉戌 | 亥子丑 |

| 寅卯辰 | 巳午未 | 申酉戌 | 亥子丑 |
|---|---|---|---|
| 甲乙戌 | 丙丁己 | 庚辛戌 | 壬癸己 |
| 丙 癸 | 庚 乙 | 壬 丁 | 甲 辛 |
| 戊甲乙 | 戊丙丁 | 戊庚辛 | 戊壬癸 |

**술토**는 금의 고지이면서, 동시에 화의 묘지가 된다. 금이 쇠퇴함과 동시에 앞의 계절 기운의 화를 모두 소모한다는 의미이다.

그래야 다음 계절인 **수왕절**을 시작할 수 있다.

## ④ 축토 지장간에 계수, 신금이 있는 이유

| 금의 시작 | 수의 시작 | 목의 시작 | 화의 시작 |
|---|---|---|---|
| 화의 정점 | 금의 정점 | 수의 정점 | 목의 정점 |
| 목의 쇠퇴 | 화의 쇠퇴 | 금의 쇠퇴 | 수의 쇠퇴 |
| **수의 소멸** | **목의 소멸** | **화의 소멸** | **금의 소멸** |
| 巳午未 | 申酉戌 | 亥子丑 | 寅卯辰 |

| 巳午未 | 申酉戌 | 亥子丑 | 寅卯辰 |
|---|---|---|---|
| 丙丁己 | 庚辛戌 | 壬癸己 | 甲乙戌 |
| 庚 乙 | 壬 丁 | 甲 辛 | 丙 癸 |
| 戊丙丁 | 戊庚辛 | 戊壬癸 | 戊甲乙 |

**축토**는 수의 고지이면서, 동시에 금의 묘지가 된다. 수가 쇠퇴함과 동시에 앞의 계절 기운의 금을 모두 소모한다는 의미이다.

그래야 다음 계절인 목왕절을 시작할 수 있다.

지지의 **목, 화, 금, 수**는 각 계절별로 **시작, 정점, 쇠퇴, 소멸**의 역할이 있다.

**마무리 총정리**

❶ 모든 계절은 해당되는 지장간과 동일한 오행의 기운을 가지고 있다.

❷ 진토는 목의 고지이면서, 동시에 수의 묘지가 된다. 목이 쇠퇴함과 동시에 앞의 계절 기운의 수를 모두 소모한다는 의미다. 그래야 다음 계절인 화왕절을 시작할 수 있다.

❸ 미토는 화의 고지이면서, 동시에 목의 묘지가 된다. 화가 쇠퇴함과 동시에 앞의 계절 기운의 목을 모두 소모한다는 의미이다. 그래야 다음 계절인 금왕절을 시작할 수 있다.

❹ 술토는 금의 고지이면서, 동시에 화의 묘지가 된다. 금이 쇠퇴함과 동시에 앞의 계절 기운의 화를 모두 소모한다는 의미이다. 그래야 다음 계절인 수왕절을 시작할 수 있다.

❺ 축토는 수의 고지이면서, 동시에 금의 묘지가 된다. 수가 쇠퇴함과 동시에 앞의 계절 기운의 금을 모두 소모한다는 의미이다. 그래야 다음 계절인 목왕절을 시작할 수 있다.

# 제 22강 방합(方合)

## ① 방합의 정의

[방합이란?]
- 동서남북 방위를 중심으로 하는 합이다.
- 세 개의 지지가 모여서 이루어지는 합으로서, 한 글자라도 빠지면 방합이 성립되지 않는다.
- 방위(方位)란 사전적인 의미로는 지리적인 방향을 의미한다.
- 그러나 사주명리학에서의 방위는 그 사람이 가야 할 방향, 그 사람이 맞이하는 환경이라는 의미를 가진다.

※ 천간의 토와 지지의 토의 차이
- 천간의 토 → 목, 화, 금, 수와 대등하다. (천간은 오행 중심)
- 지지의 토 → 목, 화, 금, 수와 대등하지 못하다. (지지는 사행 중심)

## ② 방합의 종류

예시 1)

| 丁 | 丙 | 乙 | 甲 | 癸 | 壬 |
|---|---|---|---|---|---|
| 未 | 午 | 巳 | 辰 | 卯 | 寅 |

→ 대운이 동방, 남방으로 흐른다.

예시 2)

| 己 | 戊 | 丁 | 丙 | 乙 | 甲 |
|---|---|---|---|---|---|
| 丑 | 子 | 亥 | 戌 | 酉 | 申 |

→ 대운이 서방, 북방으로 흐른다.

[방합의 종류]
1. 인묘진(寅卯辰) → 동방(東方)
2. 사오미(巳午未) → 남방(南方)
3. 신유술(申酉戌) → 서방(西方)
4. 해자축(亥子丑) → 북방(北方)

- 방합은 사주원국에서 이루어지기도 하지만, 대운에서 영향을 받아 방합이 이루어지기도 한다.
- 방위의 개념은 사주원국에서의 방합뿐만 아니라 대운의 흐름 묘사에서도 쓰인다.

## ③ 방합은 상생을 잘한다

- 방합을 다른 말로 회(會)라고도 한다.
  → 같은 부류의 지지끼리 모여 있다는 의미이다.
- 방합은 계절적인 모임이고 본질적인 모임이라 **상극보다는 상생이 우선**이다.

예시) 亥子丑으로 방합하면 수극화보다는 수생목을 하려고 한다.

## ④ 방합의 성립조건

[사주명조 예시]

| 시 | 일 | 월 | 년 |
|---|---|---|---|
| ○ | ○ | ○ | ○ |
| 寅 | 卯 | 辰 | 巳 |

월지의 辰, 戌, 丑, 未는 계절적 의미, 오행적 의미를 같이 봐야 한다.

예시) 월지의 辰 → 계절은 목, 오행은 토(순수하게 토로만 보면 안 된다.)

### 마무리 총정리

❶ 사주명리학에서 방위는 그 사람이 가야 할 방향, 그 사람이 맞이하는 방향이라는 의미를 내포하고 있다.
❷ 방합은 계절적인 모임이고 본질적인 모임이라 상극보다는 상생이 우선이다.
❸ 방합은 네 종류가 있다. 인묘진 동방(寅卯辰 東方), 사오미 남방(巳午未 南方), 신유술 서방(申酉戌 西方), 해자축 북방(亥子丑 北方)
❹ 방합은 합을 구성하는 세 글자 중 반드시 한 글자가 월지에 있어야 한다.
❺ 방합을 다른 말로 회(會)라고도 한다. 같은 부류의 지지끼리 모여 있다는 의미이다.

# 제23강 삼합(三合)

### ① 삼합의 정의

[삼합이란?]
- 지장간 정기가 다른 세 개의 지지가 모여서 한 가지의 기운을 형성하는 결속 형태
- 삼합에 해당되는 지지는 서로 공통되는 지장간 사행(목, 화, 금, 수)을 가지고 있다.
- 방합은 계절적인 모임이고 삼합은 오행적인 모임이다. 이는 삼합의 글자들은 공통되는 지장간이 있지만, 각각 계절적인 의미가 다르기 때문이다.
- 그래서 삼합은 목적성이 있다. 서로 다른 계절적 의미의 지지가 같은 목적을 위해 만났기 때문이다.

예시) - 인묘진 방합 → 같은 계절
      - 해묘미 삼합 → 같은 계절이 아님

같은 목의 세력이라도 이런 차이가 있다!

### ② 삼합의 종류

[삼합의 종류]
1. 해묘미(亥卯未) → 목국(木局)
2. 인오술(寅午戌) → 화국(火局)
3. 사유축(巳酉丑) → 금국(金局)
4. 신자진(申子辰) → 수국(水局)

### ③ 합화

[합화(合化)란]
합화는 두 개 이상의 간지가 만나 변화하는 것을 의미한다.
삼합은 합화 작용이 발생한다. 생지와 묘지가 왕지를 중심으로 왕지에 힘을 실어 주는 현상이다.
일반적인 생극 논리에 벗어난다.

참고) 寅申巳亥는 생지(生地)
      子午卯酉는 왕지(旺地)
      辰戌丑未는 묘지(墓地)

예시) 亥卯未는 본질이 수+목+토
      그러나 삼합이 되면 목+목+목의 역할을 한다.

인간사에 비유하면 이렇다.
농사꾼+군인+승려, 이렇게 세 사람이 있다고 가정해 보자.
(원래 본질적으로 다르고 각자 역할이 있음)
그러나 전쟁이 나면 나라를 지켜야 하므로 군인+군인+군인 조합이 가능하다.
원래 본질은 다르지만 뚜렷한 목적성에 의해서 각자의 본질과 상관없이 동일 임무를 수행한다. 이것이 삼합의 성격이다.

### ④ 삼합의 성립조건

[사주명조 예시]

| 시 | 일 | 월 | 년 |
|---|---|---|---|
| ○ | ○ | ○ | ○ |
| 寅 | 午 | 酉 | 戌 |

- 삼합은 계절적인 모임이 아니기 때문에 방합과는 달리 반드시 월지에 있지 않아도 된다.
- 오행의 세력은 방합이 더 크고 지지의 결속력은 삼합이 더 크다.

### ⑤ 삼합은 상극을 잘한다

- 삼합을 다른 말로 국(局)이라고도 한다.
  → 원래 국(局)은 삼합만 지칭하는 용어가 아니다. 그러나 좁은 의미에서는 삼합을 지칭한다.
- 삼합은 오행적인 모임이고 목적성이 있는 모임이라 상생보다는 상극이 우선이다.

예시) 申子辰으로 삼합하면 수생목보다는 수극화를 하려고 한다.

### 마무리 총정리

❶ 삼합은 오행적인 모임이라 상생보다는 상극이 우선이다.
❷ 삼합은 방합과는 달리 반드시 월지에 있지 않아도 된다.
❸ 방합이든 삼합이든 해당 조건의 지지 글자는 지장간에 해당 조건의 오행이 들어 있다.
❹ 합화(合化)는 두 개 이상의 간지가 만나 변화한다는 것을 의미한다. 삼합은 합화 작용이 발생한다.
❺ 삼합은 특정 오행의 힘이 강해졌다는 의미이지, 삼합이 되었다고 사주가 무조건 좋은 방향으로 작용하는 것이 아니다.

# 제 24강 반합(半合)

### ① 반합의 정의

[반합(半合)이란?]
부분적인 삼합(三合)을 뜻한다.

### ② 삼합과 반합의 차이

- 삼합(三合): 생지 + 왕지 + 묘지
- 반합(半合): 생지 + 왕지, 왕지 + 묘지, 생지 + 묘지

→ 삼합 글자 중 두 글자만 있어도 반합이 성립된다.

### ③ 반합의 종류

1. 해묘(亥卯) 또는 묘미(卯未) 또는 해미(亥未)
 → 반합 **목국**(반합도 삼합처럼 목국이라고 함)
2. 인오(寅午) 또는 오술(午戌) 또는 인술(寅戌)
 → 반합 **화국**(반합도 삼합처럼 화국이라고 함)
3. 사유(巳酉) 또는 유축(酉丑) 또는 사축(巳丑)
 → 반합 **금국**(반합도 삼합처럼 금국이라고 함)
4. 신자(申子) 또는 자진(子辰) 또는 신진(申辰)
 → 반합 **수국**(반합도 삼합처럼 수국이라고 함)
 → 해당 국의 왕지가 빠진 반합은 합화가 일어나지 않는다.

### ④ 반합의 성립조건

[반합의 성립조건 (1)]

| 시 | 일 | 월 | 년 |
|---|---|---|---|
| ○ | ○ | ○ | ○ |
| ○ | 亥 | ○ | 卯 |

반합은 삼합과는 달리 합하려고 하는 힘이 약해서 떨어져 있으면 성립되지 않는다.

[반합의 성립조건 (2)]

| 시 | 일 | 월 | 년 |
|---|---|---|---|
| ○ | ○ | 乙 | ○ |
| ○ | 亥 | ○ | 卯 |

서로 떨어져 있어도 국에 해당하는 오행이 천간에 있으면 합하려고 하는 힘이 강해져 반합이 된다. 음간만이 떨어져 있는 반합 결속이 가능하다.

### ⑤ 각 반합별 힘의 크기

- 삼합과 반합 모두 子午卯酉 왕지가 구심점이 된다.
- 그래서 같은 반합이라도 그 힘(사주에서 작용하는 영향력, 세력이라고도 함)의 크기가 다르다.
- 생지+왕지 반합이 반합 중 가장 강하고, 왕지+묘지 반합이 그다음이고, 생지+묘지 반합이 반합 중 가장 약하다.
- 반합 중 생지+왕지 반합은 삼합과 그 위력이 비슷할 정도로 강하다.

### 마무리 총정리

❶ 반합(半合)은 "부분적인 삼합"이다.
❷ 삼합 글자 중 두 글자만 있어도 반합이 성립된다. 조합 중 생지+왕지 조합의 반합이 가장 힘이 세다.
❸ 반합은 삼합과는 달리 합하는 힘이 약해서 떨어져 있으면 성립이 되질 않는다.
❹ 해당 국의 왕지가 빠진 반합은 합화가 일어나지 않는다.
❺ 서로 떨어져 있어도 국에 해당하는 오행이 천간에 있으면 합하는 힘이 강해져 반합이 된다.

# 제25강 육합(六合), 암합(暗合)

### ① 육합의 종류

- 자축(子丑) 합
- 인해(寅亥) 합
- 묘술(卯戌) 합
- 진유(辰酉) 합
- 사신(巳申) 합
- 오미(午未) 합

열두 지지가 여섯 쌍을 이루고 있어서 **육합**이라고 한다.

### ② 육합 중에 가장 약한 육합(선합후파)

[선합후파(先合後破)]
- 시작은 합이지만 나중에는 파가 이루어진다.
(육합은 육합인데 다른 육합에 비해서 비교적 결속력이 떨어진다는 의미)

1. 인해(寅亥) 합
→ 인해는 합도 되지만 동시에 파(破)도 된다. 선합후파

2. 사신(巳申) 합
→ 사신은 합도 되지만 동시에 파(破)도 된다. 선합후파

[지지 파]
子酉 파, 卯午 파
辰丑 파, 戌未 파
寅亥 파, 巳申 파

※ 파는 신살이며 파살이라고도 불린다.
※ 작용력은 약하지만 합을 약화시키는 특성이 있다.

### ③ 육합의 의미

- 육합과 천간합은 만나다, 결속하다, 화합하다, 라는 의미가 있다.

- 그래서 합은 문제가 발생할 시 문제 해결보다는 관계 유지가 우선이다. 좋은 게 좋다는 식이다.
- 사주에 합이 많으면 많을수록 사람이 우유부단하다.
- 육합은 같이 붙어 있어야 합이 성립된다. 합한다고 서로 오행이 변하지는 않는다.

### ④ 암합의 정의, 암합의 성립조건

[암합(暗合)이란?]
- 암합(暗合)은 은밀하게 이루어지는 합이다.
- 그 이외의 합들은 명합(明合)이라고 한다.

암합(暗合)의 성립조건
- 천간과 지지가 같은 기둥에 있을 때 해당한다.

### ⑤ 암합의 종류

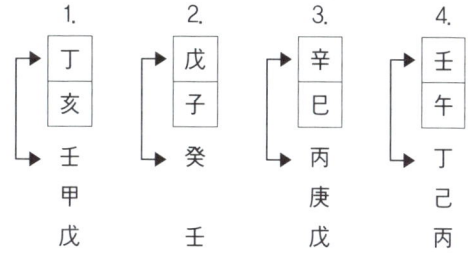

암합은 같은 주(柱)에서만 해당된다.
→ 년주끼리, 월주끼리, 일주끼리, 시주끼리

1. 정해(丁亥)암합
지지 해의 지장간 정기인 **임(壬)이 천간의 정(丁)과 정임합(丁壬合)**을 이룬다.

2. 무자(戊子)암합
지지 자의 지장간 정기인 **계(癸)가 천간의 무(戊)와 무계합(戊癸合)**을 이룬다.

### 3. 신사(辛巳)암합
지지 사의 지장간 정기인 **병(丙)이 천간의 신(辛)과 병신합(丙辛合)**을 이룬다.

### 4. 임오(壬午)암합
지지 오의 지장간 정기인 **정(丁)이 천간의 임(壬)과 정임합(丁壬合)**을 이룬다.

## ⑥ 천간 합과 암합의 해석 차이

- 천간합은 보여지는 애정 관계, 공개적인 모임
- 암합은 은밀하게 이루어지는 애정 관계, 비공개적인 모임

### 마무리 총정리

❶ 육합의 종류는 여섯 종류가 있다. 자축(子丑) 합, 인해(寅亥) 합, 묘술(卯戌) 합, 진유(辰酉) 합, 사신(巳申) 합, 오미(午未) 합
❷ 합은 문제가 발생할 시 문제 해결보다는 관계 유지가 우선이다. 좋은 게 좋다는 식이다.
❸ 육합은 같이 붙어 있어야 합이 성립된다. 합한다고 서로 오행이 변하지는 않는다.
❹ 암합(暗合)은 은밀하게 이루어지는 합이다. 암합은 천간과 지지가 같은 기둥에 있을 때 해당한다.
❺ 천간합은 보여지는 애정 관계 또는 공개적인 모임을 의미하고, 암합은 은밀하게 이루어지는 애정 관계 또는 비공개적인 모임을 의미한다.

# 제 26강 통근(通根)

## ① 통근의 정의, 통근의 성립조건

| 시 | 일 | 월 | 년 |
|---|---|---|---|
|  | 甲 |  |  |
|  | 寅 | 卯 |  |
|  | 甲 | 乙 |  |
|  | 丙 |  |  |
|  | 戊 | 甲 |  |

- 통근은 해당 글자만 있으면 어느 자리에 있든 성립한다.
- 통근은 복수로도 이루어질 수 있다.

[통근이란?]
- 천간 기준에서 볼 때 지장간에서 같은 종류의 오행을 보는 것이다.
- 음양이 달라도 천간 오행과 지장간 오행이 같으면 성립이 된다.

## ② 천간별 통근에 해당되는 지지

| 亥 | 寅 | 卯 | 辰 | 未 |
|---|---|---|---|---|
| 壬 | 甲 | 乙 | 戊 | 己 |
| 甲 | 丙 |  | 癸 | 乙 |
| 戊 | 戊 | 甲 | 乙 | 丁 |

| 寅 | 巳 | 午 | 未 | 戌 |
|---|---|---|---|---|
| 甲 | 丙 | 丁 | 己 | 戊 |
| 丙 | 庚 | 己 | 乙 | 丁 |
| 戊 | 戊 | 丙 | 丁 | 辛 |

천간 甲, 乙은
지지 亥, 寅, 卯, 辰, 未에 통근

천간 丙, 丁은
지지 寅, 巳, 午, 未, 戌에 통근

| 巳 | 申 | 酉 | 戌 | 丑 |
|---|---|---|---|---|
| 丙 | 庚 | 辛 | 戊 | 己 |
| 庚 | 壬 |  | 丁 | 辛 |
| 戊 | 戊 | 庚 | 辛 | 癸 |

| 申 | 亥 | 子 | 丑 | 辰 |
|---|---|---|---|---|
| 庚 | 壬 | 癸 | 己 | 戊 |
| 壬 | 甲 |  | 辛 | 癸 |
| 戊 | 戊 | 壬 | 癸 | 乙 |

천간 庚, 辛은
지지 巳, 申, 酉, 戌, 丑에 통근

천간 壬, 癸는
지지 申, 亥, 子, 丑, 辰에 통근

## ③ 통근되는 글자를 쉽게 찾으려면

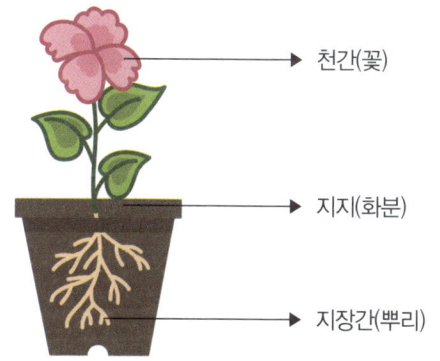

통근 못 한 천간은 뿌리가 잘린 꽃과 같다.
통근은 바로 해당 천간의 방합과 삼합 글자

### 마무리 총정리

❶ 통근은 천간 기준에서 볼 때 지장간에서 같은 종류의 오행을 보는 것이다.

❷ 음양이 달라도 천간 오행과 지장간 오행이 같으면 성립이 된다.

❸ 통근은 바로 해당 천간의 방합과 삼합 글자가 된다.

❹ 천간 甲, 乙은 지지 亥, 寅, 卯, 辰, 未에 통근하고, 천간 丙, 丁은 지지 寅, 巳, 午, 未, 戌에 통근한다.

❺ 천간 庚, 辛은 지지 巳, 申, 酉, 戌, 丑에 통근하고, 천간 壬, 癸는 지지 申, 亥, 子, 丑, 辰에 통근한다.

# 제 27 강  토의 통근(通根)과 투간(透干)

### ① 戊, 己의 통근

寅, 申, 亥의 여기 戊는 전 달(전 계절)의 기운이다. 따라서 寅, 申, 亥의 戊는 천간 戊, 己의 근이 될 수 없다.

巳의 여기 戊도 전달 기운이다.

그러나 천간의 토는 지지의 화에서 세력을 얻기 때문에 巳의 戊는 천간 戊, 己의 근이 될 수 있다.

> 천간 戊, 己은
> 지지 巳, 午, 未, 辰, 戌, 丑 통근

### ② 지지 토에 대한 특성

| 辰 | 戌 | 丑 | 未 |
|---|---|---|---|
| 戊 | 戊 | 己 | 己 |
| 癸 | 丁 | 辛 | 乙 |
| 乙 | 辛 | 癸 | 丁 |

- 극 → 공격받다.
- 설 → 소모하다.

**[궁통보감]**

辰戌丑未 四土之神 惟未土爲極旺 何也 辰土帶木氣剋之 戌丑之土 帶金氣洩之 此三土雖旺 而不旺 故土臨此三位 金多作稼穡格 不失中和 若未月土 則帶火氣也 帶火以生之 所以爲極旺 也 若土臨此未月 見四柱土重 多作火炎土燥 不可作稼穡看 但臨此月之土 見金結局 不貴卽 富也 書曰 土逢季月見金多 終爲貴論 而在未月尤甚.

辰戌丑未는 네 가지 土의 정신이다. 오직 未土가 극도로 왕하다. 왜냐하면, 辰土는 木氣를 지녀 土를 극하고 戌丑의 土는 金氣를 지녀 土를 설기하기 때문이다. 이 세 土는 비록 왕하다 하여도 왕하지는 않다고 본다. 그러므로 辰戌丑에 머무르고 金이 많으면 가색격이라 하여 중화됨을 잃지는 않는다. 만약 未土의 土는 火氣를 지녔으니 火를 지니고 그것(土)을 생하고자 하니 말하기를 극도로 왕하다 하는 것이다. 만약 土가 이렇게 왕한 未月에 머무르면서 사주에 土가 많은 것을 보면 火는 뜨겁고 土는 건조한 것이니 가색격이라 보지 않는다. 다만 未月에 土가 머물렀어도 金을 보아 金局을 이루면 귀하거나 부자이다. 서(書)에 이르기를 土가 辰戌丑未月을 만나 金이 많음을 보면 끝내 귀하다는 논리이다. 未月에 있으면 귀한 것이 더욱 즐겁다.

지지 辰戌丑未 중 진정한 토는 未

未는 다른 지지 토와 다르게 지장간에서 토를 극설(剋洩)하지 않는다.

지지에서 합이 이루어져도 천간의 근(根)이 되고 충이 이루어져도 근이 된다.

다만 지지가 충이 되면 근으로서의 가치가 많이 떨어진다.

토생금이 되는 토는 **천간 戊, 己 지지 未**다.

### ③ 통근의 예시

**[사주명조 예시]**

| 시 | 일 | 월 | 년 |
|---|---|---|---|
| ○ | 甲 | ○ | ○ |
| 寅 | 午 | 戌 | ○ |

시지 인목은 삼합이 되었어도 일간 갑목의 근이 된다.

## ④ 투간의 정의

**[투간이란?]**
지장간 입장에서 천간과 같은 오행을 보는 것을 투간(透干)이라고 한다.
일간은 투간되었다고 하지 않는다.

## ⑤ 투간의 예시

**[사주명조 예시]**

| 시 | 일 | 월 | 년 |
|---|---|---|---|
| ○ | ○ | 甲 | ○ |
| ○ | ○ | 寅 | ○ |

| 시 | 일 | 월 | 년 |
|---|---|---|---|
| ○ | ○ | 甲 | ○ |
| 寅 | ○ | ○ | ○ |

## ⑥ 통근과 투간의 공통점

통근이든 투간이든 **천간과 지지가 같이 붙어 있어야** 그 영향력이 크다.
떨어져 있을수록 영향력이 줄어든다.

## 마무리 총정리

❶ 천간 戊, 己는 지지 巳, 午, 未, 辰, 戌, 丑에 통근한다.

❷ 지지 辰戌丑未 중 진정한 토는 未다. 未는 다른 지지 토와 다르게 지장간에서 토를 극설하지 않는다.

❸ 지지에서 합이 이루어져도 천간의 근(根, 뿌리)이 되고 충이 이루어져도 근이 된다. 다만 지지가 충이 되면 근으로서의 가치가 많이 떨어진다.

❹ 지장간이 천간과 같은 오행을 보는 것을 투간이라고 한다. 일간은 투간되었다고 하지 않는다. 투간 역시 통근과 마찬가지로 음양을 따지지 않는다. 오행만 같으면 성립된다.

❺ 통근이든 투간이든 천간과 지지가 같이 붙어 있어야 그 영향력이 크다. 떨어져 있을수록 영향력이 줄어든다.

# 제28강 충(沖) 1

### ① 충의 종류

1. 寅申 충, 巳亥 충 → 생지(生地) 충
2. 子午 충, 卯酉 충 → 왕지(旺地) 충
3. 辰戌 충, 丑未 충 → 묘지(墓地) 충
→ 생지는 생지끼리, 왕지는 왕지끼리, 묘지는 묘지끼리 충을 한다.

### ② 충의 의미

합과 충은 반대의 개념이다.
합으로 충을 해소시키고 충으로 합을 방해한다.
그렇다면 합과 충이 동시에 작용하면 어떻게 될까?

- 방합 > 충
- 붙어 있는 삼합(寅, 戌, 午, 子) > 충
- 떨어져 있는 삼합(寅, 戌, 子, 午) < 충
- 육합 < 충
- 반합 < 충

[충(沖)의 의미]
충은 헤어지다, 새롭게 시작하다, 대립하다, 라는 의미가 있다.
그래서 충은 문제가 발생할 시 관계 유지보다는 문제 해결이 우선이다. 잘못된 것, 내 의견과 맞지 않는 것들을 과감하게 끄집어낸다.
사주에 충이 많으면 많을수록 사람이 독선적이다.
원국에서 존재하는 충은 주변과의 마찰의 의미를 가진다.
그러나 운에서 와서 충이 되면 신변 변동(이사, 발령 등)이 의미가 크다.

### ③ 충은 지지에만 존재한다

[충(沖)이란?]
천간은 극만 존재하고, 지지는 극과 충 두 가지가 존재한다.
(천간) 庚 → 甲 금극목(○), 충(×)
(지지) 酉 → 寅 금극목(○), 충(×)
　　　　酉 ↔ 卯 금극목(○), 충(○)

### ④ 충의 원리

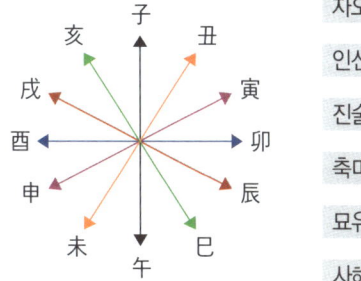

자오충(子午沖)
인신충(寅申沖)
진술충(辰戌沖)
축미충(丑未沖)
묘유충(卯酉沖)
사해충(巳亥沖)

### ⑤ 합과 충은 길흉의 기준이 아니다

[충(沖)이란?]
합과 충은 특정 사건의 발단이고 표현이지, 그 자체로 길흉을 따지기가 어렵다.

### ⑥ 생지 충, 왕지 충, 묘지 충의 의미

생지 충, 왕지 충, 묘지 충의 의미
- 생지 충: **발전적 의미의 갈등**
- 왕지 충: **투쟁적 의미의 갈등**
- 묘지 충: **준비적 의미의 갈등**

**송재우의 사주에듀** 이게 여러분들이 배워야 할 사주명리학입니다!

### 마무리 총정리

① 천간은 극만 존재하고, 지지는 극과 충 두 가지가 존재한다. 충은 오로지 지지에서만 일어난다.

② 충의 의미: 하는 일에 장애가 오다, 새롭게 시작하다, 갈등이 수면에 드러나다, 견해 차이가 있어서 대립하다(타협하지 않는다).

③ 충은 여섯 종류가 있다. 寅申 충, 巳亥 충, 子午 충, 卯酉 충, 辰戌 충, 丑未 충

④ 생지(寅申巳亥)는 생지끼리, 왕지(子午卯酉)는 왕지끼리, 묘지(辰戌丑未)는 묘지끼리 충을 한다.

⑤ 생지 충은 발전적 의미의 갈등이고, 왕지 충은 투쟁적 의미의 갈등이고, 묘지 충은 준비적 의미의 갈등이다.

# 제29강 충(沖) 2

### ① 극과 충의 차이

충은 **수** vs **화**, **금** vs **목**의 관계에서만 발생한다. 서로 섞일 수 없는 존재라서 그렇다.

卯酉 충, 寅申 충 → 금 vs 목
子午 충, 巳亥 충 → 수 vs 화
辰戌 충 → 금 vs 목
丑未 충 → 수 vs 화

[극과 충의 작용력 차이]

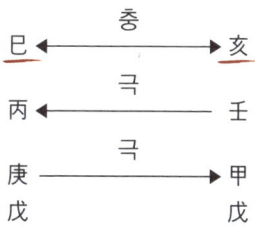

[극(剋)]
A 오행이 B 오행을 일방적으로 통제한다.

[충(沖)]
A 오행이 B 오행을 간섭하려 하는데 B 오행이 반발해서 서로 상처를 입고 대치한다.

[극과 충의 작용력 차이]

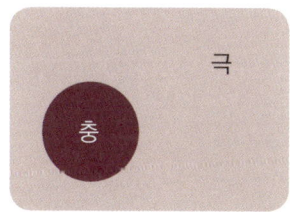

충은 극의 부분집합 개념이다.
아무리 서로 충이 이루어져도 타격을 50 대 50으로 받는 게 아니다. 오행으로 봤을 때 극을 당하는 쪽이 피해가 더 크다.

예시) 子午는 육충 관계라 서로 타격을 입지만 그래도 午가 더 타격을 입는다. 子는 수고 午는 화기 때문이다.

### ② 쟁충

[쟁충이란?]
- 합에서 쟁합이 있듯이 충에도 쟁충이 있다.
- 쟁충은 충보다 그 작용력이 훨씬 크다.
- 합은 1 대 1로만 성립되지만, 충은 1 대 다수도 성립된다.
- 쟁합 → 합이 성립되지 않는다.
- 쟁충 → 충이 더욱 심해진다.

### ③ 쟁충 예시

[사주명조 예시]

| 시 | 일 | 월 | 년 |
|---|---|---|---|
| ○ | ○ | ○ | ○ |
| 寅 | 申 | 申 | 申 |

### ④ 근충, 원충 예시

[사주명조 예시]

| 시 | 일 | 월 | 년 |
|---|---|---|---|
| ○ | ○ | ○ | ○ |
| ○ | ○ | 寅 | 申 |

| 시 | 일 | 월 | 년 |
|---|---|---|---|
| ○ | ○ | ○ | ○ |
| 寅 | ○ | ○ | 申 |

### ⑤ 근충, 원충 특징

- 충은 거리가 **가까우면** 작용력이 크다. 이것을 **근충(近沖)**이라고 한다.
- 충은 거리가 **멀수록** 작용력이 작다. 이것을 **원충(遠沖)**이라고 한다.
- 충은 합과는 다르게 서로 떨어져 있어도 작용을 한다.

### ⑥ 충과 궁성론

- 년지 vs 월지 충
    → 불가항력적인 변화
- 년지 vs 일지, 년지 vs 시지 충
    → 개인의 의지가 반영된다.

- 월지 충은 이사, 진로 변경, 발령, 이직 등으로 해석한다.
- 충은 궁성론을 접목하여 통변할 수 있다. 년지충, 월지충, 일지충, 시지충 이런 식으로 표현한다.
- 충은 지지에서 일어나고 지지는 궁성론을 이용해서 통변하는 경우가 많기 때문이다.
- 그중에서 월지충이 가장 여파가 크다. 월지는 삶의 터전이기 때문이다.

### 마무리 총정리

❶ 극은 A 오행이 B 오행을 일방적으로 통제하는 것이고, 충은 A 오행이 B 오행을 간섭하려 하는데 B 오행이 반발해서 서로 상처를 입고 대치하는 것이다.

❷ 충은 수 vs 화, 금 vs 목의 관계에서만 발생한다. 서로 섞일 수 없는 존재라서 그렇다.

❸ 합은 1 대 1로만 성립되지만, 충은 1 대 다수도 성립된다. 이것을 쟁충이라고 한다. 쟁충은 충보다 그 작용력이 훨씬 크다.

❹ 충은 합과는 다르게 서로 떨어져 있어도 작용을 한다. 가까울수록 작용력이 크고, 멀수록 작용력이 작다. 이것을 근충, 원충이라고 부른다.

❺ 충은 궁성론을 접목해서 통변한다. 년지 충, 월지 충, 일지 충, 시지 충 이런 식으로 표현한다. 그중에서 월지 충이 가장 여파가 크다. 월지는 삶의 터전이기 때문이다.

# 제 30 강 지장간의 역할

## ① 지장간의 정의

- 지장간은 "천간의 행위를 지속시키는 의지"이다.
- 막연한 희망 사항이자 남들이 알 수 없는 나만의 속마음이다.

## ② 천간, 지지, 지장간 상호 간의 예시

**[천간, 지지, 지장간 상호 간의 알기 쉬운 예시]**
"영희는 최신형 스마트폰을 갖고 싶어 한다. 이 사실을 눈치챈 영희 엄마는 이번 시험 100점 맞으면 최신형 스마트폰을 사 준다고 약속한다. 그러자 영희는 시험공부를 열심히 한다."

이 상황을 명리학적으로 표현하면

**천간**
→ 시험공부를 열심히 하는 모습(성과를 만들어 내는 행동)

**지장간**
→ 시험공부를 열심히 하고자 하는 의지(그 행동을 하고 싶은 마음)

**지지**
→ 최신형 스마트폰을 사 주겠다는 엄마의 약속(그 마음을 불러일으킨 계기)

## ③ 사주원국에서 없다는 표현은 천간, 지지에만 쓰인다

사주원국에서 뭐가 없다는 표현은 천간과 지지에만 쓰인다.
**예시)** 천간과 지지에 토가 없으면 "토가 없다"라고 한다. 지장간에만 토가 있는 것을 토가 있다고 인정하지 않는다. 지지는 지장간의 정기를 최우선으로 치기 때문이다.

| 시 | 일 | 월 | 년 |
|---|---|---|---|
| 庚 | 甲 | 庚 | 甲 |
| 午 | 午 | 午 | 午 |

→ 토가 **없는** 사주

| 시 | 일 | 월 | 년 |
|---|---|---|---|
| 辛 | 甲 | 庚 | 甲 |
| 未 | 午 | 午 | 午 |

→ 토가 있는 사주

## ④ 지장간에서나마 있을 때, 지장간에서조차도 없을 때

원국에 없어도 지장간에 있으면 운에서 없는 기운이 들어올 때 활용하기 쉽다.
운에서 오는 천간도 지장간이 큰 역할을 해 주기 때문이다.

## ⑤ 지장간과 육충

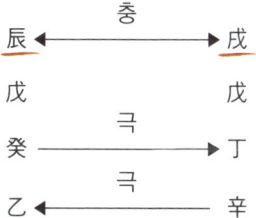

지장간은 충의 변화에도 민감하다.
지지가 충을 하면 속에 있는 지장간도 같이 부서진다.
지지와 지장간은 함께하기 때문이다.

### 마무리 총정리

❶ 지장간은 "천간의 행위를 지속시키는 의지"이다. 막연한 희망 사항이자 남들이 알 수 없는 나만의 속마음이다.

❷ 천간은 성과를 만들어 내는 행동이고, 지장간은 그 행동을 하고 싶은 마음이고, 지지는 그 마음을 불러일으킨 계기가 된다. 상호 연관성이 크다.

❸ 진술축미의 지장간 같은 경우는 그 지장간의 차이로 사주의 조후가 달라진다.

❹ 지장간은 충의 변화에도 민감하다. 지지가 충을 하면 속에 있는 지장간도 같이 부서진다. 지지와 지장간은 함께하기 때문이다.

❺ 사주원국에서 뭐가 없다는 표현은 천간과 지지에만 쓰인다. 지지는 지장간의 정기를 최우선으로 치기 때문이다. 지지와 해당 지장간의 정기는 오행이 같다.

# MEMO

이게 여러분들이 배워야 할 사주명리학입니다!

**송재우의 사주에듀**

https://www.48class.com

### 목차 미리보기

| | | |
|---|---|---|
| **제31강** | \| | 십신(十神)의 정의 |
| **제32강** | \| | 일간(日干)별 십신(十神) |
| **제33강** | \| | 십신의 상생(相生)과 상극(相剋) |
| **제34강** | \| | 체(體)와 용(用) |
| **제35강** | \| | 십신(十神) 찾기 1 |
| **제36강** | \| | 십신(十神) 찾기 2 |
| **제37강** | \| | 간지(干支)끼리의 상호관계 1 |
| **제38강** | \| | 간지(干支)끼리의 상호관계 2 |
| **제39강** | \| | 운(運)의 역할 1 |
| **제40강** | \| | 운(運)의 역할 2 |
| **제41강** | \| | 사령(司令) |
| **제42강** | \| | 사주의 세력 |
| **제43강** | \| | 오행용사(五行用事) 왕상휴수사(旺相休囚死) |
| **제44강** | \| | 왕쇠강약(旺衰强弱) 약변위강(弱變爲强) 강변위약(强變爲弱) |
| **제45강** | \| | 득령(得令), 실령(失令), 득지(得地) 실지(失地), 득세(得勢), 실세(失勢) |
| **제46강** | \| | 신왕(身旺) 신약(身弱) 판단하기 |
| **제47강** | \| | 십이운성(十二運星) 1 |
| **제48강** | \| | 십이운성(十二運星) 2 |
| **제49강** | \| | 신살(神殺), 십이신살(十二神殺) 1 |
| **제50강** | \| | 십이신살(十二神殺) 2 |
| **제51강** | \| | 신왕사주(身旺四柱)의 특성 |
| **제52강** | \| | 신약사주(身弱四柱)의 특성 |
| **제53강** | \| | 인신사해(寅申巳亥) 특성 |
| **제54강** | \| | 인신사해(寅申巳亥) 대입해 보기 |
| **제55강** | \| | 자오묘유(子午卯酉) 특성 |
| **제56강** | \| | 자오묘유(子午卯酉) 대입해 보기 |
| **제57강** | \| | 진술축미(辰戌丑未) 특성 |
| **제58강** | \| | 진술축미(辰戌丑未) 대입해 보기 |

기초 2

31~58강

# 제 31 강 십신(十神)의 정의

## ① 십신의 정의

| 시 | 일 | 월 | 년 |
|---|---|---|---|
| 癸 | 丙 | 辛 | 戊 |
| 巳 | 戌 | 酉 | 寅 |

[십신(十神)의 정의]
일간을 기준으로 다른 천간, 지지와의 관계도를 보는 것이다.

[십신(十神)의 의미]
십신은 사람과 사람 간의 삶을 의미한다.

## ② 십신의 특성

십신(十神)은 일간 중심으로 사주를 구분하는 **자평학**에서 시작되었다.
일정한 규칙과 상호 연관성으로 통변할 때 근거로 많이 활용된다.

## ③ 십신의 종류

- 일간과 오행이 같고 음양이 같으면 비견(比肩)
  → 상비(相比) 관계
- 일간과 오행이 같고 음양이 다르면 겁재(劫財)
  → 상비(相比) 관계
- 일간이 생하고 음양이 같으면 식신(食神)
  → 생하는 상생(相生) 관계
- 일간이 생하고 음양이 다르면 상관(傷官)
  → 생하는 상생(相生) 관계
- 일간이 극하고 음양이 같으면 편재(偏財)
  → 극하는 상극(相剋) 관계
- 일간이 극하고 음양이 다르면 정재(正財)
  → 극하는 상극(相剋) 관계
- 일간을 극하고 음양이 같으면 편관(偏官)
  → 극 받는 상극(相剋) 관계
- 일간을 극하고 음양이 다르면 정관(正官)
  → 극 받는 상극(相剋) 관계
- 일간을 생하고 음양이 같으면 편인(偏印)
  → 생 받는 상생(相生) 관계
- 일간을 생하고 음양이 다르면 정인(正印)
  → 생 받는 상생(相生) 관계

## ④ 간략하게 분류한 십신

[십신을 음양으로 따지지 않고
오행의 공통점으로만 묶는 경우]
1. 비견과 겁재를 같이 묶어서 → 비겁(比劫)
2. 식신과 상관을 같이 묶어서 → 식상(食傷)
3. 편재와 정재를 같이 묶어서 → 재성(財星)
4. 편관과 정관을 같이 묶어서 → 관살(官殺)
5. 편인과 정인을 같이 묶어서 → 인성(印星)

## ⑤ 십신, 십성, 육신의 차이

십신 = 육신+비겁

[십신, 십성, 육신의 차이]
1. 십신(十神)
- 비견, 겁재, 식신, 상관, 편재, 정재, 편관, 정관, 편인, 정인
- 10가지라 십신

2. 십성(十星)
- 십신과 의미가 같음, 십신을 다르게 표현한 용어

3. 육신(六神)
- 식신, 상관, 재성(편재/정재), 편관, 정관, 인성(편인/정인)
- 6가지라 육신

→ **십신**은 포괄적으로 넓게 쓰이는 표현이고, **육신**은 보통 격국(格局)에서 많이 쓰이는 표현이다.

### 마무리 총정리

❶ 십신은 일간을 기준으로 다른 천간, 지지와의 관계도를 보는 것이다. 십신은 사람과 사람 간의 삶이다.

❷ 십신은 일간 중심으로 사주를 구분하는 자평학에서 시작되었다. 일정한 규칙과 상호 연관성으로 통변할 때 근거로 많이 활용된다.

❸ 십신은 10가지로 구성되어 있다. 비견, 겁재, 식신, 상관, 편재, 정재, 편관, 정관, 편인, 정인

❹ 십신끼리 오행의 공통점만 묶어서 간단하게 표현하는 방법도 있다. 비겁, 식상, 재성, 관살, 인성

❺ 육신은 십신의 부분적인 개념이다. 육신은 보통 격국을 논할 때 육신이라고 표현하고, 포괄적으로는 십신이라고 표현한다. 십신과 십성은 같은 뜻이다.

# 제 32강 일간(日干)별 십신(十神)

### ① 일간별 비견, 겁재

[일간과 오행이 같을 경우]

| 음양이 같으면 비견(比肩) | | 음양이 다르면 겁재(劫財) | |
|---|---|---|---|
| 일간 | 다른 천간, 지지 | 일간 | 다른 천간, 지지 |
| 甲(양) | 甲, 寅(양) | 甲(양) | 乙, 卯(음) |
| 乙(음) | 乙, 卯(음) | 乙(음) | 甲, 寅(양) |
| 丙(양) | 丙, 巳(양) | 丙(양) | 丁, 午(음) |
| 丁(음) | 丁, 午(음) | 丁(음) | 丙, 巳(양) |
| 戊(양) | 戊, 辰, 戌(양) | 戊(양) | 己, 丑, 未(음) |
| 己(음) | 己, 丑, 未(음) | 己(음) | 戊, 辰, 戌(양) |
| 庚(양) | 庚, 申(양) | 庚(양) | 辛, 酉(음) |
| 辛(음) | 辛, 酉(음) | 辛(음) | 庚, 申(양) |
| 壬(양) | 壬, 亥(양) | 壬(양) | 癸, 子(음) |
| 癸(음) | 癸, 子(음) | 癸(음) | 壬, 亥(양) |

십신으로 변환할 때는 지지 巳(양), 午(음), 亥(양), 子(음)가 된다.

### ② 일간별 식신, 상관

[일간이 생하는 경우]

| 음양이 같으면 식신(食神) | | 음양이 다르면 상관(傷官) | |
|---|---|---|---|
| 일간 | 다른 천간, 지지 | 일간 | 다른 천간, 지지 |
| 甲(양) | 丙, 巳(양) | 甲(양) | 丁, 午(음) |
| 乙(음) | 丁, 午(음) | 乙(음) | 丙, 巳(양) |
| 丙(양) | 戊, 辰, 戌(양) | 丙(양) | 己, 丑, 未(음) |
| 丁(음) | 己, 丑, 未(음) | 丁(음) | 戊, 辰, 戌(양) |
| 戊(양) | 庚, 申(양) | 戊(양) | 辛, 酉(음) |
| 己(음) | 辛, 酉(음) | 己(음) | 庚, 申(양) |
| 庚(양) | 壬, 亥(양) | 庚(양) | 癸, 子(음) |
| 辛(음) | 癸, 子(음) | 辛(음) | 壬, 亥(양) |
| 壬(양) | 甲, 寅(양) | 壬(양) | 乙, 卯(음) |
| 癸(음) | 乙, 卯(음) | 癸(음) | 甲, 寅(양) |

십신으로 변환할 때는 지지 巳(양), 午(음), 亥(양), 子(음)가 된다.

### ③ 일간별 편재, 정재

[일간이 극하는 경우]

| 음양이 같으면 편재(偏財) | | 음양이 다르면 정재(正財) | |
|---|---|---|---|
| 일간 | 다른 천간, 지지 | 일간 | 다른 천간, 지지 |
| 甲(양) | 戊, 辰, 戌(양) | 甲(양) | 己, 丑, 未(음) |
| 乙(음) | 己, 丑, 未(음) | 乙(음) | 戊, 辰, 戌(양) |
| 丙(양) | 庚, 申(양) | 丙(양) | 辛, 酉(음) |
| 丁(음) | 辛, 酉(음) | 丁(음) | 庚, 申(양) |
| 戊(양) | 壬, 亥(양) | 戊(양) | 癸, 子(음) |
| 己(음) | 癸, 子(음) | 己(음) | 壬, 亥(양) |
| 庚(양) | 甲, 寅(양) | 庚(양) | 乙, 卯(음) |
| 辛(음) | 乙, 卯(음) | 辛(음) | 甲, 寅(양) |
| 壬(양) | 丙, 巳(양) | 壬(양) | 丁, 午(음) |
| 癸(음) | 丁, 午(음) | 癸(음) | 丙, 巳(양) |

십신으로 변환할 때는 지지 巳(양), 午(음), 亥(양), 子(음)가 된다.

### ④ 일간별 편관, 정관

[일간을 극하는 경우]

| 음양이 같으면 편관(偏官) | | 음양이 다르면 정관(正官) | |
|---|---|---|---|
| 일간 | 다른 천간, 지지 | 일간 | 다른 천간, 지지 |
| 甲(양) | 庚, 申(양) | 甲(양) | 辛, 酉(음) |
| 乙(음) | 辛, 酉(음) | 乙(음) | 庚, 申(양) |
| 丙(양) | 壬, 亥(양) | 丙(양) | 癸, 子(음) |
| 丁(음) | 癸, 子(음) | 丁(음) | 壬, 亥(양) |
| 戊(양) | 甲, 寅(양) | 戊(양) | 乙, 卯(음) |
| 己(음) | 乙, 卯(음) | 己(음) | 甲, 寅(양) |
| 庚(양) | 丙, 巳(양) | 庚(양) | 丁, 午(음) |
| 辛(음) | 丁, 午(음) | 辛(음) | 丙, 巳(양) |
| 壬(양) | 戊, 辰, 戌(양) | 壬(양) | 己, 丑, 未(음) |
| 癸(음) | 己, 丑, 未(음) | 癸(음) | 戊, 辰, 戌(양) |

십신으로 변환할 때는 지지 巳(양), 午(음), 亥(양), 子(음)가 된다.

## ⑤ 일간별 편인, 정인

**[일간을 생하는 경우]**

| 음양이 같으면 편인(偏印) | | 음양이 다르면 정인(正印) | |
|---|---|---|---|
| 일간 | 다른 천간, 지지 | 일간 | 다른 천간, 지지 |
| 甲(양) | 壬, 亥(양) | 甲(양) | 癸, 子(음) |
| 乙(음) | 癸, 子(음) | 乙(음) | 壬, 亥(양) |
| 丙(양) | 甲, 寅(양) | 丙(양) | 乙, 卯(음) |
| 丁(음) | 乙, 卯(음) | 丁(음) | 甲, 寅(양) |
| 戊(양) | 丙, 巳(양) | 戊(양) | 丁, 午(음) |
| 己(음) | 丁, 午(음) | 己(음) | 丙, 巳(양) |
| 庚(양) | 戊, 辰, 戌(양) | 庚(양) | 己, 丑, 未(음) |
| 辛(음) | 己, 丑, 未(음) | 辛(음) | 戊, 辰, 戌(양) |
| 壬(양) | 庚, 申(양) | 壬(양) | 辛, 酉(음) |
| 癸(음) | 辛, 酉(음) | 癸(음) | 庚, 申(양) |

십신으로 변환할 때는 지지 巳(양), 午(음), 亥(양), 子(음)가 된다.

### 마무리 총정리

❶ 사주원국은 일간을 제외하고 총 7가지의 십신이 있다.
❷ 그 십신들이 같은 부류일 수도 있고, 다른 부류일 수도 있다.
❸ 십신을 볼 때는 맨눈으로 봐야 한다. 앱으로 십신을 보는 습관은 몹시 나쁜 습관이다.
❹ 십신을 맨눈으로 보려면 하루에 한 번씩 매일매일 반복해서 소리 내어 말해 봐야 한다.
❺ 하루아침에 되는 게 아니다. 이미 눈에 들어와도 오행을 보는 즉시 십신이 보일 정도로 반복해서 연습해야 한다.

# 제 33 강 십신의 상생(相生)과 상극(相剋)

## ① 십신의 상생 관계

[제대로 보는 십신의 상생 관계]

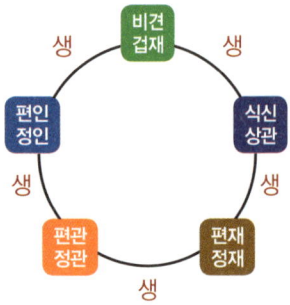

- 비견, 겁재는 식신, 상관을 생한다.
- 식신, 상관은 편재, 정재를 생한다.
- 편재, 정재는 편관, 정관을 생한다.
- 편관, 정관은 편인, 정인을 생한다.
- 편인, 정인은 비견, 겁재를 생한다.

[간단하게 보는 십신의 상생 관계]

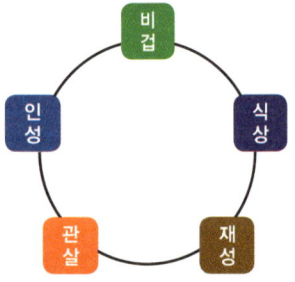

- 비겁은 식상을 생한다.
- 식상은 재성을 생한다.
- 재성은 관살을 생한다.
- 관살은 인성을 생한다.
- 인성은 비겁을 생한다.

## ② 십신의 상극 관계

[제대로 보는 십신의 상극 관계]

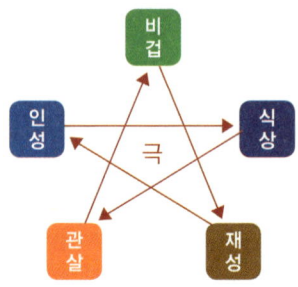

- 비견, 겁재는 편재, 정재를 극한다.
- 편재, 정재는 편인, 정인을 극한다.
- 편인, 정인은 식신, 상관을 극한다.
- 식신, 상관은 편관, 정관을 극한다.
- 편관, 정관은 비견, 겁재를 극한다.

[간단하게 보는 십신의 상극 관계]

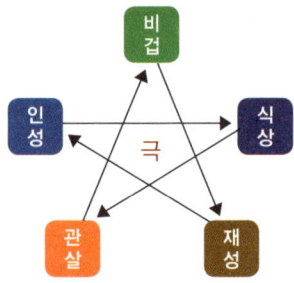

- 비겁은 재성을 극한다.
- 재성은 인성을 극한다.
- 인성은 식상을 극한다.
- 식상은 관살을 극한다.
- 관살은 비겁을 극한다.

### ③ 유정, 무정의 정의

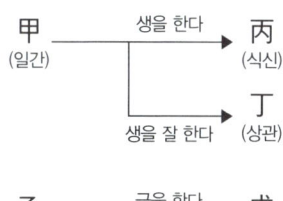

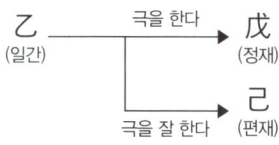

음양의 차이 이외에도 간지끼리 거리에 따라 유정, 무정을 나눈다.

[유정(有情), 무정(無情)의 정의]
- 유정(有情)하다
  → 천간 음양이 다른 경우를 말한다.
     천간 음양이 다르면 생을 잘하고 극이 서투르다.
- 무정(無情)하다
  → 천간 음양이 같은 경우를 말한다.
     천간 음양이 같으면 극을 잘하고 생이 서투르다.

### 마무리 총정리

❶ 십신도 오행처럼 상생과 상극을 한다.
❷ 비겁은 식상을 생하고, 식상은 재성을 생하고, 재성은 관살을 생하고, 관살은 인성을 생하고, 인성은 비겁을 생한다.
❸ 비겁은 재성을 극하고, 재성은 인성을 극하고, 인성은 식상을 극하고, 식상은 관살을 극하고, 관살은 비겁을 극한다.
❹ 천간끼리 서로 음양이 다르면 생을 더 잘하고, 천간끼리 서로 음양이 같으면 극을 더 잘한다. 이는 음양이 서로를 갈구하기 때문이다.
❺ 천간 음양이 다른 경우를 사주 용어로 "유정하다"고 하고, 천간 음양이 같은 경우를 사주 용어로 "무정하다"고 한다.

# 제34강 체(體)와 용(用)

## ① 체와 용의 정의

**[체(體)와 용(用)]**
- 체(體)는 **본질**을 뜻하고, 용(用)은 **쓰임새**를 뜻한다.
- 체는 **고정적**이고, 용은 **가변적**이다.

체로 본질 그 자체를 보고, 용으로 본질의 쓰임을 본다. 본질은 같아도 쓰임에 따라 대접이 달라지고 평가가 달라진다.

## ② 체와 용의 예시

체(體)와 용(用)은 상대적이다.
- **일간**이 체라면, **월지**는 용이다.
- **양**이 체라면, **음**은 용이다.
- **오행**이 체라면, **십신**은 용이다.
- **사주 원국**이 체라면, **대운**은 용이다.
- **대운**이 체라면, **세운**은 용이다.

체로 그 사람의 역량을 보고, 용으로 그 사람의 성공 여부를 본다.

## ③ 오행적 관점의 간지

**[사주명조 예시]**

| 시 | 일 | 월 | 년 |
|---|---|---|---|
| 丙 | ○ | ○ | ○ |
| ○ | ○ | ○ | ○ |

- 오행적 관점에서 병화는 화가 된다.
- 주변의 상황에 따라 변화하지 않는다.

## ④ 십신적 관점의 간지

**[사주명조 예시]**

| 시 | 일 | 월 | 년 |
|---|---|---|---|
| 丙 |  | ○ | ○ |
| ○ | ○ | ○ | ○ |

- 십신적 관점에서의 병화는 다양하게 변할 수 있다.
- 비견, 겁재, 식신, 상관, 편재, 정재, 편관, 정관, 편인, 정인 중에 무엇이든 변할 수 있다.
- 주변의 상황에 따라 변한다. 일간이 무엇이냐에 따라 변화가 생긴다.

**예시)** 甲 일간의 丙 → 식신
　　　丁 일간의 丙 → 겁재
　　　庚 일간의 丙 → 편관

### 마무리 총정리

❶ 체(體)는 본질을 뜻하고, 용(用)은 쓰임새를 뜻한다. 체는 고정적이고, 용은 가변적이다.
❷ 체와 용은 상대적이다. 비교 대상에 따라 체와 용은 변할 수 있다.
❸ 일간이 체라면 월지는 용이고, 양이 체라면 음은 용이고, 오행이 체라면 십신은 용이고, 원국이 체라면 대운은 용이고, 대운이 체라면 세운은 용이다.
❹ 오행은 체의 영역이라 본질적이다. 그래서 사람의 건강과 성격을 파악하는 데 쓰인다.
❺ 십신은 용의 영역이라 가변적이다. 그래서 사람의 재능과 역할을 파악하는 데 쓰인다.

# 제 35 강 십신(十神) 찾기 1

## ① 십신 찾기 설명 예시

**[십신 찾기 설명 예시 (1)]**

| 시 | 일 | 월 | 년 |
|---|---|---|---|
| 癸 | 壬 | 戊 | 丁 |
| 卯 | 寅 | 申 | 酉 |

**[십신 찾기 설명 예시 (2)]**

| 시 | 일 | 월 | 년 |
|---|---|---|---|
| (6) | 身 | (5) | (7) |
| (3) | (2) | (1) | (4) |

**[십신 찾기 설명 예시 (3)]**

| 시 | 일 | 월 | 년 |
|---|---|---|---|
| 癸 | 壬 | 戊 | 丁 |
| 卯 | 寅 | 申 | 酉 |

1. (월지) 일간을 생하고 음양이 같으니 편인
2. (일지) 일간이 생하고 음양이 같으니 식신
3. (시지) 일간이 생하고 음양이 다르니 상관
4. (년지) 일간을 생하고 음양이 다르니 정인
5. (월간) 일간을 극하고 음양이 같으니 편관
6. (시간) 일간과 오행이 같고 음양이 다르니 겁재
7. (년간) 일간이 극하고 음양이 다르니 정재

## ② 십신 찾기 실전 – 문제

**[십신 찾기 실전 (1)]**
"제한시간 1분 30초"

| 시 | 일 | 월 | 년 |
|---|---|---|---|
| 辛 | 丙 | 丁 | 甲 |
| 卯 | 辰 | 卯 | 辰 |

**[십신 찾기 실전 (1) – 해답]**

| 시 | 일 | 월 | 년 |
|---|---|---|---|
| 辛 | 丙 | 丁 | 甲 |
| 卯 | 辰 | 卯 | 辰 |

1. (월지) 일간을 생하고 음양이 다르니 정인
2. (일지) 일간이 생하고 음양이 같으니 식신
3. (시지) 일간을 생하고 음양이 다르니 정인
4. (년지) 일간이 생하고 음양이 같으니 식신
5. (월간) 일간과 오행이 같고 음양이 다르니 겁재
6. (시간) 일간이 극하고 음양이 다르니 정재
7. (년간) 일간을 생하고 음양이 같으니 편인

**[십신 찾기 실전 (2)]**
"제한시간 1분"

| 시 | 일 | 월 | 년 |
|---|---|---|---|
| 壬 | 癸 | 戊 | 辛 |
| 子 | 巳 | 戌 | 巳 |

**[십신 찾기 실전 (2) – 해답]**

| 시 | 일 | 월 | 년 |
|---|---|---|---|
| 壬 | 癸 | 戊 | 辛 |
| 子 | 巳 | 戌 | 巳 |

1. (월지) 일간을 극하고 음양이 다르니 정관
2. (일지) 일간이 극하고 음양이 다르니 정재
3. (시지) 일간과 오행이 같고 음양이 같으니 비견
4. (년지) 일간이 극하고 음양이 다르니 정재
5. (월간) 일간을 극하고 음양이 다르니 정관
6. (시간) 일간과 오행이 같고 음양이 다르니 겁재
7. (년간) 일간을 생하고 음양이 같으니 편인

**송재우의 사주에듀** 이게 여러분들이 배워야 할 사주명리학입니다!

## [십신 찾기 실전 (3)]
**"제한시간 1분"**

| 시 | 일 | 월 | 년 |
|---|---|---|---|
| 壬 | 戊 | 癸 | 丙 |
| 子 | 辰 | 巳 | 申 |

## [십신 찾기 실전 (3) – 해답]

| 시 | 일 | 월 | 년 |
|---|---|---|---|
| 壬 | 戊 | 癸 | 丙 |
| 子 | 辰 | 巳 | 申 |

1. (월지) 일간을 생하고 음양이 같으니 편인
2. (일지) 일간과 오행이 같고 음양이 같으니 비견
3. (시지) 일간이 극하고 음양이 다르니 정재
4. (년지) 일간이 생하고 음양이 같으니 식신
5. (월간) 일간이 극하고 음양이 다르니 정재
6. (시간) 일간이 극하고 음양이 같으니 편재
7. (년간) 일간을 생하고 음양이 같으니 편인

### 마무리 총정리

❶ 사주원국에서 일간에 영향을 주는 순서는 다음과 같다. 월지(1순위), 일지(2순위), 시지(3순위), 년지(4순위), 월간(5순위), 시간(6순위), 년간(7순위)

❷ 월지부터 년간까지 순위 기준을 매긴 것은 다른 변수들이 없다는 전제하에 설정한 순위이다. 통근, 상생과 상극, 합충의 변수에 따라 부분적으로 순위가 변할 수도 한다.

❸ 명조를 보고 집중을 해서 십신이 성립되는 이유와 결과를 찾아낸다.

❹ 찾아내서 입으로 소리 내서 말해 본다. 입으로 말해 보지 않고 눈으로만 보면 아무 소용이 없다.

❺ 눈에 십신이 성립되는 이유와 결과가 보이면, 그 다음에는 십신을 보는 시간을 단축하기 위해서 노력한다. 일곱 자리의 십신을 입으로 말하는 시간이 40초 이내이면 수준급이다.

# 제 36 강 십신(十神) 찾기 2

## ① 십신 찾기 설명 예시

**[십신 찾기 설명 예시 (1)]**
간단하게 십신 쓰기

| 시 | 일 | 월 | 년 |
|---|---|---|---|
| 辛 | 丙 | 丁 | 甲 |
| 卯 | 辰 | 卯 | 辰 |

**[십신 찾기 설명 예시 (2)]**

| 시 | 일 | 월 | 년 |
|---|---|---|---|
| (6) | 身 | (5) | (7) |
| (3) | (2) | (1) | (4) |

**[십신 찾기 설명 예시 (3)]**

| 시 | 일 | 월 | 년 |
|---|---|---|---|
| 辛 | 丙 | 丁 | 甲 |
| 卯 | 辰 | 卯 | 辰 |

1. (월지) 정인
2. (일지) 식신
3. (시지) 정인
4. (년지) 식신
5. (월간) 겁재
6. (시간) 정재
7. (년간) 편인

## ② 십신 찾기 실전 – 문제

**[십신 찾기 실전 (1)]**
"제한시간 1분"

| 시 | 일 | 월 | 년 |
|---|---|---|---|
| 戊 | 乙 | 乙 | 甲 |
| 寅 | 卯 | 亥 | 申 |

**[십신 찾기 실전 (1) – 해답]**

| 시 | 일 | 월 | 년 |
|---|---|---|---|
| 戊 | 乙 | 乙 | 甲 |
| 寅 | 卯 | 亥 | 申 |

1. (월지) 정인
2. (일지) 비견
3. (시지) 겁재
4. (년지) 정관
5. (월간) 비견
6. (시간) 정재
7. (년간) 겁재

**[십신 찾기 실전 (2)]**
"제한시간 30초"

| 시 | 일 | 월 | 년 |
|---|---|---|---|
| 辛 | 辛 | 丙 | 甲 |
| 卯 | 卯 | 子 | 寅 |

**[십신 찾기 실전 (2) – 해답]**

| 시 | 일 | 월 | 년 |
|---|---|---|---|
| 辛 | 辛 | 丙 | 甲 |
| 卯 | 卯 | 子 | 寅 |

1. 식신
2. 편재
3. 편재
4. 정재
5. 정관
6. 비견
7. 정재

**[십신 찾기 실전 (3)]**
"제한시간 30초"

| 시 | 일 | 월 | 년 |
|---|---|---|---|
| 丙 | 庚 | 乙 | 丙 |
| 戌 | 午 | 未 | 午 |

[십신 찾기 실전 (3) – 해답]

| 시 | 일 | 월 | 년 |
|---|---|---|---|
| 丙 | 庚 | 乙 | 丙 |
| 戌 | 午 | 未 | 午 |

1. 정인
2. 정관
3. 편인
4. 정관
5. 정재
6. 편관
7. 편관

[십신 찾기 실전 (4)]
"제한시간 30초"

| 시 | 일 | 월 | 년 |
|---|---|---|---|
| 庚 | 甲 | 己 | 戊 |
| 午 | 子 | 未 | 申 |

[십신 찾기 실전 (4) – 해답]

| 시 | 일 | 월 | 년 |
|---|---|---|---|
| 庚 | 甲 | 己 | 戊 |
| 午 | 子 | 未 | 申 |

1. 정재
2. 정인
3. 상관
4. 편관
5. 정재
6. 편관
7. 편재

[십신 찾기 실전 (5)]
"제한시간 30초"

| 시 | 일 | 월 | 년 |
|---|---|---|---|
| 癸 | 壬 | 戊 | 丁 |
| 卯 | 寅 | 申 | 酉 |

[십신 찾기 실전 (5) – 해답]

| 시 | 일 | 월 | 년 |
|---|---|---|---|
| 癸 | 壬 | 戊 | 丁 |
| 卯 | 寅 | 申 | 酉 |

1. 편인
2. 식신
3. 상관
4. 정인
5. 편관
6. 겁재
7. 정재

[십신 찾기 실전 (6)]
"제한시간 30초"

| 시 | 일 | 월 | 년 |
|---|---|---|---|
| 壬 | 戊 | 癸 | 丙 |
| 子 | 辰 | 巳 | 申 |

[십신 찾기 실전 (6) – 해답]

| 시 | 일 | 월 | 년 |
|---|---|---|---|
| 壬 | 戊 | 癸 | 丙 |
| 子 | 辰 | 巳 | 申 |

1. 편인
2. 비견
3. 정재
4. 식신
5. 정재
6. 편재
7. 편인

## 마무리 총정리

❶ 십신을 빠르고 정확하게 찾아야 실전 상담이 쉽다.
❷ 십신을 찾는 이유는 십신 자체의 의미 파악도 있지만, 다른 관법을 쓰기 위한 기본적인 과정이기 때문이다.
❸ 틀려도 좋고 버벅거려도 좋다. 익숙하지 않다고 앱으로 십신을 보면 안 된다. 앱으로 십신을 보기 시작하면 나중에는 맨눈으로 십신을 못 본다.
❹ 각 글자의 음양오행을 제대로 인지하고 있어야 십신을 빠르고 정확하게 찾을 수 있다.
❺ 숙달될 때까지 매일 연습해야 한다. 십신을 찾을 때 글자당 3초가 넘어가면 안 된다. 십신 찾는 데 익숙한 사람은 보통 1~2초 안에 십신을 찾는다.

# 제 37 강 간지(干支)끼리의 상호관계1

### ① 십신이 천간에만 있고 지장간에 없는 경우

[십신이 천간에만 있고 지장간에 없는 경우]
→ 동기 부여가 안 되니 하고자 하는 행동이 지속해서 이어지지 않는다.

### ② 통근하지 못한 천간 사례

[사주명조 예시]

| 시 | 일 | 월 | 년 |
|---|---|---|---|
| 己 | 庚 | 壬 | 壬 |
| 卯 | 子 | 子 | 子 |

금(일간)과 토(정인)로 천간에 존재하나 지지에 통근하지 못했다.

### ③ 십신이 지장간에만 있고 천간에 없는 경우

[십신이 지장간에만 있고 천간에 없는 경우]
→ 동기 부여가 충분해서 큰일을 할 수 있으나 당사자의 실천이 부족해 성과가 적다.

### ④ 투간하지 못한 지장간 사례

[사주명조 예시]

| 시 | 일 | 월 | 년 |
|---|---|---|---|
| 戊 | 癸 | 丙 | 甲 |
| 午 | 酉 | 寅 | 子 |

금(편인)이 지장간에만 머물러 있지 **천간에 뜨질 못했다.**

### ⑤ 천간과 지장간이 같은 십신인 경우

- 천간과 지장간이 통해서 같은 십신인 경우는 실천과 의지의 결합이다.
- 행동과 마음이 같이 만나니 그 행동의 결과가 크게 나온다.

- 특히, 천간과 지지가 같은 오행인 간여지동(干與支同)인 경우는 그 행동에 타협이 없다.
- 간여지동은 마음먹은 대로 바로 실천하는 언행일치의 모습을 보여 준다.

### ⑥ 간여지동 사례

[사주명조 예시]

| 시 | 일 | 월 | 년 |
|---|---|---|---|
| 辛 | 庚 | 甲 | 癸 |
| 巳 | 寅 | 寅 | 亥 |

금(일간과 겁재)과 목(편재)과 수(상관)가 지지에 통근했다.
특히 **목(편재)**과 **수(상관)**는 **간여지동** 상태이다.

### ⑦ 간여지동 특성

간여지동의 오행이나 십신은 월지 오행이나 십신에 버금가는 영향력이 있다.

#### 마무리 총정리

❶ 십신이 천간에만 있고 지장간에 없는 경우는?
  → 동기 부여가 안 되니 하고자 하는 행동이 지속해서 이어지지 않는다.
❷ 십신이 지장간에만 있고 천간에 없는 경우는?
  → 동기 부여는 충분해서 마음은 있지만, 당사자가 하려고 하지를 않는다.
❸ 천간과 지장간이 통해서 같은 십신인 경우는 실천과 의지의 결합이다. 행동과 마음이 같이 만나니 그 행동의 결과가 크게 나온다.
❹ 특히 천간과 지지가 같은 오행인 간여지동(干與支同)인 경우는 그 행동에 타협이 없다. 간여지동은 마음먹은 대로 바로 실천하는 언행일치의 모습을 보여 준다.
❺ 간여지동의 오행이나 십신은 월지 오행이나 십신에 버금가는 영향력이 있다.

# 제 38 강 간지(干支)끼리의 상호관계 2

## ① 원국에서 결핍되어 있는데 운에서 충족해 주면?

[운을 대입하면 나타나는 현상]

Q. 통근을 못 한 사주인데 **운에서 지지 글자가 와서 통근이 되면?**
→ 자기가 하는 행동에 기복이 줄어든다.
→ 꾸준한 행동이 가능하게끔 의지가 생긴다는 뜻이다.

Q. 투간을 못 한 사주인데 **운에서 천간 글자가 와서 투간이 되면?**
→ 관심만 있었던 사람이 구체적인 실천을 시작한다.
→ 자신의 의지를 남들이 알 수 있게 펼쳐 보인다.

## ② 천간은 천간끼리, 지지는 지지끼리

천간은 천간끼리 작용하고 지지는 지지끼리 작용한다.

[명리정종]

"何以爲之動也 其體屬陽 陽主動 故天行健 圓轉循環而無端 故以人之八字 天干透露於上者 爲之動也 如八字天干之甲木 但能剋運上天干之戊土也 不能剋巳中所藏之戊土也 蓋以動攻動爲親切 如男人之攻得男人也 不攻閨閫 中所藏之女人也 但雖不能攻人 而亦有搖動震驚之意 但不能作實禍也 如女人見男來攻 雖不能加捶 楚於其身 而亦有恐懼之意焉 如運上申中地支之庚金 亦不能攻我八字中天干所透之甲木也 是以天干之動 只能攻得天干之動 不能攻地支之靜也 明矣."

**예시)** 운에서 오는 申중의 庚金은 내 팔자이 천간에 떠 있는 甲木을 공격할 수는 없다. 따라서 천간에서 움직이는 것으로는 (다만) 천간에서 움직이는 것을 공격할 수 있고 지지에서 고요히 있는 것을 공격하지 못함은 분명하다.

## ③ 지지가 천간을 극하지 못하는 예시

[사주명조 예시]

| 시 | 일 | 월 | 년 |
|---|---|---|---|
| 甲 | ○ | ○ | ○ |
| ○ | ○ | ○ | 申 |

금극목이 성립되지 않는다.

## ④ 일간은 천간, 지지 모두 생극을 할 수 있다

[예외의 경우]
– 일간은 천간과 지지 모두 **생극을 할 수 있다.**

| 시 | 일 | 월 | 년 |
|---|---|---|---|
| 戊 | 乙 | 乙 | 甲 |
| 寅 | 卯 | 亥 | 申 |

## ⑤ 월지는 천간, 지지 모두 생극을 할 수 있다

[사주명조 예시]

| 시 | 일 | 월 | 년 |
|---|---|---|---|
| 戊 | 乙 | 乙 | 甲 |
| 寅 | 卯 | 亥 | 申 |

월지는 천간과 지지 모두 **생극을 할 수 있다.**

## ⑥ 같은 기둥이면 서로 생극의 영향을 줄 수 있다

[사주명조 예시]

| 시 | 일 | 월 | 년 |
|---|---|---|---|
| 戊 | 乙 | 乙 | 甲 |
| 寅 | 卯 | 亥 | 申 |

같은 기둥(년주, 월주, 일주, 시주)이면 서로 **상생 상극의 영향을 줄 수 있다.**

### ⑦ 같은 기둥인 경우 작용력의 방향성

1. 천간에서 지지로 생을 할 때
2. 천간에서 지지로 극을 할 때
3. 지지에서 천간으로 생을 할 때
4. 지지에서 천간으로 극을 할 때

#### 마무리 총정리

❶ 통근을 못 한 사주에 운에서 지지 글자가 와서 통근이 되면 자기가 하는 행동에 기복이 줄어든다. 꾸준한 행동이 가능하게끔 의지가 생긴다는 뜻이다.

❷ 투간을 못 한 사주에 운에서 천간 글자가 와서 투간이 되면 관심만 있었던 사람이 구체적인 실천을 시작한다. 자신의 의지를 남들이 알 수 있게 펼쳐 보인다.

❸ 천간은 천간끼리 작용하고 지지는 지지끼리 작용한다. 이것을 동정설이라고 한다.

❹ 동정설에도 예외는 있다. 일간, 월지, 같은 기둥. 이렇게 세 가지 경우는 천간 지지 서로 상생상극이 가능하다.

❺ 같은 기둥인 경우 작용력의 방향성은 네 가지이다. 천간에서 지지로 생을 할 때, 천간에서 지지로 극을 할 때, 지지에서 천간으로 생을 할 때, 지지에서 천간으로 극을 할 때.

# 제 39 강 운(運)의 역할 1

## ① 운의 정의, 운의 종류

[운의 정의]

운은 네 종류가 있다.
– **대운, 세운, 월운, 일운**
운(運)을 다른 표현으로 행운(行運)이라고 한다.
– 다닐 행(行), 움직일 운(運)
운은 원국과는 다르게 고정적이지 않기 때문이다.

## ② 원국과 대운의 차이점

1. 원국
– **그 사람의 타고난 역할**
– 태어나서 죽을 때까지 가지고 간다.
– 가장 영향력이 크다.

2. 대운
– **그 타고난 역할의 변화**
– 10년 단위로 찾아온다.
– 그러나 그 해당 기간만큼은 원국의 영향력 못지않게 크다.

**원국**이 **자동차**라면 **대운**은 **도로**이다.
– 좋은 자동차는 도로를 가리지 않고 결함이 있는 자동차는 좋은 도로에서만 잘 달릴 수 있다.
– 대운은 원국의 약점을 보완해 줄 수 있다.
– 하지만 원국이 "너무 나쁘면" 대운이 원국의 약점을 보완하는 데 한계가 생긴다.

## ③ 일간은 천간 운, 지지 운 둘 다 대입한다

운을 원국에 대입할 때는 천간은 천간끼리, 지지는 지지끼리 대입한다.
**단!** 일간은 천간 운, 지지 운 둘 다 대입한다. 일간은 사주의 주인이기 때문이다.

## ④ 대운의 특징

[사주명조 예시]

| 시 | 일 | 월 | 년 | 대운 |
|---|---|---|---|---|
| 乙 | 乙 | 庚 | 辛 | 丙 |
| 酉 | 卯 | 寅 | 酉 | 戌 |

1. 대운의 원리
– 출생 연월과 성별이 같으면 대운도 같다.
– 대운은 10년 단위로 생일에 변화한다.
  (5년 단위로 끊어서 해석하지 않는다.)

2. 대운의 대입
– 월주 → 일간 → 다른 간지 순으로 대입한다.

3. 대운의 적용
– 대운은 지지 중심으로 해석한다.
– 대운 지지는 길흉의 결과로, 대운 천간은 길흉의 과정으로 해석한다.

### 마무리 총정리

❶ 원국은 그 사람의 타고난 역할(평상시의 태도 또는 습관)이고, 대운은 그 타고난 역할의 변화(기회 또는 위기)이다.

❷ 대운은 원국의 약점을 보완해 줄 수 있다. 그러나 원국이 너무 나쁘면 원국의 약점을 보완하기 어렵다. 그래서 원국이 좋아야 대운이라는 기회를 제대로 쓸 수 있다.

❸ 운을 원국에 대입할 때도 천간은 천간끼리, 지지는 지지끼리 대입한다. 단! 일간은 천간 운, 지지 운 둘 다 대입한다. 일간은 사주의 주인이기 때문이다.

❹ 대운은 10년 단위의 운이다. 5년 단위로 끊어서 해석하지 않는다. 대운 지지로 길흉의 결과를 보고, 대운 천간으로 길흉의 과정을 본다. 대운은 지지 중심으로 해석한다.

❺ 대운을 사주 원국에 대입할 때는 월주 → 일간 → 다른 간지 순으로 대입한다.

# 제 40 강 운(運)의 역할 2

### ① 세운의 정의
- 2020년 → 庚子
- 2021년 → 辛丑
- 2022년 → 壬寅

[세운]
- 세운은 타고난 역할의 변화 중에 겪게 되는 사건 사고를 의미한다.
- 대운보다 영향력은 작지만, 사람들이 많이 체감하고 공감하는 부분이다.
- 길흉은 대운 중심이지만, 사람들이 체감하는 부분은 대운보다 세운이 더 크다.

### ② 대운과 세운의 의미 차이
- 대운과 세운은 역할이 각각 다르나 서로 연관성이 있다.
- 세운은 대운의 과정이다.
- 비유하자면 이렇다. 대운이 계절이라면 세운은 그날 날씨다.

### ③ 사주를 볼 때의 기본 대입
사주를 볼 때는 기본적으로
**원국+대운+세운**
이 세 가지를 같이 봐야 한다.

### ④ 대운과 세운의 접근방식 차이

| 대운 | 세운 |
|---|---|
| 지지 중심 해석 | 천간 중심 해석 |
| 계절, 오행 중심 해석 | 십신 중심 해석 |

- 세운은 천간 위주로 본다.
- 오행보다는 십신 중심으로 해석한다.
- 대운이 계절과 오행을 중심으로 해석한다면 세운은 십신을 중심으로 해석한다.

### ⑤ 대운, 세운이 서로 길흉이 교차할 때

| 17 | 18 | 19 | 20 | 21 | 22 | 23 |
|---|---|---|---|---|---|---|
| 丁 | 戊 | 己 | 庚 | 辛 | 壬 | 癸 |
| 酉 | 戌 | 亥 | 子 | 丑 | 寅 | 卯 |

세운은 원래 그해만 본다. 그러나 좀 더 깊이 있게 해석하려면 3년 전후 세운을 같이 봐야 한다.
- 대운이 좋고, 세운도 좋으면 금상첨화
- 대운이 좋은데, 세운이 나쁘면 옥의 티
- 대운이 나쁜데, 세운이 좋으면 불행 중 다행
- 대운이 나쁘고, 세운도 나쁘면 총체적 난국

### ⑥ 월운, 일운

일운은 대운, 세운과 같은 오행일 때 그 힘이 커진다.

[월운, 일운]
- 월운은 그 사건 사고가 구체화되는 시점이다.
- 월 단위로 찾아오고 세운보다 영향력은 작다.
- 그러나 세운의 시기를 가늠하는 기준이라 같이 묶어서 해석한다.
- 일운은 하루의 작은 변수이다.
- 일운은 하루의 소소한 변수이며 영향력이 제일 작다.
- 일운은 철저하게 일간에만 대입한다.
- 운의 영향력 크기 순서는 대운 〉세운 〉월운 〉일운 순서다.

## 마무리 총정리

❶ 세운은 타고난 역할의 변화 중 겪게 되는 사건 사고를 의미한다. 대운보다 영향력은 작지만, 사람들이 많이 체감하고 공감하는 부분이다.

❷ 사주를 볼 때는 기본적으로 원국+대운+세운 이 세 가지를 같이 봐야 한다. 세운만 단독으로 보면 오판하기 쉽다.

❸ 세운은 천간 위주로 본다. 오행보다는 십신 중심으로 해석한다. 대운이 계절과 오행을 중심으로 해석한다면, 세운은 십신을 중심으로 해석한다.

❹ 월운은 그 사건 사고가 구체화되는 시점이다. 월 단위로 찾아오고 세운보다 영향력은 작다. 그러나 세운의 시기를 가늠하는 기준이라 같이 묶어서 해석한다.

❺ 일운은 하루의 작은 변수이다. 하루의 소소한 변수이며 영향력은 제일 작다. 일운은 철저하게 일간에만 대입한다.

# 제 41 강 사령(司令)

## ① 사령의 정의

**[사령(司令)이란?]**
- 사람은 태어나는 시점에 천문 기운을 받는데 그 기운에는 계절적인 기운도 있다.
- 그러나 해당 계절의 어느 시점에 태어났느냐에 따라 그 사람이 받는 계절적인 기운(온도 습도)이 달라지는데 이것이 사령이다.

**예시)** 같은 寅월에 태어났어도 寅월이 시작되고 4일 후 태어난 사람과 寅월이 시작되고 25일 후 태어난 사람은 서로 계절적인 기운이 같을 수가 없다.

## ② 사령 찾는 방법

1. 먼저 사주를 세운다.
2. 사주를 세웠으면 해당 월을 파악한다.
3. 자기 생일이 절입일(해당 월이 시작되는 날짜)로부터 얼마나 지났는지 파악한다.
4. 자기 생일이 그 월의 특정 기간에 해당하면 그게 바로 자신의 사령이다.

## ③ 사령 기간

(월지의 지장간과 연관이 있다.)

|   | 子 | 丑 | 寅 | 卯 | 辰 | 巳 | 午 | 未 | 申 | 酉 | 戌 | 亥 |
|---|---|---|---|---|---|---|---|---|---|---|---|---|
| 여기 | 壬 | 癸 | 戊 | 甲 | 乙 | 戊 | 丙 | 丁 | 戊 | 庚 | 辛 | 戊 |
|    | 10 | 9 | 7 | 10 | 9 | 7 | 10 | 9 | 7 | 10 | 9 | 7 |
| 중기 |   | 辛 | 丙 |   | 癸 | 庚 | 己 | 乙 | 壬 |   | 丁 | 甲 |
|    |   | 3 | 7 |   | 3 | 7 | 10 | 3 | 7 |   | 3 | 7 |
| 정기 | 癸 | 己 | 甲 | 乙 | 戊 | 丙 | 丁 | 己 | 庚 | 辛 | 戊 | 壬 |
|    | 20 | 18 | 16 | 20 | 18 | 16 | 10 | 18 | 16 | 20 | 18 | 16 |

※ 밑의 숫자는 사령기간(절입일과 생일과의 날짜 차이)

## ④ 사령 찾기 예시

**[사주명조 예시 (1)]**

| 시 | 일 | 월 | 년 |
|---|---|---|---|
| 壬 | 壬 | 甲 | 癸 |
| 寅 | 申 | 寅 | 亥 |

- 입춘 후 10일 지나서 태어난 사람
- 丙 사령

**[사주명조 예시 (2)]**

| 시 | 일 | 월 | 년 |
|---|---|---|---|
| 庚 | 壬 | 庚 | 癸 |
| 子 | 申 | 申 | 亥 |

- 입추 이후 4일 지나서 태어난 사람
- 戊 사령

## ⑤ 원국과 사령이 충돌할 때

**[사령의 문제점]**
- 사령은 원국에 합산해서 볼 수는 있지만, 원국을 넘어설 수는 없다.
- 원국과 사령이 충돌하면 원국이 우선이다.

## ⑥ 원국과 사령이 상반되는 예시

**[사주명조 예시]**

| 시 | 일 | 월 | 년 |
|---|---|---|---|
| 甲 | 甲 | 甲 | 戊 |
| 子 | 寅 | 寅 | 寅 |

- 무토가 사령한 사주이다.
- 그러나 원국의 무토는 통근을 못 했다.
- 따라서 저 사주는 토가 왕성한 사주가 아니다.

**⑦ 사령 시기를 잘 봐야 하는 경우**

- 특히 寅申巳亥 월과 辰戌丑未 월은 사령을 잘 봐야 한다.
- 寅申巳亥 월과 辰戌丑未 월은 사령 시기에 따라서 그 사람의 사주 기운에 변화를 주기 때문이다.

**마무리 총정리**

❶ 각 월마다 기간별로 월령용사가 주관하는 날짜가 있다. 자신이 태어난 날이 그 월의 특정 기간에 겹치면 그 기간을 주관하는 월령용사가 사령이 된다.

❷ 寅申巳亥 월의 사령 기간은 7일, 7일, 16일이다. 子卯酉 월의 사령 기간은 10일, 20일이다. 辰戌丑未 월의 사령 기간은 9일, 3일, 18일이다. (여기, 중기, 정기)

❸ 午월은 사령기간은 여기 10일, 중기 10일, 정기 10일이다. 午월은 다른 왕지(旺地) 월과는 다르게 중기가 존재하기 때문이다.

❹ 사령은 원국에 합산해서 볼 수는 있지만, 원국을 넘어설 수는 없다. 원국과 사령이 충돌하면 원국이 우선이다.

❺ 寅申巳亥 월과 辰戌丑未 월은 사령을 잘 봐야 한다. 寅申巳亥 월과 辰戌丑未 월은 사령에 따라서 조후가 달라지고 원국 오행의 힘이 달라진다.

# 제 42 강 사주의 세력

## ① 세력 크기의 순서

[사주원국에서 발휘하는 힘(세력)의 크기]

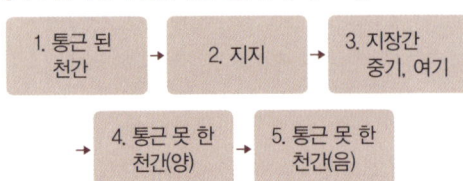

## ② 세력의 중심은 지지

- 세력의 중심은 지지가 된다.
- 통근 못 한 천간은 지지 묘지보다 세력이 약하다.
- 천간은 지지에 통근하면 제일 세력이 강하지만 통근을 못 하면 세력이 매우 약해지는 이중적인 모습을 가지고 있다.
- 그래서 천간을 볼 때는 먼저 통근 여부를 확인해야 한다.

## ③ 월지와 다른 지지와의 세력 크기 차이

- 월지 하나의 세력은 다른 지지(년지, 일지, 시지) 두 개보다 크고 세 개보다 작다.
- 수치적으로 환산하면 월지 2.5, 일지와 시지가 각각 1.0, 년지가 0.8이다.
- 지지끼리 충을 하면 해당 지지의 세력이 많이 약화된다.
- 서로 충을 하면 원래 가지고 있는 힘이 절반 이하로 떨어진다.

## ④ 세력 크기 비교 예시

[사주명조 예시 (1)]

| 시 | 일 | 월 | 년 |
|---|---|---|---|
| ○ | ○ | ○ | ○ |
| 寅 | 寅 | 酉 | ○ |

지지에 목이 두 개가 있지만 월지에 금이 있어서 금의 세력이 더 크다.

[사주명조 예시 (2)]

| 시 | 일 | 월 | 년 |
|---|---|---|---|
| ○ | ○ | ○ | ○ |
| 寅 | 寅 | 酉 | 寅 |

지지에 목이 세 개가 있어서 월지에 하나 있는 금보다 세력이 강하다.

[사주명조 예시 (3)]

| 시 | 일 | 월 | 년 |
|---|---|---|---|
| ○ | 甲 | ○ | ○ |
| 寅 | 寅 | 酉 | ○ |

지지에 목이 두 개가 있고 천간에 정기 통근한 목이 또 하나가 있다. 그래서 월지에 있는 금보다 세력이 더 강하다.

[사주명조 예시 (4)]

| 시 | 일 | 월 | 년 |
|---|---|---|---|
| 乙 | 乙 | 乙 | 乙 |
| 丑 | 丑 | 酉 | 丑 |

천간에 목이 네 개나 있지만, 지지에 통근하지 못했다. 천간의 목은 지지의 토나 금보다도 세력이 약하다.

이게 여러분들이 배워야 할 사주명리학입니다! 송재우의 **사주에듀**

### 마무리 총정리

❶ 세력의 중심은 지지가 된다.

❷ 천간은 지지에 통근하면 제일 세력이 강하지만 통근을 못 하면 세력이 매우 약해지는 이중적인 모습을 가지고 있다. 그래서 천간을 볼 때는 먼저 통근 여부를 확인해야 한다.

❸ 사주원국에서 발휘하는 힘(세력)의 크기 순위는 이렇다. 통근된 천간(1순위), 지지(2순위), 지장간 중기 또는 여기(3순위), 통근 못 한 양천간(4순위), 통근 못 한 음천간(5순위)

❹ 월지 하나의 세력은 다른 지지(년지, 일지, 시지) 두 개보다 크고 세 개보다 작다. 세력의 중심은 지지가 되고 그 지지 중에서 월지가 제일 강하다.

❺ 지지끼리 충을 하면 해당 지지의 세력이 많이 약화한다. 서로 충을 하면 원래 가지고 있는 힘이 절반 이하로 떨어진다.

# 제43강 오행용사(五行用事) 왕상휴수사(旺相休囚死)

## ① 오행용사의 정의

**[오행용사란?]**
- 천간이 월지의 오행으로 인하여 각각 역량이 달라지는 현상이다.
- 오행용사는 천간과 월지와의 상생상극으로 판단한다.

## ② 왕상휴수사

월지의 오행에 따라 천간의 역량이 달라지는데, 그 단계가 있다.
그 단계가 다섯인데 이것을 **왕상휴수사(旺相休囚死)**라고 한다.
- **왕(旺)** → 서로 오행이 같아서 위력을 최대한 발휘하는 상태
- **상(相)** → 생 받는 입장이라서 상호협조로 의기가 상통하는 상태
- **휴(休)** → 생하는 입장이라서 쇠락해지는 상태
- **수(囚)** → 극하는 입장이라서 권위가 몰락하여 갇힌 상태
- **사(死)** → 극 받는 입장이라서 권위로 서로 싸우다가 사멸하는 상태

## ③ 왕상휴수사 표

| 오행/천간 | | 木<br>寅·卯 | 火<br>巳·午 | 土<br>辰·戌<br>丑·未 | 金<br>申·酉 | 水<br>亥·子 |
|---|---|---|---|---|---|---|
| 木 | 甲·乙 | 왕(旺) | 휴(休) | 수(囚) | 사(死) | 상(相) |
| 火 | 丙·丁 | 상(相) | 왕(旺) | 휴(休) | 수(囚) | 사(死) |
| 土 | 戊·己 | 사(死) | 상(相) | 왕(旺) | 휴(休) | 수(囚) |
| 金 | 庚·辛 | 수(囚) | 사(死) | 상(相) | 왕(旺) | 휴(休) |
| 水 | 壬·癸 | 휴(休) | 수(囚) | 사(死) | 상(相) | 왕(旺) |

## ④ 오행용사의 단계와 십신과의 연관성

- 오행용사의 **왕(旺)** 단계는 십신의 **비겁**과 같다.
- 오행용사의 **상(相)** 단계는 십신의 **인성**과 같다.
- 오행용사의 **휴(休)** 단계는 십신의 **식상**과 같다.
- 오행용사의 **수(囚)** 단계는 십신의 **재성**과 같다.
- 오행용사의 **사(死)** 단계는 십신의 **관살**과 같다.

## ⑤ 戊, 己의 오행용사

- 천간 戊, 己의 오행용사의 왕(旺)은 월지 辰, 戌, 丑, 未다.
- 그중에서도 천간 戊, 己가 최고의 힘을 발휘하는 월지는 未 월이다.
- 未가 화토동궁(火土同宮) 법을 따르는 진정한 토이기 때문이다.

### 마무리 총정리

❶ 천간이 월지의 오행으로 인하여 각각 역량이 달라지는 현상을 오행용사(五行用事)라고 말한다.
❷ 오행용사는 천간과 월지와의 상생상극으로 판단한다.
❸ 월지의 오행에 따라 천간의 역량이 달라지는데, 그 단계가 있다. 그 단계가 다섯 단계인데 이것을 왕상휴수사(旺相休囚死)라고 한다.
❹ 왕상휴수사는 십신과 연관성이 있다. 왕(旺) 단계는 비겁과 같고, 상(相) 단계는 인성과 같고, 휴(休) 단계는 식상과 같고, 수(囚) 단계는 재성과 같고, 사(死) 단계는 관살과 같다.
❺ 천간 戊, 己의 오행용사의 왕(旺)은 월지 辰, 戌, 丑, 未다. 그중에서도 천간 戊, 己가 최고의 힘을 발휘하는 월지는 未 월이다.

# 제44강 왕쇠강약(旺衰强弱)
## 약변위강(弱變爲强) 강변위약(强變爲弱)

### ① 왕쇠의 정의

1. 왕(旺)
원국의 월지가 일간에 도움을 주는 비겁이나 인성인 상황

2. 쇠(衰)
원국의 월지가 일간을 소모하는 식상, 재성, 관살인 상황

### ② 강약의 정의

1. 강(强)
원국 전체적으로 일간에 도움을 주는 비겁이나 인성이 많은 상황(지지 중심)

2. 약(弱)
원국 전체적으로 일간을 소모하는 식상, 재성, 관살이 많은 상황(지지 중심)

### ③ 왕쇠와 강약의 차이점

- 왕쇠는 월지만으로 판단하고, 강약은 월지를 넘어서 사주로 판단한다.
- 월지가 식상, 재성, 관살이라도 사주가 강할 수 있고 월지가 비겁, 인성이라도 사주가 약할 수 있다.

### ④ 신강사주, 신약사주, 중화된 사주

[신강사주? 신약사주?]
1. 신강사주(身强四柱)
사주 전체적으로 일간의 힘(세력)이 되는 인성, 비겁이 많은 사주
(월지까지 비겁이면 신왕사주라고 한다.)

2. 신약사주(身弱四柱)
사주 전체적으로 일간의 힘(세력)을 소모하는 식상, 재성, 관살이 많은 사주

### ⑤ 중화된 사주

일간의 힘(세력)이 되는 인성, 비겁과 일간의 힘(세력)을 소모하는 식상, 재성, 관살이 서로 비슷해서 균형을 이루는 사주

### ⑥ 신강사주, 신약사주, 중화된 사주

- 신강사주, 신약사주 모두 지지가 중심이다.
- 사주의 세력은 지지가 중심이고 일간의 세력을 따지는 것이 바로 신강, 신약이기 때문이다.

### ⑦ 신왕, 신약의 등급

[신왕, 신약도 등급이 있다?]
1. 태왕(극신왕)한 사주
2. 신왕한 사주
3. 신약한 사주
4. 태약(극신약)한 사주

### ⑧ 약변위강

[약변위강(弱變爲强)이란?]
- 월지가 식상, 재성, 관살인데 다른 지지와 천간이 비겁, 인성이라 결과적으로 신강하게 된 사주이다.
- 강변위약 사주의 반대 개념, 처음에는 신약으로 시작했으나(월지가 시작점) 나중에는 신강하게 되었다는 의미이다.

### ⑨ 약변위강 사주 예시

| 시 | 일 | 월 | 년 |
|---|---|---|---|
| ○ | 庚 | ○ | ○ |
| 酉 | 申 | 午 | 酉 |

### ⑩ 강변위약

**[강변위약(强變爲弱)이란?]**
- 월지가 비겁, 인성인데 다른 지지와 천간이 식상, 재성, 관살이라 결과적으로 신약하게 된 사주이다.
- 약변위강 사주의 반대 개념, 처음에는 신강으로 시작했으나(월지가 시작점) 나중에는 신약하게 되었다는 의미이다.

### ⑪ 강변위약 사주 예시

| 시 | 일 | 월 | 년 |
|---|---|---|---|
| ○ | 庚 | ○ | ○ |
| 午 | 寅 | 申 | 午 |

### 마무리 총정리

❶ 월지만 가지고 일간에 세력이 되느냐? 아니냐? 를 판단하는 것이 왕쇠(旺衰)다. 사주원국 전체를 가지고 일간에 세력이 되느냐? 아니냐? 를 판단하는 것이 강약(强弱)이다.

❷ 사주 전체적으로 일간의 힘(세력)이 되는 인성, 비겁이 많은 사주를 신강사주라고 한다. 월지까지 비겁이면 신왕사주라고 한다. 상담 현장에서는 혼용해서 쓰기도 한다.

❸ 사주 전체적으로 일간의 힘(세력)을 소모하는 식상, 재성, 관살이 많은 사주를 신약사주라고 한다. 신왕, 신약도 정도가 심하면 태왕, 태약이 될 수 있다.

❹ 월지가 식상, 재성, 관살인데 다른 지지와 천간이 비겁, 인성이라 결과적으로 신강하게 된 사주를 약변위강 사주라고 한다.

❺ 월지가 비겁, 인성인데 다른 지지와 천간이 식상, 재성, 관살이라 결과적으로 신약하게 된 사주를 강변위약 사주라고 한다.

# 제 45 강 득령(得令), 실령(失令), 득지(得地) 실지(失地), 득세(得勢), 실세(失勢)

## ① 용어정리

**1. 득령**
월지가 비겁, 인성(일간에 **힘을 주는** 글자)

**2. 실령**
월지가 식상, 재성, 관살(일간의 **힘을 빼는** 글자)

**3. 득지**
일지가 비겁, 인성(일간에 **힘을 주는** 글자)

**4. 실지**
일지가 식상, 재성, 관살(일간의 **힘을 빼는** 글자)

**5. 득세**
월지, 일지를 제외한 다른 자리가 비겁, 인성(일간에 **힘을 주는** 글자)

**6. 실세**
월지, 일지를 제외한 다른 자리가 식상, 재성, 관살(일간의 **힘을 빼는** 글자)

## ② 실질적인 세력의 차이

- 득지, 실지와 득세, 실세는 용어적인 차이만 있을 뿐 실제 영향력은 비슷하다.
- 실질적인 세력의 차이는 월지 vs 월지가 아닌 천간, 지지에서 나타난다.

## ③ 월지 = 월령 = 제강

- 월지(月支)를 다른 표현으로 월령(月令)이라고도 한다.
- 월지는 사주원국의 사령부이자 핵심이기 때문에 이런 표현을 쓴다.
- 그래서 월지가 비겁, 인성이면 득령이라고 하고, 월지가 식상, 재성, 관살이면 실령이라고 한다.
- 고서에서는 제강(提綱)이라고 표현하기도 한다.
- 월지(月支) = 월령(月令) = 제강(提綱)

## ④ 득실 가리기 설명

[사주명조 예시]

| 시 | 일 | 월 | 년 |
|---|---|---|---|
| 세 | 세 | 세 | 세 |
| 세 | 지 | 령 | 세 |

[사주명조 예시]

| 시 | 일 | 월 | 년 |
|---|---|---|---|
| 庚 | 甲 | 甲 | 戊 |
| 午 | 午 | 寅 | 子 |

## ⑤ 득실 가리기 실습 1

[사주명조 예시]

| 시 | 일 | 월 | 년 |
|---|---|---|---|
| 壬 | 癸 | 戊 | 辛 |
| 子 | 巳 | 戌 | 巳 |

## ⑥ 득실 가리기 실습 2

[사주명조 예시]

| 시 | 일 | 월 | 년 |
|---|---|---|---|
| 庚 | 甲 | 己 | 戊 |
| 午 | 子 | 未 | 申 |

## ⑦ 천간의 득실

- 양간은 통근을 못 해도 그 자체가 세력이 된다.
- 하지만 음간은 통근을 못 하면 아무것도 아니다.
- 음간은 통근 못 하면 득세, 실세로 불릴 수도 없다. 그 존재가 미약하기 때문이다.
- 십신과 통근을 알아야 득실을 가릴 수 있다.
- 득실을 가리는 것은 신왕 신약을 구분하기 위한 첫 단계이다.

송재우의 **사주에듀** 이게 여러분들이 배워야 할 사주명리학입니다!

### 마무리 총정리

❶ 득령, 실령, 득지, 실지, 득세, 실세는 사주의 세력을 나누는 용어다. 일간이 세력을 얻으면(인비) 득(得)이라고 하고, 일간이 세력을 잃으면(식재관) 실(失)이라고 한다.

❷ 월지는 득령/실령, 일지는 득지/실지, 나머지 지지와 천간은 득세/실세라고 한다. 용어가 다를 뿐 득지/실지와 득세/실세는 서로 영향력이 같다고 봐도 무방하다.

❸ 월지(月支)를 다른 표현으로 월령(月令), 제강(提綱)이라고도 한다. 월지는 사주원국의 사령부이자 핵심이기 때문에 이런 표현을 쓴다. 월지(月支) = 월령(月令) = 제강(提綱)

❹ 양간은 통근을 못 해도 그 자체가 세력이 된다. 하지만 음간은 통근을 못 하면 아무것도 아니다. 음간은 통근 못 하면 득세, 실세로 불릴 수도 없다. 그 존재가 미약하기 때문이다.

❺ 십신과 통근을 알아야 득실을 가릴 수 있다. 득실을 가리는 것은 신왕 신약을 구분하기 위한 첫 단계이다.

# 제46강 신왕(身旺) 신약(身弱) 판단하기

### ① 신왕사주의 조건

1. 득령+득지(또는 득세)

2. 득지+득세+득세
→ 월지가 실령이라도 나머지 지지가 모두 득하면 신왕사주

3. 득령+천간에서 득세
- 통근을 子午卯酉나 寅申巳亥에 해야 한다.
- 戊, 己 일간은 巳午未에 통근
→ 辰戌丑未는 사묘지라 통근해도 그 힘의 가치가 떨어진다.

4. 득세+득세+천간에서 득세

### ② 신왕사주 예시

[사주명조 예시]

| 시 | 일 | 월 | 년 |
|---|---|---|---|
| 乙 | 己 | 己 | 戊 |
| 亥 | 丑 | 未 | 戌 |

[사주명조 예시]

| 시 | 일 | 월 | 년 |
|---|---|---|---|
| 癸 | 丙 | 戊 | 乙 |
| 巳 | 辰 | 寅 | 巳 |

### ③ 신약사주의 조건

1. 실령+실지(또는 실세)

2. 실지+실세+실세
→ 월지가 득령이라도 나머지 지지가 모두 실하면 신약사주

3. 실령+천간에서 실세
- 통근을 子午卯酉나 寅申巳亥에 해야 한다.
- 戊, 己 일간은 巳午未에 통근

→ 辰戌丑未는 사묘지라 통근해도 그 힘의 가치가 떨어진다.

4. 실세+실세+천간에서 실세

### ④ 신약사주 예시

[사주명조 예시]

| 시 | 일 | 월 | 년 |
|---|---|---|---|
| 辛 | 庚 | 甲 | 癸 |
| 巳 | 寅 | 寅 | 亥 |

[사주명조 예시]

| 시 | 일 | 월 | 년 |
|---|---|---|---|
| 丁 | 壬 | 辛 | 乙 |
| 未 | 寅 | 巳 | 亥 |

### ⑤ 중화에 가까운 사주 예시

[중화에 가까운 사주]

| 시 | 일 | 월 | 년 |
|---|---|---|---|
| 丙 | 壬 | 甲 | 壬 |
| 午 | 子 | 寅 | 子 |

### ⑥ 신왕, 신약을 나누는 예외적인 기준

| 시 | 일 | 월 | 년 |
|---|---|---|---|
| ○ | 甲 | 甲 | ○ |
| ○ | ○ | 辰 | ○ |

양일간이 자기 계절을 만났고, 동시에 같은 오행을 보면 신왕사주이다.

| 시 | 일 | 월 | 년 |
|---|---|---|---|
| 癸 | 丁 | 癸 | 癸 |
| 卯 | 卯 | 卯 | 卯 |

통근 못 한 음일간이 인성만 잔뜩 있으면 신약사주이다.

### ⑦ 과다한 생 받음은 세력을 약화시킨다

과다한 생을 받았는데 받는 오행이 감당을 못 해서 도리어 세력이 약해지는 경우

1. 목다화식(木多火熄)
   → 나무가 너무 많으면 불이 꺼진다.

2. 화다토조(火多土燥)
   → 불이 너무 강하면 흙이 메마른다.

3. 토다금매(土多金埋)
   → 흙이 너무 많으면 금이 묻혀 버린다.

4. 금다수탁(金多水濁)
   → 쇠가 너무 많으면 물이 흐려진다.

5. 수다목부(水多木浮)
   → 물이 너무 많으면 나무가 썩어 물 위에 뜬다.

### 마무리 총정리

❶ 신왕사주가 되려면 지지(또는 통근된 천간)에서 3개 이상의 득세(득지 포함)를 해야 한다. 득령이 포함되면 득세가 하나만 있어도 신왕하다. 통근은 생지나 왕지에서 해야 한다.

❷ 신약사주가 되려면 지지(또는 통근된 천간)에서 3개 이상의 실세(실지 포함)를 해야 한다. 실령이 포함되면 실세가 하나만 있어도 신약하다. 통근은 생지나 왕지에서 해야 한다.

❸ 양일간이 자기 계절을 만났고, 동시에 같은 오행을 보면 신왕사주이다. 실령 했어도 해당 지지가 일간과 같은 계절이면 큰 힘이 된다.

❹ 통근 못 한 음일간이 인성만 잔뜩 있으면 신약사주이다. 과다한 생을 받았는데 받는 일간이 감당을 못 해서 도리어 세력이 약해지는 경우다.

❺ 천간이 통근해야 식상과 재성을 꾸준히 쓸 수 있고, 관살을 잘 버틸 수 있고, 인성을 잘 받아들일 수 있다.

# 제 47 강 십이운성(十二運星) 1

### ① 십이운성의 정의

- 천간을 기준으로 지지오행의 순환상태를 인간의 일생에 비유해서 설명한 관법이다.
- 원래 명칭은 천간생왕사절(天干生旺死絶), 다른 표현으로는 포태법(胞胎法)이라고도 한다.
- 천간의 생성 – 소멸 – 재생의 원리를 인간의 생로병사 윤회에 비유해서 12단계로 설명한 관법이다. 일종의 비유법이다.
- 일간 또는 특정 육친의 상태를 해석하는 데 많이 쓰인다.

### ② 십이운성의 단계

**십이운성의 12단계**

| 절(絶) → 태(胎) → 양(養) → 장생(長生) → 목욕(沐浴) → 관대(冠帶) → 건록(建祿) → 제왕(帝旺) → 쇠(衰) → 병(病) → 사(死) → 묘(墓) |

- 십이운성에는 삼합의 논리가 들어 있다.
- 해당 오행의 장생지+제왕지+묘지 조합이 바로 삼합이다.
- 십이운성의 핵심은 절지, 장생지, 제왕지, 사지, 묘지이다.

### ③ 절(絶)

앞의 기가 다 없어지고 뒤의 기를 이으려는 상태이다. 원기가 완전히 끊어져 자취도 없다. 천간이 겪는 지지 중 가장 도움을 못 받는 지지이다. 마치 사람이 몸을 얻지 못해서 혼령으로 떠돌아다니는 상태를 비유한 표현이다. 천간이 절지에 속하면 심신이 불안하다. 지지의 도움을 전혀 받지 못하니 그럴 수밖에 없다. 주거와 직업이 변하기 쉽고 타인의 감언이설을 믿고, 실패하기 쉽다.

극도로 쇠약한 운기를 대표하므로 재물과 명예를 감당하기 힘들다. 십신의 재성과 관성에 휘둘린다는 뜻이다. 천간 입장에서 목, 화 천간은 편관이 절지가 되고, 토, 금, 수, 천간은 편재가 절지가 된다. 월지가 절지라는 건 일간이 마땅히 도움을 받고 버팀목이 되어야 하는데, 전혀 그렇지가 못하니 재성과 관성이라는 객체에 끌려다닌다는 의미이다. 쉽게 말해 인생을 내가 아닌, 남을 중심으로 사는 팔자라는 의미이다.

### ④ 태(胎)

뒤의 기가 엉켜서 자궁 속에 태아가 형성되는 것 같은 상황이다. 절과 함께 기가 가장 약한 상황이다. 절지만큼 심하지는 않지만, 내가 아닌 상대방 위주로 삶을 살아가야 한다는 건 같다. 천지 만물이 음양의 합으로 새 생명이 움트는 것과 같다. 장래 희망과 발전을 꿈꾸며 상상력은 풍부하나 아직 각별한 보호를 받아야 하고 주체성이 없는 상태이므로 의타심이 강하고 활동력은 약하다.

속으로의 생각과 계획은 탁월하고 매사에 능통한 것 같으나, 외향성, 활동력 그리고 외교와 처세가 부족한 상태이다. 겉으로 드러나는 경쟁이나 정면대립을 피하며 독자적인 노력으로 분수에 맞는 생활을 하고, 특히 어린 생명이나 화초에 호기심을 가지거나 귀여워한다. 잉태와 태교, 애착과 소중함, 보호와 의타심, 구상 등의 의미를 내포하고 있다.

### ⑤ 양(養)

태아가 자궁 속에서 영양분을 섭취하며 자라나듯 탄생을 준비하는 상황이다. 크게 외부적인 동요가 없이 안정 속에 양육하며 성장하고 보호되는 상태이다. 그러므로 신중하고 착실하며 온건한 특성이 있는데, 어려움을 당하면 두려워하고 뒤로 물러서는 때라 리더십이나 과단성은 부족하다. 양지가 천간에 큰 힘은 되질 않으나 미래에 발전을 기대할 수 있는 자리이다. 보통 대기만성형이 많다.

### ⑥ 장생(長生)

십이운성 중에 최고의 길성이다. 마치 사람이 처음 출생하고 싹을 틔우듯이 무에서 유를 창조하는 상황을 사람의 출생에 비유했다. 어머니의 자궁 속에 있다가 이제 막 태어난 아이처럼 무궁무진할 가능성을 내포하고 있다는 뜻이다. 장생지는 천간의 근이 된다. 지지에서 보통 인신사해가 해당이 된다. 미래지향적이고 발전적인 의미를 뜻한다.

### ⑦ 목욕(沐浴)

사람이 출생한 후 목욕을 시켜 때를 씻는 것과 같은 의미이다. 씨앗이 싹튼 후에 껍질이 벗겨진 상태로서 쓸모 있고 강한 것은 기르고 약한 것은 뽑아 버리는 시기와 같다. 출생한 아이를 깨끗하게 목욕을 시키면 얼굴이 아름다워지고 겉보기는 좋지만 아이는 춥고 떨리며 공포와 고통을 느끼게 되는 것과 같다. 욕지는 어린아이들을 목욕시킬 때 아무 거리낌 없이 발가벗겨 놓은 상태와 같아 주색이나 낭비, 음란, 방탕 등을 수치를 모르고 행함과 같으며 매사에 실패와 고통을 의미하기도 한다.

### ⑧ 관대(冠帶)

목욕이 어린아이의 천방지축을 의미하는 때라면, 관대는 제대로 의복을 갖추어 입고 규범을 배우며 사회에 진출하기 위한 학창 시절과 같은 상태라 할 수 있다. 오행이 점차 성장해 가면서 겪는 성장통을 사람의 학창 시절에 비유했다. 교복을 입고 공부하며 활동하는 과정으로 이때는 부정과 불의에 대항하여 싸우려는 정의감이나 독립심에 사로잡히는 것이 특징으로 개성이 뚜렷하고 고집이 센 상태이다. 길흉이 뚜렷한 것은 아니고 특정 사건이나 상황에서의 과도기를 의미한다. 선택에 따른 고민이라고 할 수 있다. 나쁘게 표현하면 기회주의적인 모습이다.

### 마무리 총정리

❶ 십이운성은 천간을 기준으로 지지 오행의 순환상태를 인간의 일생에 비유해서 설명한 관법이다.
❷ 십이운성을 다른 표현으로는 천간생왕사절(天干生旺死絕), 또는 포태법(胞胎法)이라고도 한다.
❸ 십이운성에는 12단계가 있다. 절(絕), 태(胎), 양(養), 장생(長生), 목욕(沐浴), 관대(冠帶), 건록(建祿), 제왕(帝旺), 쇠(衰), 병(病), 사(死), 묘(墓)
❹ 십이운성에는 삼합의 논리가 들어 있다. 해당 오행의 장생지+제왕지+묘지 조합이 바로 삼합이다.
❺ 일간 또는 특정 육친의 상태를 해석하는 데 많이 쓰인다.

# 제 48 강 십이운성(十二運星) 2

### ① 건록(建祿)

사람이 다 성장하여 세상에 나와서 일을 하는 상황을 말한다. 천간 입장에서는 통근의 의미이고 그 통근의 힘이 강하니 천간에 많은 도움이 된다. 천간의 정점을 의미하는 제왕지의 바로 전 단계이고 사회적인 활동이 가장 왕성할 때이다. 월지가 건록지면 절지, 양지와는 반대로 내 삶을 내 의지대로 살 수 있다. 그 사람이 잘나고 똑똑해서 그렇다기보다는 그런 환경이 주변에 조성된다.

개인적으로는 편리한 것이고, 사회적으로는 자신의 기량을 온전하게 다 쓸 수 있다는 것이다. 건록은 공부를 마치고 사회의 구성원으로 자기의 할 일을 찾아서 직장이나 사업체에서 일하며 정당한 보수나 대가를 받는 상태로서 공사가 분명하며, 명예와 체면, 상하질서 관계와 책임을 중히 여기는 특징이 있으며, 더 나은 자아발전과 완성을 위해 열심히 뛰는 때라고 할 수 있다. 사람의 일생에 비유하면 중년이라 한다.

### ② 제왕(帝旺)

천간의 정점이다. 힘에서 최고의 정점이니 제왕지를 기점으로 서서히 하강이 시작된다. 독립심이 강하고 나를 중심으로 사람이 결집하는 모습이다. 제왕지를 가진 사람이 사회적인 능력을 갖추면 제왕지가 없는 사람보다 그 능력을 타인한테 인정받기 쉽다. 건록지와 마찬가지로 월지가 제왕지면 남이 아닌 나를 중심으로 인생을 살아간다. 정확히 말하면 그럴 수밖에 없는 상황이다. 다만 건록과는 다르게 **투쟁심**도 강해서 자기 뜻대로 상황이 돌아가지 않으면 주변 사람과의 시비도 불사한다.

제왕이란 말 그대로 장성함이 극에 달하여 왕성한 혈기로서 하늘 높은 줄 모르는 상태이니, 최고로 강하고 극도로 흥한 상태라 할 수 있다. 건록과 제왕은 다 같이 왕한 것 같으나, 록이 하루 중 오전과 같아 더욱 왕한 데로 향하는 상태라면, 제왕은 오후와 같아서 양이 극에 달해 음으로 향하는 상태의 차이가 있다. 전에 설명한 대로 왕지는 정점을 찍은 것이기 때문에 이때부터 서서히 하강 곡선이 시작된다. 그러므로 제왕은 불굴의 투지와 강인한 정신, 그리고 몸과 마음을 바치는 헌신과 의협심 솔선수범하는 정신 등은 좋은데, 너무 성정이 강하다 보니 타인의 조언을 잘 받아들이지 않고 불화와 독선을 초래하는 등 아집에 빠지기 쉽다.

### ③ 쇠(衰)

제왕지에서 정점을 찍고 하강 곡선을 그리다가 겪는 첫 단계이다. 사람으로 비유하면 은퇴기라고 할 수 있다. 현재 상황을 정리하고 다른 상황을 맞이한다는 뜻인데, 관대와 마찬가지로 선택의 기로가 된다. 관대와 차이점이라면 관대는 발전과정에서의 혼란과 성장통이고, 쇠는 이미 업적을 이루고 다른 일을 도모하기 위한 인생설계이다.

천간의 근이 되고 과거의 영광으로 그 보상을 받는 시기라고 할 수 있다. 다만 현재에서 무엇을 이루기는 어려운 단계이다. 현재에서 무엇인가를 이룰 수 있는 건 장생, 건록, 제왕의 단계이다. 현재는 업적을 이루기는 어려우나, 기존에 이룬 업적을 가지고 혜택을 볼 수 있는 단계이다. 안정을 추구하는 방향으로 모든 생각이 흐르고, 모험을 피하고 내실을 기하는 것은 좋으나, 너무 보수적이거나 편협해지면서 자신감이 적어지는 경향이 있다.

### ④ 병(病)

사람이 노쇠하여 병에 걸린 것과 같은 상태로, 외적인 활동보다는 사색이나 공상 등 정적인 일에 치우치고, 입으로는 허장성세를 부리면서, 난관에 부딪히거나 어려운 일이 생기면 될 수 있으면 피하려 하고 좌절하여 낙심하는 경향이 있다. 그러나 촛불은 꺼지기 전에 가장 밝다는 말처럼 마지막 투혼을 불살라 결실을 보려는 경향도 있다. 주어진 여건은 좋지 않으나 그 여건에서 최선을 다하는 상황을 의미한다.

### ⑤ 사(死)

사람이 수명을 다하면 죽듯이, 또 과일이 다 익어 수확하고 나면 잎이 떨어져 다시 땅으로 돌아가는 상태와 같다. 이별의 고통은 따르나 매사에 순리대로 처신하고 복종하며, 은인자중하고, 깊이 사고하고 통찰하는 특징이 있다.

### ⑥ 묘(墓)

말 그대로 사람이 늙고(쇠), 병들고(병), 죽어서(사)… 그다음 단계인 묘지에 들어가는 상황이다. 절지 바로 앞의 단계이고 비록 죽어서 땅속에 들어갔지만, 자식 혼령은 지상에 남아 있는 상태이기 때문에 이 세상과의 완전한 이별이라 할 수 없다. 묘지는 천간의 근이 되는데, 다른 근과는 의미가 다소 다르다. 힘이 되는 근이 아니라 정신적인 의미이다. 생지, 녹지, 왕지가 생산적인 의미의 의지라면 묘지는 그저 의식 그 자체일 뿐이다. 행위로 이어지는 의지가 아니고 그냥 의지 그 자체라는 뜻이다. 저장과 예치, 작용력의 상실을 의미한다.

하루의 모든 일과를 마치고 가정으로 돌아가 포근한 잠자리에 드는 것과 같이 안정되고 정적인 상태이며 침착한 것이 특징인데 보관, 정지의 상태로 일이 묶여 있는 것을 뜻한다. 묘지를 사주첩경 같은 책에서는 부성입묘, 처성입묘라고 해서 해당 육친이 지지에서 묘지를 만나면 죽는다고 나온다. 하지만 그건 묘를 너무 확대해석한 것이다. 물론 죽을 수도 있다. 고령이거나 지병이 심한 사람인 경우는 묘지운에 죽을 수도 있는데, 그런 상황이 아니면 "그 사람의 역할이

끝난다!"라는 표현이 맞다.

### ⑦ 십이운성 조견표

| 구분 | 갑(甲) | 을(乙) | 병(丙) | 정(丁) | 무(戊) | 기(己) | 경(庚) | 신(辛) | 임(壬) | 계(癸) |
|---|---|---|---|---|---|---|---|---|---|---|
| 장생 | 亥 | 午 | 寅 | 酉 | 寅 | 酉 | 巳 | 子 | 申 | 卯 |
| 목욕 | 子 | 巳 | 卯 | 申 | 卯 | 申 | 午 | 亥 | 酉 | 寅 |
| 관대 | 丑 | 辰 | 辰 | 未 | 辰 | 未 | 未 | 戌 | 戌 | 丑 |
| 건록 | 寅 | 卯 | 巳 | 午 | 巳 | 午 | 申 | 酉 | 亥 | 子 |
| 제왕 | 卯 | 寅 | 午 | 巳 | 午 | 巳 | 酉 | 申 | 子 | 亥 |
| 쇠 | 辰 | 丑 | 未 | 辰 | 未 | 辰 | 戌 | 未 | 丑 | 戌 |
| 병 | 巳 | 子 | 申 | 卯 | 申 | 卯 | 亥 | 午 | 寅 | 酉 |
| 사 | 午 | 亥 | 酉 | 寅 | 酉 | 寅 | 子 | 巳 | 卯 | 申 |
| 묘 | 未 | 戌 | 戌 | 丑 | 戌 | 丑 | 丑 | 辰 | 辰 | 未 |
| 절 | 申 | 酉 | 亥 | 子 | 亥 | 子 | 寅 | 卯 | 巳 | 午 |
| 태 | 酉 | 申 | 子 | 亥 | 子 | 亥 | 卯 | 寅 | 午 | 巳 |
| 양 | 戌 | 未 | 丑 | 戌 | 丑 | 戌 | 辰 | 丑 | 未 | 辰 |

"丙, 丁이 戊, 己와 십이운성이 같다. 화토동궁(火土同宮)의 논리."

### ⑧ 음간 십이운성의 부분적인 모순

- 음양의 순환논리상 십이운성에서는 양간은 순행하고 음간은 역행한다.
- 양간은 맞지만 음간은 부분적으로 맞지 않는 모순을 보여 준다.
- 양간의 장생지는 음간의 사지고, 음간의 장생지는 양간의 사지이기 때문이다.

### ⑨ 음양 동생동사

- 그래서 현대 명리학에서는 십이운성을 찾을 때 음양 동생동사(陰陽 同生同死) 법을 쓴다.
- 음양 동생동사(陰陽 同生同死)
→ 양간, 음간 구분하지 않고 둘 다 순행으로 십이운성을 찾는 방식
- 사주를 해석할 때는 간지의 생극이 우선이다. 십이운성은 그다음으로 논한다.

### 마무리 총정리

❶ 丙, 丁이 戊, 己와 십이운성이 같다. 화토동궁(火土同宮)의 논리이다.
❷ 십이운성은 부분적으로 음간의 모순이 있다.
❸ 해당 천간이 묘지에 들었다고 사람이 무조건 죽는 게 아니다. 고령이거나 중병을 앓는 사람을 제외하고는 "그 사람의 현재 역할이 다하다"가 합리적인 통변이다.
❹ 현대 명리학에서는 십이운성을 찾을 때 순행, 역행을 구분하지 않는 방식을 쓴다.
❺ 사주를 해석할 때는 간지의 생극이 우선이다. 십이운성은 그다음으로 논한다.

# 제49강 신살(神殺), 십이신살(十二神殺) 1

### ① 신살의 정의

- 신살(神殺)은 사주명리학에서 가장 오래되었고 가장 인지도가 높은 관법이다.
- 신살의 신은 길신(吉神)이고, 살은 흉살(凶殺)을 뜻한다.
- 신살은 많으나 대부분의 신살들은 그 논리를 규정하지 못하고 있다.
- 본 강의에서는 명리학적 논리가 체계적인, 십이신살을 다룬다.

### ② 십이신살의 정의

- 년지를 기준으로 다른 지지하고 대조해서 사주 당사자가 운명적으로 처한 상황을 보는 신살이다.
- 십이신살(十二神殺)은 년지(年支)라는 숙명적인 부분에서 시작하니 개인의 의지와 노력과는 무관하게 겪는 개인적인 사건이다.
- 십이신살은 월지, 일지, 시지에 해당된다.

### ③ 십이신살의 종류

[십이신살의 12종류]

- 겁살(劫殺)        - 망신살(亡身殺)
- 재살(災殺)        - 장성살(將星殺)
- 천살(天殺)        - 반안살(攀鞍殺)
- 지살(地殺)        - 역마살(驛馬殺)
- 년살(年殺)        - 육해살(六害殺)
- 월살(月殺)        - 화개살(華蓋殺)

### ④ 겁살(劫殺)

자신의 의지와 무관하게 금전적인 손해를 당한다는 의미를 내포하고 있다. 예를 들면 손재, 억압, 탈취, 사기, 배신, 부동산 압류, 강제 매각 등의 의미들이 있다. 성패가 극명하게 작용한다. 따라서 파란만장한 삶을 살기 쉽다. 급하고 과격한 성향으로 과단하며 투기적 경쟁심이 아주 강하며 질투심도 강하다. 이 부분은 선천적인 부분보다는 주어진 환경이 어렵다 보니 후천적인 성격으로 나타나는 부분이다.

성인군자처럼 행동하지만 돌연 잔혹하고 냉정해지기도 한다. 도전적이고 호전적이며 남에게 지고는 못 산다. 결과적으로 자승자박이 되어서 외로워질 수도 있지만, 인격수양이 겸해진다면 스스로 길을 만들어내기도 한다. 결과적으로 보면 그리 좋은 신살은 아니고 흉한 의미의 신살이다. 성과를 내더라도 그만큼 대가를 치르고 얻게 된다.

### ⑤ 재살(災殺)

자신을 궁지로 모는 결과를 초래하기 쉬워 일명 수옥살(囚獄殺)이라고도 한다. 납치, 감금, 소송, 구속, 재난 등과 같은 의미가 있다. 겁살과 더불어 역시 좋은 의미의 신살은 아니다. 분위기로 보자면 적군의 포로가 된 상황이거나 상대방의 처분에 맡겨진 상황이다. 통제되고 억압된 상황에서 고초를 겪는 환경에 놓이기 쉬우니 겁이 많고 항상 불안함이 있다. 때로는 언어와 눈빛이 위협적이고 도발적이다. 꾀가 있으며 총명하다. 지식을 쌓으면 출세하는 사람도 있다. 순간적으로 불리한 처지를 벗어나려는 심리가 있어 계책에 능하고 민첩하게 움직인다.

어려움을 겪었을 때 임기응변력이 있다. 생명과 명예에 관한 일로 싸울 때면 목숨을 걸고 싸운다. 예를 들면 학생운동, 노동운동, 인권운동 등과 같은 혁명가적인 기질을 뜻한다. 재살이 있는데 운에서 다시 재살을 만나면 먼저 명예를 손상당한 다음에 실물, 관재수를 당할 수 있다. 이 부분은 겁살과 마찬가지이다. 중첩되면 그 흉함이 더 크다. 법을 집행하는 직업(정보, 수사기관)에 종사하면 관액을 면하고 자신의 능력을 발휘하게 된다. 칼도 강도가 쓰면 사람을 죽이지만, 군인이 쓰면 사람을 구할 수 있는 것과 같은 이치이다.

### ⑥ 천살(天殺)

수재(水災), 풍재(風災), 지진(地震), 한재(旱災) 등의 예기치 못했던 돌발사고를 겪기 쉽다는 의미이다. 평상시에 생명보험이나 재해보험을 들어 놓는 것이 좋은 처세법이다. 천살이 삼형살과 같이 있으면 관재수가 발생할 가능성이 있다. 년지 기준으로 辰戌丑未 사고의 글자로 천살과 월살이 동시에 작용될 때 가장 불리하다. 억울하고 슬퍼 한탄하고 울고 싶은 심정인 사건이 발생한다. 사람의 능력으로 감당하기 어려운 고초를 겪는다는 뜻이다. 겁살, 재살과 마찬가지로 흉한 의미의 신살인데 다른 점이라면 겁살과 재살은 사회적인 부분에서 겪는 흉이고 천살은 가정적(또는 개인적)으로 겪는 흉이다. 천재지변 말고도 사람과 사람 간의 이별 수 역시 천살의 영역이다.

### ⑦ 지살(地殺)

역마살과 그 의미가 같다. 차이점이라면 역마살은 광역적인 움직임이고, 역마살은 움직이는 범위가 넓지만, 지살은 좁다. 지살과 역마살이 만나면, 시너지 효과로 인해 작용력이 향상된다. 정신적으로 변화와 움직임이 많다. 기회의 타이밍을 조율할 줄 알고 실력을 과시하고 행사하겠다는 의지가 강하지만 후견인이 없어 성공에 시간이 걸린다. 자수성가의 의미를 내포하고 있다. 적극성과 진취성이 강해서 자신을 잘 표현한다. 지살이나 역마살은 길흉의 의미보다는 능력 발휘와 적극성을 보는 데 쓰인다.

### ⑧ 년살(年殺)

년살은 다른 말로 함지살, 도화살, 욕패살이라고도 한다. 용모와 행동이 매력적이며 친절하고 명랑하며 사교성이 있으며 수완과 재능을 소유한다. 주변의 이목을 끌 수 있는 신살이다. 꿈꾸는 소녀 기질로 자신을 아름답게 꾸며 남에게 자랑하고, 칭찬을 듣고 싶은 마음과 같다. 시기와 질투도 심하다. 타고난 애교와 교태가 있으며 욕심을 위하여 참고 눈물로 과장할 수 있다. 화려하고 아름다운 것을 좋아하며 취미가 다양하고, 호기심이 많고 사람을 좋아하여 이성문제가 복잡하다. 머리가 총명하고 다재다능한 팔방미인에 속하는 경우가 많아 연예인이나 스타 기질이 있다. 사람의 주목을 받는 예체능계에 경쟁력 있는 신살이다. 지살, 역마살과 마찬가지로 길흉의 의미보다는 재능적인 의미이다.

### ⑨ 월살(月殺)

다른 표현으로는 "고초살"이라고도 한다. 많은 고민과 갈등이 있는 신살이다. 사주가 신약하면 선택장애가 되고, 신왕하면 겁 없는 무모함이나 지나친 자신감으로 시행착오의 가능성이 크다. 저질러 놓고 후회한다는 뜻이다. 일의 시작은 빠르나 매사 위태로워 중도 포기하거나 마무리를 짓지 못하게 된다. 마음은 허탈하니 우울증, 신경쇠약, 공황장애, 맹목적 믿음으로 나타난다. 월살 운이 오면 믿음이 흔들려서 갈팡질팡하고 행동이 오락가락한다.

자신을 반성하고 노력하면 학자로서 출세하거나 자기만의 예술세계를 열어 업적을 남기기도 하며 종교인 생활을 하기도 한다. 직업적 적성으로는 기도원, 명상센터, 단식원, 예측학, 중개, 소개, 중매, 매매 등의 직종에서 탁월한 능력을 발휘할 수 있다. 본인보다는 주변 환경의 변화로 인하여 부가이익, 즉 상속이나 증여물이 생길 수 있다. 예를 들면 사례금, 위로금, 상속 같은 불로소득을 의미한다. 결과적으로는 좋을 수 있으나 과정적으로는 고통이 따라오는 신살이다.

### 마무리 총정리

❶ 신살(神殺)은 사주명리학에서 가장 오래되었고 가장 인지도가 높은 관법이다. 나쁜 의미만 있는 게 아니라 좋은 의미도 있다.

❷ 신살은 종류는 많지만, 그중 논리적인 것은 많지 않다. 신살의 역사가 길어서 중간에 신살에 대해 설명한 자료가 많이 손실되었기 때문이다.

❸ 십이신살은 년지를 기준으로 다른 지지하고 대조해서 사주 당사자가 운명적으로 처한 상황을 보는 신살이다.

❹ 십이신살은 개인의 의지와 노력과는 무관하게 겪는 개인적인 사건이다.

❺ 십이신살에는 12종류가 있다. 겁살, 재살, 천살, 지살, 년살, 월살, 망신살, 장성살, 반안살, 역마살, 육해살, 화개살

# 제50강 십이신살(十二神殺) 2

### ① 망신살(亡身殺)

다른 표현으로는 파군살(破軍殺)이라고 한다. 연대보증이나 법적 시비를 뜻한다. 쉽게 말해 사람과 돈 때문에 더러운 꼴 보기 쉽다는 의미이다. 두뇌는 총명하나 성질이 급한 편이며 자기주장이 강하고 독선적이고 이기적인 면이 있어 실패가 잦다. 자기 꾀에 자기가 넘어가는 신살이다. 고집이 세어 타인의 말에 귀 기울이지 않고 결국 손해를 봐야 물러나며 매사 속전속결로 처리하는 부분이 크기 때문에 시행착오가 많다. 그러나 운만 잘 타면 크게 발복하는 신살이기도 하다. 자립심이 강해서 매사 스스로 움직여서 성과를 내지만, 독단성이 강해서 손해를 잘 보는 신살이다.

### ② 장성살(將星殺)

장성살은 반안살과 함께 구성되어야 발전의 결과를 기대해 볼 수 있다. 장성살이 행위 자체라면 반안살은 그 행위의 결과를 의미하기 때문이다. 사람들을 대표해서 통솔한다는 좋은 의미의 신살이다. 장성살은 나라에선 군주, 군대에선 총사령관, 회사에선 사장, 집안에선 맏아들, 맏딸이며, 가장의 임무를 맡거나 맡고 싶어 하는 성향을 가지고 있다. 어느 곳에서나 중요한 감투, 업무를 맡고, 정의감이 강하며 주관이 뚜렷하여 유혹되는 일이 적다. 권세욕과 지배욕이 강하여 관직, 군인, 경찰, 체육계통에 종사하면 개인적 발전을 기대할 수 있다.

### ③ 반안살(攀鞍殺)

일명 금여록(金輿祿)이라고도 칭한다. 직역하면 황금 수레를 탄다는 뜻이다. "반안"은 말안장이라는 뜻으로 "멋진 말안장을 장착하여 승진, 출세, 영전(榮轉), 상승의 좋은 의미이다. 장성살과 마찬가지로 좋은 의미 신살이다. 장성살과 같이 있으면 그 좋은 의미가 더 커진다. 현재의 성과보다는 과거의 성과를 지금 인정받는다는 의미이다. 청년보다는 중년 이후에 발복이 크다. 생활 전반을 치장하고 나타내고 표현하고 싶어 하고 인간 교제도 활발하다.

### ④ 역마살(驛馬殺)

역마는 이동과 변화를 의미하여 분주다사하고 타향, 타지, 외국 등과 연관된 사안이나 직업으로 활동한다. 지살과 의미는 같지만 좀 더 넓고 좀 더 활동적이다. 역마는 달리는 말(馬)로 오늘날의 교통수단인 버스, 철도나 전철, 온라인 매체, 항공이나 전파 매체, 해운 교통으로 구분하기도 한다. 현재로 보면, 온라인 활동이라고 보는 게 맞다. 굳이 몸으로 직접 뛰지 않아도 앉은 자리에서 전 세계에 영향을 주는 것이 온라인 활동이다. 희로애락의 감정 기복이 뚜렷하며 싫증을 잘 느끼고 안정감이 없기도 하지만 호기심이 충만하고 가치관이 개방적이고 적극적이어서 기회를 만드는 데 일가견이 있다.

### ⑤ 육해살(六害殺)

무기력한 의미의 신살이다. 꿈과 희망을 접고 주연이 되지 못하는 불우한 별로 비유되기도 하니 일평생 노곤하고 만성 질병에 시달리거나 무엇을 하든 될 듯 말 듯 하다가 결과가 없어 힘 빠지는 경우가 빈번하다. 일지에 육해가 있으면 평생 만성피로증후군에 시달린다. 일이 진행될 때는 노출하지 않으므로 음흉하다는 말을 듣기도 하고, 오해를 받기도 한다. 육해살에 대운 및 세운이 오면 변덕, 짜증, 노이로제 현상이 일어나기도 한다. 좋은 의미의 신살은 아니다.

### ⑥ 화개살(華蓋殺)

화려함과 고독을 상징하는 이중적 성향으로 예술인, 학자, 종교인 등에서 많이 볼 수 있는 신살이다. 사물과 정신을 보관하는 작용을 함과 동시에, 새로운 것을 창조하는 진리의 창고로 비유된다. 화개살이 십신으로 길신이면 학문을 숭상하고 두뇌가 총명, 문장(文章)에 능하고 기능과 인품에 있어 달인적 면모를 소유한다. 그러나 십신으로 흉신이면 특히 편인인 경우는 삶의 도피나 세상 부적응의 모습을 보이기도 한다. 화개가 중첩되면 두뇌와 재능은 비상해도 현실에서는 무능하고 나태하기 쉬우며 세상에 출현하는 데 시간이 걸리는 경향이 크다.

### ⑦ 십이신살 도표

| 년지 | 겁살 | 재살 | 천살 | 지살 | 년살 | 월살 | 망신 | 장성 | 반안 | 역마 | 육해 | 화개 |
|---|---|---|---|---|---|---|---|---|---|---|---|---|
| 申子辰 | 巳 | 午 | 未 | 申 | 酉 | 戌 | 亥 | 子 | 丑 | 寅 | 卯 | 辰 |
| 寅午戌 | 亥 | 子 | 丑 | 寅 | 卯 | 辰 | 巳 | 午 | 未 | 申 | 酉 | 戌 |
| 巳酉丑 | 寅 | 卯 | 辰 | 巳 | 午 | 未 | 申 | 酉 | 戌 | 亥 | 子 | 丑 |
| 亥卯未 | 申 | 酉 | 戌 | 亥 | 子 | 丑 | 寅 | 卯 | 辰 | 巳 | 午 | 未 |

### ⑧ 십이신살 계산법

- 십이신살은 **겁살**부터 시작한다.
- 각 년지의 삼합 오행과 충이 되는 **寅申巳亥가 바로 겁살**이다.

예시) 년지가 亥, 卯, 未인 경우 亥, 卯, 未는 목의 삼합이니까 목과 충(沖)이 되는 금이 겁살이다. 겁살은 寅申巳亥 중에 나오니 申이 亥, 卯, 未 년의 겁살이다.

### ⑨ 십이신살과 궁성론

- 십이신살을 궁성론에 대입시켜서 통변할 수 있다.

예시) 역마살이 월지에 있으면 유년 시절의 유학이지만, 시지에 있으면 나이가 들어 생활의 터전을 옮기는 상황이다.

#### 마무리 총정리

❶ 년지 亥, 卯, 未가 서로 십이신살이 같고, 년지 寅, 午, 戌가 서로 십이신살이 같고, 년지 巳, 酉, 丑가 서로 십이신살이 같고, 년지 申, 子, 辰가 서로 십이신살이 같다.

❷ 십이신살은 겁살부터 시작한다. 각 년지의 삼합 오행과 충이 되는 寅申巳亥가 바로 겁살이다.

❸ 십이신살을 궁성론에 대입시켜서 통변할 수 있다.

❹ 십이신살은 년지를 기준으로 다른 지지(월지, 일지, 시지)를 보는 관법이다. 자평학으로 넘어오면서 일간을 기준으로 십이신살을 보기도 하지만 원칙은 년지 기준이다.

❺ 십이신살에서 좋은 신살로는 장성살과 반안살이 있다. 둘 다 가지고 있으면 상승효과가 있다.

# 제 51강 신왕사주(身旺四柱)의 특성

### ① 신왕사주의 의미
- 사주 원국은 그 사람 인생의 축소판이다.
- 일간이 왕한 신왕사주는 상대가 아닌 내가 주도권을 가질 수 있다는 의미가 된다.
- 그래서 신왕사주는 자기 인생에서 주인공이다. 남들이 함부로 나를 무시할 수 없다.
- 자기 자신의 실제 능력이 어떻든 남들한테 인정받는 사람이 신왕사주이다.
- 한마디로 과대평가받기 쉬운 팔자가 신왕사주다.
- 신왕하다고 무조건 좋은 사주는 아니지만, 인생을 수월하게 사는 하나의 조건은 된다.

### ② 양일간, 음일간의 기질 차이
- 똑같은 신왕사주도 양일간이 음일간보다 신왕함의 특징이 더 뚜렷하다.
- 양은 그 자체가 세력이고 스스로 움직이려고 하는 기질이 있어서 그렇다.

### ③ 비겁으로 신왕, 인성으로 신왕
- 비겁으로 신왕한 사람과 인성으로 신왕한 사람은 차이가 있다.
- 비겁으로 신왕하면 독립적이고, 인성으로 신왕하면 의존적이다.
- 똑같은 부모를 둔 형제자매도 신왕한 자식이 부모한테 더 인정받고 더 사랑받는다. 그게 그 사람의 팔자이다.

### ④ 신왕사주의 강점
- 신왕사주는 주변의 지지를 받고 주변 사람을 내 사람으로 결집하기 쉽다.
- 그래서 마음의 여유가 있고 자신의 능력을 나를 위해 쓸 수 있다.
- 신왕사주는 의지력이 좋아서 마음의 기복이 적다.
- 후천적인 동기부여가 잘되기 때문이다.
- 나를 따르는 사람이 많은 팔자가 신왕사주이다. 반대로 적을 만들기 쉽다.

### ⑤ 신왕사주의 약점
- 신왕사주의 문제점은 나설 때 안 나설 때를 구분하지 못한다.
- 그래서 구설과 시비가 잦을 수밖에 없다.
- 특히 비겁으로 신왕하면 자기 자신을 객관적으로 보지 못한다.
- 능력 이상의 고평가를 받는 사람이니 자기 자신에 대해서 많은 착각을 한다.
- 식상이나 관살이 없으면, 제대로 할 줄 아는 것이 없으면서 자존심만 세다.
- 신왕사주는 전체 사주의 30% 정도이다. 나머지 70%는 신약사주 또는 중화에 가까운 사주이다.

### 마무리 총정리

❶ 일간이 왕한 신왕사주는 상대가 아닌 내가 주도권을 가질 수 있다는 의미가 된다. 그래서 신왕사주는 자기 인생에서 주인공이다. 내 능력을 나를 위해 쓸 수 있다.

❷ 비겁으로 신왕한 사람과 인성으로 신왕한 사람은 차이가 있다. 비겁으로 신왕하면 독립적이고, 인성으로 신왕하면 의존적이다.

❸ 자기 자신의 실제 능력이 어떻든 남들에게 인정받는 사람이 신왕사주다. 한마디로 과대평가받기 쉬운 팔자가 신왕사주이다.

❹ 의지력이 좋아서 마음의 기복이 적다. 후천적인 동기부여가 잘되기 때문이다. 나를 따르는 사람이 많은 팔자가 신왕사주이다. 반대로 적을 만들기도 쉽다.

❺ 신왕사주의 문제점은 나설 때 안 나설 때를 구분하지 못한다. 그래서 구설과 시비가 잦을 수밖에 없다. 식상이나 관살이 없으면, 제대로 할 줄 아는 것이 없으면서 자존심만 세다.

# 제 52 강 신약사주(身弱四柱)의 특성

### ① 신약사주의 의미
- 일간이 약한 신약사주는 내가 아닌 상대방이 주도권을 가질 수 있다는 의미가 된다.
- 그래서 신약사주는 자기 인생에서 조연이다. 남들이 함부로 나를 무시하기 쉽다.
- 특히 일간과 월지가 절지(십이운성의 절지) 관계인 경우는 더더욱 그렇다.
- 일간과 월지가 절지관계라는 것은 사주 당사자의 의지와 행동이 처한 사회 환경과 상반된 입장이라는 뜻이다.
- 자기 자신의 실제 능력이 어떻든 남들한테 인정받기 어려운 사람이 신약사주이다.
- 한마디로 과소평가받기 쉬운 팔자가 신약사주다.
- 신약하다고 무조건 나쁜 사주는 아니지만, 인생 살기를 불편하게 하는 하나의 조건은 된다.

### ② 양일간, 음일간의 기질 차이
- 똑같은 신약사주도 음일간이 양일간보다 신약함의 특징이 더 뚜렷하다.
- 음은 그 자체가 세력이 아니고 상대방의 뜻에 따르려는 기질이 있어서 그렇다.
- 양일간이 신약하면 오기를 가지고 음일간이 신약하면 좌절감을 가진다.

### ③ 식상으로 신약, 재성으로 신약, 관살로 신약
- 식상으로 신약한 사람과, 재성으로 신약한 사람과, 관살로 신약한 사람은 차이가 있다.
- 식상으로 신약하면 도전적이고, 재성으로 신약하면 타협적이고, 관살로 신약하면 순종적이다.
- 잘 쓰면 재능인데 문제는 그 재능을 쓰는 데 한계가 있다. 동기부여가 안 되기 때문이다.
- 신약하면 신약할수록 더욱 심하다.

### ④ 신약사주의 약점
- 신약사주의 문제점은 타인의 과소평가와 사회적 기회의 부재이다. 그래서 마음에 기복이 심하고 좌절도 오기 쉽다.
- 특히 관살로 신약하면 자기 자신을 염세적으로 본다.
- 신약사주는 능력 이하의 저평가를 받는 사람이다.
- 전체적인 사주 구조가 나쁘면 자신의 능력을 남 좋은 일에만 쓰게 된다.
- 신약사주는 전체 사주의 70% 정도다. 나머지 30%는 신왕사주이다.

### ⑤ 일간의 세력에 따른 태도
- 사주가 태왕(극신왕)하면 안하무인이고
- 사주가 신왕하면 나를 중심으로 상대방을 이끌어가고
- 사주가 신약하면 상대방을 중심으로 내가 따라가고
- 사주가 태약(극신약)하면 자포자기의 모습을 보인다.

※ 일간의 근은 그 사람의 의지가 되고 주도권이 되기 때문이다.
→ 일간은 타고난 자존감이고 일간의 세력(신왕 신약)은 관계에서 오는 자존감이다.

**송재우의 사주에듀** 이게 여러분들이 배워야 할 사주명리학입니다!

### 마무리 총정리

❶ 일간이 약한 신약사주는 내가 아닌 상대방이 주도권을 가질 수 있다는 의미가 된다. 그래서 신약사주는 자기 인생에서 조연이다. 남들이 함부로 나를 무시하기 쉽다.

❷ 일간과 월지가 절지관계라는 것은 사주 당사자의 의지와 행동이 처한 사회 환경과 상반된 입장이라는 뜻이다.

❸ 식상으로 신약하면 도전적이고, 재성으로 신약하면 타협적이고, 관살로 신약하면 순종적이다. 잘 쓰면 재능인데 문제는 그 재능을 쓰는 데 한계가 있다. 동기부여가 안 되기 때문이다.

❹ 신약사주의 문제점은 타인의 과소평가와 사회적 기회의 부재이다. 그래서 마음에 기복이 심하고 좌절도 오기 쉽다. 특히 관살로 신약하면 자기 자신을 염세적으로 본다.

❺ 양일간이 신약하면 오기를 가지고 음일간이 신약하면 좌절감을 가진다.

# 제 53 강 인신사해(寅申巳亥) 특성

### ① 인신사해의 특징

- 寅申巳亥는 계절을 여는 시작점이다.
- 전 계절을 버리고 새로운 계절을 열어 가는 모습이다.
- 寅申巳亥를 사생지(四生地) 또는 사맹지(四孟地)라고도 한다.
- 각 계절의 시작점(방합)이고 각 오행의 시작점(삼합)이기 때문이다.

### ② 인신사해가 천간 무, 기의 근이 될 수 없는 이유

- 寅申巳亥는 지장간 여기에 戊를 가지고 있다.
- 寅申巳亥의 지장간 여기는 바로 앞 달(앞의 계절)의 기운이 이어진다.
- 寅申巳亥의 지장간 戊는 온전한 그달의 기운이 아니다.
- 따라서 寅申巳亥의 지장간 戊는 천간 戊, 己의 근으로 쓸 수 없다.

**예외)** 巳의 지장간 戊는 천간 戊, 己의 근으로 쓸 수 있다.
오행의 화와 토는 같은 자리에 같이 근을 두기 때문이다. (화토동궁)

### ③ 인신사해는 용기와 추진력이다

- 寅申巳亥는 새로운 씨앗(다음 계절의 장생지)을 품고 있다.
- 그 씨앗이 아직은 발현이 되는 것이 아니라 내부에 숨겨져 있다.
- 그래서 마음속에 희망적인 미래를 품는 모습이다. 미래지향적이다.
- 멋모르고 뛰어드는 패기이고, 안 될 것을 알면서 도전하는 무모함이라고도 할 수 있다.
- 용기와 추진력을 의미하니 특유의 역동성을 가지고 있다.
- 寅申巳亥가 십이운성으로 장생지고 십이신살로 역마살인 이유이다.

### ④ 인신사해는 양의 기질이다

- 寅申巳亥는 지장간이 모두 양으로 되어 있다. (甲丙戊, 庚壬戊, 丙庚戊, 壬甲戊)
- 따라서 寅申巳亥는 양의 성향을 가지고 있다.
- 양은 성장과 협조를 의미한다.
- 따라서 상생에 특화되어 있다.

### ⑤ 인신사해와 한난조습

- 지지는 월령에 속하면 계절적인 의미가 된다.
- 계절은 한(寒), 난(暖), 조(燥), 습(濕)이라는 온도 습도의 특색이 있다.
- 목왕절은 습(濕), 화왕절은 난(暖), 금왕절은 조(燥), 수왕절은 한(寒)의 특성이 있다.
- 따라서 각 계절에 해당하는 지지는 한난조습의 영향을 받는다.
- 그러나 寅申巳亥는 지장간에 다른 계절의 기운이 섞여 있어서 한난조습의 영향력이 작다.

**송재우의 사주에듀** 이게 여러분들이 배워야 할 사주명리학입니다!

## 마무리 총정리

❶ 寅申巳亥는 사생지(四生地) 또는 사맹지(四孟地)라고도 한다. 각 계절의 시작점(방합)이고 각 오행의 시작점(삼합)이기 때문이다.

❷ 寅申巳亥에는 새로운 씨앗(다음 계절의 장생지)을 품고 있다. 그래서 마음속에 희망적인 미래를 품는 모습이다. 미래지향적이다. 패기, 추진력, 무모함, 역동성을 의미한다.

❸ 寅申亥의 지장간 여기는 바로 앞의 계절의 기운이 이어진다. 寅申亥의 지장간 戊는 온전한 그달의 기운이 아니다. 따라서 寅申亥의 지장간 戊는 천간 戊, 己의 근으로 쓸 수 없다.

❹ 寅申巳亥는 지장간에 다른 계절의 기운이 섞여 있어서 한난조습(寒暖燥濕)의 영향력이 작다.

❺ 寅申巳亥는 지장간이 모두 양으로 되어 있다. 양은 성장과 협조를 의미한다. 따라서 상생에 특화되어 있다.

# 제 54 강 인신사해(寅申巳亥) 대입해 보기

### ① 기본적인 간지의 음양 성향

– 양간지는 생을 아주 잘하고, 극을 아주 잘하고, 생 받는 것이 서투르고, 극 받는 것을 잘 버틴다.
– 음간지는 생을 잘하고, 극을 잘하고, 생 받는 것을 좋아하고, 극 받는 것을 못 버틴다.
– 양은 스스로 이루고자 하고, 음은 상대방을 이용하려고 하는 타고난 속성이 있기 때문이다.
– 그래서 천간은 무슨 지지에 통근하느냐에 따라서 생과 극의 방향성이 달라진다.
– 사람은 환경 적응의 동물이기 때문이다. (일간이 나라면 월지는 환경)

### ② 사주명조 예시

[사주명조 예시 (1)]

| 시 | 일 | 월 | 년 |
|---|---|---|---|
|  | 甲 |  | ○ |
| ○ | ○ | 寅 | ○ |

甲은 목이라서 목생화, 목극토 두 가지 작용하는데, 양적 성향인 寅에 통근해서 목생화를 우선으로 한다. 이 사주는 화를 만나면 상생을 잘한다.

[사주명조 예시 (2)]

| 시 | 일 | 월 | 년 |
|---|---|---|---|
|  | 戊 |  | ○ |
| ○ | ○ | 寅 | ○ |

寅은 목이러서 목생화, 목극토 두 가지 작용하는데, 사생지의 특성상 상극의 능력이 서투르다.
戊는 寅의 극을 크게 받지 않는다.

[사주명조 예시 (3)]

| 시 | 일 | 월 | 년 |
|---|---|---|---|
| ○ | 甲 | ○ | ○ |
| ○ | ○ | 亥 | ○ |

甲은 양간이라서 생을 받는 것이 서투르다.
그러나 양적 성향인 亥에 통근해서 수생목이 잘 이루어진다.

### ③ 인신사해와 상승작용

– 寅申巳亥는 속전속결이다.
– 빨리 일어나고 빨리 결정된다.
– 상승작용을 한다.
– 대인관계에 있어서 협조적이다.
– 나이를 먹어도 소년 같은 패기를 지니고 있다.

#### 마무리 총정리

❶ 양간지는 생을 아주 잘하고, 극을 아주 잘하고, 생 받는 것이 서투르고, 극 받는 것을 잘 버틴다.
❷ 음간지는 생을 잘하고, 극을 잘하고, 생 받는 것을 좋아하고, 극 받는 것을 못 버틴다.
❸ 모든 간지는 생과 극 두 가지의 역할이 있다. 그러나 寅申巳亥에 통근하면 생을 우선으로 한다. 통근한 천간이 양간이면 생을 더 잘한다.
❹ 寅申巳亥는 속전속결이다. 빨리 일어나고 빨리 결정된다. 상승작용을 한다.
❺ 寅申巳亥는 대인관계에 있어서 협조적이다. 나이를 먹어도 소년 같은 패기를 지니고 있다.

# 제 55 강 자오묘유(子午卯酉) 특성

### ① 자오묘유의 특징
- 子午卯酉는 계절의 정점이다.
- 寅申巳亥로부터 기운을 이어받아 현재의 계절을 유지하는 모습이다.
- 子午卯酉를 사왕지(四旺地) 또는 사정지(四正地)라고도 한다.
- 각 계절의 중심(방합)이고 각 오행의 중심(삼합)이기 때문이다.

### ② 자오묘유는 세력의 정점
- **子午卯酉는 세력의 정점이다.**
- 따라서 천간이 子午卯酉에 통근을 하면 寅申巳亥나 辰戌丑未에 통근한 것보다 그 힘이 더 크다.
- 천간 戊, 己의 근 중에서 午가 가장 힘이 강하다.
- 午는 화의 정점이고, 토는 화와 같은 자리에서 근을 쓰기 때문이다.

### ③ 자오묘유가 지장간 중기가 없는 이유
- 子午卯酉는 지장간 중기가 없다. 정기가 중기를 대신한다.
- 寅申巳亥와 辰戌丑未와는 다르게 계절과 오행의 중심이 되어 유지하는 게 목적이기 때문이다.

**예외** ① 午의 지장간 중기에는 己가 들어 있다.
② 午는 왕지 중 유일하게 중기를 가지고 있다. 그 이유도 있다.
③ 午는 음양의 관점에서 양의 정점이라 반드시 음으로 전환하여야 한다.
④ 己는 변환의 의미가 있다. 그래서 양의 정점인 지지 午에 지장간 己가 들어가는 것이다.

### ④ 자오묘유는 뚝심과 지배욕이다
- 子午卯酉는 해당 계절과 오행을 순수하게 가지고 있다.
- 계절과 오행의 정점이다. 그래서 눈앞의 현실이 중요하다.
- 현재 지향적이다.
- 마음먹은 건 반드시 해내겠다는 뚝심이 되고, 자신이 중심이 되고자 하는 지배욕이 있다.
- 뚝심과 지배욕을 의미하니 특유의 안정성을 가지고 있다.
- 子午卯酉가 십이운성으로 제왕지고 십이신살로 장성살인 이유이다.

### ⑤ 자오묘유는 음의 기질이다
- 子午卯酉는 지장간이 음양 공존한다. (癸壬, 丁己 丙, 乙甲, 辛庚)
- 음양 공존하지만 음이 주도한다. 지장간 정기가 음이기 때문이다.
- 모든 지지는 지장간의 정기가 본 모습이다.
- 그래서 지장간의 정기(正氣)를 다른 표현으로 본기(本氣)라고 한다.
- 음은 쇠퇴와 비판을 의미한다. 따라서 상극에 특화되어 있다.
- 그러나 음만 가진 게 아니라 양도 공존하기 때문에 특유의 존재감이 있다.

### ⑥ 자오묘유와 한난조습
- 지지는 월령에 속하면 계절적인 의미가 된다.
- 계절은 한(寒), 난(暖), 조(燥), 습(濕)이라는 온도 습도의 특색이 있다.
- 목왕절은 습(濕), 화왕절은 난(暖), 금왕절은 조(燥), 수왕절은 한(寒)의 특성이 있다.

- 따라서 각 계절에 해당하는 지지는 한난조습의 영향을 받는다.
- 子午卯酉는 지장간이 순수해서 한난조습의 영향력이 크다.

### 마무리 총정리

❶ 子午卯酉를 사왕지(四旺地) 또는 사정지(四正地)라고도 한다. 각 계절의 중심(방합)이고 각 오행의 중심(삼합)이기 때문이다.

❷ 子午卯酉는 해당 계절과 오행을 순수하게 가지고 있다. 계절과 오행의 정점이다. 그래서 눈앞의 현실이 중요하다. 현재 지향적이다.

❸ 子午卯酉는 세력의 정점이다. 따라서 천간이 子午卯酉에 통근을 하면 寅申巳亥나 辰戌丑未에 통근한 것보다 그 힘이 더 크다.

❹ 午는 음양의 관점에서 양의 정점이라 반드시 음으로 전환하여야 한다. 己는 변환의 의미가 있다. 그래서 양의 정점인 지지 午에 지장간 己가 들어가는 것이다.

❺ 子午卯酉의 지장간은 음양이 공존한다. 음양이 공존하지만, 음이 주도한다. 지장간 정기가 음이기 때문이다. 음은 쇠퇴와 비판을 의미한다. 따라서 상극에 특화되어 있다.

# 제56강 자오묘유(子午卯酉) 대입해 보기

### ① 양간이 자오묘유에 통근하는 경우
- 천간은 지지 子午卯酉에 한 개만 통근해도 큰 힘이 된다.
- 그 위치가 월지에 있으면 그야말로 세력의 정점이다.
- 양간이 월지 子午卯酉에 통근했으면 사주 원국에서 대적할 만한 세력이 없다.

### ② 사주명조 예시

[사주명조 예시 (1)]

| 시 | 일 | 월 | 년 |
|---|---|---|---|
|   | 乙 |   | ○ |
| ○ | ○ | 卯 | ○ |

- 乙은 목이라서 목생화, 목극토 두 가지 작용하는데, 음적 성향인 卯에 통근해서 목극토를 우선으로 한다.
- 이 사주는 토를 만나면 상극을 잘한다.

[사주명조 예시 (2)]

| 시 | 일 | 월 | 년 |
|---|---|---|---|
|   | 壬 |   | ○ |
| ○ | ○ | 酉 | ○ |

- 酉는 금이라서 금생수, 금극목 두 가지 작용하는데, 사왕지의 특성상 상생의 능력이 서투르다.
- 壬은 酉의 생을 크게 받지 못한다.

[사주명조 예시 (3)]

| 시 | 일 | 월 | 년 |
|---|---|---|---|
| ○ | 甲 | ○ | ○ |
| ○ | ○ | 子 | ○ |

- 甲은 양간이라서 생을 받는 것이 서투르다.
- 음적 성향인 子를 만나니 수생목이 되기는 하지만 원활하지가 않다.
- 음간인 子는 생해 주는 것을 잘 하지 못하기 때문이다.

[사주명조 예시 (4)]

| 시 | 일 | 월 | 년 |
|---|---|---|---|
| ○ | 甲 | ○ | ○ |
| ○ | ○ | 午 | ○ |

- 甲은 양간이라서 생을 하는 것을 잘한다.
- 음적 성향인 午를 만나니 목생화가 잘 된다.
- 음간인 午는 생 받는 것을 좋아하기 때문이다.

### ③ 자오묘유와 하강작용
- 子午卯酉는 사생결단이다.
- 한번 결정되면 그것으로 끝이다.
- 하강작용을 한다.
- 대인관계에 있어서 비협조적이다.
- 나이와 상관없이 어른스러운 모습을 보인다.

### 마무리 총정리

❶ 子午卯酉 왕지는 다른 간지의 생을 아주 잘 받아들인다. 그러나 다른 간지에 생을 하는 데는 인색하다. 현상 유지의 기능이 있기 때문이다.
❷ 子午卯酉는 사생결단이다. 한번 결정되면 그것으로 끝이다. 하강작용을 한다.
❸ 子午卯酉는 대인관계에 있어서 비협조적이다. 나이와 상관없이 어른스러운 모습을 보인다.
❹ 천간은 지지 子午卯酉에 한 개만 통근해도 큰 힘이 된다. 그 위치가 월지에 있으면 그야말로 세력의 정점이다.
❺ 양간이 월지 子午卯酉에 통근했으면 사주 원국에서 대적할 만한 세력이 없다.

# 제 57강 진술축미(辰戌丑未) 특성

### ① 천간의 토와 지지의 토의 차이

- 辰戌丑未의 정기는 토가 된다.
- 寅申巳亥나 子午卯酉와는 접근 방법이 다르다.
- 寅申巳亥나 子午卯酉는 정기가 자신이 속한 계절이지만 辰戌丑未는 그렇지 못하다.
- 특히 월지에 있는 辰戌丑未는 정기가 아닌 여기와 중기 중심으로 해석해야 한다.

- 천간의 토는 다른 오행과 대등한 입장이지만, 지지의 토는 목화금수를 연결해 주는 매개체에 지나지 않는다.
- 그래서 천간의 戊, 己와 지지 辰戌丑未는 그 역할이 많이 다르다.
- 지지 辰戌丑未는 다른 간지의 영향을 많이 받고 그 변화도 심하다.

### ② 진술축미의 특징

- 辰戌丑未는 계절의 끝자락이며 동시에 다음 계절로 넘어가는 과도기이다.
- 子午卯酉로부터 기운을 이어받아 다음의 계절을 대비하는 모습이다.
- 辰戌丑未를 사고지(四庫地) 또는 사묘지(四墓地)라고도 한다.
- 각 계절의 끝자락(방합)이고 각 오행의 끝자락(삼합)이기 때문이다.

### ③ 진술축미의 여기, 중기는 힘이 약하다

- 辰戌丑未는 지장간의 정기가 戊(계승의 의미), 己(변환의 의미)이다.
- 寅申巳亥, 子午卯酉와는 다르게 계절과 오행의 끝자락이 되어 변화하는 게 목적이기 때문이다.
- 辰戌丑未에 있는 여기, 중기를 천간의 근으로 쓰면 세력이 약하다.

- 辰戌丑未 여기, 중기에 들어 있는 지장간들이 힘이 있는 지장간이 아니기 때문이다.

### ④ 월지에 있는 진술축미

다만, 월지에 있는 辰戌丑未는 여기가 힘이 있다. 계절적인 의미가 있기 때문이다.

① 월지 辰 지장간 여기 乙
→ 비록 퇴기지만 목왕절이라는 계절적인 의미가 있다.
② 월지 未 지장간 여기 丁
→ 비록 퇴기지만 화왕절이라는 계절적인 의미가 있다.
③ 월지 戌 지장간 여기 辛
→ 비록 퇴기지만 금왕절이라는 계절적인 의미가 있다.
④ 월지 丑 지장간 여기 癸
→ 비록 퇴기지만 수왕절이라는 계절적인 의미가 있다.

사주에서는 **계절 〉 오행**이다.
계절적인 의미가 오행적인 의미보다 더 크다.
계절은 월지에서 나오기 때문이다.

### ⑤ 진술축미는 합충 변화에 민감하다

- 辰戌丑未는 지장간이 거의 음으로 되어 있다. (戊癸乙, 戊丁辛, 己辛癸, 己乙丁)
- 따라서 辰戌丑未는 음의 성향을 가지고 있다.
- 子午卯酉도 음의 성향이 강하지만 辰戌丑未와 차이점이 있다.
- 子午卯酉는 정점을 찍고 하강 곡선을 보여 주는 것이고, 辰戌丑未는 이미 다 내려온 상태에서 새로운 시작을 준비하기 위해 자신을 없애려고 하는 것이다.

- 辰戌丑未는 상생상극 둘 다 특화되어 있지 않다.
- 상생상극보다는 합충 변화에 더 민감하다.
- 그래서 辰戌丑未는 기회주의적인 면이 있다.

### ⑥ 진술축미는 인내와 노련함이다

- 辰戌丑未는 현재의 계절이 약화되면서 지난 계절의 기운을 정리하는 시점이다.
- 계절과 오행의 끝자락이다.
- 그래서 지나간 날이 중요하다. 과거 지향적이다.
- 나이 어린 사람도 애늙은이처럼 행동하고 염세적인 사고방식을 가진다.
- 뜻대로 안 돼도 기다릴 줄 아는 인내가 있고, 복잡한 상황도 잘 마무리 짓는 노련함이 있다.
- 인내와 노련함을 의미하니 특유의 준비성을 가지고 있다.
- 辰戌丑未가 십이운성으로 묘지고 십이신살로 화개살인 이유이다.

### ⑦ 진술축미와 한난조습

- 지지는 월령에 속하면 계절적인 의미가 된다.
- 계절은 한(寒), 난(暖), 조(燥), 습(濕)이라는 온도 습도의 특색이 있다.
- 목왕절은 습(濕), 화왕절은 난(暖), 금왕절은 조(燥), 수왕절은 한(寒)의 특성이 있다.
- 따라서 각 계절에 해당하는 지지는 한난조습의 영향을 받는다.

### ⑧ 진술축미와 한난조습

- 辰戌丑未는 한난조습의 영향력이 크다.
- 계절이 변하기 전 마지막 힘을 다 쏟아내기 때문이다.
- 오행적 관점에서의 영향력 크기
  → 子午卯酉 〉寅申巳亥 〉辰戌丑未

- 조후적 관점에서의 영향력 크기
  → 子午卯酉 〉辰戌丑未 〉寅申巳亥

### 마무리 총정리

❶ 辰戌丑未는 정기가 아닌 여기와 중기 중심으로 해석해야 한다. 정기 중심으로 해석하는 寅申巳亥나 子午卯酉와는 다르게 접근해야 한다.
❷ 辰戌丑未를 사고지(四庫地) 또는 사묘지(四墓地)라고도 한다. 각 계절의 끝자락(방합)이고 각 오행의 끝자락(삼합)이기 때문이다.
❸ 辰戌丑未는 상생상극 둘 다 특화되어 있지 않다. 상생상극보다는 합충 변화에 더 민감하다. 그래서 辰戌丑未는 기회주의적인 면이 있다.
❹ 辰戌丑未는 현재의 계절이 약화되면서 지난 계절의 기운을 정리하는 시점이다. 그래서 지나간 날이 중요하다. 과거 지향적이다. 인내와 노련미를 의미한다.
❺ 辰戌丑未를 근으로 쓰는 천간은 힘이 약하다. 다만 월지에 있는 辰戌丑未의 여기를 근으로 쓰는 천간은 그 힘이 있다. 계절적인 의미가 있기 때문이다.

# 제 58 강 진술축미(辰戌丑未) 대입해 보기

### ① 진술축미와 상생상극

- 원국의 모든 간지는 상생상극을 하고 그것이 중심이다.
- 그러나 辰戌丑未는 역할의 특성상 상생상극보다는 합충 변화에 더 민감하다.
- 이 중 未만 상생(토생금), 상극(토극수)이 중심이다.
- 나머지 辰戌丑은 합충 변화가 우선이다.

### ② 사주명조 예시

[사주명조 예시]

| 시 | 일 | 월 | 년 |
|---|---|---|---|
| ○ | 丙 | ○ | ○ |
| 申 | 辰 | 子 | ○ |

- 일지의 辰은 월지의 子와 시지의 申과 같이 申子辰 삼합을 이루었다.
- 따라서 일지의 辰은 월지 子를 토극수 하지 않고 같이 동화되어 수의 역할을 한다.
- 물론 일지의 辰은 시지의 申도 토생금 하지 않는다.

[사주명조 예시]

| 시 | 일 | 월 | 년 |
|---|---|---|---|
| ○ | ○ | ○ | ○ |
| 子 | 辰 | 申 | ○ |

- 삼합이 이루어져도 가장 큰 세력은 월지이다.
- 계절의 의미를 넘어서지 못한다.
- 申월은 금왕절이니 금이 왕하고, 申子辰 삼합이 이루어졌으니 수도 강하다.

[사주명조 예시]

| 시 | 일 | 월 | 년 |
|---|---|---|---|
| ○ | ○ | ○ | ○ |
| 申 | 辰 | 子 | ○ |

- 삼합의 중심인 子가 월지를 점령했다.

- 이렇게 왕지가 월지를 장악해야 삼합의 힘이 가장 강력해진다.

[사주명조 예시]

| 시 | 일 | 월 | 년 |
|---|---|---|---|
| ○ | ○ | ○ | ○ |
| 申 | 子 | 辰 | ○ |

- 申子辰 삼합이 이루어지긴 했지만, 辰이 월지를 점령해서 목왕절이다.
- 삼합 중 가장 약한 경우이다.

### ③ 진술축미와 변화작용

- 辰戌丑未는 환골탈태이다.
- 과거를 반성하고 더 좋은 모습을 보이고자 한다.
- 변화작용을 한다.
- 대인관계에 있어서 전략적이다.
- 나이와 상관없이 늙은이의 모습을 보인다.
- 辰戌丑未는 언제나 차선책(Plan B)을 만들어 놓는다.
- 나쁘게 표현하면 간 보기를 잘하는 것이다.
- 항상 자기 살길은 먼저 만들어 놓는다.

### ④ 각 지지별 일할 때의 태도

**일할 때의 태도**
- 寅申巳亥는 도전정신(挑戰精神)
  → 寅申巳亥는 한 가지 일에 최선을 다한다.
  → 그 한 가지 일을 해결하면 새로운 일에 도전한다.
- 子午卯酉는 장인정신(匠仁精神)
  → 子午卯酉는 한 가지 일에 최선을 다한다.
  → 그 한 가지 일을 해결하면 계속 이어 나간다.
- 辰戌丑未는 교토삼굴(狡兔三窟)
  → 辰戌丑未는 한 가지 일에 최선을 다하지 않는다.
  → 안 될 것을 대비해서 여러 가지 일에 손댄다.

## 송재우의 사주에듀 이게 여러분들이 배워야 할 사주명리학입니다!

### 마무리 총정리

❶ 辰戌丑未는 역할의 특성상 상생상극보다는 합충 변화에 더 민감하다. 이 중 未만 상생상극이 중심이다. 나머지 辰戌丑은 합충 변화가 우선이다.

❷ 辰戌丑未는 환골탈태이다. 과거를 반성하고 더 좋은 모습을 보이고자 한다. 변화작용을 한다. 대인관계에 있어서 전략적이다.

❸ 辰戌丑未는 언제나 차선책(Plan B)을 만들어 놓는다. 나쁘게 표현하면 간 보기를 잘하는 것이다. 항상 자기 살길은 먼저 만들어 놓는다.

❹ 辰戌丑未는 한 가지 일에 최선을 다하지 않는다. 안 될 것을 대비해서 여러 가지 일에 손댄다.

❺ 辰戌丑未가 월지에 있으면 삼합이 되더라도 그 계절의 특성을 유지한다. 아무리 삼합국이 이루어져도 해당 계절을 넘어서지는 못한다.

이게 여러분들이 배워야 할 사주명리학입니다!

# 송재우의 사주에듀

https://www.48class.com

## 목차 미리보기

| | | | | |
|---|---|---|---|---|
| 제59강 | 상생(相生) 심화 | | 제89강 | 공망(空亡) 찾는 법 |
| 제60강 | 상극(相剋) 심화 | | 제90강 | 혼잡(混雜) |
| 제61강 | 왕하다는 것? 많다는 것? | | 제91강 | 설기(洩氣) |
| 제62강 | 약하다는 것? | | 제92강 | 설기(洩氣)가 되는 사주 보기 |
| 제63강 | 없다는 것? | | 제93강 | 천을귀인(天乙貴人) |
| 제64강 | 오행의 세력 찾기 1 | | | 문창귀인(文昌貴人) 문곡귀인(文曲貴人) |
| 제65강 | 오행의 세력 찾기 2 | | 제94강 | 형살(刑殺) 귀문관살(鬼門關殺) |
| 제66강 | 기신(忌神)과 용신(用神) | | | |
| 제67강 | 조후용신(調候用神) 1 | | | |
| 제68강 | 조후용신(調候用神) 2 | | | |
| 제69강 | 억부용신(抑扶用神) 1 | | | |
| 제70강 | 억부용신(抑扶用神) 2 | | | |
| 제71강 | 병약용신(病藥用神) 1 | | | |
| 제72강 | 병약용신(病藥用神) 2 | | | |
| 제73강 | 종격(從格) | | | |
| 제74강 | 가종격(假從格) | | | |
| 제75강 | 양기성상격(兩氣成像格) | | | |
| 제76강 | 개두(蓋頭) | | | |
| 제77강 | 절각(截脚) | | | |
| 제78강 | 물상(物像) | | | |
| 제79강 | 천간(天干) 물상(物像) 1 | | | |
| 제80강 | 천간(天干) 물상(物像) 2 | | | |
| 제81강 | 지지(地支) 물상(物象) 1 | | | |
| 제82강 | 지지(地支) 물상(物象) 2 | | | |
| 제83강 | 지지(地支) 물상(物象) 3 | | | |
| 제84강 | 지지(地支) 물상(物象) 4 | | | |
| 제85강 | 살(殺)을 다루는 방법(합살) | | | |
| 제86강 | 살(殺)을 다루는 방법(화살) | | | |
| 제87강 | 살(殺)을 다루는 방법(제살) | | | |
| 제88강 | 공망(空亡) | | | |

# 기초응용

### 59~94강

# 제 59 강 상생(相生) 심화

### ① 상생의 정의

[생(生)의 정의]
- 만들어 내다, 기르다, 도와주다, 자연 발생하다, 익숙하다의 의미가 있다.
- 조건 없이 주고받는 것을 의미하고 순리에 맞게 처신하는 것이다.
- 두 개의 오행이나 십신이 상생 관계이면 서로를 도우니 효율적이다.
- 능력을 의미한다.

[생(生)의 예시]
- 재성과 관살이 서로 만났다.
- 재성은 관살을 생하니 관살에 도움이 된다. 관살은 비겁을 극하니 재성을 구해 준다.
- 재성은 관살에 힘을 실어 주니 관살이 생극 작용을 할 수 있게 도와주고 관살은 비겁을 극해서 비겁이 재성을 극하지 못하게 한다. 결과적으로 재성을 보호한다.
- 그래서 생하는 관계인 오행이나 십신이 만나면 둘의 능력이 극대화된다.

### ② 상생으로 보는 오행 관계

[상생으로 보는 유기적인 오행 관계]
생해 주는 오행은 생 받는 오행의 **과거**가 되고,
생 받는 오행은 생해 주는 오행의 **미래**가 된다.

- 수(목을 준비하는 과정) → 목 → 화(목이 앞으로 나아가야 할 길)
- 목(화를 준비하는 과정) → 화 → 토(화가 앞으로 나아가야 할 길)
- 화(토를 준비하는 과정) → 토 → 금(토가 앞으로 나아가야 할 길)
- 토(금을 준비하는 과정) → 금 → 수(금이 앞으로 나아가야 할 길)
- 금(수를 준비하는 과정) → 수 → 목(수가 앞으로 나아가야 할 길)

### ③ 상생으로 보는 십신 관계

[상생으로 보는 유기적인 십신 관계]
생해 주는 십신은 생 받는 십신의 **과거**가 되고,
생 받는 십신은 생해 주는 십신의 **미래**가 된다.

- 인성(비겁을 준비하는 과정) → 비겁 → 식상(비겁이 앞으로 나아가야 할 길)
- 비겁(식상을 준비하는 과정) → 식상 → 재성(식상이 앞으로 나아가야 할 길)
- 식상(재성을 준비하는 과정) → 재성 → 관살(재성이 앞으로 나아가야 할 길)
- 재성(관살을 준비하는 과정) → 관살 → 인성(관살이 앞으로 나아가야 할 길)
- 관살(인성을 준비하는 과정) → 인성 → 비겁(인성이 앞으로 나아가야 할 길)

### ④ 상생은 시간이 필요하다

- 사주원국에서는 상극보다 상생이 우선이다.
- 상생은 익숙함이라 시간이 필요하다.
- 따라서 평생 영향을 주는 원국은 상생을 쓸 수 있다.

### ⑤ 사주명조 예시

[사주명조 예시]

| 시 | 일 | 월 | 년 |
|---|---|---|---|
| 戊 | 丙 | 壬 | 乙 |
| ○ | ○ | ○ | ○ |

- 월간 壬은 수라서 수생목, 수극화 두 가지 기능이 있다.
- 사주 원국에 목과 화가 같이 양쪽에 다 있다.
- 같이 가까운 위치인 경우 생이 우선이다.
- 이런 경우는 수생목을 하지 수극화 하지 않는다.

[사주명조 예시]

| 시 | 일 | 월 | 년 |
|---|---|---|---|
| 戊 | 乙 | 丙 | 壬 |
| ○ | ○ | ○ | ○ |

- 년간 壬은 수라서 수생목, 수극화의 두 가지 기능이 있다.
- 사주 원국에 목과 화가 둘 다 있다.
- 그러나 화가 수 바로 옆에 있어서 수극화가 먼저 일어나고 그다음 수생목이 일어난다.

[사주명조 예시]

| 시 | 일 | 월 | 년 |
|---|---|---|---|
| 戊 | 乙 | 丙 | 壬 |
| ○ | ○ | ○ | ○ |

- 생이든 극이든 가까운 간지가 먼저, 떨어져 있는 간지는 나중에 반응한다.
- 그래서 상생이 있다고 무조건 상생만 일어난다고 하면 안 된다.
- 간지의 배열 위치에 따라 상생상극의 작용이 달라지기 때문이다.
- 간지의 위치는 시간의 흐름이기 때문이다.

### 마무리 총정리

❶ 생(生)은 만들어 내다, 기르다, 도와주다, 자연 발생되다, 익숙하다의 의미가 있다. 조건 없이 주고받는 것을 의미하고 순리에 맞게 처신하는 것이다.

❷ 두 개의 오행이나 십신이 상생 관계이면 서로를 도우니 효율적이다. 능력을 의미한다.

❸ 생해 주는 오행(또는 십신)은 생 받는 오행(또는 십신)의 과거가 되고, 생 받는 오행(또는 십신)은 생해 주는 오행(또는 십신)의 미래가 된다.

❹ 사주원국에서는 상극보다 상생이 우선이다. 상생은 익숙함이라 시간이 필요하다. 따라서 평생 영향을 주는 원국은 상생을 쓸 수 있다.

❺ 생이든 극이든 가까운 자리의 간지가 먼저 반응한다. 원국에서 자리(궁)는 시간의 흐름이기 때문에 가까운 순서대로 반응한다. 만약 생이 먼저 일어나면 극의 작용력은 사라진다.

# 제 60 강 상극(相剋) 심화

## ① 상극의 정의

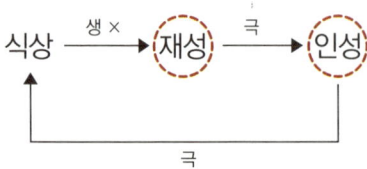

[극(剋)의 정의]
- 견제하다, 의도적으로 외면하다, 요구를 주고받다, 인위적으로 접근하다, 낯설다의 의미가 있다.
- 조건을 가지고 주고받는 것을 의미하며 순리대로 처신하지 않는다.
- 두 개의 오행이나 십신이 상극 관계이면 서로를 방해하니 비효율적이다. 문제점을 의미한다.

[극(剋)의 예시]
- 재성과 인성이 서로 만났다. 재성은 인성을 극하니 인성에 방해된다. 인성은 식상을 극하니 재성을 생 못 받게 한다.
- 재성은 인성을 견제하니 인성이 생극 작용을 할 수 없게 방해하고 인성은 식상을 극해서 식상이 재성을 생하지 못하게 한다.
- 결과적으로 재성의 힘을 끊는다. 그래서 극하는 관계인 오행이나 십신이 만나면 둘의 능력이 축소된다.

## ② 상극으로 보는 오행 관계

[상극으로 보는 종속적인 오행 관계]
극해 주는 오행은 극 받는 오행의 강자가 되고,
극 받는 오행은 극해 주는 오행의 약자가 된다.

- 금(목을 간섭하는 대상) → 목 → 토(목이 간섭하는 대상)
- 수(화를 간섭하는 대상) → 화 → 금(화가 간섭하는 대상)
- 목(토를 간섭하는 대상) → 토 → 수(토가 간섭하는 대상)
- 화(금을 간섭하는 대상) → 금 → 목(금이 간섭하는 대상)
- 토(수를 간섭하는 대상) → 수 → 화(수가 간섭하는 대상)

## ③ 상극으로 보는 십신 관계

[상극으로 보는 종속적인 십신 관계]
극해 주는 십신은 극 받는 십신의 강자가 되고,
극 받는 십신은 극해 주는 십신의 약자가 된다.

- 관살(비겁을 간섭하는 대상) → 비겁 → 재성(비겁이 간섭하는 대상)
- 인성(식상을 간섭하는 대상) → 식상 → 관살(식상이 간섭하는 대상)
- 비겁(재성을 간섭하는 대상) → 재성 → 인성(재성이 간섭하는 대상)
- 식상(관살을 간섭하는 대상) → 관살 → 비겁(관살이 간섭하는 대상)
- 재성(인성을 간섭하는 대상) → 인성 → 식상(인성이 간섭하는 대상)

## ④ 상극은 시간이 필요하지 않다

- 극은 낯선 것이다. 시간이 필요하지 않다.
- 따라서 운에서 원국으로 오는 간지는 상극이 우선이다.
- 운은 순간적으로 특정 기간에만 작용하는 외부 자극이기 때문이다.
- 특히 원국에 없는 글자가 세운으로 들어오면 더욱 그렇다.
- 대운은 그 주기가 길어서 원국에 없는 글자가 오더라도 상생할 수 있다.

- 물론 원국에 이미 상생이 이루어진 사주보다는 그 속도가 느리다.

### ⑤ 사주명조 예시

[사주명조 예시]

| 시 | 일 | 월 | 년 | 세운 |
|---|---|---|---|---|
| 辛 | 庚 | 甲 | 癸 | 庚 |
| 巳 | 寅 | 寅 | 亥 | 戌 |

- 원국에 토가 없다. 이 사주에서 토는 인성이므로 무인성 사주도 된다.
- 그런데 세운 지지에서 戌이 왔다. 무인성 사주에 인성이 들어왔다.
- 원국에서는 인성이 없어서 상생 관계가 일어나지 않았다.
- 따라서 세운 지지 戌은 금을 생하려고 온 게 아니고 수를 극하러 온 것이다.
- 인성이 일간을 생하려고 온 게 아니라, 식상을 극하러 왔다.

[사주명조 예시]

| 시 | 일 | 월 | 년 | 대운 |
|---|---|---|---|---|
| 辛 | 庚 | 甲 | 癸 | 庚 |
| 巳 | 寅 | 寅 | 亥 | 戌 |

- 원국에 토가 없다. 이 사주에서 토는 인성이므로 무인성 사주도 된다.
- 그런데 대운 지지에서 戌이 왔다. 무인성 사주에 인성이 들어왔다.
- 하지만 대운은 그 주기가 10년이라서 시간이 길다.
- 그래서 원국에 없는 글자가 대운으로 오면 상생이 가능하다.

### 마무리 총정리

❶ 극(剋)은 견제하다, 의도적으로 외면하다, 요구를 주고받다, 인위적으로 접근하다, 낯설다의 의미가 있다. 조건을 가지고 주고받는 것을 의미하며 순리대로 처신하지 않는다.

❷ 두 개의 오행이나 십신이 상극 관계이면 서로를 방해하니 비효율적이다. 문제점을 의미한다.

❸ 극해 주는 오행(또는 십신)은 극 받는 오행(또는 십신)의 강자가 되고, 극 받는 오행(또는 십신)은 극해 주는 오행(또는 십신)의 약자가 된다.

❹ 극은 낯선 것이다. 시간이 필요하지 않다. 따라서 운에서 원국으로 오는 간지는 상극이 우선이다. 운은 순간적으로 특정 기간에만 작용하는 외부 자극이기 때문이다.

❺ 원국에 없는 글자가 세운으로 들어오면 원국에서 상생이 안 된다. 하지만 원국에 없는 글자라도 대운으로 오면 상생할 수 있다. 대운 주기가 길기 때문이다.

# 제 61 강 왕하다는 것? 많다는 것?

## ① 왕하다의 조건, 많다의 조건

[왕하다(旺), 많다(多)의 차이]
- 왕하다의 정의: 오행(또는 십신)의 세력이 강력하다.
- 많다의 정의: 세력과 관계없이 오행(또는 십신)의 숫자가 많다.
- 왕하다는 것과 많다는 것이 동시에 충족되는 때도 있다.

["왕하다"의 조건]
- 지지 오행이 2개 이상인 경우
- 천간이 寅申巳亥, 子午卯酉에 1개라도 통근한 경우
- 지지에 삼합 또는 子午卯酉 사왕지 포함한 반합이 이루어진 경우
- 寅申巳亥, 子午卯酉가 월지를 점령한 경우

["많다"의 조건]
- 다른 조건 없이 그냥 해당 오행 숫자만 많으면 된다.

[사주명조 예시 (1)]

| 시 | 일 | 월 | 년 |
|---|---|---|---|
| 辛 | 辛 | 辛 | 辛 |
| 卯 | 卯 | 卯 | 卯 |

- 예시를 보면 금 4개, 목 4개가 있다.
- 금은 통근을 못 해서 세력이 매우 약하다.
- 게다가 금은 음간이다.
- 반면에 목은 지지에 있어서 세력이 매우 왕하다.
- 따라서 이 사주는 금은 많고 목은 왕하다.
- 금은 비견이 되고 목은 편재가 되니, 비견이 많고 편재가 왕한 것도 된다.

[사주명조 예시 (2)]

| 시 | 일 | 월 | 년 |
|---|---|---|---|
| 庚 | 丙 | 壬 | 戊 |
| 寅 | 寅 | 寅 | 寅 |

- 화가 통근을 했다.
- 그것도 연월일시 지지 모두 통근했다.
- 개수로 보면 화는 일간 병화 1개다.
- 그러나 지지에서 통근하니 화가 왕한 사주이다.
- 1개라도 이렇게 지지에 복수로 통근을 하면 세력이 왕하다.

[사주명조 예시 (3)]

| 시 | 일 | 월 | 년 |
|---|---|---|---|
| ○ | 甲 | ○ | ○ |
| 未 | 辰 | 未 | 未 |

- 갑목일간이 연월일시 모두 통근했다.
- 하지만 갑목이 왕하다고 할 수는 없다.
- 이유는 통근처가 辰戌丑未 사묘지이기 때문이다.
- 통근해도 큰 힘이 되려면 寅申巳亥 사생지나 子午卯酉 사왕지에 통근해야 한다.
- 辰戌丑未 사묘지는 통근을 해도 큰 힘이 되지 못한다.
- 물론 아예 통근조차 못 한 천간보다는 힘은 있지만, 역량 부족이다.

예외) 진술축미에 통근했어도 일간이 자기 계절을 얻었다면 이야기는 많이 달라진다.
위의 사주는 미월이라 화왕절인데 만약 월지가 진토라서 목왕절이었으면 일간의 힘이 세진다.

[사주명조 예시 (4)]

| 시 | 일 | 월 | 년 |
|---|---|---|---|
| ○ | 庚 | ○ | ○ |
| 巳 | 午 | 巳 | 巳 |

- 천간은 寅申巳亥 사생지나 子午卯酉 사왕지에 통근해야 왕하다.
- 그러나 지장간의 통근을 볼 때는 정기부터 본다.
- 지장간 중기가 금의 장생지라서 庚에 힘을 실어주는 건 사실이다.
- 하지만 지지 巳의 지장간 정기가 丙이라서 천간 庚의 힘을 떨어뜨리는 요소가 더 많다.
- 따라서 이 사주의 일간 庚은 왕하다고 할 수가 없다.
- 신왕사주가 아니다.
- 천간 庚, 辛의 지지 巳 통근은 寅申巳亥 사생지 통근 중 가장 약한 사례이다.

[사주명조 예시 (5)]

| 시 | 일 | 월 | 년 |
|---|---|---|---|
|  |  |  |  |
| 酉 | 酉 | 卯 | 酉 |

- 월지에 목이 있다.
- 비록 하나지만 월지를 점령했고 그것도 子午卯酉 사왕지라서 목이 왕하다고 할 수 있다.
- 그러나 주변의 酉와 쟁충을 한다. 목이 왕하다고 할 수 없다.
- 결과적으로 주변의 간지에 극이나 충을 심하게 받으니 해당 오행이 왕하다 할 수 없다.
- 아무리 子午卯酉 사왕지가 월지를 점거해도 그렇다.

② 왕하다는 것은 양날의 칼이다

특정 오행이나 십신이 왕하다는 것은 그렇지 못한 사람들에 비해 독보적인 능력을 갖추었다는 뜻이다.
- 독보적인 능력을 갖춤과 동시에 그만큼 불편함도 생긴다.
- 큰 힘에는 큰 책임이 따른다.
- 사주에서 월지란 좋든 싫든 당사자가 떠안고 가야 하는 상황이기 때문이다.

③ 오행의 왕함, 십신의 왕함

1. 특정 오행이 왕하다는 것
- 해당하는 신체 능력(또는 건강)이 강하다는 것을 의미한다.

2. 특정 십신이 왕하다는 것
- 해당 육친(혈육, 지인)과 내가 인연이 깊다는 것을 의미한다.

④ 십신의 많음과 인연

- 특정 십신이 많다는 것은 십신에 해당하는 행동의 빈도수가 높다는 뜻이다.
- 다만 통근을 못 했으니 행동의 깊이는 떨어진다.
- 특정 십신이 많다는 것은 해당 육친에 대한 관심이 많다는 것이다.
- '인연이 깊다'와는 다른 의미이다.
- 특정 십신이 많다는 것은 해당 육친에 관심이 많으니, 그 사람 때문에 여러 가지 사건을 겪는다.

**송재우의 사주에듀** 이게 여러분들이 배워야 할 사주명리학입니다!

### 마무리 총정리

❶ 왕하다는 오행(또는 십신)의 세력이 강력한 경우를 뜻하고, 많다는 세력과 관계없이 오행(또는 십신)의 숫자가 많은 경우다. 왕하다는 것과 많다는 것이 동시에 충족되는 경우도 있다.

❷ 특정 오행이나 십신이 왕하다는 것은 그렇지 못한 사람들에 비해 독보적인 능력을 갖추었다는 뜻이다. 독보적인 능력을 갖춤과 동시에 그만큼 불편함도 생긴다.

❸ 특히 왕한 오행이나 십신이 월지를 포함하고 있으면 자기 전생 업(業)이나 마찬가지다. 사주에서 월지란 좋든 싫든 당사자가 떠안고 가야 하는 상황이기 때문이다.

❹ 특정 십신이 많다는 것은 십신에 해당하는 행동의 빈도수가 높다는 뜻이다. 다만 통근을 못 했으니 행동의 깊이는 떨어진다. 잘하는 건 아니다.

❺ 특정 오행이 왕하거나 많다는 것은 해당하는 신체 능력(또는 건강), 육친(혈육, 지인)과 연관이 있다는 의미이다.

# 제 62 강 약하다는 것?

## ① 약하다의 조건

**[약하다(不及)의 정의]**
- 오행(또는 십신)은 존재하지만, 그 힘(세력)이 약한 것을 말한다.

**["약하다"의 조건]**
- 오행(또는 십신)이 지지에 한 개만 있는 경우
- 오행(또는 십신)이 통근 못 하고 천간에 떠 있는 경우
- 오행(또는 십신)이 통근했어도 辰戌丑未 사묘지에 통근한 경우

→ 통근 못 한 천간은 아무리 많아도 약하다.
→ 그래서 많다는 것과 약하다는 것이 동시에 성립될 수도 있다.
→ 세력의 크기는 구조로 만들어지는 것이지 숫자로 만들어지는 게 아니기 때문이다.

## ② 사주명조 예시

**[사주명조 예시 (1)]**

| 시 | 일 | 월 | 년 |
|---|---|---|---|
| 辛 | 庚 | 甲 | 癸 |
| 巳 | 寅 | 寅 | 亥 |

- 시지의 巳가 하나 있다.
- 이 사주에서 巳는 편관이 되니 편관이 약한 사주도 된다.
- 일간과 시간에 庚, 辛이 2개 있나.
- 비록 시지 巳에 통근하기는 했지만, 그 힘이 세지는 않다.
- 그리고 庚, 辛은 토의 생을 못 받는다. 사주에 토가 없기 때문이다.
- 따라서 위의 사주 원국에서 화, 금이 약하다.

**[사주명조 예시 (2)]**

| 시 | 일 | 월 | 년 |
|---|---|---|---|
| 乙 | 丙 | 丁 | 庚 |
| 未 | 午 | 未 | 子 |

- 목은 시간의 乙 하나 있다.
- 목이 통근했지만 未에 통근했다. 큰 힘이 되지 못한다.
- 금은 년간에 庚 하나 있다.
- 양간이기는 하지만 연월일시 지지 그 어디에도 통근을 못 했다.
- 금 같은 경우는 설상가상으로 년지 子에 힘을 뺏기고, 천간에서 丙, 丁화의 극을 받고 있다.
- 수는 년지에 子 하나 있다.
- 그리고 일지 午와 子午 충이 일어나니 약한 子에 타격이 생긴다.
- 비록 庚의 생을 받고 있기는 하나 생을 해 주는 庚도 약해서 큰 도움이 안 된다.
- 그래서 이 사주는 목, 금, 수가 다 약하다.

| 시 | 일 | 월 | 년 |
|---|---|---|---|
| 乙 | 丙 | 丁 | 庚 |
| 未 | 午 | 未 | 子 |

- 화는 천간의 丙, 丁가 자기 계절(未월은 화왕절)을 얻어서 왕하다.
- 토는 지지에 未 2개를 가지고 있고, 왕한 화의 생도 받고 있기 때문이다.
- 그래서 예시의 사주는 화, 토가 왕하다. 특히 화가 제일 왕하다.
- 화는 투간까지 되었기 때문이다.

## ③ 약한 간지의 의미

- '약하다'를 명리용어로 불급(不及)이라고 한다.
- 존재해서 힘을 과시하고자 하나 힘이 부족해서 영향을 주기 어렵다는 뜻이다.

- 이것을 통변으로 표현하면 "하고자 하나 역량이 부족해서 실천이 어렵다"라고 할 수 있다.
- 특히 불급인 상황에서 형충이나 극을 겪으면 외적 문제가 생긴다.
- 갈등, 시비, 하던 일이 수포가 되는 상황을 맞이한다.
- 사주원국에서 약하다는 문제점으로 통변될 수 있다.
- 오행이나 십신이 존재한다는 것은 해당 능력이 있다는 것인데, 그 능력이 부족해서 성과가 나오기 어렵다.
- 그러면서도 포기를 못 한다.
- 그래서 사주 당사자한테는 미련으로 남고, 그 주변 사람들에게는 민폐가 된다.

### 마무리 총정리

❶ 약하다(不及)는 오행(또는 십신)이 존재하지만 그 힘(세력)이 약한 것을 말한다.

❷ 통근 못 한 천간은 아무리 많아도 약하다. 그래서 많다는 것과 약하다는 것이 동시에 성립될 수도 있다. 세력의 크기는 구조로 만들어지는 것이지 숫자로 만들어지는 게 아니기 때문이다.

❸ '약하다'를 명리용어로 불급(不及)이라고 한다. 존재해서 힘을 과시하고자 하나 힘이 부족해서 영향을 주기 어렵다는 뜻이다. 하고자 하나 역량이 부족해서 실천이 어렵다.

❹ 특히 불급인 상황에서 형충이나 극을 겪으면 외적 문제가 생긴다. 갈등, 시비, 하던 일이 수포가 되는 상황을 맞이한다.

❺ 약하다는 것은 사주 당사자한테는 미련으로 남고, 그 주변 사람들에게는 민폐가 된다.

## 제 63 강 없다는 것?

### ① 없다의 정의
– 말 그대로 오행이나 십신이 원국에 아예 없다는 것을 의미한다.

### ② 없다의 조건
– 천간과 지지에 해당 오행이나 십신이 없으면 성립된다.
– 지장간에 있어도 천간이나 지지에 없으면 없는 것이다.
– 특히 십신은 더욱더 그렇다.
– 사주원국에 오행이나 십신이 없으면 의식이 없다는 뜻이다.
– 인지를 못 하니 필요성도 못 느낀다.
– 비유하자면 이렇다. 눈(snow)을 한 번도 본 적이 없는 아프리카 사람들은 눈에 대한 의식이 없다.
– 눈이라는 것을 생각도 해 본 적 없고, 남들한테 눈에 대해서 전해 들어도 눈을 막연하게 생각한다.
– 마찬가지로 오행이나 십신은 각각 고유의 의미와 기능이 있다.
– 그것이 없다는 뜻은 해당하는 의미를 인지하지 못하고 그 기능을 발휘할 수 없다는 뜻이다.

### ③ 없다의 특징
– 오행이나 십신이 없다는 것은 능력 발휘를 못 하지만 동시에 거기에 대한 책임도 없다.
– 능력을 못 쓰니 거기에 따라오는 문제점도 없다는 뜻이다.
– 없어서 나쁜 것은 능력 발휘 측면에서 나쁜 것이다.
– 감당할 책임이나 인연에서는 자유롭다. 이런 부분에서는 좋다.
– 없는 오행이나 십신이 사주 원국에서 꼭 필요한 용신(用神)이면 문제가 크고, 없는 오행이나 십신이 사주 원국에서 불필요한 기신(忌神)이면 다행이다.

### ④ 원국에서 특정 오행이 없는 경우
사주원국에 특정 **오행**이 없으면 그 오행을 포함하는 상생 상극이 일어나지 않는다.

– 사주원국에 **목**이 없으면?
  → 수생목 안 됨, 목생화 안 됨, 목극토 안 됨, 금극목 안 됨
– 사주원국에 **화**가 없으면?
  → 목생화 안 됨, 화생토 안 됨, 화극금 안 됨, 수극화 안 됨
– 사주원국에 **토**가 없으면?
  → 화생토 안 됨, 토생금 안 됨, 토극수 안 됨, 목극토 안 됨
– 사주원국에 **금**이 없으면?
  → 토생금 안 됨, 금생수 안 됨, 금극목 안 됨, 화극금 안 됨
– 사주원국에 **수**가 없으면?
  → 금생수 안 됨, 수생목 안 됨, 수극화 안 됨, 토극수 안 됨

### ⑤ 원국에서 특정 십신이 없는 경우
사주원국에 특정 **십신**이 없으면 그 오행을 포함하는 상생 상극이 일어나지 않는다.

– 사주원국에 **비겁**이 없으면?
  → 인생비 안 됨, 비생식 안 됨, 관극비 안 됨, 비극재 안 됨
– 사주원국에 **식상**이 없으면?
  → 비생식 안 됨, 식생재 안 됨, 인극식 안 됨, 식극관 안 됨

- 사주원국에 **재성**이 없으면?
    → 식생재 안 됨, 재생관 안 됨, 비극재 안 됨, 재극인 안 됨
- 사주원국에 **관살**이 없으면?
    → 재생관 안 됨, 관생인 안 됨, 식극관 안 됨, 관극비 안 됨
- 사주원국에 **인성**이 없으면?
    → 관생인 안 됨, 인생비 안 됨, 재극인 안 됨, 인극식 안 됨

### ⑥ 없다는 게 반드시 나쁜 상황은 아니다

- 사주 원국에 특정 오행이나 십신이 없다고 반드시 나쁘게 생각할 필요는 없다.
- 사람이 모든 것을 잘할 수는 없기 때문이다.
- 특정 능력 하나만 잘하고 거기에서 나오는 책임만 잘 소화해도 좋은 사주이다.
- 오행을 다 갖추었다고 꼭 좋은 사주는 아니다.
- 진짜 나쁜 사주는 오행이 골고루 있으면서 서로 상생이 이루어지지 않는 사주다.
- 오행이 다 있는데 상생이 이루어지지 않았다는 것은 제대로 하는 게 하나 없으면서 문제만 일으킨다는 의미이다.

### ⑦ 사주명조 예시

[사주명조 예시 (1)]

| 시 | 일 | 월 | 년 |
|---|---|---|---|
| 庚 | 辛 | 乙 | 癸 |
| 申 | 未 | 卯 | 亥 |

- 지지 亥卯未 목국이 이루어졌고 천간에 목을 투간했다.
- 게다가 월지가 묘목이라 목왕절이다.
- 한술 더 떠서 월간 乙이 년간 癸한테 수생목도 받고 있다. 목이 태왕하다.

- 화는 없다. 토는 일지에 未 하나 있다. 약하다.
- 금은 시주에 간여지동으로 세력을 갖추고 있다. 왕하다.
- 수도 년주에 간여지동으로 세력을 갖추었다. 왕하다.
- 이 사주는 목, 금, 수가 왕하고, 토는 약하고, 화는 없다.
- 가장 왕한 오행은 목이다.

### ⑧ 사주명조 예시

[사주명조 예시 (2)]

| 시 | 일 | 월 | 년 |
|---|---|---|---|
| 辛 | 庚 | 丙 | 壬 |
| 未 | 午 | 辰 | 子 |

- 이 사주를 보면 원국에 화, 토, 금, 수가 보인다.
- 그런데 주목해야 할 부분은 월지가 辰이라 목왕절에 해당한다는 것이다.
- 이 경우는 목이 없다고 할 수는 없다.
- 월지의 辰은 토이면서 동시에 목이기 때문이다(월지는 계절적인 의미).
- 이 사주에서 목은 재성이 된다. 그렇다면 이 사주에는 재성이 있는 것인가?
- 목은 있지만 재성은 없는 사주다. 지지의 십신은 지지 지장간 정기로만 판단하기 때문이다.
- 월지에 辰戌丑未가 있는 경우는 해당 계절의 오행이 있다고 인정해야 한다.
- 물론 그렇다고 그것을 십신으로 쓸 수는 없다.

### 마무리 총정리

① 없다는 말은 오행이나 십신이 원국에 아예 없다는 것을 의미한다. 사주원국에 오행이나 십신이 없으면 의식이 없다는 뜻이다. 인지를 못 하니 필요성도 못 느낀다.

② 특정 오행이나 십신이 없는 사주는 쓸 힘이 없으니 책임질 것도 없다. 능력을 못 쓰니 거기에 따라오는 문제점도 없다는 뜻이다.

③ 사주원국에 특정 오행(또는 십신)이 없으면 그 오행(또는 십신)을 포함하는 상생 상극이 일어나지 않는다.

④ 오행이 다 갖추어져 있다고 꼭 좋은 사주는 아니다. 진짜 나쁜 사주는 오행이 골고루 있으면서 서로 상생이 이루어지지 않는 사주이다.

⑤ 월지에 辰戌丑未가 있는 경우는 해당 계절의 오행이 있다고 인정해야 한다. 예를 들어 원국에 목이 없어도 월지가 辰이면 목이 있다고 봐야 한다. 다른 戌丑未도 마찬가지다.

# 제 64강 오행의 세력 찾기 1

## 1 사주명조 예시

[사주명조 예시 (1)]

| 시 | 일 | 월 | 년 | |
|---|---|---|---|---|
| 丙 | 乙 | 壬 | 庚 | 목 → 약하다<br>화 → 가장 왕하다<br>토 → 왕하다<br>금 → 약하다<br>수 → 약하다 |
| 戌 | 丑 | 午 | 寅 | |

• 이 사주에서 "가장" 왕한 세력의 오행은 무엇일까? 정답은 화가 된다. 이유는?

1. 월지가 화다. 그것도 왕지다.
2. 지지에서 월지를 중심으로 寅午戌 화국이 이루어졌다.
3. 시간에 丙이 떴다.
4. 화를 극하는 수가 있지만, 丑에 통근해서 수극화가 어렵다.

[사주명조 예시 (2)]

| 시 | 일 | 월 | 년 | |
|---|---|---|---|---|
| 乙 | 乙 | 乙 | 丁 | 목 → 약하다<br>화 → 가장 왕하다<br>토 → 약하다<br>금 → 약하다<br>수 → 약하다 |
| 酉 | 未 | 巳 | 亥 | |

• 이 사주에서 "가장" 왕한 세력의 오행은 무엇일까? 정답은 화가 된다. 이유는?

1. 월지가 화다.
2. 년간에 丁이 떴다.
3. 년간 丁이 월지에도 통근했고 일지에도 통근했다.
4. 년간의 丁이 바로 옆 월간 乙의 생을 받고 있다. 乙이 년지 亥에 통근해서 丁을 생해 주는 게 가능하다.

[사주명조 예시 (3)]

| 시 | 일 | 월 | 년 | |
|---|---|---|---|---|
| 庚 | 丁 | 己 | 乙 | 목 → 가장 왕하다<br>화 → 약하다<br>토 → 약하다<br>금 → 약하다<br>수 → 왕하다 |
| 子 | 亥 | 卯 | 亥 | |

• 이 사주에서 "가장" 왕한 세력의 오행은 무엇일까? 정답은 목이 된다. 이유는?

1. 월지가 목이다. 그것도 왕지다.
2. 년지 亥와 월지 卯와 반합이 되어서 목이 왕해진다.
3. 년간에 乙이 떴다. 그 乙이 년지, 월지, 일지에 모두 통근했다.
4. 월지의 목이 시지와 일지한테 수생목을 받고 있다.
5. 목을 극하는 금이 시간에 庚으로 있다. 그러나 금극목을 못 한다. 가까운 수를 생하는 게 우선이다.
6. 목을 설하는(힘을 빼는) 일간 丁은 일지 亥에 수극화를 당하고 있다. 통근도 못 해서 목의 힘을 빼지도 못한다.

[사주명조 예시 (4)]

| 시 | 일 | 월 | 년 | |
|---|---|---|---|---|
| 丙 | 壬 | 戊 | 甲 | 목 → 가장 왕하다<br>화 → 왕하다<br>토 → 왕하다<br>금 → 약하다<br>수 → 왕하다 |
| 午 | 申 | 辰 | 辰 | |

• 이 사주에서 "가장" 왕한 세력의 오행은 무엇일까? 정답은 목이 된다. 이유는?

1. 월지가 목왕절이다. 비록 辰이 목의 퇴기(쇠퇴하는 기운)이긴 하지만 월지에서의 辰은 목기운이다.
2. 甲이 년지, 월지에 통근했다. 특히 자기 계절에 통근했다.
3. 일간 壬도 양이고 년지, 월지, 일지에 다 통근했다. 하지만 辰은 수기운보다는 목기운이 더 강한 지지이다. 그리고 壬가 일지 申에서 금생수와 동시에 통근해서 壬도 왕하다고 할 수 있으나 그래도 계절을 얻은 목이 더 강하다.

이게 여러분들이 배워야 할 사주명리학입니다!    송재우의 **사주에듀**

❶ 오행의 세력은 통근 여부를 먼저 본다. 그다음 주변의 간지와 상생, 상극, 합충을 고려해서 찾는다.
❷ 통근 중에서도 월지 통근이 제일 강하다. 월지 자체가 제일 강하기 때문이다. 오행보다 계절의 의미가 더 크다.
❸ 상생 상극은 간지끼리의 위치, 거리에 따라 해석이 달라진다. 천간 같은 경우 어느 지지에 통근했는가에 따라서도 상생 상극의 작용이 달라진다.
❹ 甲, 丙, 戊, 庚, 壬 양간인 경우는 음간인 乙, 丁, 己, 辛, 癸보다 상생 상극을 더 크게 할 수 있다. 양의 특성이다.
❺ 맞추는 것도 중요하지만 맞추는 것보다 사주 원국을 보는 안목을 키우는 게 더 중요하다. 이 훈련의 목표는 논리적으로 설명할 수 있는 역량을 키우는 데 있다.

# 제 65강 오행의 세력 찾기 2

### ① 가장 왕한 오행 찾기 1 – 문제

• "가장" 왕한 세력의 오행은 무엇일까?
"제한시간 2분"

| 시 | 일 | 월 | 년 |
|---|---|---|---|
| 庚 | 庚 | 辛 | 己 |
| 辰 | 寅 | 未 | 亥 |

### ② 가장 왕한 오행 찾기 1 – 해답

| 시 | 일 | 월 | 년 | |
|---|---|---|---|---|
| 庚 | 庚 | 辛 | 己 | 목 → 약하다<br>화 → 없다<br>토 → 가장 왕하다<br>금 → 약하다<br>수 → 약하다 |
| 辰 | 寅 | 未 | 亥 | |

정답은 토가 된다. 이유는?
1. 지지에 토가 있다. 물론 월지의 未는 화의 기운도 있으나 동시에 토도 된다. 투간이 되어야 오행의 세력이 커진다.
2. 년간에 己가 떴는데 월지, 시지에 근을 두고 있다. 게다가 월지의 근이 未다.
3. 토를 극하는 목이 천간에 없다. 지지에는 寅이 하나 있지만 월지 未의 방해로 수의 생을 받지 못하고 일간 庚에 금극목 당하고 있다. 따라서 제대로 된 목극토가 못 일어난다. 寅 자체가 극에 서툴기도 하다.
4. 천간에 금이 무리를 지어 있으나 연월일시 지지 모두 통근을 못 했다. 많기만 하지 왕하지 못하다.

### ③ 가장 왕한 오행 찾기 2 – 문제

• "가장" 왕한 세력의 오행은 무엇일까?
"제한시간 2분"

| 시 | 일 | 월 | 년 |
|---|---|---|---|
| 庚 | 癸 | 癸 | 丁 |
| 申 | 卯 | 卯 | 亥 |

### ④ 가장 왕한 오행 찾기 2 – 해답

| 시 | 일 | 월 | 년 | |
|---|---|---|---|---|
| 庚 | 癸 | 癸 | 丁 | 목 → 가장 왕하다<br>화 → 약하다<br>토 → 없다<br>금 → 왕하다<br>수 → 왕하다 |
| 申 | 卯 | 卯 | 亥 | |

정답은 목이 된다. 이유는?
1. 월지에 목이 있다. 그것도 왕지다.
2. 일지에도 묘목이 있다.
3. 년지의 亥와 월지 卯가 반합이 되어 목국이 되었다.
4. 천간 癸의 생을 받고 있다. 癸가 申과 亥에 통근 했으니 그렇다.
5. 금이 시주에서 간여지동을 갖추고는 있으나 그래도 월지가 더 크다. 게다가 목은 월지만 있는 게 아니다. 일지에도 卯가 있다.

### ⑤ 가장 왕한 오행 찾기 3 – 문제

• "가장" 왕한 세력의 오행은 무엇일까?
"제한시간 2분"

| 시 | 일 | 월 | 년 |
|---|---|---|---|
| 甲 | 丁 | 丙 | 乙 |
| 辰 | 巳 | 戌 | 未 |

### ⑥ 가장 왕한 오행 찾기 3 – 해답

| 시 | 일 | 월 | 년 | |
|---|---|---|---|---|
| 甲 | 丁 | 丙 | 乙 | 목 → 약하다.<br>화 → 가장 왕하다.<br>토 → 왕하다.<br>금 → 없다.<br>수 → 없다. |
| 辰 | 巳 | 戌 | 未 | |

정답은 화가 된다. 이유는?
1. 월간 丙이 양이라 그 자체가 세력이다.
2. 천간 丙, 丁화가 년지, 월지, 일지에 통근했다.
3. 지지의 辰, 戌, 未가 토의 세력을 갖추었다. 토도 왕하다.

4. 그러나 제일 왕한 건 화다. 지지보다 통근한 천간의 힘이 더 크다.
5. 게다가 시지 辰과 월지 戌이 충을 일으켜서 토의 힘이 떨어졌다. (충 되면 세력이 약화된다.)

### 마무리 총정리

❶ 오행의 세력 찾기는 음양, 오행, 상생 상극, 통근, 투간, 합충, 궁성론 등을 활용해 교차 검증하는 방법이다.

❷ 사주 원국에서 왕한 오행이 꼭 하나라는 법은 없다. 복수로도 가능하다. 다만 "가장" 왕한 오행은 하나다.

❸ 십신 찾기처럼 속도에 중점을 둘 필요는 없다. 물론 빠르게 파악되면 좋기는 하다. 그러나 오행의 세력 찾기는 속도보다는 다양한 교차검증이 더 중요하다.

❹ 왕하다, 많다, 약하다, 없다는 자체의 의미도 있지만, 궁극적으로 사주를 보고 세력을 찾기 위한 기준이 된다.

❺ 사주 원국에서 오행의 세력을 잘 파악해야 나중에 배우는 용신, 기신을 쉽게 습득한다. 오행의 세력을 모르면 절대 용신과 기신을 알 수 없다.

# 제66강 기신(忌神)과 용신(用神)

### ① 기신이란? 용신이란?

**[기신(忌神)과 용신(用神)]**
- 기신 → 사주원국 내에서 문제를 일으키는 오행이나 십신, 문제점을 의미한다.
- 용신 → 기신을 다스리는 오행이나 십신, 그래서 문제 해결 방식이 된다.
- 기신으로 그 사람의 문제점을 보고, 용신으로 그 문제점의 해결 방식을 찾는다.
- 이 기신과 용신은 원국에서는 그 사람의 삶의 방식을 판단하고, 운에서는 운의 좋고 나쁨을 판단하는 기준이 된다.

### ② 사주원국에서 문제가 발생하는 원인

- 태왕(지나치게 왕한)한 오행이나 십신
- 천간에 떠 있는데 통근 못 한 오행이나 십신
- 지지에서 형충을 심하게 겪는 오행이나 십신
- 용신을 합하거나 극해서 용신을 방해하는 오행이나 십신
- 한난조습이 균형을 못 이룰 때
- 길신이 극 당하는 경우
- 특정 의미의 나쁜 신살

### ③ 태왕한 오행(또는 십신)이 가장 문제다

- 사주원국에서 문제가 발생하는 **원인**은 다양하다.
- 이 중에서 **가장 큰 문제는 태왕(지나치게 왕한)한 오행이나 십신**이다.
- 태왕(지나치게 왕한)한 오행이나 십신은 다른 오행을 심하게 극하기 때문이다.
- 특정 오행이나 십신이 태왕하면 그 능력이 독보적으로 뛰어나다는 의미이다.
- 그러나 동시에 상대적인 문제점이 반드시 일어난다.
- 큰 힘에는 큰 책임이 따라온다는 의미가 바로 이런 뜻이다.

### ④ 태왕한 오행의 문제점

① **목**이 태왕한 경우 → **토**를 심하게 극한다.
② **화**가 태왕한 경우 → **금**을 심하게 극한다.
③ **토**가 태왕한 경우 → **수**를 심하게 극한다.
④ **금**이 태왕한 경우 → **목**을 심하게 극한다.
⑤ **수**가 태왕한 경우 → **화**를 심하게 극한다.

### ⑤ 태왕한 십신의 문제점

- **비겁**이 태왕한 경우 → **재성**을 심하게 극한다.
- **식상**이 태왕한 경우 → **관살**을 심하게 극한다.
- **재성**이 태왕한 경우 → **인성**을 심하게 극한다.
- **관살**이 태왕한 경우 → **비겁**을 심하게 극한다.
- **인성**이 태왕한 경우 → **식상**을 심하게 극한다.

### ⑥ 기신을 알아야 용신을 알 수 있다

- 용신을 찾고 싶으면 먼저 **기신**부터 찾을 수 있어야 한다.
- 병을 알아야 처방을 내릴 수 있는 이치와 같다.
- 용신은 보통 한 가지다. 그러나 사주에 따라서는 복수로 존재할 수도 있다.
- 중요한 것은 "용신이 존재한다"가 아니고 존재하는 용신이 "제구실을 잘 한다"이다.
- 용신이 사주 원국에 존재해도 제구실을 못 하면 의미가 없다.

### ⑦ 원국에 용신이 있는 경우? 없는 경우?

- 사주원국에 용신이 있는 사람은 자신의 문제점을 알고 늘 대비를 하는 사람이다.
- 이런 사람은 운에서 용신운이 오면 크게 발복(發福, 막힘없이 복이 온다)한다.
- 기신운이 와도 크게 흉하지가 않다.
- 나쁜 운도 극복한다.

### ⑧ 원국에 용신이 있는 경우? 없는 경우?

- 사주원국에 용신이 있는데 그 힘이 미약한 사람은 대비를 하지만 그 해결능력이 부족하다.
- 이런 사람은 운에서 용신운이 오면 발복한다. 기신운이 오면 고생을 한다.
- 사주원국에 용신이 없거나 있어도 제구실 못 하는 사람은 문제 해결 능력이 전혀 없다.
- 이런 사람은 운에서 용신운이 와도 발복이 어렵다. 기신운이 오면 큰 어려움을 겪는다.

### ⑨ 기신에 따라 달라지는 용신

[특정 오행이 기신이 되었을 때 용신을 찾는 방법]
(극을 하거나 설해서 태왕한 오행이 극하지 못하게 방해한다.)

| 기신 | 용신 | 설명 |
|---|---|---|
| 목 | 금, 화 | 목의 태왕한 기운을 금으로 극하거나 화로 설기한다. |
| 화 | 수, 토 | 화의 태왕한 기운을 수로 극하거나 토로 설기한다. |
| 토 | 목, 금 | 토의 태왕한 기운을 목으로 극하거나 금으로 설기한다. |
| 금 | 화, 수 | 금의 태왕한 기운을 화로 극하거나 수로 설기한다. |
| 수 | 토, 목 | 수의 태왕한 기운을 토로 극하거나 목으로 설기한다. |

### ⑩ 기신에 따라 달라지는 용신

[특정 십신이 기신이 되었을 때 용신을 찾는 방법]
(극을 하거나 설해서 태왕한 십신이 극하지 못하게 방해한다.)

| 기신 | 용신 | 설명 |
|---|---|---|
| 비겁 | 관살, 식상 | 비겁의 태왕한 기운을 관살로 극하거나 식상으로 설기한다. |
| 식상 | 인성, 재성 | 식상의 태왕한 기운을 인성으로 극하거나 재성으로 설기한다. |
| 재성 | 비겁, 관살 | 재성의 태왕한 기운을 비겁으로 극하거나 관살로 설기한다. |
| 관살 | 식상, 인성 | 관살의 태왕한 기운을 식상으로 극하거나 인성으로 설기한다. |
| 인성 | 재성, 비겁 | 인성의 태왕한 기운을 재성으로 극하거나 비겁으로 설기한다. |

### ⑪ 용신의 종류

- 용신은 만병통치약이 아니다.
- 사주의 문제점을 해결하는 문제 해결 방식일 뿐이다.
- 문제점이라고 불리는 기신조차도 한 가지가 아니다.
- 사람의 문제점과 어려움은 주제에 따라 다르기 때문이다.
- 그 기신의 주제에 따라 해결책인 용신법도 다양하다.
- 크게 억부용신, 조후용신, 병약용신, 순역용신, 전왕용신 이렇게 다섯 가지로 나누어진다.

### 마무리 총정리

❶ 기신은 사주 원국 내에서 문제점을 일으키는 오행이나 십신, 문제점을 의미한다. 그 기신을 다스리는 게 용신이다. 한마디로 기신은 문제점이고 용신은 문제 해결 방식이다.

❷ 사주원국에서 문제점이 일어나는 원인은 다양하다. 이 중에서 가장 큰 문제는 태왕한 오행이나 십신이다. 태왕한 오행이나 십신은 다른 오행을 심하게 극하기 때문이다.

❸ 용신을 찾고 싶으면 먼저 기신부터 찾을 수 있어야 한다. 병을 알아야 처방을 내릴 수 있는 이치와 같다.

❹ 중요한 것은 "용신이 존재한다"가 아니고 존재하는 용신이 "제구실을 잘 한다"이다. 용신이 사주원국에 존재해도 제구실을 못 하면 의미가 없다.

❺ 똑같은 용신운이라도 발복이 다르고 똑같은 기신운이라노 피해가 다르다. 그것은 바로 사주원국의 차이에 의해 발생한다. 운보다 원국이 더 중요한 이유이다.

# 제 67강 조후용신(調候用神) 1

### ① 조후용신의 정의
- 조후용신(調候用神)은 사주의 한난조습(寒暖燥濕, 온도 습도)을 파악해서 사주원국의 온도, 습도의 균형을 맞추는 방식이다.
- 모든 생명체는 온도, 습도의 영향을 받고 산다. 생존과 직결되어 있기 때문이다.
- 특정 시기에 태어난 사주는 특정 온도, 습도의 기운도 같이 타고난다.
- 그런데 그 온도, 습도가 한쪽으로 치우친 사주들이 있다.
- 그러면 그 사람의 신체적 건강, 정신적 건강에 문제가 생긴다.
- 그 균형을 맞추어 주는 것이 바로 조후용신이다.

### ② 조후용신의 특징
- 거시적으로는 수화(水火)의 균형을 맞추는 게 조후용신이고, 미시적으로는 월(月)별로 필요한 오행을 규정하는 게 바로 조후용신이라 할 수 있다.
- 사주명리학이 천문학이고 계절학인 것을 고려한다면 가장 중요한 용신법이다.
- 조후용신은 다른 용신과는 달리 생존과 직결된 부분이기 때문이다.

### ③ 조후용신을 찾아야 하는 상황
조후용신을 무조건 보는 건 아니다. 조후용신을 봐야 할 상황이 있다.
① 월지가 화왕절 수왕절인 경우
  → 월지가 巳, 午, 未 또는 亥, 子, 丑인 경우
② 월지가 巳, 亥인 경우는 사령까지 보고 판단해야 한다. 巳, 亥월은 그렇게 덥고 추운 월이 아니기 때문이다.
③ 월지가 화왕절, 수왕절이 아니더라도 나머지 자리에 지나치게 냉습하거나 지나치게 난조한 글자들만 있는 경우

### ④ 조후용신으로 쓸 수 있는 간지

**사주가 더울 때 쓸 수 있는 글자**
→ 천간 壬, 癸, 戊, 己 지지 亥, 子, 辰, 丑

**사주가 추울 때 쓸 수 있는 글자**
→ 천간 丙, 丁, 甲, 戊 지지 巳, 午, 寅, 未, 戌

### ⑤ 사주가 더울 때 쓸 수 있는 용신

1. 壬
천간의 수로써 화 기운을 누른다.

2. 癸
역시 천간의 수로써 화 기운을 누른다.
음이라서 임수보다는 힘이 떨어진다.

3. 戊
토 그것도 천간의 무토는 음양을 조율한다.
화를 설하고 동시에 수를 극한다.
무토는 수화의 균형을 맞추기 때문에 더워도 쓰고 추워도 쓴다.

4. 己
기토 역시 토이다. 그러나 음양을 조절하는 무토와는 달리 더운 기운을 설하는 데 특화되어 있다. 기토가 습토이기 때문이다.
기토는 추운 사주에서 조후로 쓸 수 없다.
대신 더운 사주에서는 무토보다 화를 더 잘 설한다.

5. 亥
지지의 수로써 화 기운을 누른다.
단, 지지 화하고는 충이라 그 힘은 다소 약하다.

6. 子
지지의 수로써 화 기운을 누른다.
단, 지지 화하고는 충이라 그 힘은 다소 약하다.

7. 辰
사주가 지나치게 더울 때는 최고의 조후용신이다. 진토는 습기와 수기를 머금고 있는 토라서 화 기운을 다스리는 데는 아주 좋다.

8. 丑
축토 역시 수기가 있는 토라 조후로 쓸 수는 있다. 다만 진토와는 다르게 동토(꽁꽁 얼어붙은 토)라 화 기운을 다스리는 데 비효율적이다.

### ⑥ 사주가 추울 때 쓸 수 있는 용신

1. 丙
천간의 화로써 수 기운과 대립해서 사주를 따뜻하게 만들어 준다.

2. 丁
역시 천간의 화로써 수 기운과 대립해서 사주를 따뜻하게 만들어 준다.
음이라서 병화보다는 힘이 떨어진다.

3. 甲
천간의 목으로서 수 기운을 설하는 작용을 한다. 양목이라 설이 가능하다.
을목은 습목이라 사주를 더 냉하게 만들 수 있어서 쓰기에 부족하다.

4. 戊
토 그것도 천간의 무토는 음양을 조율한다. 화를 설하고 동시에 수를 극한다.
무토는 수화의 균형을 맞추기 때문에 더워도 쓰고 추워도 쓴다.

5. 巳
지지의 화로써 수 기운과 대립해서 사주를 따뜻하게 만들어 준다. 다만 지지 수하고는 충이라 그 힘은 다소 약하다.

6. 午
지지의 화로써 수 기운과 대립해서 사주를 따뜻하게 만들어 준다. 단 지지 수하고는 충이라 그 힘은 다소 약하다.

7. 寅
사주가 지나치게 추울 때는 최고의 조후용신이다. 인목은 조(燥)기와 화기를 머금고 있는 목이라서 수 기운을 다스리는 데는 아주 좋다.

8. 未
미토 역시 화기가 있는 토라 조후로 쓸 수는 있다. 열토(뜨거운 토)의 성질이 있고, 진술축미 토중 가장 토극수를 잘한다.

9. 戌
술토도 조후용신으로 쓸 수는 있다. 술토는 안에 화와 조의 기운을 가지고 있기 때문이다. 다만 미토 보다는 위력이 떨어진다. 술토는 화의 묘지이기 때문이다.

### 마무리 총정리

❶ 조후용신(調候用神)은 사주의 한난조습(寒暖燥濕)을 파악해서 사주 원국의 온도, 습도의 균형을 맞추는 방식이다. 보통 그 사람의 신체적, 정신적 건강을 본다.

❷ 조후용신을 무조건 보는 건 아니다. 조후용신을 봐야 할 상황이 있다.

❸ 조후용신은 용신법 중에서 가장 우선순위로 여기는 용신법이다. 사람의 생존과 직결된 문제이기 때문이다.

❹ 보통 조후용신은 화왕절, 수왕절에 본다. 그러나 월지가 巳, 亥인 경우는 사령까지 보고 판단해야 한다. 巳, 亥월은 그렇게 덥고 추운 월이 아니기 때문이다.

❺ 戊는 더운 사주와 추운 사주에 공통으로 쓸 수 있는 글자이다. 戊는 그 자체가 수화를 조절하는 역할이기 때문이다.

# 제 68 강 조후용신(調候用神) 2

### ① 왕자충발

- 조후용신은 지지보다는 천간에서 구하는 것이 바람직하다.
- 지지의 조후용신은 서로 육충 관계이기 때문에, 그 작용력이 많이 줄어든다. (巳亥 충, 子午 충)
- **예외**도 있다. 지나치게 사주가 덥거나 추우면 천간보다는 지지의 辰, 寅을 쓰는 것이 바람직하다.
- 오행의 세력이 너무 왕성하면 극을 해서 굴복시키는 것이 오히려 역효과가 난다.
- 마치 심한 화재 현장에 물 한 바가지를 뿌리면, 불이 꺼지는 게 아니라 도리어 불길이 더 커지는 것과 같은 이치이다.
- 이것을 왕자충발(旺者沖發)이라고 한다.

### ② 왕자충발의 정의

너무 왕성한 기운을 극하면 수그러드는 게 아니라 반대로 더욱 왕성해지는 상황

### ③ 寅과 辰가 조후용신에 적합한 이유

- 화치승룡(火熾乘龍) 수탕기호(水蕩騎虎)
  → 화세가 심하면 용을 타고, 수세가 심하면 범을 타라!
- 화든 수든 세력이 지나치게 왕성하면 극을 해서 해결하는 것보다는 설(洩, 기운을 빼다)해서 다스려야 한다는 의미이다.
- 화가 지나치게 왕성하면 수로 극하기보다는 辰으로 설하고 수가 지나치게 왕성하면 토로 극하기보다는 寅으로 설하라는 뜻이다.
- 辰은 물상적 의미로 **용**을 상징하고 寅은 물상적 의미로 **범**을 상징한다.
- 수화가 지나치게 왕성하면 극하지 말고 지지 辰, 寅으로 설해서 해결하는 것이 좋다는 명리 고전 적천수에 나오는 비유법이다.
- 辰 속 지장간에는 乙, 癸가 있어서 습토로서 태왕한 화 기운을 흡수한다.
- 寅 속 지장간에는 丙, 甲이 있어서 조목으로서 태왕한 수 기운을 흡수한다.

### ④ 수와 화는 대등하게 맞설 수 있다

- 오행의 상극을 보면 수극화라서 화는 수 앞에서 아무것도 못 할 것처럼 보이지만 화는 수와 대척점의 관계로 서로 균형을 이룰 수 있다. 조후적인 관점에서는 그렇다.
- 양중의 양인 화는 음중의 음인 수와 균형을 맞출 수 있기 때문이다.
- 오행의 상극 작용을 보면 수극화라서 수는 화를 이긴다.
- 그러나 조후적 관점에서 보면 한(寒), 난(暖) 관계이기 때문에 서로 대등하게 맞설 수 있다.
- 그래서 조후용신에서는 수가 왕한 사주에서 화를 용신으로 쓸 수 있다.

### ⑤ 戊는 수화를 조절한다

- 수화가 서로 세력이 비슷해서 서로 대치가 되는 경우 戊를 용신 쓰는 것이 가장 좋다.
- 戊는 화를 설하고 동시에 수를 극하기 때문이다. 음양을 동시에 조절한다.

## ⑥ 수와 화가 대치되는 경우 어느 쪽이 더 센가?

[수와 화가 서로 왕해서 대치되는 경우 어느 쪽이 더 힘이 셀까?]

- 목이 있으면 화가 더 왕하고(목생화), 금이 있으면 수가 더 왕하다(금생수).
- 목생화, 금생수 둘 다 있다면, 월지가 화왕절인지 수왕절인지를 본다.

## ⑦ 조후를 판단하는 기준

- 먼저 계절을 봐야 한다.
- 그다음에는 태어난 시간이다.
- 마지막으로 나머지 간지들을 본다.
- 월지(1순위) → 시지(2순위) → 월지하고 시지를 제외한 나머지 간지들의 한난조습(3순위)
- 계절이 최우선이다. 시원해 봤자 여름이고 따뜻해 봤자 겨울이다.
- 그다음이 태어난 시간이다. 같은 계절이라도 오전 출생자, 오후 출생자, 밤 출생자가 다르다.
- 그 후 나머지 간지들의 한난조습을 보고 조후를 결정한다.
- 조후(調候)는 말 그대로 "기후를 골라내다"라는 뜻이다.
- 원국을 보고 그 사람이 가지고 있는 기후를 판별하는 것을 바로 "조후를 본다"라고 표현하고 그 판별한 기후로 온도습도의 균형을 맞추는 행위가 조후용신이다.

## 마무리 총정리

❶ 조후용신은 지지보다는 천간에서 구하는 것이 바람직하다. 하지만 예외도 있다. 지나치게 사주가 덥거나 추우면 천간보다는 지지의 辰, 寅을 쓰는 것이 바람직하다.

❷ 너무 왕성한 기운을 극하면 수그러드는 게 아니라 반대로 더욱 왕성해진다. 이것을 왕자충발(旺者沖發)이라고 한다. 이럴 땐 극을 하지 말고 설해야 한다.

❸ 辰 속 지장간에는 乙, 癸가 있어서 습토로서 태왕한 화 기운을 흡수한다. 寅 속 지장간에는 丙, 甲이 있어서 조목으로서 태왕한 수 기운을 흡수한다.

❹ 오행의 상극으로 보면 수극화라서 수는 화를 이긴다. 그러나 조후적 관점에서 보면 한(寒), 난(暖)의 관계이기 때문에 서로 대등하게 맞설 수 있다. 화를 조후용신으로 쓸 수 있는 이유이다.

❺ 조후를 판단하는 기준은 이렇다. 먼저 계절을 봐야 한다. 그다음에는 태어난 시간이다. 마지막으로 나머지 간지들을 본다.

# 제 69 강 억부용신(抑扶用神) 1

### ① 억부용신의 정의

- 억부용신(抑扶用神)은 일간을 중심으로 세력의 균형을 맞추는 용신법이다.
- 일간의 세력이 왕하면 극 또는 설해서 다스리고 일간의 세력이 약하면 생 받는 방식이다.
- 일간의 문제점을 해결하는 방법으로 개인의 경쟁력을 판단하는 데 쓰인다.
- 신왕 신약이라는 말도 억부용신에서 쓰는 말이다.
- 특정 능력이 대단하면 반드시 상대적인 단점도 따라온다.

### ② 억부용신의 논리

예시) A라는 사람이 주인의식을 가지고 시키지 않아도 자발적으로 일한다.
현실에 안주하지 않고 발전적인 노력을 한다.
그러나 그게 도가 지나치다 보니 기존에 있는 규칙과 질서를 무너뜨리게 된다.
이런 식으로 특정 능력이 뛰어나다면 반드시 상대적인 취약점이 드러난다.
그 취약점을 해결하는 방식이 바로 **억부용신**이다.

### ③ 억부용신은 단점을 보완하는 방식이다

[사람이 발전할 수 있는 방식]
- 장점을 키우는 방식(서양식 관점)
- 단점을 보완하는 방식(동양식 관점)

[단점을 보완하는 방식의 관점]
- 사람이 아무리 많은 장점이 있어도 결정적인 단점 하나가 그 장점들을 퇴색시킨다.
- 문제 되는 단점 하나를 확실하게 보완해서 성공에 도달하자는 논리이다.
- 10가지 중에서 9개 잘하고 1개 못하면 1개 못하는 것에만 집중한다.
- 나머지 9가지 잘하는 부분은 아예 쳐다보지도 않는다.
- 그게 억부용신의 논리다.

### ④ 조후용신과 억부용신의 차이점

- 조후용신이 사주 전체의 한난조습의 균형을 맞춘 생존법이라면 억부용신은 일간의 주도권을 파악해서 처신하는 생존법이다.
- 조후용신과 억부용신이 동시에 충족되는 때도 있고 따로따로 노는 때도 있다.
- 동시에 충족되는 사주가 좋은 사주이다. 조후용신과 억부용신이 따로따로 놀면 길흉이 엇갈려서 오기 때문이다.
- 조후적으로는 용신인데 억부적으로는 기신이면 경제적으로는 힘드나 정서적으로 행복하고, 조후적으로는 기신인데 억부적으로는 용신이면 경제적으로는 윤택하나 정서적으로 불행하다.

## ⑤ 신왕사주에서 생기는 문제점

1. **비겁**으로 신왕한 경우
   → 재성을 심하게 극한다.

2. **인성**으로 신왕한 경우
   → 식상을 심하게 극한다.

3. **비겁**과 **인성**이 같이 왕한 경우
   → 재성을 심하게 극하고, 식상도 심하게 극한다.

## ⑥ 신왕사주에서 쓰일 수 있는 용신

1. **비겁**으로 신왕한 경우
   → 식신, 상관, 편관, 정관

2. **인성**으로 신왕한 경우
   → 편재, 정재

3. **비겁**과 **인성**이 같이 왕한 경우
   → 식신, 상관, 편재, 정재

## ⑦ 억부용신의 등급(신왕사주의 경우)

소고기에만 등급이 있는 게 아니다. 용신에도 **등급**이 있다.

1. 용신이라는 것은 "쓸 수 있는 해결책"을 의미한다.
2. 그중에서도 최선과 차선이 갈린다.
3. 비겁으로 신왕한 경우
   → 1순위가 정관, 2순위가 편관, 3순위가 식신, 4순위가 상관
4. 인성으로 신왕한 경우
   → 1순위가 편재, 2순위가 정재
5. 비겁과 인성이 같이 왕한 경우
   → 1순위가 식신, 2순위가 상관, 3순위가 편재, 4순위가 정재

## ⑧ 용신 순위의 기준

[순위의 기준은 이렇다!]
1. 문제가 되는 기신을 능동적으로 해결하는가? 수동적으로 해결하는가?
2. 문제점을 해결하면서 일간에 부담을 덜 주는가? 더 주는가?
3. 결과적으로 그 방식(용신)을 쓰면서 다른 간지의 방해를 받는가? 안 받는가?
4. 최선이 있으면 최선을 쓰는 게 좋지만 그게 안 되면 차선법을 써야 한다.

## 마무리 총정리

❶ 조후용신이 사주 전체의 한난조습의 균형을 맞춘 생존법이라면, 억부용신은 일간의 주도권을 파악해서 처신하는 생존법이다. 억부용신은 개인의 경쟁력이다.

❷ 사람이 발전해 나가는 데는 크게 두 가지가 있다. 장점을 키우는 방식과 단점을 보완하는 방식이다. 억부용신이라는 것은 바로 후자다.

❸ 조후용신과 억부용신이 동시에 충족되는 때도 있고 따로따로 노는 때도 있다. 동시에 충족되는 사주가 좋은 사주이다. 따로따로 놀면 길흉이 엇갈려서 오기 때문이다.

❹ 용신에도 등급이 있다. 용신이라는 것은 "쓸 수 있는 해결책"을 의미한다. 그중에서도 최선과 차선이 갈린다.

❺ 비겁이 기신이면 관살을 우선으로 용신 쓰고, 인성이 기신이면 재성을 우선으로 용신 쓰고, 비겁과 인성 둘 다 기신이면 식상을 우선으로 용신 쓴다.

# 제 70강 억부용신(抑扶用神) 2

### ① 신약사주에서 생기는 문제점

1. 식상으로 신약한 경우
   → 일간의 힘을 심하게 설한다.
   → 관살을 심하게 극한다.

2. 재성으로 신약한 경우
   → 간접적으로 일간을 소모시킨다.
   → 인성을 심하게 극한다.

3. 관살로 신약한 경우
   → 일간이 타격을 받아서 힘이 소모된다.
   → 비겁도 심하게 극한다.

4. 식재관이 골고루 왕해서 신약한 경우
   → 일간의 힘을 심하게 설한다.

5. 음일간에 무근인데 인성만 왕해서 신약해진 경우
   → 과도한 생을 일간이 소화 못 한다.
   → 식상을 심하게 극한다.

### ② 억부용신의 등급(신약사주의 경우)

1. 식상으로 신약한 경우
   → 1순위 정인, 2순위 편인, 3순위 비견, 4순위 겁재

2. 재성으로 신약한 경우
   → 1순위 비견, 2순위 겁재, 3순위 정인, 4순위 편인

3. 관살로 신약한 경우
   → 1순위 정인, 2순위 편인, 3순위 비견, 4순위 겁재

4. 식재관이 골고루 왕해서 신약한 경우
   → 1순위 정인, 2순위 편인, 3순위 비견, 4순위 겁재

5. 음일간에 무근인데 인성만 왕해서 신약해진 경우
   → 1순위 겁재, 2순위 비견

### ③ 용신 순위의 기준

[순위의 기준은 이렇다!]
1. 문제가 되는 기신을 능동적으로 해결하는가? 수동적으로 해결하는가?
2. 문제점을 해결하면서 일간에 부담을 덜 주는가? 더 주는가?
3. 결과적으로 그 방식(용신)을 쓰면서 다른 간지의 방해를 받는가? 안 받는가?

### ④ 억부용신은 천간에 있는 게 좋은가? 지지에 있는 게 좋은가?

[신왕사주에서 억부용신]
- 지지보다 천간으로 오는 게 훨씬 좋다.

[신약사주에서 억부용신]
- 천간보다 지지로 오는 게 훨씬 좋다.

신왕사주에서의 천간 관살(또는 식상)용신은 외부의 적을 상대하는 의미가 되고, 신약사주에서의 지지 비겁(또는 인성)용신은 내 편을 얻는 것이기 때문이다.

[같은 대인 관계라도 천간에서 만나면?]
- 사회적인 인연
- 필요에 따라 맺어지는 동맹

[같은 대인 관계라도 지지에서 만나면?]
- 개인적인 인연
- 이익과 상관없이 나를 인정해 주고 따르는 인연

### ⑤ 사주명조 예시

[사주명조 예시 (1-1)]

| 시 | 일 | 월 | 년 |
|---|---|---|---|
| 癸 | 壬 | 戊 | 甲 |
| 卯 | 申 | 辰 | 辰 |

- 이 사주는 기신이 목, 토다.

- 십신으로 보면 식신과 편관이 기신인 사주이다.
- 이런 사주를 극설교집(剋洩交集) 사주라고 한다.
- 약한 일간이 왕한 식상과 관살을 만나서 극설을 심하게 겪는 사주이다.

[이 사주의 문제점]
- 신약한데 식신한테 심하게 설 당한다.
- 신약한데 편관한테 심하게 극 당한다.

[사주명조 예시 (1-2)]

| 시 | 일 | 월 | 년 |
|---|---|---|---|
| 癸 | 壬 | 戊 | 甲 |
| 卯 | 申 | 辰 | 辰 |

- 기신을 해결할 수 있는 것은 인성이다.
- 인성용신 중 정인이 더 좋다.
- 정인을 용신으로 쓰면?
- 식신을 극해서 식신을 견제하고, 편관을 통관해서 일간을 극하지 못하게 막고, 약한 일간에 힘까지 실어 준다. 그야말로 일석삼조!

[사주명조 예시 (1-3)]

| 시 | 일 | 월 | 년 |
|---|---|---|---|
| 癸 | 壬 | 戊 | 甲 |
| 卯 | 申 | 辰 | 辰 |

- 이 사주를 보면 일지 申이 편인이다.
- 정인이 아닌 게 조금 아쉽지만 충분히 좋은 용신이다.
- 게다가 申은 일간을 생하기만 하는 게 아니라 일간의 근도 된다.

[사주명조 예시 (2-1)]

| 시 | 일 | 월 | 년 |
|---|---|---|---|
| 庚 | 甲 | 己 | 戊 |
| 午 | 子 | 未 | 申 |

- 이 사주는 재성과 관살이 기신인 사주이다.
- 재성은 태왕해서 기신이고, 관살은 약한 일간을 극하니 관살도 기신이다.
- 비겁(특히 일간의 근이 되는 지지 비겁) 또는 인성을 용신으로 쓸 수 있다.
- 특히 未월 午시에 태어난 사람이라 조후까지 봐야 한다.

[사주명조 예시 (2-2)]

| 시 | 일 | 월 | 년 |
|---|---|---|---|
| 庚 | 甲 | 己 | 戊 |
| 午 | 子 | 未 | 申 |

- 한여름 대낮에 태어나서 사주가 무척 뜨겁다.
- 그렇다면 조후로 보나 억부로 보나 인성을 용신 쓰는 게 가장 이상적이다.
- 인성이 없으면 비겁이라도 용신을 써야 한다.
- 그러나 이 사주에 비겁은 없다.

[사주명조 예시 (2-3)]

| 시 | 일 | 월 | 년 |
|---|---|---|---|
| 庚 | 甲 | 己 | 戊 |
| 午 | 子 | 未 | 申 |

- 천만다행으로 일지 子가 존재한다.
- 조후와 억부를 동시에 충족할 수 있다.
- 한 가지 아쉬운 점은 용신으로 쓰는 子가 바로 옆의 午와 子午 충 하고 있다.
- 이렇게 용신이 충 받으면 용신으로서 가치가 많이 떨어진다.

## ⑥ 용신은 만드는 게 아니라 찾는 것이다

- 용신은 만드는 게 아니라 찾는 것이다.
- 용신에 해당하는 간지를 원국에서 찾는다.
- 원국에 없으면 지장간에서 찾는다.
- 지장간에도 없으면 대운에서 기다린다.
- 대운에서도 안 오면 세운에서 기다린다.
- 뒤로 갈수록 삶이 고통스럽다.

**송재우의 사주에듀** 이게 여러분들이 배워야 할 사주명리학입니다!

- 가장 좋은 사주는 원국에 용신이 있는 사주이다.
- 가장 나쁜 사주는 원국에 용신이 없고, 대운에서조차 용신이 안 오는 사주이다.
- 편중(偏重, 한쪽으로 기운이 쏠린)된 사주일수록 용신의 역할이 크다. 삶의 기복도 심하다.

### 마무리 총정리

❶ 신왕사주에서 억부용신은 지지보다 천간으로 오는 게 훨씬 좋고, 신약사주에서 억부용신은 천간보다 지지로 오는 게 훨씬 좋다.
❷ 용신은 만드는 게 아니라 찾는 것이다.
❸ 용신에 해당하는 간지를 원국에서 찾는다. 원국에 없으면 지장간에서 찾는다. 지장간에도 없으면 대운에서 기다린다. 대운에서도 안 오면 세운에서 기다린다.
❹ 가장 좋은 사주는 원국에 용신이 있는 사주다. 가장 나쁜 사주는 원국에 용신이 없고, 대운에서조차 용신이 안 오는 사주이다.
❺ 편중(偏重, 한쪽으로 기운이 쏠린)된 사주일수록 용신의 역할이 크다. 삶의 기복도 심하다.

## 제 71 강 병약용신(病藥用神) 1

### ① 병약용신의 정의

**[병약용신(病藥用神)이란?]**
- 병약용신을 한마디로 정의하자면 **"능동적인 억부용신"**이라고 할 수 있다. 약신(藥神)이라고도 한다.
- 억부용신이 일간을 보호하는 게 핵심이라면, 병약용신은 **원국에서 문제가 되는 십신을 제거하는 것**이 핵심이다.
- 억부용신은 문제점이 생기면 일간이 무리하지 않는 선에서 해결하는 방식이다.
- **그러나 병약용신은 일간이 다소 무리해서라도 문제점을 해결하는 방식이다.**

### ② 병약용신만의 특징

- 병약용신은 억부용신의 부분적인 개념이다.
- 억부용신 겸 병약용신 이렇게 동시에 성립될 수 있다.
- 하지만 분명 차이점은 있다. 가장 큰 차이점은 신약사주를 대할 때의 방식이다.
- 신약사주는 일간을 돕는 게 우선이라 일간의 힘을 소모하는 식, 재, 관을 용신으로 쓸 수 없다.
- 그러나 특정 조건이 성립되면 신약사주도 식, 재, 관을 용신으로 쓸 수 있다.
- 이것이 병약용신이다. 병약용신은 "신약사주에서 조건부로 쓸 수 있는 용신"이다.

### ③ 병약용신을 사용하기 위한 조건

- 병약용신을 사용하려면 아무리 신약사주라도 **최소한 지지에 1개 정도는 통근해야 한다.**
- 물론 寅申巳亥나 子午卯酉에 통근해야 한다. 辰戌丑未는 힘이 약하기 때문이다.
- 그러나 양일간인 경우 辰戌丑未라도 고지(庫地)는 통근으로 유용하게 쓸 수 있다.

**[양일간(甲, 丙, 戊, 庚, 壬)의 고지]**
- 甲의 고지는 辰
- 丙의 고지는 未
- 戊의 고지는 未
- 庚의 고지는 戌
- 壬의 고지는 丑

- 병약용신은 양일간, 음일간 다 사용할 수 있지만 양일간이 쓰기 더 적합하다.
- 생이든 극이든 힘을 쓰는 것은 음보다 양이 더 크게 쓰기 때문이다.

### ④ 억부용신과 병약용신이 가장 차이 나는 경우

1. 억부용신과 병약용신이 가장 크게 차이 나는 부분 → 관살이 왕한 신약사주이다.
2. 관살이 왕해서 문제가 되면 억부용신으로는 인성을 쓴다. 인성은 관살이 일간을 극하는 것을 막아 주고 동시에 약한 일간에 힘을 실어 주기 때문이다.
3. 관살이 왕하다는 것 자체가 일간이 약하다는 의미이다. 따라서 일간의 힘을 소모하는 식, 재, 관은 용신으로 쓰지를 못한다. 이게 억부용신의 관점이다.
4. 그러나 병약용신은 일간을 보호하는 것보다 문제 자체를 해결하려는 게 우선이다. 따라서 일간이 약해도 식상을 용신으로 쓸 수 있다. 식상은 관살을 극하기 때문이다.
5. 식상을 병약용신으로 쓰려면 일간이 통근해야 하고 인성의 방해를 받지 말아야 한다.
6. 억부용신보다 병약용신이 발복이 빠르고 확실하다. 문제점을 능동적으로 대처하기 때문이다.

## ⑤ 신약사주에서 쓰일 수 있는 억부용신, 병약용신

**[식상으로 신약한 사주]**

1. 인성
– 억부용신 겸 병약용신
– 일간을 도와주니 억부이고, 동시에 식상을 극하니 병약이다.

2. 비겁
– 억부용신
– 일간을 돕는 측면에서는 억부이다.
　→ 하지만 식상을 통제하지 못하니 병약은 아니다.

**[재성으로 신약한 사주]**

1. 비겁
– 억부용신 겸 병약용신
– 일간을 도와주니 억부고, 동시에 재성을 극하니 병약이다.

2. 인성
– 억부용신
– 일간을 돕는 측면에서는 억부다.
　→ 하지만 재성을 통제하지 못하니 병약은 아니다.

**[관살로 신약한 사주]**

1. 인성
– 억부용신
　→ 일간을 돕는 측면에서는 억부다. 하지만 관살을 통제하지 못하니 병약은 아니다.

2. 식상
– 병약용신
　→ 관살을 통제하니 병약이다. 하지만 일간을 소모하니 억부는 아니다.

## 마무리 총정리

❶ 병약용신은 억부용신의 부분적인 개념이다. 병약용신을 한마디로 정의하자면 "능동적인 억부용신"이라고 할 수 있다. 억부용신 겸 병약용신 이렇게 동시에 성립될 수 있다.

❷ 병약용신을 사용하려면 아무리 신약사주라도 최소한 지지에 1개 정도는 통근해야 한다. 물론 寅申巳亥나 子午卯酉에 통근해야 한다. 辰戌丑未는 힘이 약하기 때문이다.

❸ 병약용신은 "신약사주에서 조건부로 쓸 수 있는 용신"이다.

❹ 억부용신은 문제점이 생기면 일간이 무리하지 않는 선에서 해결하는 방식이다. 그러나 병약용신은 일간이 다소 무리해서라도 문제점을 해결하는 방식이다.

❺ 억부용신과 병약용신의 차이는 관살이 왕한 신약사주에서 크게 갈린다.

# 제 72 강  병약용신(病藥用神) 2

## ① 사주명조 예시

[사주명조 예시 (1-1)]

| 시 | 일 | 월 | 년 |
|---|---|---|---|
| 壬 | 庚 | 丙 | 乙 |
| 申 | 辰 | 午 | 巳 |

- 화왕절에 지지 巳가 있고 천간에 丙까지 떠서 화가 기신인 사주이다.
- 십신으로는 편관, 정관 즉 관살이 왕해서 기신이 된 경우이다.
- 이런 경우는 억부용신으로 인성을 쓰거나, 병약용신으로 식상을 쓸 수 있다.
- 신약사주지만 양일간이 시지에 건록(지지 비견을 건록이라고 함)을 두고 있다. 따라서 충분히 병약용신을 쓸 수 있다.

[사주명조 예시 (1-2)]

| 시 | 일 | 월 | 년 |
|---|---|---|---|
| 壬 | 庚 | 丙 | 乙 |
| 申 | 辰 | 午 | 巳 |

- 시간의 壬 식신이 월간의 丙 편관을 제압해서 이 사주의 병약용신은 壬 식신이 된다.
- 화왕절에 화가 왕한데 수를 용신 쓰니 병약용신인 동시에 조후용신도 된다.
- 더욱 반가운 점은 시지의 申이 병약 용신인 시간의 壬을 생함과 동시에 근이 되어 준다.
- 이런 경우는 용신이 제대로 힘을 쓸 수 있다. 일지의 辰이 조후용신이 되는 것도 반갑다.

[사주명조 예시 (2-1)]

| 시 | 일 | 월 | 년 |
|---|---|---|---|
| 壬 | 壬 | 乙 | 戊 |
| 午 | 子 | 未 | 戌 |

- 월지가 정관이고 년지, 년간이 편관인 신약사주다.
- 한마디로 관살이 왕해서 병이 된 사주이다.
- 인성을 용신으로 쓸 수 있지만, 사주 원국에 인성이 없다.
- 금이 없으니 무인성 사주이다.
- 하지만 월간에 상관이 있다. 월간 상관이 년간 편관을 극해서 상관대살(상관이 편관을 극하는 상황)이 일어난 사주다.

[사주명조 예시 (2-2)]

| 시 | 일 | 월 | 년 |
|---|---|---|---|
| 壬 | 壬 | 乙 | 戊 |
| 午 | 子 | 未 | 戌 |

- 壬 일간이 신약하지만 지지에 제왕이 있고, 시간에도 비견이 있다. 전부 일간의 편이다.
- 월간 상관을 충분히 병약용신으로 쓸 수 있다.
- 게다가 월간의 상관은 월지 未에 통근했다. 乙 역시 힘을 갖추었다.
- 이 사주는 병약용신이 乙 상관이고, 억부용신은 壬 비견이다.

[사주명조 예시 (2-3)]

| 시 | 일 | 월 | 년 |
|---|---|---|---|
| 壬 | 壬 | 乙 | 戊 |
| 午 | 子 | 未 | 戌 |

- 인성이 없으니 비견을 억부용신으로 쓸 수 있다.
- 한 가지 더 반가운 부분은 시간의 壬이 억부용신 겸 조후용신까지 된다는 부분이다.
- 년간에 戊가 있다고 그거 조후용신으로 쓰면 안 된다.
- 이 사주는 토도 병이다. 그리고 엄연히 임수가 있는데 굳이 戊를 쓸 이유도 없다.

[사주명조 예시 (3-1)]

| 시 | 일 | 월 | 년 |
|---|---|---|---|
| 壬 | 甲 | 甲 | 戊 |
| 寅 | 戌 | 戌 | 戌 |

- 년지, 월지, 일지, 년간이 모두 편재인 사주다.
- 재성이 왕한 신약사주이다.
- 억부용신으로는 시간 壬이 있다.
- 병약용신으로는 월간의 甲이 된다.
- 신약하지만 시지에 비견이 있고 시간 인성의 생을 받고 있어서 병약용신을 쓸 수 있다.

[사주명조 예시 (3-2)]

| 시 | 일 | 월 | 년 |
|---|---|---|---|
| 壬 | 甲 | 甲 | 戊 |
| 寅 | 戌 | 戌 | 戌 |

- 아쉬운 점은 병약용신인 甲의 통근처가 떨어져 있다는 점이다.
- 시간의 壬 편인은 아예 통근을 못 했다는 점도 아쉽다.
- 壬이 양이고 일간과 붙어 있어서 생은 가능하다.
- 그래도 통근을 못 한 게 아쉽다.
- 운에서 지지 수를 만나면 억부용신인 壬이 큰 힘을 발휘한다.
- 술월이라 굳이 조후를 볼 필요는 없다.

[사주명조 예시 (4-1)]

| 시 | 일 | 월 | 년 |
|---|---|---|---|
| 壬 | 乙 | 丙 | 戊 |
| 午 | 亥 | 午 | 戌 |

- 월지, 월간이 식상인 사주다.
- 게다가 지지에서는 년지와 월지가 반합을 이루고 있다.
- 년간의 정재 또한 왕하다. 년지, 월지, 시지에 근을 두고 옆에서 丙 상관의 생을 받고 있다.
- 용신은 인성 또는 비겁을 쓸 수 있다.

- 재성만 왕한 게 아니라 식상도 왕한 사주이니 비겁보다는 인성을 쓰는 게 훨씬 좋다.

[사주명조 예시 (4-2)]

| 시 | 일 | 월 | 년 |
|---|---|---|---|
| 壬 | 乙 | 丙 | 戊 |
| 午 | 亥 | 午 | 戌 |

- 이 사주에는 비겁도 없어서 용신을 쓰고 싶어도 쓸 수가 없다.
- 시간과 일지가 정인인데 통근된 천간이 지지보다 위력이 더 좋으니 용신은 壬 정인이다.
- 壬은 억부용신도 되고 동시에 병약용신도 되고 조후용신까지 된다.
- 약한 일간을 생해 주니 억부용신이 되고, 병이 되는 식상을 극하니 병약용신도 된다

[사주명조 예시 (4-3)]

| 시 | 일 | 월 | 년 |
|---|---|---|---|
| 壬 | 乙 | 丙 | 戊 |
| 午 | 亥 | 午 | 戌 |

- 사주 전체가 화 기운이 강한데 그것을 다스리는 조후용신까지 된다.
- 신약하지만 亥에 통근했고, 충을 맞지 않아 그 기운을 온전하게 쓴다.
- 壬 정인 역시 亥에 통근해서 힘이 있다.
- 예시의 사주는 대운에서 수가 오면 삶의 변화가 크게 오는 사주이다.

② **용신을 바라보는 올바른 관점**

- 용신이라는 건 한 글자만 의미하는 게 아니다.
- 예를 들어 용신이 화라고 가정한다면 丙, 丁, 巳, 午는 그 의미와 역할이 다르다.
- 게다가 각각의 사주 원국 구조에 따라서 영향력도 달라진다.

- 천간 지지가 용신이 같은 때도 있고 다른 때도 있다. 이런 부분도 고려해야 한다.
- 조후용신, 억부용신, 병약용신 전부 그렇다. 따라서 용신을 보는 것도 단순하게 보면 안 된다.
- 예를 들어 그 사람의 용신이 화라고 가정한다면 천간에 화가 와야 발복하는지? 지지에 화가 와야 발복하는지?
- 똑같은 화라도 어떤 간지 글자가 더 가치가 있는지? 이렇게 세밀하게 봐야 한다.
- 사주 보는 수준이 높아질수록 용신을 찾고 바르게 해석한다.
- 용신이 중첩되지 않고 독자적인 의미만 있으면 하나를 얻고 하나를 잃는다.

## 마무리 총정리

❶ 용신이라는 건 한 글자만 의미하는 게 아니다. 예를 들어 용신이 화라고 가정한다면 丙, 丁, 巳, 午는 그 의미와 역할이 다르다.
❷ 천간 지지가 용신이 같은 때도 있고 다른 때도 있다. 용신을 판단할 때 천간, 지지를 분리해서 보는 습관을 들여야 한다.
❸ 사주원국에서 억부용신, 병약용신이 따로따로 있는 경우도 있다. 그런 경우는 전부 용신이 된다. 용신이 꼭 하나라는 법은 없다.
❹ 용신을 찾을 때 이런 기준에서는 용신이 되지만, 저런 기준에서 기신이 된다면 가급적 용신으로 쓰지 않는 게 좋다.
❺ 지지 인성이 용신일 때 일간을 통근까지 해 주면 더욱 가치가 크다.

# 제 73 강 종격(從格)

## ① 종격의 정의

**[종격(從格)이란?]**
- 한 가지 오행이나 십신으로 이루어진 사주를 의미한다.
- 한 가지 기운으로 이루어져서 운의 영향을 아주 크게 받는다.
- 성공과 실패가 극명하게 나뉘고 대인 관계와 건강에서는 많이 불리하다.
- 한 가지 기운으로만 이루어졌으니 아집이 심하다.
- 한 가지 기운으로만 이루어졌으니 균형이 무너져서 건강에 문제가 생기기 쉽다.

> ※ 정격과 종격
> 1. 정격(또는 내격) → **종격이 아닌 모든 사주**를 말한다. 대다수의 사주이다.
> 2. 종격(또는 외격) → **종격인 사주**를 말한다. 일부의 사주이다.

## ② 전왕용신

**[전왕용신(專旺用神) → 종격의 용신법]**
- 통상적인 억부(抑扶)의 논리와 반대되는 개념이다.
- 억부의 논리가 특정 오행이나 십신의 균형을 맞추는 거라면, 종격의 논리는 특정 오행이나 십신의 세력이 태왕하면 거스르지 말고 따라가라는 의미이다.
- 그래서 종격의 종자가 쫓을 종(從) 자이다. 억지로 거스르지 말고 기세에 따라가라는 의미이다.
- 극으로 다스릴 수 없는 사주가 종격사주이다.
- 사주 자체가 거대한 틀이 되어서 상극관계를 거부한다.

> 1. 비겁이 병인 **정격사주** "관살을 용신 쓸 수 **있다**."
> 2. 비겁이 병인 **종격사주** "관살을 용신 쓸 수 **없다**."
> 3. 종격 사주는 그 기운이 워낙 태왕해서 극하면 역효과가 난다.

## ③ 전왕용신은 장점을 키우는 방식이다

**[사람이 발전할 수 있는 방식]**
- 장점을 키우는 방식(서양식 관점)
- 단점을 보완하는 방식(동양식 관점)

**[장점을 키우는 방식의 관점]**
- 사람이 아무리 많은 단점이 있어도 결정적인 장점 하나가 그 단점들을 퇴색시킨다.
- 눈에 띄는 장점 하나를 확실하게 개발해서 성공에 도달하자는 논리다.
- 10가지 중에서 1개 잘하고 9개 못하면 1개 잘하는 것에만 집중한다.
- 나머지 9가지 못하는 부분은 아예 쳐다보지도 않는다.
- 그게 전왕용신의 논리다.

## ④ 정격사주와 종격사주의 문제 해결 관점

- 억부용신을 쓰는 정격 사주는 단점을 인지하고 고칠 수 있다.
- 그러나 전왕용신을 쓰는 종격사주는 단점을 인지하지 못하고 고치려고 하지 않는다.
- 따라서 종격사주의 의뢰인한테는 장점을 살릴 수 있는 방향으로 상담해야 한다.
- 종격 사주는 태왕한 오행(또는 십신)의 세력을 병으로 생각하면 안 된다.

## ⑤ 종격사주 예시

**[사주명조 예시]**

| 시 | 일 | 월 | 년 |
|---|---|---|---|
| 癸 | 癸 | 癸 | 癸 |
| 亥 | 亥 | 亥 | 亥 |

- 이 사주가 종격이다.
- 종격 중에서도 아주 순도 높은 종격이다.
- 실제로 보기 정말 힘들다.

- 그래서 **종격을 외격(外格)**이라고도 한다.
- 보기 힘든 예외적인 사주라는 뜻이다.

### ⑥ 종격의 종류(십신)

[종격의 종류(십신으로 분류)]

1. 종왕격(從旺格) → 비겁이 태왕(지나치게 왕한)한 사주
2. 종강격(從强格) → 인성이 태왕한 사주
3. 종아격(從兒格) → 식상이 태왕한 사주
4. 종재격(從財格) → 재성이 태왕한 사주
5. 종살격(從殺格) → 관살이 태왕한 사주
6. 종세격(從勢格) → 식상, 재성, 관살이 골고루 태왕하고 일간의 근(根)이 없는 사주

### ⑦ 종격의 종류(오행)

[종격의 종류(오행으로 분류)]
전왕격, 일행득기격이라고도 부름(연해자평에서 시작)

1. 곡직격(曲直格) → 목기운이 태왕한 종왕격 또는 종강격
2. 염상격(炎上格) → 화기운이 태왕한 종왕격 또는 종강격
3. 가색격(稼穡格) → 토기운이 태왕한 종왕격 또는 종강격
4. 종혁격(從革格) → 금기운이 태왕한 종왕격 또는 종강격
5. 윤하격(潤下格) → 수기운이 태왕한 종왕격 또는 종강격

### ⑧ 종격이 되기 위한 조건

1. 종하는 오행이나 십신이 사주원국의 월지에 있어야 한다.
   **예시)** 종재격이면 무조건 월지가 재성이어야 하고, 종혁격이면 무조건 월지가 금이어야 한다는 뜻

2. 종하는 오행이나 십신이 극하거나 극받는 오행, 십신이 없어야 한다.
   **예시)** 종재격이면 재성이 극하는 인성이나 재성을 극하는 비겁이 사주원국 내에 없어야 한다는 뜻

3. 종왕격을 제외한 모든 종격들은 일간의 근이 아예 없어야 한다.

4. 사주 전체가 한 가지 기운으로 짜여야 한다. 지지 포함 최소 5개 이상의 오행(또는 십신)이 있어야 한다.

### 마무리 총정리

❶ 종격(從格)이란 1가지 오행이나 십신으로 이루어진 사주를 의미한다. 1가지 기운으로 이루어져서 운의 영향을 아주 크게 받는다.

❷ 종격은 성공과 실패가 극명하게 나뉘고 대인 관계와 건강에서는 많이 불리하다.

❸ 억부의 논리를 따르는 일반적인 사주를 정격(또는 내격)이라고 하고, 억부의 논리를 따르지 않는 예외적인 사주를 종격(또는 외격)이라고 한다. 종격은 그 수가 매우 적다.

❹ 정격 사주는 단점을 보완해서 발전하는 사람이고, 종격 사주는 장점을 더욱 키워서 발전하는 사람이다. 종격사주를 가진 사람은 단점을 고치려고 하지 않는다.

❺ 원국 안에서 종하고자 하는 오행(또는 십신)과 상극관계인 오행(또는 십신)이 있으면 종격은 절대 성립될 수 없다.

# 제 74 강 가종격(假從格)

### ① 진종격과 가종격

- 종격은 진종격(眞從格)과 가종격(假從格) 두 가지로 나뉜다.
- 글자 그대로 **진종격은 진짜 종격**이라는 뜻이다.
- **가종격**은 엄밀히 말하면 **종격은 아니지만 종격에 준해서 취급한다는 뜻**이다.
- 진종격은 정말 극소수로 존재하기 때문에 실제로 보기는 굉장히 어렵다.
- 그러나 가종격은 비교적 많이 접할 수 있다.
- 기운이 순일(純一)하면 진종격이다.
- 기운이 조금이라도 상극관계인 오행이나 십신이 섞여 있으면 가종격이다.
- 가종격까지 합산해도 종격이 사주 전체에 차지하는 비중은 5% 안팎이다.
- 보통 종격이라고 부르는 것들 대부분은 가종격이다.
- 진종격은 정말 보기 힘들다.

### ② 가종격이 존재할 수 있는 이유

- 원칙적으로 종격은 종(從)하고자 하는 오행과 상극하는 기운이 섞여 있으면 안 된다.
- 그러나 종하고자 하는 오행과 상극하는 오행이 섞여 있어도 그 오행이 천간에 있고 통근을 못 하면 종격과 마찬가지로 억부의 논리를 쓰지 않는다.
- 가종격이 존재하는 이유는 세력의 중심은 지지이기 때문이다.
- 통근 못 한 천간은 극을 할 수 있는 영향력이 거의 없다.
- 설령 상극하는 오행이 통근하더라도 천간합으로 묶이면 가종격으로 봐도 된다.
  → 가종격은 종하고자 하는 오행을 방해하는 오행이 있지만, 그 **오행이 제구실을 못 할 때 성립된다**.

### ③ 가종격이 되기 위한 조건

1. 기본 조건은 종격과 동일하다. (월지 포함, 지지에서 상극이 발생하면 안 되는 부분)
2. 천간에서 종하고자 하는 오행(또는 십신)과 상극 관계인 오행(또는 십신)이 있어도 된다.
   → 이 부분이 종격과 가종격의 차이점
3. 단! 종을 방해하는 오행(또는 십신)이 천간에서 통근하면 안 된다.
4. 만약 종을 방해하는 오행(또는 십신)이 천간에서 통근하더라도 천간합으로 묶이면 가종격으로 인정한다.

### ④ 사주명조 예시

[사주명조 예시 (1-1)]

| 시 | 일 | 월 | 년 |
|---|---|---|---|
| 甲 | 乙 | 癸 | 己 |
| 申 | 丑 | 酉 | 巳 |

- 乙 일간이 지지에 하나도 통근을 못 했다.
- 월지는 편관이고 년지 상관과 일지 편재는 월지와 삼합을 이루어서 모두 편관으로 변했다.
- 시지는 정관이다. 지지가 관살로 가득 차서 종살격의 1차 조건이 성립되었다.
- 년간은 편재라 종하려는 관살과 상생 관계다.
- 월간은 편인이라 역시 종하려는 관살과 상생 관계이다.

[사주명조 예시 (1-2)]

| 시 | 일 | 월 | 년 |
|---|---|---|---|
| 甲 | 乙 | 癸 | 己 |
| 申 | 丑 | 酉 | 巳 |

- 종하고자 하는 오행이 아니라도 상극관계가 아니면 종격이 깨지지 않는다.

- 그런데 시간의 甲 겁재가 종하려고 하는 관살과 상극관계다.
- 비겁은 관살의 극을 받기 때문이다.
- 그러나 甲 겁재가 지지에 통근을 못 해 존재감이 미약하다.
- 진종격은 아니더라도 가종격이 성립된다.
- 지지에 같은 오행이라는 개념은 삼합, 방합, 반합을 포함한다.

### 5 전왕용신의 종류(십신)

**[전왕용신(專旺用神)의 종류]**
- 억부용신과 반대다.
- 억부로 보면 기신이 되는 것들이 종격으로 보면 용신이다.
  - 종왕격(가종격 포함)의 용신은 인성, 비겁, 식상이다.
  - 종강격(가종격 포함)의 용신은 관살, 인성, 비겁이다.
  - 종아격(가종격 포함)의 용신은 비겁, 식상, 재성이다.
  - 종재격(가종격 포함)의 용신은 식상, 재성, 관살이다.
  - 종살격(가종격 포함)의 용신은 재성, 관살, 인성이다.
  - 종세격(가종격 포함)의 용신은 식상, 재성, 관살이다.

### 6 전왕용신의 종류(오행)

**[전왕용신(專旺用神)의 종류]**
- 억부용신과 반대다.
- 억부로 보면 기신이 되는 것들이 종격으로 보면 용신이다.
  - 곡직격(가종격 포함)의 용신은 수, 목, 화다.

- 염상격(가종격 포함)의 용신은 목, 화, 토다.
- 가색격(가종격 포함)의 용신은 화, 토, 금이다.
- 종혁격(가종격 포함)의 용신은 토, 금, 수다.
- 윤하격(가종격 포함)의 용신은 금, 수, 목이다.

### 마무리 총정리

❶ 종격은 두 가지가 있다. 바로 진종격(眞從格)과 가종격(假從格)이다. 진종격은 진짜 종격이고, 가종격은 엄밀히 말하면 종격은 아니지만 종격에 준해서 취급한다는 뜻이다.

❷ 가종격은 상극하는 오행이 섞여 있어도 가능하다. 대신 그 상극하는 오행이 천간에 근 없이 떠 있거나, 통근을 했어도 천간합으로 묶여야 한다.

❸ 진종격과 가종격의 용신법은 같다. 둘 다 억부와는 반대 논리다. 억부에서 용신으로 취급하는 것이 종격에서는 기신이다. 억부에서는 기신이 종격에서는 용신이다.

❹ 현재 종격이라고 하는 대부분 사주는 가종격이다. 진종격은 정말 보기 힘들다. 진종격, 가종격 둘 다 합쳐도 전체 사주의 5%를 넘지 않는다.

❺ 종격에서 같은 오행이라는 기준은 방합, 삼합, 반합을 포함한다.

# 제 75강 양기성상격(兩氣成像格)

### ① 양기성상격의 정의

[양기성상격(兩氣成像格)이란?]
- 사주 원국에 두 가지 기운으로만 이루어진 사주를 뜻한다. 다른 표현으로는 양신성상격(兩神成像格)이라고도 한다.
- 한 가지 기운으로 이루어진 종격보다는 보기가 쉬운 사주 유형이다.
- 양기성상격 역시 종격과 마찬가지로 대인관계와 건강에서 불리하다.
- 일반적인 억부의 논리를 따르지 않는 것은 종격과 같다.
- 그래서 넓은 의미로 보면 양기성상격도 종격과 같은 부류로 볼 수 있다.
- 사주를 구성하는 두 개의 오행이 극 받으면 안 되기 때문이다.

### ② 양기성상격은 상생구조, 상극구조가 있다

[양기성상격(兩氣成像格) 종류]
- 두 오행이 상생하는 구조
- 두 오행이 상극하는 구조
  → 두 오행이 상생하는 구조가 더 낫다.
  → 상생 구조로 이루어져야 능력 발휘가 잘된다.
  → 상생구조든 상극구조든 운의 영향을 많이 받는다.

### ③ 양기성상격의 종류(상생구조)

1. 수목상생격(水木相生格)
   → 水木이 각기 두 천간과 두 지지를 점한 것이다.
2. 목화상생격(木火相生格)
   → 木火가 각기 두 천간과 두 지지를 점한 것이다.
3. 화토상생격(火土相生格)
   → 火土가 각기 두 천간과 두 지지를 점한 것이다.
4. 토금상생격(土金相生格)
   → 土金이 각기 두 천간과 두 지지를 점한 것이다.
5. 금수상생격(金水相生格)
   → 金水가 각기 두 천간과 두 지지를 점한 것이다.

### ④ 양기성상격의 종류(상극구조)

1. 목토상성격(木土相成格)
   → 木土가 각기 두 천간과 두 지지를 점한 것이다.
2. 토수상성격(土水相成格)
   → 土水가 각기 두 천간과 두 지지를 점한 것이다.
3. 수화상성격(水火相成格)
   → 水火가 각기 두 천간과 두 지지를 점한 것이다.
4. 화금상성격(火金相成格)
   → 火金이 각기 두 천간과 두 지지를 점한 것이다.
5. 금목상성격(金木相成格)
   → 金木이 각기 두 천간과 두 지지를 점한 것이다.

### ⑤ 양기성상격의 용신

| 구분 | 오행 | 수목화 | 목화토 | 화토금 | 토금수 | 금수목 |
|---|---|---|---|---|---|---|
| 상생(相生) | 수목 | ○ | | | | |
| | 목화 | | ○ | | | |
| | 화토 | | | ○ | | |
| | 토금 | | | | ○ | |
| | 금수 | | | | | ○ |
| 상성(相成) | 목토 | | ○ | | | |
| | 토수 | | | | ○ | |
| | 수화 | ○ | | | | |
| | 화금 | | | ○ | | |
| | 금목 | | | | | ○ |

## ⑥ 사주명조 예시

**[사주명조 예시 (1)]**

| 시 | 일 | 월 | 년 |
|---|---|---|---|
| 丁 | 甲 | 丁 | 甲 |
| 卯 | 午 | 卯 | 午 |

- 사주 전체가 목과 화로 이루어진 목화상생격이다.
- 운에서 목을 극하는 금이나 화를 극하는 수가 오면 매우 나쁘다.
- 제일 좋은 것은 운에서 토가 오는 것이다. 목이나 화가 와도 괜찮다.

**[사주명조 예시 (2)]**

| 시 | 일 | 월 | 년 |
|---|---|---|---|
| 己 | 癸 | 己 | 癸 |
| 未 | 亥 | 未 | 亥 |

- 사주 전체가 토와 수로 이루어진 토수상성격이다.
- 운에서 토를 극하는 목이나 수가 극하는 화가 오면 매우 나쁘다.
- 제일 좋은 것은 운에서 금이 오는 것이다. 토나 수가 와도 괜찮다.

## 마무리 총정리

❶ 사주 원국에 두 가지 기운으로만 이루어진 사주를 양기성상격(兩氣成像格)이라고 한다. 다른 표현으로는 양신성상격(兩神成像格)이라고도 한다.

❷ 넓은 의미로 보면 양기성상격도 종격과 같은 부류로 볼 수 있다. 일반적인 억부의 논리를 따르지 않기 때문이다.

❸ 양기성상격은 두 가지 종류가 있다. 두 오행이 상생하는 구조가 있고, 두 오행이 상극하는 구조가 있다. 상생하는 구조가 더 낫다. 상생 구조로 이루어져야 능력 발휘가 잘된다.

❹ 양기성상격 역시 종격과 마찬가지로 대인관계와 건강에서 불리하다. 운을 잘 타면 크게 발복할 수 있는 점도 종격과 같다. 특히 상생 구조인 양기성상격은 더욱더 그렇다.

❺ 양기성상격은 종격과 마찬가지로 외격(外格) 사주다.

# 제 76강 개두(蓋頭)

## ① 개두의 의미

[화가 용신인 경우]
- 壬 (기신)
- 午 (용신)

[개두의 의미]
① 개두(蓋頭)는 글자 그대로 해석하면 "머리를 덮다"라는 뜻이다.
② 운에서 천간 기신+지지 용신인 경우이다.
③ 기신 운은 그 사람한테 불리하고 용신 운은 그 사람한테 유리한 작용을 한다.
④ 그러나 이렇게 천간 지지가 "기신+용신"으로 뒤섞여서 오면 길흉의 크기도 달라진다.
⑤ 보통 천간보다 지지가 운의 작용이 더 크기 때문에 대체로 길(吉, 좋다)하다.
⑥ 그러나 온전하게 용신 운을 못 써먹는다.
　→ 천간의 기신 역할로 지지의 용신의 힘이 감소하는 상황을 사람의 신체에 비유한 명리용어이다.

## ② 개두의 경우의 수

- 개두란 천간이 지지를 극하는 상황이다.
- 육십갑자로 볼 때 나오는 12가지 경우의 수
  갑술(甲戌), 갑진(甲辰), 을미(乙未), 을축(乙丑), 병신(丙申), 정유(丁酉), 무자(戊子), 기해(己亥), 경인(庚寅), 신묘(辛卯), 임오(壬午), 계사(癸巳)
- 천간이 지지를 극한다고 무조건 개두가 성립되는 것은 아니다.
- 반드시 극 당하는 지지 운이 용신일 때만 성립된다.

## ③ 개두를 주장한 고서(명리정종)

[명리정종의 구절]

"팔자 중의 위의 네 글자는 머리요 아래의 지지 네 글자는 복부와 사지이며 지지 중에 감추어져 있는 것이 오장육부이다. 만약 복부의 아름다운 기운이 머리와 얼굴 위에 나타나면 문득 영화로움이 밖으로 드러나게 되니 일생의 부귀빈천은 다만 머리와 얼굴 위에 드러난 것으로 판단한다. 예를 들면, 팔자에 상관을 두려워하지만, 저 상관이 속에 감추어져 있으면 아직 두려워하지 않아도 된다. 만약 천간에 이 상관이 투출되면 문득 머리와 얼굴 위에 이미 나타난 것이니 어찌 꾸며서 감출 수 있겠는가? 무릇 해를 입히는 것이 머리와 얼굴에 노출되면 문득 이는 곧 움직이는 것이 되니 능히 해를 일으킨다."

(如八字中 上四個字 是頭也 下地支四字 是肚 腹四肢也 支中所藏之物 是五臟六腑也 如肚 腹秀氣 發出在頭面上來 便是英華發出外來 一生富貴貧賤 只從頭面上見得 如八字畏傷官 這傷官藏在內 尙不足畏 如天干透出此傷官 便是頭面上已見了 怎能掩飾 凡有所害之物露出頭面 便是動物 就能作害.)

甲 → 머리
辰 → 다리

### ④ 똑같은 용신운이라도 발복이 다른 이유

[사주를 해석할 때]
- 원국의 천간과 운의 천간, 원국의 지지와 운의 지지 이렇게 대입한다.
- 그러나 운의 영향력은 같이 오는 천간, 지지도 서로 영향을 주고받는다.
- 대운이든 세운이든 운도 천간 지지 한 세트로 오기 때문이다.
- 똑같은 용신운이라도 발복이 다른 이유이다.

[똑같은 용신운이라도 발복이 다른 이유]
- 원국에 용신이 없는 경우
- 같이 오는 천간(또는 지지)에서 용신이 극 받는 경우
- 원국에 있는 간지가 운의 용신과 합 되는 경우
- 원국에 있는 간지가 운의 용신과 충 되는 경우

### ⑤ 사주명조 예시

[사주명조 예시 (1-1)]

| 시 | 일 | 월 | 년 |
|---|---|---|---|
| 己 | 癸 | 甲 | 癸 |
| 未 | 巳 | 子 | 亥 |

| 세운 | 세운 |
|---|---|
| 壬 | 癸 |
| 午 | 巳 |

- 비겁이 태왕한 사주이다. 게다가 사주까지 매우 춥다.
- 용신이 화와 조토고 기신이 금, 수다.
- 세운에서 오는 지지가 용신인데 세운 천간은 기신이면서 동시에 운의 지지를 극하고 있다.
- 오행으로 보면 수극화고 십신으로 보면 비극재다.

[사주명조 예시 (1-2)]

| 시 | 일 | 월 | 년 |
|---|---|---|---|
| 己 | 癸 | 甲 | 癸 |
| 未 | 巳 | 子 | 亥 |

| 세운 | 세운 |
|---|---|
| 壬 | 癸 |
| 午 | 巳 |

- 이런 경우는 지지의 화 재성이 용신이라도 그 작용력이 떨어진다.
- 천간 기신이 지지 용신을 극할 경우에는 용신의 힘이 약화되니 길흉이 상반된다.
- 수치상으로 표현하자면 길 40%, 흉 60%로 지지의 용신이 제대로 용신 구실을 하기 어렵다.

[사주명조 예시 (2-1)]

| 시 | 일 | 월 | 년 |
|---|---|---|---|
| 丙 | 戊 | 壬 | 乙 |
| 戌 | 子 | 子 | 亥 |

| 세운 | 세운 |
|---|---|
| 壬 | 癸 |
| 午 | 巳 |

- 재다신약(재성이 왕하고 일간이 약한 사주) 사주다.
- 용신이 인성이고 기신이 재성이다.
- 세운에서 오는 지지가 용신인데 세운 천간은 기신이면서 동시에 운의 지지를 극하고 있다.
- 오행으로 보면 수극화고 십신으로 보면 재극인이다.

[사주명조 예시 (2-2)]

| 시 | 일 | 월 | 년 |
|---|---|---|---|
| 丙 | 戊 | 壬 | 乙 |
| 戌 | 子 | 子 | 亥 |

| 세운 | 세운 |
|---|---|
| 壬 | 癸 |
| 午 | 巳 |

- 이런 경우는 지지의 화 인성이 용신이라도 그 작용력이 떨어진다.
- 천간 기신이 지지 용신을 극할 경우에는 용신의 힘이 약화하니 길흉이 상반된다.
- 수치상으로 표현하자면 길 40%, 흉 60%로 지지의 용신이 제대로 용신 구실을 하기 어렵다.

## 마무리 총정리

❶ 개두(蓋頭)는 운에서 천간 기신+지지 용신인 경우이다. 운의 지지 용신이 천간의 극을 받아 지지 용신이 제구실 못 하는 상황을 비유법으로 표현한 명리용어이다.

❷ 개두는 육십갑자로 볼 때 12가지의 경우의 수가 나온다. 갑술, 갑진, 을미, 을축, 병신, 정유, 무자, 기해, 경인, 신묘, 임오, 계사

❸ 운의 영향력은 같이 오는 천간, 지지도 서로 영향을 주고받는다. 대운이든 세운이든 운도 천간, 지지 한 세트로 오기 때문이다. 똑같은 용신운이라도 발복이 다른 이유이다.

❹ 운이 천간 기신+지지 용신으로 오면 이렇다. 운의 천간이 원국의 천간에 불리한 영향을 주고 동시에 같이 있는 운의 지지의 길 작용을 감소시킨다.

❺ 천간이 지지를 극한다고 무조건 개두가 성립되는 것은 아니다. 반드시 극 당하는 지지 운이 용신일 때만 성립된다.

# 제 77 강 절각(截脚)

### ① 절각의 의미

**[목이 용신인 경우]**
- 甲(용신)
- 申(기신)

**[절각(截脚) 이란?]**
- 절각(截脚)은 "다리가 끊어졌다"라는 뜻이다.
- 천간을 머리로 비유하고 지지를 다리로 비유해서 쓴 표현법이다.
- 운에서 천간 용신+지지 기신인 경우이다.
- 기신 운은 그 사람한테 불리하고 용신 운은 그 사람한테 유리한 작용을 한다.
- 그러나 이렇게 천간 지지가 "기신+용신"으로 뒤섞여서 오면 길흉의 크기도 달라진다.
- 보통 천간보다 지지가 운의 작용이 더 크기 때문에 개두보다 더 나쁘다.
- 용신 운을 제대로 활용하기 어렵다. 특히 대운 절각은 더 그렇다.
- 대운은 지지 중심으로 해석하기 때문이다.
  → 지지의 기신 역할로 천간의 용신의 힘이 감소하는 상황을 사람의 신체에 비유한 명리용어이다.

### ② 절각의 경우의 수

- 지지가 천간을 극하는 상황이다.
- 육십갑자로 볼 때 12가지의 경우의 수가 나온다.
  갑신(甲申), 을유(乙酉), 병자(丙子), 정해(丁亥), 무인(戊寅), 기묘(己卯), 경오(庚午), 신사(辛巳), 임진(壬辰), 임술(壬戌), 계축(癸丑), 계미(癸未)
- 지지가 천간을 극한다고 무조건 절각이 성립되는 것은 아니다.
- 반드시 극 당하는 천간 운이 용신일 때만 성립된다.

### ③ 사주명조 예시

**[사주명조 예시 (1-1)]**

| 시 | 일 | 월 | 년 |
|---|---|---|---|
| 丙 | 癸 | 戊 | 辛 |
| 辰 | 巳 | 戌 | 巳 |

| 세운 | 세운 |
|---|---|
| 庚 | 辛 |
| 午 | 巳 |

- 재왕살왕(재성이 왕하고 관살도 왕한 사주) 사주다.
- 용신이 인성이고 기신이 재성, 관살이다.
- 세운에서 오는 천간이 용신인데 세운 지지는 기신이면서 동시에 운의 천간을 극하고 있다.
- 오행으로 보면 화극금이고 십신으로 보면 재극인이다.

**[사주명조 예시 (1-2)]**

| 시 | 일 | 월 | 년 |
|---|---|---|---|
| 丙 | 癸 | 戊 | 辛 |
| 辰 | 巳 | 戌 | 巳 |

| 세운 | 세운 |
|---|---|
| 庚 | 辛 |
| 午 | 巳 |

- 이런 경우는 천간의 금 인성이 용신이라도 그 작용력이 많이 떨어진다.
- 지지 기신이 천간 용신을 극할 경우에는 용신의 힘이 약화되니 길흉이 상반된다.
- 수치상으로 표현하자면 길 20%, 흉 80%로 천간의 용신이 제대로 용신 구실을 하기 어렵다.

**[사주명조 예시 (2-1)]**

| 시 | 일 | 월 | 년 |
|---|---|---|---|
| 己 | 丁 | 庚 | 丙 |
| 酉 | 酉 | 子 | 寅 |

| 세운 | 세운 |
|---|---|
| 丙 | 丁 |
| 子 | 亥 |

- 재왕살왕(재성이 왕하고 관살도 왕한 사주) 사주다. 조후도 매우 춥다.
- 병약 용신이 비겁이 된다. 비겁이 오행상화도 되니 조후용신도 된다.
- 기신은 재성, 관살이다.
- 세운에서 오는 천간이 용신인데 세운 지지는 기신이면서 동시에 운의 천간을 극하고 있다.
- 오행으로 보면 수극화고 십신으로 보면 관극비다.

[사주명조 예시 (2-2)]

| 시 | 일 | 월 | 년 |
|---|---|---|---|
| 己 | 丁 | 庚 | 丙 |
| 酉 | 酉 | 子 | 寅 |

| 세운 | 세운 |
|---|---|
| 丙 | 丁 |
| 子 | 亥 |

- 이런 경우는 천간의 화 비겁이 용신이라도 그 작용력이 많이 떨어진다.
- 지지 기신이 천간 용신을 극할 경우에는 용신의 힘이 약화되니 길흉이 상반된다.
- 수치상으로 표현하자면 길 20%, 흉 80%로 천간의 용신이 제대로 용신 구실을 하기 어렵다.

[사주명조 예시 (3-1)]

| 시 | 일 | 월 | 년 |
|---|---|---|---|
| 乙 | 己 | 乙 | 戊 |
| 亥 | 未 | 丑 | 辰 |

| 세운 | 세운 |
|---|---|
| 甲 | 乙 |
| 申 | 酉 |

- 군겁쟁재(비겁이 많아서 약한 재성을 극하는 상황) 사주다.
- 용신이 관살이고 기신이 비겁이다.
- 세운에서 오는 천간이 용신인데 세운 지지는 기신이면서 동시에 운의 천간을 극하고 있다.
- 오행으로 보면 금극목이고 십신으로 보면 식극관이다.

[사주명조 예시 (3-2)]

| 시 | 일 | 월 | 년 |
|---|---|---|---|
| 乙 | 己 | 乙 | 戊 |
| 亥 | 未 | 丑 | 辰 |

| 세운 | 세운 |
|---|---|
| 甲 | 乙 |
| 申 | 酉 |

- 이런 경우는 천간의 목 관살이 용신이라도 그 작용력이 많이 떨어진다.
- 지지 기신이 천간 용신을 극할 경우에는 용신의 힘이 약화되니 길흉이 상반된다.
- 수치상으로 표현하자면 길 20%, 흉 80%로 천간의 용신이 제대로 용신 구실을 하기 어렵다.

**④ 운에서의 천간, 지지 관계에 따른 길흉 크기**

① 운에서 천간 용신, 지지 용신(간여지동으로 용신)
 → 길(吉) 100%
② 운에서 지지 용신, 천간은 지지를 생하는 상황
 → 길(吉) 80%
③ 운에서 천간 용신, 지지가 천간을 생하는 상황
 → 길(吉) 60%
④ 운에서 지지 용신, 천간이 지지를 극하는 상황(개두)
 → 길(吉) 40%
⑤ 운에서 천간 용신, 지지가 천간을 극하는 상황(절각)
 → 길(吉) 20%
⑥ 운에서 천간 기신, 지지 기신(간여지동으로 기신)
 → 길(吉) 0%
 → 운에서 같이 짝으로 오는 천간, 지지의 구조에 따라서 길흉이 갈라진다.
 → 위의 기준에서 원국에 용신이 이미 존재하면 길(吉) +20% 추가
 → 원국에 용신이 없으면 길(吉) −20% 추가

### 마무리 총정리

❶ 절각(截脚)은 운에서 천간 용신+지지 기신인 경우이다. 지지의 기신 역할로 천간의 용신의 힘이 감소하는 상황을 사람의 신체에 비유한 명리 용어이다.
❷ 보통 천간보다 지지가 운의 작용이 더 크기 때문에 절각은 개두보다 더 나쁘다.
❸ 절삭은 육십갑자로 볼 때 열두 가시의 경우의 수가 나온다. 갑신, 을유, 병자, 정해, 무인, 기묘, 경오, 신사, 임진, 임술, 계축, 계미
❹ 운에서 오는 천간, 지지는 상호 관계에 따라서 길 작용(좋은 작용)의 크기가 다르다.
❺ 이미 원국에 용신이 있는 경우 길 작용이 더욱 커진다.

# 제 78 강 물상(物像)

### ① 물상이란?
- 물상은 명리학에서 그 역사가 오래되었다.
- 물상(物像)을 글자 그대로 직역하면 "만물의 형상"이라는 뜻이다.
- 음양오행과 한난조습을 세상 모든 만물에 대입시켜서 설명하는 통변법이다.
- 그 정도로 물상은 무궁무진하고 변화무쌍한 비유법이자 설명법이다.
- 잘 쓰면 분명히 좋은 통변이다. 그러나 잘못 쓰면 말장난이 되어 버린다.
   → 물상법의 대표적인 고서로는 명나라 만민영의 삼명통회와 청나라 여춘대의 궁통보감이 있다.

### ② 물상의 설명방식
- 사물의 형태, 행동, 현상, 마음가짐 등 여러 가지 물상의 설명 방식이 있다.
- 물상을 쓰는 것은 좋지만 비유하고자 하는 대상과 동일시하면 곤란하다.
- 목(木)이라는 편안하고 생기 있는 기운(氣韻, energy)을 나무에 비유해서 구체화하는 게 물상이다.
- **여기서 한 단계 더 나아가서 "목 = 나무"라는 공식은 문제가 있다.**
- 나무는 오행의 목을 구체화한 하나의 설명 도구이지 나무와 목이 같을 수는 없다.
- 이런 원칙이 무너지는 순간 물상은 말장난이 되어 버린다.
- 그래서 물상을 쓰려면 음양오행과 한난조습의 흐름을 제대로 알고 써야 한다.
- 명리학 이외의 사회적인 식견도 넓어야 한다. 물상은 경험(임상)도 필요한 부분이기 때문이다.
- 세상 만물은 많고 끊임없이 생겨나고 있으니 물상의 활용 폭은 무궁무진하다.

### ③ 천간 물상의 의미
[기본적인 천간 물상의 의미]
- 甲: 대림목(大林木) → 크고 곧은 나무를 상징
- 乙: 화초목(花草木) → 작은 화초 덩굴식물을 상징
- 丙: 태양화(太陽火) → 태양과 같은 큰불을 상징 (보통 빛이라고 비유)
- 丁: 등촉화(燈燭火) → 등잔불 같은 작은 불을 상징(보통 열이라고 비유)
- 戊: 성원토(城園土) → 높고 건조한 흙을 상징
- 己: 전원토(田園土) → 낮고 습기 찬 흙을 상징
- 庚: 강철금(鋼鐵金) → 크고 단단한 쇳덩어리를 상징(보통 원석이라고 비유)
- 辛: 주옥금(珠玉金) → 작고 야무진 쇠를 상징(보통 보석 같은 가공석으로 비유)
- 壬: 강호수(江湖水) → 넓고 깊은 물을 상징
- 癸: 우로수(雨露水) → 이슬비, 시냇물 같은 흐르는 물을 상징

### ④ 지지 물상의 의미
[기본적인 지지 물상의 의미]
- 子 → 쥐
- 丑 → 소
- 寅 → 호랑이
- 卯 → 토끼
- 辰 → 용
- 巳 → 뱀
- 午 → 말
- 未 → 양
- 申 → 원숭이
- 酉 → 닭
- 戌 → 개
- 亥 → 돼지

### ⑤ 물상대체
→ 사물이나 현상을 이용해서 운을 바꾸어 나가는 것
- 세상 만물은 오행으로 설명할 수 있다. 그 범위에는 마음도 포함되어 있다.
- 마음이라는 것이 여러 가지 반응으로 변화가 오는데, 그 반응 중에 시각적, 청각적 반응도 있다.

- 우리가 좋은 음악을 들으면 기분이 좋고, 좋은 것을 구경하면 기분이 좋아지는 이유이다.
- 사람은 각각 부여받은 사주가 다른데, 그 사주에서 부족하거나 필요한 오행을 행으로써 채울 수 있다.

[물상대체 예시]
- 사주가 많이 추운 사람은 우울감과 무력감에 시달리기 쉽다.
- 따뜻한 색감의 옷과 화장(makeup)만으로도 그 우울감을 개선할 수 있다는 뜻이다.
- 마음을 바꿀 수 있는 동기부여인 셈이다. 일종의 심리치료라고 봐도 된다.
- 옷과 화장법 더 나아가서는 실내 인테리어, 방위, 음식 등등이 물상 대체법이 될 수 있다.

## 마무리 총정리

❶ 물상(物像)을 글자 그대로 직역하면 "만물의 형상"이라는 뜻이다. 음양오행과 한난조습을 세상 모든 만물에 대입시켜서 설명하는 통변법이다.

❷ 물상은 잘 쓰면 분명히 좋은 통변이다. 그러나 잘못 쓰면 말장난이 되어 버린다.

❸ 물상의 설명 방식은 여러 가지가 있다. 사물의 형태, 행동, 현상, 마음가짐 등 그 활용도는 무궁무진하다.

❹ 우리가 흔히 년지로 표현하는 쥐띠, 소띠 이런 표현도 일종의 물상적 표현이다.

❺ 사물이나 현상을 이용해서 운을 바꾸어 나가는 것을 물상대체(物象代替)라고 한다. 일종의 실천적 개운법이다. 명리학 말고도 풍수나 관상 같은 동양학에 쓰인다.

## 제 79 강  천간(天干) 물상(物像) 1

### ① 甲: 대림목(大林木)

**스스로 우뚝 서다.**

크고 곧은 나무를 상징한다. 갑이란 문자는 밭 한가운데에(田) 뿌린 씨앗이 땅 밑으로 뿌리를 내린다(甲)는 뜻을 형상화한 것으로서, 초목(草木)의 최초의 생장을 의미하며 껍질을 뚫고 나오는 모습을 나타낸다. 갑목은 다 자란 나무나 기둥감으로 잘라 놓은 재목과 같아서 그 성질이 대단히 곧고 강하며, 위로 뻗어 오르려는 진취적인 기질과 이상이 높고 크다. 나무는 나무인데 양목이라 곧고 큰 나무, 성장하는 나무로 비유한다. 갑목은 어지간해서는 절대로 꺾이거나 다른 사람에게 굽히지 않으려고 한다. 리더 기질이 있어 매사에 추진력과 리더십을 발휘하는 것은 물론 자기의 책임을 다하는 장점이 있다.

다른 사람에게서 간섭이나 구속받는 것을 대단히 싫어하고 남의 말을 잘 안 듣는다. 또 한편으로는 리더가 되지 못하거나 1등을 못 하면 삐딱하게 나가거나 실망하는 경향이 많다. 무슨 일이든지 적극적이고 솔선수범하며 앞장서는 것은 좋은데, 너무 지나치게 자신을 내세우거나 나서기를 좋아해 다른 사람들로부터 공격의 대상이 되거나 항상 경쟁자가 생기는 수가 많으니, 대인관계에서는 무엇보다도 겸손하게 자신을 낮추거나 다른 사람의 의견을 존중하는 자세가 필요하다. 소나무와 같은 큰 나무, 동량목, 목재, 통나무, 마른 나무, 전주, 가로수, 기둥, 고층 건물, 석탑, 동상, 안테나 등에 비유한다.

### ② 乙: 화초목(花草木)

**무언가에 기대다.**

작은 화초 덩굴식물을 상징한다. 을목은 화초이며 넝쿨이며, 봄소식은 꽃이 전하므로 소식의 의미가 있으며, 꽃은 금방 시들게 되니 이별의 의미가 있으며, 넝쿨같이 얽힌 형상을 의미하므로 실이며, 꽃은 아름다움을 추구하므로 사치의 의미가 있다. 또 화초처럼 줄기가 약하여 바람 부는 대로 흔들리는 습성이 숨어 있다. 환경 적응력이 뛰어나고 끈질긴 생명력을 지니고 있으며, 뚫고 나가는 힘과 끈기에는 따를 자가 없어 어떠한 난관(難關)에도 굴(屈)하지 않으나, 다른 사람을 이용하거나 은근히 의지하려는 경향이 있어 다른 사람들로부터 환영을 받지 못하는 일면도 있다.

을목은 뿌리 내린 초목(草木)이 흙을 뚫고 싹터 올라 지엽으로 갈라지며 뻗어 오르는 모습을 나타내는 것으로서, 생명력을 상징한다. 같은 목이라도 갑목과 다른 점은 을목은 음이라 스스로 우뚝 서는 나무가 아닌, 기둥이나 다른 나무에 의존하는 그런 나무로 비유한다. 갑목이 뿌리를 박고 서 있는 나무라면, 을목은 여기저기 옮겨 다니면서 살아가는 나무이다. 화초, 넝쿨 식물, 곡식, 채소, 잔디, 생목, 습목, 섬유, 의류, 종이, 공예품 등에 비유한다.

③ 丙: 태양화(太陽火)

모든 것을 비추다.

태양과 같은 큰불을 상징한다. 병화는 보통 빛이라고 비유한다. 병화로 태어난 자는 병화 자체가 만인에게 밝게 비추어 어둠을 물리치는 의미가 있다. 광명과 양기 덩어리이고 모든 생명과 초목을 기르는 임무를 지니기도 한다. 병화는 양중의 양이라서 그렇다. 그 자체가 존재감이다. 그래서 병화 자체는 부정과 불의를 못 보는 강인성과 화려하고 높고 남의 윗자리에 앉아 자기를 과신하는 행위가 강하다. 잘난 척하는 표현을 쉽게 하고 타인을 무시하는 기질이 강하다. 자기가 잘못되면 반항력이 강해 타인과 원수가 될 수도 있다.

뜻을 굽히지 않으려는 기질과 지시받지 않으려는 기질이 있고 자기의 본능을 상하게 하는 것을 가장 싫어한다. 화가 나면 물불을 가리지 않고 결단을 내려야 속이 시원한 기질도 가지고 있다.

병화는 태양이므로 어둠을 밝히는 개혁, 명예, 가문, 존경, 위대함을 좋아하며, 아부하고 굽히는 것을 싫어한다. 병화는 태양이라 만물을 자양하는 것을 본분으로 하므로 교육사가 많나. 태양, 광신, 진기, 타오르는 불, 큰불, 전열 기구, 연료, 화약, 폭발물, 인화물, 방사선, 조명기구, 화공약품, 사진, 필름, 안경, 비디오, 간판, 네온사인 등에 비유한다.

④ 丁: 등촉화(燈燭火)

필요한 부분만 비추다.

등잔불 같은 작은 불을 상징한다. 정화는 보통 열이라고 비유한다. 양이 형식을 의미하고 음은 실리를 의미하기 때문이다. 정화는 음이니까 그렇다. 정화는 외양내음(外陽內陰)으로 하늘에서는 별(星)이고 은하계를 나타내며, 땅에서는 중금속을 녹이는 용광로 또는 사람이 만든 모든 전열기에 비유한다. 자신의 몸을 태워 어둠을 밝히고 빛을 발하는 촛불이나 등대처럼 헌신적이고 봉사적인 데가 많다. 선비정신이 강하다.

또한, 따뜻한 난로처럼 훈훈한 인정이 많아 많은 사람이 따르고 좋아하나, 정작 본인 자신의 실리를 챙기지 못하는 경우가 많다. 주위에 본인에게 관심과 기대를 거는 사람이 많은데도 정작 본인은 망망대해에 홀로 서 있는 등대처럼 군중 속의 고독을 많이 느끼며, 뒷심과 끈기가 약한 게 단점이다. 등불, 등댓불, 촛불, 용광로, 난로, 전기, 형광등, 네온사인, 레이저, 전열 기구 등에 비유한다.

### ⑤ 戊: 성원토(城園土)

**모든 것을 포용하다.**

높고 건조한 흙을 상징한다. 양토라서 그렇다. 물상적 비유로 산이라고 표현하는 것도 그렇다. 무토는 모든 오행을 포용한다. 사람과 사람 사이를 서로 좋게 하며, 중개하는 역할을 잘한다. 무토의 성격은 태산처럼 믿음직스럽고 묵묵하며, 언행이 신중함은 물론 온후하면서도 아량이 넓고 후덕하다. 그러나 뒤집어 말하면 너무 말이 없어 무뚝뚝하거나 무표정해 인정이 없거나 멋이 없게 보이고, 또한 음흉하게 보이거나 소신이 없는 것처럼 답답해 보인다.

태산과 같이 어지간해서는 흔들리지 않는 주관과 개성이 뚜렷하고, 주체 의식이 강하여 자신의 주장을 관철하는 능력이 있다. 그러나 자기 자신의 판단을 지나치게 믿어 누가 뭐라 해도 남의 말을 듣지 않는 아집과 독선이 심하고, 다른 사람의 말을 무시하는 경향이 있어 교만하다는 오해를 받기 쉽다. 누구의 편도 들지 않는 중립성이 강하나 남들이 꺾지 못하는 자신만의 고집이 대단하다. 하늘에서는 안개와 노을을 상징하며, 땅에서는 양토(陽土)로서 대지를 품에 안은 높고 큰 산과 넓은 벌판, 강과 호수를 막는 제방과 운동장, 넓은 광장이나 황야, 언덕이나 높은 고개, 성곽 등에 비유한다.

### 마무리 총정리

❶ 甲은 물상적으로 동량목, 목재, 통나무, 마른 나무, 전주, 가로수, 기둥, 고층 건물, 석탑, 동상, 안테나 등에 비유한다.

❷ 乙은 물상적으로 화초, 넝쿨 식물, 곡식, 채소, 잔디, 생목, 습목, 섬유, 의류, 종이, 공예품 등에 비유한다.

❸ 丙은 물상적으로 태양, 광선, 전기, 타오르는 불, 큰불, 전열 기구, 연료, 화약, 폭발물, 인화물, 방사선, 조명기구, 화공약품, 사진, 필름, 안경, 비디오 등에 비유한다.

❹ 丁은 물상적으로 등불, 등댓불, 촛불, 용광로, 난로, 전기, 형광등, 네온사인, 레이저, 전열 기구 등에 비유한다.

❺ 戊는 물상적으로 큰 산과 넓은 벌판, 강과 호수를 막는 제방과 운동장, 넓은 광장이나 황야, 언덕이나 높은 고개, 성곽 등에 비유한다.

## 제 80 강 천간(天干) 물상(物像) 2

① 己: 전원토(田園土)

**쾌적한 환경을 조성하다.**

낮고 습기 찬 흙을 상징한다. 음토라서 그렇다. 그래서 양토인 무토가 산으로 비유될 때, 음토인 기토는 논밭으로 비유된다. 기토는 무토와 같이 목화와 금수의 중앙에 자리하는 토로서 그 작용과 성정이 무토와 비슷하나, 무토의 뒤를 이어 양이 음으로 변화하는 과정에 있다. 무토가 높고 건조한 상태의 산(山)과 같다면, 기토의 성격은 순박하고 부드러우며 조용하다. 어머니와 같은 포용력을 지니고 있어 적을 만들지 않는다.

또한, 수줍음을 너무 타거나 말주변이 없는 경우가 많다. 남의 심정을 잘 헤아려 주며, 자기주장을 내세우거나 고집을 피우지 않는 중후한 인품으로 신용과 효심이 있다. 한편으로 좀처럼 자기 속마음을 털어놓지 않거나, 매사에 의심이 많고 신경이 예민하며 까다로운 면이 있어 터놓고 지내기가 곤란한 점이 단점이라 하겠다. **전답, 옥토, 윤토, 활토, 대지, 전원, 정원, 화원, 잔디밭, 평야, 도로, 해수욕장**에 해당하며 인간이 가꾸는 땅 등에 비유한다.

② 庚: 강철금(鋼鐵金)

**어려움에 굴하지 않다.**

크고 단단한 쇳덩어리를 상징한다. 가공되지 않은 원석, 철광 등을 의미한다. 경금의 성질은 한마디로 의리라고 해도 과언이 아니다. 한번 사귀거나 믿었던 사람에게는 평생 충성을 하며 배반하는 일이 드문데, 너무 의리를 따지다 보니 정작 자기 실속이 약해지고, 밖에서는 주위 사람들로부터 모두 좋다는 소리를 들으나 안에서는 별로 환영을 받지 못한다. 또한, 친구나 선후배를 무척 좋아하고 따르다 보니 간혹 건달이 되기도 한다. 경금은 숙살의 기운이 있어 어려움을 두려워하지 않는다. 의협심이 강하고 정의를 부르짖는 용감한 성격으로 동료애나 소속감이 남달리 강하다. 강자에게는 대항하고 약자는 도와주며 희생정신 또한 강하다.

한편으로는 성격이 조급하거나 난폭하고 선악의 구분이 심하거나 명예욕이 강해 독선적인 데가 많으니 적이 많이 생기거나 스스로 재앙을 불러들이는 경향이 많다. 공과 사를 분명히 가리는 스타일로 지도력과 통솔력이 뛰어나며, 결단력과 소신이 강하여 한번 결정한 일은 강히게 밀어붙이는 추진력이 있다. 그러나 너무 매사에 완벽함을 추구하거나 자신의 결정을 좀처럼 번복하거나 수정하는 일이 없어 자칫하면 다른 사람 눈에는 카리스마적이거나 모가 난다는 소리를 듣는 수가 많다. 욕심이 많고 시비를 좋아해 괜한 구설을 자초하기도 한다. **달, 서리(霜), 우박, 금철(金鐵), 무쇠, 원석, 바위, 강금, 철강, 기계, 농기구, 자동차, 중장비, 열차, 총포, 검인, 수렵** 등에 비유한다.

### ③ 辛: 주옥금(珠玉金)

**극도의 실용성을 추구하다.**

작고 야무진 쇠를 상징한다. 보통 보석 같은 가공석으로 비유한다. 양금인 경금과는 다른 의미다. 신금은 음이기 때문이다. 신금이란 경금에서 맺은 결실을 꼼꼼하게 갈무리하는 것이다. 열매가 익으면 땅에 떨어지게 되니 모체로부터 떨어지는 고통의 의미도 있다. 성숙함이 사라지고 새로운 기운이 다시 잠복하여 다시 씨앗이 되는 것을 의미하니 즉, 만물의 새로운 탄생을 상징한다. 신금은 경금과 같은 뜻도 있지만 완성된 보석이니 광명과 빛남의 뜻이 강하게 숨어 있다. 따라서 자기 생각에 자기가 묶여 스스로 착각에 사로잡혀 자기주의로 흐르기 쉽다. 불평이 많고 성격이 까다롭고 변덕스러운 점이 숨어 있다.

신금은 세상에 가장 아름답고 가장 빛나는 것이니 뭇 사람들의 유혹이 심해 자신을 지키기가 쉽지 않다. 재색이 뛰어나 미인이 많이 나오나 성격상 외로움이 따라온다. 신금의 성질은 섬세하고 깔끔하며 약해 보이는 듯하지만 속으로는 단단하고 야무지며 예리하다. 매사를 처리할 때 정확하면서도 치밀하고 단호하게 처리하는 경향이 있다. 그 행동력이 강하게 나타날 때는 남들이 두려워할 정도의 냉혹함을 보여준다. **서리(霜), 금은(金銀), 보석(寶石), 칼, 장식품, 반도체** 등에 비유한다.

### ④ 壬: 강호수(江湖水)

**속이 깊어 그 끝을 알 수 없다.**

깊은 물을 상징한다. 임수의 본성은 양수이나 지상에서 활동하는 많은 양의 물을 의미한다. 그래서 지상의 모든 생명을 잉태시키는 인자가 된다. 항시 정을 그리워하며 따뜻한 기를 원하여 따뜻하게 감싸 주면 언제나 생명을 잉태시켜서 기르기도 한다. 생명체는 물을 떠나서 살 수가 없는 이치라서 그렇다. 지상의 모든 생명의 어머니와 같은 역할을 한다. 언제나 물이 흘러가듯 대자연의 흐름과 같이 순리를 지키면서 과욕을 삼간다면 편안한 평생을 지낼 수 있다. 큰 강물과 같이 고요한 가운데 항상 쉼 없이 노력하는 자세로 새로운 것을 탐구하여 모든 방면에 박식하며 매사에 서두르지 않고 느긋하게 계속 전진하려는 의욕이 강하다.

그러나 전진하려는 의욕은 좋으나 매사가 시작보다 끝마무리가 부족하고 처음 계획했던 일이 변질되거나 기회주의적으로 변하는 경우가 많다. 선천적으로 두뇌가 총명하며 창의력이 뛰어나고, 앞을 내다보는 선견지명은 다른 사람의 추종을 불허하며, 심오한 지혜를 지니고 있다. 한편으로는 깊은 바닷속을 제대로 알 수 없듯이 속마음을 잘 내비치지 않아 음흉하거나 비밀이 많다는 오해를 받기 쉽다. 너무 머리가 좋아 남을 무시하거나, 물이 지나치면 범람하여 인명이나 가축, 농작물 등에 피해를 주는 것처럼 남에게 피해를 줄 수 있는 소지도 많다. **눈, 비, 강물, 호수, 바다, 종자(種子), 정자(精子), 난자(卵子), 원자, 분자, 전자** 등에 비유한다.

### ⑤ 癸: 우로수(雨露水)

**상황에 동화되려고 한다.**

이슬비, 시냇물 같은 흐르는 물을 상징한다. 양수인 임수가 크고 깊은 물을 의미한다면, 음수인 계수는 흐르는 빗물을 의미한다. 계수는 우리가 살고 있는 지구나 우주의 모든 냉기와 습기를 수기로 유동하는 성질이 있다. 비록 가볍고 작아 핵과 같이 미세하고, 음수라고 하나 대자연의 냉기로 태양과 더불어 지상의 한난조습(寒暖燥濕)을 만들어 절기의 변화를 일으킨다. 임수가 양이라 생명의 씨앗을 상징한다면, 계수는 음이라 주변에 동화되기 때문에 계절 변화라고 한다. 그래서 어떤 오행과 만나든지 만난 오행에 따라 환경을 만들어 간다.

계수는 음수이며 음 중의 음이고 병화는 양 중의 양이라 계수와 병화는 극음극양(極陰極陽)이라 서로 싫어한다. 계수의 성질은 지혜가 뛰어나고 아이디어가 특출나다. 준법정신이 좋으면서도 임기응변에 능한 타입이다. 항상 변화에 민감하면서도 대응 능력이 뛰어나다. 그러나 자칫하여 잘못 흐르게 되면 줏대가 없어 보이고 자기 꾀에 자신이 당하는 때도 있다. 그러므로 이런 사람은 지도자가 되기보다는 참모나 보좌역할이 더 어울린다. 매사에 조용히 노력하며 순종(順從)하는 자세와 애교를 겸비해서 상대방의 심리 파악을 잘함은 물론 마음 씀씀이도 자상하다. 그러나 많이 아는 것에 비해 실천이 부족하거나 남의 어려운 일을 보면 고민만 하거나 말로는 잘하는 데 큰 도움을 주지 못하는 단점이 있다. **시냇물, 샘물, 이슬비** 등에 비유한다.

### 마무리 총정리

❶ 己는 물상적으로 전답, 옥토, 윤토, 활토, 대지, 전원, 정원, 화원, 잔디밭, 평야, 도로, 해수욕장에 해당하며 인간이 가꾸는 땅 등에 비유한다.
❷ 庚은 물상적으로 달, 서리(霜), 우박, 금철(金鐵), 무쇠, 원석, 바위, 강금, 철강, 기계, 농기구, 자동차, 중장비, 열차, 총포, 검인, 수렵 등에 비유한다.
❸ 辛은 물상적으로 서리(霜), 금은(金銀), 보석(寶石), 칼, 장식품, 반도체 등에 비유한다.
❹ 壬은 물상적으로 눈, 비, 강물, 호수, 바다, 종자(種子), 정자(精子), 난자(卵子), 원자, 분자, 전자 등에 비유한다.
❺ 癸는 물상적으로 시냇물, 샘물, 이슬비 등에 비유한다.

# 제 81 강 지지(地支) 물상(物象) 1

## ① 자수(子水)

子(자)

자수는 응축된 순수한 물이라서 수생목을 잘하지 못하고, 수극화의 작용력이 크다. 해수와 달리 한랭지수(寒冷之水)이기 때문이다. 사왕지의 특성이 더 두드러진다. 자란 종자를 뜻하는 것이며 또한 번식물, 생식물, 양식물 등, 뭔가를 키우는 것으로 궁리하고 연구하는 인자이기 때문에 농업이나 교육자 기질이 있다. 시간상으로는 한밤중이고 음기가 강해서 냉혹하고, 꾀가 많으며 실리에 능하다.

밖에서는 음이지만 이미 안에서는 양이 시작되고 있는 형국이라 이중성으로도 표현한다. 이게 무슨 뜻이냐 하면 음양의 순환 논리다. 음이 다하면 양이 싹트고, 양이 다하면 음이 싹트는 그런 음양적 순환 논리를 뜻한다. 그래서 십신을 변환할 때도 수/화는 음양이 달라진다. 체와 용의 차이, 본질과 역할의 차이다. 자수는 계절로는 겨울로 동면의 시간이라, 죽어 있는 것처럼 보이므로 외적인 활동성은 멈추어 있다. 그러나 한밤중은 꿈꾸는 시간이기도 하니, 정신적으로는 왕성한 활동이 일어나는 때이기도 한다.

공개적인 것보다는 비밀스러운 것, 여럿이 하는 일보다는 혼자 하는 일 등으로 예를 들면, 무허가, 암거래 등을 상징한다. 지극히 비밀스러운 부분이다. 아무도 알 수 없다는 의미다. 역사는 밤에 이루어지듯, 애정사나 비밀스러운 일에 연루될 수 있으며, 성격이 냉철하고 냉정하여 그로 인한 사건·사고가 생길 수 있다. 반면에 세상 물정을 모르며 의심이 많다. 동물로는 **쥐에 해당하여, 쥐처럼 눈치가 빠르고, 잡식성으로 육감과 순발력이 뛰어나며, 발명가적 소질이 다분하다**. 결점이라면 끈기와 인내력이 부족하고 심장이 약할 수 있다. 재주가 많아서 의식주 걱정은 하지 않아도 되지만, 급격한 환경변화에는 적응력이 떨어진다. 일이나 직업으로는 직감으로 하는 일, 더듬는 일 등으로 영감과 직관, 통찰력 등을 이용하는 일과 인연이 좋다. 亥子丑의 인자(因子)는 대부분 유흥과 오락, 섹스와 관련되어 있다. 다른 의미로는 꾸준히 연구하고 공부하는 노력의 한 과정으로도 본다. 신경이 예민하고 잡념이 많아 신경성 질환에 시달릴 수 있으나, 일에 대한 끈기는 대단하다. 亥子丑 月에는 어떤 일주든지 불이 없으면 의지할 거처가 불안하다.

## ② 축토(丑土)

丑(축)

축토는 자수에서 싹터서 축토에서 어금니 같이 맺혀지는 형상과 두 손으로 생명의 원천(源泉)인 종자(種子)를 포용하고 감싸주는 모습을 상징하고 있다. 북방의 물을 인목인 나무로 연결하여 상승하는 역할을 담당한다.

또한 굴종됨을 뜻하고 한기가 스스로 굴복(屈伏)하기 시작한 것을 뜻하기도 한다. 절기로는 소한(小寒)과 대한(大寒)이 들어 있고 냉동 창고의 뜻이 있을 만큼 자월보다 더 추운 계절이다. 축토는 천간 기토의 기운을 계승하였는데, 기토는 중앙이면서 동시에 통일의 음토로서 사물의 조화와 성숙을 완성케 하는 중화와 조절작용을 하고 있으므로, 마치 중간자와 같은 역할을 한다.

즉 영속적인 순환 운동을 유지해 주는 중심 역할을 담당한다. 토의 특징이기도 하다. 축토는 조후가 안 되어 있으면 만물을 키우지 못하는 땅이 되어 토의 기능을 전혀 못 하나, 조후가 되어 있으면 능히 만물을 생한다. 축토 글자 안에 열십(十)자가 있는데 10은 자연수로서 완성을 의미한다. 모든 것이 다 이루어지면 다시 순환되는 우주의 이치를 담고 있다. 축토와 미토는 지구의 축(軸)을 이루고 있고, 미토 역시 글자 내부에 열십자를 가지고 있다. 둘 다 음에서 양으로 양에서 음으로 전환시켜 주고 발생시키고, 수렴하는 바탕을 이루고 있다. 그래서 축토와 미토는 **기다림의 미덕**이 필요한 계절이다. 축토는 **동물 물상적 의미로는 소다**. 소는 단순한 동물이라기보다는 우리의 농경 문화와도 밀접한 관계를 형성해 왔으며, **소는 옛날에는 재산증식을 해 주는 큰 수단으로서 목돈을 마련하는 데는 없어서는 안 될 중요한 비밀 금고**라고 할 수 있다. 축토는 금고, 은행, 조상의 유산, 무기고, 선산, 탄광, 금광 등 재물이 묻혀 있는 곳이라는 의미로도 쓰인다.

### ③ 인목(寅木)

寅(인)

끌어당기며 움직여 나오는 의미로 만물이 생성되기 시작하는 때를 의미한다. 축토에 얽매여 있는 상태를 끌어당겨 나온다는 뜻이며, 사람이 활동을 시작하는 때다. 인목은 초봄인 정월로서 아직 한기(寒氣)가 남아 있지만, 씨앗의 싹이 점차 몸 밖으로 이끌어 토해 내듯이 땅으로 퍼져 옮겨 가는 시기이다. 인목은 위풍당당한 면이나 위엄 있는 자태, 수려한 모습인 호랑이의 모습을 상징한다. 축토라는 사유축 금기를 깨고 세상에 자신의 존재를 알리는 인목은 바로 호랑이의 포효와도 같다. 축토의 금기가 드러나는 건, 그걸 드러내서 없애야 목왕절이 시작된다는 것이다. 그 시작점이 인목이다. 인목은 자신의 존재를 알리는 데 사용되는데 기획, 설계, 발표, 창안 등을 의미한다. **인목은 동물 물상으로 호랑이를 상징한다.**

조상들은 호랑이를 통해서 자신들의 삶의 애환을 글이나 민화처럼 그림으로 표현하고, 마당놀이나 광대놀이로 사회의 부조리를 질타하는 듯한 모습으로 나타내기도 한다. 그래서 인목은 연출, 무대, 그림 등의 표현이 나타낸다. 호랑이는 예로부터 무리의 대장이자, 존경과 경원의 대상이기도 하다. 인목인 호랑이는 **사람을 잘 믿지 못하는 성격이 있고 때로는 느긋하다가도 목표물만 보면 달려드는 성질 때문에 오히려 성급하게 서두르다가 실패하는 경향이 있다.**

그래서 인월이나 인목이 들어 있는 일주는 서두르는 것을 염려하여야 하고, 화를 잘 다스려야 한다. 경솔한 섣부름이 들어 있는 것이 인목이다. 명예, 권위, 권세, 관직, 승리에 대한 염원이 늘 새겨져 있다. 인목은 강목(强木), 조목(燥木), 눈목(嫩木, 새싹) 등으로 볼 수 있으며, **수의 기운을 잘 흡수하여 목생화하는 작용력이 크다.** 인월에 금을 만나면 어린나무가 다치게 되니 금을 두려워하게 되고, **화를 보면 목화통명(木火通明)을 이루어 목의 기운이 빼어나게 된다.**

### 마무리 총정리

❶ 子는 응축된 순수한 물이라서 수생목을 잘하지 못하고, 수극화의 작용력이 크다. 해수와 달리 한랭지수(寒冷之水)이기 때문이다. 사왕지의 특성이 더 두드러진다.

❷ 子는 동물 물상적 의미로 쥐다. 쥐처럼 눈치가 빠르고, 잡식성으로 육감과 순발력이 뛰어나며, 발명가적 소질이 다분하다.

❸ 丑은 동물 물상적 의미로는 소다. 소는 옛날에는 재산증식을 해 주는 큰 수단으로서 목돈을 마련하는 데는 없어서는 안 될 중요한 비밀 금고라고 할 수 있다. 기다림의 미덕을 의미한다.

❹ 寅은 수의 기운을 잘 흡수하여 목생화하는 작용력이 크다. 화를 보면 목화통명(木火通明)을 이루어 목의 기운이 빼어나게 된다.

❺ 寅은 동물 물상적 의미로는 호랑이다. 호랑이는 느긋하다가도 목표물만 보면 달려드는 성질 때문에 오히려 성급하게 서두르다가 실패하는 경향이 있다.

# 제 82 강 지지(地支) 물상(物象) 2

### ① 묘목(卯木)

卯(묘)

계절로는 봄의 정점이다. 일출지문(日出之門, 해돋이 문)이라고도 하며, 앞문이라는 뜻과 문이 활짝 열려 있는 뜻이 들어 있다. 반대로 유금은 문이 닫혀 있는 뜻과 뒷문이라는 뜻이 있다. 만물이 일어남을 뜻하고, 생명의 모습을 확인하는 시기이며, 글자의 모양은 땅에서 올라와서 양쪽으로 쪼개지는 것으로 이는 활짝 열린다는 개념과 독립하고 새로운 시작이라는 뜻이 들어 있다. 동물로는 토끼를 연상할 수가 있는데 이는 우선 빠르다는 것을 강조한다. 그래서 묘목은 바람, 소리, 전달, 유통이라는 의미부여를 할 수 있다. 또한, 토끼는 집을 짓지 않는다고 하는데 그만큼 집이나, 보금자리에 대해서 연연하지 않으며 정착이란 것에 의미를 두지 않고 발전과 번식 등에 집중한다. **토끼는 후퇴나 머뭇거림이 없다. 그래서 언제나 뒤돌아보고 검토해 보아야 할 일도 무작정 전진하여서 뒤늦은 후회를 하기도 한다.** 묘목을 가진 사람들의 공통적인 특징이다. 늘 타인보다 먼저 가려는 기질이 있다. 묘월은 농사를 시작하는 달이다. 묘목이란 땅을 밀치고 올라온 모습으로서 유금이 포장해 놓은 단단한 껍질을 마지막으로 부수고 나온 형상이다. 생명의 시작이고 습(濕)의 정점이다. 묘목은 습목, 생목, 수목응결 활목 등의 모습에 해당하고 생기가 있으며, 묘목은 습기를 머금고 있으므로 목생화가 잘 안 된다. 묘목은 누구도 존립할 수 없는 곳에서도 살아날 수 있는 생명력과 적응력을 갖고 있다. 천간 을목과 같다. 천간, 시시의 건해 사이가 있을 뿐 디 같은 음목이다. 다른 어느 것도 뿌리내리지 못하고, 적응하지 못하는 곳에서도 이들은 번식할 수 있다.

### ② 진토(辰土)

辰(진)

진토는 진(辰)으로 진동(震動)하는 것이니 빠르게 진동해서 옛 몸체를 벗어나는 것이다. 진월이 되면 물건이 모두 움직이고 자라나는 것과 같다. 즉 천둥과 같이 오는 우레를 의미하여 펼쳐지는 것을 나타내며 만물이 자라기 좋은 때다. **상상의 동물인 용**은 날씨를 자유롭게 다룰 수 있고, 천둥, 번개, 폭풍우를 일으키는 상서로운 동물이다. **인목인 호랑이와 함께 용은 영물이다. 차이점은 호랑이는 단죄를 의미한다면, 용은 기쁨을 상징한다.** 진월이나 진일에 바람이 불고, 용이 입에서 기를 내뱉어 진토는 잠복해 있던 수의 기운을 꺼내서 화의 기운으로 전환해 확산시키는 곳이기 때문이다. 용의 능력은 여의주라는 신비한 구슬을 통해 발휘되고, 신통력 때문에 용은 천계를 통치하는 옥황상제의 사자로 받아들여졌다고 한다. 진토는 대변자의 기능과 상명하달의 뜻을 포함하고 있다. 용은 정치계의 진출이나 과거급제의 상징으로도 널리 알려졌다.

이는 등용문이라고 하여, 해사축에서 공부하고, 연구하고, 인묘에서 자신의 실력을 기르던 것을 진에서 드러내어 놓은 시기다. 화왕절로 넘어가기 바로 전 단계라서 그렇다. 진월은 목의 기운을 화로 내보내는 곳이다. 화기란 우선 확산시키고, 벌리고, 팽창시키는 기운을 뜻한다. 따라서 진월은 진취적이면서도, 돌진하고, 목표를 정하면 몰입하고, 저돌적으로 나가는 계절이다. 우선 벌이고 보자는 심성이 내재되어 있으므로 주변의 작은 일이나 세심한 배려는 없는 편이다. 이로 인해 주변으로부터 예의가 없다, 황소고집이다, 말투에 조심성이 없다 등으로 서두른다는 핀잔을 받을 수 있어 늘 행동과 말을 살피고 가려가며 해야 한다. 진토의 성격으로는 이상과 꿈은 높고 크나 현실과의 거리와 차이가 크다. 자칫하면 쉽게 좌절하거나 매사에 꿈속에서 일확천금을 얻는 것처럼 자신의 포부나 계획과 현실에서 생기는 괴리감에 방황하기가 쉽다. 즉 공상가나 몽상가와 같은 성격을 지니기 쉽다. 목이라는 희망과 화라는 경쟁 사이에 고민하는 것이 진토이기 때문에 그렇다.

### ③ 사화(巳火)

巳(사)

**사화로 오게 되면 목의 인자들이 모두 밖으로 나가려고 한다. 안에 감추어져 있던 것들이 모두 자신을 표현하고, 서로 간의 교류도 이루어지고, 자신의 능력, 재능을 모두 발휘하는 때이다.** 사화에서 가장 중요한 것은 밖으로 표현하는 것이다. 안에다가 감추지를 않는다. 사화의 기세는 발산되고, 분산되며, 확장되는 기운이다.

화라는 것은 분열되고 퍼지기 때문에 다시 주워 담는다는 것은 힘들다. 기본적으로 화라는 것은 안정된 상태는 아니다. 가만히 있지 못하는 성미이기 때문에 안정성을 추구해야 미래가 보장된다. 사화 시기는 늘 사람과 함께하는 어울리는 개념이 많다. 화는 개인적 성향보다는 전체적 성향이 있기 때문이다. 시작은 화려하고 끝은 허전하고 흐지부지 끝나기 쉽다. 사생지

의 특징이기도 하다. 사화는 열기가 땅에 투사(投射)되어 지열(地熱)이 꿈틀거리며 양기가 충만함을 나타낸다. 양기가 상승하면서 꿈틀거리는 열기의 형상이 마치 뱀의 움직임과 비슷하기 때문에 사류(蛇類)의 형상(形像)을 문자로 형상화되었다.

적외선, 자외선, 방사선, 등 각종 광선을 나타내며, 양화, 용광로, 강열지화(强烈之火)로 표현한다. **사화는 동물 물상으로 뱀을 의미한다. 뱀은 재생(再生)을 하는 성향이 있다. 이것은 겉에 둘러싼 허물을 벗는다는 뜻**인데, 어른이 되기 위한 일련의 과정과 허물을 벗지 못하면 숨이 막혀 쉬지 못하는 뱀의 특성이다. 그래서 **뱀은 반복, 재생, 부활을 뜻한다.** 또한, 뱀은 다산과 풍요 재물의 증식을 뜻하는 존재로 인식됐는데, 여기서 사술(巳戌) 원진의 개념이 나오는데 뱀이 허물을 벗을 때 개가 짖으면 뱀이 허물을 벗다가 놀라서 죽는다고 한다. 이것은 뱀과 개의 서로에 대한 증오를 뜻한다. 뱀은 그리스 신화에선 치료의 신으로 의술을 뜻하며, 집 지킴의 신이다. 집안과 마을을 지켜 주는 수호신이니, 뱀의 사악함이나 무서움보다는 주로 풍요로움, 번식 등을 뜻하는 의미로 해석한다.

이게 여러분들이 배워야 할 사주명리학입니다! 송재우의 **사주에듀**

❶ 卯는 계절로는 봄의 정점이다. 일출지문(日出之門, 해돋이 문)이라고도 하며, 앞문이라는 뜻과 문이 활짝 열려 있는 뜻이 들어 있다.

❷ 卯는 동물 물상적 의미로 토끼다. 토끼는 후퇴나 머뭇거림이 없다. 그래서 언제나 뒤돌아보고 검토해 보아야 할 일도 무작정 전진하여서 뒤늦은 후회를 하기도 한다.

❸ 辰은 동물 물상적 의미로 용이다. 인목인 호랑이와 함께 용은 영물이다. 차이점은 호랑이는 단죄를 의미한다면, 용은 기쁨을 상징한다. 출세와 등용문을 뜻하기도 한다.

❹ 巳는 목의 인자들이 모두 밖으로 나가려고 한다. 안에 감추어져 있던 것들이 모두 발산되는 시기가 된다. 자신을 표현하고, 능력, 재능을 모두 발휘하는 때이다.

❺ 巳는 동물 물상적 의미로 뱀이다. 뱀은 재생(再生)을 하는 성향이 있다. 이것은 겉에 둘러싼 허물을 벗는다는 뜻이다. 반복, 재생, 부활을 뜻한다.

# 제 83 강 지지(地支) 물상(物象) 3

### ① 오화(午火)

午(오)

오화는 외양내음(外陽內陰)으로 내적으로는 습(濕)이 있으므로, 하지(夏至)가 지나면 더우면서도 습기가 있어 끈적거리니 더욱 후덥지근한 더위를 느끼게 된다. 또한, 오화는 외실내허(外實內虛, 겉으로 강하나 속으로는 약함)를 의미한다. 겉으로는 강해 보이나 내면이 약하다는 뜻이다. 오화는 화려함 속에서 자신의 내면을 찾는 시기이다. 사화는 서로가 자신의 앞길을 모색하고 마음이 맞는 사람들끼리 어울렸다면 오화는 함께 나누자는 생각이 들어 있다. 화는 공동체 사상이니 그렇다. 오화는 바로 그 화의 정점이다. 오화의 형태로는 음화(陰火), 생화(生火), 활화(活火), 등촉화(燈燭火)가 있다.
천간의 정화와 같다. 천간, 지지의 입장은 다르지만 같은 음화다. **오화는 동물 물상으로 말을 의미한다.** 예전에 말의 쓰임은 일상에서는 경제적인 목적의 이용수단으로서 수렵이나 이동수단으로 쓰였고, 정치적, 군사적으로는 정복의 신으로서, 지배의 신으로서 그 수단적인 활용이 대단했다. 평상시에는 역마로서 전쟁 시에는 역마로서 군마로서 활약한다. 예전부터 말은 국가에서 보호하는 재산 관리품목에 들어갔다. (복지원, 문화원) 문명과 문화가 만들어진 곳에서 베푸는 자리, 집약시켜 놓은 자리이다. 오화는 화려함과 나눔과 변화의 중심에 서 있는 자리이다. 모두가 오화의 지역으로 모이게 되고, 오화는 솔선수범하고 베풂이 있는 자리이며, 인체로는 심장에 해당하여 모두가 모여서 공급받는 상황이라 오화는 타인을 받아들이고 자신이 베푸는 모양이 있는 자리이다. **자수와 함**께 커다란 변화의 축을 가진 자리이며, 반드시 대의명분이 있어야 한다.

### ② 미토(未土)

未(미)

미토는 맛(味)이라는 뜻이 있다. 물건이 때를 만나 성숙해짐에 모두 각자의 기운과 맛이 생긴다. 즉 미토는 결실을 담당하는 것으로 오곡백과가 미토의 작용에 의하여 미각(味覺)이 생기고 종핵(種核)이 성숙되는 시기가 된다. 인간의 음식물 중 당분이나 전분(澱粉) 또는 단백질이 미토에 해당한다. 따라서 미토는 음식물에 해당하기도 한다. 자기방어적인 의미, 모성애의 본능, 보호심과 보육심이 있다. 수기가 모자라고 화기가 강해서 농사짓지 못하는 땅이다. 미토는 열토이다. 예전의 동, 서양의 교역지인 실크로드의 사막과도 같은 모습이다. **미토는 동물적 물상으로 양(羊)에 해당한다.** 양은 성격이 순박하고, 온화하고, 때 묻지 않고, 부드러워서 양의 해에 며느리가 딸을 낳아도 구박하지 않는다는 속설도 있다. 군집생활을 하면서도 암컷을 독차지하려는 성향도 없고, 동료 간의 우위를 유지하려는 욕심도 적다. 반드시 갔던 길로 다시 돌아오는 외고집도 있다. 또한, 성격이 온순하여 다툼이 많지 않지만 내재되어 있는 잠복된 화의 기운은 한번 화나면 다혈질의 기질로 나타난다. 양은 커다란 상징적인 의미를 담고 있는데 **인간을 처벌하는 대신 양을 희생물로 하여서 인간의 죗값을 대신하는 풍습이 있다.** 그래서 미토는 남의 일을 대신 처리해 주는 일을 하고 때때로 억울한 누명을 쓰기도 한다. 미토는 양기(陽氣)의 확산하려는 기운과 표출하려는 기운, 발산하려는 기운, 팽창하려는 기운을 정지하고 수렴하여서 내부로 잡아들이는 역할을 하는 모체이다. 이는 화의 기운을 금의 기운으로 포장하기 위한 전초지의 역할로서 화와 금의 매개체의 역할을 하는 곳이며, 나아가서 목화와 금수의 연결통로로서의 중개자 역할을 한다. 이것을 금화교역이라고 한다. 화생토생금을 뜻한다. 화와 금을 이어 주는 징검다리 역할이자 크게 보면 양에서 음으로 넘어가는 것을 의미한다. 그래서 미토는 토중의 토고 금을 유일하게 생하는 토가 된다. 미토 축토 모두 중계자 역할이지만 축토는 내부에서 중계 역할을 하는 것이며, 미토는 외부에서 중계역할을 하는 것이다. 미토가 외부감사라면 축토는 내부감사다.

### ❸ 신금(申金)

申(신)

금은 따르고 변혁한다는 뜻인데, 이는 庚이 고칠 갱(更) 자에서 연유한 것처럼 고쳐서 바꾼다는 뜻으로 형체를 변혁(變革)함으로써 그릇을 이루는 것이다. 이는 목화의 성장과 외적인 발전과 팽창을 통하여 외형(外形)을 이루었다면 금에서는 내면(內面)에 충실한 것이라고 할 수 있다. 이는 만물의 성숙을 의미하는 것으로 봄의 기운이 만물의 성장을 촉진하는 생장의 기운이라면 가을은 숙살(肅殺)의 기운으로 바뀌어 만물의 죽음을 재촉하는 것이다. **신금을 동물 물상으로 원숭이 또는 잔나비라 한다.** 동물로는 가장 영리하고, 재주 많은 동물로 손꼽히지만, 사람의 흉내를 가장 잘 내고, 요사스럽다는 이유로 재수 없다는 뜻의 '잔나비'라고 불린다. 인간에게 있어서 모방

재창조의 틀을 만들어 주는 인자로 쓰인다. 임기응변이 뛰어나며, 변화를 주관하는 것이 신금의 모습이다. 이는 마치 원숭이의 습성과 유사하다.

날씨가 좋으면 신바람 나고, 날씨가 흐리면 청승을 떠는 원숭이의 모습처럼 주로 겉과 속이 다르며, 변화가 심하다. 재주가 좋으나 변덕이 심하다는 의미가 된다. 신금은 양의 기운이 모은 것을 이면으로 집어넣는 속성으로서 자신의 이익만을 추구하거나, 실리적인 면에 강하다는 뜻을 담고 있다.

현대의 신금의 모습은 바로 내면의 실리를 추구한다는 뜻이 들어 있다. 또한, 신금은 지혜인 임수를 담아두는 그릇으로 활용되므로 **지혜의 그릇**이라고 표현된다. 신금은 새긴다는 뜻이 있어서, 각인이라는 뜻으로 도장, 각인이라고 할 수 있다.

### 마무리 총정리

❶ 午는 子와 함께 커다란 변화의 축을 가진 자리이며, 반드시 대의명분이 있어야 한다.

❷ 午는 동물 물상적 의미로 말이다. 정치적, 군사적으로는 정복의 신으로서, 지배의 신으로서 그 수단적인 활용이 대단했다. 지배욕과 정복욕을 상징한다.

❸ 未는 동물 물상적 의미로 양이다. 인간을 처벌하는 대신 양을 희생물로 하여서 인간의 죗값을 대신하는 풍습이 있다. 희생, 온순함, 외고집을 뜻한다.

❹ 申은 내면의 실리를 추구한다. 지혜인 壬을 담아두는 그릇으로 활용되므로 지혜의 그릇이라고도 표현한다.

❺ 申은 동물 물상적 의미로 원숭이다. 날씨가 흐리면 청승을 떠는 원숭이의 모습처럼 재주가 좋으나 변덕이 심하다는 의미가 된다. 모방, 영리함, 변덕스러움을 의미한다.

# 제 84강 지지(地支) 물상(物象) 4

### ① 유금(酉金)

酉(유)

유금의 글자는 **술 항아리를 형상화한 글자이다. 8월에 기장이 익으면 술을 담는 데서 기인한 것이다.** 또한, 가을에 오곡백화가 결실을 보는 형상이 달이나 구슬처럼 둥글둥글하게 되는 모습을 글자로 상징하기도 한다. **성숙과 정리를 의미**한다. 유금은 금의 왕지로 순수한 금의 기운이 형성된 것으로 금속성 장신구(裝身具)와 패물(貝物), 은장도와 같이 예리한 칼이나 창과 같은 무기 등으로 의미부여를 할 수 있다. 유금은 결실물로 통변한다면 이미 분리되어서 독립된 자체적인 새로운 형태를 말한다. 또한, 종자가 되어서 앞으로 어떻게 자신의 미래를 개척할 것인가에 대한 예언자적인 기운을 갖고 있다.

유월은 대보름이 뜨는 시기이다. 한가위 대보름달 앞에 누구나 소원을 비는 것이 있는 것도, 그런 유월의 예언자적인 성향 때문이다. 그래서 **유금은 동물 물상으로 닭이다.** 닭은 때를 알리는 동물이니 그렇다. 닭(酉)은 어둠 속에서 여명을 알리는 성스러운 신통력을 지닌 동물로 여겨져 왔다. 닭의 울음소리는 한 시대를 정리하고 새로운 시대의 개막을 알리는 서곡이라고 할 만큼 미래적인 측면이 강하다. **부정한 기운을 몰아내며 새로운 시기를 여는 동물이기도 하다.** 닭은 울음으로써 새벽을 알리는 즉, 빛의 도래를 예고하는 존재다. 어둠을 물리치고 빛의 도래를 예고하기 때문에 태양의 새다. 유금은 숙살의 의미라 완벽하게 과거를 청산한 모습이다. 심판적 의미가 크다.

### ② 술토(戌土)

戌(술)

술토의 계절은 가을의 끝이라는 계추(季秋)로서 찬 이슬이 내려 생물이 모두 쇠잔해지는데, 농촌에서는 곡식을 모두 거둬들이는 계절로 국화가 노랗게 피고 북으로부터 내려온 기러기가 모이는 시기이다. 또한, 절후인 상강(霜降)은 가을의 수렴(收斂)하는 기운이 마무리되는 시점으로 서리가 내리는 시기가 된다. 곡식 창고, 보관 창고를 의미한다. 다른 지지 토도 그렇지만 술토 역시 저장하고 다시 활용하는 의미가 있다. 목화의 기운을 내부로 거두어 보관하는 시기다. 저장창고의 역할을 하는 곳, 더위가 고장에 들어가는 시기, 하루로는 태양이 서쪽의 지평선으로 기울어져 넘어가는 형상이며, 계절로는 만추의 태양이 모든 것을 자라게 한 후 사라지는 모습이다. 보통 사람이 인생을 배우고, 함께 살며 어울리는 곳이 지지 사오미가 된다. 화는 전체주의이기 때문이다.

술토는 이처럼 모든 사람과 교류하고, 활동하던 것을 뒤로하고 인생을 달관하고 체험하는 형상이다. **술토의 동물 물상은 개다.** 개는 인간과 가장 가까이 지내는 동물이고, 사람을 가장 잘 따른다. 사람에게 충성을 다하고, 사람을 지키는 것이 술토인 개의 성품인데 이 부분 역시 현재는 경호업무, 비서실, 수행원, 경비실 등 술토의 주요 기능이 보호하고, 관리하고 (문화재 등 중요한 시설) 지키는 일 등에 쓰인다. **술토의 성격으로는 주인이나 존경하는 사람에게는 목숨을 바쳐 의리와 충성을 다하고 배반을 모른다.** 그래서 술토를 동물 물상으로 개에 비유한 것이다. 솔직하면서도 강직하고 정열적이어서 외부 활동을 좋아하는데, 남의 일에 대해서는 너그럽고 잘 봐주는 성격이다. 그러나 자기 본위적이며, 고집이 너무 강해서 불화와 쟁론을 일으키기 쉽다. 여자는 친절하고 인정이 많으나 애정에 민감한 경향이 있다. 술토의 지장간에 화의 기운이 잠복해 있다는 것은 내적으로 야심이 있다는 의미가 된다.

### ③ 해수(亥水)

亥(해)

해수는 양수이며 바닷물(海水), 호수(湖水)이고, 정지(停止)된 물로 사수(死水)에 해당하며 난류(暖流)를 상징한다. 꽁꽁 언 자수와는 다른 의미다. 계절적으로도 그렇게 추운 달이 아닌 게 해월이다. 수생목을 잘하는 수가 해수다. 해수는 미래의 희망과 부의 축적을 의미한다. 해중 지장간 중기 갑목은 저축하고 있다가 적절한 때가 오면 싹을 틔운다는 뜻이다. 이런 의미는 해수에서 모든 물이 모여드는 것처럼 자료를 모으고, 축적하고, 미래에 대한 희망과 계획을 세우고, 차분히 준비하는 것이 해수다. 해수는 저장수다. 바로 보관하고, 저장하고, 흩어졌던 것들이 모이는 시간을 의미한다. 편안한 휴식을 취하는 시간이라고 할 수 있다. 또한, **해수에서 모이는 것은 종결의 의미가 강하다. 이유는 만물의 시작은 자수에서 시작하여 해수에서 끝나게 된다. 이것은 해수는 마감의 의미가 큰 것**이며, 하나를 정리하고, 다시 새로운 하나를 준비하는 준비처를 의미하기 때문이다.

**해수가 동물 물상으로는 돼지를 의미한다. 돼지는 그 자체가 복록을 의미한다. 돼지에 대한 희망을 잘 표현한 것이 돼지 저금통이다.** 당장 쓰지는 않지만, 돼지 저금통 속에다 자신의 **미래에 대한 희망**과 꿈을 쌓아 놓고 언젠가는 부자가 될 것이라는 희망을 품게 된다. 마찬가지로 해수 속의 갑목이 싹이 틀 수 있을 때까지 기다리는 것이 해수의 목적이다. 목을 키우고 목을 돕고자 하는 게 해수의 습성이다. 물속에 들어 있는 갑목이니 당장 보이지는 않고, 써야만 할 때 나오는 것이 해수 속의 갑목이다. 통변에서는 이것을 신용카드라고 표현할 수 있다. 내가 필요할 때만 시기적절하게 빼서 쓸 수 있는 물건이기 때문이다. 현금으로 의미부여 하자면 은행의 적금과 같은 예치금이라 볼 수 있다. 해수를 가지고 있으면 돈 관리를 잘해야 한다.

### 마무리 총정리

1. 酉라는 글자는 술 항아리를 형상화한 글자이다. 8월에 기장이 익으면 술을 담는 것에서 기인한 것이다. 성숙과 정리를 의미한다.
2. 酉는 동물 물상적 의미로 닭이다. 닭은 부정한 기운을 몰아내며 새로운 시기를 여는 동물이기도 하다. 선구자, 예언자, 단죄 등을 의미한다.
3. 戌은 동물 물상적 의미로 개다. 개는 주인이나 존경하는 사람에게는 목숨을 바쳐 의리와 충성을 다하고 배반을 모른다. 신용, 충직함 등을 의미한다.
4. 亥는 종결의 의미가 강하다. 이유는 만물은 자수에서 시작하여 해수에서 끝나게 된다. 이것은 해수는 마감의 의미가 큰 것을 의미한다.
5. 亥는 동물 물상적 의미로 돼지다. 돼지는 그 자체가 복록을 의미한다. 돼지에 대한 희망을 잘 표현한 것이 돼지 저금통이다. 준비성, 미래의 희망 등을 의미한다.

# 제 85강 살(殺)을 다루는 방법(합살)

### ① 칠살이란?

**[칠살(七殺)]**
- 천간 편관의 또 다른 표현이다.
- 일간 기준으로 일곱 번째 천간이 일간을 심하게 극해서 붙은 이름이다.

| 일간 | 칠살 | 천간 |
|---|---|---|
| 甲 | 庚 | 첫 번째 甲부터 乙, 丙, 丁, 戊, 己, 일곱 번째 庚 |
| 乙 | 辛 | 첫 번째 乙부터 丙, 丁, 戊, 己, 庚, 일곱 번째 辛 |
| 丙 | 壬 | 첫 번째 丙부터 丁, 戊, 己, 庚, 辛, 일곱 번째 壬 |
| 丁 | 癸 | 첫 번째 丁부터 戊, 己, 庚, 辛, 壬, 일곱 번째 癸 |
| 戊 | 甲 | 첫 번째 戊부터 己, 庚, 辛, 壬, 癸, 일곱 번째 甲 |
| 己 | 乙 | 첫 번째 己부터 庚, 辛, 壬, 癸, 甲, 일곱 번째 乙 |
| 庚 | 丙 | 첫 번째 庚부터 辛, 壬, 癸, 甲, 乙, 일곱 번째 丙 |
| 辛 | 丁 | 첫 번째 辛부터 壬, 癸, 甲, 乙, 丙, 일곱 번째 丁 |
| 壬 | 戊 | 첫 번째 壬부터 癸, 甲, 乙, 丙, 丁, 일곱 번째 戊 |
| 癸 | 己 | 첫 번째 癸부터 甲, 乙, 丙, 丁, 戊, 일곱 번째 己 |

### ② 합살이란?

**[합살(合殺)]**
1. 일간 기준으로 일곱 번째 천간은 일간과 음양이 같아서 극을 심하게 한다. 그래서 칠살(또는 살)은 일간 입장에서 큰 부담이다.
2. 살을 다루는 방법은 여러 가지가 있다.
3. 그중 하나가 칠살을 합해서 다스리는 합살(合殺) 이다.
4. 천간은 합을 하게 되면 생극 작용 중 극의 작용력을 상실한다. 따라서 칠살을 합하면 칠살이 일간을 극하지 못하게 할 수 있다.

### ③ 매씨합살

- 甲, 丙, 戊, 庚, 壬 양일간들은 천간에서 겁재와 칠살이 합이 된다.
- 甲 일간 입장에서 칠살은 庚
  → 칠살 庚은 乙과 합을 한다. 乙은 甲 일간의 겁재
- 丙 일간 입장에서 칠살은 壬
  → 칠살 壬은 丁과 합을 한다. 丁은 丙 일간의 겁재
- 戊 일간 입장에서 칠살은 甲
  → 칠살 甲은 己과 합을 한다. 己는 戊 일간의 겁재
- 庚 일간 입장에서 칠살은 丙
  → 칠살 丙은 辛과 합을 한다. 辛은 庚 일간의 겁재
- 壬 일간 입장에서 칠살은 戊
  → 칠살 戊는 癸과 합을 한다. 癸는 壬 일간의 겁재
- 甲, 丙, 戊, 庚, 壬 양일간들은 천간에서 겁재와 칠살이 합이 된다.
- 이것을 양인합살(羊刃合殺) 또는 매씨합살(妹氏合殺)이라 한다.
- 겁재의 다른 표현을 양인이라고 한다. 그래서 양인합살이라는 말이 나왔다.
- 겁재는 육친관계로 일간의 누이동생을 의미한다. 그래서 매씨합살이라는 말이 나왔다.
- 명리학 특유의 비유적인 표현이다.

### ④ 상관합살

- 乙, 丁, 己, 辛, 癸 음일간들은 천간에서 상관과 칠살이 합이 된다.
- 乙 일간 입장에서 칠살은 辛
  → 칠살 辛은 丙과 합을 한다. 丙은 乙 일간의 상관
- 丁 일간 입장에서 칠살은 癸
  → 칠살 癸는 戊와 합을 한다. 戊는 丁 일간의 상관
- 己 일간 입장에서 칠살은 乙
  → 칠살 乙은 庚과 합을 한다. 庚은 己 일간의 상관
- 辛 일간 입장에서 칠살은 丁
  → 칠살 丁은 壬과 합을 한다. 壬은 辛 일간의 상관
- 癸 일간 입장에서 칠살은 己
  → 칠살 己는 甲과 합을 한다. 甲은 癸 일간의 상관

### ⑤ 매씨합살 예시

| 시 | 일 | 월 | 년 |
|---|---|---|---|
| 壬 | 甲 | 庚 | 乙 |
| ○ | ○ | ○ | ○ |

- 월간 庚이 칠살로 작용해서 일간을 극하고 있다.
- 편관이 바로 옆에서 일간을 극 하느라 일간 입장에서는 괴롭다.
- 마침 년간의 乙이 월간의 칠살과 乙庚합을 해서 월간 칠살이 더는 일간을 극하지 못한다.
- 양인합살은 원국에서뿐만 아니라 운에서 오는 것도 합살 작용을 한다.
- 겁재 乙이 칠살 庚을 합해서 결과적으로 일간을 보호한다.

### ⑥ 상관합살 예시

| 시 | 일 | 월 | 년 |
|---|---|---|---|
| 甲 | 乙 | 辛 | 丙 |
| ○ | ○ | ○ | ○ |

- 월간 辛이 칠살로 작용해서 일간과 겁재를 극하고 있다.
- 특히 乙 일간을 더 심하게 극한다. 음양이 같아서 그렇고, 거리도 겁재보다 더 가깝다.
- 편관이 바로 옆에서 일간을 극하느라 일간 입장에서는 괴롭다.
- 마침 년간 丙이 월간 칠살과 丙辛합을 해서 월간 칠살이 더는 일간을 극하지 못한다.
- 상관합살은 원국에서뿐만 아니라 운에서 오는 것도 합살 작용을 한다.
- 상관 丙이 칠살 辛을 합해서 결과적으로 일간을 보호한다.

### ⑦ 합살의 성립조건

- 합살은 일간이 하는 게 아니라 겁재, 상관 같은 다른 십신이 한다.
- 따라서 일간이 무근(지지에 전혀 통근하지 못한 상황)이라도 합살이 가능하다.
- 즉, 극신약 해도 합살은 가능하다는 뜻이다.
- 천간합은 가까워야 성립된다. 서로 멀리 떨어져 있으면 합살이 안 된다.

| 시 | 일 | 월 | 년 | 시 | 일 | 월 | 년 |
|---|---|---|---|---|---|---|---|
| 庚 | 甲 | 壬 | 乙 | 辛 | 乙 | 甲 | 丙 |
| ○ | ○ | ○ | ○ | ○ | ○ | ○ | ○ |

- 이렇게 합하려고 하는 칠살이 멀리 떨어져 있으면 합살이 안 된다.

### 마무리 총정리

1. 칠살(七殺)은 천간 편관의 또 다른 표현이다. 일간 기준으로 일곱 번째 천간이 일간을 심하게 극해서 붙은 이름이다.
2. 살을 다루는 방법은 여러 가지가 있다. 그중 하나가 칠살을 합해서 다스리는 합살(合殺)이다. 칠살을 합하면 칠살이 일간을 극하지 못하게 할 수 있다.
3. 甲, 丙, 戊, 庚, 壬 양일간들은 천간에서 겁재와 칠살이 합이 된다. 이것을 보고 양인합살(羊刃合殺) 또는 매씨합살(妹氏合殺)이라 한다.
4. 乙, 丁, 己, 辛, 癸 음일간들은 천간에서 상관과 칠살이 합이 된다. 이것을 보고 상관합살(傷官合殺)이라 한다.
5. 합살은 일간이 하는 게 아니라 겁재, 상관 같은 다른 십신이 한다. 따라서 일간이 무근이라도 합살이 가능하다. 서로 멀리 떨어져 있으면 합살이 안 된다.

# 제 86강 살(殺)을 다루는 방법(화살)

### ① 화살이란?
- 태왕한 칠살을 인성으로 설(洩 기운을 빼서)시켜서 관살의 세력을 약화시키는 방식이다.
- 인성은 칠살의 기운을 빼는 동시에 칠살로부터 일간을 지켜 준다.
  ① 인성이 없으면? 칠살(극) → 일간이 힘들다.
  ② 인성이 있으면? 칠살(생) → 인성(생) → 도리어 일간에 힘이 생긴다.
  ③ 인성은 칠살과 일간 사이의 징검다리 역할을 한다.

> 庚 ⇒ 癸 ⇒ 甲
> (칠살) (인성) (일간)

### ② 화살의 특성

> 轉禍爲福
> [전화위복]
> 화가 바뀌어 오히려 복이 된다는 뜻

- 인성은 정인, 편인 둘 다 쓸 수 있지만, 정인이면 훨씬 더 좋다.
- 정인은 일간을 생하는 데 특화되어 있다.
- 편인은 정인보다 일간을 생하는 능력이 떨어진다. 음양의 차이 때문이다.
- 일간과 음양이 다른 것이 정인이고, 음양이 같은 것은 편인이다.
- 단! 천간 편인도 지지 寅申巳亥 사생지에 통근하면 생을 잘한다.
- 인성은 칠살이라는 어려움을 기회로 바꿔 준다. 한마디로 전화위복이다.
- 그래서 화살(化殺)이라고 표현한다.
- 칠살이라는 어려움을 좋게 변화시키는 방법이라서 그렇다.

### ③ 살중용인격, 살인상생격
[화살을 다른 명리용어로 살중용인격(殺重用印格)이라고도 한다]
- 칠살이 중(重, 무겁다, 왕하다와 같은 뜻)한데 인성을 써서 일간의 극을 막아 주는 상황이다.
- 살중용인격에서 인성이 일간과 가까이 있으면 살인상생격(殺印相生格)이 된다.
- 살인상생까지 이루어지면 사주의 등급이 더 높아진다.
  ① 살중용인격 → 태왕한 칠살을 인성이 설한다.
    - 그러나 인성이 일간과 떨어져 있어서 일간은 생이 원활하지 못하다.
  ② 살인상생격 → 태왕한 칠살을 인성이 설한다.
    - 그리고 인성이 일간과 붙어 있어서 일간은 생이 잘 된다.
- 화살을 할 때 인성이 일간과 붙어 있는가? 떨어져 있는가? 는 엄청난 차이다.
- 물론 제일 나쁜 것은 인성 자체가 없어서 일간이 칠살의 극을 고스란히 감당하는 상황이다.
  ① 인성 자체가 없어서 칠살의 극을 일간이 고스란히 감당하는 상황
    → 나쁨
  ② 인성이 있어서 칠살로부터 일간의 극을 막아 주나 일간은 생이 원활하지 않다.
    → 불행 중 다행
  ③ 인성이 있어서 칠살로부터 일간의 극을 막아 주고 일간은 생이 잘 된다.
    → 전화위복

### ④ 화살의 이상적인 구조
- 화살은 양일간 음일간 모두 사용 가능하다.
- 하지만 양일간보다는 음일간이 더 적합하다.
  ① 생을 받는 것은 음이 더 잘하는 부분이니 그렇다.

② 징검다리 역할의 인성이 통근을 하면 더욱 가치가 높아진다.
③ 합살은 천간에서만 가능하지만 화살은 천간, 지지 모두 가능하다.

- 화살의 가장 이상적인 구조는 두 종류가 있다.
  ① 일지에 정인이 있어서 살인상생을 만드는 것과 동시에 인성이 일간의 근이 되어 주는 경우
  ② 월간에 정인이 있어서 살인상생을 만드는 것과 동시에 인성이 월지에 통근하는 경우

예시 1)

| 시 | 일 | 월 | 년 |
|---|---|---|---|
|   | 乙 |   |   |
| 酉 | 亥 | 酉 | 酉 |

예시 2)

| 시 | 일 | 월 | 년 |
|---|---|---|---|
|   | 丙 | 乙 |   |
| 寅 | 子 | 亥 | 亥 |

⑤ 살중용인격 예시

| 시 | 일 | 월 | 년 |
|---|---|---|---|
| ○ | 甲 | 辛 | 庚 |
| ○ | 申 | 酉 | 子 |

- 甲 일간이 관살 혼잡(정관, 편관 섞여 있는 사주)되어 있는 사주이다.
- 년간 칠살과 월간 정관 모두 월지, 일지에 통근을 해서 그 세력이 매우 왕하다.
- 반가운 것은 년지에 子 정인이 있어서 왕한 칠살의 힘을 설한다는 점이다. 년지 子는 저 사주의 용신이기도 하다.
- 아쉬운 점은 子 정인이 일간과 멀리 떨어져서 일간을 생하는 데 시간이 걸린다는 점이다.
- 그래서 칠살로부터 일간의 극을 막아 주는 데 시간이 걸린다.

⑥ 살인상생격 예시

| 시 | 일 | 월 | 년 |
|---|---|---|---|
| ○ | 乙 | 辛 | 庚 |
| ○ | 亥 | 酉 | 申 |

- 乙 일간이 관살혼잡 된 사주이다. 년간 정관과 월간 칠살 모두 년지, 월지에 통근을 해서 그 세력이 매우 왕하다.
- 반가운 점은 일지의 亥가 월지의 칠살의 극을 막아 주는 것과 동시에 일간의 생을 해 준다.
- 이것을 살인상생이라고 한다. 더욱더 반가운 점은 일지 亥가 乙 일간의 근이 된다는 점이다.
- 寅申巳亥 사생지에 근을 두어서 근이 강하다. 이 사주의 용신은 일지의 亥다.

### 마무리 총정리

❶ 화살(化殺)은 칠살을 다루는 방식들 중에 한 가지이다. 사주원국에서 살이 지나치게 태왕할 때 쓰는 방식이다. 인성은 칠살의 기운을 빼는 동시에 칠살로부터 일간을 지켜 준다.
❷ 인성은 정인, 편인 둘 다 쓸 수 있지만 정인이면 훨씬 더 좋다. 정인은 일간을 생하는 데 특화되어 있다. 그러나 천간 편인도 지지 寅申巳亥 사생지에 통근하면 생을 잘한다.
❸ 화살을 할 때 인성이 일간과 붙어 있는가? 떨어져 있는가? 는 엄청난 차이다. 물론 제일 나쁜 것은 인성 자체가 없어서 일간이 칠살의 극을 고스란히 감당해야 하는 상황이다.
❹ 합살은 천간에서만 나타나는 현상이다. 하지만 화살은 천간, 지지 모두 나타날 수 있다.
❺ 화살을 하는 인성이 통근을 하면 좋다. 월지 통근하면 최고다. 일간 역시 약하게나마 통근을 하는 게 좋다. 화살은 양일간, 음일간 다 사용 가능하지만 음일간이 더 잘 쓴다.

# 제 87 강  살(殺)을 다루는 방법(제살)

### ① 제살이란?

- **칠살을 다루는 방식**들 중에 한 가지이다.
- 사주원국 내에서 살이 왕할 때 적극적으로 대처하는 방식이다.
- 식신, 상관으로 칠살을 극해서 일간을 보호하는 방식이다.
- 글자 그대로 **살(殺, 칠살)을 제(制, 억누르다)한다**는 의미다.
- **식신**으로 칠살을 극하면 식신제살(制殺) 또는 제살(制殺)이라 한다.
- **상관**으로 칠살을 극하면 상관대살(帶殺) 또는 대살(帶殺)이라 한다.
- 원칙적으로는 식신이 칠살을 극하는 것만 제살이라고 하는 게 맞다.
- 그러니 상관도 칠살을 극하는 작용을 하므로 현장에서는 같이 쓰는 경우가 있다.

### ② 제살의 특성

- 제살은 식신, 상관 둘 다 쓸 수 있지만 **식신이면 훨씬 더 좋다.**
- 식신은 칠살을 극하는 데 특화되어 있다.
- 상관은 식신에 비해서 칠살을 극하는 능력이 떨어진다. 음양의 차이 때문이다.
- 칠살과 음양이 같은 것이 식신이고, 음양이 다른 것은 상관이라서 그렇다.
- 단! 천간 상관도 지지 子午卯酉 사왕지에 통근하면 극 잘한다.
- 칠살이라는 어려움을 식상은 부딪혀서 이겨 낸다. 한마디로 **정면돌파**다.
- 그래서 제살(制殺)이라고 표현한다. 칠살이라는 어려움을 때려잡아서 굴복시킨다는 의미이다.

### ③ 제살의 조건

- 제살은 양일간 음일간 모두 사용할 수 있다.
- 하지만 음일간보다는 **양일간이 더 적합**하다.
- 양은 수용하기보다는 발산해서 극복하는 것을 더 잘하기 때문이다.
- 합살이나 화살과는 다르게 **일간이 힘이 있어야** 한다.
- 제살을 쓸려면 신약한 사주라도 최소한 寅申巳亥나 子午卯酉에 한 개 이상은 통근해야 한다.
- 칠살을 극하는 식상은 일간에서 나온다. 따라서 일간이 아무 힘도 없으면 제살을 못 쓴다.
- 칠살이 왕한 사주에 병약용신으로 식상 쓰는 것도 제살의 개념이다.
- 제살은 **천간, 지지 모두** 일어날 수 있다.
- 제살은 칠살을 해결하는 **속도가 빠르다.**
- 대신 그만큼 **일간의 힘이 소모**된다.
- 합을 해서 칠살을 묶어 버리는 합살이나, 인성으로 징검다리 놓는 화살에 비하면 그렇다.
- 제살은 칠살을 능동적으로 대처하는 방식이다. 사건의 결과 또한 빨리 나타난다.
- 제살을 사용하려면 사주 원국에 인성이 없어야 한다. 인성은 식상을 극하기 때문이다.
- 인성이 있어도 식상과 천간, 지지 따로따로 있어서 **인성이 식상을 극하지 못하면 제살이 가능**하다.

### ④ 제살이 가능한 사주 예시

| 시 | 일 | 월 | 년 |
|---|---|---|---|
| ○ | 甲 | 丙 | 庚 |
| ○ | 寅 | 申 | 申 |

- 甲 일간이 태왕한 칠살을 만난 사주다.
- 년간 庚 칠살을 월간 丙 식신이 극해서 식신제살이 이루어졌다.
- 비록 신약하지만 양일간이 일지 寅 정기에 통근했다.
- 월간 식신도 일지 寅의 중기에 통근했다. 그러면

서 甲의 생을 받고 있다. 따라서 예시의 사주는 월간 丙이 약신(병약 용신)이다.
- 월지, 일지의 申과 일간의 寅이 충을 하니 천간의 근으로서 작용력은 많이 떨어진다.

### ⑤ 제살이 불가능한 사주 예시

| 시 | 일 | 월 | 년 |
|---|---|---|---|
| 乙 | 乙 | 丁 | 辛 |
| 酉 | 酉 | 酉 | 酉 |

- 乙 일간이 아주 태왕한 칠살을 만났다.
- 이런 경우는 왕자충발이 일어나기 쉬워서 극이나 충으로 칠살을 극하는 게 좋지 않다.
- 설상가상으로 乙 일간이 무근(통근을 못한 상황)이다.
- 극의 주체인 丁 식신도 무근이다.
- 丁 식신 대신 丙 상관이 있었으면 합살이 가능하지만, 丙이 없어서 합살은 안 된다.
- 무인성 사주라 화살도 안 된다. 운에서 丙을 기다려서 합살을 이루는 것이 가장 좋다.
- 그다음이 운에서 인성을 기다려서 화살을 이루는 방법이다.
- 운에서 식상이 오면 왕자충발이 일어난다. 식상을 쓸 수가 없다.
- 사주 자체가 가종격이기 때문이다.

### ⑥ 합살, 화살, 제살 총정리

1. **합살**
- 일간이 무근이라도 사용할 수 있다.
- 천간에서만 가능하다.
- 타인의 도움으로 어려움을 해결하는 방식이다.

2. **화살**
- 일간이 다소 약해도 쓸 수 있다.
- 천간, 지지 다 가능하다.
- 자기 자신이 수동적으로 어려움을 해결하는 방식이다.

3. **제살**
- 일간이 어느 정도 힘이 있어야 쓸 수 있다.
- 천간, 지지 다 가능하다.
- 자기 자신이 능동적으로 어려움을 해결하는 방식이다.

### 마무리 총정리

❶ 제살(制殺)은 칠살을 다루는 방식들 중에 한 가지이다. 사주원국 내에서 살이 왕할 때 적극적으로 대처하는 방식이다. 식신, 상관으로 칠살을 극해서 일간을 보호하는 방식이다.

❷ 상관은 식신에 비해서 칠살을 극하는 능력이 떨어진다. 음양의 차이 때문이다. 그러나 천간 상관도 지지 子午卯酉 사왕지에 통근하면 극을 잘 한다.

❸ 제살을 쓰려면 최소한 寅申巳亥나 子午卯酉에 한 개 이상은 통근해야 한다. 칠살을 극하는 식상은 일간에서 나온다. 따라서 일간이 아무 힘도 없으면 제살을 못 쓴다.

❹ 제살을 사용하려면 사주 원국에 인성이 없어야 한다. 인성은 식상을 극하기 때문이다. 인성이 있어도 식상과 천간, 지지 따로따로 있으면 제살이 가능하다.

❺ 칠살이라는 어려움을 식상은 부딪혀서 이겨 낸다. 한마디로 정면돌파다. 그래서 제살(制殺)이라고 표현한다. 음일간보다 양일간이 더 적합한 이유이다.

# 제88강 공망(空亡)

### 1 공망의 원리와 정의

- 천간 10개 지지 12개가 양끼리 음끼리 서로 만나서 짝을 이루는 게 육십갑자이다.
- 그러나 천간이 지지보다 2개가 부족하다.
- 끝에 남은 2개의 지지는 짝을 못 찾고 남아 있는 상태가 된다.

| 甲 | 乙 | 丙 | 丁 | 戊 | 己 | 庚 | 辛 | 壬 | 癸 | 甲 | 乙 |
|---|---|---|---|---|---|---|---|---|---|---|---|
| 子 | 丑 | 寅 | 卯 | 辰 | 巳 | 午 | 未 | 申 | 酉 | 戌 | 亥 |
|   |   |   |   |   |   |   |   |   |   | 공 | 망 |

- 천간은 체(體)라서 주체가 되고 지지는 용(用)이라서 객체가 된다.
- 천간이 없는 지지는 마치 운전자 없는 자동차와 같다.
- 기능이 있어도 쓰임을 받지 못하는 상황을 뜻한다. 이런 상황이 공망(空亡)이다.
- 공망은 천간과 지지를 대조하여 짝을 못 찾는 두 개의 지지를 찾는 것이다.
- 공망(空亡)은 오행적 의미는 있으나 십신적 의미는 없다.
- 본질적인 문제가 아닌 역할적인 문제가 된다.
- 따라서 공망이 걸리면 해당되는 지지 십신의 하자다.

### 2 공망의 적용 기준

- 공망은 년주, 일주 두 가지 기준으로 본다.
- 일주 기준으로 공망을 찾으면 년지, 월지, 시지가 해당될 수 있다.
- 년주 기준으로 공망을 찾으면 일지가 해당될 수 있다.
- 원국에서도 작용하고 운에서도 영향을 받는다.
- 대운은 공망을 따지지 않는다. 세운만 공망을 따진다.

※ 원국에서 공망을 찾을 때는 년주를 기준으로, 운이 공망이 아닌지를 판단할 때는 일주를 기준으로 공망을 보는 게 더 합리적이고 적중률도 높다.

### 3 공망의 종류

① 甲子, 乙丑, 丙寅, 丁卯, 戊辰, 己巳, 庚午, 辛未, 壬申, 癸酉
   → 戌亥
   → 일주의 공망은 년/월/시지, 년주의 공망은 일지
② 甲戌, 乙亥, 丙子, 丁丑, 戊寅, 己卯, 庚辰, 辛巳, 壬午, 癸未
   → 申酉
   → 일주의 공망은 년/월/시지, 년주의 공망은 일지
③ 甲申, 乙酉, 丙戌, 丁亥, 戊子, 己丑, 庚寅, 辛卯, 壬辰, 癸巳
   → 午未
   → 일주의 공망은 년/월/시지, 년주의 공망은 일지
④ 甲午, 乙未, 丙申, 丁酉, 戊戌, 己亥, 庚子, 辛丑, 壬寅, 癸卯
   → 辰巳
   → 일주의 공망은 년/월/시지, 년주의 공망은 일지
⑤ 甲辰, 乙巳, 丙午, 丁未, 戊申, 己酉, 庚戌, 辛亥, 壬子, 癸丑
   → 寅卯
   → 일주의 공망은 년/월/시지, 년주의 공망은 일지
⑥ 甲寅, 乙卯, 丙辰, 丁巳, 戊午, 己未, 庚申, 辛酉, 壬戌, 癸亥
   → 子丑
   → 일주의 공망은 년/월/시지, 년주의 공망은 일지
   - 년주(또는 일주) 열 개가 하나의 공통된 공망을 가진다.
   - 따라서 공망은 총 **여섯 종류**이다. 두 지지가 한 쌍이 되어서 여섯 쌍이 된다.

- 남은 지지 중에서 앞에 있는 **양 지지를 공(空)**
  이라 하고, 뒤이은 **음 지지를 망(亡)**이라 한다.
- 공망을 천중살(天中殺)이라고도 한다. 일종의
  신살류다.

### ④ 십신적 의미의 공망 통변

[십신적 의미의 공망 통변(해당 십신의 하자)]
- 비견(比肩), 겁재(劫財)가 공망일 때는 자기 자신을 과신하고 독선적이며 직업의 변동이 많다.
- 비견, 겁재의 독립심에 부정적인 하자를 의미한다.
- 식신(食神), 상관(傷官)이 공망일 때는 보증을 섰다가 어려움을 겪기 쉽다.
- 남의 잘못을 대신 떠안게 된다.
- 여자 사주에 공망은 산액과 낙태의 위험이 따라온다.
- 자식이 질병으로 고생하거나 가출하는 등 부모의 속을 썩인다.
- 식신, 상관의 행동력에 부정적인 하자를 의미한다.
- 편재(偏財), 정재(正財)가 공망 시 부친이나 아내가 병에 걸리기 쉽다.
- 여행 중 재물을 잃어버리거나 빼앗기는 등 금전적 손실이 크다.
- 금전적인 문제(보증) 연루되어 써 보지도 못하고 돈을 변제하는 손해를 볼 수 있다.
- 편재, 정재의 영역관리에 부정적인 하자를 의미한다.
- 편관(偏官), 정관(正官)이 공망 시 여성은 남자 문제가 복잡하고 좋은 남자를 만나기 어렵다.
- 신체가 허약하거나 질병으로 고생하기도 쉽다.
- 남성은 자식으로 인하여 속을 썩이게 되고 식상에서는 진급이 잘 안된다.
- 편관, 정관의 책임감에 부정적인 하자를 의미한다.
- 편인(偏印), 정인(正印)이 공망 시 현실도피를 하게 되고 불면증이나 신경쇠약 등에 걸리기 쉽다.
- 모친과 인연이 없어 남의 집에서 자라거나 일찍 부모와 헤어지는 일도 있다.
- 편인, 정인의 안정감에 부정적인 하자를 의미한다.

### 마무리 총정리

❶ 공망은 천간과 지지를 대조하여 짝을 못 찾는 두 개의 지지를 찾는 것이다. 본질적인 문제가 아닌 역할적인 문제가 된다. 따라서 공망이 걸리면 해당되는 지지 십신의 하자다.

❷ 공망은 일주, 년주 두 가지 기준으로 본다. 일주 기준으로 공망을 찾으면 년지, 월지, 시지가 해당 될 수 있다. 년주 기준으로 공망을 찾으면 일지가 해당될 수 있다.

❸ 공망은 원국에서도 작용하고 운에서도 영향을 받는다. 대운은 공망을 따지지 않는다. 세운만 공망을 따진다.

❹ 년주(또는 일주) 열 개가 하나의 공통된 공망을 가진다. 따라서 공망은 총 여섯 종류이다. 두 지지가 한 쌍이 되어서 여섯 쌍이 된다.

❺ 공망을 천중살(天中殺)이라고도 한다. 공망도 일종의 신살이다.

# 제89강 공망(空亡) 찾는 법

## ① 공망표

| 공망의 구성 | | | | | | | | 공망 |
|---|---|---|---|---|---|---|---|---|
| 甲子 | 乙丑 | 丙寅 | 丁卯 | 戊辰 | 己巳 | 庚午 | 辛未 | 壬申 | 癸酉 | 戌亥 |
| 甲戌 | 乙亥 | 丙子 | 丁丑 | 戊寅 | 己卯 | 庚辰 | 辛巳 | 壬午 | 癸未 | 申酉 |
| 甲申 | 乙酉 | 丙戌 | 丁亥 | 戊子 | 己丑 | 庚寅 | 辛卯 | 壬辰 | 癸巳 | 午未 |
| 甲午 | 乙未 | 丙申 | 丁酉 | 戊戌 | 己亥 | 庚子 | 辛丑 | 壬寅 | 癸卯 | 辰巳 |
| 甲辰 | 乙巳 | 丙午 | 丁未 | 戊申 | 己酉 | 庚戌 | 辛亥 | 壬子 | 癸丑 | 寅卯 |
| 甲寅 | 乙卯 | 丙辰 | 丁巳 | 戊午 | 己未 | 庚申 | 辛酉 | 壬戌 | 癸亥 | 子丑 |

**CHECK!**

이것을 다 외워야 할까? 물론 외워도 좋다.
그러나 외우지 않아도 10초 안에 찾는 방법이 있다.
공망표는 년주(또는 일주)별로 이런 공망이 있더라 정도만 인지하자.
공망을 찾는 방법은 두 가지가 있다.

## ② 덧셈, 뺄셈으로 공망 찾는 방법

**[첫 번째 방법 → 덧셈, 뺄셈으로 찾는 법]**

1. 천간, 지지 별 숫자를 부여한다.
   천간별로 각각 아래의 숫자를 부여한다.
   甲=1, 乙=2, 丙=3, 丁=4, 戊=5, 己=6, 庚=7, 辛=8, 壬=9, 癸=10
   - 지지별로 각각 아래의 숫자를 부여한다.
   子=1, 丑=2, 寅=3, 卯=4, 辰=5, 巳=6, 午=7, 未=8, 申=9, 酉=10, 戌=11, 亥=12

2. 지지 숫자에서 천간 숫자를 뺀다.
   - 만약 지지 숫자가 천간 숫자보다 작으면 지지 숫자에 12를 더한 후 천간 숫자를 뺀다.

- 위에서 구한 나머지 값에 따라 아래 숫자가 나오면 해당 지지가 공망이다.
- 나머지 숫자 2 → 子丑 공망
- 나머지 숫자 4 → 寅卯 공망
- 나머지 숫자 6 → 辰巳 공망
- 나머지 숫자 8 → 午未 공망
- 나머지 숫자 10 → 申酉 공망
- 나머지 숫자 0(하나도 안 남을 때) → 戌亥 공망

**예시)** 일주가 庚辰이라고 했을 때 공망은 무엇일까?
지지 숫자(5)에서 천간 숫자(7)를 빼야 하는데 지지 숫자가 작으므로 12를 더해서 지지 숫자(17)를 만든다.
여기서 천간 숫자(7)를 빼면 나머지 수(10)가 된다.
나머지 수(10)는 지지의 申酉에 해당된다. **따라서 庚辰 일주의 공망은 년지 申酉가 된다.**

## ③ 왼손으로 공망 찾는 방법

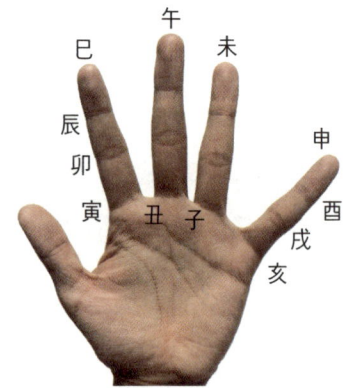

- 이런 식으로 寅, 卯, 辰, 巳, 午, 未, 申, 酉, 戌, 亥, 子, 丑을 설정한다.
- 반드시 저 위치로 설정해야 한다. 손가락 뿌리, 손가락 마디선, 손가락 끝 이게 위치다.

- 그리고 난 다음 공망을 찾으려고 하는 일주를 대입한다.
- 예를 들어 경오(庚午)일주의 공망을 찾으려고 한다면, 천간 경(庚)을 지지 오(午)에 해당 사항이 되는 손가락에 짚는다.

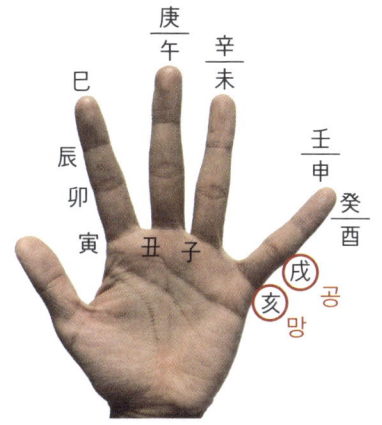

- 짚었으면 그림과 같이 시계 방향으로 계수(癸)가 나올 때까지 이동한다. 거기에서 멈춘다.
- 경오(庚午), 신미(辛未), 임신(壬申), 계유(癸酉) … 지지 유금(酉)에서 멈춘다.
- 그다음 글자 술해(戌亥)가 공망이 된다.
- 다른 일주(또는 년주)도 원리는 똑같다.
- 왼손의 위치별로 십이지지를 외운 다음에 해당하는 지지부터 시작한다.
- 천간에서 무슨 글자가 나오든 癸가 나올 때까지 시계 방향으로 이동한다.
- 癸까지 가면 그다음 두 글자 위치가 공망이다.
- 그럼 癸酉 일주, 癸巳 일주같이 처음부터 癸가 걸리면? 간단하다.
- 시계 방향으로 바로 앞 두 자리가 공망이다.

## 마무리 총정리

❶ 공망은 굳이 하나하나 외우지 않아도 계산해서 빠르게 파악하는 방법이 있다. 덧셈, 뺄셈 방식과 왼손으로 찾는 방식이다.

❷ 덧셈, 뺄셈 방식은 이렇다. ① 천간, 지지별 숫자를 부여한다. ② 지지 숫자에서 천간 숫자를 뺀다. ③ 앞에서 구한 나머지 값에 따라 해당 숫자의 공망을 찾는다.

❸ 덧셈, 뺄셈 방식으로 계산할 때 지지 숫자가 천간 숫자보다 작으면 지지 숫자에 12를 더한 후 천간 숫자를 뺀다. 그리고 나머지 값에 따라 해당 숫자의 공망을 찾는다.

❹ 왼손으로 찾는 법은 이렇다. 먼저 왼손에다가 위치별로 지지를 설정한다. 다음 해당하는 일주를 대입하고 癸가 나올 때까지 시계 방향으로 돌린다. 癸 다음의 두 자리가 공망이다.

❺ 덧셈, 뺄셈 방식보다는 왼손으로 찾는 방식이 더 빠르고 간편하다.

# 제 90강 혼잡(混雜)

## ① 혼잡의 정의

**[혼잡(混雜)이란?]**
- 혼잡이란 글자 그대로 "혼잡하다" 할 때 혼잡이다.
- 일상용어의 의미로는 종류가 다른 둘 이상의 사람(또는 사물)이 뒤섞인 것을 혼잡이라고 한다.
- 사주명리학에서는 오행은 같은데 음양이 다른 육신이 뒤섞여 있는 상태를 말한다.

**[혼잡(混雜)의 종류]**
- 식신, 상관이 뒤섞여 있으면 **식상** 혼잡
- 편재, 정재가 뒤섞여 있으면 **재성** 혼잡
- 편관, 정관이 뒤섞여 있으면 **관살** 혼잡
- 편인, 정인이 뒤섞여 있으면 **인성** 혼잡

## ② 육신(六神), 식상, 재성, 관살, 인성 vs 비겁의 차이점

- 비겁 혼잡은 없다. 혼잡은 십신이 아닌 육신 기준이기 때문이다.
- 십신에서 비견, 겁재를 뺀 것을 육신(六神)이라고 한다.
- 육신이라는 것은 능력이고 처세다.
- 그 육신이라는 능력과 처세에 비겁이라는 의지와 기회를 더하면 그것이 십신(十神)이다.

**[식상, 재성, 관살, 인성 vs 비겁의 차이점]**
→ 식상, 재성, 관살, 인성은 사주 당사자가 쓸 수 있는 능력과 처세이다.
→ 비겁은 그 능력을 쓰고자 하는 의지와 기회가 된다.

## ③ 혼잡의 특징

- 혼잡은 가지고 있는 행동의 방향성이 두 가지라는 뜻이다.
- 그래서 혼잡은 다재다능한 것이고 동시에 헷갈리는 것이다.
- 고서에서는 혼잡을 나쁘게 평가한다.
- 사람의 행동 양식이 한 가지가 아니니 지조가 없다는 평가다.
- 그러나 현대사회에서는 좋게 볼 수도 있다. 혼잡은 행동의 유연성이 있어서 그렇다.
- 혼잡은 이것도 관심 있고 저것도 관심 있는 것이다.

**예시)** 사주에 정인이 있으면 주류의 학문에 관심을 가지고, 편인이 있으면 비주류의 학문에 관심을 갖는다. 편인, 정인 둘이 같이 있어서 혼잡이면 주류, 비주류 둘 다 관심을 가진다. 둘 중 세력이 더 큰 육신의 행동이 더 크게 드러난다.

## ④ 식상 혼잡의 성립조건

1. 천간에 식신, 상관이 각각 있을 때(통근 여부와는 상관없음)
2. 월지에 식신, 천간에 상관이 있을 때
3. 월지에 상관, 천간에 식신이 있을 때
   → 식신, 상관이 둘 다 지지에만 있으면 혼잡이라고 안 한다.
   → 천간은 그 사람의 행동이고, 혼잡은 그 행동 양식의 다양성이기 때문이다.

## ⑤ 재성 혼잡의 성립조건

1. 천간에 편재, 정재가 각각 있을 때(통근 여부와는 상관없음)
2. 월지에 편재, 천간에 정재가 있을 때
3. 월지에 정재, 천간에 편재가 있을 때
   → 편재, 정재가 둘 다 지지에만 있으면 혼잡이라고 안 한다.
   → 천간은 그 사람의 행동이고, 혼잡은 그 행동 양식의 다양성이기 때문이다.

### ⑥ 관살 혼잡의 성립조건

1. 천간에 편관, 정관이 각각 있을 때(통근 여부와는 상관없음)
2. 월지에 편관, 천간에 정관이 있을 때
3. 월지에 정관, 천간에 편관이 있을 때
   → 편관, 정관이 둘 다 지지에만 있으면 혼잡이라고 안 한다.
   → 천간은 그 사람의 행동이고, 혼잡은 그 행동 양식의 다양성이기 때문이다.

### ⑦ 인성 혼잡의 성립조건

1. 천간에 편인, 정인이 각각 있을 때(통근 여부와는 상관없음)
2. 월지에 편인, 천간에 정인이 있을 때
3. 월지에 정인, 천간에 편인이 있을 때
   → 편인, 정인이 둘 다 지지에만 있으면 혼잡이라고 안 한다.
   → 천간은 그 사람의 행동이고, 혼잡은 그 행동 양식의 다양성이기 때문이다.

### ⑧ 관살 혼잡은 큰 스트레스다

[혼잡 중에서 눈여겨봐야 할 것은 관살 혼잡이다]

- 정관, 편관이 뒤섞여서 일간을 극하는 관살 혼잡은 일간 입장에서는 아주 큰 스트레스다.
- 신약사주는 말할 것도 없고 심지어 신왕사주조차 관살 혼잡은 반갑지가 않다.
- 그래서 관살 혼잡이 된 경우에는 정관, 편관 둘 중 하나를 합해서 묶어 버리는 게 좋다.
- 정관을 남기고 편관을 합해서 묶으면 합살유관(合殺留官)이라 한다.
- 편관을 남기고 정관을 합해서 묶으면 합관유살(合官留殺)이라 한다.
- 최선은 합살유관이고 그게 안 되면 차선책으로 합관유살이라도 해야 한다.
- 편관이 정관보다 일간에 더 큰 부담을 주기 때문이다. 괜히 칠살이라고 부르는 게 아니다.
- 정관은 비교적 일간을 덜 극하지만 관살 혼잡 상황에서는 정관도 일간한테 큰 스트레스다.

### 마무리 총정리

❶ 사주명리학에서는 혼잡(混雜)이라는 용어가 있다. 오행은 같은데 음양이 다른 육신이 뒤섞여 있는 상태를 말한다.

❷ 혼잡에는 네 종류가 있다. 식신/상관이 섞여 있으면 식상 혼잡, 편재/정재가 섞여 있으면 재성 혼잡, 편관/정관이 섞여 있으면 관살 혼잡, 편인/정인이 섞여 있으면 인성 혼잡이다.

❸ 혼잡 중에서 눈여겨봐야 할 것은 관살 혼잡이다. 관살 혼잡은 일간이 크게 부담을 받는다. 관살 혼잡이 된 경우에는 정관, 편관 둘 중 하나를 합해서 묶어 버리는 게 좋다.

❹ 관살 혼잡의 경우는 최선은 합살유관이다. 그게 안 되면 차선책으로 합관유살이라도 해야 한다. 관살 혼잡 상황에서는 정관도 일간한테 큰 스트레스이다.

❺ 혼잡은 가지고 있는 행동의 방향성이 두 가지라는 뜻이다. 그래서 혼잡은 다재다능한 것이고 동시에 헷갈리는 것이다. 혼잡은 이것도 관심 있고 저것도 관심 있는 것이다.

# 제 91강 설기(洩氣)

## ① 설기의 의미

| 시 | 일 | 월 | 년 |
|---|---|---|---|
|   | 甲 | 丙 |   |
| 未 | 午 | 午 | 丑 |

※ 위의 사주 같은 경우는 일간 甲이 주변의 강한 화로 설기가 되고 있음

[설기(洩氣)란?]
특정 오행이나 십신에 과부하가 걸려서 하자가 생긴다는 의미이다.
① 재성(財星)은 관살(官殺)을 생한다.
② 그런데 생을 해 주는 재성은 약한데 생을 받는 관살이 왕한 경우 재성에 과부하가 걸린다. 이런 경우를 "재성이 관살로 인해서 설기(洩氣)를 겪는다"라고 표현한다.
③ 설기(洩氣)는 글자 그대로 기운이 샌다는 뜻이다. 줄줄 샌다. 특정 오행(또는 십신)이 다른 특정 오행(또는 십신)을 미친 듯이 생해 주어야 하니 그렇다.
④ 설기는 마치 집에 먹여 살릴 자식들이 많은데 부모의 벌이가 시원치 않은 상황과 같다.
⑤ 부양가족은 많은데 양육자의 능력이 부족하면 양육자의 등골이 휘는 것과 같다.

## ② 극과 설기의 차이점

① 극과 설기 둘 다 태왕한 오행에서 시작한다.
② 극과 설기 둘 다 문제이지만 그 의미가 다르다.
③ 극은 개인적인 허물이고 설기는 남의 허물을 내가 떠안는 상황이다. 그래서 극보다 설기가 더 힘들다.
④ 극은 자신의 허물이라 깔끔하게 인정하고 그 잘못된 결과를 수긍할 수 있다.
⑤ 설기는 상대방한테 의지했다가 그 상대방의 무능으로 내가 대신 고생한다.
⑥ 극이 순간적으로 겪는 어려움이라면, 설기는 지속적으로 겪는 어려움이다.
⑦ 극이 길 가다가 돌멩이에 걸려 넘어진 거라면, 설기는 늪에 빠진 거다. 개미지옥 같은 것이다.

## ③ 설기로 인해 나타나는 현상

① 설기가 무서운 것은 극과는 다르게 뭐가 잘못되었는지 인지하고도 그걸 포기 못 하는 점이다.
② 극은 깨끗하게 인정하고 밑바닥에서 시작하지만 설기는 "그래도 혹시나" 하는 생각이 있다.
③ 단기적으로 보면 극이 문제다. 그러나 장기적으로 보면 설기가 더 큰 문제다.
④ 설기는 믿은 사람한테 실망하는 것이다. 그리고 그 사람을 버리지 못하는 것이다.
⑤ 설기는 하고 싶은 욕구가 크나 몸이 따라 주지 않아서 애통한 것이다.
⑥ 설기는 잘해 보자고 시작한 일이 의도치 않게 나쁜 결과가 나오는 것이다.
⑦ 설기는 헌신해서 상대방을 뒷바라지했지만, 상대방이 만족 못 하고 도리어 불만을 품는 것이다.
⑧ 설기는 신중하게 고르고 고른 사람(또는 직장)이 실제로는 무능한 사람(또는 직장)인 것이다.

## ④ 설기의 오행적 의미

[오행적 의미]

1. 화다목분(火多木焚)
→ 목은 화를 생하는데 목이 약하고 화가 왕하면 목이 타 버린다.

2. 토다화회(土多火晦)
→ 화는 토를 생하는데 화가 약하고 토가 왕하면 화가 어두워진다.

3. 금다토변(金多土變)
→ 토는 금을 생하는데 토가 약하고 금이 왕하면 토는 변질된다.

4. 수다금침(水多金沈)
→ 금은 수를 생하는데 금이 약하고 수가 왕하면 금이 가라앉는다.

5. 목다수축(木多水縮)
→ 수는 목을 생하는데 수가 약하고 목이 왕하면 수가 말라 버린다.

⑤ **설기의 십신적 의미**

[십신적 의미]

1. 식다아설(食多我洩)
→ 일간은 식상을 생하는데 일간이 약하고 식상이 왕하면 일간이 탈진한다.

2. 재다식설(財多食洩)
→ 식상은 재성을 생하는데 식상이 약하고 재성이 왕하면 식상이 탈진한다.

3. 관다재설(官多財洩)
→ 재성은 관살을 생하는데 재성이 약하고 관살이 왕하면 재성이 탈진한다.

4. 인다관설(印多官洩)
→ 관살은 인성을 생하는데 관살이 약하고 인성이 왕하면 관살이 탈진한다.

5. 비다인설(比多印洩)
→ 인성은 비겁을 생하는데 인성이 약하고 비겁이 왕하면 인성이 탈진한다.

**마무리 총정리**

❶ 명리학에서 특정 오행이나 십신에 과부하가 걸려서 하자가 생기는 상황이 있다. 이것을 설기(洩氣)라고 한다.

❷ 설기는 생해 주는 오행(또는 십신)이 약한데, 생 받는 오행(또는 십신)이 태왕한 경우 발생하는 상황이다.

❸ 극과 설기 둘 다 태왕한 오행에서 시작한다. 극은 개인적인 허물이고 설기는 남의 허물을 내가 떠안는 상황이다.

❹ 설기가 무서운 것은 극과는 다르게 뭐가 잘못되었는지 인지하고도 그걸 포기 못 하는 점이다. 단기적으로 보면 극이 문제다. 그러나 장기적으로 보면 설기가 더 큰 문제다.

❺ 설기의 종류는 오행적 의미로 다섯 종류, 십신적 의미로 다섯 종류 이렇게 총 열 종류가 있다.

# 제 92 강 설기(洩氣)가 되는 사주 보기

## ① 사주명조 예시

**[사주명조 예시 (1-1)]**

| 시 | 일 | 월 | 년 |
|---|---|---|---|
| 丁 | 癸 | 癸 | 辛 |
| 巳 | 卯 | 巳 | 酉 |

- 癸 일간이 화왕절에 태어난 명조다.
- 월지 巳, 시지 巳, 시간 丁을 가지고 있어서 화 기운이 왕한 사주다.
- 癸일간 입장에서는 화가 재성이 되니 십신적으로는 재성도 왕한 사주다.
- 눈에 띄는 부분이 일지 卯목 식신인데 식신의 세력을 보면 목이 일지에 달랑 하나 있다.

**[사주명조 예시 (1-2)]**

| 시 | 일 | 월 | 년 |
|---|---|---|---|
| 丁 | 癸 | 癸 | 辛 |
| 巳 | 卯 | 巳 | 酉 |

- 월지가 아닌 지지에 달랑 하나 있어서 세력이 약하다. 게다가 수의 생을 받지도 못한다.
- 월간 癸는 일지 卯를 생할 수 없다. 위치의 한계 때문에 그렇다.
- 그럼 남은 것은 일간 癸인데 음일간이 무근이니 일지 식신을 생하지도 못한다.
- 만약 일간이 癸가 아닌 壬이었다면 그래도 생을 받았을 것이다.
- 그러나 壬이었다고 쳐도 일간이 무근이라 생을 오래 할 수 없다.

**[사주명조 예시 (1-3)]**

| 시 | 일 | 월 | 년 |
|---|---|---|---|
| 丁 | 癸 | 癸 | 辛 |
| 巳 | 卯 | 巳 | 酉 |

- 결과적으로 일지 卯가 약하다.

- 약한 목을 주변의 왕한 화가 사정없이 설기한다.
- 이 사주에서 목은 식신이고 화는 재성이니 식신의 설기도 된다.
- 화다목분과 재다식설이 동시에 일어나고 있다.
- 운에서 수가 와야 약한 목을 도와주니 그래야 목의 설기를 막을 수 있다.
- 운에서 수가 오면 이 사주의 조후까지 해결해 준다.
- 사주가 뜨겁고 건조하기 때문이다.

**[사주명조 예시 (2-1)]**

| 시 | 일 | 월 | 년 |
|---|---|---|---|
| 庚 | 丁 | 壬 | 癸 |
| 戌 | 丑 | 戌 | 未 |

- 丁 일간이 금왕절에 태어났다.
- 지지가 모두 토로 되어 있다.
- 그에 반해서 화는 일간 丁 하나다.
- 일간 丁은 년지, 월지, 시지에 통근했다.
- 그러나 未, 戌이 화의 고지, 묘지에 해당되기 때문에 일간에 별 힘이 되질 못한다.

**[사주명조 예시 (2-2)]**

| 시 | 일 | 월 | 년 |
|---|---|---|---|
| 庚 | 丁 | 壬 | 癸 |
| 戌 | 丑 | 戌 | 未 |

- 만약 월지가 未였으면 화왕절이라 일간 丁한테 큰 힘이 되었을 것이다.
- 그러나 월지가 戌이라 화기보다는 금기가 더 강한 계절이다. 이 사주의 병은 토가 된다.
- 일간 丁이 토를 생하고 싶어도 생할 수가 없다.
- 설상가상으로 丁壬합까지 되어서 음간인 丁이 생극 능력을 상실했다.

이게 여러분들이 배워야 할 사주명리학입니다! 송재우의 **사주에듀**

[사주명조 예시 (2-3)]

| 시 | 일 | 월 | 년 |
|---|---|---|---|
| 庚 | 丁 | 壬 | 癸 |
| 戌 | 丑 | 戌 | 未 |

- 토다화회와 식다아설이 동시에 일어나고 있다.
- 화가 심하게 설기가 되고 일간도 심하게 설기가 되어 탈진 상태다.
- 한술 더 떠서 태왕한 토가 약한 관살을 심하게 극하기까지 한다.
- 제살태과(制殺太過, 식상이 태왕해서 약한 관살을 심하게 극하는 상황) 사주다.
- 이 사주의 용신은 인성이다.
- 인성이 있어야 설기가 되는 일간을 돕고 동시에 날뛰는 식상도 잡는다.
- 그러나 원국을 보면 눈을 씻고 봐도 인성이 없다.
- 따라서 운에서 인성을 기다려야 한다.

[사주명조 예시 (3-1)]

| 시 | 일 | 월 | 년 |
|---|---|---|---|
| 癸 | 戊 | 辛 | 壬 |
| 丑 | 子 | 亥 | 子 |

- 戊 일간이 수왕절에 태어났다.
- 수왕절에 지지 방합까지 있는 사주다.
- 게다가 년간에 壬과 시간에 癸 투간이니 수가 어마어마하게 태왕한 사주다.
- 월간의 辛이 년간 壬 편재와 월지 亥 편재한테 어마어마하게 설기를 당하고 있다.
- 월간의 辛은 시지에 통근했지만, 시지 丑이 금의 묘지라 그 힘이 너무 미약하다.

[사주명조 예시 (3-2)]

| 시 | 일 | 월 | 년 |
|---|---|---|---|
| 癸 | 戊 | 辛 | 壬 |
| 丑 | 子 | 亥 | 子 |

- 그렇다면 금을 생해 주는 토라도 왕 해야 하는데, 丑에 통근해서 큰 힘이 안 된다.
- 설상가상으로 일간 戊는 시간 癸와 戊癸합 되니 태왕한 수를 극하지 못한다.
- 그리고 어차피 일간이 약해서 천간 합이 아니더라도 재성을 극하기에는 무리가 있다.

[사주명조 예시 (3-3)]

| 시 | 일 | 월 | 년 |
|---|---|---|---|
| 癸 | 戊 | 辛 | 壬 |
| 丑 | 子 | 亥 | 子 |

- 수다금침과 재다식설이 동시에 일어나고 있다.
- 금이 심하게 설기가 되고 상관도 심하게 설기가 되어 탈진 상태다.
- 해결책은 일간이 왕해져서 설기가 되고 있는 상관을 생해야 한다.
- 일간이 왕해지려면 운에서 비겁이나 인성이 와야 한다.
- 식상이 설 된다고 운에서 식상을 기다리면 안 된다.

[사주명조 예시 (3-4)]

| 시 | 일 | 월 | 년 |
|---|---|---|---|
| 癸 | 戊 | 辛 | 壬 |
| 丑 | 子 | 亥 | 子 |

- 식상에 힘이 생기면 일간이 설기가 되는 새로운 문제가 생긴다. 애초에 신약사주라 그렇다.
- 그런데 이 사주를 보면 수가 태왕해서 너무 춥다. 조후까지 해결해야 한다.
- 이런 경우는 비겁보다 인성이 운으로 오는 게 훨씬 바람직하다.
- 이 사주에서 인성은 오행적으로 화가 되기 때문이다.
- 조후용신, 억부용신 모두 화가 이상적이다.

② 설기를 해결하는 방법

– 설기가 되는 오행(또는 십신)을 생해 주어야 설기가 해결된다.

1. 약한 목이 태왕한 화에 설기가 되면, 수가 목을 생해 줘야 목이 설기를 안 당한다.
2. 약한 화가 태왕한 토에 설기가 되면, 목이 화를 생해 줘야 화가 설기를 안 당한다.
3. 약한 토가 태왕한 금에 설기가 되면, 화가 토를 생해 줘야 토가 설기를 안 당한다.
4. 약한 금이 태왕한 수에 설기가 되면, 토가 금을 생해 줘야 금이 설기를 안 당한다.
5. 약한 수가 태왕한 목에 설기가 되면, 금이 수를 생해 줘야 수가 설기를 안 당한다.
6. 약한 일간이 태왕한 식상에 설기가 되면, 인성이 일간을 생해 줘야 일간이 설기를 안 당한다.
7. 약한 식상이 태왕한 재성에 설기가 되면, 일간이 식상을 생해 줘야 식상이 설기를 안 당한다.
8. 약한 재성이 태왕한 관살에 설기가 되면, 식상이 재성을 생해 줘야 재성이 설기를 안 당한다.
9. 약한 관살이 태왕한 인성에 설기가 되면, 재성이 관살을 생해 줘야 관살이 설기를 안 당한다.
10. 약한 인성이 태왕한 일간에 설기가 되면, 관살이 인성을 생해 줘야 인성이 설기를 안 당한다.

마무리 총정리

❶ 설기를 해결하는 방법은 설기가 되는 오행(또는 십신)을 생해 주는 것이다.
❷ 설기가 되는 오행(또는 십신)이 운에서 왕해지는 것보다는 운에서 생 받아서 해결되는 게 더 낫다. 약한 오행(또는 십신)이 운에서 왕해지면 또 다른 설기가 생길 수 있다.
❸ 설기는 상생 관계에서 나오는 문제라서 보통 원국에서 문제점이 나온다. 운에서 오는 간지는 일차적으로 상극 작용부터 하기 때문이다.
❹ 일간이 설기 되면 건강과 의지에 문제가 생기고, 식상이 설기 되면 능력과 행동에 문제가 생기고, 재성이 설기 되면 여자와 금전의 문제가 생긴다.
❺ 관살이 설기 되면 직장과 남자에 문제가 생기고, 인성이 설기 되면 학업과 모친에 문제가 생긴다.

# 제93강 천을귀인(天乙貴人) 문창귀인(文昌貴人) 문곡귀인(文曲貴人)

## ① 천을귀인(天乙貴人)이란?

- 신살(神殺) 중에 최고의 길성(吉星)이다.
- 수백 가지의 신살 중에 으뜸으로 좋은 신살이다.
- 다른 표현으로는 옥당천을귀인(玉堂天乙貴人)이라고 한다.
  → 이허중명서(李虛中命書), 명리정종(命理定宗), 삼명통회(三命通會) 같은 고서에서 천을귀인이 사주에 있는 경우에는 거진 인생 만사형통이라고 극찬하였다.

## ② 천을귀인(天乙貴人)의 의미

- 근본은 별자리 중 용자리(Draco)의 북극성의 기운을 뜻한다.
- 최고의 길성이라는 북극성의 기운이니 천을귀인은 특별한 의미가 된다.
- 성품이 온화하고 매사 긍정적으로 일을 조율하며 특히 타고난 복록이 있는 게 천을귀인이다.
- 그렇다고 사주에 천을귀인이 있다고 그것만 놓고서 상급의 사주라고 평가하면 안 된다.
- 아무리 길성이라도 사주에서 기신으로 작용하면 좋은 의미가 아니다.
- 자평학은 태양 중심의 해석법이라 계절적 의미, 십신적 의미가 최우선이기 때문이다.
- 신살도 분명히 그 의미가 있고 영향력이 작용한다. 하지만 생극제화(生剋制化, 원국에서 일어나는 상생 상극)가 영향력이 더 크다.
- 신살을 무시해서는 안 되지만 그렇다고 우신순위로 두면 안 된다.
- 명리학에서는 필요 없는 관법은 없지만, 그래도 우선순위는 있다.

## ③ 천을귀인의 성립조건

[천을귀인 조건]

| 일간 | 甲戊庚 | 乙己 | 丙丁 | 辛 | 壬癸 |
|---|---|---|---|---|---|
| 천을귀인 | 丑, 未 | 子, 申 | 亥, 酉 | 寅, 午 | 巳, 卯 |

- 천을귀인은 반드시 두 글자가 다 있어야 한다.
- 한 글자로 성립되지는 않는다.
- 천을귀인 중 丑未 천을귀인이 가장 가치가 떨어진다.
- 丑未는 천을귀인도 되지만 동시에 충도 되고 형살도 된다.
- 丑未 천을귀인은 떨어져 있는 게 좋다.
- 붙어 있으면 충의 작용력이 심해지기 때문이다.

※ 지지 중 辰, 戌만 천을귀인에 해당하지 않는다.
※ 辰, 戌은 괴강살의 의미를 가지고 있어서 그렇다.

## ④ 문창귀인(文昌貴人)이란?

- 십신의 식신(食神)과 의미가 같다.
- 문창귀인과 식신이 완전히 일치하는 것은 아니지만, 부분적인 의미에서 공통점이 있다.
- 십신의 식신과 그 자리가 같다. 예외적으로 丙, 丁 일간만 편재 자리에 있다.
- 일간 기준으로 해당 지지를 찾는 것이 문창귀인이다.
- 다른 표현으로는 문창성(文昌星)이라고 한다.
- 진로적성 부분에서 볼 때 문창귀인은 자연계나 예체능계에 특화되어 있다.
- 문창귀인은 그냥 사람의 부분적인 재능을 보여 주는 신살이다.
- 이것이 있다고 만사형통을 의미하지는 않는다.

## ⑤ 문창귀인의 성립조건

[문창귀인 조건]

| 일간 | 甲 | 乙 | 丙 | 丁 | 戊 | 己 | 庚 | 辛 | 壬 | 癸 |
|---|---|---|---|---|---|---|---|---|---|---|
| 문창귀인 | 巳 | 午 | 申 | 酉 | 申 | 酉 | 亥 | 子 | 寅 | 卯 |

문창귀인은 년, 월, 일, 시에 모든 지지에 다 해당된다.

## ⑥ 문곡귀인(文曲貴人)이란?

- 십신의 편인(偏印)과 의미가 같다.
- 문곡귀인과 편인이 완전히 일치하는 것은 아니지만, 부분적인 의미에서 공통점이 있다.
- 십신의 편인과 그 자리가 같다. 예외적으로 戊, 己, 庚, 辛 일간만 편관 자리에 있다.
- 일간 기준으로 해당 지지를 찾는 것이 문곡귀인이다.
- 다른 표현으로는 문곡성(文曲星)이라고 한다.
- 진로적성 부분에서 볼 때 문곡귀인은 인문계나 종교계에 특화되어 있다.
- 문곡귀인은 그냥 사람의 부분적인 재능을 보여 주는 신살이다.
- 이것이 있다고 만사형통을 의미하지는 않는다.

## ⑦ 문곡귀인의 성립조건

[문곡귀인 조건]

| 일간 | 甲 | 乙 | 丙 | 丁 | 戊 | 己 | 庚 | 辛 | 壬 | 癸 |
|---|---|---|---|---|---|---|---|---|---|---|
| 문곡귀인 | 亥 | 子 | 寅 | 卯 | 寅 | 卯 | 巳 | 午 | 申 | 酉 |

문곡귀인은 년, 월, 일, 시에 모든 지지에 다 해당된다.

## 마무리 총정리

❶ 천을귀인(天乙貴人)은 신살(神殺) 중 최고의 길성(吉星)이다. 수백 가지의 신살 중에 으뜸으로 좋은 신살이다. 다른 표현으로는 옥당천을귀인(玉堂天乙貴人)이라고 한다.

❷ 사주에 천을귀인이 있다고 그것만 놓고서 상급의 사주라고 평가하면 안 된다. 사주에는 여러 가지 좋은 조건들이 있는데 천을귀인도 그중에 하나일 뿐이다.

❸ 천을귀인이 아무리 길성이라도 사주에서 기신으로 작용하면 좋은 의미가 아니다. 자평학은 태양 중심의 해석법이라 계절적 의미, 십신적 의미가 최우선이기 때문이다.

❹ 문창귀인은 자연계나 예체능계에 특화되어 있다. 문창귀인은 그냥 사람의 부분적인 재능을 보여 주는 신살이다. 이것이 있다고 만사형통을 의미하지는 않는다.

❺ 문곡귀인은 인문계나 종교계에 특화되어 있다. 문곡귀인은 그냥 사람의 부분적인 재능을 보여 주는 신살이다. 이것이 있다고 만사형통을 의미하지는 않는다.

# 제 94강 형살(刑殺) 귀문관살(鬼門關殺)

### ① 형살(刑殺)의 정의

- 보통 부상, 질병, 물리적인 고통, 대인 관계적 고통, 시비 등으로 통변이 된다.
- 해당되는 십신에 따라서 그 고통의 종류와 방향성이 달라진다.
- 寅巳申 또는 丑戌未가 십신으로 무엇이냐에 따라 통변의 방향성이 달라진다.
- 사주원국에 형살이 존재하는데 운에서 또 형살이 오면 그 고통이 가중된다.
- 형살에다가 충(沖)이 같이 있으면 갈등에 고통까지 더해지니 인생에서 고난을 겪는다.

### ② 형살(刑殺)의 종류

- 寅巳申 삼형살, 丑戌未 삼형살, 子卯 상형살
- 寅巳申 삼형살, 丑戌未 삼형살 모두 세 글자가 있어야 완전체다.
- 두 글자만 있어도 형살로 인정한다.

### ③ 인사신 삼형살

1. **寅巳申 삼형이 명조에 있는 사람**은 타인을 누르거나 업신여기려는 경향이 있으며, 매사를 속전속결로 처리하려는 성질이 있어 급하게 덤벼들다가 후회를 하는 일이 종종 있다.
2. 운이 나쁘게 올 때는 관형(官刑)이나 교통사고, 약물 중독, 자살 충동, 총상(銃傷) 등이 염려되니 특히 주의해야 한다.
3. 한편으로 대인관계에서는 형제, 친척, 친구, 동기 간에 배신으로 반목하거나 시비가 벌어지며 종래는 송사(訟事)나 관재(官災)로 이어진다.
4. 寅巳申 삼형살은 외적 시비나 부상을 부르는 신살이다.

- 사주 구조가 좋으면 군인, 경찰, 법관이 되기 쉽다. 하지만 사주 구조가 나쁘면 주먹패가 되기 쉽다.
- 똑같은 칼이라도 쓰는 사람의 성품과 능력에 따라서 활용도가 달라지는 것과 같은 이치다.

### ④ 축술미 삼형살

1. **丑戌未 삼형이 명조에 있으면** 친한 사람이었는데도 사소한 일로 인하여 원수가 되는 경우가 있다.
2. 평소에 다정하게 지내다가도 사소한 이익 관계나 금전 관계 또는 권리 다툼으로 인하여 불신, 배신, 투쟁 등이 생기는 경우가 많다.
3. 특히 곤명(坤命, 여자 사주)에 丑戌未 삼형이 있는 경우에는 부부불화나 배신 또는 이별 등으로 고독하다고 본다.
4. 丑戌未은 내적 갈등이나 질병을 부르는 신살이다.
   - 사주 구조가 좋으면 의사, 간호사, 종교인이 되기 쉽다.
   - 하지만 사주 구조가 나쁘면 사기꾼이 되기 쉽다.
   - 똑같은 칼이라도 쓰는 사람의 성품과 능력에 따라서 활용도가 달라지는 것과 같은 이치다.

### ⑤ 자묘 상형살

1. **子卯 상형**은 이성 관계에서 불륜, 무례, 간통, 변태 성욕 등으로 인한 구설, 시비, 형액(刑厄) 등이 따른다.
2. 그리고 대인 관계에서는 난폭하거나 패륜적인 행동이 나오고, 남의 이목이나 체면은 안중에도 없이 행동하는 경우가 많으며, 질병은 성병(性病)이나 자궁(子宮), 비뇨기(泌尿器), 간장(肝腸) 계통에 질환이 많이 발생하고 약물 중독이나 마약(痲藥) 또는 음독(飮毒)의 경험도 갖게 된다.

- 명조가 조화를 이루고 유기하면, 병원(산부인과, 비뇨기과)을 경영하거나 관광 오락 사업 등에서 두각을 나타내고 성공하기도 한다.

### ⑥ 형살의 원리

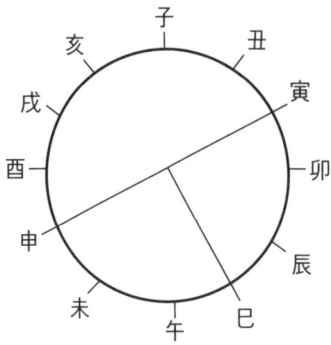

- 삼형살은 이 그림과 같이 황도 십이궁 별자리 간의 90도 각도 관계에서 시작된다. 원리 자체가 천문의 살기에서 나왔다.
- **寅巳申 삼형살** → 시기적으로는 일의 시작 단계에서의 갈등을 의미하고, 방향성으로는 외적 갈등이다.
- 사주가 양적 성향이 많으면 부상을 겪기 쉽다. 사생지의 특성이다.
- **丑戌未 삼형살** → 시기적으로는 일의 마무리 단계에서의 갈등을 의미하고, 방향성으로는 내적 갈등이다.
- 사주가 음적 성향이 많으면 질병을 겪기 쉽다. 사묘지의 특성이다.

### ⑦ 귀문관살(鬼門關殺)

1. 사람의 두뇌와 감정에 영향을 주는 신살이다.
2. 남다른 감각이 있고 자신만의 아이디어가 뛰어나다.
3. 예체능이나 종교 계통의 소질이다.
4. 사업적 기질이나 전문직업군의 직업에도 유리하게 쓰일 수 있다.
5. 특히 귀문관살이 십신의 편인 해당하면 더더욱 그렇다.

**[조후가 무너진 사주]**
- 문제는 조후가 무너진(사주가 지나치게 춥거나 더운 상황) 사주에서의 귀문관살이다.
- 조후가 무너진 사주에 귀문관살까지 있으면 정신적인 질환을 겪기 쉽다.
- 자기 자신도 자기 마음을 모르는 경우가 많다. 쓸데없는 부분에 집착도 크게 온다.
- 사회적으로는 좋은 재능이지만, 개인적으로는 고통스러운 양면성을 가진 신살이다.

### ⑧ 귀문관살의 성립조건

**[귀문관살의 성립조건]**
귀문관살은 천간에 상관없이
子酉, 丑午, 寅未, 卯申, 辰亥, 巳戌

**[귀문관살의 영향력이 크게 나타나는 사람]**
- 남자보다는 여자
- 화왕절/금왕절 생보다는 수왕절/목왕절 생
- 조후가 안정된 사람보다는 조후가 불안정한 사람
  → 귀문관살의 영향력이 더욱 크게 나타난다.

### 마무리 총정리

1. 형살(刑殺)은 보통 부상, 질병, 물리적인 고통, 대인 관계적 고통, 시비 등으로 통변이 된다. 원리 자체가 천문의 살기에서 나온 부분이기 때문이다.
2. 삼형살은 황도 십이궁 별자리 간의 90도 각도 관계에서 시작된다. 원리 자체가 천문의 살기에서 나왔다. 안정을 뜻하는 삼합과는 대조적이다.
3. 寅巳申 삼형살은 외적 시비나 부상을 부르는 신살이고, 丑戌未 삼형살은 내적 갈등이나 질병을 부르는 신살이다. 그러나 사주 구조가 좋으면 타인을 위해 희생하는 직업을 갖는다.
4. 귀문관살(鬼門關殺)은 사람의 두뇌와 감정에 영향을 주는 신살이다. 사회적으로는 좋은 재능이지만, 개인적으로는 고통스러운 양면성을 가진 신살이다.
5. 남자보다는 여자, 화왕절/금왕절보다는 수왕절/목왕절, 조후가 안정된 사람보다는 조후가 불안정한 사람들에게 귀문관살의 영향력이 더욱 크게 나타난다.

이게 여러분들이 배워야 할 사주명리학입니다!

# 송재우의 사주에듀

https://www.48class.com

## 목차 미리보기

|  |  |
|---|---|
| 제95강 | 육친(六親) - 남자 중심 |
| 제96강 | 육친(六親) - 여자 중심 |
| 제97강 | 현대적 의미의 육친 보기 1 |
| 제98강 | 현대적 의미의 육친 보기 2 |
| 제99강 | 육친의 영향력 1 |
| 제100강 | 육친의 영향력 2 |
| 제101강 | 남편과 자식 1 |
| 제102강 | 남편과 자식 2 |
| 제103강 | 비견(比肩)의 특성 |
| 제104강 | 비견(比肩)의 역할 |
| 제105강 | 겁재(劫財)의 특성 |
| 제106강 | 겁재(劫財)의 역할 |
| 제107강 | 식신(食神)의 특성 |
| 제108강 | 식신(食神)의 역할 |
| 제109강 | 상관(傷官)의 특성 |
| 제110강 | 상관(傷官)의 역할 |
| 제111강 | 편재(偏財)의 특성 |
| 제112강 | 편재(偏財)의 역할 |
| 제113강 | 정재(正財)의 특성 |
| 제114강 | 정재(正財)의 역할 |
| 제115강 | 편관(偏官)의 특성 |
| 제116강 | 편관(偏官)의 역할 |
| 제117강 | 정관(正官)의 특성 |
| 제118강 | 정관(正官)의 역할 |
| 제119강 | 편인(偏印)의 특성 |
| 제120강 | 편인(偏印)의 역할 |
| 제121강 | 정인(正印)의 특성 |
| 제122강 | 정인(正印)의 역할 |
| 제123강 | 비겁이 태왕(太旺)한 경우의 문제점 1 |
| 제124강 | 비겁이 태왕(太旺)한 경우의 문제점 2 |
| 제125강 | 식상이 태왕(太旺)한 경우의 문제점 1 |
| 제126강 | 식상이 태왕(太旺)한 경우의 문제점 2 |
| 제127강 | 재성이 태왕(太旺)한 경우의 문제점 1 |
| 제128강 | 재성이 태왕(太旺)한 경우의 문제점 2 |
| 제129강 | 관살이 태왕(太旺)한 경우의 문제점 1 |
| 제130강 | 관살이 태왕(太旺)한 경우의 문제점 2 |
| 제131강 | 인성이 태왕(太旺)한 경우의 문제점 1 |
| 제132강 | 인성이 태왕(太旺)한 경우의 문제점 2 |

# 심화

**4**

95~132강

# 제 95 강 육친(六親) - 남자 중심

### ① 육친(六親)의 정의

- 나 이외의 혈연, 지연의 인간관계를 뜻한다.
- 사주명리학에서는 육친을 십신으로 판단한다. 십신 속에 육친의 의미도 들어 있는 셈이다.
- 원칙은 그 사람 사주로는 그 사람만 판단하는 게 맞다. 이것이 직접추론이다.
- 따라서 나 이외의 다른 사람의 팔자를 알고 싶으면 그 사람 사주를 가지고 오는 게 맞다.
- 하지만 명리학에서는 직접추론법만 있는 게 아니고 간접추론법도 있다. 그게 바로 육친론(六親論)이다. 내 사주로 나와 관련된 인연들을 보는 방법이다.
- 간첩 추론이다 보니 그 사람 자체를 분석하는 것은 아니다. 그 사람이 나에게 어떤 의미인가? 나에게 어떤 영향력을 주는 사람인가? 이런 것을 본다.
- 의뢰인들이 자주 묻는 부분이니 제대로 숙지를 해야 한다.

### ② 육친법의 시작

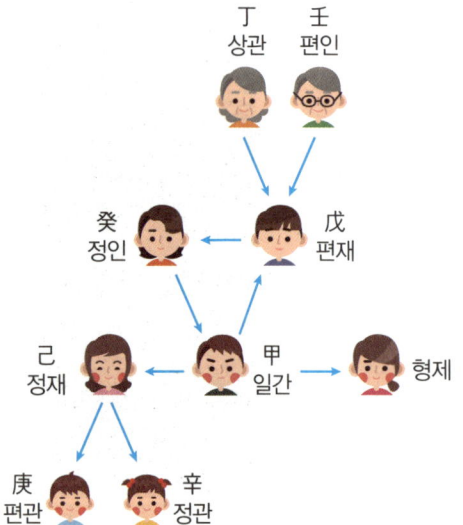

- 육친의 기본 기준은 정인(正印)이다.
- 정인은 일간이라는 나를 낳아 준 근본이기 때문이다.
- 그래서 정인은 육친으로 어머니라고 통변한다.
- 이것이 육친법의 시작이다.

### ③ 남자 기준의 육친 관계

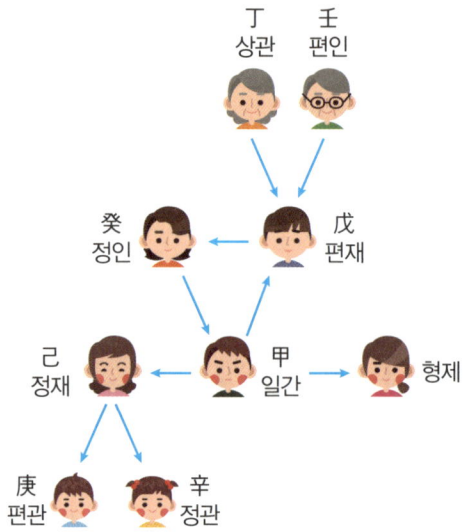

- 癸(정인, 어머니) → 甲(일간, 나)
- 戊(편재, 아버지) + 癸(정인, 어머니) → 甲(일간, 나)
- 戊(편재, 아버지) + 癸(정인, 어머니) → 甲(일간, 나) + 己(정재, 아내)
- 甲(일간, 나) + 己(정재, 아내) → 庚(편관, 아들) 또는 辛(정관, 딸)
- 丁(상관, 할머니) → 戊(편재, 아버지) + 癸(정인, 어머니) → 甲(일간, 나)
- 壬(편인, 할아버지) + 丁(상관, 할머니) → 戊(편재, 아버지) + 癸(정인, 어머니)

1. 형제
→ 비견, 일간인 나와 같은 오행이고 음양이 같으니 비견은 형제

2. 남매
→ 겁재, 일간인 나와 같은 오행이고 음양이 다르니 겁재는 남매

3. 사위
→ 식신, 딸인 정관과 합이 되어 짝을 이루니 식신은 사위

4. 처제
→ 정재, 정인인 아내와 같은 오행이고 음양이 같으니 정재는 처제

5. 처남
→ 편재, 정재인 아내와 같은 오행이고 음양이 다르니 편재는 처남

– 육친론을 확장하자면 인위적으로 이것 이상으로 확장할 수 있다.
– 하지만 그럴 필요는 없다. 현대사회는 핵가족도 아닌 1인 가정의 시대이기 때문이다.
– 그리고 확장이 넓어질수록 적중률이 떨어진다. 이런 문제점도 있다.
– 따라서 육친론은 비교적 가까운 인연 중심으로 쓰는 게 좋다.

## 마무리 총정리

❶ 육친(六親)은 나 이외의 혈연, 지연의 인간관계를 뜻한다. 사주명리학에서는 육친을 십신으로 판단한다. 십신 속에 육친의 의미도 들어 있는 셈이다.
❷ 원칙은 그 사람 사주로는 그 사람만 판단하는 게 맞다. 이것이 직접추론이다. 따라서 나 이외의 다른 사람의 팔자를 알고 싶으면 그 사람 사주를 가지고 오는 게 맞다.
❸ 육친론(六親論)은 간접추론법이다. 내 사주로 나와 관련된 인연들을 보는 방법이다.
❹ 육친의 기본 기준은 정인(正印)이다. 정인은 일간이라는 나를 낳아 준 근본이기 때문이다. 그래서 정인은 육친으로 어머니라고 통변한다. 이게 육친법의 시작이다.
❺ 육친론은 비교적 가까운 인연 중심으로 쓰는 게 좋다.

# 제 96강 육친(六親) - 여자 중심

## ① 육친법의 적용 범위

[육친법의 범위]
1. 배우자가 내 인생에 얼마나 영향을 미치나?
2. 나를 중심으로 가정이 돌아가나? 아니면 배우자 중심으로 가정이 돌아가나?
3. 배우자가 다른 여자(또는 남자)와 가깝나? 아니면 한눈 안 팔고 나만 바라보는 사람인가?
4. 배우자가 하는 일이나 건강상태가 좋은가 나쁜가? (구체적인 해석은 배우자 사주를 들고 와야 한다.)
5. 배우자와 우리 아이와의 친밀도는 좋은가?
6. 배우자가 나를 위해 주는 사람인가? 아님 구속하려는 사람인가?
7. 미혼이나 재혼이면 앞으로 만날 내 남자(또는 여자)를 본다.
8. 경제적으로 무능한가? 정신적으로 유약한가? 책임감이 있는 사람인가?
9. 이성 문제에서는 순진한 사람인가? 아니면 바람기가 있는 사람인가?
→ 역학인이 당사자 사주를 가지고 상대방을 간접추론으로 알 수 있는 건 이 정도다.
→ 그 이상으로 그 사람에 대해서 알고 싶으면 그 사람의 사주를 가지고 와야 한다.
→ 간접추론의 한계점이다.

## ② 여자 기준의 육친 관계

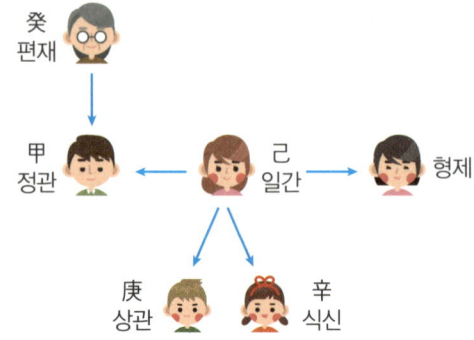

- 甲(정관, 남편) + 己(일간, 나)
- 己(일간, 나) → 庚(상관, 아들) 또는 辛(식신, 딸)
- 癸(편재, 시어머니) → 甲(정관, 남편) + 己(나, 일간)

1. 자매 → 비견, 일간인 나와 같은 오행이고 음양이 같으니 비견은 자매
2. 남매 → 겁재, 일간인 나와 같은 오행이고 음양이 다르니 겁재는 남매
3. 시숙 → 정관, 정관인 남편과 형제가 되니 같은 오행과 같은 음양인 정관은 시숙
4. 시누이 → 편관, 정관인 남편과 남매가 되니 같은 오행과 다른 음양인 편관은 시누이
5. 며느리 → 편관, 상관인 아들과 합이 되어 짝을 하니 편관은 며느리

## ③ 육친론의 약점

1. 양일간의 남자와 음일간의 여자는 딱 맞아 떨어지지만 음일간의 남자와 양일간의 여자는 부분적인 모순이 생긴다.
2. 육친론은 천간 합과 십신의 상생으로 만들어지는데 음일간 남자와 양일간 여자는 천간 합 부분에서 맞지 않는다.

### ④ 남자, 여자 공통으로 육친 보는 법

[남자의 경우]

1. 어머니
→ 인성. 원칙은 정인이지만 정인 없으면 편인을 어머니로 봐도 된다.

2. 아버지
→ 재성. 원칙은 편재지만 편재 없으면 정재를 아버지로 봐도 된다.

3. 여자 친구
→ 재성. 원칙은 정재지만 정재 없으면 편재를 여자 친구로 봐도 된다.

[여자의 경우]

1. 어머니
→ 인성. 원칙은 정인이지만 정인 없으면 편인을 어머니로 봐도 된다.

2. 아버지
→ 재성. 원칙은 편재지만 편재 없으면 정재를 아버지로 봐도 된다.

3. 남자 친구
→ 관살. 원칙은 정관이지만 정관 없으면 편관을 남자 친구로 봐도 된다.

- 남자, 여자는 각각 혈연관계의 성별을 따질 때 **일간**을 기준으로 음양을 따진다.
- 자신의 **일간과 음양이 같으면 동성**이고, 자신의 **일간과 음양이 다르면 이성**이다.

1. 남자가 양간으로 태어났을 경우
→ 혈연관계의 모든 남자는 양간으로, 여자는 음간으로 대입한다.

2. 남자가 음간으로 태어났을 경우
→ 혈연관계의 모든 남자는 음간으로, 여자는 양간으로 대입한다.

3. 여자가 음간으로 태어났을 경우
→ 혈연관계의 모든 남자는 양간으로, 여자는 음간으로 대입한다.

4. 여자가 양간으로 태어났을 경우
→ 혈연관계의 모든 남자는 음간으로, 여자는 양간으로 대입한다.

### 마무리 총정리

❶ 육친론을 쓸 때는 그 한계점을 알고 써야 한다. 자신의 사주로 타인을 분석하는 간접추론법이기 때문이다. 이 부분을 망각하면 통변에 큰 오류가 생긴다.

❷ 육친론은 천간 합과 십신의 상생으로 만들어진다.

❸ 육친론은 양일간의 남자와 음일간의 여자는 딱 맞아 떨어지지만, 음일간의 남자와 양일간의 여자는 부분적인 모순이 생긴다. 천간합에서는 맞지 않는다.

❹ 남자, 여자는 각각 혈연관계의 성별을 따질 때 일간을 기준으로 음양을 따진다. 자신의 일간과 음양이 같으면 동성이고, 자신의 일간과 음양이 다르면 이성이다.

❺ 육친론은 음양과 십신의 상생 둘 다 적용하지만, 우선순위는 십신의 상생이다.

# 제 97강 현대적 의미의 육친 보기 1

## ① 육친론은 실질적인 영향력이 우선이다

[고전방식의 육친론]
1. 남자, 여자 나이가 차면 무조건 결혼을 하고 자식을 낳아야 한다.
2. 남자는 부양을 하고, 여자는 양육을 한다. 자식은 자산(資産)의 개념이다.
3. 고전 방식의 육친론은 농경사회의 전통적인 대가족제도를 반영한다.

[현대방식의 육친론]
1. 어머니가 인성이라는 것은 일간인 나를 조건 없이 후원해 주기 때문이다.
2. 만약 한 부모 가정에서 아버지 혼자서 자식을 양육한다면 아버지도 인성이 될 수 있다.
3. 혼인신고를 안 해도 동거해서 사실혼이나 마찬가지면 배우자로 본다.
4. 가정을 벗어난 사회 인연도 나(일간)한테 어떤 영향력을 미치는가에 따라서 육친관계가 설정된다.
5. 성별(性別)이 같은 동성애자들은 남자 역할을 하는 쪽이 남자가 되고, 여자 역할을 하는 쪽을 여자로 설정하면 된다.

– 육친론은 형식적인 관계보다 실질적인 영향력이 우선이다.
– 따라서 고전의 육친론만 고집할 필요는 없다.
– 명리학은 사람의 삶을 대변하는 것이고, 그 삶은 시대에 따라 변화하기 때문이다.

## ② 전통·현대 방식의 비겁 육친론

[전통방식의 비겁(比劫) 육친론]
– 비견: 형제, 자매
– 겁재: 남매, 이복형제

[현대사회의 비겁(比劫) 육친론]
– 비견: 주변 지인, 조합원, 같은 조직에서 같은 목적으로 협력하는 사람
– 겁재: 사회 인연, 투자자, 다른 조직에서 같은 목적으로 경쟁하는 사람

S 영업사원    S 영업사원(비견)    L 영업사원(겁재)

**예시)** 내가 S전자 영업사원일 때 비견은 S전자 영업사원이고 겁재는 L전자 영업사원이다. 비견, 겁재 둘 다 제품 판매라는 같은 목적의 일을 한다. 하지만 같은 편에 서서 일을 하면 비견이고, 다른 편에 서서 일을 하면 겁재다. 이익을 공유할 수 있는 대상이면 비견이 되는 것이고, 이익을 놓고 다툴 수 있는 관계면 겁재가 된다. 상황에 따라서는 겁재도 같은 편이 될 수 있다. 대신 그만큼 대가(수수료)를 치러야 한다.

## ③ 전통·현대 방식의 식상 육친론

[전통방식의 식상(食傷) 육친론]
– 식신: 딸
– 상관: 아들

[현대사회의 식상(食傷) 육친론]
– 식신, 상관 모두 내 아랫사람이 된다.
– 사무적인 관계보다는 언니, 동생 할 수 있는 정(情)적인 관계가 된다.
– 아랫사람은 아랫사람인데 목적으로 이루어진 상하

관계는 아니다.
- 식신, 상관의 육친관계는 역할 그 자체에 있지 않다.
- 내가 그 사람을 대하는 태도에 따라 폭이 달라진다.
- 식상은 이해타산과는 무관하게 만나는 내 아랫사람이다.

예시) 1. 학교 선생님한테는 학생이 식상이 될 수 있다. 사무적인 관계가 아닌 경우 가능하다.
2. 감독 같은 경우 선수들이 식상이 될 수 있다.
3. 식상은 보통 사제지간에 많이 이루어진다.
4. 하지만 요새는 사제관계도 이해타산이 들어가는 경우가 많아서 무조건 식상으로 보면 안 된다.

④ 전통 · 현대 방식의 인성 육친론

[전통방식의 인성(印星) 육친론]
- 편인: 계모, 양어머니
- 정인: 친어머니

[현대사회의 인성(印星) 육친론]
- 편인, 정인 모두 내 후원자가 된다. 양육자가 되고 스폰서도 된다.
- 조건 없이 나를 도와주고 혜택을 주는 인간관계는 전부 인성이 된다.
- 인성 역시 식상과 마찬가지로 역할 그 자체에 있지 않다.
- 내가 그 사람을 대하는 태도에 따라 폭이 넓어진다.
- 윗사람이라는 통변도 가능하지만, 지위와 관계없이 나에게 이익을 줄 수 있으면 다 인성이 된다.

예시) 연예인이나 스포츠 스타는 사생팬이 인성이 된다. 조건 없이 나를 도와주는 은사도 가능하다. 하지만 대부분 사람들은 자기 친부모 외에는 인성이라는 육친관계를 가지기 어렵다. 세상에 공짜는 없기 때문이다.

마무리 총정리

❶ 육친론에는 고전 방식의 육친론이 있고 현대사회의 육친론이 있다.
❷ 육친론은 형식적인 관계보다 실질적인 영향력이 우선이다. 따라서 고전의 육친론만 고집할 필요는 없다. 상황에 맞게 적절하게 사용하는 게 최선이다.
❸ 전통방식의 비겁(比劫) 육친론은 형제, 자매다. 현대사회의 비겁(比劫) 육친론은 나와 같은 목적을 가진 사람을 의미한다. 비견과 겁재의 차이가 크다.
❹ 전통방식의 식상(食傷) 육친론은 아들, 딸이다. 현대사회의 식상(食傷) 육친론은 이해타산과는 무관하게 만나는 내 아랫사람이다.
❺ 전통방식의 인성(印星) 육친론은 계모, 친모다. 현대사회의 인성(印星) 육친론은 조건 없이 나를 도와주고 혜택을 주는 인간관계다.

# 제 98강 현대적 의미의 육친 보기 2

## ① 전통·현대 방식의 재성 육친론

[전통방식의 재성(財星) 육친론]
- 편재: 첩, 부친
- 정재: 본부인

[현대사회의 재성(財星) 육친론]
- 극은 인위적인 접근이다.
- 따라서 생과는 다르게 목적성을 가지고 있다. 따라서 일간인 내가 목적을 가지고 요구할 수 있는 상대는 누구나 재성이 된다.
- 재성은 식상과 인성과는 다르게 역할에 따라서 육친관계가 만들어진다. 특히 사회적으로 만나는 사회 인연은 더욱 그렇다.
- 같은 회사 사람이라도 일간이라는 나하고 대등한 관계에서 일하면 비견이지만.
- 일간이라는 내가 일방적으로 업무지시를 할 수 있으면 재성의 관계가 된다.

예시) 1. 일간이 집주인이면 재성은 세입자가 된다.
2. 일간이 사업주면 재성은 직원이 된다.
3. 일간이 발주처면 재성은 수주처가 된다.
4. 일간이 지휘관이면 재성은 병사가 된다.
5. 이런 식으로 목적을 가지고 내가 상대방을 지시, 통제, 관찰하는 관계가 재성이 된다.
6. 그래서 재성을 제대로 쓰려면 신왕해야 한다.
7. 신약한 사주에서의 재성은 일간의 뜻을 따르지 않는다.

## ② 전통·현대 방식의 관살 육친론

[전통방식의 관살(官殺) 육친론]
- 편관: 아들(남자 기준)
- 정관: 딸(남자 기준), 남편

[현대사회의 관살(官殺) 육친론]
- 극은 인위적인 접근이다.
- 따라서 생과는 다르게 목적성을 가지고 있다. 따라서 일간인 나에게 목적을 가지고 요구할 수 있는 상대는 누구나 관살이 된다.
- 관살은 식상과 인성과는 다르게 역할에 따라서 육친관계가 만들어진다. 특히 사회적으로 만나는 사회 인연은 더욱 그렇다.
- 같은 회사 사람이라도 일간이라는 나하고 대등한 관계에서 일하면 비견이지만 일간이라는 나에게 일방적으로 업무지시를 할 수 있으면 관살의 관계가 된다.
- 관살의 육친관계는 재성의 육친관계와 관계의 방향성이 다르다.
- 일간은 관살 앞에서 철저하게 약자가 된다.

[현대사회의 관살(官殺) 육친론]
예시) 1. 일간이 세입자면 관살은 집주인이 된다.
2. 일간이 직원이면 관살은 사업주가 된다.
3. 일간이 수주처면 관살은 발주처가 된다.
4. 일간이 병사면 관살은 지휘관이 된다.
5. 이런 식으로 목적을 가지고 상대방이 나를 지시, 통제, 관찰하는 관계가 관살이 된다.
6. 그래서 관살을 잘 버티려면 신왕해야 한다.
7. 신약한 사주에서의 관살은 버틸 수 없는 스트레스를 일간한테 준다.

※ 재성과 관살의 육친론은 공통점과 차이점이 있다. 상황은 같지만 주도권만 반대가 된다.
(내가 통제하려는 사람이 재성, 나를 통제하려는 사람이 관살)

### ③ 일간과 합을 하는 정관, 정재

1. 정관, 정재는 일간하고 합을 할 수도 있다. 이런 경우는 사무적인 관계를 많이 벗어난다.
2. 겉으로는 사무적인 관계지만 그 속내를 보면 끈끈한 정이 있는 것이다.
   - 부부 관계로 보면 아무리 사이가 나빠도 차마 헤어지지 못하는 상황이고 사회적 관계로 보면 일을 떠나서 인간적으로 친해지려고 한다.
   - 원래 재성, 관살의 관계는 거래관계다. 그래서 재성, 관살은 사회성이고 약속이다.
   - 그 재성, 관살이 일간합이라는 것은 사적으로 친해져서 계약관계를 쉽게 이루겠다는 일간의 의지다.
   - 가정적으로 보면 부부금실이 좋다. 대판 싸워도 다음 날 언제 그랬냐는 듯이 쉽게 화해가 된다.

### ④ 인비식 중심의 사주와 재관 중심의 사주

[인성과 식상이 중심이 된 사주]
- 내가 하고 싶은 일을 하고 사는 팔자다. 인간적이다.
- 신왕하면 자기 능력을 극대화할 수 있고, 신약하면 능력 발휘의 한계가 생긴다.
- 그중에서 월지가 인성 또는 식상이면 좋아하는 것과 잘하는 것이 일치하거나 관계성이 있다.
- 성공과 행복을 동시에 이루기 쉬운 팔자들이다. 자신의 일을 천직처럼 생각하는 경우가 많다.

[재성과 관살이 중심이 된 사주]
- 상대가 원하는 일을 잘할 수 있는 팔자다. 사무적이다.
- 신왕하면 내가 상대방을 부릴 수 있고, 신약하면 상대방이 나를 부려서 쓴다.
- 그중에서 월지가 재성 또는 관살이면 좋아하는 것과 잘하는 것이 다르다.
- 성공과 행복을 동시에 이루기 어려운 팔자들이다. 특히 일간과 월지가 절(絶)지면 더 심하다.
- 보통 은퇴하고 자기가 좋아하는 일을 찾으러 다닌다. 하다못해 취미라도 가진다.
- 인성과 식상은 일간을 중심으로 상생하고, 재성과 관살은 일간을 중심으로 상극한다.
- 자신이 만나는 인연들이 조건과 의도를 가지고 만나느냐 아니냐는 생극에 따라 달라진다.
- 내 사주가 인성과 식상이 중심이 된 사주라면 나를 중심으로 세상을 살아가고 내 사주가 재성과 관살이 중심이 된 사주라면 세상을 중심으로 나를 맞춘다.
- 그래서 고서를 보면 재관으로 부귀(富貴, 돈과 권력)를 따진다.
- 부귀는 세상에서 나오기 때문이다. 하지만 현대사회에서는 꼭 그럴지만도 않다.
- 현대사회는 개인의 개성과 능력으로도 부귀를 가지는 경우가 많기 때문이다.

## 마무리 총정리

① 전통방식의 재성(財星) 육친론은 아내, 부친이다. 현대사회의 재성 육친론은 목적을 가지고 내가 상대방을 지시, 통제, 관찰하는 관계다. 신왕해야 내 지시가 잘 먹힌다.

② 전통방식의 관살(官殺) 육친론은 남편, 자식(남자 입장)이다. 현대사회의 관살 육친론은 목적을 가지고 상대방이 나를 지시, 통제, 관찰하는 관계다. 신왕해야 피해의식이 덜 생긴다.

③ 정관, 정재는 일간하고 합을 할 수도 있다. 이런 경우는 사무적인 관계를 많이 벗어난다. 겉으로는 사무적인 관계지만 그 속내를 보면 끈끈한 정이 있는 것이다.

④ 인성과 식상이 중심이 된 사주는 내가 하고 싶은 일을 하고 사는 팔자다. 인간적이다. 신왕하면 자기 능력을 극대화할 수 있고, 신약하면 능력 발휘의 한계가 생긴다.

⑤ 재성과 관살이 중심이 된 사주는 상대가 원하는 일을 잘할 수 있는 팔자다. 사무적이다. 신왕하면 내가 상대방을 부릴 수 있고, 신약하면 상대방이 나를 부려서 쓴다.

# 제 99 강 육친의 영향력 1

### ① 특정 육친이 왕하다는 의미

1. 일간이 왕하다는 의미
   → 내 인생을 내가 주도적으로 살 수 있다는 의미
2. 비겁이 왕하다는 의미
   → 내 인생에서 사회 인연이 차지하는 비중이 크다는 의미
3. 인성이 왕하다는 의미
   → 내 인생에서 어머니가 차지하는 비중이 크다는 의미
4. 식상이 왕하다는 의미
   → 내 인생에서 자식이(여자 사주 경우) 차지하는 비중이 크다는 의미
5. 재성이 왕하다는 의미
   → 내 인생에서 여자가(남자 사주 경우), 또는 아버지가 차지하는 비중이 크다는 의미
6. 관살이 왕하다는 의미
   → 내 인생에서 남자가(여자 사주 경우), 또는 자식이(남자 사주 경우) 차지하는 비중이 크다는 의미

※ 특정 육친의 세력이 왕성하다는 것은 해당 육친의 영향력이 크다는 의미다.
※ 내 인생에서 해당 육친과 인연이 깊다는 뜻이다.

### ② 사주명조 예시 1

[건명(乾命, 남자 사주) 예시]

| 시 | 일 | 월 | 년 |
|---|---|---|---|
| 戊 | 丁 | 庚 | 丙 |
| 申 | 亥 | 子 | 午 |

- 일간 丁 입장에서 재성은 여자가 된다.
- 따라서 이 사주에서 월간 庚은 여자 인연이 된다.
- 그런데 년간 丙 겁재가 庚 재성을 놓고 일간 丁과 다툰다.
- 쟁재가 된 사주다.

- 丙은 경쟁자가 되니 庚인 내 여자 인연에게 丙도 관심 갖는다는 의미가 된다.
- 미혼인 경우는 이미 임자 있는 여자와 이어지기 쉽다. (어장관리, 삼각관계)
- 그리고 그 경쟁에서 일간인 내가 불리하다. 앉아 있는 자리를 보라.
- 丁은 亥에 앉아 있고 丙은 午에 앉아 있다. 丁보다 丙이 세력이 더 왕하다.
- 물론 년지의 午도 일간의 근이 되기는 하지만, 가까운 자리에 있는 십신한테 먼저 영향력을 준다.
- 운에서 巳, 午가 와서 내가 주도권을 가져오든가, 亥이 와서 겁재와 합을 하면 마음에 드는 이성과 가까워질 수 있다.
- 기혼자 같은 경우 아내와 금실이 좋기 어렵다. 아내가 끊임없이 다른 남자와 자신을 비교하기 때문이다.
- 한술 더 떠서 겁재와 편재가 천간합이 이루어지면 아내의 외도까지 이어질 수 있다. 설령 아내가 외도하지 않더라도 이미 마음은 자신한테 떠난 것이다. 사주 원국에 비겁이 많으면 많을수록 그런 상황이 오기 쉽다.

### ③ 특정 육친이 많다는 의미

1. 비겁이 많다는 의미
   → 내 인생에 사람들이 많아서 그 사람들과의 인연이 많이 맺어진다는 뜻

2. 인성이 많다는 의미
   → 내 인생에 스승이 많아서 그 사람들과의 인연이 많이 맺어진다는 뜻

3. 식상이 많다는 의미
   → 내 인생에 자식이 많아서 그 사람들과의 인연이 많이 맺어진다는 뜻

4. 재성이 많다는 의미
   → 내 인생에 여자가 많아서 그 사람들과의 인연이 많이 맺어진다는 뜻
5. 관성이 많다는 의미
   → 내 인생에 남자가 많아서 그 사람들과의 인연이 많이 맺어진다는 뜻

※ 특정 육친이 많다는 의미는 해당 육친과 인연이 많다는 의미다.
※ 많기만 하고 세력이 약하면 인연이 지속해서 이어지기 어렵다.
※ 혼잡으로 많으면 다양한 부류의 인연을 겪는다.

### ④ 사주명조 예시 2

[건명(乾命, 남자 사주) 예시]

| 시 | 일 | 월 | 년 |
|---|---|---|---|
| 甲 | 庚 | 乙 | 甲 |
|   |   |   |   |

- 庚 일간이 년간에서 편재, 월간에서 정재, 시간에서 편재를 본 재성 혼잡 사주다.
- 미래의 잠재 고객이 많은 팔자다.
- 이 사주에 관살이 있어서 재성과 상생관계가 이루어져야 거래가 성사까지 이어진다.
- 그렇지 못하고 그냥 재성만 많으면 그냥 잠재고객만 많을 뿐이다.
- 애정으로 보자면 주변의 여자 인연들이 많은 팔자다.
- 신왕하면 내가 주도하는 연애를 하는 것이고, 신약하면 여자가 주도하는 연애를 하게 된다.
- 지지에 申, 酉, 戌이 있으면 일간이 연애를 주도한다.
- 지지에 寅, 卯, 辰이 있으면 재성이 연애를 주도한다.
- 식상이 있어서 재성을 생하면 여자를 위할 줄 아는 남자라는 뜻이다.

- 재성은 여자가 되니 식상은 여자에 대한 배려라고 해석해도 된다. 식상은 재성을 생하기 때문이다.
- 특히 일간이 약하고 재성이 왕하면 결혼해서도 아내 중심으로 가정생활이 이루어진다.
- 양일간인 경우는 애처가고, 음일간인 경우는 공처가가 된다.
- 일간이 왕하면 결정을 자신이 하고, 일간이 약하면 결정을 왕한 육친한테 미룬다.
- 운에서 辛이 와서 일간 합을 깨고 쟁재를 일으킬 때 여자 문제가 생긴다.

### 마무리 총정리

❶ 특정 육친의 세력이 왕성하다는 것은 해당 육친의 영향력이 크다는 의미. 내 인생에서 해당 육친과 인연이 깊다는 뜻이다.
❷ 일간이 왕하다는 것은 내가 주도권을 가지고 있다는 의미다. 설령 다른 육친이 주도권을 요구해도 거기에 휩쓸리지 않는다.
❸ 특정 육친이 많다는 의미는 해당 육친과 인연이 많다는 의미다. 많기만 하고 세력이 약하면 인연이 지속해서 이어지기 어렵다.
❹ 혼잡으로 많으면 다양한 부류의 인연을 겪는다.
❺ 천간의 재성과 관살이 일간과 합이 되면 나와 가까운 것이고, 겁재와 합이 되면 다른 남자(또는 여자)와 가까운 것이다.

# 제 100강 육친의 영향력 2

### ① 특정 육친이 없다는 의미

1. 특정 육친이 없다는 것은 일간인 내가 특정 육친에 대한 관심이 없다는 것이다.
2. 인연이 전혀 없는 것은 아니지만 많지는 않다.
3. 없는 육친이 운에서 들어오면 해당 육친에 대한 관심이 생긴다.
4. 특히 그 육친이 재성, 관살인 경우 그런 성향이 더욱 뚜렷하다.
5. 없는 정재, 정관이 운에서 들어와서 일간합까지 이어지면 이성관계가 급속도로 진행된다.
6. 하지만 세운으로 오면 인연이 깊게 가기 어렵다. 대운으로 와야 인연의 깊이가 생긴다.

- 비겁이 없다는 의미 → 내가 **주변 사람들**에게 관심 없다는 의미
- 인성이 없다는 의미 → 내가 **어머니**한테 관심 없다는 의미
- 식상이 없다는 의미 → 내가 **자식**한테 관심 없다는 의미
- 재성이 없다는 의미 → 내가 **여자**한테 관심 없다는 의미
- 관살이 없다는 의미 → 내가 **남자**한테 관심 없다는 의미

### ② 두 개의 육친이 상극으로 왕한 경우

1. 두 개의 육친이 상극으로 왕한 경우가 있다.
2. 그런 경우는 두 개의 육친 다 내 삶에 크게 영향을 준다.

예시) 1. 재성도 왕하고 인성도 왕하면, 아버지와 어머니 둘 다 내 인생에 영향을 크게 준다.
2. 식상이 왕하고 관살도 왕하면, 남편과 자식 둘 다 내 인생에 영향을 크게 준다.
3. 신약하면 둘 사이의 중재가 어렵다.
4. 신왕해야 내가 중재할 수 있다. 특히 월지 비겁이면 더욱 그렇다.

### ③ 사주명조 예시 1

[곤명(坤命, 여자 사주) 예시]

| 시 | 일 | 월 | 년 |
|---|---|---|---|
| 甲 | 丁 | 甲 | 甲 |
| 辰 | 未 | 戌 | 午 |

- 사주에 수가 없다.
- 일간 丁 입장에서 오행의 수(水)는 관살이 되니 무관 사주다.
- 남자 인연이 많지 않고 본인도 남자에 별 관심이 없다.
- 월지, 일지, 시지가 오행의 토(土)다. 식상이다. 지지에 많으니 식상이 왕한 팔자다.
- 식상은 관살을 극하니 단순히 남자한테 관심 없는 분이 아니다.
- 남자보다 월등한 실력을 갖춘 여자이다.
- 어지간한 남자는 성에 차지 않는다.
- 식상이 왕하다는 것은 상대방의 결점을 잘 찾아낸다는 의미다.
- 특히 여자 사주에서 관은 육친적으로 남자가 되니 남자의 결점이 눈에 쉽게 보인다는 것이다.
- 천간에 甲이 많다.
- 모친이 사주 주인공인 딸에게 관심이 많다는 뜻이다.
- 甲 정인의 통근이 약하니 모친과의 인연이 깊지는 않다.
- 모친은 딸을 돕지만 심한 간섭을 하지는 않는다.
- 만약 인성이 왕했다면 하나에서 열까지 딸을 챙겨주려 할 것이다.

송재우의 **사주에듀** 이게 여러분들이 배워야 할 사주명리학입니다!

- 그래서 사주에 인성이 왕하면 혜택이 크지만 동시에 부담감도 큰 법이다. 세상에 공짜는 없으니까 그렇다.

### ④ 사주명조 예시 2

[건명(乾命, 남자 사주) 예시]

| 시 | 일 | 월 | 년 |
|---|---|---|---|
| 辛 | 庚 | 甲 | 癸 |
| 巳 | 寅 | 寅 | 亥 |

- 사주에 토가 없다.
- 庚 일간 입장에서 토는 인성이니 무인성 사주가 된다.
- 모친과 인연이 박하다. 부모와 자식 간에도 공짜 없는 팔자다.
- 대신 정신적으로는 자유롭다. 받은 혜택이 있어야 부담감도 생기는 거니 그렇다.
- 편재가 왕하다. 부친의 영향력이 크다. 월지까지 점령했으니 매우 크다.
- 이런 사주를 보면 가부장적인 집안인 경우가 많다.
- 사주 주인공이 성장해도 부친의 영향력은 매우 크다.
- 재성을 육친으로 본다면 여자한테 휘둘리는 사주다.
- 재성은 왕한데 일간이 약하니 그렇다.
- 운에서 일간의 근이 들어와야 자기 주도적인 연애를 할 수 있다.
- 천간에 편재가 하나뿐이라 여자의 인연이 많지는 않다.
- 대신 한번 만나는 사람이 큰 인연이다.
- 특정 육친이 왕하다는 것은 인연이 깊다는 의미다.
- 월간에 있으니 멀리서 찾을 게 아니라 가까운 곳에서 인연을 찾는 게 좋다.
- 궁성론적으로 월간은 늘 겪는 현실이라서 그렇다.
- 식상이 왕하고 재성을 생하니 여자를 위할 줄 아는 남자다.

### 마무리 총정리

❶ 특정 육친이 없다는 것은 일간인 내가 특정 육친에 대한 관심이 없다는 것이다. 인연이 전혀 없는 것은 아니지만 많지는 않다.

❷ 없는 육친이 운에서 들어오면 해당 육친에 대한 관심이 생긴다. 특히 그 육친이 재성, 관살인 경우 그런 성향이 더욱 뚜렷하다.

❸ 없는 정재, 정관이 운에서 들어와서 일간합까지 이어지면 이성 관계가 급속도로 진행된다. 하지만 세운으로 오면 인연이 깊게 가기 어렵다. 대운으로 와야 인연의 깊이가 생긴다.

❹ 두 개의 육친이 상극으로 왕한 경우가 있다. 그런 경우는 두 개의 육친 다 내 삶에 크게 영향을 준다.

❺ 일간이 힘이 있어야 상극인 두 육친 사이에서 내가 중재할 수 있다. 특히 월지 비겁이면 더욱 그렇다.

# 제 101강 남편과 자식 1

### ① 남편과 자식을 같이 만족시키기 어려운 경우

- 여자 사주를 기준으로 육친을 보면 관살이 남편이고 식상이 자식이 된다.
- 여자 입장에서 남편과 자식은 둘 다 소중한 존재다. 그러면서 동시에 양립하기가 참 어렵다.
- 남편은 관살이고 자식은 식상인데 식상과 관살 이 둘이 서로 상극관계라서 그렇다.
- 조건 없이 주는 식상인 자식과 일방적인 요구를 하는 관살인 남편은 그 관계의 본질부터 다르다.
- 식상이 왕하면 남편보다는 자식이다. 식상이 왕하면 관살을 심하게 극하기 때문이다.
- 자식 신경 쓰느라 남편과 대립관계를 가지기 쉽다.
- 관살이 왕하면 자식보다는 남편이다. 관살이 왕하면 일간을 심하게 극한다.
- 일간을 심하게 극하면 그만큼 식상을 생하기 어렵다. 식상은 일간에서 나오기 때문이다.
- 남편 신경 쓰느라 자식을 내버려 두기 쉽다.

### ② 식상과 관살은 일간인 나한테 부담을 준다

- 내 사주가 신왕해야 식상이라는 자식을 여유 있게 챙겨 준다.
- 동시에 관살이라는 남편의 요구를 힘들어하지 않는다.
- 일간이 왕해야 관살의 극을 잘 버티고, 일간이 왕해야 식상의 생을 잘해 주니 그렇다.
- 식상은 일간을 설기하고, 관살은 일간을 극한다.
- 그래서 식상과 관살은 일간에 부담을 준다.
- 남편과 자식을 신경을 쓰면 쓸수록 내 뜻대로 할 수 있는 게 없어진다는 의미다.
- 여자 사주가 신약할수록 그 상황이 더욱 크게 다가온다.

### ③ 여자 사주에 식상이 왕하면?

- 식상이 왕하다는 것은 자식에 대한 헌신을 많이 하게 된다는 뜻이다.
- 거기다가 신약하기까지 하다면 능력 이상의 헌신을 하려 하니 가랑이가 찢어지게 힘들다.
- 일간이 식상에 의해 심하게 설기가 된다는 뜻이다.
- 그리고 이 부분은 사주에 인성이 있느냐? 없느냐? 의 차이가 매우 크다.
- 인성은 일간을 도와주는 것과 동시에 식상을 극한다.
- 인성을 육친론으로 보면 친정엄마다.
- 내 사주가 식상이 왕한데 무인성까지 겹치면 독박육아다.
- 무인성 사주는 친정부모의 도움을 기대하기 어려우니 그렇다.
- 게다가 일간이 약하고 식상이 왕하면 자식한테 못 해 줘서 안달이다.
- 능력 이상의 혜택을 자식한테 주려고 하니 자기 자신은 골병 난다.
- 그 과정에서 남편과의 마찰이 생기기 쉽다. 식상은 관살을 극하는 존재라서 그렇다.
- 식상이라는 자식에 신경 쓰고 챙기는 것만큼 남편의 불만도 비례해서 늘어난다.
- 식상이 왕한 여자는 결혼하면 남편도 신경을 많이 쓰게 된다.
- 가만히 있어도 남편의 부족한 점이 눈에 딱딱 들어온다.
- 그리고 그 단점을 외면하기 힘들다.
- 그냥 아들 하나 더 키운다고 생각해야 속이 편하다.
- 자식 밥숟가락에 고기반찬 하나 더 얹어 주려고 일을 시작한다.
- 식상이 왕한 사주는 인성이 절실하게 필요하다.
- 인성은 육친적으로 친정엄마의 도움도 되지만, 십

신적으로는 자제력을 의미하기 때문이다.
- 인성이 없으면 차선책으로 재성이라도 있어야 한다.
- 재성이 있어야 식상이 관살을 극하지 못한다. 갈등이 있어도 적당한 타협이 가능하다.
- 인성과 재성 둘 다 없으면 총체적 난국이다.
- 식상이 왕한 사주에서 인성은 근본적인 해결책이고, 재성은 임시방편이다.

### ④ 사주명조 예시 1

| 시 | 일 | 월 | 년 |
|---|---|---|---|
| 癸 | 癸 | 甲 | 乙 |
| 亥 | 卯 | 申 | 巳 |

- 금왕절에 태어난 癸 일간이다.
- 년간이 乙 식신, 월간이 甲 상관 이렇게 식상 혼잡이 된 사주다.
- 천간은 식상 혼잡이고 지지의 세력으로 보니 일지 卯에 통근하고 있다.
- 시지의 亥가 일지 卯와 반합해서 목국이 되니, 지지 목의 세력이 왕해지는 사주다.
- 일간을 보면 월지 申이라 득령했다. 게다가 통근까지 했다.
- 시지가 亥라서 일간 癸가 근을 하나 더 가지고 있다. 게다가 시간 癸 비견이 있고, 그 비견도 통근했다. 일간을 극하는 관살도 없다.
- 신왕 식상왕 무관인 사주다.
- 식상이 왕하니 자식한테 많은 신경을 쓰는 분이다.
- 일간도 왕하다. 자식한테 많은 도움을 주지만, 절대 능력 이상의 도움을 주는 분이 아니다.
- 게다가 월지가 인성이니 친정 부모님의 도움을 기대할 수 있는 분이다. 무관이다 보니 남편의 간섭에서 자유로운 분이다.
- 만약 저 사주에 관살이 하나라도 있었다면 남편과의 마찰을 피할 수 없는 팔자였을 것이다.

### 마무리 총정리

❶ 식상이 왕하면 남편보다는 자식이다. 식상이 왕하면 관살을 심하게 극하기 때문이다. 자식 신경 쓰느라 남편과 대립관계를 가지기 쉽다.
❷ 관살이 왕하면 자식보다는 남편이다. 관살이 왕하면 일간을 심하게 극한다. 일간을 심하게 극하면 그만큼 식상을 생하기 어렵다. 남편 신경 쓰느라 자식을 방치하기 쉽다.
❸ 식상은 일간을 설기하고, 관살은 일간을 극한다. 그래서 식상과 관살은 일간에 부담을 준다. 남편과 자식을 신경을 쓰면 쓸수록 내 뜻대로 할 수 있는 게 없어진다는 의미다.
❹ 인성은 일간을 도와주는 것과 동시에 식상을 극한다. 인성을 육친론으로 보면 친정엄마다. 내 사주가 식상이 왕한데 무인성까지 겹치면 독박육아다.
❺ 식상이 왕한 사주에서 인성은 근본적인 해결책이고, 재성은 임시방편이다. 인성과 재성 둘 다 없으면 총체적 난국이다.

# 제102강 남편과 자식 2

### ① 화병 생기기 쉬운 팔자

- 관살이 왕하다는 것은 남편의 간섭이 많아서 개인 생활에 제약이 생긴다는 뜻이다.
- 남편의 과도한 관심과 간섭에서 벗어날 수 없다는 뜻이다.
- 신약하기까지 하다면 내 마음대로 못 하는 스트레스로 인해서 강박증이나 화병이 생기기 쉽다.
- 일간의 근을 가져서 일간이 힘이 있어야 관살의 간섭을 잘 버틸 수가 있다.
- 관살이 남편이 되니 재성이 있어서 관살을 생하면 내조가 된다.
- 신약한데 재생살이 되면 남편한테 필요 이상의 관심을 두고 뒷바라지한다는 뜻이다.
- 남편 뒷바라지하느라 자기 몸이 망가지는 줄도 모른다.

### ② 관왕한 경우 대처법

- 관살이 왕한 여자는 보수적인 여자다.
- 어떠한 상황에서도 가정을 지키려고 한다.
- 식상이 왕한 여자가 좋은 엄마라면, 관살이 왕한 여자는 좋은 아내다.
- 둘 다 왕하면 좋은 엄마가 되면서 동시에 좋은 아내도 되니 '나'라는 존재는 사라진다.
- 따라서 식상과 관살이 둘 다 왕한 사주의 여자들은 이 점을 인지하고 결혼을 생각해야 한다.

※ 식상과 관살이 둘 다 왕해서 일간의 극설이 심한 사주를 극설교집 사주라고 한다.
- 시중의 통변을 보면 관살이 왕하거나 많은 여자한테 문란하다고 통변하는 경우가 있다.
- 대단히 잘못된 통변이다. 정반대다.
- 관살이 왕하면 내가 속한 가정과 남편이 우선이다.

- 만약 관살이 왕한 여자가 남자 문제에 얽혀 있다면 그것은 불가항력적인 상황이다.
- 관살은 내 의지와 상관없이 요구받는 상황이기 때문이다.
- 특히 편관은 더 그렇다.

### ③ 여자 사주에 관살이 왕하면?

- 여자 사주에 관왕하면 남편을 중심으로 집안이 돌아간다.
- 이 중심이라는 것이 폭넓다.
- 경제권만 해당하는 것이 아니라 가정생활 전반이 다 해당한다.
- 남편이 폭력을 쓰든, 바람을 피우든, 생활비를 안 주든 자신은 가정을 지키는 것이 1순위다.
- 그래서 기본적으로 여자 팔자에 관살이 왕하다는 것은 현모양처 팔자다.
- 내 남편한테 헌신적인 여자라는 뜻이다. 재성이 있어서 관살을 생하면 더더욱 그렇다.
- 여자 사주가 관왕한 경우 식상이나 인성이 있어야 한다.
- 식상이 있으면 남편의 간섭을 정면으로 거부한다.
- 인성이 있으면 남편의 간섭을 긍정적으로 받아들인다.
- 이왕이면 인성이 있는 게 더 낫다.
- 관왕하다는 의미는 신약한 사주일 확률이 높기 때문이다.
- 가뜩이나 주도권을 가지기 어려운 게 신약사주다.
- 식상이 있다고 무리하게 맞서면 당사자가 이기기 어렵다.
- 이긴다 한들 그만큼 고생을 한다.
- 관살이 왕한 사주에 식상을 용신 쓰면 "더는 이렇게 살 수 없다"가 되고, 관살이 왕한 사주에 인성을 용신 쓰면 "그래도 내 남편인데 내가 이해해 줘야지"가 된다.

- 최선책은 인성이고 차선책은 식상이다. 둘 다 없으면 총체적 난국이다.
- 정관이 왕한데 인성을 용신 쓰면 남편한테 일방적인 사랑을 받고 살 수 있다.
- 편관이 왕한데 인성을 용신 쓰면 미운 정이 들어서 의리로 결혼생활을 하게 된다.

※ 용신은 사주의 문제(기신)를 해결하는 문제해결 '방법론'이다.
※ 같은 기신이라도 용신이 다르면 문제해결 방법도 달라진다.

### ④ 사주명조 예시 1

| 시 | 일 | 월 | 년 |
|---|---|---|---|
| 甲 | 戊 | 甲 | 癸 |
| 寅 | 子 | 子 | 卯 |

- 戊 일간이 월간 甲, 시간 甲 이렇게 편관이 복수로 떠 있다.
- 년지의 卯와 시지의 寅에 근을 두어서 천간의 편관이 왕하다.
- 특히 월간의 편관은 월지 子의 생도 크게 받고 있다.
- 하지만 일간인 戊는 통근처가 없다.
- 극신약 살왕한 사주다. 월지, 일지가 재성이라 재성도 왕하다.
- 재왕하고 재생살(재성이 편관을 생하는 경우)까지 잘 된다.
- 남편 개인과의 갈등은 물론, 시가 쪽의 갈등도 생기기 쉽다. 재성은 시어머니라서 그렇다.
- 여자 처지에서는 억울하고 힘든 결혼생활을 겪는 팔자다.
- 인성이 하나라도 있어서 일간을 도와주면 다행이겠지만, 무인성이라 그렇지도 않다.

- 인성은 육친으로 어머니인데 이 힘든 결혼생활에 별 도움을 주질 못한다.
- 무식상이다 보니 자식과의 인연도 약하다. 자식과의 유대감이 그다지 생기지는 않는다.
- 힘든 결혼생활에서도 오로지 남편만 바라보는 팔자다.

### ⑤ 부부관계가 나빠지는 이유

- 식상이 왕한 사주에서는 자식에 대한 과도한 사랑으로 부부관계가 나빠지지만, 관살이 왕한 사주에서는 남편의 일방적인 간섭으로 부부관계가 나빠진다.
- 특히 편관이 왕한 사주는 남편이 일방적인 희생을 나한테 강요한다.

※ 남녀 모두 사주에 편관이 왕하면 타인에게 일방적인 희생을 강요당한다.
※ 여자는 그 대상이 자기 남친, 자기 남편인 경우가 많다.

### 마무리 총정리

❶ 관살이 왕하다는 것은 남편의 간섭이 많아서 개인 생활에 제약이 생긴다는 뜻이다. 신약하기까지 하다면 강박증이나 화병이 생기기 쉽다.

❷ 관살이 왕한 여자는 보수적인 여자다. 어떠한 상황에서도 가정을 지키려고 한다. 식상이 왕한 여자가 좋은 엄마라면, 관살이 왕한 여자는 좋은 아내다.

❸ 여자 사주에 관왕하면 남편을 중심으로 집안이 돌아간다. 이 중심이라는 것이 폭넓다. 경제권만 해당하는 것이 아니라 가정생활 전반이 다 해당한다.

❹ 여자 사주가 관왕한 경우 식상이나 인성이 있어야 한다. 식상이 있으면 남편의 간섭을 정면으로 거부한다. 인성이 있으면 남편의 간섭을 긍정적으로 받아들인다.

❺ 편관이 왕한 사주는 남편이 일방적인 희생을 나한테 강요한다.

# 제 103강 비견(比肩)의 특성

### ① 비견의 의미

[비견(比肩)이란?]
- 비견은 글자 그대로 해석하자면 견줄 비(比), 어깨 견(肩) 자를 쓴다.
- 일간인 나하고 어깨를 나란히 견준다는 뜻이다.
- 그래서 육친적 의미로는 형제, 동료가 된다.
- 일간인 나하고 오행이 같으니 본질이 같고 음양도 같으니 방향성까지 같다.
- 비견도 겁재와 마찬가지로 인연이라고 볼 수가 있는데, 비견은 나와 가까운 인연을 뜻한다.
- 이웃이라고 해도 좋고 동맹의 관계라고 해도 좋다.
- 함께 성장해서 같이 나누는 관계가 비견이다.
  → 그래서 비견의 성향을 '나누다, 분리하다, 지분을 챙겨가다'라고 정의할 수 있다.
- 비견은 협동은 하되 나는 나, 너는 너를 고수하는 것이다.
- 비견은 상대를 인정하고 각자의 길을 가고자 한다.
- 홀로서기 하려는 게 비견이다.
- 홀로서기를 하되 같은 목적이 있으면 적극적으로 협력하겠다는 의지도 된다.
- 비견을 "좋다, 나쁘다"라고 가르기가 참 모호하다. 기본적으로는 내 편이 된다.
- 그러나 그것은 같은 목적을 가졌을 때의 경우다. 인성처럼 일방적인 내 편이 되어 주는 것이 아니다.
- 같은 입장에서 같은 목적을 가지고 같이 행동할 수 있는 전략적 동맹관계이니 그렇다.

### ② 천간 · 지지 · 지장간의 비견

[천간의 비견, 지지의 비견, 지장간의 비견]

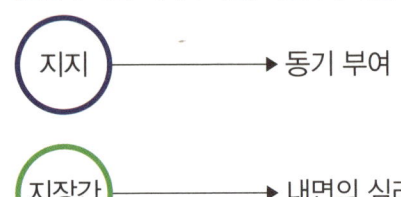

1. 천간의 비견
   → 가까운 사람과 접촉해서 협력하는 행위를 뜻한다.
2. 지지의 비견
   → 내가 주변 사람들의 추종을 받는 상황이다.
3. 지장간의 비견
   → 나만의 자존감, 뭔가를 하고자 하는 의지다.

### ③ 육친적 의미에서 천간, 지지 비견의 차이

[육친적 의미에서 천간의 비견과 지지의 비견의 차이]
- 천간의 비견은 일간인 나와 필요에 따라 맺어지는 일종의 동맹관계다.
- 지지의 비견은 일간인 나를 주변 사람들이 따르는 것을 의미한다.
- 일간인 나한테 도움이 크게 되는 것은 지지 비견이다.
- 그러나 신약할 때는 천간 비견도 그럭저럭 도움이 된다.
- 지지의 비견은 일간의 근이 된다. 그것도 힘이 큰 근이다.

- 지지 비견을 건록이라고도 하는데, 이것은 십이운성의 논리에서 나온 말이다.
- 용어적인 차이일 뿐 비견이나 건록이나 그 의미는 같다.
- 세력을 강조하기 위해서 지지 비견을 건록이라고 십이운성적인 표현을 쓰는 것이다.

### 마무리 총정리

❶ 비견의 성향을 '나누다, 분리하다, 지분을 챙겨 가다'라고 정의할 수 있다.

❷ 비견은 협동은 하되 나는 나, 너는 너를 고수하는 것이다. 비견은 상대를 인정하고 각자의 길을 가고자 한다. 홀로서기 하려는 게 비견이다.

❸ 비견을 "좋다, 나쁘다"라고 가르기가 참 모호하다. 기본적으로는 내 편이 된다. 그러나 그것은 같은 목적을 가졌을 때의 경우다. 인성처럼 일방적인 내 편이 되어 주는 것이 아니다.

❹ 천간 비견은 가까운 사람과 접촉해서 협력하는 행위를 뜻한다. 지지 비견은 내가 주변 사람들의 추종을 받는 상황이다. 지장간의 비견은 나만의 자존감이다. 뭔가를 하고자 하는 의지다.

❺ 지지 비견을 건록이라고도 하는데, 이것은 십이운성의 논리에서 나온 말이다. 용어적인 차이일 뿐 비견이나 건록이나 그 의미는 같다.

# 제 104강 비견(比肩)의 역할

### ① 비견의 여섯 가지 역할

1. 일간에 힘을 실어 준다. (지지 비견이 힘이 크다. 천간의 비견은 그 힘이 약하다.)
2. 식신, 상관을 생한다. 둘 중에 상관을 더 잘 생한다. (식상이 태왕하면 설기당할 수 있다.)
3. 편재, 정재를 극한다. 둘 중에 편재를 더 잘 극한다. (재성이 약하면 군비쟁재가 된다.)
4. 일간과 같이 편관, 정관의 극에 대항한다.
5. 편인, 정인의 생을 받는다. 둘 중에 정인의 생을 더 잘 받는다. (비견이 태왕하면 인성을 설기한다.)
6. 정재, 정관과 합을 한다. 양일간 비견은 정재와 합을 하고, 음일간 비견은 정관과 합을 한다. 일간과 같다.

1. 일간에 힘을 실어 주는 비견
   - 천간의 비견
   → 일간인 나와 대등한 관계에서 나와 동맹이 될 수 있는 사람
   - 지지의 비견
   → 일간인 나를 중심으로 나를 믿고 따르는 사람

2. 식신, 상관을 생하는 비견
   - 일간과 비견만 있으면 그냥 사람의 모임밖에 되질 않는다.
   - 식신, 상관이 있어야 같이 일을 시작하는 것이다.
   - 비견과 일간이 식신을 보면, 비견이 중심 일간이 보조로 일하는 상황이다.
   - 비견과 일간이 상관을 보면, 일간이 중심 비견이 보조로 일하는 상황이다.

3. 편재, 정재를 극하는 비견
   - 비견과 일간이 재성을 극하는 것은 공동의 목표를 가지는 것이다.
   - 흔히 말하는 쟁재의 상황이다. 일간과 비견이 하는 쟁재는 일종의 지분싸움이다.
   - 계모임에서 누가 곗돈 타가는 것도 일종의 비견 쟁재다. 자기 몫을 자기가 가져가는 상황이다.
   - 비견이 일간과 협조적이라도 쟁재가 심하면 그 과정에서 시비가 생긴다.
   - 비견과 일간이 편재를 극하면 공동기금을 가지고 지분싸움이 난다.
   - 비견과 일간이 정재를 극하면 내 동료가 내 몫을 가져가려고 영역침범을 한다.

4. 편관, 정관의 극에 대항하는 비견
   - 비견은 일간과 같이 관살의 간섭에 대항한다. 그러나 신왕할 때나 제대로 대항한다.
   - 신약한데 딸랑 천간에만 비견이 있으면 편관, 정관의 극을 제대로 대항하지 못한다
   - 그래도 없는 것보다는 낫다. 어려움을 이겨 내는 의지와 행동이 된다.
   - 천간이든 지지든 비견은 기꺼이 내 편이 되어서 내 어려움을 같이 겪는 존재이니 그렇다.
   - 천간의 비견은 고통을 나눠서 받는 것이고, 지지의 비견은 고통을 이기는 힘을 준다.

5. 편인, 정인의 생을 받는 비견
   - 천간의 비견이 일간과 같이 인성을 보는 것은 정보공유가 된다.
   - 내 이익을 위해서 서로 머리를 맞대는 부분이 비견과 일간의 인성을 공유하는 부분이다.
   - 나쁘게 표현하면 비밀누설도 되니 입단속과 개인 처신을 잘해야 한다.
   - 지지의 비견이 일간과 같이 인성을 보는 것은 억울함이다. 인성은 일간만을 위해 존재해야 한다.
   - 인성이 비견을 생하는 것은 내가 받아야 할 혜택을 내 주변 사람이 받는 상황이다.

6. 정재, 정관과 합을 하는 비견
   - 양일간 비견은 정재와 합을 하고, 음일간 비견은 정관과 합을 한다. 일간과 같다.

- 별로 좋은 상황이 아니다. 정재, 정관은 일간인 나를 위해서 쓰여야 하기 때문이다.
- 특히 연애문제에서 비견이 정재, 정관과 합을 한다는 것은 어마어마하게 나쁘다.
- 내 남자, 내 여자가 나를 떠나서 다른 사람하고 사귄다는 의미다.

### ② 비견의 경제활동

**[비견의 역할 - 경제활동]**
- 경제활동에서의 비견은 마음이 편하고 주머니가 가벼워지는 시기다.
- 자존감이 강해지니 자기 정체성(일간)대로 살아가려고 할 것이고 홀로서기를 하려고 한다.
- 재성을 극하니 열심히 일한 내 몫을 다른 사람과 나누게 된다.
- 임금 체납 문제도 생기기 쉽다.
- 비견, 겁재가 많아서 쟁재가 일어나면 내가 받아야 할 몫을 떼이기 쉽다.

### ③ 비견의 연애

**[비견의 역할 - 연애]**
- 연애에서는 남녀 공통 비견이라는 존재가 좋지 않다.
- 돈이나 권리는 불렸다가 나누어 가질 수 있어도, 사랑하는 사람은 그럴 수가 없기 때문이다.
- 특히 정재, 정관과 비견이 합을 하는 경우는 내가 믿었던 연인의 배신이라고 해도 좋다.

### ④ 비견의 학업

**[비견의 역할 - 학업]**
- 학업에서는 비견이 좋다. 특히 지지 비견은 일간을 신왕하게 하니 오래 끈기를 가지게 한다.
- 공부라는 것이 엉덩이 싸움이다. 머리가 좋고 나쁘고는 두 번째 문제다.

- 누가 더 오래 참고 누가 더 의자에 오래 앉아 있을 수 있는가에 따라 시험 결과가 달라진다.
- 그리고 재성을 극하기 때문에 한눈팔기도 쉽지 않다. 재성은 공부를 방해하기 때문이다.
- 시험에서는 나쁘다. 같은 편인 비견도 시험이라는 경쟁에서는 결국 적이 되기 때문이다.
- 그래서 운에서 비견이 들어오는 경우 시험 경쟁에서 많이 불리하다.

### 마무리 총정리

❶ 비견은 여섯 가지 역할이 있다. 일간에 힘을 실어주고, 같이 식상을 생하고, 같이 재성을 극하고, 같이 관살을 버티고, 같이 인성을 공유하고, 일간 대신 정재, 정관과 합을 한다.

❷ 경제활동에서의 비견은 마음이 편하고 주머니가 가벼워지는 시기다. 자존감이 강해지니 홀로서기를 하려고 한다. 재성을 극하니 내 몫을 다른 사람과 나누게 된다.

❸ 연애에서는 남녀 공통 비견이라는 존재가 좋지 않다. 특히 정재, 정관이 비견과 합을 하는 경우는 내가 믿었던 연인의 배신이라고 해도 좋다.

❹ 학업에서는 비견이 좋다. 특히 지지 비견은 일간을 신왕하게 하니 오래 끈기를 가지게 한다. 그리고 재성을 극하기 때문에 한눈팔기도 쉽지 않다.

❺ 시험에서는 비견이 나쁘다. 같은 편인 비견도 시험이라는 경쟁에서는 결국 적이 되기 때문이다. 그래서 운에서 비견이 들어오는 경우 시험 경쟁에서 많이 불리하다.

# 제 105강 겁재(劫財)의 특성

### ① 겁재의 의미 1

[겁재(劫財)란?]
- 겁재를 글자 그대로 해석하면 빼앗을 겁(劫), 재물 재(財) 자를 쓴다.
- 재물을 놓고 서로 다툰다는 의미가 된다.
- 재물이라고 해서 단순히 돈을 의미하는 것이 아니다.
- 이익과 영역에 관련된 건 전부 해당된다.
- 육친적 의미로 이복형제, 사회 인연, 경쟁자가 되는 이유다.
- 일간인 나하고 오행이 같으니 본질이 같지만, 음양이 다르니 방향성은 다르다.
- 일간과 겁재는 서로 딴마음 먹고 있는 것이다. 그러니 경쟁자가 될 수밖에 없다.
- 목적은 같은데 일간과 겁재는 서로 꿍꿍이가 다르다.
- 같은 인연인 비견과 이 부분이 확연하게 다른 점이다.
- 겁재는 절대 내 편이 아니다. 특히 천간 겁재는 더더욱 그렇다.

### ② 겁재가 좋게 쓰이는 경우

[겁재라는 십신이 좋게 쓰이는 경우]
1. 겁재가 지지에서 일간의 근이 될 때
2. 관살혼잡 사주에서 겁재가 편관과 합을 할 때(매씨합살)
3. 재다신약 사주에서 겁재가 병약용신으로 쓰일 때
→ 위의 세 가지 경우를 제외하면 겁재는 일간한테 해롭다.

[겁재의 성향]
- 빼앗다, 싸우다가 된다. 겁재라는 게 '빼앗아'도 되지만 '뺏기다'도 된다.
- 보통 신왕하면 내가 뺏을 수 있고, 신약하면 내가 뺏기는 것이 바로 겁재다.
- 사주에 겁재가 있는 사람들은 바깥의 사회 인연들과 치열한 경쟁을 하게 된다.
- 심리적으로는 투쟁심, 자존심이라고 할 수 있다. 포커페이스가 잘 된다.
- 상대를 의식하고 같이 경쟁해서 끝장을 보는 것이 겁재다.

### ③ 겁재의 의미 2

[겁재(劫財)란?]
- 비견은 협력성이 있으나 서로 섞이지 않으려고 한다면, 겁재는 경쟁적이나 서로 섞이기 쉽다.
- 일간과 겁재는 음양이 다르기 때문이다.
- 양일간 입장에서 음간 겁재를 보면 보살펴 주고 싶고 음일간이 양간 겁재를 보면 매달려서 의지하고 싶어진다.
- 둘 다 일간 입장에서는 손해다. 그러나 남는 것도 있다.
- 양일간이 음간 겁재를 보면 우월감이 남고, 음일간이 양간 겁재를 보면 자신감이 남는다.
- 손해 보고 뺏기다, 이런 개념은 물질적인 부분이고, 정신적으로는 좋다.
- 자존심이 발동하고 내 뜻대로 살아간다. 밟으면 꿈틀하는 성향이 바로 겁재다.
- 내 주변 가까운 사람들을 챙기기보다는 나와 먼 관계인 사회 인연을 더 잘 챙긴다.

### ④ 천간 · 지지 · 지장간의 겁재

[천간의 겁재, 지지의 겁재, 지장간의 겁재]

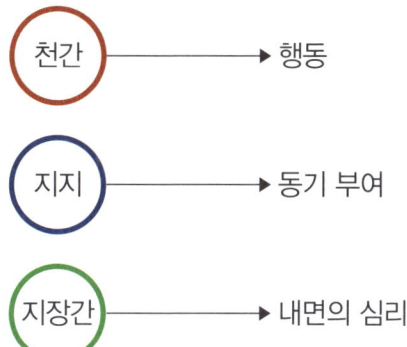

1. 천간의 겁재
- 외부 사람과 접촉해서 경쟁하는 행위를 뜻한다.

2. 지지의 겁재
- 내가 외부 사람들의 추종을 받는 상황이다.

3. 지장간의 겁재
- 나만의 자존심, 버티고자 하는 의지다.

### ⑤ 육친적 의미에서 천간, 지지 겁재의 차이

[육친적 의미에서 천간의 겁재와 지지의 겁재의 차이]
- 천간의 겁재는 일간인 나와 이권을 놓고 다투는 관계다.
- 지지의 겁재는 일간인 나를 외부 사람들이 따르는 것을 의미한다.
- 일간인 나한테 도움이 크게 되는 것은 지지 겁재다.
- 천간 겁재는 일간에 전혀 도움이 되질 않는다.
  **예외)** 관살혼잡 사주에서 매씨합살, 재다신약 사주에서의 병약용신인 상황
- 지지의 겁재는 일간의 근이 된다. 그것도 힘이 가장 큰 근이다.

- 지지 겁재를 제왕 또는 양인이라고도 하는데, 이것은 십이운성의 논리에서 나온 말이다.
- 용어적인 차이일 뿐 겁재나 제왕이나 양인이나 그 의미는 같다.
- 세력을 강조하기 위해서 지지 겁재를 제왕, 양인이라고 십이운성적인 표현을 쓰는 것이다.

### 마무리 총정리

❶ 겁재를 글자 그대로 해석하면 빼앗을 겁(劫), 재물 재(財) 자를 쓴다. 재물을 놓고 서로 다툰다는 의미가 된다. 이익과 영역에 관련된 건 전부 해당된다.

❷ 일간과 겁재는 서로 딴마음 먹고 있는 것이다. 그러니 경쟁자가 될 수밖에 없다. 목적은 같은데 일간과 겁재는 서로 꿍꿍이가 다르다. 이 부분이 비견과 확연하게 다르다.

❸ 겁재라는 십신이 좋게 쓰이는 경우는 딱 세 가지다. 겁재가 지지에서 일간의 근이 될 때, 관살혼잡 사주에서 매씨합살 할 때, 재다신약 사주에서 병약용신으로 쓰일 때이다.

❹ 천간 겁재는 외부 사람과 접촉해서 경쟁하는 행위다. 지지 겁재는 내가 외부 사람들의 추종을 받는 상황이다. 지장간의 겁재는 나만의 자존심이다. 버티고자 하는 의지다.

❺ 지지 겁재를 제왕 또는 양인이라고도 하는데, 이것은 십이운성의 논리에서 나온 말이다. 용어적인 차이일 뿐 겁재나 제왕이나 양인이나 그 의미는 같다.

# 제106강 겁재(劫財)의 역할

### ① 겁재의 여섯 가지 역할

1. 일간의 힘에 관여한다. (지지 겁재는 일간의 힘이 되고, 천간의 겁재는 일간의 힘이 되지 못한다.)
2. 식신, 상관을 생한다. 둘 중에 식신을 더 잘 생한다. (식상이 태왕하면 설기당할 수 있다.)
3. 편재, 정재를 극한다. 둘 중에 정재를 더 잘 극한다. (재성이 약하면 군겁쟁재가 된다.)
4. 일간과 같이 편관, 정관의 극에 대항한다.
5. 천간의 편관(또는 편재)과 합을 한다.
6. 편인, 정인의 생을 받는다. 둘 중에 편인의 생을 더 잘 받는다. (겁재가 태왕하면 인성을 설기한다.)

1. 일간의 힘에 관여하는 겁재
   - 천간의 겁재
     → 일간인 나와 대등한 관계에서 나와 경쟁을 하는 사람
   - 지지의 겁재
     → 일간인 나를 중심으로 나를 믿고 따르는 사람

2. 식신, 상관을 생하는 겁재
   - 일간과 겁재만 있으면 그냥 사람의 모임밖에 되질 않는다.
   - 식신, 상관이 있어야 같이 일을 시작하는 것이다.
   - 겁재와 일간이 식신을 보면, 겁재가 중심 일간이 보조로 일하는 상황이다.
   - 겁재와 일간이 상관을 보면, 일간이 중심 겁재가 보조로 일하는 상황이다.
   - 비견과 동일하지만 비견보다 겁재가 식신을 더 잘 쓴다.

3. 편재, 정재를 극하는 겁재
   - 겁재와 일간이 재성을 극하는 것은 공동의 목표를 가지는 것이다.
   - 흔히 말하는 쟁재의 상황이다.
   - 일간과 겁재가 하는 쟁재는 너 죽고 나 살자의 생존경쟁이다.
   - 비견과는 다르게 대단히 비협조적이다. 일간과 겁재 모두 상대를 죽여야 내가 사는 처지이다.
   - 겁재와 일간이 편재를 극하면 눈먼 돈 누가 먼저 차지하나 경쟁이 붙은 것이다.
   - 겁재와 일간이 정재를 극하면 다른 사람이 내 몫을 뺏으려고 내 영역에 침범한 상황이다.

4. 편관, 정관의 극에 대항하는 겁재
   - 겁재는 일간과 같이 관살의 간섭에 대항한다.
   - 그러나 신왕할 때나 제대로 대항한다.
   - 신약한데 딸랑 천간에만 겁재 있으면 편관, 정관의 극을 제대로 대항하지 못한다.
   - 그래도 없는 것보다는 낫다. 어려움을 이겨 내는 의지와 행동이 된다.
   - 천간이든 지지든 겁재는 내 어려움을 같이 겪는 존재니 그렇다.
   - 천간의 겁재는 고통을 나눠서 받는 것이고, 지지의 겁재는 고통을 이기는 힘을 준다.
   - 관살의 극을 버티는 역할은 비견과 거의 비슷하다.

5. 천간의 편관(또는 편재)과 합을 하는 겁재
   - 양일간 겁재는 편관과 합을 한다.
   - 음일간 겁재는 편재와 합을 한다.
   - 둘 다 신약 사주에서는 매우 좋다. 특히 관살 혼잡 사주에서는 더 좋다.
   - 겁재와 편관(또는 편재)이 합을 하는 경우는 이이제이(以夷制夷)다.
   - 적으로 적을 해결하는 방식이다.

6. 편인, 정인의 생을 받는 겁재
   - 천간의 겁재는 일간과 같이 인성을 보는 것은 비밀누설이다. 상대방한테 약점 잡힌 거다.
   - 겁재와 일간의 인성을 공유하는 부분이 그렇다. 경쟁자가 경쟁력을 갖춘 셈이다.
   - 지지의 겁재가 일간과 같이 인성을 보는 것은 억울함이다.

- 인성은 일간만을 위해 존재해야 한다.
- 인성이 겁재를 생하는 것은 내가 받아야 할 혜택을 내 주변 사람이 받는 상황이다.

### ② 겁재의 경제활동

[겁재의 역할 – 경제활동]
- 경제활동에서의 겁재는 마음이 편하고 주머니가 가벼워지는 시기다.
- 비견보다 더 심하다. 자존심 지키느라고 손실을 감수하는 상황이다.
- 비견과 마찬가지로 독자 노선을 구축하나 비견보다 타인의 시선과 평가에 민감하다.
- 그 부분 때문에 시비와 마찰이 쉽게 발생한다. 재다신약 사주에서 겁재 운 역시 비견과 같다.
- 다만 결과의 대가를 치르는 부분이 좀 더 있다.
- 재다신약 사주에서 비견 용신이 지분만 떼 주는 거라면, 겁재 용신은 수수료까지 줘야 한다.

### ③ 겁재의 연애

[겁재의 역할 – 연애]
- 연애에서는 남녀 공통 겁재라는 존재가 매우 나쁘다.
- 돈이나 권리는 불렸다가 나누어 가질 수 있어도, 사랑하는 사람은 그럴 수가 없기 때문이다.
- 겁재가 재성과 합을 하지는 않지만, 일간과 비교되어서 매사 경쟁하고 다투는 관계다.
- 따라서 겁재가 연애운에 매우 나쁘다.

### ④ 겁재의 학업

[겁재의 역할 – 학업]
- 학업에서는 겁재가 좋다. 특히 지지 겁재는 비견 이상으로 좋다.
- 엉덩이 싸움을 잘할 수 있다.
- 시험이라는 경쟁에서 이기고자 하는 마음이 더 투철해진다.

- 비견도 경쟁할 수 있으나, 겁재의 경쟁이 훨씬 더 냉정하다.
- 그야말로 살기 위해서 인정받기 위해서 경쟁하는 것이 겁재의 경쟁이기 때문이다.
- 단순히 같은 목적을 수행하는 비견과는 경쟁력의 차원이 다르다.
- 그래서 겁재는 뺏고 뺏기는 관계이고 치열한 투쟁의 대상이다.
- 시험에서는 매우 좋질 않다. 비견운도 좋지 않지만 겁재운은 더 나쁘다.
- 특히 신약사주에 겁재운이란 시험 같은 경쟁에서 나를 위협할 만한 상대가 있다는 의미다.

### 마무리 총정리

❶ 겁재의 여섯 가지 역할이 있다. 일간의 힘에 관여하고, 같이 식상을 생하고, 같이 재성을 극하고, 같이 관살의 극에 대항하고, 같이 인성의 생을 받고, 편관(또는 편재)과 합을 한다.

❷ 경제활동에서의 겁재는 마음이 편하고 주머니가 가벼워지는 시기다. 비견보다 더 심하다. 자존심 지키느라고 손실을 감수하는 상황이다.

❸ 연애에서는 남녀 공통 겁재라는 존재가 매우 나쁘다. 겁재가 재성과 합을 하지는 않지만, 일간과 비교되어서 매사 경쟁하고 다투는 관계다. 연애운에서 겁재는 나쁘다.

❹ 학업에서는 겁재가 좋다. 특히 지지 겁재는 비견 이상으로 좋다. 엉덩이 싸움을 잘할 수 있다. 비견도 경쟁할 수 있으나, 겁재의 경쟁이 훨씬 더 냉정하다.

❺ 시험에서는 매우 좋지 않다. 비견운도 좋지 않지만 겁재운은 더 나쁘다. 특히 신약사주에 겁재운이란 시험 같은 경쟁에서 나를 위협할 만한 상대가 있다는 의미다.

# 제 107 강 식신(食神)의 특성

### ① 식신의 의미 1

[식신(食神)이란?]
- 식신을 글자 그대로 해석하면 밥 식(食), 정신 신(神) 자를 쓴다.
- 그렇다고 해서 식신이 식욕이 아니다.
- 물론 식욕도 식신의 부분적인 의미는 된다.
- 그러나 정확하게 표현하면 식신은 사람의 생존본능이 된다.
- 1차원적인 욕구다.
- 사람이 동물로서 하는 먹고, 입고, 잠자고, 배설하고, 번식하는 모든 행위를 뜻한다.
- 일간과 비겁에서 생산하는 부분이니 사람이라면 누구나 가지는 원초적인 욕구다.
- 식신은 그래서 사람이 살아가는 의식주하고도 연관이 크다.
- 한마디로 표현하면 생계활동이다.
- 반복 숙달이라고 해도 된다. 포기하지 않는 꾸준함이다.
- 규칙적인 생활습관도 된다.
- 경제적인 부분으로 보면 생산성이고, 자기계발 부분에서 보면 훈련, 단련이다.
- 규칙적인 생활과 의식주 개념이 들어가니 "사람의 신체" 또는 "신체 활동"이다.
- 그래서 식신이 극이나 형충 당하면 그 사람 건강에 문제가 생긴다.
- 규칙적으로 잘 먹고, 잘 자고, 잘 움직이는 것이 식신인데 극이나 형충으로 방해받고 타격받아 건강에 문제가 생길 수밖에 없다.

### ② 신왕한 식신과 신약한 식신의 차이

1. 식신은 일간과 비겁에서 나오는 것이다 보니 발산하는 의미를 지닌다.
2. 내가 가지고 있는 것을 나누는 것을 뜻한다. 그래서 식신은 인정(人情)이다.
3. 그러나 식신이 정이 되려면 사주가 신왕해야 한다는 조건이 있어야 한다.
4. 신약사주에 식신은 정이 아니라 정반대로 까칠한 것이다. 사람의 마음은 여유가 있어야 나눌 수 있기 때문이다. 곳간에서 인심이 나는 법이다.
   - 식신을 만드는 것이 일간인데, 일간이 약하면 그만큼 식신을 쓰는 데 제약이 생기고 힘들다. 그러니 신약한 사주가 식신을 보는 행위는 마른 오징어에서 물기를 짜내는 셈이다.
   - 당연히 까칠할 수밖에 없다. 내가 뭘 가지고 있어야 쉽게 나누는 법이니 그렇다.

### ③ 식신의 의미 2

1. 가난하면 생쌀도 씹어 먹을 수 있는 것이 식신이고 생활비 떨어지면 밖에 나가서 고물이라도 주워서 돈 버는 것이 바로 식신의 특성이다. 그래서 기본적인 의식주가 갖추어지면 만족하고 사는 것이 식신이다.
2. 삶의 고차원적인 이상이나 욕구하고는 거리가 멀다. 체면치레를 중요시하지 않는다.
3. 대신 그 기본적인 의식주가 위협을 당하면 물불을 안 가리고 맞서서 싸우는 것이 식신이다. 그래서 식신을 가지고 있는 사람은 상황에 따라서 양면성이 심하다.
   - 사람이 좋을 때는 한없이 좋지만, 그렇지 않을 때는 그야말로 전사(戰士)다.
   - 나한테 오는 어려움을 피하지 않고 정면승부 하는 것이 식신이다.
   - 한마디로 "맨땅에 헤딩하기"이다.
4. 여자 같은 경우는 출산과 수유도 식신에 해당이 된다.
5. 발산하고 배설하는 모든 생산 행위가 식신의 영역이다. 그래서 여자 사주에 식신이 왕하면 출산도 쉽다.

6. 아이를 낳기도 쉽고 낳은 아이에 대한 애착도 강한 것이 바로 식신이 왕한 여자다.
   - 남녀 불문하고 성(性)을 좋아한다. 이성에 대한 관심을 인위적으로 억압하질 않는다.
   - 식욕, 수면욕, 성욕과 같은 동물적인 본능을 중요하게 생각하는 게 식신이다.
   - 식신은 인간이 꼭 갖추어야 할 신체적 정신적 능력이다.
   - 식신은 편관을 극하니 편안함을 의미한다. 병에 걸렸을 때 식신운은 쾌유의 운이다.

### ④ 천간·지지·지장간의 식신

[천간의 식신, 지지의 식신, 지장간의 식신]

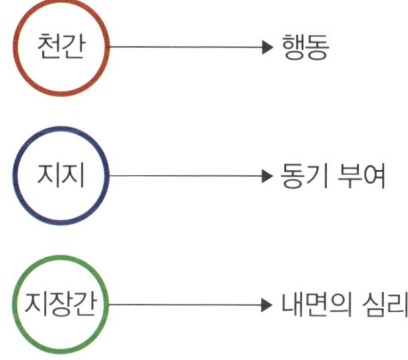

1. 천간의 식신
- 적극적인 자기주장과 생활력이다.

2. 지지의 식신
- 내가 챙겨 주고 부양해야 하는 상황이다.

3. 지장간의 식신
- 생존 욕구, 동물적 욕구다.

### 마무리 총정리

❶ 식신을 글자 그대로 해석하면 밥 식(食), 정신 신(神) 자를 쓴다. 정확하게 표현하면 식신은 사람의 생존본능이 된다. 1차원적인 욕구다.

❷ 식신은 사람이 살아가는 의식주하고도 연관이 크다. 한마디로 표현하면 생계활동이다. 반복 숙달이라고 해도 된다. 포기하지 않는 꾸준함이다. 규칙적인 생활습관도 된다.

❸ 식신이 극이나 형충 당하면 그 사람 건강에 문제가 생긴다. 규칙적으로 잘 먹고, 잘 자고, 잘 움직이는 것이 식신인데, 극이나 형충으로 타격받으면 건강에 문제가 생긴다.

❹ 식신을 가지고 있는 사람은 상황에 따라서 양면성이 심하다. 사람이 좋을 때는 한없이 좋은데, 그렇지 않을 때는 그야말로 전사(戰士)다. 그 양면성의 기준은 의식주 충족이다.

❺ 천간의 식신은 적극적인 자기주장과 생활력이다. 지지의 식신은 내가 챙겨 주고 부양해야 하는 상황이다. 지장간의 식신은 내면의 심리이니 생존 욕구, 동물적 욕구다.

# 제108강 식신(食神)의 역할

### ① 식신의 여섯 가지 역할

1. 일간과 비견, 겁재의 생을 받는다. 특히 겁재의 생을 더 잘 받는다. (식신이 태왕하면 일간이 설기 된다.)
2. 편재, 정재를 생한다. 둘 중에 정재를 더 잘 생한다. (재성이 태왕하면 설기당할 수 있다.)
3. 편관, 정관을 극한다. 둘 중에 편관을 더 잘 극한다. (관살이 약하면 제살태과가 된다.)
4. 양일간인 경우는 천간에서 식신과 정관이 합을 한다.
5. 편인, 정인의 극을 받는다. 둘 중에 편인의 극을 더 잘 받는다.
6. 음일간인 경우는 천간에서 식신과 정인이 합을 한다.

1. 일간과 비견, 겁재의 생을 받는 식신
   - 식신은 활동성이 된다.
   - 그런 식신이 비견, 겁재의 생을 받는다는 것은 남의 일을 수주받는 것이다.
   - 비견, 겁재는 내가 아닌 타인이다. 그 타인의 할 일을 내가 떠안는 상황이다.
   - 일간인 내 입장에서는 내 할 일이 많아진다. 그 일이 꼭 돈으로 이어지는 것은 아니다.
   - 비겁의 생을 잘 받는 식신은 중간 유통업, 수수료 받아먹는 중개업에 인연이 있다.

2. 편재, 정재를 생하는 식신
   - 재성은 시장이고 영역이다.
   - 수단과 활동성인 식신이 재성을 만나면 이익 창출이다.
   - 비겁으로 남의 일을 따와서, 식상으로 노력하고 재성으로 수익을 낸다.
   - 물론 재성이 없어도 수익을 낼 수는 있다.
   - 그러나 재성이 없으면 그 한계가 뚜렷하다.
   - 특히 식신은 재성을 만나서 상생이 이루어져야 수익이 극대화된다.
   - 자영업에 적용한다면 식신이 재성을 만나는 것은 시장 확대고 새로운 판로 개척이다.
   - 식신이 정재를 만나면 특정 지역에서 터줏대감 식으로 사업하는 게 좋고 식신이 편재를 만나면 새로운 시장을 끊임없이 개척하는 게 좋다.

3. 편관, 정관을 극하는 식신
   - 관살은 일간을 통제하는 제도적 장치다.
   - 사회 구성원들이 이행해야 하는 사회적 약속이다.
   - 관살이 왕하면 왕할수록 일간인 내가 내 뜻대로 할 수 있는 일이 없다.
   - 식신으로 편관, 정관을 극한다는 것은 남들 의식하지 않고 내 뜻대로 살겠다는 의지다.
   - 특히 편관을 극한다는 것은 내가 불편한 것은 눈곱만큼도 용납하지 않겠다는 뜻이다.
   - 신왕하면 편관이라는 어려움을 쉽게 극복하지만, 신약하면 한계가 있다.
   - 편관이 왕한데 식신으로 극하면 어려움에 굴복하지 않고 꿋꿋하게 도전한다.
   - 자주 낙방하는 고시낭인, 발탁되지 못하는 아이돌 연습생, 2군에 있는 운동선수다.

4. (양일간) 천간에서 정관과 합을 하는 식신
   - 식신은 편관과 정관을 극한다.
   - 서로 음양이 같아서 편관을 심하게 극한다.
   - 식신은 정관을 편관처럼 심하게 극하지 않는다.
   - 특히 양일간에서는 정관과 식신이 합한다.
   - 식신이 정관을 합하는 것은 내가 기준을 제시하고 상대방이 따라오게끔 유도하는 상황이다.
   - 상대방의 변화를 원하나 강압적으로 지적하지 않고, 최대한 그 사람을 존중해서 변화를 이끌어 나가겠다는 의미다.

5. 편인, 정인의 극을 받는 식신
   - 인성은 식신을 극한다. 특히 편인이 식신을 심하게 극한다. 서로 음양이 같기 때문이다.
   - 식신이 편인의 극을 받으면 내 맘대로 행동하고 싶지만, 남들의 시선이 두려워서 자제한다.
   - 식신이 정인의 극을 받으면 내 마음대로 행동하고 싶지만, 불이익이 두려워서 자제한다.

6. (음일간) 천간에서 정인과 합을 하는 식신
   - 편인과 정인은 식신을 극한다. 그러나 정인은 음양이 달라서 식신을 심하게 극하지 않는다.
   - 특히 음일간 같은 경우 정인과 식신과 합을 하기도 한다.
   - 인성이 식신을 극하는 것은 절제력을 의미한다. 그중의 정인과 식신의 합은 자기반성이다.
   - 누가 지적해서 절제하기 전에 자발적으로 자신을 돌아보고 절제하는 것이다.

② 식신의 경제활동

[식신의 역할 - 경제활동]
- 경제활동에서의 식신은 대단히 부지런하고 꾸준하다.
- 튀지는 않으나 쉼과 틈이 없이 정진하는 것이 바로 식신이다.
- 한마디로 근면 성실하다.
- 그래서 운동선수들이 식신을 잘 갖추고 있으면 대성할 수 있다.
- 주로 몸 쓰는 일에 잘 맞는다. 하지만 어느 분야에 가도 평균 이상은 한다.
- 서비스업 같은 감정노동에도 잘 맞는다. 사람들과 정을 나누는 게 식신이다.
- 물론 신왕해야 감정노동을 잘할 수 있다. 신왕은 정신적 여유가 있으니 그렇다.
- 부가가치는 그리 높지 않기 때문에 지식노동에는 잘 어울리지 않는다.
- 사람의 의식주와 관련된 요식업, 의류업, 건축업에 적성이 있다.

③ 식신의 연애

[식신의 역할 - 연애]
- 연애에서는 식신이 애인과의 관계증진에 많은 도움이 된다.
- 서로 간의 본능적인 사랑이 깊어지기 때문이다.
- 기혼남녀 같은 경우 식신운에 자식을 가지기도 쉽다.
- 식신이라는 것이 애정적 측면으로 보면 성행위가 되니 그렇다.
- 일편단심 꾸준히 구애하는 것이 바로 식신의 연애방식이다.

④ 식신의 학업

[식신의 역할 - 학업]
- 학업에서의 식신은 엇갈린다. 일단 개인학습 면에서는 유리하다.
- 단순 반복해서 꾸준히 나아가는 것이 식신이기 때문이다.
- 예습 복습을 철저하게 한다. 기본에 충실한 것이 식신이다.
- 불리한 부분은 식신도 상관처럼 관살이라는 틀과 규칙을 무시한다.
- 그래서 제도권에서의 교육이 불리하다. 기숙학원, 검정고시, 유학도 좋은 대안이다.
- 특히 청소년기의 식신은 이성적 호기심이 왕성해지는 때라 학업에 방해될 수도 있다.
- 시험에서도 엇갈린다. 될 때까지 하는 것이 식신이라서, 재수 삼수도 불사한다.
- 고시나 공무원 시험도 마찬가지다. 식신이 왕하면 그래도 쉽게 붙을 수 있다.

> 송재우의 **사주에듀** 이게 여러분들이 배워야 할 사주명리학입니다!

- 문제는 관살이 왕한데 식신이 있는 경우다.
- 불가능에 도전하겠다는 사람들이다.
- 안 되는 시험 재수, 삼수, 사수하는 것이 바로 관살이 왕한데 식신 쓰는 사주다.
- 설사 성공한다 해도 그만큼 고생과 노력을 소모해야 한다.
- 쟁재가 심한 사주에 관살 용신 쓰는데, 식신이 와서 용신을 극하거나 합하면 곤란하다.
- 공부한 게 시험문제로 나오지 않는다. 결과적으로 내 경쟁자들이 이롭게 된다.

### 마무리 총정리

❶ 식신은 여섯 가지 역할이 있다. 일간과 비겁의 생을 받는다. 재성을 생한다. 관살을 극한다. (양일간) 식신과 정관이 합한다. 인성의 극을 받는다. (음일간) 식신과 정인이 합한다.

❷ 경제활동에서의 식신은 대단히 부지런하고 꾸준하다. 튀지는 않으나 쉼과 틈이 없이 정진하는 것이 바로 식신이다. 한마디로 근면 성실하다. 요식업, 의류업, 건축업에 적성이 있다.

❸ 연애에서는 식신이 애인과의 관계증진에 많은 도움이 된다. 서로 간의 본능적인 사랑이 깊어지기 때문이다. 기혼남녀 같은 경우 식신 운에 자식을 가지기도 쉽다.

❹ 학업에서의 식신은 엇갈린다. 일단 개인학습 면에서는 유리하다. 예습 복습을 철저하게 한다. 기본에 충실한 것이 식신이다. 학교생활의 부적응과 이성에 관한 관심이 약점이다.

❺ 시험에서도 엇갈린다. 될 때까지 하는 것이 식신이라서, 재수 삼수도 불사한다. 고시나 공무원 시험도 마찬가지다. 식신이 왕하면 그래도 쉽게 붙을 수 있다.

# 제109강 상관(傷官)의 특성

## ① 상관의 의미 1

[상관(傷官)이란?]
- 상관을 글자 그대로 해석하면 상처 상(傷), 벼슬 관(官) 자를 쓴다. 정관을 극한다는 뜻이다.
- 정관은 우리가 사는 사회이자 기득권이다. 상관은 개혁, 도전, 항명, 공공의 이익 대변을 뜻한다.
- 상관은 그 중심이 되는 정관을 극하기 때문에 이름부터 "상관"이라고 지어졌다.
- 상관은 식신과 마찬가지로 일간과 비겁에서 나온다.
- 그러나 식신과는 다르게 상관은 일간의 의지가 더 많이 들어간다.
- 식신이 일간이라는 나와 겁재라는 당신이 같이 중요하게 여기는 "1차원적인 본능"이라면 **상관은 나만의 시선이 강한 "나만의 개성"**이다.
- 개개인의 개성을 내세우니 대세인 정관이 거슬리는 상황이다.
- 보편적인 상식과 법인 정관을 상관이 극하니 모난 돌이 정 맞는 꼴이다.
- 개인적으로도 힘들고 그 과정에서 여러 가지 **시행착오도 겪게 되는 것**이 상관이다.

## ② 식신의 생산성, 상관의 생산성

[고서에서 상관이 나쁘게 쓰인 이유]
- 정관이라는 기존 사회를 자발적으로 거부하는 것이 상관이기 때문이다.
- 옛날 왕조 시대로 치자면 역적이다. 현대사회에서는 야당지도자나 시민단체가 된다.
- 칼도 의사가 쓰는가? 요리사가 쓰는가? 조폭이 쓰는가? 에 따라서 그 의미와 용도가 달라지듯이 상관도 처한 상황과 시대 배경에 따라서 달리 불려야 한다.
- 기존의 틀이라는 정관을 극했으니 상관은 창의성이고 혁신이다.

[식신과 상관에서 생산성의 다른 의미]
1. 식신의 생산성
   → 유에서 유를 만들어 내다. 잘못된 것은 고쳐서 쓰겠다. 점진적인 변화

2. 상관의 생산성
   → 무에서 유를 만들어 내다. 잘못된 것은 아예 바꿔 버리겠다. 급진적인 변화

## ③ 상관의 의미 2

1. 식신과 상관은 언제든지 변화할 수 있는 십신이다. 특히 상관의 변화가 더 빠르고 급하다.
2. 식신이 개인적인 의식주를 중요하게 여긴다면, 상관은 자기 소신이 중요하다.
3. 투박하고 정직한 식신과는 달리, 상관은 세련되고 변칙적이다.
4. 새로운 부분을 추구하다 보니 싫증도 금방 느끼는 것이 상관이기도 하다.
5. 좋게 말하면 자유분방하고 나쁘게 말하면 진득하질 못하다. 그래서 직업이 자주 바뀐다.
   - 불만이 있으면 바로바로 터뜨리고 이의제기도 잘한다. 비판 능력이 독보적이다.
   - 상관은 "새로운 질서를 들고 나오는 것"이 된다. 그래서 상관은 진보적이다.
   - 조직단체의 기준으로 보면 상관은 "비주류(minor)"가 된다.
   - 챔피언이 아닌 도전자의 입장이다.
6. 사람에 따라서 호불호가 많이 갈리는 게 상관이다. 반대 세력이 생길 수밖에 없다.
7. 아무리 좋은 것도 익숙하지 않으면 거부감을 가지는 게 사람들이기 때문이다.
8. 혁신을 의미하는 상관이 반대 세력이 생길 수밖에 없는 이유다.
9. 비판을 많이 받기도 하지만 동시에 많이 비판하는 게 상관이다.

10. 상관이 욕먹는 이유는 굳이 들추지 않아도 되는 상대의 결점을 들추기 때문이다.
11. 누가 시키지도 않았는데 스스로 경찰이 되고자 하고, 주인의식을 가지고자 하는 게 상관이다.
12. 상급자의 권위가 전혀 통하지 않는다. 대통령 앞에서도 주눅이 들지 않는 게 상관이다.
13. 굳이 반대를 무릅쓰고 자신의 의지를 관철시키고자 하는 게 상관이다.

### ④ 천간 · 지지 · 지장간의 상관

[천간의 상관, 지지의 상관, 지장간의 상관]

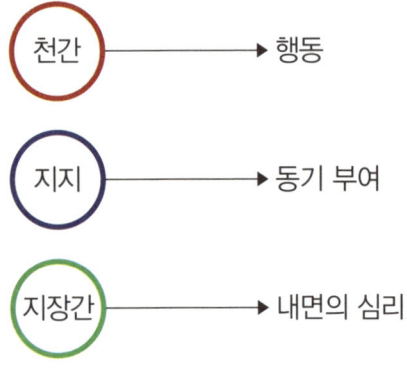

1. 천간의 상관
   - 날 선 비판능력과 불만 표출이 된다.

2. 지지의 상관
   - 내가 챙겨 주고 부양해야 하는 상황이다.
     → 지지의 동기부여는 식신과 같다. 차이점이라면 식신이 자기만족적인 부분으로 하는 성향이 강하고, 상관은 그 사람을 위한 측은지심이 많이 들어간다.

3. 지장간의 상관
   - 나만의 측은지심이다.

### 마무리 총정리

❶ 상관을 글자 그대로 해석하면 상처 상(傷), 벼슬 관(官) 자를 쓴다. 정관을 극한다는 뜻이다. 상관은 개혁, 도전, 항명, 공공의 이익 대변을 뜻한다.

❷ 식신이 일간이라는 나와 겁재라는 당신이 같이 중요하게 여기는 "1차원적인 본능"이라면, 상관은 나만의 시선이 강한 "나만의 개성"이다.

❸ 상관은 창의성이다. 상관은 무에서 유를 만들어 낸다. 잘못된 것은 아예 바꿔 버리겠다는 의지다. 급진적인 변화를 뜻한다.

❹ 사람에 따라서 호불호가 많이 갈리는 게 상관이다. 반대 세력이 생길 수밖에 없다. 아무리 좋은 것도 익숙하지 않으면 거부감을 가지는 게 사람들이기 때문이다.

❺ 천간의 상관은 날 선 비판능력과 불만 표출이 된다. 지지의 상관은 내가 챙겨 주고 부양해야 하는 상황이다. 지장간의 상관은 나만의 측은지심이다.

# 제110강 상관(傷官)의 역할

### ① 상관의 여섯 가지 역할

1. 일간과 비견, 겁재의 생을 받는다. 특히 일간의 생을 더 잘 받는다. (상관이 태왕하면 일간이 설기 된다.)
2. 편재, 정재를 생한다. 둘 중에 편재를 더 잘 생한다. (재성이 태왕하면 설기당할 수 있다.)
3. 편관, 정관을 극한다. 둘 중에 정관을 더 잘 극한다. (관살이 약하면 제살태과가 된다.)
4. 음일간인 경우는 천간에서 상관과 편관이 합을 한다.
5. 편인, 정인의 극을 받는다. 둘 중에 정인의 극을 더 잘 받는다. 이것을 상관패인이라고 한다.
6. 양일간인 경우는 천간에서 상관과 편인이 합을 한다.

1. 일간과 비견, 겁재의 생을 받는 상관
   - 상관 역시 식신처럼 활동성이 된다.
   - 그런 상관이 비견, 겁재의 생을 받는다는 것은 남의 일 수주받는 것이다.
   - 비견, 겁재는 내가 아닌 타인이다. 그 타인의 할 일을 내가 떠안는 상황이다.
   - 일간인 나로서는 내 할 일이 매우 많아진다. 그 일이 꼭 돈으로 이어지는 것은 아니다.
   - 비겁의 생을 잘 받는 상관은 중간 유통업, 수수료 받아먹는 중개업에 인연이 있다.
   - 상관은 식신만큼 이익이 남지는 않는다.

2. 편재, 정재를 생하는 상관
   - 재성은 시장이고 영역이다. 수단과 활동성인 상관이 재성을 만나면 이익 창출이다.
   - 비겁으로 남의 일을 따와서, 식상으로 노력하고 재성으로 수익을 낸다.
   - 물론 재성이 없어도 수익을 낼 수는 있다. 그러나 재성이 없으면 그 한계가 뚜렷하다.
   - 특히 상관은 재성을 만나서 상생이 이루어져야 수익이 극대화된다.
   - 자영업에 적용한다면 상관이 재성을 만나는 것은 시장 확대고 새로운 판로 개척이다.
   - 상관이 정재를 만나면 특정 지역에서 터줏대감 식으로 사업하는 게 좋다.
   - 상관이 편재를 만나면 새로운 시장을 끊임없이 개척하는 게 좋다.
   - 상관은 전개가 빠르니 유행에 민감한 아이템을 쓰는 게 사업에서 유리하다.

3. 편관, 정관을 극하는 상관
   - 관살은 일간을 통제하는 제도적 장치다.
   - 사회구성원들이 이행해야 하는 사회적 약속이다.
   - 관살이 왕하면 왕할수록 일간인 내가 내 뜻대로 할 수 있는 일이 없다.
   - 상관으로 편관, 정관을 극한다는 것은 남들 의식하지 않고 내 뜻대로 살겠다는 의지다.
   - 특히 정관을 극한다는 것은 스스로 기득권을 포기하고 약자의 편에 서겠다는 의미다.
   - 명분은 좋지만, 당사자 개인은 힘든 팔자다. 많은 시행착오를 겪는다.
   - 상관이 지나치게 왕해서 약한 정관을 극하면, 나보다 무능한 윗사람을 모시는 팔자다.

4. (음일간) 천간에서 편관과 합을 하는 상관
   - 상관은 편관과 정관을 극한다.
   - 상관은 서로 음양이 같아서 정관을 심하게 극한다.
   - 상관은 편관을 정관처럼 심하게 극하지 않는다.
   - 특히 음일간에서는 편관과 상관이 합한다.
   - 힘 있는 자와의 결탁을 의미한다. 적을 내 편으로 만드는 행동이다.

5. 편인, 정인의 극을 받는 상관
   - 인성은 상관을 극한다. 특히 정인이 상관을 심하게 극한다.

- 서로 음양이 같기 때문이다.
- 상관이 편인의 극을 받으면 상대방이 부족한 것을 알면서 기꺼이 받아 주는 아량이다.
- 상관이 정인의 극을 받으면 실수로 인한 학습효과다.
- 같은 실수를 반복하지 않겠다는 의지다.

6. (양일간) 천간에서 편인과 합을 하는 상관
   - 상관은 편인과 정인의 극을 받는다.
   - 정인은 서로 음양이 같아서 상관을 심하게 극한다.
   - 편인은 상관을 정인처럼 심하게 극하지 않는다.
   - 특히 양일간에서는 편인과 상관이 합한다.
   - 희소성 있는 분야에서 자기만의 아이디어를 만들 수 있는 능력이다.

## ② 상관의 경제활동

[상관의 역할 - 경제활동]
- 경제활동에서의 상관은 대단히 도전적이다.
- 성공하면 부가가치가 높아지지만 실패할 경우는 손해도 만만치 않다.
- 설령 성공한다고 해도 대중들이 받아들이는 데는 시간이 걸린다.
- 상관이라는 게 일간의 의지가 많이 들어간 부분이라 사람에 따른 호불호가 뚜렷하다.
- 활용능력과 순발력이 좋아서 창작활동 하는 직업이 좋다.
- 상관 특유의 잘못된 부분을 교정하고자 하는 부분이 있어서 교육계통의 직업도 좋다.

## ③ 상관의 연애

[상관의 역할 - 연애]
- 연애에서는 상관이 갈린다.
- 상관 자체가 새로운 시도를 의미하니 사람을 쉽게 만난다.
- 동시에 싫증도 잘 나서 쉽게 헤어지기도 한다.
- 마음먹고 연애하면 주도적인 연애가 가능하다.
- 그러나 조금만 가까이서 봐도 쉽게 결점이 눈에 띄는지라 자기 스스로 인연을 정리한다.
- 애초에 상관이 왕한 사람은 자기보다 부족한 짝을 만나게 된다. 특히 여자는 더 그렇다.

## ④ 상관의 학업

[상관의 역할 - 학업]
- 학업에서의 상관은 나쁘다.
- 상관은 체제에 대한 대항이기 때문에 학교생활 적응이 쉽지 않다.
- 상관은 모두가 똑같이 생각하고, 똑같이 행동해야 하는 학교생활을 못 견딘다.
- 식신도 틀에 박히는 것을 싫어하지만, 상관은 그 정도가 훨씬 심하다.
- 순발력이 좋고 조금 배워서 많이 써먹을 수 있어서 공부한 것 이상으로 성적이 나온다.
- 상관은 기복이 있어서 학년이 올라가고 상급학교로 진학할수록 성적이 나오기 어렵다.
- 어렸을 때 영재 소리 듣다가 커 가면서 평범해지는 것이 바로 상관이다.
- 유학이나 제도권 밖의 교육이 좋다.
- 아니면 일찍 자기 개성을 찾아서 공부가 아닌 다른 전문 분야에 뛰어드는 삶도 좋다.
- 시험에서는 엇갈린다. 일반적인 시험 분야에서는 불리하다.
- 관살이라는 경쟁력을 극하기 때문이다. 이 점은 식신하고 똑같다.
- 그러나 오디션이나 면접에서 아주 유리한 것이 상관이다.
- 다른 지원자들과는 다른 자기만의 개성을 가지고 그것을 유감없이 발산하기 때문이다.

- 일반적인 기업 공채나 공무원 시험도 얼마든지 합격할 수 있다.
- 그러나 상관의 문제는 시험의 당락보다 들어가서 조직생활의 적응이 더 문제다.

### 마무리 총정리

❶ 상관은 여섯 가지 역할이 있다. 일간과 비겁의 생을 받는다. 재성을 생한다. 관살을 극한다. (음일간) 상관과 편관이 합한다. 인성의 극을 받는다. (양일간) 상관과 편인이 합한다.

❷ 경제활동에서의 상관은 대단히 도전적이다. 성공하면 부가가치가 높아지지만 실패할 경우는 손해가 크다. 활용능력과 순발력이 좋아서 창작활동 하는 직업이 좋다.

❸ 연애에서는 상관이 갈린다. 상관 자체가 새로운 시도를 의미하니 사람을 쉽게 만난다. 동시에 싫증도 잘 나서 쉽게 헤어지기도 한다.

❹ 학업에서의 상관은 나쁘다. 상관은 체제에 대한 대항이기 때문에 학교생활 적응이 쉽지 않다. 상관은 모두가 똑같이 생각하고, 똑같이 행동해야 하는 학교생활을 못 견딘다.

❺ 상관의 문제는 시험의 당락보다 들어가서 조직생활의 적응이 더 문제다.

# 제 111 강 편재(偏財)의 특성

### ① 편재의 의미 1

[편재(偏財)란?]
- 편재를 글자 그대로 해석하면 치우칠 편(偏), 재물 재(財) 자를 쓴다.
- 명리학에서 치우칠 편(偏) 자는 '유동적인, 임자가 정해지지 않은, 위험을 감수하다'라는 의미다.
- 따라서 편재는 돈으로 표현하면 자산(내 돈 + 남의 돈)이 된다.
- 그러나 편재를 돈이라고만 표현할 수는 없다. 정확하게 표현하면 편재는 돈이 아니다.
- 재성(財星)은 거래가 되고 영역이 되고 시장이 된다. 상호 간의 타협을 뜻한다.
- 재성 중 편재는 "영역을 넓히다"라는 뜻이다. 쉽게 말해 재벌 대기업의 문어발식 무한확장이 바로 편재의 방식이다.
- 편재를 돈이라고 표현하는 이유는 거래에서 나오는 부산물이 돈이기 때문이다.

### ② 농사를 십신에 비유하기

- 비겁은 나하고 같이 농사지을 동료가 되고(인맥, 세력)
- 식상은 농사를 지을 농기구가 되고(수단, 행위)
- 재성은 농사지을 토지가 되고(영역, 터전)
- 관성은 농사지은 수확물을 저장하는 창고가 되고 (관리, 통제)
- 인성은 농사지을 종자 씨와 논의 물을 대는 저수지가 된다. (준비, 효율성)

### ③ 재성이 돈으로 불리는 이유

- 재성이라는 영역이 있어야 수확할 수 있기 때문이다.
- 명리학이 생겼던 과거 농경사회에서는 돈이라는 게 1차, 2차 산업에서만 나올 수 있었다.
- 이런 이유에서 재성을 돈이라고 통변했다. 물론 지금도 돈이라고 통변해도 된다.
- 1차, 2차 산업은 앞으로도 없어지지 않을 것이니 그렇다.
- 그러나 3차, 4차 산업 사회가 되면서 돈이라는 게 꼭 재성에서만 나오는 건 아니다.
- 눈에 보이는 재화 말고도 무형적 가치들이 많다. 주식, 채권, 부동산 같은 것도 전부 돈이다.
- 굳이 재성을 돈이라고 통변할거면 현금이나 보석 같은 실물가치 자산이 합당하다.

### ④ 편재의 의미 2

[편재(偏財)란?]
- 편재를 심리적으로 보면 허세다.
- 있는 척, 잘난 척 과시하는 마음이다.
- 편재 가진 사람은 돈도 잘 쓴다. 돈이 많아서 돈을 잘 쓰는 것이 아니다.
- 그만큼 남들에게 자신을 과시하고 싶어서 그렇다. 풍류를 안다.
- 배짱도 좋고, 야망도 크고, 세상을 다 가지려고 하는 것이 바로 편재다.
- 아는 것도 많은 박학다식이 많다.
- 그래서 남들이 볼 때는 잘난 척하는 것처럼 보인다.
- 꾸준함보다는 특별함을 더 중요하게 생각한다. 이 부분이 상관과 닮았다.
- 편재는 야망이고 욕심 그 자체다. 그래서 뜬구름 잡는 사람 취급받는다.
- 편재는 돈 욕심이 많다. 하지만 나 혼자 쓰려고 돈을 버는 게 아니다.
- 다른 사람과 같이 공유하기 위해서 돈을 번다. 많이 벌고 많이 쓴다가 편재의 사고방식이다.
- 특유의 허세를 부리는 것은 그만큼 남들한테 존경받고 싶어 하는 마음이 크기 때문이다.

- 영역 확장을 하니 필연적으로 이 사람 저 사람과 엮이게 된다.
- 그래서 편재가 지나치게 왕하면 남 좋은 일만 시키고 정작 자신은 실속을 못 챙긴다.
- 좋게 말하면 만인의 해결사고 나쁘게 말하면 쓸데없는 오지랖이다.

### ⑤ 천간 · 지지 · 지장간의 편재

[천간의 편재, 지지의 편재, 지장간의 편재]

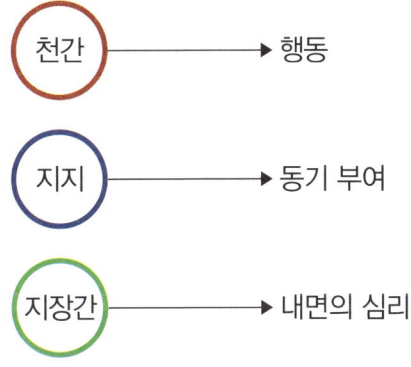

1. 천간의 편재
- 쓸데없는 오지랖과 과시적인 행동이다.

2. 지지의 편재
- 내가 관리하고 신경 써야 할 대상이 있는 상황이다.

3. 지장간의 편재
- 호기심과 소유욕이 된다.

### 마무리 총정리

❶ 편재를 글자 그대로 해석하면 치우칠 편(偏), 재물 재(財) 자를 쓴다. 따라서 편재는 돈으로 표현하면 자산(내 돈 + 남의 돈)이 된다.

❷ 재성(財星)은 거래가 되고 영역이 되고 시장이 된다. 상호 간의 타협을 뜻한다. 재성 중 편재는 "영역을 넓히다"라는 뜻이다.

❸ 명리학이 생겼던 과거 농경사회에서는 돈이라는 게 1차, 2차 산업에서만 나올 수 있었다. 이런 이유에서 재성을 돈이라고 통변했다. 재성의 원래 의미는 거래와 영역이다.

❹ 편재가 지나치게 왕하면 남 좋은 일만 시키고 정작 자신은 실속을 못 챙긴다. 좋게 말하면 만인의 해결사고 나쁘게 말하면 쓸데없는 오지랖이다.

❺ 천간의 편재는 쓸데없는 오지랖과 과시적인 행동이다. 지지의 편재는 내가 관리하고 신경 써야 할 대상이 있는 상황이다. 지장간의 편재는 호기심과 소유욕이 된다.

# 제 112강 편재(偏財)의 역할

## ① 편재의 여섯 가지 역할

1. 편관, 정관을 생한다. 둘 중에 정관을 더 잘 생한다. (관살이 태왕하면 설기당할 수 있다.)
2. 식신, 상관의 생을 받는다. 둘 중에 상관이 더 잘 생한다.
3. 편인, 정인을 극한다. 둘 중에 편인을 더 잘 극한다.
4. 양일간인 경우는 천간에서 편재와 정인이 합을 한다.
5. 일간, 비견, 겁재의 극을 받는다. 일간과 비견이 더 극을 잘한다.
6. 음일간인 경우는 천간에서 편재와 겁재가 합을 한다.

1. 편관, 정관을 생하는 편재
   - 편관, 정관을 생하는 것이 편재다.
   - 편재라는 영역에서 거래를 시작하고 정관, 편관까지 이어져야 거래가 성사된다.
   - 그래서 관살 없는 재성은 부지런히 거래를 잡아도 성사가 안 된다.
   - 성사가 안 되니 돈이 안 모인다. 편재가 편관이나 정관을 보면 쟁재를 막는 것이다.
   - 식상이 편재를 만나면 "돈을 벌어오는 행위"고 편재가 관살을 만나면 "돈을 지키는 행위"다.
   - 식상으로 생산하고, 재성으로 생산을 극대화하고, 관살로 생산물을 지켜낸다.
   - 편재가 정관을 생하면 이익추구형이고, 편재가 편관을 생하면 권력추구형이다.

2. 식신, 상관의 생을 받는 편재
   - 편재는 야망이다. 구체적인 목표가 된다. 그게 돈일 수도 있고 권력일 수도 있다.
   - 뭐가 되었든지 이 편재라는 야망을 실천하는 것은 식신, 상관이다.
   - 편재가 식신, 상관의 생을 받아야 자신의 야망을 실천으로 옮긴다.
   - 식신, 상관이 없는 편재는 그냥 "허망한 꿈"일 뿐이다.
   - 편재가 식신의 생을 받으면 성실하고 꾸준하게 노력해서 목표를 이룬다.
   - 편재가 상관의 생을 받으면 남들과 차별화된 모습으로 목표를 이룬다.

3. 편인, 정인을 극하는 편재
   - 재성은 "세상(또는 상대방)에 대한 관심"이 된다. 재성은 관살이라는 세상을 생하기 때문이다.
   - 인성은 "나에 대한 관심"이 된다. 인성은 일간이라는 나를 생하기 때문이다.
   - 재성이 인성을 극한다는 것은 세상에 관심이 지나쳐서, 자신의 실속을 못 챙기는 것이다.
   - 재성은 일간에서 나오니 식상처럼 개인의 의지가 많이 들어간다. 자발적이다.
   - 누가 시키지도 않았는데 남 뒤치다꺼리하는 상황이다.
   - 편재가 정인을 극하는 것은 미래에 대한 투자가 되고, 편인을 극하는 것은 무기력 탈출이다.

4. (양일간) 천간에서 정인과 합을 하는 편재
   - 편재는 정인과 편인을 극한다.
   - 편재는 서로 음양이 같아서 편인을 심하게 극한다.
   - 편재는 정인을 편인처럼 심하게 극하지 않는다.
   - 특히 양일간에서는 정인과 편재가 합한다.
   - 단기간의 이익을 위해 위험을 감수하는 도박을 하게 된다.

5. 일간, 비견, 겁재의 극을 받는 편재
   - 편재는 일간, 비견, 겁재의 극을 받는다.
   - 군비쟁재(群比爭財), 군겁쟁재(群劫爭財)다.
   - 편재는 중인(衆人, 개인의 돈이 아닌 무리의 돈)의 재물이다.

- 임자가 정해지지 않은 일종의 기금이고 투자액이다.
- 편재가 왕한 사주가 비견, 겁재의 극을 받는다는 것은 투자자를 유치한 것이다.
- 편재가 비견의 극을 받으면 주변 지인들을 투자자로 유치한 것이다.
- 편재가 겁재의 극을 받으면 외부 투자자를 유치한 것이다.

6. (음일간) 천간에서 겁재와 합을 하는 편재
   - 편재는 비견과 겁재가 극한다.
   - 비견은 서로 음양이 같아서 편재를 심하게 극한다.
   - 겁재는 편재를 비견처럼 심하게 극하지 않는다.
   - 특히 음일간에서는 겁재와 편재가 합한다.
   - 별도의 조건 없이 투자유치를 받는 상황이다.

## ② 편재의 경제활동

[편재의 역할 - 경제활동]
- 경제활동에서의 편재는 분석적이고 계획적이다.
- 인위적으로 수집한 자료를 바탕으로 목표설정을 해서 경제활동을 하는 것이 편재다.
- 노력한 만큼 버는 식신, 상관하고는 다르게 편재는 투자성향이 강하다.
- 도박성이 크기 때문에 큰 이득을 볼 수도 있지만, 반대로 큰 손실을 볼 수도 있다.
- 사주에 편재가 있는 사람들은 욕심을 잘 절제하고 다스려야 한다.

[편재의 역할 - 경제활동]
- 신왕하면 내 돈을 굴리는 것이고, 신약하면 남의 돈을 위탁받아 굴리는 것이다.
- 편재라는 것이 광역적인 상권을 쓰니 옛날에는 장돌뱅이였다.
- 그러나 현대사회에서는 통신 판매, 인터넷 판매, 유튜브 크리에이터라고 할 수 있다.
- 영역이 워낙 넓어서 무점포 사업이 어울린다. 소매보다는 도매사업이 더 적합하다.

## ③ 편재의 연애

[편재의 역할 - 연애]
- 연애에서는 편재가 애인과의 관계증진에 많은 도움이 된다.
- 식신도 애인과의 관계증진에 도움이 되지만, 편재는 식신보다 훨씬 더 즐겁다.
- 육체적인 쾌락을 넘어서 진짜 풍류와 낭만을 보여주는 것이 편재다. 괜히 허세가 아니다.
- 편재가 있는 사람은 사람의 비위를 맞출 줄 알고, 그 사람이 듣고 싶어 하는 말을 잘 해 준다.
- 비록 그 말이 사실이 아닐지라도 말이다.
- 연애에서의 편재 장점은 이성한테 친절하다는 점이다.
- 연애에서의 편재 단점은 모든 이성한테 친절하다는 점이다.

## ④ 편재의 학업

[편재의 역할 - 학업]
- 학업에서의 편재는 매우 나쁘다. 상관보다 더 나쁘다.
- 편재는 인성이라는 습득능력을 방해한다.
- 편재가 편인, 정인을 극한다는 것은 주의산만이다.
- 집중이 안 된다. 공부 말고 주변에 재미있는 것이 너무 많다.
- 원국의 편재는 말할 것도 없고, 유년 대운이 편재가 오면 공부에 집중하기 정말 어렵다.
- 신약하면 편재라는 유혹을 못 물리치니 그 유혹에 넘어간다.
- 시험이 당장 코앞이라도 친구들이 같이 PC방 가자고 하면 그걸 거절 못 한다.

**송재우의 사주에듀** 이게 여러분들이 배워야 할 사주명리학입니다!

- 무식상까지 겹치면 노력 없이 좋은 결과만을 원한다.
- 편재가 편관, 정관까지 봐서 재생관살 되면 시험 볼 때는 다소 경쟁력이 있다.
- 내가 공부를 적게 해도 내가 아는 범위 내에서만 문제가 나온다.
- 시험에서는 다소 유리할 수 있다. 역시 편재가 편관, 정관을 만나서 생할 때의 경우다.
- 그래야 군비쟁재, 군겁쟁재라는 경쟁에서 일간이라는 내가 우위를 점할 수 있다.
- 그러나 편재가 편인, 정인을 만나서 재극인하면 시험에서 많이 불리하다.

### 마무리 총정리

❶ 편재의 여섯 가지 역할이 있다. 관살을 생한다. 식상의 생을 받는다. 인성을 극한다. (양일간) 편재와 정인이 합한다. 비겁의 극을 받는다. (음일간) 편재와 겁재가 합을 한다.

❷ 경제활동에서의 편재는 분석적이고 계획적이다. 노력한 만큼 버는 식신, 상관하고는 다르게 편재는 투자성향이 강하다. 신왕하면 내 돈을 굴리고, 신약하면 남의 돈을 굴린다.

❸ 연애에서는 편재가 애인과의 관계증진에 많은 도움이 된다. 편재가 있는 사람은 사람의 비위를 맞출 줄 알고, 그 사람이 듣고 싶어 하는 말을 잘 해준다.

❹ 학업에서의 편재는 매우 나쁘다. 상관보다 더 나쁘다. 편재는 인성이라는 습득능력을 방해한다. 주의산만이다. 집중이 안 된다. 공부 말고 주변에 재미있는 것이 너무 많다.

❺ 시험에서는 다소 유리할 수 있다. 편재가 편관, 정관을 만나서 생할 때의 경우다. 그러나 편재가 편인, 정인을 만나서 재극인하면 시험에서 많이 불리하다.

# 제 113강 정재(正財)의 특성

## ① 정재

[십신의 공통점과 차이점]
- 식신과 상관의 공통점은 있지만, 공통점보다는 차이점이 많아서 식상(食傷)이라고 부른다.
- 정관과 편관은 공통점이 있지만, 공통점보다는 차이점이 많아서 관살(官殺)이라고 부른다.
- 편재와 정재는 차이점이 있지만, 차이점보다는 공통점이 많아서 재성(財星)이라고 부른다.
- 편인과 정인은 차이점이 있지만, 차이점보다는 공통점이 많아서 인성(印星)이라고 부른다.
- → 식상과 관살은 공통점보다는 차이점이 많고, 재성과 인성은 차이점보다는 공통점이 많다.

## ② 정재의 의미

[재성(財星)이란?]
- 정재를 글자 그대로 해석하면 바를 정(正), 재물 재(財) 자를 쓴다.
- 명리학에서 바를 정(正) 자는 '고정적인, 임자가 정해져 있는, 안정을 추구하다'라는 의미다.
- 따라서 정재는 돈으로 표현하면 자본(내 돈만 사용, 남의 돈 안 끌어 쓴다)이 된다.
- 그래서 겁재가 나쁘다. 겁재는 내 영역과 자본을 빼앗으려는 존재이기 때문이다.
- 눈먼 돈인 편재를 극하는 것과는 많이 다른 문제다.
- 정재 역시 거래가 되고 영역이 되고 시장이 된다. 상호 간의 타협을 뜻한다.
- 재성 중 정재는 "엉억을 시키다"라는 뜻이다.
- 쉽게 말해 한 가지 계통으로 오래가는 토착 기업이 된다.
- 정재를 돈이라고 표현하는 이유는 거래에서 나오는 부산물이 돈이기 때문이다.

## ③ 편재와 정재의 사고방식 차이

- 사주에 정재를 가지고 있는 사람이 편재를 가지고 있는 사람보다 경제관념이 훨씬 좋다.
- 돈에 대한 인식이 내 것 남의 것 이렇게 뚜렷하다. 정재가 편재보다 훨씬 실속 있게 산다.
- 편재가 정재보다 큰돈을 만질 수는 있지만, 기복이 심해서 없을 때는 정말 가난하게 산다.
- 그러나 정재는 그 기복이 아주 적다. 편재에 비하면 수입은 적을 수 있어도 꾸준하다.
- 그 이유는 시장 규모도 있지만 깐깐한 경제관념을 가지고 돈을 만지기 때문이다.
- 편재는 그렇지가 않다. "돈은 있다가도 없고, 없다가도 있다"가 편재의 경제관념이다.
- 편재는 돈의 경계가 불분명하다. 그래서 영역이 대단히 넓다. 빚도 잘 끌어다 쓴다.
- 반면에 정재는 영역이 한정적이다. 나와 상대방의 영역을 구분하기 때문이다.
- 나 외에도 모든 사람이 같이 잘 먹고 잘 사는 것은 편재의 목표이고 나와 내 가까운 사람들만 잘 먹고 잘 사는 것은 정재의 목표다.
- 편재가 유토피아적 사고방식을 가지고 있고, 정재는 굉장히 현실적인 사고방식을 가지고 있다.

## ④ 편재와 정재의 행동방식 차이

[편재]
- 자신의 영역을 문어발처럼 무한확장하려고 한다.
- 그러나 내 영역관리는 허술하다.
- 정재에 비해 화려하고 멋있다.
- 간덩이 크게 일을 확장시키기만 한다. 사후관리가 잘 안 된다.
- 지식적인 부분에서 잡학 다식하다.

## [정재]
- 딱히 남의 영역을 욕심내지 않는다. 그러나 내 영역은 목숨 걸고 지킨다.
- 정재는 편재에 비하면 참 수수하게 느껴진다.
- 자신이 할 수 있을 만큼만 일을 확장한다. 대신 사후관리가 철저하다.
- 편재보다 훨씬 안정적이고, 책임감 있고, 꼼꼼하고, 실속 있다.
- 지식적인 부분에서 한 분야의 깊은 지식을 가지고 있다.
- 사명감과 책임감이 크지만, 편재보다 재미없고 고지식한 게 정재가 된다.

### ⑤ 천간 · 지지 · 지장간의 정재

[천간의 정재, 지지의 정재, 지장간의 정재]

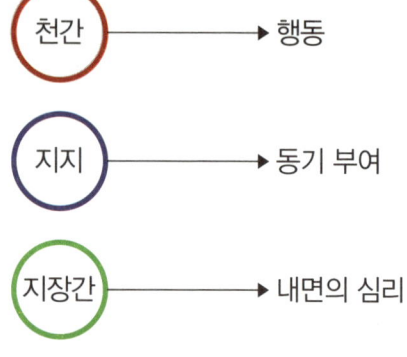

1. 천간의 정재
   - 남을 관찰하고 교정해 주려 하는 행동이다.
2. 지지의 정재
   - 내가 관리하고 신경 써야 할 대상이 있는 상황이다.
   - 지지의 동기부여는 편재와 같다.
   - 차이점이라면 편재는 그 대상이 멀리 있고, 정재는 그 대상이 가까이 있다는 것이다.
3. 지장간의 정재
   - 공감 능력이 된다.

### ⑥ 십신의 공통점과 차이점

1. 식신과 상관은 공통점이 있지만, 공통점보다는 차이점이 많아서 **식상(食傷)**이라고 부른다.
2. 정관과 편관은 공통점이 있지만, 공통점보다는 차이점이 많아서 **관살(官殺)**이라고 부른다.
3. 편재와 정재는 차이점이 있지만, 차이점보다는 공통점이 많아서 **재성(財星)**이라고 부른다.
4. 편인과 정인은 차이점이 있지만, 차이점보다는 공통점이 많아서 **인성(印星)**이라고 부른다.
   → 식상과 관살은 공통점보다는 차이점이 많고, 재성과 인성은 차이점보다는 공통점이 많다.

### 마무리 총정리

❶ 식상과 관살은 공통점보다는 차이점이 많고, 재성과 인성은 차이점보다는 공통점이 많다.
❷ 정재를 글자 그대로 해석하면 바를 정(正), 재물 재(財) 자를 쓴다. 정재는 돈으로 표현하면 자본이 된다. 그래서 겁재가 나쁘다. 내 영역과 자본을 빼앗으려는 존재이기 때문이다.
❸ 명리학에서 바를 정(正) 자는 '고정적인, 임자가 정해져 있는, 안정을 추구하다'라는 의미다. 재성 중 정재는 "영역을 지키다"라는 뜻이다.
❹ 나와 내 가까운 사람들만 잘 먹고 잘 사는 것은 정재의 목표다. 정재는 딱히 남의 영역을 욕심내지 않는다. 그러나 내 영역은 목숨 걸고 지킨다.
❺ 천간의 정재는 남을 관찰하고 교정해 주려 하는 행동이다. 지지의 정재는 내가 관리하고 신경 써야 할 대상이 있는 상황이다. 지장간의 정재는 공감 능력이 된다.

## 제114강 정재(正財)의 역할

### ① 정재의 여섯 가지 역할

1. 편관, 정관을 생한다. 둘 중에 편관을 더 잘 생한다. (관살이 태왕하면 설기당할 수 있다.)
2. 식신, 상관의 생을 받는다. 둘 중에 식신이 더 잘 생한다.
3. 편인, 정인을 극한다. 둘 중에 정인을 더 잘 극한다.
4. 양일간인 경우는 천간에서 정재와 일간이 합을 한다.
5. 일간, 비견, 겁재의 극을 받는다. 겁재가 더 극을 잘한다.
6. 음일간인 경우는 천간에서 정재와 편인이 합을 한다.

1. 편관, 정관을 생하는 정재
   - 편관, 정관을 생하는 것이 정재다.
   - 정재라는 영역에서 거래를 시작하고 정관, 편관까지 이어져야 거래가 성사된다.
   - 그래서 관살 없는 재성은 부지런히 거래를 잡아도 성사가 안 된다.
   - 성사가 안 되니 돈이 안 모인다. 정재가 편관이나 정관을 보면 쟁재를 막는 것이다.
   - 식상이 정재를 만나면 "돈을 벌어오는 행위"고 정재가 관살을 만나면 "돈을 지키는 행위"다.
   - 식상으로 생산하고, 재성으로 생산을 극대화하고, 관살로 생산물을 지켜 낸다.
   - 정재가 관살을 생한다는 것은 자신의 맡은 일을 끝까지 책임지고자 하는 것이다.

2. 식신, 상관의 생을 받는 정재
   - 정재는 소망이다. 구체적인 목표가 된다. 그게 돈일 수도 있고 권력일 수도 있다.
   - 뭐가 되었든지 이 정재라는 소망을 실천하는 것은 식신, 상관이다.
   - 정재가 식신, 상관의 생을 받아야 자신의 소망을 실천으로 옮긴다.
   - 식신, 상관이 없는 정재는 그냥 "막연한 기대"일 뿐이다.
   - 정재가 식신의 생을 받으면 성실하고 꾸준하게 노력해서 목표를 이루는 것이고 정재가 상관의 생을 받으면 남들과 차별화된 모습으로 목표를 이루는 것이다.

3. 편인, 정인을 극하는 정재
   - 재성은 "세상(또는 상대방)에 대한 관심"이 된다. 재성은 관살이라는 세상을 생하기 때문이다.
   - 인성은 "나에 대한 관심"이 된다. 인성은 일간이라는 나를 생하기 때문이다.
   - 재성이 인성을 극한다는 것은 세상에 관심이 지나쳐서, 자신의 실속을 못 챙기는 것이다.
   - 재성은 일간에서 나오니 식상처럼 개인의 의지가 많이 들어간다.
   - 자발적이다. 누가 시키지도 않았는데 남 뒤치다꺼리하는 상황이다.
   - 정재가 정인을 극하는 것은 미래에 대한 투자가 되고, 편인을 극하는 것은 무기력 탈출이다.

4. (양일간) 천간에서 일간과 합을 하는 정재
   - 일간과 겁재는 정재를 극한다.
   - 겁재는 서로 음양이 같아서 정재를 심하게 극한다.
   - 일간은 정재를 겁재처럼 심하게 극하지 않는다.
   - 특히 양일간에서는 일간과 정재가 합한다.
   - 돈 욕심 많고 내 소유라는 개념이 투철한 사람이다.

5. 일간, 비견, 겁재의 극을 받는 정재
   - 정재는 일간, 비견, 겁재의 극을 받는다.
   - 군비쟁재(群比爭財), 군겁쟁재(群劫爭財)다.
   - 정재는 임자가 이미 정해진 돈이고, 나의 노력에 대한 정당한 대가가 된다.
   - 정재가 비견의 극을 받으면 주변 지인들이 내

몫을 챙겨 가려고 눈독 들인다.
- 정재가 겁재의 극을 받으면 외부 사람들이 내 몫을 챙겨 가려고 눈독 들인다.

6. (음일간) 천간에서 편인과 합을 하는 정재
   - 그중 편재는 편인을 심하게 극한다.
   - 서로 음양이 같기 때문이다.
   - 정재는 편인을 편재처럼 심하게 극하지 않는다.
   - 특히 음일간에서는 편인과 정재가 합한다.
   - 맡은 일에 당연히 책임을 지겠지만, 나 혼자 다 덮어 쓰지는 않겠다는 뜻이다.

② 정재의 경제활동

[정재의 역할 – 경제활동]
- 경제활동에서의 정재는 분석적이고 계획적이다. 이 점 역시 편재와 같다.
- 차이점이라면 편재의 분석은 넓고 비교적 허술하지만, 정재의 분석은 좁고 꼼꼼하다.
- 운이 크게 도와주지 않는 이상 대체로 편재보다 정재가 더 돈을 많이 소유한다.
- 돈을 소유한다는 것은 결국 남아야 소유가 되는 것이다.
- 한 달에 천만 원 벌어서 십만 원 남기면 편재고, 한 달에 백만 원 벌어서 오십만 원 남기면 정재다.
- 편재가 아무리 경제규모가 큰들, 유동적이라서 내 앞으로 남기기가 쉽지 않다.
- 그래서 편재는 신왕함이 필수다. 신왕해야 돈도 나를 중심으로 굴러간다.
- 물론 정재도 신왕하면 좋지만, 편재만큼 절실하지는 않다.

③ 정재의 연애

[정재의 역할 – 연애]
- 연애에서는 정재가 애인과의 관계증진에 도움은 된다.
- 그러나 정재는 편재만큼 화려하고 멋있게 상대의 이목을 끌지 못한다.
- 그래서 애인이 정재를 편안한 상대로는 인식해도, 정작 사귀고자 하면 인기가 많질 않다.
- 연애하기는 좋으나 결혼하면 나쁜 것이 편재고, 결혼하기는 좋으나 연애하면 나쁜 것이 정재다.
- 정재는 돈뿐만이 아니라 만나는 사람도 내 사람이라는 인식을 가지고 대한다.
- 반면에 편재는 오는 사람 안 막고, 가는 사람 안 잡는다.

④ 정재의 학업

[정재의 역할 – 학업]
- 학업에서의 정재는 나쁘다. 편재와 마찬가지로 인성이라는 학습을 방해한다.
- 차이점은 있다. 편재의 재극인은 공부하려는데 주변에 놀자고 하는 유혹이 많고, 정재의 재극인은 공부하고 싶은데 주변 환경이 안 받쳐 준다는 의미다.
- 공부방이 없다든지, 학원비가 없어서 학원을 못 다닌다든지 이런 의미다.
- 편재의 재극인은 외적 학습 방해요소고, 정재의 재극인은 내적 학습 방해요소다.
- 편재는 주변 유혹에 휘말리는 것이고, 정재는 가정문제로 포기하는 것이다.
- 시험에서는 다소 유리할 수 있다. 이 부분은 편재와 같다.
- 정재가 편관, 정관을 만나서 생활 때의 경우다.
- 그래야 군비쟁재, 군겁쟁재라는 경쟁에서 일간이라는 내가 우위를 점할 수 있다.

이게 여러분들이 배워야 할 사주명리학입니다!    송재우의 **사주에듀**

### 마무리 총정리

❶ 정재는 여섯 가지 역할이 있다. 관살을 생한다. 식상의 생을 받는다. 인성을 극한다. (양일간) 정재와 일간이 합한다. 비겁의 극을 받는다. (음일간) 정재와 편인이 합한다.

❷ 경제활동에서의 정재는 분석적이고 계획적이다. 정재의 분석은 좁고 꼼꼼하다. 운이 크게 도와주지 않는 이상 대체로 편재보다 정재가 더 돈을 많이 소유한다.

❸ 연애에서는 정재가 애인과의 관계증진에 도움은 된다. 정재는 돈뿐만이 아니라 만나는 사람도 내 사람이라는 인식을 가지고 대한다.

❹ 학업에서의 정재는 나쁘다. 정재의 재극인은 공부하고 싶은데 주변 환경이 안 받쳐 준다는 의미다. 공부방이 없다든지, 학원비가 없어서 학원을 못 다닌다든지 이런 의미다.

❺ 시험에서는 다소 유리할 수 있다. 정재가 편관, 정관을 만나서 생할 때의 경우다. 그러나 정재가 편인, 정인을 만나서 재극인하면 시험에서 많이 불리하다.

# 제 115강 편관(偏官)의 특성

## ① 식상, 재성 vs 관살, 인성의 차이점

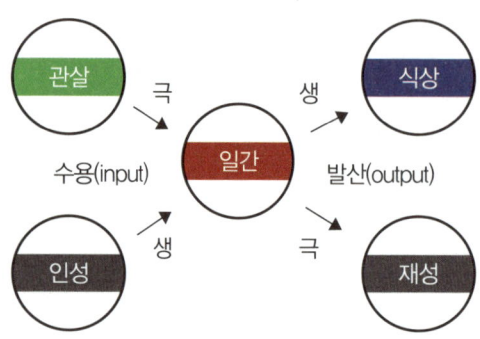

1. 식상과 재성은 일간에서 출발한다. 그래서 일간의 의지가 많이 들어간다.
2. 식상과 재성이 왕하면 사람이 능동적이다. 신왕해야 식상과 재성의 능력을 크게 쓴다.
3. 관살과 인성은 다른 간지에서 출발한다.
4. 관살과 인성이 왕하면 사람이 수동적이다. 신왕해야 관살과 인성을 잘 감당한다.
5. 식상과 재성은 양(陽)의 성향이고, 관살과 인성은 음(陰)의 성향이다.

## ② 편관의 의미

**[편관(偏官)이란?]**
- 편관을 글자 그대로 해석하면 치우칠 편(偏), 벼슬 관(官) 자를 쓴다.
- 명리학에서 관(官)은 단순하게 공직자를 의미하는 것이 아니다.
- 식신이 단순하게 식욕이 아니고, 재성이 단순하게 돈이 아닌 것처럼 그렇다.
- 관(官)이라는 것은 그 시대, 그 지역의 기득권을 의미한다.
- 이 부분은 정관, 편관 공통적이다.
- 그중 편관은 무력으로써 다스리는 질서를 의미한다.
- 목적 달성을 위해서라면 어떠한 희생과 어려움도 감수하는 게 편관이다.

- 편관이라는 것은 각 시대별 기득권이고 권력이다.
- 십신의 흐름을 보면 답이 나온다.
- 일간과 비겁이 모여서 대중이 된다. 그 대중들이 식상이라는 일을 같이 한다.
- 같이 일을 하다가 재성이라는 무대에서 경쟁한다.
- 그 경쟁에서 승패가 갈리는 것이 관이다.
- 그래서 관은 기득권이 된다. 작용을 봐도 일간, 비견, 겁재를 모두 극한다.
- 나는 물론이고 내 이웃, 내가 모르는 제3자들까지 모두 통제한다는 뜻이다.
- 그래서 관은 사회가 되고, 규칙이 되고, 단체가 되고, 약속이 되고, 의지처가 된다.
- 관은 의무다. 내가 좋든 싫든 강요받는 부분이 관이니 그렇다.
- 일간 입장에서는 부담도 되고 답답하다. 하지만 동시에 관은 일간을 보호해 주기도 한다.
- 관(官) 중에서 편관(偏官)은 일간 입장에서는 참 힘든 십신이다.
- 괜히 편관을 칠살이라고 하는 게 아니다.
- 고전에서도 살을 다루는 법을 따로 언급한다.
- 관을 법(法)이라고 통변한다면 편관은 법의 역기능적인 부분이 된다.
- 법을 통해서 보호받기보다는 법을 통해서 내가 희생하는 부분이 더 많다.
- 가장 큰 역할로는 일간을 극한다는 점이다.
- 편관은 일간이라는 나에게 희생을 강요한다.
- 육체적으로나 정신적으로나 일간인 내가 손해를 봐야 한다는 의미다.
- 편관은 일간한테 직접적인 부담을 주는 존재다.
- 겁재도 일간과 적대적 관계지만 편관은 차원이 다르다.
- 일간과 겁재는 동급 위치에서 겨루는 거지만, 편관은 일간인 나보다 뛰어난 강력한 적이 된다.
- 편관이 왕하면 왕할수록 자연히 사람이 수동적으로 된다.

– 편관이 강자가 되고 일간인 내가 약자가 되는 상황이다.
– 신약하면 편관의 요구를 회피한다.
– 항상 책임에서 자유로울 수 없으니 누군가의 대표가 되는 것도 편관이다. 나라는 개인을 희생해서 단체를 위해 일하는 것도 편관이다.
– 그래서 편관은 대표성도 된다.

### ③ 천간 · 지지 · 지장간의 편관

[천간의 편관, 지지의 편관, 지장간의 편관]

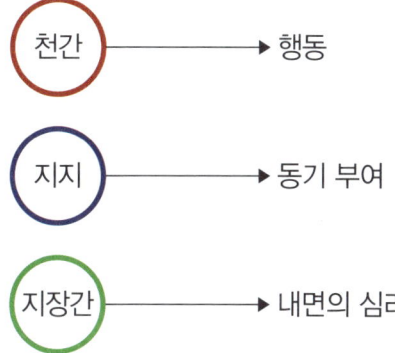

1. 천간의 편관
   – 용감하고 헌신적인 행동이다.

2. 지지의 편관
   – 내가 무조건 맞춰 주어야 하는 대상이 있는 상황이다.

3. 지장간의 편관
   – 강박관념이 된다.

### ④ 지지의 편관

[지지의 편관]

– 지지에 편관이 많으면 화병 나기 쉬운 팔자다.
– 자신을 죽이고 상대를 따라가니 그렇다.

– 그 과정에서 온갖 힘들고 더러운 꼴 겪어도 원망할 수도 없는 것이 지지 편관이다.
– 그래서 지지 편관은 원국이든 운에서 오든 그리 반가운 존재가 아니다.
– 사주 구조에 따라 지지 편관이 덜 힘들고 더 힘들고 하는 차이가 있을 뿐이다.
– 편관은 천간에 있는 게 좋다. 정재는 지지에 있는 게 좋다.
– 편관이 천간에 있으면 다른 사람한테 내 고통을 나눌 수 있고 정재가 지지에 있으면 다른 사람한테 내 몫을 쉽게 뺏기지 않는다.
– 천간은 사회적인 영역이고, 지지는 개인적인 영역이기 때문이다.

### 마무리 총정리

❶ 식상과 재성은 양(陽)의 성향이고, 관살과 인성은 음(陰)의 성향이다. 내 의지가 우선인 것과 상대방의 의지가 우선인 것의 차이다.

❷ 편관을 글자 그대로 해석하면 치우칠 편(偏), 벼슬 관(官) 자를 쓴다. 명리학에서 관(官)은 단순하게 공직자를 의미하는 것이 아니다. 편관은 그 시대의 권력이고 기득권이다.

❸ 편관은 무력으로써 다스리는 질서를 의미한다. 목적 달성을 위해서라면 어떠한 희생과 어려움도 감수하는 게 편관이다. 편관은 법의 역기능적인 부분이 된다.

❹ 편관의 가장 큰 역할로는 일간을 극한다는 점이다. 편관은 일간이라는 나에게 희생을 강요한다. 육체적으로나 정신적으로나 일간인 내가 손해를 봐야 한다는 의미다.

❺ 천간의 편관은 용감하고 헌신적인 행동이다. 지지의 편관은 내가 무조건 맞춰 주어야 하는 대상이 있는 상황이다. 지장간의 편관은 강박관념이 된다.

# 제116강 편관(偏官)의 역할

**① 편관의 여섯 가지 역할**

1. 일간, 비견, 겁재를 극한다. 셋 중에 일간과 비견을 더 잘 극한다.
2. 양일간인 경우 천간 편관이 겁재와 합을 한다.
3. 식신, 상관의 극을 받는다. 둘 중에 식신의 극을 더 잘 받는다.
4. 음일간인 경우 천간 편관이 상관과 합을 한다.
5. 편재, 정재의 생을 받는다. 둘 중에 정재가 더 잘 생한다.
6. 편인, 정인을 생한다. 둘 중에 정인을 더 잘 생한다. (인성이 태왕하면 설기당할 수 있다.)

1. 일간, 비견, 겁재를 극하는 편관
   - 편관은 일간, 비견, 겁재를 극한다.
   - 특히 일간과 비견을 심하게 극한다.
   - 편관이 일간과 비견을 극 한다는 것은 솔선수범, 공명정대를 뜻한다.
   - 지켜야 할 엄격한 규칙이 있다.
   - 그 규칙을 어길 때에는 나와 내 측근조차도 심판의 대상이다.
   - 그래서 솔선수범, 공명정대가 된다. 특히 편관이 일간을 극하면 자기희생이 된다.
   - 사주가 신약할수록 편관은 감당하기 어려운 고통이다.

2. (양일간) 천간에서 겁재와 합을 하는 편관
   - 편관은 일간, 비견, 겁재를 극한다.
   - 그중 겁재는 심하게 극하지 않는다.
   - 편관과 겁재는 음양이 다르기 때문이다.
   - 특히 양일간에서는 겁재와 편관이 합을 한다.
   - 나의 책임을 상대방한테 교묘하게 떠넘기는 행위다.
   - 일종의 책임회피다.

3. 식신, 상관의 극을 받는 편관
   - 편관은 식신, 상관의 극을 받는다.
   - 특히 식신의 극을 쉽게 받는다. 음양이 같기 때문이다.
   - 편관은 힘으로 만들어진 권력이다.
   - 식신, 상관이 극한다는 것은 권력이 도전을 받는 상황이다.
   - 편관이 식신의 극을 받으면 아랫사람들이 생존을 위해서 들고일어난다.
   - 편관이 상관의 극을 받으면 아랫사람들이 권력의 정당성을 문제 삼는다.

4. (음일간) 천간에서 상관과 합을 하는 편관
   - 편관은 식신, 상관의 극을 받는다. 상관은 편관을 심하게 극하지 않는다.
   - 서로 음양이 다르기 때문이다. 특히 음일간에서는 상관과 편관이 합을 한다.
   - 기득권층이 명분을 만들어서 아랫사람들을 설득시킨 상황이다.

5. 편재, 정재의 생을 받는 편관
   - 편관은 무조건 이행해야 하는 의무다. 이행하지 않으면 불이익이 오니 그렇다.
   - 그래서 편관이 왕한 사람은 복종심이 좋다. 위에서 시키는 대로 한다는 뜻이다.
   - 거기에 편재, 정재의 생을 받으면 단순히 지시 사항 이행으로 끝나질 않는다.
   - 지시자의 의도까지 헤아리고 행동한다. 왜 시키는지 알고 움직인다는 뜻이다.
   - 권력 추종이라고도 할 수 있다. 편관이라는 힘의 논리를 따라가겠다는 게 재생살이다.

6. 편인, 정인을 생하는 편관
   - 편관이 의무가 된다면 인성은 혜택이 된다.
   - 편관이라는 의무를 이행해야 누릴 수 있는 권리다.
   - 편관이 편인을 생하면 상대방의 이권을 위해서 내가 고생을 하는 것이다.

- 편관이 정인을 생하면 나의 이권을 위해서 내가 고생하는 것이다.

### ② 편관의 경제활동

[편관의 역할 - 경제활동]
- 경제 활동에서의 편관은 고생스럽다.
- 돈을 못 버는 것은 아니다.
- 오히려 재성의 생을 받으면 경쟁력이 생겨서 돈 벌기 쉽다.
- 편관, 정관을 경제적인 부분으로 통변하면 저축이다.
- 식상으로 일하고, 재성으로 돈 받아서, 관살로 모은다.
- 특히 편관은 내가 힘들어도 할 도리 하는 사람이니, 적금도 악착같이 넣는다.
- 편관은 언제나 일간이라는 나의 희생과 수고를 요구한다.
- 돈을 벌어도 몸과 마음이 힘든 점은 감수해야 한다.

### ③ 편관의 연애

[편관의 역할 - 연애]
- 연애에서는 편관은 애인과의 관계증진에 도움이 된다.
- 연애에서의 편관은 헌신적인 사랑이다.
- 그래서 상대방을 감동하게 할 수 있는 사람이다.
- 특히 남자 사주에 천간 편관이 있거나, 편관격이라면 정말 남자답게 보인다.
- 남자답게 내가 너의 어려움을 다 감당해 주겠다는 행동을 한다.
- 다만 한 가지 조심해야 할 점은 이기적인 상대방을 만나면 을의 연애를 하기 쉽다.
- 때에 따라서는 을의 연애 정도가 아니라, 완전 노예나 호구로 전락할 수도 있다.

### ④ 편관의 학업

[편관의 역할 - 학업]
- 학업에서의 편관은 엇갈린다. 결과적으로 보면 좋다.
- 편관이 있으면 부모님, 선생님이 시키면 시키는 대로 할 수밖에 없는 처지라서 그렇다.
- 특히 편관이 왕하면 왕할수록 더욱 그렇다. 문제는 스트레스다.
- 사주가 신왕하면 그 스트레스를 잘 버티는데, 사주가 신약하면 스트레스를 못 버틴다.
- 학업뿐만 아니라 모든 분야에서 편관이 있는 사주는 기본적으로 신왕해야 한다.
- 부모로서는 말 잘 듣는 자식이라 키우기는 편하다.
- 편관을 가진 자식으로서는 의무적으로 하는 공부가 되니 공부가 즐겁지 못하다.
- 성적이야 나오겠지만, 그 과정이 너무 힘들어서 자칫 극단적인 선택도 할 수 있다.
- 자기 자식이 편관이 있으면 이 부분을 인지하고 지도해야 한다.
- 시험에서는 유리하지도 불리하지도 않다.
- 편관은 비견, 겁재의 경쟁에서 이길 수 있는 경쟁력이 될 수 있다.
- 대신 자신도 그만큼 고생을 한다. 편법 없이 꼼수 없이 서로 공정한 경쟁을 한다.
- 공부한 만큼 노력한 만큼 결과가 나오는 것이 편관이다.

**마무리 총정리**

❶ 편관의 여섯 가지 역할이 있다. 일간과 비겁을 극한다. (양일간) 편관이 겁재와 합한다. 식상의 극을 받는다. (음일간) 편관이 상관과 합한다. 재성의 생을 받는다. 인성을 생한다.

❷ 경제 활동에서의 편관은 고생스럽다. 쓰고 싶은 거 참아 가며 모은다. 편관, 정관을 경제적인 부분으로 통변하면 저축이다. 식상으로 일하고, 재성으로 돈 받아서, 관살로 모은다.

❸ 연애에서의 편관은 헌신적인 사랑이다. 그래서 상대방을 감동하게 할 수 있는 사람이다. 남자답게 내가 너의 어려움을 다 감당해 주겠다는 행동을 한다.

❹ 학업에서의 편관은 엇갈린다. 결과적으로 보면 좋다. 편관이 있으면 부모님이, 선생님이 시키면 시키는 대로 할 수밖에 없는 처지라서 그렇다. 문제는 스트레스다.

❺ 시험에서는 유리하지도 불리하지도 않다. 편법 없이 꼼수 없이 서로 공정한 경쟁을 한다. 공부한 만큼 노력한 만큼 결과가 나오는 것이 편관이다.

# 제 117 강 정관(正官)의 특성

### ① 정관의 의미 1

[정관(正官)이란?]
- 정관을 글자 그대로 해석하면 바를 정(正), 벼슬 관(官) 자를 쓴다.
- 정관은 편관과 마찬가지로 그 시대의 기득권, 권력을 의미한다.
- 관살은 재성이라는 무대에서 피 튀기게 경쟁한 승자가 가지는 권력이다.
- 편관이 힘으로 만들어진 권력이라면, 정관은 지략으로 만들어진 권력이다.
- 편관의 권력은 전쟁이나 개혁으로 만들어지고, 정관의 권력은 절차와 처세로 만들어진다.
- 정관이라는 것은 세상의 중심이고 대세가 된다. 해당 사회에서 요구하는 상식이다.
- "기존의 질서를 지켜 나가는 것"이 정관이 된다. 십신의 상관과 대척점이다.
- 정치적으로 표현하자면 "보수"가 되고, 조직단체의 기준으로 보면 "주류(major)"가 된다.

### ② 정관이 십신 중 최고의 길신인 이유

- 정관이 십신 중 최고의 길신인 이유는 정관이 겁재를 극하기 때문이다.
- 그래서 정관은 자신의 신분상승을 위해 수단과 방법 가리지 않는다.
- 운에서 오는 정관은 그 자체가 경쟁력이다.
- 특히 쟁재가 되어 있는 사주는 더욱 그렇다.
- 고서에서 정관을 관직이라고 통변한 이유가 있다
- **왕조시대 당시 사회가 관료들이 기득권이기 때문에 그렇다.**
- 하지만 지금은 그렇지가 않다. 따라서 정관 = 관직이라고 보는 시선을 버려야 한다.
- 굳이 정관을 공직자라고 통변하려면 시험을 치러서 올라가는 비선출 공직자가 맞다.
- 선출직 공무원은 그 사람의 인기도와 지지도로 당락이 결정되기 때문이다.
- 따라서 "약속", "규제"를 의미하는 정관은 선출직 공직에 큰 영향을 주지 않는다.

### ③ 정관의 의미 2

[정관(正官)이란?]
- 정관은 기존의 것을 유지하려는 십신이다.
- 내가 옳다고 생각하는 부분을 수정하려 하지 않는다. 대단히 고지식하다.
- 불필요한 싸움은 안 하지만, 일단 싸우면 수단과 방법 안 가리고 이기는 십신이다.
- 절대 자기가 손해 날 짓 안 하는 게 정관이다. 그래서 정관이 왕하면 사람이 얄밉다.
- **불안한 사회를 목숨 걸고 개혁으로 갈아엎는 것이 편관이라면, 안정된 사회에서 지극히 상식적인 행동만 하면서 몸 사리겠다는 것이 정관이다.**
- 정관은 안전 제일주의다.
- 그래서 취업을 해도 규모 있는 대기업을 가려 한다.
- 진학해도 학과보다는 철저하게 학교 간판을 보고 진학을 한다.
- 정관은 무엇을 하느냐가 중요한 게 아니다. 무엇을 하든지 신분상승이 가능하면 된다.
- 강자한테 약하고 약자한테 강하다. 그래서 어디를 가든 윗사람의 사랑을 받는다.

### ④ 천간·지지·지장간의 정관

[천간의 정관, 지지의 정관, 지장간의 정관]

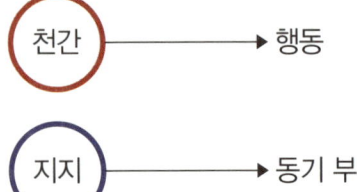

1. 천간의 정관
   - 조심스럽고 방어적인 행동이다.

2. 지지의 정관
   - 나를 보호해 주는 대상이 있는 상황이다.

3. 지장간의 정관
   - 고정관념이 된다.

### 마무리 총정리

❶ 정관을 글자 그대로 해석하면 바를 정(正), 벼슬 관(官) 자를 쓴다. 편관의 권력은 전쟁이나 개혁으로 만들어지고, 정관의 권력은 절차와 처세로 만들어진다.

❷ 정관이라는 것은 세상의 중심이고 대세가 된다. 해당 사회에서 요구하는 상식이다. "기존의 질서를 지켜 나가는 것"이 정관이 된다. 조직단체의 기준으로 보면 "주류(major)"다.

❸ 정관이 십신 중 최고의 길신인 이유는 정관이 겁재를 극하기 때문이다. 그래서 정관은 자신의 신분상승을 위해 수단과 방법 가리지 않는다. 운에서 오는 정관은 경쟁력이다.

❹ 정관은 기존의 것을 유지하려는 십신이다. 대단히 고지식하다. 정관이 왕하면 왕할수록 현실에 안주하려고 한다. 정관이 보수인 이유다.

❺ 천간의 정관은 조심스럽고 방어적인 행동이다. 지지의 정관은 나를 보호해 주는 대상이 있는 상황이다. 지장간의 정관은 고정관념이 된다.

# 제 118 강 정관(正官)의 역할

### ① 정관의 여섯 가지 역할

1. 일간, 비견, 겁재를 극한다. 셋 중에 겁재를 더 잘 극한다.
2. 음일간인 경우 천간 정관이 일간과 합을 한다.
3. 식신, 상관의 극을 받는다. 둘 중에 상관의 극을 더 잘 받는다.
4. 양일간인 경우 천간 정관이 식신과 합을 한다.
5. 편재, 정재의 생을 받는다. 둘 중에 편재가 더 잘 생한다.
6. 편인, 정인을 생한다. 둘 중에 편인을 더 생한다. (인성이 태왕하면 설기당할 수 있다.)

1. 일간, 비견, 겁재를 극하는 정관
   - 정관은 일간, 비견, 겁재를 극한다. 특히 겁재를 심하게 극한다.
   - 정관이 겁재를 극한다는 것은 정적 제거다. 최고의 경쟁력이 된다.
   - 극한의 경쟁에서 나와 내 측근만 살아남겠다는 발버둥이고 정치질이다.
   - 특히 정관이 일간을 극한다는 것은 조건부 보호다.
   - "내 말을 잘 들으면 너를 보호해 줄 테니 시키는 대로 해."
     → 이게 정관이 일간을 극하는 상황
   - 사주가 신약해도 정관은 그리 큰 고통이 아니다.

[편관과 정관의 차이]
- 편관
  → 나에게 주어지는 임무는 내가 어떠한 희생을 하더라도 반드시 완수하겠다.
- 정관
  → 잘난 사람은 제치고 못난 사람은 보내고 그렇게 해서 끝까지 나만 살아남겠다.

2. (음일간) 천간에서 일간과 합을 하는 정관
   - 정관은 일간, 비견, 겁재를 극한다. 그중 일간은 심하게 극하지 않는다.
   - 일간과 정관은 음양이 다르기 때문이다. 특히 음일간에서는 일간과 정관이 합을 한다.
   - 나보다 능력 있는 윗사람한테 대가를 주고 내가 도움을 받는 것을 말한다.

3. 식신, 상관의 극을 받는 정관
   - 정관은 식신, 상관의 극을 받는다. 특히 상관의 극을 쉽게 받는다.
   - 음양이 같기 때문이다.
   - 정관은 정치질로 만들어진 권력이다. 식신, 상관이 극한다는 것은 권력이 도전을 받는 상황이다.
   - 정관이 식신의 극을 받으면 아랫사람들이 생존을 위해서 들고일어나고 정관이 상관의 극을 받으면 아랫사람들이 권력의 정당성을 문제 삼는다.

4. (양일간) 천간에서 식신과 합을 하는 정관
   - 정관은 식신, 상관의 극을 받는다. 식신은 정관을 심하게 극하지 않는다.
   - 서로 음양이 다르기 때문이다.
   - 특히 양일간에서는 식신과 정관이 합을 한다.
   - 윗사람의 도움을 자발적으로 거절하는 현상이다.

5. 편재, 정재의 생을 받는 정관
   - 정관은 이행하면 할수록, 나에게 도움이 된다.
   - 법(法)의 순기능이 정관이다. 그래서 정관이 왕한 사람은 권력욕이 좋다.
   - 내가 성공하고자 어마어마한 노력을 한다. 거기에 편재, 정재의 생을 받으면 단순히 지시사항 이행으로 끝나질 않는다.
   - 정관이 재성의 생을 받으면 철저한 약속이행이다. 그렇게 신뢰를 쌓다가 어느 날 부자가 된다.

6. 편인, 정인을 생하는 정관
  - 정관이 사회의 표준 질서가 된다면 인성은 그 질서를 지켜서 얻은 혜택이 된다.
  - 정관이 편인을 생하면 남들이 받는 혜택을 나도 받는 것이다.
  - 정관이 정인을 생하면 나만의 혜택을 받는 것이다.

② 정관의 경제활동
[정관의 역할 - 경제활동]
  - 경제 활동에서의 정관은 좋다. 정관 자체가 돈을 잘 버는 것은 아니다.
  - 돈을 잘 벌 수 있는 위치에 올라가는 것이 정관이다.
  - 신분상승을 의미하니 승진 운이다.
  - 윗사람한테 잘하고, 그 윗사람 이용해서 정치질하고, 그래서 자기도 윗자리 올라간다.
  - 정관은 겁재를 극하기 때문에 결과적으로 정재를 살린다.
  - 이 의미는 내가 받아야 할 몫은 칼같이 받아 낸다는 의미다.
  - "중산층의 처지에서 튀지 말고 오래가자." 바로 정관의 경제관념이다.
  - 대체로 밥 굶고 살지 않고 자기 못 잘 챙겨 먹는다.
  - 다만 워낙 고지식하다 보니 투자해서 큰돈 벌 기회를 잡기는 어렵다.

③ 정관의 연애
[정관의 역할 - 연애]
  - 연애에서의 정관은 별로다.
  - 상대방한테 좀스럽게 보이고 치사하게 보이기 때문이다.
  - 무엇보다도 정관은 자기의 생각과 상대방의 생각이 다르면, 그 점은 절대 타협하지 않는다.
  - 소통도 안 되고 재미도 없다. 다만 특유의 반듯한 이미지가 상대방한테 좋게 보인다.
  - 연애에서는 많이 불리한 게 정관이다.

④ 정관의 학업
[정관의 역할 - 학업]
  - 학업에서의 정관은 좋다.
  - 정관이라는 십신은 어떤 분야든 경쟁에서는 최고다.
  - 운에서 들어오는 정관은 그냥 경쟁력이라고 통변해도 된다.
  - 이기기 위해서는 수단과 방법을 안 가리는 것이 정관이니, 공부해도 금방 두각이 나타난다.
  - 특히 등수가 올라가는 것에 큰 의미를 둔다. 학생들한테는 등수가 곧 권력이니 그렇다.
  - 평범해 보이지만 어느새 상위권으로 치고 올라가는 것이 정관이다.
  - 시험에서도 좋다. 시험을 봐서 잘된다면 다 시도해 보는 것이 정관이다.
  - 정관은 목표가 세워지면 한눈팔지 않으니 더욱 좋다.
  - 특히 면접 같은 부분은 절대적으로 유리하다.
  - 정관은 겁재를 극해서 일간을 보호하기 때문이다.

이게 여러분들이 배워야 할 사주명리학입니다!  송재우의 **사주에듀**

### 마무리 총정리

❶ 정관의 여섯 가지 역할이 있다. 일간, 비겁을 극한다. (음일간) 일간이 정관과 합한다. 식상의 극을 받는다. (양일간) 정관이 식신과 합한다. 재성의 생을 받는다. 인성을 생한다.

❷ 경제 활동에서의 정관은 좋다. 정관 자체가 돈을 잘 버는 것은 아니다. 돈을 잘 벌 수 있는 위치에 올라가는 것이 정관이다. 신분상승을 의미하니 승진 운이다.

❸ 연애에서의 정관은 별로다. 상대방한테 좀스럽게 보이고 치사하게 보이기 때문이다. 무엇보다도 정관은 자기의 생각과 상대방의 생각이 다르면 절대 타협하지 않는다.

❹ 학업에서의 정관은 좋다. 정관이라는 십신은 어떤 분야든 경쟁에서는 최고다. 운에서 들어오는 정관은 그냥 경쟁력이라고 통변해도 된다.

❺ 시험에서도 좋다. 시험을 봐서 잘된다면 다 시도해 보는 것이 정관이다. 정관은 목표가 세워지면 한눈팔지 않으니 더욱 좋다. 특히 면접 같은 부분은 절대적으로 유리하다.

# 제119강 편인(偏印)의 특성

### ① 십신으로 보는 사회의 흐름

- 비겁으로 사람들이 결집하고
- 결집된 사람들이 식상으로 활동하고
- 활동하는 사람들이 재성으로 경쟁하고
- 경쟁하는 사람들이 관살로 승패가 갈리고
- 남은 승자가 권력이 돼서 인성이라는 복지를 하고
- 그 복지를 다시 비겁이 받는 구조다.

### ② 편인의 의미 1

[편인(偏印)이란?]
- 편인을 글자 그대로 해석하면 치우칠 편(偏), 도장 인(印) 자를 쓴다.
- 명리학 용어로 신(神)은 정신을 의미하고, 재(財)는 거래를 의미하고, 관(官)은 권력이다.
- 그럼 인은 무슨 의미일까? 인(印)은 검증, 확인을 의미한다. 한자로 도장 인(印) 자다.
- 도장은 중요한 부분을 문서화할 때 찍는다. 공신력을 가진다.
- 도장은 사실 확인을 하고 그것에 대한 권리를 인정할 때 도장을 찍는다.
- 인성의 인(印)은 바로 "검증하다", "자격을 갖추다", "권리를 누리다"이다.
- 그래서 인성은 혜택이 된다. 그중 편인은 조건부 혜택이다.

### ③ 인성은 일간을 보호하기 위해서 존재한다

[인성이란?]
- 일간을 생해 준다는 이유 하나만으로 인성을 굉장히 좋게 생각하는 사람들이 많다.
- 일반적으로는 좋은 편이다. 특히 관살보다는 더더욱 그렇다.
- 하지만 인성은 내가 받기 싫어도 받아야 한다. 모든 상황에서 좋은 것이 아니다.
- 인성이라는 것은 '마음에 새기다'라는 의미도 있다.
- 그래서 인성은 정신적인 의미가 크다.
- 인성을 공부, 생각, 계획, 정신문화 등으로 통변하는 것도 그런 맥락이다.

[인성의 역할]
1. 관살과 상생하여 일간을 극하지 못하게 하는 것
2. 일간을 생해서 일간에 힘을 실어 주는 것
3. 식상을 극해서 일간의 힘이 빠지지 않게 하는 것
   → 이 세 가지의 공통점은 바로 일간을 보호하는 점이다.
※ 인성이 일간과 떨어져 있거나 다른 비견, 겁재를 생하면 사주에서 문제가 된다.

### ④ 편인의 의미 2

[편인(偏印)이란?]
- 편인은 겁재를 생한다.
- 일간과 경쟁자인 겁재를 생한다는 점에서 편인은 반갑지가 않다.
- 편재, 편관도 그랬지만 편인의 치우칠 편(偏) 자 역시 의미는 같다. 임자가 없는 것이다.
- 즉 편인이란 임자가 정해지지 않은 혜택이다. 무료급식 같은 것이 바로 편인이다.
- 임자가 없는 혜택이다 보니 꼭 일간인 나에게 오라는 법은 없다.
- 편인은 일간을 생하는 데 서툴러서 일간에 큰 도움은 안 된다.
- 그러나 무인성 사주에서는 편인운도 유용하게 쓰인다.
- 지지에 편인이 지나치게 왕하면 현실도피를 하게 된다.
- 남의 어려움을 외면하지 않고 기꺼이 떠안는 사람이 바로 편인이 왕한 사람이다.
- 편인은 정신적으로 자유롭다.

- 나 자신보다 타인한테 관심이 더 많다.
- 당연히 인문학이나 종교학에 관심이 가게 되어 있다.
- 큰 인류애나 자비, 평화, 사랑 이런 것들에 관심이 많은 것이 바로 편인이다.
- 상대적으로 생활력이 떨어지고, 안 되는 것에 대한 포기도 빠르다.
- 사회적 보편적 사고방식을 거부하기 때문에 특유의 엉뚱함이 있다. 4차원적 기질이다.
- 특히 편인 월에 태어난 사람들은 잔병치레가 많다. 신체를 의미하는 식신을 극하기 때문이다.

### 5 천간·지지·지장간의 편인

[천간의 편인, 지지의 편인, 지장간의 편인]

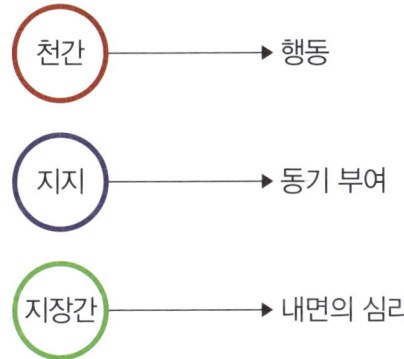

1. 천간의 편인
   - 타인과의 교류가 된다.

2. 지지의 편인
   - 나를 조건부로 도와주는 대상이 있는 상황이다.

3. 지장간의 편인
   - 희생정신과 단념이 된다.

### 마무리 총정리

❶ 편인을 글자 그대로 해석하면 치우칠 편(偏), 도장 인(印) 자를 쓴다. 인성의 인(印)은 바로 "검증하다", "자격을 갖추다", "권리를 누리다"이다. 그래서 편인은 조건부 혜택이다.

❷ 인성이라는 것은 '마음에 새기다'라는 의미도 있다. 그래서 인성은 정신적인 의미가 크다. 인성을 공부, 생각, 계획, 정신문화 등으로 통변하는 것도 그런 맥락이다.

❸ 편인은 겁재를 생한다. 일간과 경쟁자인 겁재를 생한다는 점에서 편인은 반갑지가 않다. 편인은 일간을 생하는 데 서툴러서 일간에 큰 도움은 안 된다.

❹ 편인은 정신적으로 자유롭다. 나 자신보다 타인한테 관심이 더 많다. 당연히 인문학이나 종교학에 관심이 가게 되어 있다. 가난을 창피하게 생각하지 않는 게 편인이다.

❺ 천간의 편인은 타인과 교류가 된다. 지지의 편인은 나를 조건부로 도와주는 대상이 있는 상황이다. 지장간의 편인은 희생정신과 단념이 된다.

# 제120강 편인(偏印)의 역할

## ① 편인의 여섯 가지 역할

1. 일간, 비견, 겁재를 생한다. 셋 중에 겁재를 더 잘 생한다. (일간과 비겁이 태왕하면 설기당할 수 있다.)
2. 편관, 정관의 생을 받는다. 둘 중 정관의 생을 더 잘 받는다.
3. 식신, 상관을 극한다. 둘 중에 식신을 더 잘 극한다.
4. 양일간인 경우 천간 편인이 상관과 합을 한다.
5. 편재, 정재의 극을 받는다. 둘 중 편재의 극을 더 잘 받는다.
6. 음일간인 경우 천간 편인이 정재와 합을 한다.

1. 일간, 비견, 겁재를 생하는 편인
   - 일간, 비견, 겁재를 생하는 측면에서 편인은 동질감이 된다.
   - 인성은 생각이 되는데 그것을 나와 내 측근, 제3자까지 공유하니 동질감인 것이다.
   - 그래서 편인이 일간을 생하면 이타성이 된다. 비겁과 같이 나누면 정서공유다.
   - 국가정책에 비유하면 보편적 복지라고 할 수 있다. 나만 누리는 혜택이 아니다.

2. 편관, 정관의 생을 받는 편인
   - 편인은 조건부 혜택이 된다. 근데 그 혜택이 커지려면 관살의 생을 받아야 한다.
   - 정관의 생을 받으면 좋은 직장에 들어가서 고생한 만큼 대가를 받는다.
   - 편관의 생을 받으면 여건이 열악한 직장에 들어가서 고생한 만큼 대가를 받는다.

3. 식신, 상관을 극하는 편인
   - 편인은 식신, 상관을 극한다. 식신, 상관은 활동성이 되니 그것을 극하는 편인은 절제력이다.
   - 남의 눈을 의식하는 것이고, 남의 눈을 지나치게 의식한 나머지 자기 실속을 못 차리게 된다.
   - 편인이 식신, 상관을 극하면 남을 돕느라 자신의 생계를 소홀히 한다.
   - 특히 식신을 극하면 건강까지 해치면서 남을 돕는다.

4. (양일간) 천간에서 상관과 합을 하는 편인
   - 편인은 식신, 상관을 극한다. 그중 상관은 심하게 극하지 않는다.
   - 상관과 편인은 음양이 다르기 때문이다.
   - 특히 양일간에서는 상관과 편인이 합을 한다.
   - 이타심을 가지고 남을 돕지만, 자기 앞가림은 하면서 남을 돕는다는 의미다.
   - 편인이 식신을 극하면 자기 생계도 등한시하면서 남을 돕는다.

5. 편재, 정재의 극을 받는 편인
   - 재성은 현실 감각이고 뚜렷한 목표의식이다.
   - 재성이 편인을 극한다는 것은 현실인식이다.
   - 자기만의 세계에서 벗어나 세상을 바라보고 세상에 관심을 갖는 사회구성원이 되고자 한다.
   - 식상이 관살을 극하는 게 반항이라면, 재성이 인성을 극하는 것은 일탈이다.

6. (음일간) 천간에서 정재와 합을 하는 편인
   - 편인은 편재, 정재의 극을 받는다.
   - 특히 편재의 극을 쉽게 받는다. 음양이 같기 때문이다.
   - 그러나 정재는 편인을 심하게 극하지 않는다.
   - 특히 음일간에서는 정재와 편인이 합을 한다.
   - 우직하고 어리숙했던 지난 모습을 버리고 좀 더 영악해지고 이기적으로 된다.

## ② 편인의 경제활동

[편인의 역할 – 경제활동]
- 경제 활동에서의 편인은 고통스럽다.
- 편인은 기본적으로 식신이라는 생활력을 외면한다.
- 이것은 자신만의 취미나 종교, 사상에 심취해서 경제활동을 하지 않는 것을 의미한다.

- 심하면 은둔형 외톨이가 된다. 건강 악화를 의미하기도 한다. 잔병치레에 시달리기 쉽다.
- 쉬운 일도 어렵게 만드는 재주가 있다. 경제활동에서는 많이 비효율적인 십신이다.
- 돈 욕심도 크게 없고 자기합리화도 쉽게 한다.
- "그냥 내가 무능하고 내가 이 정도밖에 안 되니까" 이런 식으로 자책하기도 한다.

### ③ 편인의 연애

[편인의 역할 – 연애]
- 연애에서의 편인은 호불호가 갈린다.
- 편인의 사랑은 플라토닉 러브다.
- 성숙하고 정신적인 교감을 중시한다.
- 편인 특유의 정서적인 허전함이 작용한다.
- 사람에 대한 집착이 많다.
- 그래서 연애를 갈구하는 십신이 편인이다.
- 돈 많이 쓰는 연애는 못 하고, 소박하게 데이트를 즐기는 것이 바로 편인이다.
- 그 사람이 좋으면 오백 원짜리 자판기 커피도 진수성찬으로 느끼는 것이 편인이다.
- 상대에 따라 호불호가 많이 갈릴 수밖에 없다.

### ④ 편인의 학업

[편인의 역할 – 학업]
- 학업에서의 편인은 유리하다. 편인이라는 것은 정보공유도 쉽기 때문이다.
- 특히 편인이 공부를 하면 정인과는 다르게 특정 분야에 강점을 보인다.
- 편인의 특징은 자신이 꽂힌 특정 분야 하나만 파고들어서 끝장을 본다.
- 그 이외의 부분은 얼마든지 양보할 수 있다.
- 그래서 종교에 심취하면 열성 신도가 된다.
- 편인의 학습은 그냥 자기가 좋아서 하는 것이다.
- 이거 해서 대학 간다, 취직한다, 이런 목적으로는 편인의 마음을 움직일 수 없다.

- 그래서 다른 사람들이 보기에 편인은 엉뚱해 보인다. 4차원이라 불리기도 한다.
- 그런데 실제로 편인은 대단히 수준 높은 사상을 가진 사람이다.
- 인간의 동물적 욕구인 식신을 통제할 정도면 정말 수준 높은 사고를 지닌 것이다.
- 시험에서는 편인이 다소 불리하다.
- 공부를 열심히 해도 나만의 노하우가 되기 어려운 것이 편인이다.
- 학습할 때는 천재성을 보여 주기도 하고, 높은 관심과 학식을 보여 주기도 한다.
- 막상 시험이라는 경쟁에서는 결과가 별로 좋지 않다.
- 편인은 겁재를 이롭게 하기 때문이다.
- 편인은 공부를 해도 자기 머릿속에 잘 안 남는다.
- 학구열에 비해 비교적 성적이 안 나온다.

### 마무리 총정리

❶ 편인의 역할은 여섯 가지다. 일간, 비겁을 생한다. 관살의 생을 받는다. 식상을 극한다. (양일간) 편인이 상관과 합한다. 재성의 극을 받는다. (음일간) 편인이 정재와 합한다.

❷ 경제 활동에서의 편인은 고통스럽다. 편인은 기본적으로 식신이라는 생활력을 외면한다. 이것은 자신만의 취미나 종교, 사상에 심취해서 경제활동을 하지 않는 것을 의미한다.

❸ 연애에서의 편인은 호불호가 갈린다. 편인의 사랑은 플라토닉 러브다. 성숙하고 정신적인 교감을 중시한다. 편인 특유의 정서적인 허전함이 작용한다.

❹ 학업에서의 편인은 유리하다. 편인이라는 것은 정보공유도 쉽기 때문이다. 특히 편인이 공부를 하면 정인과는 다르게 특정 분야에 강점을 보인다.

❺ 시험에서는 편인이 다소 불리하다. 공부를 열심히 해도 나만의 노하우가 되기 어려운 것이 편인이다. 학구열에 비해 비교적 성적이 안 나온다.

# 제 121 강 정인(正印)의 특성

### ① 정인의 의미 1

[정인(正印)이란?]
- 정인을 글자 그대로 해석하면 바를 정(正), 도장 인(印) 자를 쓴다.
- 정인이라는 게 사회적인 검증을 의미한다.
- 스펙 쌓기가 된다. 정인은 전략이고 효율성이다.
- 어떤 상황이라도 일간인 자신한테 유리하게 사용하고자 하는 것이 정인이다.
- 명리학 공부하는 사람들이 정인을 학습이라는 관점으로만 보는 문제점이 있다.
- 정인이란 이게 나에게 득이 되는가? 안 되는가? 를 분별하는 능력이다.
- 정작 정인이 없어서 고생하는 것은 가정생활과 사회생활이다.
- 인성은 받을 복이다. 편인은 조건부로 받는 것이고, 정인은 무조건 받는다.
- 정인이 육친으로 어머니인 이유가 여기에서도 나온다.
- 엄마가 자식인 나에게서 뭘 바라고 혜택을 주는 것은 아니기 때문이다.
- 정인이 일간을 생한다는 의미가 그런 의미다.
- 온전히 나만 누릴 수 있는 혜택이 된다.
- 특히 정인이 일간과 붙어 있으면, 사람과 사물을 내가 원하는 대로 유리하게 조종할 수 있다.

### ② 식신의 행복, 정인의 행복

- 정인은 참 편리하고 안락한 것이다. 이 편안함은 식신의 편안함과 다르다.
- 식신의 편안함은 사람의 기본적인 의식주 욕구가 충족되어서 편안한 것이다.
- 정인은 식신처럼 자기 스스로 편안함을 만들어 가는 것이 아니다.
- 그래서 관살처럼 나에게 영향을 주는 누군가가 있어야 행복해지는 것이 정인이다.
- 식신의 행복은 자신이 만들어 가는 행복이고, 정인의 행복은 누가 만들어 주는 행복이다.
- 월지에 정인이 있으면 자신이 행복한 것을 인지 못 한다. 늘 겪는 일이니 그렇다.
- 당사자는 그걸 그렇게 고맙게 느끼질 못한다. 당연한 것으로 인식한다.
- 그래서 남들이 보기에는 많이 얄미워 보이는 것이 정인이다.
- 누구한테 혜택을 받기 쉽고, 그것을 당연하게 생각하니 나이 먹어도 응석받이다.
- 그런 부분에서 정인은 사회성이 편인보다 떨어진다. 편인은 상대방을 먼저 생각한다.
- 정인은 어떤 상황에서든 자신의 입장과 편의가 우선이다.
- 정인이 왕하면 몸만 큰 아기다. 나이 먹어서도 누구를 배려할 줄 모른다.

### ③ 정인의 의미 2

[정인(正印)이란?]
- 정인은 습득능력과 지적 욕구가 크다.
- 어디를 가든 누구를 만나든 뭔가를 알고 싶어 하고, 배우고 싶어 하고, 확인하고 싶어 한다. 이게 또 편재의 지적 욕구와는 다르다.
- 편재의 지적 욕구는 그냥 객관적으로 그 상황이나 사실을 알고 싶은 것이다.
- 정인의 지적 욕구는 그 상황이나 사실이 나에게 득이 되는가? 이런 부분이 궁금한 것이다.
- 돌다리도 두들겨 보고 건너는 것이 바로 정인이다. 뭘 사도, 뭘 해도 검증된 것만 선호한다.
- 의심은 많으나 한번 정했으면 그대로 굳히는 것이 정인이다. 그래서 정인은 처음부터 선택을 잘해야 한다.

- 중간에 진로 변경하기 정말 어려운 것이 정인이다.
- 의심이 많지만, 한번 믿으면 끝까지 믿는 것이 정인이다.
- 소유욕도 좋고 뻔뻔하기도 하고 자기애가 강한 것이 바로 정인이다.
- 정인은 오로지 일간인 나만 받아야 하고, 사용해야 하는 일간 전용 십신이다. 그래서 정인이 있어야 자기만의 노하우를 쌓을 수 있다.
- 경험 축적이 쉽게 되는 게 정인이다.

### ④ 천간 · 지지 · 지장간의 정인

[천간의 정인, 지지의 정인, 지장간의 정인]

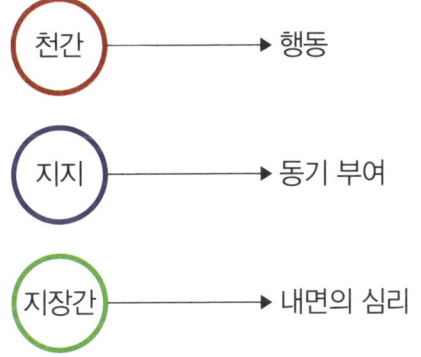

1. 천간의 정인
- 배우려고 하고 확인하려 하는 행동이다.

2. 지지의 정인
- 나를 무조건 도와주는 대상이 있는 상황이다.

3. 지장간의 정인
- 자신을 사랑하는 마음이 된다.

### 마무리 총정리

❶ 정인을 글자 그대로 해석하면 바를 정(正), 도장 인(印) 자를 쓴다. 사회적인 검증을 의미한다. 스펙 쌓기가 된다. 정인은 전략이고 효율성이다.

❷ 인성은 받을 복이다. 편인은 조건부로 받는 것이고, 정인은 무조건 받는다. 특히 정인이 일간과 붙어 있으면, 사람과 사물을 내가 원하는 대로 유리하게 조종할 수 있다.

❸ 정인은 어떤 상황에서든 자신의 입장과 편의가 우선이다. 정인이 왕하면 몸만 큰 아기다. 나이 먹어서도 누구를 배려할 줄 모른다.

❹ 돌다리도 두들겨 보고 건너는 것이 바로 정인이다. 뭘 사도, 뭘 해도 검증된 것만 선호한다. 의심은 많으나 한번 정했으면 그대로 굳히는 것이 정인이다.

❺ 천간의 정인은 배우려고 하고 확인하려 하는 행동이다. 지지의 정인은 나를 무조건 도와주는 대상이 있는 상황이다. 지장간의 정인은 자신을 사랑하는 마음이 된다.

# 제 122강 정인(正印)의 역할

### ① 정인의 여섯 가지 역할

1. 일간, 비견, 겁재를 생한다. 셋 중에 일간과 비견을 더 잘 생한다. (일간과 비겁이 태왕하면 설기당할 수 있다.)
2. 편관, 정관의 생을 받는다. 둘 중 편관의 생을 더 잘 받는다.
3. 식신, 상관을 극한다. 둘 중에 상관을 더 잘 극한다.
4. 음일간인 경우 천간 정인이 식신과 합을 한다.
5. 편재, 정재의 극을 받는다. 둘 중 정재의 극을 더 잘 받는다.
6. 양일간인 경우 천간 정인이 편재와 합을 한다.

1. 일간, 비견, 겁재를 생하는 정인
   - 일간, 비견, 겁재를 생하는 측면에서 정인은 동질감이 된다.
   - 인성은 생각이 되는데 그것을 나와 내 측근, 제3자까지 공유하니 동질감이다.
   - 정인이 일간을 생하면 나만의 노하우다. 비겁과 같이 나누면 노하우 유출이다.

2. 편관, 정관의 생을 받는 정인
   - 정인은 무조건적인 혜택이 된다. 그런데 그 혜택이 커지려면 관살의 생을 받아야 한다.
   - 정관의 생을 받으면 비교적 편하게 자신의 입지를 다지는 것이다.
   - 편관의 생을 받으면 고생하면서 자신의 입지를 다지는 것이다.

3. 식신, 상관을 극하는 정인
   - 정인은 식신, 상관을 극한다.
   - 식신, 상관은 활동성이 되니 그것을 극하는 정인은 절제력이다.
   - 정인의 절제력은 편인의 절제력과는 다르다.
   - 이해타산에 민감한 게 정인의 절제력이다.

   - 정인이 식신, 상관을 극하면 실수에서 배우는 상황이다. 경험 축적을 의미한다.
   - 특히 상관을 극해야 더 많이 배운다. 한마디로 반면교사다.

4. (음일간) 천간에서 식신과 합을 하는 정인
   - 정인은 식신, 상관을 극한다. 그 중 식신은 심하게 극하지 않는다.
   - 식신과 정인은 음양이 다르기 때문이다.
   - 특히 음일간에서는 식신과 정인이 합을 한다.
   - 시행착오 끝에 교훈을 얻지만 그만큼 육체적, 금전적 손실을 겪고 얻는다.

5. 편재, 정재의 극을 받는 정인
   - 재성은 현실 감각이고 뚜렷한 목표의식이다.
   - 재성이 정인을 극한다는 것은 미래에 대한 투자다.
   - 더 큰 것을 얻기 위해 현재 내가 가지고 있는 것을 버리는 행위다.
   - 식상이 관살을 극하는 게 반항이라면, 재성이 인성을 극하는 것은 일탈이다.

6. (양일간) 천간에서 편재와 합을 하는 정인
   - 정인은 편재, 정재의 극을 받는다.
   - 특히 정재의 극을 쉽게 받는다. 음양이 같기 때문이다.
   - 그러나 편재는 정인을 심하게 극하지 않는다.
   - 특히 양일간에서는 편재와 정인이 합을 한다.
   - 뛰어난 영업력을 가진 사람이 좋은 후원자를 만나는 상황이다.

이게 여러분들이 배워야 할 사주명리학입니다! 송재우의 **사주에듀**

## ② 정인의 경제활동

[정인의 역할 – 경제활동]
- 경제 활동에서의 정인은 아주 좋다.
- 경제활동에서의 정인은 극도의 고부가가치 산업이다.
- 최소의 노력으로 최대한의 이익을 보고자 하는 것이 정인이다.
- 상황에 따라서는 거저먹을 수도 있다.
- 특히 지지의 정인은 내 후원자가 된다.
- 무언가를 시도하다가 망해도 쉽게 재기할 수 있다.
- 수익률이 높은 상품을 잘 찾는다.
- 국가나 기업, 또는 공신력 있는 단체에 자신의 능력을 검증받는다.
- 아직 검증 못 받았다면 검증을 받으려고 노력한다.
- 인성 특히 정인이 없으면 아무리 실력이 뛰어나도 재야의 고수다.

## ③ 정인의 연애

[정인의 역할 – 연애]
- 연애에서의 정인은 많이 불리하다. 상대방에게 원하는 것이 많다.
- 상대를 보고 이리 재고 저리 재고 하는 부분이 크다.
- 천간에 정인이 있는 경우에는 자기 자신도 스펙을 갖추려고 노력한다.
- 천간에 정인이 없고 지지나 지장간에만 인성이 있으면 문제가 된다.
- 나는 갖추질 않으면서 상대방한테만 좋은 조건을 바란다.
- 배우자를 원해도 엄마나 아빠 같은 배우자를 원한다.
- 내 편한 것이 우선이고, 내가 하고 싶은 대로 하는 것이 우선이다.
- 연애는 많이 불리하고 중매가 적합하다.

## ④ 정인의 학업

[정인의 역할 – 학업]
- 학업에서의 정인은 유리하다. 정인 자체가 학구열과 지적 욕구다.
- 그리고 효율의 극대화를 추구하는 것이 정인이다.
- 제도권 교육에 특화되어 있고 학교 간판에 목숨을 건다.
- 자신의 적성이나 학과의 장래성을 보고 공부하는 것이 아니다.
- 오로지 학연, 지연, 인맥을 만들고자 공부하는 것이 정인이다.
- 명문대 못 갈 바에는 차라리 재수하거나 다른 고시 공부를 하겠다가 정인이다.
- 한번 제대로 고생해서 평생 우려먹을 생각을 하는 것이 바로 정인이다.
- 시험에서는 정인이 부분적으로 유리하다.
- 선생이 가르쳐 주는 대로 고스란히 받아들인다.
- 가르쳐 주는 선생이 누구냐에 따라서 개인의 역량이 크게 달라진다.
- 독학으로는 정인의 강점을 살리기가 어려우니, 반드시 좋은 선생을 만나야 한다.
- 취업 경쟁에서는 불리하다. 관살이라는 경쟁력을 무력화시킨다.

**송재우의 사주에듀** 이게 여러분들이 배워야 할 사주명리학입니다!

### 마무리 총정리

❶ 정인의 여섯 가지 역할이 있다. 일간, 비겁을 생한다. 관살의 생을 받는다. 식상을 극한다. (음일간) 정인이 식신과 합한다. 재성의 극을 받는다. (양일간) 정인이 편재와 합한다.

❷ 경제 활동에서의 정인은 아주 좋다. 경제활동에서의 정인은 극도의 고부가가치 산업이다. 최소의 노력으로 최대한의 이익을 보고자 하는 것이 정인이다.

❸ 연애에서의 정인은 많이 불리하다. 상대방에게 원하는 것이 많다. 상대를 보고 이리 재고 저리 재고 하는 부분이 크다. 연애는 많이 불리하고 중매가 적합하다.

❹ 학업에서의 정인은 유리하다. 정인 자체가 학구열과 지적 욕구다. 제도권 교육에 특화되어 있고 학교 간판에 목숨을 건다. 한번 제대로 고생해서 평생 우려먹으려고 한다.

❺ 시험에서는 정인이 부분적으로 유리하다. 선생이 가르쳐 주는 대로 고스란히 받아들인다. 독학으로는 정인의 강점을 살리기가 어려우니, 반드시 좋은 선생을 만나야 한다.

# 제 123 강 비겁이 태왕(太旺)한 경우의 문제점 1

### ① 비겁이 태왕(太旺)한 경우 세 가지 문제점

1. 비겁이 태왕한데 재성이 약하면, 비겁이 재성을 심하게 극한다. (과다한 극)
2. 비겁이 태왕한데 인성이 약하면, 비겁이 인성을 심하게 설한다. (과다한 설)
3. 비겁이 태왕한데 식상이 약하면, 비겁의 생을 식상이 감당 못 한다. (과다한 생)

### ② 비겁이 태왕하다는 뜻

- 나를 중심으로 사람들이 결집이 된다는 뜻이다.
- 사람이 많으면 혼자서 일을 하는 것보다 더 많은 일을 할 수가 있다. 분업화가 가능하다.
- 그리고 보다 많은 기회를 잡을 수 있다. 비견, 겁재 하나하나가 인맥이니까 그렇다.
- 일간과 비겁이 재성을 극하면 나와 다른 사람들이 함께 공동목표를 일구어 나간다.
- 그런데 비겁이 태왕해서 약한 재성을 심하게 극하면 문제가 생긴다.
- 사람 간에 파벌이 갈리게 된다. 사람이 많아진다는 것은 분명 중요한 이점이다.
- 그러나 동시에 분열이 되기도 쉽다. 재성이라는 영역이 작으면 그 상황은 더욱 심해진다.
- 코딱지만 한 상권을 놓고 여러 명의 자영업자가 경쟁하는 현상이 발생한다.

### ③ 쟁재(爭財)

**[쟁재(爭財) - 비겁과 일간이 재성을 극하는 상황]**

- 쟁재는 한 여자(또는 남자)를 두고 여러 남자(또는 여자)가 치열하게 다투는 형상이다.
- 이런 치열한 경쟁에서 나오는 결과는 다툼, 금전손실, 불신이다.
- 그래서 쟁재 사주의 특징이 투쟁적이고 사람을 순수하게 믿질 못한다.
- 환경 자체가 사람을 그렇게 만든다, 구설과 분쟁은 부수적으로 따라온다.
- 사업에서도 동업을 권장하지 않는다.
- 쟁재 사주가 동업하면 의견 합의가 이루어지지 않아서 갈라서기 쉽다.
- 그 결과는 돈 잃고 사람 잃는 경우가 발생한다. 그러다 보면 남을 원망하게 된다.
- 빌려준 돈을 못 받기도 하고, 임금체납을 겪기도 한다.
- 모두 내가 받을 몫을 못 받는 경우다.
- 비겁이 태왕하면 세상은 나를 중심으로 돌아가야 한다고 믿는다.
- 비겁태왕자는 독선과 객관성 결여가 가장 큰 문제다.

### ④ 일간(日干)

- 비견, 겁재를 해석할 때 항상 빼놓으면 안 되는 부분이 일간이다.
- 사주의 주인공은 일간이라는 나 자신이기 때문이다.
- 비겁이라는 타인의 문제도 결국은 일간인 나와 연관이 되어 있으니 같이 해석을 하는 것이다. 인간관계는 나 하나만 뚝 떼서 해석하는 것이 아니기 때문이다.
- 비겁이 태왕한 사주에서 편관보다 정관, 상관보다 식신이 용신으로 더 바람직한 이유다.
- 편관과 상관으로도 비겁이라는 경쟁자 문제를 해결하지만, 일간의 소모가 크다.
- 정관과 식신은 비겁이라는 경쟁자 문제를 해결하지만, 일간의 소모가 적다.

### ⑤ 인성의 과다한 설기

- 비겁이 태왕하면 재성을 극하는 문제 말고 또 다른 문제가 있다.

- 바로 인성의 설기(洩氣)다.
- 일간이 보는 인성은 정보와 이익이 된다. 그래서 비다인설은 정보누출, 기밀누설이다.
- 특히 정인이 설이 된 경우는 그 피해가 훨씬 크다.
- 남에게 약점 잡힌 게 정인의 설이다.
- 남들이 알면 안 되는 나만의 정보가 유출된 상황이기 때문이다.
- 시험에도 불리한 상황이고, 기업 경영에서도 불리한 상황이다.
- 특히 자영업자 같은 경우는 동업자의 공금횡령이 되기도 한다.
- 직장인일 경우에는 내 실적을 다른 사람이 가로채 버린 것이다.
- 쟁재도 금전적인 손실이지만, 인설도 금전적인 손실이 온다.
- 쟁재는 상대방과 경쟁하다가 밀려서 나에게 올 몫이 딴 사람한테 간 것을 의미하고, 인설은 나 몰래 주변 사람들이 내 돈을 가지고 장난질 치는 상황이다.
- 육친 통변을 하자면 인성은 어머니가 되니 비다인설은 모친의 무능이라고 통변해도 된다.
- 투자에서 인설은 상대 투자자가 유능한 줄 알고 손을 잡았는데 알고 보니 개털인 경우다.
- 이런 경우에는 반대로 그 투자자를 내가 도와줘야 하는 상황에 부닥친다.
- 허위정보에 속은 거다. 전 재산 투자했는데, 폭락해 버린 상황이다. 비다인설이 그렇다.

### ❻ 약한 식상을 과다하게 생하면?

- 비겁은 재성이라는 객관성을 무시한다.
- 인성이라는 정보를 쉽게 믿는다.
- 보고 싶은 것만 보고, 듣고 싶은 것만 들으려고 하는 게 바로 비겁태왕자다.
- 비겁태왕자가 실패하는 이유다. 특히 신왕할수록 더더욱 그렇다.
- 비겁이 태왕한데 식상이 약하면, 비겁의 생을 식상이 감당 못 하는 경우도 문제다.
- 일간의 근이 그 사람의 의지가 되고 식상은 행동이다. 태왕한 일간이 미약한 식상을 생한다는 것은 의욕만 앞서고 몸이 안 따라 준다는 뜻이다.
- 사람들이 많은 모임이나 집단에서 쉽게 합의점이 나오지 않는 상황도 된다.

### 마무리 총정리

❶ 비겁이 태왕한 경우 세 가지 문제점이 발생한다. 약한 재성을 과다하게 극한다. 약한 인성을 과다하게 설한다. 약한 식상을 과다하게 생한다.

❷ 쟁재의 치열한 경쟁에서 나오는 결과는 다툼, 금전손실, 불신이다. 그래서 쟁재 사주의 특징이 투쟁적이고 사람을 순수하게 믿질 못한다. 받아야 할 내 몫을 못 받는 상황이다.

❸ 인설은 정보누출, 기밀누설이다. 특히 정인이 설이 된 경우는 그 피해가 훨씬 크다. 남에게 약점 잡힌 게 정인의 설이다. 남들이 알면 안 되는 나만의 정보가 유출된 것이다.

❹ 비겁은 재성이라는 객관성을 무시한다. 인성이라는 정보를 쉽게 믿는다. 보고 싶은 것만 보고, 듣고 싶은 것만 들으려고 하는 게 바로 비겁태왕자다.

❺ 태왕한 일간이 미약한 식상을 생한다는 것은 의욕만 앞서고 몸이 안 따라 준다는 뜻이다. 사람들이 많은 모임이나 집단에서 쉽게 합의점이 나오지 않는 상황도 된다.

## 제 124강 비겁이 태왕(太旺)한 경우의 문제점 2

### ① 비겁이 태왕한 경우 문제점의 해결 방법

1. 비겁이 태왕한 사주가 약한 재성을 심하게 극할 때 문제해결 방법은?
– 관살을 써서 비겁을 제압하거나, 식상을 써서 비겁과 재성을 상생관계로 만든다.
– 운에서 재성을 기다려서 재성 자체가 왕해지게 하는 방법도 있다.

2. 비겁이 태왕한 사주가 약한 인성을 심하게 설할 때 문제해결 방법은?
– 관살을 써서 인성을 생해 주거나, 운에서 인성을 기다려서 인성 자체가 왕해지게 한다.

3. 비겁이 태왕한 사주가 약한 식상을 심하게 생할 때 문제해결 방법은?
– 관살을 써서 비겁의 생을 방해하거나, 운에서 식상을 기다려서 식상 자체가 왕해지게 한다.

### ② 사주명조 예시 1

| 시 | 일 | 월 | 년 |
|---|---|---|---|
| 乙 | 己 | 己 | 戊 |
| 亥 | 丑 | 未 | 戌 |

– 己 일간이 월지 비견, 일지 비견, 년지 겁재, 월간 비견, 년간 겁재를 보는 사주다.
– 비겁이 태왕한 사주. 재성을 보면 시지에 정재가 있다. 군비쟁재, 군겁쟁재가 심하다.
– 년지 戌, 월지 未, 일지 丑이 있어서 丑未 충과 丑戌未 삼형살이 동시에 작용하는 사수다.
– 그것도 십신으로 보면 비겁이다. 심한 쟁재 자체가 치열한 경쟁이다.
– 거기에 충이 있다는 것은 타협의 여지가 없다는 뜻이다.
– 그나마 다행인 것은 신왕사주라 일간이 비견, 겁재와 다툴 수 있는 저력이 있다.
– 이 사람은 형제 많은 가난한 집에서 부친의 경제적인 무능으로 유년기에 고생했다.
– 청년기 때는 일터에서 쓰러져서 한 번의 뇌수술을 겪었다.
– 이성 문제의 복잡함으로 한 번의 이혼을 겪고, 그 후 다수의 여자와 교제를 하고 있다.
– 현재 모 건설회사에 재직 중인 한 남성의 사주다.

### ③ 사주명조 예시 2

| 시 | 일 | 월 | 년 |
|---|---|---|---|
| 乙 | 己 | 壬 | 戊 |
| 亥 | 酉 | 戌 | 辰 |

– 己 일간이 월지 겁재, 년지 겁재, 년간 겁재를 보는 사주다.
– 쟁재가 심하다. 특히 겁재로만 쟁재가 되는 순수한 군겁쟁재다.
– 월간의 壬 정재를 놓고 년간 겁재, 월지 겁재, 일간이 경쟁하고 있는 형상이다.
– 정재를 놓고 겁재들과 경쟁하고 있으니 쟁재 중에서도 제일 나쁜 상황이다.
– 더군다나 이 사주의 또 다른 문제가 있는데 일간이 신약하다는 점이다. 얼핏 보면 월지와 년지가 겁재라서 신왕한 것처럼 보인다.
– 그러나 천간 戊, 己의 진정한 근은 지지 巳午未다.
– 戌 월 자체가 금왕절이라 일간을 돕기보다는 오히려 힘을 뺀다.
– 년지 辰 일간의 근으로 쓰기는 약하다.
– 설상가상으로 시간의 편관이 바로 일간을 극하고 있다.
– 쟁재 사주는 정관으로 해결하는 게 이상적이다. 편관으로 해결하려면 신왕해야 한다.
– 그러나 시간에 있는 관이 편관이고, 일간조차 약하다.

- 이 사람은 20대 내내 사람들과의 불화로 직장을 계속 옮기면서 자리를 못 잡고 있다.
- 현재 이민 준비를 하고 있는 한 여성의 사주다.

### ④ 사주명조 예시 3

| 시 | 일 | 월 | 년 |
|---|---|---|---|
| 庚 | 壬 | 壬 | 丁 |
| 子 | 子 | 寅 | 未 |

- 壬 일간이 목왕절에 태어났다.
- 일지 겁재, 시지 겁재, 월간에 비견이 있어서 쟁재와 동시에 인설이 일어나는 사주다.
- 시간의 庚 편인이 연월일시 지지 어느 곳에도 통근하지 못했다.
- 이런 약한 庚 편인을 일간과 비견, 겁재가 같이 힘을 빼고 있다.
- 관살이 있어서 편인을 생해 주면 편인의 설기를 막을 수 있다.
- 그러나 안타깝게도 년지의 정관은 시간의 편인을 생해 주지 못한다.
- 지지는 지지끼리 영향을 주고받기 때문이다.
- 설상가상으로 월지의 식신이 년지의 정관을 극하고 있다.
- 정관이 비겁을 극해서 비겁의 설기를 방해하든지, 아니면 설기당하는 편인을 생해서 편인에게 힘을 실어 주든지 해야 하는데, 이 사주는 그 어느 쪽도 해당이 되지 못한다.
- 쟁재와 인설만 문제가 아니다. 년간의 정재를 일간이 아닌 비견하고 합을 하고 있다.
- 직원의 공금횡령과 아내의 외도를 동시에 겪어서 졸지에 몰락한 한 사업가의 사주다.

### 마무리 총정리

❶ 비겁이 태왕한 사주가 약한 재성을 심하게 극할 때 문제해결 방법이 있다. 관살을 써서 비겁을 제압하거나, 식상을 써서 비겁과 재성을 상생관계로 만든다.

❷ 쟁재를 약화시키는 방법은 운에서 재성을 기다려서 재성 자체가 왕해지게 하는 방법도 있다.

❸ 비겁이 태왕한 사주가 약한 인성을 심하게 설할 때 문제해결 방법이 있다. 관살을 써서 인성을 생해 주거나, 운에서 인성을 기다려서 인성 자체가 왕해지게 한다.

❹ 비겁이 태왕한 사주가 약한 식상을 심하게 생할 때 문제해결 방법이 있다. 관살을 써서 비겁의 생을 방해하거나, 운에서 식상을 기다려서 식상 자체가 왕해지게 한다.

❺ 문제해결에 쓰이는 십신들이 통근을 해야 제 구실을 한다. 월지 통근을 하면 제일 좋다. 문제해결에 쓰이는 십신들이 극을 받거나 통근을 못 하면 제구실을 못 한다.

# 제 125 강 식상이 태왕(太旺)한 경우의 문제점 1

### ① 식상이 태왕한 경우 세 가지 문제점

1. 식상이 태왕한데 관살이 약하면, 식상이 관살을 심하게 극한다. (과다한 극)
2. 식상이 태왕한데 일간이 약하면, 식상이 일간을 심하게 설한다. (과다한 설)
3. 식상이 태왕한데 재성이 약하면, 식상의 생을 재성이 감당 못 한다. (과다한 생)

### ② 식상이 태왕하다는 뜻

- 일간이라는 나의 활동성이 대단히 크다는 뜻이다.
- 개인은 사회의 일부인데 개인인 내가 활동성이 크니 자연스럽게 다른 사람들의 눈에 띈다. 그래서 식상을 개인의 특성, 개성이라고 통변한다.
- 그러나 개인의 특성과 개성이 지나치면, 필연적으로 사회 공동의 질서를 무시하게 된다. 사회 공동의 질서는 특정 개인의 편의를 위해서 만들어진 것이 아니다.
- 한마디로 주객전도. 이런 분들이 직장 생활하면 골치 아프다.

### ③ 식상태왕자는 직장생활이 힘들다

- 권리는 상사가 가지고 있는데 책임은 내가 져야 하기 때문이다.
- 원래 윗사람이 권리와 책임을 동시에 가지고 있어야 한다.
- 윗사람이 무능하니 아랫사람인 내가 도리어 윗사람을 보살펴야 하는 상황이 발생한다.
- 식상이 태왕하다는 것은 상대방의 단점이나 허술함이 너무너무 잘 보인다는 뜻이다.
- 관살이 약하니 윗사람이 아무지지 못해서 내 눈에 계속 거슬리는 상황이 발생한다.
- 여자 같은 경우는 나보다 부족한 남자를 만나서, 내가 남편을 보살피고 관리해야 한다.
- 식상은 자식도 되니 집에 아이들이 남편을 무시하는 경우도 생기기 쉽다.
- 기본적으로 식상이 왕한 여자들이 남자 보는 눈이 높아서 아무나 안 만난다.
- 그러나 아무리 골라도 결국 자신보다는 부족한 남자를 만나게 된다.
- 정신적으로 유약한 남자를 만난다. 그냥 아들 하나 더 키운다고 생각해야 속이 편하다.

### ④ 약한 관살의 과다한 극

- 식상이 태왕해서 약한 관살을 심하게 극 한다는 것은 직장생활 하는 데 또 다른 문제가 있다.
- 원칙과 규칙을 알아도 그걸 그대로 이행하지 않고 자기 임의대로 처리하는 문제점이다.
- 원칙보다는 사사로운 인정이 우선이다. 편법을 융통성이라고 생각하는 게 식상태왕자다.
- 절차를 무시하는 걸 대수롭지 않게 생각해서 나중에 문제가 생기기 쉽다.
- 편법적인 혜택의 대가로 뒷돈 받는 것을 자연스럽게 생각한다.

### ⑤ 일간의 과다한 설기

- 태왕한 식상이 약한 일간을 심하게 설기하면 과도한 주인의식이 문제다.
- 식상은 여러 가지 의미가 있는데, 특히 일간이 보는 식상은 행동력이다.
- 직장생활 같은 경우 누가 시키지도 않았는데 무리하게 일을 한다.
- 과다한 주인의식이 문제다. 신왕한 사주라면 자신의 노고를 주변에서 알아주고 격려해 준다.
- 그러나 신약한 사주에 식상이 왕해서 일간이 설기당하면 상황은 달라진다.

- 내가 죽어라 노력해도 주변에서 알아주는 사람이 없다.
- 자기 몸이 축나는 줄도 모르고 일을 하니, 결국 일간이라는 내가 탈진한다.
- 열심히 움직이지만, 그 행동이 오래 못 간다. 쉽게 말해 용두사미다.
- 육친론으로 보자면 자식 사랑에 눈이 멀어 자식의 요구를 무리하게 들어준다는 뜻이다.
- 자식 건사하느라 골병 드는 팔자다. 자식의 수가 많으면 많을수록 더 심해진다.
- 직장인 같은 경우는 상급자인 내가 부하 직원들을 통솔하는 부분에서 애로사항이 생긴다.
- 부하 직원이 나에게 의지하는 것이 많은데, 나의 역량 부족으로 인해서 다 들어주기 버겁다.
- 그 노력을 누가 강요한 적이 없다. 그냥 자기가 그렇게 하고 싶어서 했을 뿐이다.
- 윗사람과 마찰 생기고, 아랫사람이 말 안 듣는 팔자가 식상태왕자다.

### ⑥ 약한 재성을 과다하게 생하면?

- 식상은 관살이라는 원칙을 무시한다.
- 일간이라는 나 자신을 과신한다.
- 안 되는 일도 무리하게 달려들어서 고생을 자초하는 사람이 바로 식상태왕자다. 식상태왕자가 실패하는 이유다.
- 특히 신약할수록 더더욱 그렇다.
- 식상이 태왕한데 재성이 약하면, 식상의 생을 재성이 감당 못 하는 상황이 발생한다.
- 식상은 그 사람의 행동이고 재성은 그 사람의 야망이다.
- 태왕한 식상이 미약한 재성을 과다하게 생하면 사소한 일에 목숨을 건다.
- 닭 잡는 데 소 잡는 칼을 쓴다. 최선을 다하는 것을 넘어서 불필요하게 자기 기운을 낭비한다.

### 마무리 총정리

❶ 식상이 태왕한 경우 세 가지 문제점이 발생한다. 약한 관살을 심하게 극한다. 약한 일간을 심하게 설한다. 약한 재성을 심하게 생한다.

❷ 태왕한 식상이 약한 관살을 극한다는 것은 윗사람의 보호를 받지 못한다. 나보다 능력 없는 직장 상사를 모시는 것이고, 나보다 부족한 남편과 같이 산다는 뜻이다.

❸ 태왕한 식상이 일간을 심하게 설기하면 과도한 주인의식이 문제다. 윗사람과 마찰 생기고, 아랫사람이 말 안 듣는 상황이 발생한다. 여자 같은 경우 자식이 통제가 안 된다.

❹ 식상은 관살이라는 원칙을 무시한다. 일간이라는 나 자신을 과신한다. 안 되는 일도 무리하게 달려들어서 고생을 자초하는 사람이 바로 식상태왕자다.

❺ 태왕한 식상이 미약한 재성을 과다하게 생하면 사소한 일에 목숨을 건다. 닭 잡는 데 소 잡는 칼을 쓴다. 최선을 다하는 것을 넘어서 불필요하게 자기 기운을 낭비한다.

# 제 126 강 식상이 태왕(太旺)한 경우의 문제점 2

### ① 식상이 태왕한 경우 문제점의 해결 방법

1. 식상이 태왕한 사주가 약한 관살을 심하게 극할 때 문제해결 방법은?
   - 인성을 써서 식상을 제압하거나, 재성을 써서 식상과 관살을 상생관계로 만든다.

2. 식상이 태왕한 사주가 약한 일간을 심하게 설할 때 문제해결 방법은?
   - 인성을 써서 일간을 생해 주거나, 운에서 일간의 근을 기다려서 일간 자체가 왕해지게 한다.

3. 식상이 태왕한 사주가 약한 재성을 심하게 생할 때 문제해결 방법은?
   - 인성을 써서 식상의 생을 방해하거나, 운에서 재성을 기다려서 재성 자체가 왕해지게 한다.

### ② 사주명조 예시 1

| 시 | 일 | 월 | 년 |
|---|---|---|---|
| 丙 | 庚 | 壬 | 壬 |
| 子 | 子 | 子 | 子 |

- 수왕절에 태어난 庚 일간 사주다.
- 월지 상관, 일지 상관, 시지 상관, 년지 상관, 월간 식신, 년간 식신
- 이렇게 식신, 상관이 세력을 갖추고 있다.
- 세력의 기준은 지지인데 연월일지 모두 상관이라 그 기운이 대단히 크다.
- 게다가 월간, 년간에도 식신 투간이 되어서 식상이 엄청나게 왕한 사주가 되었다.
- 반면에 관살은 시간에 丙 편관 달랑 하나다.
- 丙 편관은 지지에 그 어디에도 근이 없다.
- 식상이 아주 크게 편관을 극하고 있다.
- 일간이 무근이라 일간의 설기도 아주 심하다.
- 식상을 설하는 재성도, 식상을 극하는 인성도 없다.
- 그래서 태왕한 식상이 날뛰고 있다.

- 일간이 비겁과 인성의 도움을 못 받으니 식상이 감당이 안 된다.
- 남편의 사업 실패로 혼자서 미용실 운영하며 빚을 갚고 살림을 꾸려 나가는 여자의 사주다.
- 무비겁이라 의지할 만한 지인도 없고, 무인성이라 친정엄마의 도움을 바랄 수도 없다.
- 그래도 이혼은 하질 않고 같이 사는 이유는 천간에서 식신제살 하기 때문이다.
- 식신은 점진적인 변화이기 때문에 부족한 남편을 고쳐 쓰겠다는 행동이고 상관은 급진적인 변화이기 때문에 부족한 남편을 갈아 치우겠다는 의미다.
- 하나 주목할 점은 미약하지만 그래도 저 사주에서 병화가 조후용신이라는 점이다.
- 비록 남편이 경제적으로는 무능하지만, 여자 입장에서는 아껴 주고 싶은 사랑의 대상이다.
- 조후용신은 사주 명주의 꿈이자 희망이다. 무능해도 내 마음 편하게 해 주는 사람이다.

### ③ 사주명조 예시 2

| 시 | 일 | 월 | 년 |
|---|---|---|---|
| 丁 | 丙 | 戊 | 己 |
| 酉 | 戌 | 辰 | 未 |

- 목왕절에 태어난 丙 일간이다.
- 월지 식신, 일지 식신, 년지 상관, 월간 식신, 년간 상관이다.
- 식상이 세력을 갖춘 식상이 태왕 한 팔자이다.
- 시간의 丁은 천간 겁재라 내 편이라고 할 수 없다.
- 일간 丙이 식신, 상관의 설을 심하게 받으니 일간의 설기가 매우 심하다.
- 그나마 다행인 것은 일간이 양간이라는 점이다.
- 일간이 음간이면 설기의 피해가 더욱 심하다.
- 다니는 직장에서 부하 직원들의 잘못을 책임지고 직장을 나오게 된 모 기업의 직장인이다.

- 직장생활 하면서 과로와 산재를 겪을 정도로 몸이 부서지게 일하신 분이다.
- 지지에서 식신끼리 형충을 하니 당연한 결과다.
- 현재 다른 직장으로 이직을 준비하고 있다.
- 이렇게 식상 태왕하신 분들은 꼭 병이나 대인관계 아니더라도 한 직장에 있기 어렵다.
- 식상은 끊임없이 변화를 원한다. 진로로 자영업이 잘 맞지는 않는다.
- 무인성이라 자영업을 해도 박리다매를 못 벗어난다.
- 무관이라 세금 같은 법적 문제도 생기기 쉽다.
- 굳이 자영업 하신다면 1인 자영업을 하여야 한다.
- 이 사주는 부하직원 통제가 안 된다. 일간의 설기가 심한 사주의 특징이다.

## 마무리 총정리

❶ 식상이 태왕한 사주가 약한 관살을 심하게 극할 때 문제해결 방법이 있다. 인성을 써서 식상을 제압하거나, 재성을 써서 식상과 관살을 상생관계로 만든다.

❷ 식상이 태왕한 사주가 약한 일간을 심하게 설할 때 문제해결 방법이 있다. 인성을 써서 일간을 생해 준다. 운에서 일간의 근을 기다려서 일간 자체가 왕해지게 한다.

❸ 일간의 설이 심할 때는 운에서 일간을 도와주는 비겁, 인성을 만나면 해결된다. 그러나 관살의 극이라는 기존의 문제가 더 심해진다. 일간이 왕하면 식상이 날뛰기 때문이다.

❹ 식상이 태왕한 사주가 약한 재성을 심하게 생할 때 문제해결 방법이 있다. 인성을 써서 식상의 생을 방해하거나, 운에서 재성을 기다려서 재성 자체가 왕해지게 한다.

❺ 약한 관살이 심하게 극 받을 때, 운에서 관살을 기다리는 것은 바람직하지 않다. 관살의 피해는 줄일 수 있지만 그만큼 일간의 소모도 커진다. 관살은 일간을 극하기 때문이다.

# 제 127 강 재성이 태왕(太旺)한 경우의 문제점 1

### ① 재성이 태왕한 경우 세 가지 문제점

1. 재성이 태왕한데 인성이 약하면, 재성이 인성을 심하게 극한다. (과다한 극)
2. 재성이 태왕한데 식상이 약하면, 재성이 식상을 심하게 설한다. (과다한 설)
3. 재성이 태왕한데 관살이 약하면, 재성의 생을 관살이 감당 못 한다. (과다한 생)

### ② 재성이 태왕하다는 뜻

- 일간이라는 나의 시야가 대단히 넓다는 뜻이다.
- 매사 관심이 나 자신이 아닌 세상 돌아가는 부분에 관심이 많다.
- 극단적으로 표현하면 재성이 태왕한 사람은 정보통이다. 주변 상황에 민감하다.
- 재성은 그래서 눈치 백단이다. 나한테만 관심 있는 인성과는 상반된 입장이다.
- 늘 상대를 살피고, 세상의 정보에 관심을 두고 사는 사람이 재성태왕자다.
- 태왕한 재성이 약한 인성을 극하면 주변의 상황에 휩쓸려 올바른 판단을 못 한다.
- 학생 같은 경우는 돈벌이나 친구와의 교제로 인해서 학업을 소홀히 하는 것이다.
- 사회인 같은 경우는 투자유혹으로 인해서 제대로 검증도 안 하고 묻지 마 투자를 하기 쉽다.
- 눈에 보이는 욕심을 쫓다가 현재의 가치를 소홀히 하는 것을 뜻한다.
- 유혹에 흔들리는 이유가 눈에 보이고 귀로 들리기 때문에 그렇다.
- 모르면 그런 유혹에 흔들리지 않는다. 문제는 재성이 왕하면 눈감고 귀 막기가 힘들다.

### ③ 약한 인성의 과다한 극

- 재성이 태왕한 사람은 수많은 정보 중 검증된 것만 추려야 한다.
- 그렇지 않고 보이는 대로 따라가면 자신은 물론 다른 사람들도 힘들게 만드는 결과가 나온다.
- 육친론으로 보면 재성은 부친이 되고 인성은 모친이 된다.
- 태왕한 재성이 약한 인성을 극한다는 것은 아버지가 드세서 어머니가 기를 못 펴고 산다.
- 여자 사주 같은 경우는 고부갈등이라고 할 수 있다.
- 편재는 시어머니고 정인은 친정어머니가 되니 그렇다.

### ④ 신약할수록 재극인이 나쁘다

- 신약할수록 인성의 극이 나쁘다.
- 신약사주에서 인성은 절대적인 도움을 주기 때문이다.
- 재극인이 심한 사주는 자기 손으로 자기 무덤을 판다.
- 이거 하면 뻔히 자신한테 불이익이 올 줄 알면서도 기꺼이 덤벼드는 게 재성태왕자다.
- 무모한 행동은 식상태왕자와 재성태왕자가 서로 비슷하다.
- 식상태왕자는 자신의 능력을 너무 과신하고, 재성태왕자는 욕심에 눈이 멀어서 그렇다.
- 식상태왕자, 재성태왕자 둘 다 인성이라는 절제력과 공신력을 갖추어야 한다.
- 특히 재성태왕자는 관살이라는 객관성과 절차도 가져야 한다.

### ⑤ 식상의 과다한 설기

- 재성이 태왕하면 식상을 심하게 설기한다.
- 특히 일간과 식상이 약할수록 더더욱 그렇다.
- 식상은 여러 가지 의미가 있는데, 재성이 보는 식상은 실력이다.
- 태왕한 재성이 약한 식상을 심하게 설한다는 것은 실력 부족이다.
- 잘하고는 싶은데 자질도 부족하고, 노력도 부족한 것을 의미한다.
- 공부를 잘하고 싶은데 공부 머리가 부족한 상황이다. 부족한 만큼 노력도 안 한다.
- 운동을 잘하고 싶은데 신체능력이 부족한 상황이다. 부족한 만큼 노력도 안 한다.
- 노래를 잘 부르고 싶은데 가창력과 표현력이 부족한 상황이다. 부족한 만큼 노력도 안 한다.
- 욕심은 굴뚝같은데 상대적으로 자질이 부족하고, 노력까지 안 하니 자기합리화하기 쉽다.
- 얼핏 보면 태왕한 식상이 약한 일간을 설하는 것과 비슷하다. 물론 차이점은 있다.
- 태왕한 식상이 약한 일간을 설하는 것은 행동하는 과정에서 마음이 힘든 것이다.
- 태왕한 재성이 약한 식상을 설하는 것은 목표를 이루려고 하지만 실력이 안 따라 주는 것이다.
- 일간의 설기는 정신적으로 힘든 경우가 많고, 식상의 설기는 몸이 힘든 경우가 많다.
- 육친론으로 보면 재성은 아버지고 식상은 할머니가 된다.
- 내 아버지가 조부모의 빚이나 책임을 떠안는 경우라고 할 수 있다.

### ⑥ 약한 관살을 과다하게 생하면?

- 재성은 인성이라는 내 입장을 무시한다. 식상이라는 자신의 실력을 과신한다.
- 남들 뒤치다꺼리하느라 정작 자기 앞가림 못 하는 게 바로 재성태왕자다.
- 재성태왕자가 실패하는 이유다. 특히 신약할수록 더더욱 그렇다.
- 재성이 태왕한데 관살이 약하면, 재성의 생을 관살이 감당 못 하는 경우도 문제다.
- 상대방에 대한 나의 과다한 관심이 도리어 상대방을 불편하게 만든다.
- 여자 같은 경우 열심히 남편을 내조했지만, 남편이 그 내조를 불편해하고 부담스러워한다.
- 나는 남편 위한다고 많은 관심을 보여 주는데, 막상 남편은 그것을 좋게 여기질 않는다.

### 마무리 총정리

❶ 재성이 태왕한 경우 세 가지 문제점이 발생한다. 약한 인성을 심하게 극한다. 약한 식상을 심하게 설한다. 약한 관살을 심하게 생한다.

❷ 재성이 태왕하다는 뜻은 일간이라는 나의 시야가 대단히 넓다는 뜻이다. 매사 관심이 나 자신이 아닌 세상 돌아가는 부분에 관심이 많다.

❸ 태왕한 재성이 약한 식상을 심하게 설한다는 것은 실력 부족이다. 잘하고는 싶은데 자질과 노력도 부족한 상황이다. 일간의 설기는 정신이 힘들고, 식상의 설기는 몸이 힘들다.

❹ 재성은 인성이라는 내 입장을 무시한다. 식상이라는 자신의 실력을 과신한다. 남들 뒤치다꺼리하느라 정작 자기 앞가림 못 하는 게 바로 재성태왕자다.

❺ 태왕한 재성이 미약한 관살을 생하면 문제가 생긴다. 상대방에 대한 나의 과다한 관심이 도리어 상대방을 불편하게 만든다.

# 제128강 재성이 태왕(太旺)한 경우의 문제점 2

### ① 재성이 태왕한 경우 문제점의 해결 방법

1. 재성이 태왕한 사주가 약한 인성을 심하게 극할 때 문제해결 방법은?
   - 비겁을 써서 재성을 제압하거나, 관살을 써서 재성과 인성을 상생관계로 만든다.
   - 운에서 인성을 기다려서 인성 자체가 왕해지게 하는 방법도 있다.

2. 재성이 태왕한 사주가 약한 식상을 심하게 설할 때 문제해결 방법은?
   - 비겁을 써서 식상을 생해 주거나, 운에서 식상을 기다려서 식상 자체가 왕해지게 한다.

3. 재성이 태왕한 사주가 약한 관살을 심하게 생할 때 문제해결 방법은?
   - 비겁을 써서 관살의 생을 방해한다.

### ② 사주명조 예시 1

| 시 | 일 | 월 | 년 |
|---|---|---|---|
| 戊 | 辛 | 乙 | 癸 |
| 子 | 卯 | 卯 | 酉 |

- 辛 일간이 목왕절에 태어났다.
- 월지 편재, 일지 편재, 월간 편재 이렇게 편재가 세력을 이룬 재성이 태왕한 사주다.
- 게다가 일간 辛이 년지 酉에만 통근해서 사주도 신약하다.
- 흔히 말하는 재다신약 사주다.
- 시간에 戊가 정인으로 존재한다. 그러나 지지 년월일시 중 그 어떤 곳도 통근하질 못했다.
- 게다가 이 사주는 화가 없는 무관 사주이기 때문에 약한 인성을 도와줄 수도 없다.
- 戊 정인이 乙 편재한테 제대로 재극인 당하고 있다.
- 원국의 재성이 태왕해서 재극인이 심하면 유년 시절이 힘든 경우가 많다.

- 인성은 안정성, 보장성을 의미하기 때문이다.
- 유복한 집안에서 태어났으나 중간에 학업을 포기하고 사회생활을 시작한 사람이다.
- 대운의 도움으로 큰 시세차익을 얻어서 발복한 사람이다.
- 병약용신은 년지 酉가 되고 억부용신은 시간 戊가 된다. 사주 원국에 용신을 갖추었다.
- 조금 아쉬운 것은 년지 酉는 충을 맞아 세력이 약화된 점이다.
- 시간 戊는 근 없이 태왕한 편재의 극을 받고 있어서 용신으로서의 작용력이 떨어진다.
- 그래도 부족하게나마 용신을 갖추고 있으면 운의 도움을 받아 발복한다.
- 卯월에 태어났고 사주가 전체적으로 많이 습하니 용신을 써도 戊나 未 같은 조토가 좋다.
- 己나 辰 같은 습토는 용신으로서의 가치가 떨어진다.

### ③ 사주명조 예시 2

| 시 | 일 | 월 | 년 |
|---|---|---|---|
| 丁 | 乙 | 己 | 丁 |
| 丑 | 丑 | 酉 | 丑 |

- 乙 일간이 금왕절에 태어났다.
- 년지 편재, 일지 편재, 시지 편재, 월간 편재 이렇게 편재가 태왕하다.
- 식상을 보면 년간 식신, 시간 식신이 있다. 그러나 지지에 통근을 하질 못했다.
- 음천간이 뿌리 없이 떠 있으니 그 세력이 매우 미약하다.
- 식상은 일간의 생을 받으니 일간이라도 세력이 왕해야 식상을 도와주는데 그렇지가 못하다.
- 일간 乙 역시 지지에 통근을 못 했다.
- 태왕한 편재한테 약한 식신이 제대로 설기 당하고 있다.

- 설상가상으로 태왕한 편재가 월지 편관을 생하고 있다.
- 월지 酉는 일간 乙 입장에서 편관이니 극신약한 일간한테는 매우 큰 부담이다.
- 연예인의 꿈을 가지고 있었으나 역량의 부족으로 다른 진로를 선택한 사람의 사주다.
- 월지는 양육환경과 터전이 되니 월지 편관은 녹록지 않은 가정환경을 의미한다.
- 살면서 억울하고 어려운 일을 많이 겪는다는 의미가 된다.
- 편재가 생해서 재생살하니 쉬운 길을 거부하고 어려운 길을 택한다.
- 무인성이다 보니 후원자도 없다. 음일간이 무근이라 의지박약이다.
- 그저 편재라는 자신의 야망만 클 뿐이다. 나쁘게 말하면 뜬구름 잡는 사주다.
- 위의 사주는 편관이 과다한 생을 받는다고 할 수 없다.
- 편관이 월지에 있기 때문이다. 게다가 년간의 식신은 월지를 극할 수 없다.
- 재왕살왕한 사주라 인성이 절실하게 필요한 사주다.
- 지지에서 오면 亥가 좋다. 일간을 생하는 동시에 일간의 근이 되어 주기 때문이다.

## 마무리 총정리

❶ 재성이 태왕한 사주가 약한 인성을 심하게 극할 때 문제해결 방법이 있다. 비겁을 써서 재성을 제압하거나, 관살을 써서 재성과 인성을 상생관계로 만든다.
❷ 재극인이 심한 사주에서 비겁을 용신 쓰지 못하면, 운에서 인성을 기다려서 인성 자체가 왕해지게 하는 방법도 있다.
❸ 재성이 태왕한 사주가 약한 식상을 심하게 설할 때 문제해결 방법이 있다. 비겁을 써서 식상을 생해 주거나, 운에서 식상을 기다려서 식상 자체가 왕해지게 한다.
❹ 식상이 심하게 설기될 때 운에서 식상이 와서 왕해지는 건 그리 바람직한 방법은 아니다. 식상이 왕해지면 일간의 설기라는 또 다른 문제점이 생기기 때문이다.
❺ 재성이 태왕한 사주가 약한 관살을 심하게 생할 때 문제해결 방법이 있다. 비겁을 써서 관살의 생을 방해한다.

# 제129강 관살이 태왕(太旺)한 경우의 문제점 1

### ① 관살이 태왕한 경우 세 가지 문제점

1. 관살이 태왕한데 일간이 약하면, 관살이 일간을 심하게 극한다. (과다한 극)
2. 관살이 태왕한데 재성이 약하면, 관살이 재성을 심하게 설한다. (과다한 설)
3. 관살이 태왕한데 인성이 약하면, 관살의 생을 인성이 감당 못 한다. (과다한 생)

### ② 관살이 태왕하다는 뜻

- 관살이 태왕하다는 것은 철저하게 사회적인 인간이라는 의미다.
- 재성이 태왕한 사람도 사회적인 인간이지만, 관살이 태왕한 사람은 그 의미가 또 다르다.
- 재성이 태왕한 사람은 자발적으로 사회에 동참해서 사회의 구성원이 되고자 하는 사람이다.
- 관살이 태왕한 사람은 내 의지와 상관없이 사회의 구성원이 되기를 강요받는다. 그래서 관살이 태왕한 사람의 삶은 대단히 수동적이다.
- 수동적으로 살 수밖에 없고, 본인 또한 수동적으로 생활하는 것에 익숙하다.

### ③ 약한 일간의 과다한 극

- 태왕한 관살이 일간을 심하게 극하면 언제나 타인의 시선에 신경 쓴다.
- 내가 하고 싶은 대로 사는 삶이 익숙하지 않다.
- 일간이라는 정체성을 건드리니 결정장애와 강박관념에 사로잡히기 쉽다.
- 항상 "저 사람이 나를 어떻게 생각할까?"를 의식하고 사는 것이 관살태왕자의 삶이다.
- "내가 상대방을 알고 싶어"라는 사상을 가진 재성태왕자하고는 다르다.
- 관살이 태왕한 사주의 사람은 준법정신이 남다르다.
- 특히 편관으로 왕하면 살신성인 자세다.
- 태왕한 관살이 약한 일간을 심하게 극하면 악법도 법이라고 생각한다.

### ④ 편관이 태왕한 사람, 정관이 태왕한 사람

- 관살이 태왕해도 편관이 태왕한 사람과 정관이 태왕한 사람은 서로 큰 차이가 있다.
- 준법정신이 좋은 것은 편관이 태왕한 사주, 정관이 태왕한 사주 둘 다 같다.
- 차이점은 개인의 희생 여부다. 일간을 극하는 데 특화되어 있냐? 아니냐? 의 차이다.

[편관이 태왕한 사람의 사고방식]
"내가 어떠한 희생을 겪더라도 맡은 바 임무를 완수하겠다."

[정관이 태왕한 사람의 사고방식]
"주어진 임무는 최선을 다하겠지만 내가 손해 보면서까지 하고 싶지는 않다."

- 편관이 태왕하면 자기반성을 잘하고, 정관이 태왕하면 신세 한탄을 잘한다.
- 주어진 일 자체에 최선을 다하는 게 편관이고, 주어진 일을 통해서 뭘 얻고자 하면 정관이다.
- 편관은 살신성인의 태도로 삶을 살고, 정관은 신분상승을 목적으로 삶을 산다.
- 현장에서 고생하는 것은 편관이지만, 실제 승진이 되는 건 정관이다.
- 편관이 자기 자신을 희생하면서 사는 이유는 일간을 극하는 특성에 있다.
- 반면에 정관은 겁재를 극하는 특성이 있다. 정관의 최종목적이 신분상승인 이유다.
- 편관과는 다르게 몸 사릴 줄 알고 영악하게 처신할 수 있는 십신이 정관이다.
- 편관이 태왕한 사람이 책임자가 된 것은, 밑바닥부

터 산전수전 다 겪고 올라온 것이다.
- 정관이 태왕한 사람이 책임자가 된 것은, 줄 잘 서고 정치를 잘해서 올라온 것이다.

#### ⑤ 재성의 과다한 설기

- 관살이 태왕하면 일간을 심하게 극하고 재성을 심하게 설기한다.
- 관살은 일간이라는 내가 따라가야 하는 책임이고 재성은 정보가 된다.
- 잘못된 정보로 일을 추진한다.
- 투자 같은 경우 허위정보에 속아서 원금손실하기 쉽다.
- 일의 진행에 있어서 처음 예상했던 것과는 다르게 어렵게 풀려나간다.
- 인재 채용 같은 경우 그 사람 괜찮은 사람인 줄 알고 채용했다가 나중에 실망하는 경우다.
- 관살은 여자한테 남편이 되니 남편이 아내의 내조를 고맙게 여기지 않는다.
- 관살은 남자한테 자식이 되니 자식이 아버지의 헌신을 고마워할 줄 모른다.
- 태왕한 관살이 약한 재성을 심하게 설하면 염치없는 남편, 버릇없는 자식 만들기 딱 좋다.
- 죽 쒀서 개 주는 상황이고, 호랑이 새끼를 키우는 결과가 나온다.

#### ⑥ 약한 인성을 과다하게 생하면?

- 관살은 일간이라는 내 의지를 억제한다. 재성이라는 자신의 정보를 확신한다.
- 주어진 일이라면 아무 비판 없이 행동하는 게 바로 관살태왕자다.
- 관살태왕자가 실패하는 이유다. 특히 신약할수록 더더욱 그렇다.
- 관살이 태왕한데 인성이 약하면, 관살의 생을 인성이 감당 못 하는 경우도 문제다.
- 관살은 사회적인 요구를 뜻하고 인성은 그 사회적인 요구의 수용이다.
- 취업이나 진학에서 요구받는 스펙의 기준이 너무 엄격해서 그걸 따라가기 힘들다는 의미다.
- 고생하고 노력해도 나만의 노하우가 잘 안 만들어진다.
- 타인의 지나친 간섭을 긍정적으로 받아들이려고 노력하지만 그게 잘 못 받아들여진다.
- 여자 같은 경우는 남편이나 남자 친구의 간섭에 힘들어한다는 의미도 된다.

#### 마무리 총정리

❶ 관살이 태왕한 경우 세 가지 문제점이 발생한다. 약한 일간을 심하게 극한다. 약한 재성을 심하게 설한다. 약한 인성을 심하게 생한다.
❷ 관살이 태왕하다는 것은 철저하게 사회적인 인간이라는 의미다. 관살이 태왕한 사람은 내 의지와 상관없이 사회의 구성원이 되기를 강요받는다.
❸ 관살이 태왕하면 일간을 심하게 극하고 재성을 심하게 설기한다. 일의 진행에 있어서 처음 예상했던 것과는 다르게 어렵게 풀려 나간다. 보호받고자 한 사람한테 희생당한다.
❹ 관살은 일간이라는 내 의지를 억제한다. 재성이라는 자신의 정보를 확신한다. 주어진 일이라면 아무 비판 없이 행동하는 게 바로 관살태왕자다.
❺ 관살이 태왕한데 인성이 약하면, 관살의 생을 인성이 감당 못 하는 경우도 문제다. 취업이나 진학에서 요구받는 스펙의 기준이 너무 엄격해서 그걸 따라가기 힘들다는 의미다.

# 제 130강 관살이 태왕(太旺)한 경우의 문제점 2

## ① 관살이 태왕한 경우 문제점의 해결 방법

1. 관살이 태왕한 사주가 약한 일간을 심하게 극할 때 문제해결 방법은?
   - 식상을 써서 관살을 제압하거나, 인성을 써서 관살과 일간을 상생관계로 만든다.
   - 운에서 일간의 근을 기다려서 일간 자체가 왕해지게 하는 방법도 있다.

2. 관살이 태왕한 사주가 약한 재성을 심하게 설할 때 문제해결 방법은?
   - 식상을 써서 재성을 생해 주거나, 운에서 재성을 기다려서 재성 자체가 왕해지게 한다.

3. 관살이 태왕한 사주가 약한 인성을 심하게 생할 때 문제해결 방법은?
   - 식상을 써서 관살의 생을 방해하거나, 운에서 기다려서 인성 자체가 왕해지는 방법도 있다.

## ② 사주명조 예시 1

| 시 | 일 | 월 | 년 |
|---|---|---|---|
| 辛 | 乙 | 庚 | 乙 |
| 酉 | 酉 | 辰 | 酉 |

- 乙이 목왕절에 태어났다. 乙 일간이 자기 계절에 태어나기는 했지만, 辰월은 목왕절의 퇴기다.
- 따라서 목 기운이 그렇게 강하지 않다. 년간에 乙 비견이 있지만, 일간의 세력이 되질 않는다.
- 반면에 년지 편관, 일지 편관, 시지 편관, 월간 정관, 시간 편관 이렇게 관살이 큰 세력을 갖추었다.
- 동시에 관살 혼잡 사주이기도 하다.
- 반가운 점은 년간의 乙 비견이 월간 庚 정관과 乙庚합을 해서 관살혼잡을 해결해 버렸다.
- 합관유살 또는 거관유살이라고 한다. 정관을 합해서 날리고, 편관만 남겼다는 의미다.

- 일단 관살혼잡은 해결이 되긴 했는데, 그래도 남아있는 편관이 태왕하다.
- 약한 일간이 태왕한 편관의 극을 너무 심하게 받고 있다.
- 다행히 신약하지만 일간이 자기의 세력을 갖추었다. 그러나 인성이 없는 것이 매우 아쉽다.
- 남편의 폭력과 외도로 고생하고 있는 여자분의 사주다.
- 태왕한 편관을 다스리려면, 먼저 인성과 식상이 있는지를 살펴봐야 한다.
- 인성을 용신 쓰는 것이 가장 좋고, 그게 안 되면 차선책으로 식상을 용신 쓰는 것도 괜찮다.
- 음일간이고 관살이 되는 금(金)이 극을 잘 버티기 때문에 인성을 쓰는 것이 훨씬 바람직하다.
- 문제는 저 사주 원국에는 인성도 식상도 없다. 따라서 운에서 용신을 기다려야 한다.
- 월지 辰이 수의 근이 되기 때문에 운에서 수 인성이 오면 좋다.
- 운에서 지지 비겁이 와도 좋긴 하지만 卯는 바람직하지 않다.
- 지지 酉와 쟁충을 당하기 때문에 용신으로서의 가치가 매우 떨어진다.
- 운에서 천간 丙 상관이 와서 상관합살을 해도 일간의 부담을 많이 줄여 준다.
- 재성이 비록 월지에 있으나 주변의 편관이 워낙 왕해서 재성의 설도 동시에 일어난다.
- 운에서 지지 子가 오면 월지 辰과 수국을 이루어서 일간에 많은 도움을 준다.

## ③ 사주명조 예시 2

| 시 | 일 | 월 | 년 |
|---|---|---|---|
| 壬 | 丙 | 庚 | 辛 |
| 辰 | 子 | 子 | 亥 |

- 丙 일간이 수왕절에 태어났다.
- 관살의 세력을 보자면 월지 정관, 일지 정관, 년지 편관, 시간 편관으로 이루어졌다.
- 관살이 태왕한 사주다. 그것도 혼잡으로 태왕하다. 월지가 정관이니 그렇다.
- 년간 정재, 월간 편재 재성도 혼잡이다. 활동 방향성이 다양한 사람이다.
- 위험한 투자, 안전한 투자 가리지 않고 골고루 하시는 사람이다.
- 근데 재성을 다시 보니 지지에 통근을 하나도 못했다.
- 재성이 복수로 천간에 있긴 한데 통근을 전혀 못했으니 그 세력은 미약하다.
- 태왕한 관살에게 심하게 설기를 당하고 있다. 일간마저 통근을 못 하고 생을 못 받았다.
- 이 사주는 약한 일간의 극과 재성의 설이 동시에 일어나는 사주다.
- 남편 몰래 주식 투자하다가 큰 손실을 보고 현재 이혼해서 홀로서기를 하는 여자의 사주다.
- 용신을 찾자면 관살이 병인 사주는 인성이나 식상을 용신으로 써야 한다.
- 그러나 저 사주는 극신약 사주라 식상을 용신으로 쓸 수 없다.
- 게다가 시지에 있는 辰 식신이 일지 子와 합을 해서 식신이 실질적으로 정관 구실을 한다.
- 인성을 용신으로 써야 적합하다. 수왕절에 태어난 사주니 조후도 살펴야 한다.
- 사주 전체적으로 수기가 왕하다. 월간 庚이 수기를 돕고, 시지 辰은 시간 임수의 근이 된다.
- 용신을 쓰자면 지지 寅이 가장 이상적이다. 원국에는 없으니 운에서 기다려야 한다.
- 그러나 원국에 이미 목이 없어서 운에서 寅이 온다 한들 제대로 쓰기 어렵다.
- 대운이 甲寅 이렇게 간여지동으로 강력하게 와야 발복이 제대로 되는 사주다.
- 조후용신으로 화를 쓸 수도 있지만, 寅으로 수기를 설하는 것이 더 좋다.
- 寅은 丙 일간의 근도 된다. 굳이 화를 쓴다면 지지보다는 천간에서 쓰는 것이 더 좋다.
- 특히 운에서의 丁은 원국의 壬과 합을 해서 일간을 보호할 수 있다.

### 마무리 총정리

❶ 관살이 태왕한 사주가 약한 일간을 심하게 극할 때 문제해결 방법이 있다. 식상을 써서 관살을 제압하거나, 인성을 써서 관살과 일간을 상생관계로 만든다.

❷ 관살의 극을 심하게 받을 때 운에서 일간의 근을 기다려서 일간이 왕해지게 하는 방법도 있다. 정관이 태왕할 때는 좋은 방법이나, 편관이 태왕할 때는 별로 좋은 방법이 아니다.

❸ 관살이 태왕한 사주가 약한 재성을 심하게 설할 때 문제해결 방법이 있다. 식상을 써서 재성을 생해 주거나, 운에서 재성을 기다려서 재성 자체가 왕해지게 한다.

❹ 재성의 설이 심해질 때 재성 자체가 왕해지는 것보다 식상의 생을 받는 게 더 낫다. 재성은 인성을 극하기 때문이다. 관살이 태왕한 사주는 인성이 너무나 절실하다.

❺ 관살이 태왕한 사주가 약한 인성을 심하게 생할 때 문제해결 방법이 있다. 식상을 써서 관살의 생을 방해하거나, 운에서 기다려서 인성 자체가 왕해지는 방법도 있다.

# 제131강 인성이 태왕(太旺)한 경우의 문제점 1

### ① 인성이 태왕한 경우 세 가지 문제점

1. 인성이 태왕한데 식상이 약하면, 인성이 식상을 심하게 극한다. (과다한 극)
2. 인성이 태왕한데 관살이 약하면, 인성이 관살을 심하게 설한다. (과다한 설)
3. 인성이 태왕한데 일간이 약하면, 인성의 생을 일간이 감당 못 한다. (과다한 생)

### ② 인성이 태왕하다는 뜻

- 인성이 태왕하다는 뜻은 일간이라는 내가 남에게 의존하고자 하는 성향이 강하다는 뜻이다.
- 인성은 도움을 받다가 되고 식상은 자발적으로 움직이다가 된다.
- 태왕한 인성이 약한 식상을 극한다는 것은 지나친 의존성으로 사람이 나태해짐을 의미한다.
- 편인이 태왕하면 건강이 나빠져서 활동성이 줄어드는 것이다.
- 정인이 태왕하면 지나치게 시기를 살피다가 기회를 놓치는 것이다.
- 인성은 학습이고 연습이라는 의미. 식상은 활용이고 실전이라는 의미다.
- 지식습득을 실생활에 활용하기 어렵다. 그냥 아는 것으로 만족한다.
- 특히 일간의 근이 약하면 약할수록 이런 현상이 두드러지게 드러난다.

### ③ 약한 식상의 과다한 극

- 신왕한 사주가 인성까지 태왕하면 물귀신이다.
- 죽어도 나 혼자 죽지 않겠다는 의지다.
- 그러나 신약한 사주가 인성이 태왕하면 몸만 큰 아기다.
- 나이 먹어서도 매사 누가 나를 돌봐 주고 챙겨 주길 원한다.
- 이런 사람들은 원하는 배우자도 자기 부모 같은 배우자를 원한다.
- 아빠 같은 남편, 엄마 같은 아내 이런 배우자를 원한다.
- 육친론으로 보면 태왕한 인성이 약한 식상을 극하는 상황은 치맛바람이다.
- 내 엄마가 자식의 의견을 존중하고 인격체로 보는 것이 아니다.
- 엄마가 나를 일방적인 소유물로 인식하고 간섭하는 상황을 뜻한다.
- 일간이 무근인데 인성만 많으면 상대방한테 자꾸 의지하게 된다.
- 흔히 말하는 마마보이, 마마걸이 바로 일간 무근에 인성이 왕한 사람이다.

### ④ 관살의 과다한 설기

- 인성이 태왕하면 관살을 심하게 설기한다.
- 관살은 사회적 요구를 의미하고 인성은 그 사회적 요구를 따르다가 된다.
- 내가 갖춘 스펙이 직장에서 평가절하당하는 상황이 발생한다.
- 극단적으로 표현하면 3개 국어 가능한 석사, 박사가 연봉 2,000만 원인 직장 다니는 거다.
- 유능한 나의 가치를 인정해 줘야 할 기업들의 무능을 뜻한다.
- 고르고 골라서 취직했는데 부실기업이라 임금체납이 되는 상황도 생길 수 있다.
- 관살의 설기는 한마디로 장고 끝에 악수를 두는 상황이다.
- 괜찮다고 생각한 직장이나 단체가 막상 들어가 보니 부실 덩어리인 경우다.
- 일간의 근이 왕하면 자기 발로 때려치운다.
- 근이 약하면 불만 품으면서 계속 그 직장에 다닌다.

### ⑤ 남자 복 없는 팔자

- 육친론으로 보면 여자 입장에서 남편의 무능을 뜻한다.

[남편의 무능]
1. 태왕한 식상이 약한 관살을 심하게 극하는 경우
  → 정서적으로 나약한 남자를 만나기 쉽다.
2. 태왕한 인성이 약한 관살을 심하게 설하는 경우
  → 경제적으로 무능한 남자를 만나기 쉽다.

- 식상이 왕한 여자는 남편 능력이 나보다 부족한 거 뻔히 알면서도 내가 데리고 산다.
- 인성이 왕한 여자는 괜찮다고 생각해서 결혼했는데, 결혼하고 실망한다.
- 식상이 왕한 여자는 자기 잘난 맛에 부족한 남편 데리고 산다.
- 인성이 왕한 여자는 좋은 남편 찾았다고 생각했는데 오판한 상황이다.
- 꼭 남녀 관계가 아니더라도 인성이 태왕해서 관살을 설하면 외롭다.
- 주변에 사람이 없어서 외로운 게 아니다. 내 눈높이에 맞는 사람이 없어서 외롭다.
- 인성은 사회적 자격을 갖추려고 하고, 동시에 갖춘 만큼 대접받으려 한다.
- 단지 인성태왕자 자신이 인지하지 못할 뿐이다.
- 인성태왕자의 한탄은 배부른 투정이다.

### ⑥ 약한 일간을 과다하게 생하면?

- 인성은 식상이라는 자신의 행동을 억제한다. 관살이라는 자신의 배경을 확신한다.
- 항상 내 입장이 우선이고 남의 처지를 생각하지 않는 사람이 바로 인성태왕자다.
- 인성태왕자가 실패하는 이유다. 특히 신약할수록 더욱 그렇다.

- 인성이 태왕한데 일간이 약하면, 인성의 생을 일간이 감당 못 하는 경우도 문제다.
- 육친론으로 보면 인성이라는 것은 후원자, 일간은 나를 의미한다. 따라서 인성이 태왕한데 일간이 너무 약하면 부담감 백배다.
- 주변의 관심과 사랑을 많이 받지만, 당사자인 나는 그런 관심이 굉장히 부담스럽다.
- 과도한 기대감에 마음이 복잡해지고 무기력해진다.
- 특히 일간이 무근인 경우는 더욱 그렇다. 지나친 안정감과 보장성을 추구하기 때문에 타성에 젖어서 현실 안주를 해 버린다.
- 인성은 자기애를 의미하기도 하니 지나친 이기주의를 보여 주기도 한다.

### 마무리 총정리

❶ 인성이 태왕한 경우 세 가지 문제점이 발생한다. 약한 식상을 심하게 극한다. 약한 관살을 심하게 설한다. 약한 일간을 심하게 생한다.

❷ 태왕한 인성이 약한 식상을 극한다는 것은 지나친 의존성으로 사람이 나태해짐을 의미한다. 배운 만큼 활용하지 못한다는 뜻이다. 일간이 무근이면 더 심하다.

❸ 인성이 태왕하면 관살을 심하게 설기한다. 한마디로 장고 끝에 악수를 두는 상황이다. 괜찮다고 생각한 직장(또는 남자)이 막상 겪어 보니 부실 덩어리인 경우다.

❹ 인성은 식상이라는 자신의 행동을 억제한다. 관살이라는 자신의 배경을 확신한다. 항상 내 입장이 우선이고 남의 처지를 생각하지 않는 사람이 바로 인성태왕자다.

❺ 인성이 태왕한데 일간이 너무 약하면 부담감 백배다. 주변의 관심과 사랑을 많이 받지만, 당사자인 나는 그런 관심이 굉장히 부담스럽다.

# 제 132 강 인성이 태왕(太旺)한 경우의 문제점 2

### ① 인성이 태왕한 경우 문제점의 해결 방법

1. 인성이 태왕한 사주가 약한 식상을 심하게 극할 때 문제해결 방법은?
   - 재성을 써서 인성을 제압하거나, 비겁을 써서 인성과 식상을 상생관계로 만든다.
   - 운에서 식상을 기다려서 식상 자체가 왕해지게 하는 방법도 있다.

2. 인성이 태왕한 사주가 약한 관살을 심하게 설할 때 문제해결 방법은?
   - 재성을 써서 관살을 생해 주거나, 운에서 관살을 기다려서 관살 자체가 왕해지게 한다.

3. 인성이 태왕한 사주가 약한 일간을 심하게 생할 때 문제해결 방법은?
   - 재성을 써서 인성의 생을 방해하거나, 일간의 근을 갖춘다.

### ② 사주명조 예시 1

| 시 | 일 | 월 | 년 |
|---|---|---|---|
| 己 | 甲 | 壬 | 壬 |
| 巳 | 子 | 子 | 申 |

- 甲 일간이 수왕절에 태어났다.
- 월지 정인, 일지 정인, 월간 편인, 년간 편인 이렇게 인성의 세력이 태왕하다.
- 년지 申은 월지 子와 반합이 되었다. 관살이 합이 되어서 기능을 상실했다.
- 시간 己가 정재로 존재한다. 그러나 시간 정재가 천간의 인성을 극할 수가 없다.
- 시간 己와 일간 甲과 합을 해서 시간 己가 토극수의 기능을 상실해 버렸다.
- 그리고 굳이 천간합이 아니더라도 己는 습토라 戊 같은 조토보다 토극수의 능력이 떨어진다.
- 시간 己가 시지 巳에 통근했기 때문에 극을 하려고 하기보다는 생을 하려고 한다.
- 인성 자체도 태왕하고 견제하는 재성도 무력하니 인성이 식상을 심하게 극할 수밖에 없다.
- 시지 巳 식신도 월지 子와 일지 子한테 제대로 극을 당하고 있다. 현재 인문학을 주제로 강의하는 강사의 명조다.
- 어렸을 때부터 몸이 허약하여 오로지 공부에 매진해서 교수가 되기를 희망했다.
- 하지만 운을 나쁘게 겪어서 결국 교수 자리에 올라가지 못했다.
- 경제적인 어려움을 겪고 있지만 다른 직종으로 옮길 엄두를 못 내고 있다.
- 인성 특히 정인이 태왕하면 나이 먹고 진로 수정하기가 정말 어렵다.
- 사주원국의 특징이 인성이 태왕하면서 일간이 무근이다.
- 근이 되면서 동시에 인성을 설기할 지지 비겁이 용신이다.
- 이 사주는 조후가 지나치게 추우니 지지 寅을 용신 쓰는 것이 가장 바람직하다.
- 지지 卯는 습목이라 조후의 문제가 생긴다.
- 그런데 원국에 寅이 없다. 운에서 기다려야 한다.
- 천간 같은 경우 운에서 丁이 와서 원국의 壬을 무력화시키게 하는 것도 좋다.

### ③ 사주명조 예시 2

| 시 | 일 | 월 | 년 |
|---|---|---|---|
| 庚 | 庚 | 丁 | 己 |
| 辰 | 辰 | 丑 | 丑 |

- 庚 일간이 수왕절에 태어났다.
- 월지 정인, 일지 편인, 시지 편인, 년지 정인, 년간 정인으로 인성의 세력이 태왕하다.
- 관살을 보면 월간에 丁이 하나 있다. 일간 입장에서는 정관이다.

- 문제는 이 월간의 丁이 지지에 근 없이 떠 있다는 점이다.
- 음간이 근 없이 떠 있고 재성의 상생도 못 받으니 월간의 丁 화는 매우 약하다.
- 그런데 월지 정인과 년간 정인한테 설기를 당하고 있다.
- 인다관설이 심하게 일어나는 사주다.
- 이 사주의 목이 재성인데, 목이 없는 무재사주다 보니 태왕한 인성을 통제하지도 못한다.
- 그나마 다행인 것은 일간 庚이 월지와 년지에 약하게나마 근을 두고 있다.
- 시간의 비견 庚도 일간의 도움이 된다.
- 결혼 전에 남편이 도박 빚이 있었는데 나중에 문제가 돼서 가정생활에 위기가 찾아온 여자다.
- 설상가상으로 남편은 나 몰라라 해서 아내인 자신이 도박 빚을 갚고 생활을 책임진다.
- 일간이 통근을 하기는 했지만, 辰戌丑未 사묘지에 통근해서 의지력이 나약하다.
- 결혼생활에 불만이 많지만 헤어지고 새롭게 출발할 용기가 부족하다.
- 이 사주는 관살의 설기와 조후의 문제를 같이 가지고 있다. 용신은 화가 된다.
- 화가 들어와야 추운 사주에 온기를 넣어 주고, 관살의 설도 해결할 수 있다.
- 운에서 천간 壬이 들어오면 몹시 나쁘다. 월간의 丁과 합하여 丁을 무력화시키기 때문이다.
- 애초에 사주가 추워서 壬은 조후로 봐도 해가 된다. 없는 오행이 운에서 오니 더 고통스럽다.
- 운에서 지지 午가 들어와서 월간 丁의 근이 되어 주는 게 좋다.
- 조후도 해결되고 정관의 설기도 해결된다.

## 마무리 총정리

❶ 인성이 태왕한 사주가 약한 식상을 심하게 극할 때 문제해결 방법이 있다. 재성을 써서 인성을 제압하거나, 비겁을 써서 인성과 식상을 상생관계로 만든다.

❷ 약한 식상이 심하게 극 받을 때 운에서 식상을 기다려서 식상 자체가 왕해지게 하는 방법도 있다. 일간이 통근했을 때 쓰는 방법이다. 일간이 무근이면 일간이 설기된다.

❸ 인성이 태왕한 사주가 약한 관살을 심하게 설할 때 문제해결 방법이 있다. 재성을 써서 관살을 생해 주거나, 운에서 관살을 기다려서 관살 자체가 왕해지게 한다.

❹ 인성이 태왕한 사주가 약한 일간을 심하게 생할 때 문제해결 방법이 있다. 재성을 써서 인성의 생을 방해하거나 일간의 근을 갖춘다.

❺ 일간이 통근을 못한 경우 재성을 써서 재극인하는 게 그렇게 좋은 방법은 아니다. 날뛰는 인성을 제압할 수 있지만, 일간이 힘이 없어서 재성을 통제할 수 없기 때문이다.

이게 여러분들이 배워야 할 사주명리학입니다!

**송재우의 사주에듀**

https://www.48class.com

## 목차 미리보기

- **제133강** | 격(格)의 정의
- **제134강** | 격 잡는 방법 1
- **제135강** | 격 잡는 방법 2
- **제136강** | 격의 종류와 의미
- **제137강** | 격이 투간된 경우와 그렇지 못한 경우
- **제138강** | 길신(吉神)과 흉신(凶神) 1
- **제139강** | 길신(吉神)과 흉신(凶神) 2, 성격(成格)과 패격(敗格)
- **제140강** | 격국별 성패(식신격)
- **제141강** | 격국별 성패(상관격)
- **제142강** | 격국별 성패(편재격, 정재격)
- **제143강** | 격국별 성패(편관격, 정관격)
- **제144강** | 격국별 성패(편인격, 정인격, 녹겁격)
- **제145강** | 일간(日干)의 정의
- **제146강** | 갑목(甲) 일간
- **제147강** | 을목(乙) 일간
- **제148강** | 병화(丙) 일간
- **제149강** | 정화(丁) 일간
- **제150강** | 무토(戊) 일간
- **제151강** | 기토(己) 일간
- **제152강** | 경금(庚) 일간
- **제153강** | 신금(辛) 일간
- **제154강** | 임수(壬) 일간
- **제155강** | 계수(癸) 일간
- **제156강** | 계절의 정의
- **제157강** | 계절의 의미(목왕절)
- **제158강** | 계절의 의미(화왕절)
- **제159강** | 계절의 의미(금왕절)
- **제160강** | 계절의 의미(수왕절)

심화응용 5

133~160강

# 제 133강 격(格)의 정의

### ① 격의 본래의 의미

[격(格)이란?]
1. 명리학 용어로 격(格)은 사주원국에서 형태적인 특징을 뜻한다.
2. 격식 격(格) 자를 쓴다. 보여지는 모습이라는 뜻이다.
3. 우리가 사람을 표현할 때 "대머리 아저씨", "깡마른 아가씨" 이렇게 표현하는 것처럼 사주에도 그 사주의 고유 특징이 있다.

예시) 재다신약격 → 재성이 많은데 일간까지 약한 사주를 묘사
     식신생재격 → 식신과 재성이 상생관계를 이루는 사주를 묘사

사주에서 특정 속성(음양, 오행, 십신, 신살)이 어떤 형태(생극, 합충, 배열 방식)로 있다!
→ 이런 묘사를 무슨무슨 격이라고 표현하는 것이다.

### ② 격국론(格局論)

- 이렇게 격은 처음에는 사주의 형태 묘사에 지나지 않았다.
- 그러다가 나중에는 단순히 형태묘사를 넘어 사주 해석에 적극적으로 활용하게 된다. 이것이 현재의 격국론(格局論)이다.
- 현재의 격국론은 월지를 중심으로 묘사한다. 월지가 사주원국에서 가장 큰 힘과 의미를 지니기 때문이다.
- 격은 그 사람이 처한 사회에서 후천적으로 습득한 가치관이다.
- 그렇게 생각하고 행동하는 게 옳다고 믿는 신념이다.
- 보통 적성, 진로, 직업관, 결혼관, 사회적응력 등을 판단하는 데 쓰인다.

※ 월지의 십신을 가지고 격으로 쓰는 게 현재의 격국론이다.
※ 이것을 십정격(십신 열 개를 격으로 쓰는 격국법) 이라고 한다.

### ③ 고서에서 격을 잡는 방식으로 소개된 방법

1. 월지의 지장간이 천간에 투간된 십신을 격으로 잡는 법
2. 월지의 정기 그 자체를 격으로 잡는 법
3. 사주의 사령(司令)을 격으로 잡는 법

- 이렇게 격 잡는 방법이 세 가지가 있는데 학계에서도 논쟁이 많았다가 재정립을 하게 된다.
- 3번같이 사령으로 격을 잡는 것은 사령을 지나치게 확대해석한 잘못된 방법이다.
- 만약 사령을 격으로 잡아야 한다면 원국을 무시해야 하는 심각한 문제가 발생한다.
- 그래서 현재는 1번과 2번을 같이 쓴다. 우선시되는 것은 1번이다.
- 그것은 바로 세력을 얻은 천간은 지지보다 사주에서 영향력이 더 크기 때문이다.
- 격은 사주원국의 가장 대표적인 특징이어야 한다. 그 사주의 전체적인 영향력이다.
- 따라서 원국에서 가장 세력이 큰 월지, 그리고 그 월지에서 투간한 천간이 격의 1순위다.

## 마무리 총정리

❶ 명리학 용어로 격(格)은 사주원국에서 형태적인 특징을 뜻한다. 모든 격은 월지에서 시작한다. 종격(從格)도 마찬가지다.

❷ 격은 그 사람이 처한 사회에서 후천적으로 습득한 가치관이다. 그렇게 생각하고 행동하는 게 옳다고 믿는 신념이다. 직업관, 결혼관, 사회적응력 등을 판단하는 데 쓰인다.

❸ 고서에서 격을 잡는 방식으로 소개된 방법은 크게 세 가지가 있다. 그중 사주의 사령(司令)을 격으로 잡는 법이 있다. 그 방법은 쓰면 안 된다. 사령보다는 원국이 우선이다.

❹ 격은 사주원국의 가장 대표적인 특징이어야 한다. 그 사주의 전체적인 영향력이다. 따라서 원국에서 가장 세력이 큰 월지, 그리고 그 월지에서 투간한 천간이 격의 1순위다.

❺ 사령이 격과 일치하면 해당 격의 힘이 더 커진다.

# 제134강 격 잡는 방법 1

## ① 격 잡는 법(取格)

1. 우선 천간을 쳐다본다. 월지 지장간과 같은 천간(오행도 같고 음양도 같아야 함)이 있으면 그것이 격이다. '월지 정기 투간 → 월지 중기 투간 → 월지 여기 투간' 순서대로 격을 잡는다.
2. 격을 찾을 때 일간과 오행이 같은 비견, 겁재는 격으로 잡지 않는다.
3. 월지가 진술축미 사묘지인 경우는 월지 지장간과 음양이 달라도 오행만 같으면 격이 될 수도 있다. (잡기격)
4. 월지가 왕지하고 삼합이나 반합이 되면, 해당 국의 왕지가 격이 된다. 단! 월지의 지장간이 투간되지 않았을 때만 해당된다. 지지 삼합, 반합보다는 월지의 지장간 투간이 우선이다.
5. 격이 꼭 하나라는 법은 없다. 두 개 이상 복수로 잡힐 수도 있다. 이것을 겸격이라고 한다.
6. 월지 인, 신, 사, 해의 지장간 여기 무토는 격으로 잡지 않는다. 단, 사화는 예외다!
7. 위 사례에 모두 해당되지 않을 경우, 해당 월지의 정기를 격으로 잡는다. (건록격, 월겁격, 양인격에 해당)
8. 사령이 격과 일치하면 해당 격의 힘이 더 커진다.

## ② 격 잡기 실습(1번 방식)

| 시 | 일 | 월 | 년 |
|---|---|---|---|
| 丁 | 壬 | 甲 | 癸 |
| ○ | ○ | 寅 | ○ |

- 寅 월에 태어난 壬 일간이다. 격을 보려면 먼저 월지를 봐야 한다.
- 寅 월이다. 寅 월의 지장간은 정기 甲, 중기 丙, 여기 戊 토 이런 구성이다.
- 정기부터 보면 정기 甲 목이 월간에 떠 있다.
- 그렇다면 월간 甲 목이 이 사주의 격이 된다.

- 壬 일간한테 甲은 식신이 되니 이 사주는 식신격이다.
- 격 이름은 십신으로 정한다. 아주 쉽다. 지장간만 알면 누구나 격을 찾을 수 있다.
- 천간의 위치는 상관없다.
- 격에 해당되는 천간이 년간에 있든, 월간에 있든, 시간에 있든 똑같은 격이다.
- 무슨 말이냐 하면 천간에 격에 해당되는 글자가 떠서 그것이 일간하고 식신의 관계라 식신격인데, 저 식신이 꼭 월간이 아니라 년간이나 시간에 있어도 식신격이라는 뜻이다.
- 물론 위치에 따라서 그 영향력의 차이점은 있다.

## ③ 격 잡기 실습(2번 방식)

| 시 | 일 | 월 | 년 |
|---|---|---|---|
| 庚 | 庚 | 壬 | 甲 |
| ○ | ○ | 申 | ○ |

- 申 월에 태어난 庚 일간이다.
- 申 월의 지장간은 정기 庚, 중기 壬, 여기 戊다.
- 월지의 지장간을 파악했으면 천간을 본다. 정기부터 대입한다.
- 정기 庚 금인데 천간에 정기가 있다.
- 그런데 천간의 경금이 일간과 같은 비견이다.
- 이런 경우는 격으로 잡을 수가 없다. 이것이 체와 용의 차이다.
- 일간은 체가 되고 격은 용이 된다.
- 다시 말해 격은 일간이라는 내가 사용하고자 하는 쓰임이 된다.
- 일간과 같은 체가 되는 비견, 겁재는 천간에 투간이 되어도 격으로 못 잡는다.
- 일간은 타고난 정체성이고 격은 환경에서 학습된 사회성인데, 이것이 동일시될 수는 없기 때문이다.
- 타고난 것과 환경에서 학습받은 것은 엄연히 다르다.

- 그래서 월지 지장간이 일간과 오행이 같은 비견, 겁재는 천간에 투간되어도 격으로 잡을 수 없다.
- 그렇다면 이 사주는 뭘로 격을 잡아야 할까? 정기를 격으로 잡지 못하니 다음 단계로 중기를 본다. 중기는 壬인데 월간에 壬이 있다.
- 일간은 금이고 월지 중기는 수가 되니 격으로 쓸 수 있다.
- 이 사주는 壬이 격이다. 庚 일간의 입장에서 壬은 식신이다.
- 따라서 식신격이다.
- 만약 중기에서도 격을 못 찾으면 그다음 월지의 여기를 대입시킨다.

### ④ 격 잡기 실습(3번 방식)

| 시 | 일 | 월 | 년 |
|---|---|---|---|
| 庚 | 丙 | 丙 | 己 |
| ○ | ○ | 辰 | ○ |

- 辰 월에 태어난 丙 일간이다. 월지를 본다.
- 辰월의 지장간은 정기 戊, 중기 癸, 여기 乙이다.
- 월지의 지장간을 파악했으면 천간을 본다. 정기부터 본다.
- 정기 戊인데 천간에 戊가 없다.
- 그런데 월지가 辰戌丑未인 경우는 월지 지장간과 오행만 같아도 격으로 쓸 수 있다.
- 이것을 잡기격(雜氣格)이라고 한다.
- 다시 천간을 본다. 戊는 없지만, 己는 있다.
- 월지 辰의 정기 戊와 오행이 같으니 년간의 己를 격으로 잡는다.
- 丙 입장에서 己는 상관이니 상관격이다.
- 하지만 그냥 상관격이 아니라 잡기상관격이다.
- 辰戌丑未 월에서 격을 잡으면 십신 앞에 "잡기"라는 표현을 쓴다.
- 잡기(雜氣)라는 뜻은 辰戌丑未 지장간이 혼잡해서 그 기운이 순수하지 않다는 의미다.
- 그래서 寅申巳亥나 子午卯酉에서 잡은 격과 의미가 다르다.
- 辰戌丑未 월의 격이 운에서 변화도 심하고 유연성이 크다.

### ⑤ 격 잡기 실습(4번 방식)

| 시 | 일 | 월 | 년 |
|---|---|---|---|
| 丙 | 丁 | 丁 | 庚 |
| ○ | 卯 | 亥 | ○ |

- 亥 월에 태어난 丁 일간이다. 월지를 본다. 亥 월의 지장간은 정기 壬, 중기 甲, 여기 戊다.
- 월지의 지장간을 파악했으면 천간을 본다. 정기를 대입한다. 천간에 없다.
- 중기를 대입한다. 천간에 없다. 여기를 대입한다. 천간에 없다.
- 그렇다면 월지 정기를 격으로 잡아야 한다.
- 그런데 월지 亥가 일지 卯와 반합을 해서 목국이 되었다.
- 천간에 해당 월지 지장간이 없는 경우에 한해서 지지 삼합, 반합의 왕지를 격으로 잡는다.
- 따라서 이 사주의 격은 편인격이다. 정관격이 아니다.
- 월지가 사생지나 사묘지일 때 해당 국의 사왕지와 삼합, 반합할 때 일어나는 현상이다.
- 월지 자리에 亥가 아니라 未가 있어도 편인격이다. 삼합, 반합 된 왕지를 따라가기 때문이다.

## ⑥ 격 잡기 실습(5번 방식)

| 시 | 일 | 월 | 년 |
|---|---|---|---|
| 癸 | 癸 | 丙 | 甲 |
|   |   | 寅 |   |

- 寅 월에 태어난 癸 일간이다. 월지를 본다.
- 寅 월의 지장간은 정기 甲, 중기 丙, 여기 戊이다. 월지의 지장간을 파악했으면 천간을 본다.
- 정기부터 본다. 정기 甲인데 년간에 甲이 있다. 甲이 격이다.
- 그런데 중기 丙이 월간에 있다. 이것도 격이다.
- 癸 일간 입장에서 甲은 상관이니 상관격이고, 癸 일간 입장에서 丙은 정재니 정재격도 된다.
- 격이 꼭 하나라는 법이 없다. 이것을 겸격(兼格)이라고 한다.
- 그러나 복수로 격이 잡혀도 둘 중 더 힘이 큰 격이 있다.
- 정기 통근인 상관격이 제일 힘이 세다. 격은 계절을 대표하니 그렇다.
- 그러나 위의 병화가 만약 월지 이외에 다른 지지에서 세력을 크게 얻는다면 정재격이 더 힘이 세다.
- 격의 기본은 월지이지만 같은 월에서 투간된 천간은 다른 지지의 통근 여부로 힘을 가린다.

## 마무리 총정리

❶ 격의 순서는 월지 정기 투간 → 월지 중기 투간 → 월지 여기 투간 순서대로 격을 잡는다.
❷ 격을 찾을 때 일간과 오행이 같은 비견, 겁재는 격으로 잡지 않는다.
❸ 월지가 辰戌丑未 사묘지인 경우는 투간된 천간이 월지 지장간과 음양이 달라도 오행만 같으면 격이 될 수도 있다.
❹ 월지가 왕지하고 삼합이나 반합이 되면, 해당 국의 왕지가 격이 된다. 단! 월지의 지장간이 투간되지 않았을 경우에만 해당된다. 지지 삼합, 반합보다는 월지의 지장간 투간이 우선이다.
❺ 격이 꼭 하나라는 법은 없다. 두 개 이상 복수로 잡힐 수도 있다. 이것을 겸격이라고 한다. 두 개의 격 중에 세력이 더 큰 격이 그 사주의 중심이다.

## 제 135강 격 잡는 방법 2

### ① 격 잡는 법(取格)

1. 우선 천간을 쳐다본다. 월지 지장간과 같은 천간(오행도 같고 음양도 같아야 함)이 있으면 그것이 격이다. '월지 정기 투간 → 월지 중기 투간 → 월지 여기 투간' 순서대로 격을 잡는다.
2. 격을 찾을 때 일간과 오행이 같은 비견, 겁재는 격으로 잡지 않는다.
3. 월지가 진술축미 사묘지인 경우는 월지 지장간과 음양이 달라도 오행만 같으면 격이 될 수도 있다 (잡기격).
4. 월지가 왕지하고 삼합이나 반합이 되면, 해당 국의 왕지가 격이 된다. 단! 월지의 지장간이 투간되지 않았을 때만 해당된다. 지지 삼합, 반합보다는 월지의 지장간 투간이 우선이다.
5. 격이 꼭 하나라는 법은 없다. 두 개 이상 복수로 잡힐 수도 있다. 이것을 겸격이라고 한다.
6. 월지 인, 신, 사, 해의 지장간 여기 무토는 격으로 잡지 않는다. 단, 사화는 예외!
7. 위 사례에 모두 해당되지 않을 경우, 해당 월지의 정기를 격으로 잡는다. (건록격, 월겁격, 양인격에 해당)
8. 사령이 격과 일치하면 해당 격의 힘이 더 커진다.

### ② 격 잡기 실습(6번 방식)

| 시 | 일 | 월 | 년 |
|---|---|---|---|
| 戊 | 壬 | 壬 | 癸 |
| ○ | ○ | 寅 | ○ |

- 寅월에 태어난 壬 일간이다. 월지를 본다.
- 寅월의 지장간은 정기 甲, 중기 丙, 여기 戊이다.
- 월지의 지장간을 파악했으면 천간을 본다. 정기부터 본다.
- 정기 甲인데 천간에 없다.
- 중기 丙인데 천간에 없다. 여기 戊인데 여기가 시간에 있다.
- 그러면 격으로 잡아야 하는데 寅申巳亥의 여기는 격으로 잡지를 못한다.
- 격은 계절을 대표하기 때문이다.
- 寅申巳亥의 여기는 전달의 정기가 넘어온 기운이기 때문이다.
- 위의 寅월은 목왕절인데 지장간 戊는 전 달인 丑월 수왕절의 기운이 섞여 있다.
- 그래서 寅申巳亥의 여기 戊는 천간 戊, 己의 근으로 쓸 수 없고, 격으로도 못 잡는다. (寅申巳亥 여기의 법칙 예외)

| 시 | 일 | 월 | 년 |
|---|---|---|---|
| 戊 | 壬 | 己 | 甲 |
| ○ | ○ | 巳 | ○ |

- 巳는 예외다. 사주를 보면 巳월에 태어난 壬 일간이다. 월지를 본다.
- 巳월의 지장간은 정기 丙, 중기 庚, 여기 戊다.
- 월지의 지장간을 파악했으면 천간을 본다. 정기부터 본다. 정기 丙인데 천간에 없다.
- 중기 庚인데 천간에 없다. 여기 戊인데 여기는 시간에 있다.
- 寅申巳亥의 여기는 전 달의 기운이 섞여 있어서 격으로 쓸 수 없다. 유일하게 巳는 예외다.
- 巳는 화왕절인데 여기 戊와 같은 자리에서 태동하기 때문에, 巳의 지장간 여기 戊는 천간 戊, 己의 근으로도 쓰이고 격으로도 잡을 수 있다.
- 따라서 만약 위의 사주의 월지가 巳였으면 시간의 戊가 격이다.
- 壬 일간 입장에서는 戊가 편관이니 칠살격(편관격)이다.

### ③ 격 잡기 실습(7번 방식) 1

| 시 | 일 | 월 | 년 |
|---|---|---|---|
| 戊 | 丙 | 己 | 庚 |
| ○ | ○ | 卯 | ○ |

- 卯월에 태어난 丙 일간이다. 월지를 본다.
- 卯월의 지장간은 정기 乙, 여기 甲이다.
- 월지의 지장간을 파악했으면 천간을 본다.
- 정기부터 보면 정기 乙인데 천간에 없다.
- 여기 甲인데 천간에 없다. 그러면 천간에서 격을 못 잡는다.
- 월지 지장간이 투간되지 않았을 경우 차선책으로 월지의 정기를 격으로 잡는다.
- 卯월 지장간 정기가 乙이니 丙 일간 입장에서 乙은 정인이다.
- 따라서 위의 사주는 정인격이다.

| 시 | 일 | 월 | 년 |
|---|---|---|---|
| 戊 | 甲 | 己 | 庚 |
| ○ | ○ | 卯 | ○ |

- 월지 지장간이 천간에 아무 데도 투간되지 않았을 때 격을 잡아야 하는데, 월지 지장간 정기와 일간과 오행이 같은 경우가 있다.
- 일간은 타고난 정체성이고, 격은 후천적인 사회성이라고 해서 일치할 수 없다.
- 그래서 원칙적으로는 일간과 같은 오행은 격으로 잡을 수 없다.
- 그러나 이런 경우는 예외가 된다. 월지 지장간이 천간에 하나도 없어서 월지의 정기를 격으로 잡아야 할 때는 일간과 오행이 같아도 격으로 잡는다.
- 격은 월지에서 잡아야 한다는 규칙이 우선시되기 때문이다.
- 따라서 卯월 정기 乙을 격으로 잡는다. 甲 일간 입장에서 지장간 乙은 겁재다. 양일간의 겁재라 양인격이다.

### ④ 비견, 겁재를 격으로 잡을 수 있는 상황

Q. 일간과 같은 오행은 격으로 잡을 수 없다.

vs

격은 월지에서 잡아야 한다.

이 두 가지 규칙이 충돌할 경우 "격은 월지에서 잡아야 한다"라는 규칙이 우선이다. 이 두 가지 규칙이 충돌할 때만 비견, 겁재를 격으로 잡을 수 있는 유일한 상황이다.

### ⑤ 정체성과 사회성의 일치

1. 월지 정기를 격으로 잡아야 하는데, 정기가 일간과 비견 관계인 경우
   → **건록격**
2. 월지 정기를 격으로 잡아야 하는데, 정기가 일간과 겁재 관계인 경우(양일간)
   → **양인격**
3. 월지 정기를 격으로 잡아야 하는데, 정기가 일간과 겁재 관계인 경우(음일간)
   → **월겁격**

- 건록격, 양인격, 월겁격을 통틀어서 녹겁격이라고 한다.
- 이런 세 가지 경우는 일간이라는 정체성과 격이라는 사회성이 일치하는 경우다.
- 자신의 정체성과 같은 환경이 주어졌다는 의미가 된다.
- 격으로 잡는 월지 정기가 겁재인 경우 양일간, 음일간 용어를 나누어 놓은 이유도 있다.
- 양일간인 경우 겁재의 특징이 더 뚜렷하게 나타나기 때문이다.

### ⑥ 격 잡기 실습(7번 방식) 2

| 시 | 일 | 월 | 년 |
|---|---|---|---|
| 庚 | 戊 | 庚 | 甲 |
| ○ | ○ | 午 | ○ |

- 戊, 己 일간만 해당이 되는 부분인데, 월지 지장간이 하나도 투간이 안 된 상태라 천상 월지 정기를 격으로 잡아야 한다.
- 午의 정기는 丁가 되니 戊일간의 입장에서 丁는 정인이 된다.
- 그러나 격 잡을 때는 정인격이라고 하지 않는다. 양인격이라고 한다.
- 화와 토는 같은 자리에서 근이 시작되기 때문에, 격을 논할 때는 戊, 己 일간은 丙, 丁 일간과 동일 선상으로 본다.
- 물론 지장간이 투간되지 못하고 월지의 정기를 격으로 잡아야 할 상황에서만 해당된다.
- 사실 정인격이라고 해도 전혀 틀린 말은 아니다.
- 하지만 일반적으로 지지에서 격을 잡을 때는 십이운성의 논리를 쓴다.
- 그러나 천간에 丙, 丁가 투간되면 당연히 편인격, 정인격이다.
- 己 일간인 경우 위의 상황과 동일하면 丁 일간과 동일 선상으로 계산해서 격을 정한다.

### ⑦ 편인격(×), 정인격(×) → 건록격(○), 월겁격(○)

1. 戊 일간이 월지 정기를 격으로 잡아야 하는데, 정기가 丁인 경우
   → 정인격(×), 양인격(○)
   → (丙 일간이 월지 정기를 격으로 잡아야 하는데, 정기가 丁인 경우와 동일함)

2. 戊 일간이 월지 정기를 격으로 잡아야 하는데, 정기가 丙인 경우
   → 편인격(×), 건록격(○)
   → (丙 일간이 월지 정기를 격으로 잡아야 하는데, 정기가 丙인 경우와 동일함)

3. 己 일간이 월지 정기를 격으로 잡아야 하는데, 정기가 丁인 경우
   → 편인격(×), 건록격(○)
   → (丁 일간이 월지 정기를 격으로 잡아야 하는데, 정기가 丁인 경우와 동일함)

4. 己 일간이 월지 정기를 격으로 잡아야 하는데, 정기가 丙인 경우
   → 정인격(×), 월겁격(○)
   → (丁 일간이 월지 정기를 격으로 잡아야 하는데, 정기가 丙인 경우와 동일함)

### 마무리 총정리

❶ 寅申巳亥월의 지장간 여기 戊는 격으로 잡지 않는다. 격은 계절을 대표해야 하기 때문에 전 달의 기운이 이어지는 寅申巳亥의 지장간 여기 戊는 격으로 쓸 수 없다.

❷ 寅申巳亥월 중 巳의 여기 戊는 격으로 잡을 수 있다. 화토동궁의 논리다.

❸ 일간과 같은 오행은 격으로 잡을 수 없다. 하지만 천간에서 투간된 것이 없어서 부득이하게 월지 정기에서 격으로 잡는 경우, 일간과 오행이 같은 비겁도 격으로 잡을 수 있다.

❹ 비견, 겁재를 격으로 잡을 때 戊, 己 일간은 丙, 丁 일간과 동일 선상으로 본다. 화토동궁의 논리다.

❺ 사령이 격과 일치하면 해당 격의 힘이 더 커진다.

# 제 136강 격의 종류와 의미

### 1. 내격과 외격의 종류

[격은 크게 내격과 외격으로 나누어진다]

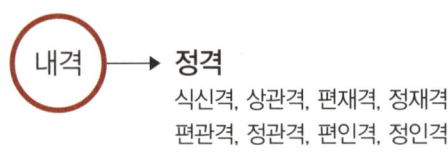

내격 → **정격**
식신격, 상관격, 편재격, 정재격, 편관격, 정관격, 편인격, 정인격

외격 → **녹겁격, 종격, 양기성상격**
건록격, 양인격, 월겁격을 전부 녹겁격이라고 한다. 월지 비겁을 격으로 잡아야 하는 상황

### 2. 내격과 외격의 차이점

[격은 크게 내격과 외격으로 나누어진다]
1. 내격은 일반적으로 격을 잡는 상황이다.
2. 외격은 예외적으로 격을 잡은 상황이다.
3. 그래서 월지 비겁을 격으로 잡아야 하는 녹겁격은 외격이 된다.
4. 일간과 같은 오행은 격으로 잡을 수 없다는 규칙을 벗어난 방법이기 때문이다.
5. 이론적으로는 녹겁격이 외격이나 최근에는 녹겁격도 내격으로 보는 추세다.
6. 외격은 말 그대로 예외적인 상황이라 그 수가 많지 않아야 한다.
7. 그러나 실제 사주를 보면 녹겁격의 숫자가 많아서 예외적 상황이라고 보기 어렵기 때문이다.

### 3. 외격을 제외한 현대의 십정격

[외격을 제외한 현대의 십정격(十正格)]
식신격, 상관격, 편재격, 정재격, 편관격, 정관격, 편인격, 정인격, 건록격, 월겁격

### 4. 격의 정의

- 격은 월지에서 나온다.
- 월지는 양육환경과 일간이 겪는 사회 환경이다.
- 격은 바로 그 월지에서 투간된 것이니 격을 정의하자면 이렇다.
- "사회에서 후천적으로 습득한 그 사람의 신념" 한 마디로 정의하자면 가치관이다.
- 더 쉽게 말하면 이렇다. "나는 이렇게 사는 것이 옳다고 생각해!" 이게 격이다.

### 5. 십정격의 의미 1

[외격을 제외한 현대의 십정격(十正格)]
1. 식신격 → 나는 식신의 사고방식으로 사는 것이 옳다고 생각해!
2. 상관격 → 나는 상관의 사고방식으로 사는 것이 옳다고 생각해!
3. 편재격 → 나는 편재의 사고방식으로 사는 것이 옳다고 생각해!
4. 정재격 → 나는 정재의 사고방식으로 사는 것이 옳다고 생각해!
5. 편관격 → 나는 편관의 사고방식으로 사는 것이 옳다고 생각해!
6. 정관격 → 나는 정관의 사고방식으로 사는 것이 옳다고 생각해!
7. 편인격 → 나는 편인의 사고방식으로 사는 것이 옳다고 생각해!
8. 정인격 → 나는 정인의 사고방식으로 사는 것이 옳다고 생각해!
9. 건록격 → 나는 비견의 사고방식으로 사는 것이 옳다고 생각해!
10. 월겁격 → 나는 겁재의 사고방식으로 사는 것이 옳다고 생각해!

### ⑥ 겸격과 잡기격의 특성

**[외격을 제외한 현대의 십정격(十正格)]**
- 격이 복수로 잡힌 겸격인 경우에는 두 개 다 적용시키면 된다.
- 辰戌丑未 월에서 시작한 잡기격은 격의 사고방식이 약하다.
- 寅申巳亥 월이나, 子午卯酉월에서 나온 격보다는 자기 가치관의 확신이 약하다.
- 辰戌丑未 월에서 나온 잡기격은 대운에 따라서 가치관과 역할이 쉽게 바뀐다.
- 겸격은 욕심이 많은 것이고, 잡기격은 사고방식의 유연성이 좋다.

### ⑦ 십정격의 의미 2

1. 식신격의 의미 → 나는 기본적인 의식주를 풍족하게 누리는 삶이 옳다고 생각해!
2. 상관격의 의미 → 나는 정체되지 않고 나만의 새로움을 추구하는 삶이 옳다고 생각해!
3. 편재격의 의미 → 나는 이 세상의 모든 관심과 존경을 받는 삶이 옳다고 생각해!
4. 정재격의 의미 → 나는 내게 주어진 일과 사람들만 똑바로 책임지는 삶이 옳다고 생각해!
5. 편관격의 의미 → 나는 목적을 위해서라면 어떠한 희생이라도 감수하는 삶이 옳다고 생각해!
6. 정관격의 의미 → 나는 수단 방법 안 가리고 내가 최고 권력을 갖는 삶이 옳다고 생각해!
7. 편인격의 의미 → 나는 정신적인 자유를 추구하는 삶이 옳다고 생각해!
8. 정인격의 의미 → 나는 나 자신을 사랑하고 가장 소중히 여기는 삶이 옳다고 생각해!
9. 건록격의 의미 → 나는 스스로 자존감을 가지고 남을 존중하는 삶이 옳다고 생각해!
10. 월겁격의 의미 → 나는 스스로 투쟁심을 가지고 남을 이기는 삶이 옳다고 생각해!

※ 십정격의 특성을 문장으로 표현한 예시다.
※ 십정격은 대운에 따라 변할 수 있다.
**예시)** 상관격의 사고방식으로 살던 사람이 대운의 변화로 편재격으로 바뀌면 그 시점부터는 편재격의 사고방식으로 인생을 산다.

### ⑧ 대운이 변하면 원국의 격도 변할 수 있다

- 특정 십신의 성향을 인생의 신조로 생각하는 게 격의 의미다.
- 따라서 십신을 제대로 알아야 격을 쉽게 이해할 수 있다.
- 십신을 제대로 모르면 십신도 못 쓰고, 격도 못 쓴다.
- 따지고 보면 격도 십신의 연장선이다.
- 격은 대운과 영향을 주고받는다. 대운에 따라서 격 자체가 변할 수도 있다.
- 격은 개인적으로 보면 개인의 가치관이고 재능이다.
- 사회적으로 보면 그 사람이 사회에서 부여받은 역할이다.
- 따라서 대운이 변하면 격이 영향을 받을 수밖에 없다.
- 격은 월지에서 출발했고, 대운은 월지의 연장선이기 때문이다.
- 사람이 나이 먹는다고 변하는 게 아니다.
- 대운이 변해서 조후라는 감성과 격이라는 가치관이 변해야 사람이 변한다.
- 내가 그렇게 변하면 어느새 주변도 같이 변해 있다. 그게 그 사람의 팔자다.

송재우의 **사주에듀** 이게 여러분들이 배워야 할 사주명리학입니다!

### 마무리 총정리

❶ 격은 크게 내격과 외격으로 나누어진다. 내격(또는 정격)은 식신격, 상관격, 편재격, 정재격, 편관격, 정관격, 편인격, 정인격이 있다. 외격은 녹겁격, 종격, 양기성상격이 있다.

❷ 이론적으로는 녹겁격이 외격이나 최근에는 녹겁격도 내격으로 보는 추세다. 실제 사주를 보면 녹겁격의 숫자가 많아서 예외적 상황이라고 보기 어렵기 때문이다.

❸ 격을 정의하자면 이렇다. "사회에서 후천적으로 습득한 그 사람의 신념" 한마디로 정의하자면 가치관이다. 더 쉽게 말하면 이렇다. "나는 이렇게 사는 것이 옳다고 생각해!"

❹ 辰戌丑未월에서 나온 잡기격은 대운에 따라서 가치관과 역할이 쉽게 바뀐다. 겸격은 욕심이 많은 것이고, 잡기격은 사고방식의 유연성이 좋다.

❺ 격은 개인적으로 보면 개인의 가치관이고 재능이다. 사회적으로 보면 그 사람이 사회에서 부여받은 역할이다. 따라서 대운이 변하면 격이 영향을 받을 수밖에 없다.

# 제 137강 격이 투간된 경우와 그렇지 못한 경우

### ① 투간된 격과 투간되지 못한 격의 차이

- 격은 사주를 놓고 통변할 때 많이 적용된다.
- 그렇다면 격도 투간된 격이 있고 투간되지 못한 격이 있는데, 과연 그 차이는 무엇일까?

1. 천간은 행동, 지장간은 마음, 그리고 지지는 마음을 가져오는 동기부여다.
2. 그렇다면 투간된 격과 투간되지 못한 격의 통변도 간단하다.
3. 투간된 격은 자기가 가지고 있는 가치관대로 행동하고 실천한다.
4. 그러나 투간되지 못한 격은 그저 마음뿐이고 실천이 이루어지기 힘들다.
5. 투간되지 못한 격은 운에서 월지의 격과 같은 천간으로 와야 실천으로 이어진다.
6. 투간된 격은 재능이 되고, 투간되지 못한 격은 재능이 아닌 막연한 희망 사항이다.

### ② 격이 간여지동이 되면?

- 특히 격이 월주 간여지동으로 되면 자기 가치관이 일 점 타협이 없다는 뜻이다.
- 간여지동된 격은 자기 가치관이 워낙 확고부동해서 직업관이나 가치관이 아주 뚜렷하다.
- 간여지동된 격을 가진 사람은 대운이 변해도 자기 가치관이 변하질 않는다.

1. 격이 년간에 투간이면 과거의 모습이 격대로 살았다는 것이다.
2. 격이 시간에 투간이면 미래의 모습이 격처럼 산다는 의미다.
3. 격이 월간에 있다는 것은 늘 격이라는 가치관대로 살겠다는 의미다.
4. 간여지동된 격은 자기 가치관이 워낙 확고부동해서 직업관이나 가치관이 아주 뚜렷하다.

5. 간여지동된 격은 일평생 타협하지 않는 그 사람만의 신념이다.
6. 성공하면 대박을 치고, 실패하면 쪽박을 찬다. 그래도 자기 인생에 후회는 안 남긴다.

### ③ 사주명조 예시 1

| 시 | 일 | 월 | 년 | 대운 |
|---|---|---|---|---|
| 己 | 丙 | 己 | 壬 | 辛 |
| 丑 | 申 | 酉 | 申 | 亥 |

- 酉 월에 태어난 丙 일간이다. 월지 酉의 지장간 辛, 庚이 모두 투간되지 않았다.
- 따라서 酉의 지장간 정기인 辛을 격으로 잡는다. 丙 일간이 지장간 辛을 보니 정재격이다.
- 정재격은 나는 내게 주어진 일과 사람들만 똑바로 책임지는 삶이 옳다고 생각하는 사람이다.
- 자기 주변의 일과 사람에 대한 책임감은 강하지만 그 이외에는 관심 없는 사람이다.
- "내 할 일만 잘하면 된다"라고 생각하는 사람이다.
- 그러나 원국을 보면 격이 투간되지를 않았다.
- 이 사람한테 격이라는 가치관은 그저 간절한 희망 사항일 뿐이다.
- 이런 사람이 자기가 가진 가치관을 격으로 쓰려면 어떻게 해야 할까?
- 대운에서 천간 辛이 오면 정재격이라는 가치관을 그제야 실행으로 옮긴다.
- 대운에서 庚이 오면 편재격이 된다.
- 일시적으로 월지 酉의 지장간이 투간된 상황이기 때문이다.
- 이 대운만 한시적으로 변하는 것이다.
- 참고로 세운으로 오면 격이 변하질 않는다.
- 격은 오로지 대운으로만 변한다.
- 원국 월주의 연장선이 대운이라 그렇다.

④ **사주명조 예시 2**

| 시 | 일 | 월 | 년 |
|---|---|---|---|
| 辛 | 庚 | 甲 | 癸 |
| 巳 | 寅 | 寅 | 亥 |

- 寅 월에 태어난 庚 일간이다. 월지 寅 지장간 정기 甲이 투간되어서 편재격이다. 편재격으로 쓰이는 월간 甲이 월지 寅과 간여지동이 되어 버렸다.
- 편재격도 그냥 편재격이 아니다. 아주 확고부동한 편재격이다.
- 지장간을 가지고 있는 지지와 천간과의 간여지동은 확고부동한 언행일치가 된다. 그런 확고부동한 행동이 격이 되어 버렸으니 재능이 된다.
- 편재격은 나는 "이 세상의 모든 관심과 존경을 받는 삶이 옳다고 생각해"라고 생각한다.
- 그 편재격이 투간되었으니 그 가치관을 실천하는 사람이다.
- 격과 월지가 간여지동까지 되었으니 가치관이 일평생 흔들리지 않는다.

⑤ **투간되지 못하면 격은 대운이 바뀔 때마다 혼란스럽다**

- 격이 월지에만 머물러 있으면 본인이 무엇을 해야 하는지? 무엇을 잘할 수 있는지? 잘 모른다.
- 아무리 격이라는 가치관이 있어도, 투간이라는 실천을 안 해 보면 확인해 볼 길이 없다.
- 그래서 투간되지 못한 격은 대운이 바뀔 때마다 혼란스러워한다.
- 따지고 보면 노력이라는 부분도 타고나는 부분이다. 격국(格局) 역시 예외는 아니다.
- 지지로 동기부여가 되어도 천간이라는 행동으로 이어지지 못하면 결괏값이 작다.
- 녹겁격은 선천적인 정체성과 후천적인 가치관이 일치하는 경우다.
- 녹겁격은 자기 정체성대로 살아갈 때 가장 능력 발휘가 잘된다.
- 녹겁격 사주는 좋아하는 것과 잘하는 것이 일치하는 사주다.
- 녹겁격은 월지 충이 제일 나쁘다. 대운은 물론 세운에서 오는 월지 충도 나쁘다.
- 자신의 가치관만 방해받는 게 아니라 자신의 정체성까지 같이 흔들리기 때문이다.

**마무리 총정리**

❶ 투간된 격은 자기가 가지고 있는 가치관대로 행동하고 실천한다. 그러나 투간되지 못한 격은 그저 마음뿐이고 실천이 이루어지기 힘들다.
❷ 투간되지 못한 격은 운에서 월지의 격과 같은 천간으로 와야 실천으로 이어진다.
❸ 간여지동된 격은 일평생 타협하지 않는 그 사람만의 신념이다. 성공하면 대박을 치고, 실패하면 쪽박을 찬다. 그래도 자기 인생에 후회는 안 남긴다.
❹ 투간된 격은 재능이 되고, 투간되지 못한 격은 재능이 아닌 막연한 희망 사항이다.
❺ 격이 월지에만 머물러 있으면 본인이 무엇을 해야 하는지? 무엇을 잘할 수 있는지? 잘 모른다. 아무리 격이라는 가치관이 있어도, 투간이라는 실천을 안 해 보면 확인해 볼 길이 없다.

## 제 138 강 길신(吉神)과 흉신(凶神) 1

### ① 길신과 흉신의 특성

1. 길신(吉神)
→ 비견, 식신, 정재, 정관, 정인
  - 나(일간)한테 유리하고 상대방(겁재)한테 불리한 십신

2. 흉신(凶神)
→ 겁재, 상관, 편재, 편관, 편인
  - 상대방(겁재)한테 유리하고 나(일간)한테 불리한 십신

- 십신은 각각의 특성이 있는데 그 특성을 크게 두 가지로 나눌 수 있다.
- 일간한테 유리한 십신을 길신, 겁재한테 유리한 십신을 흉신이라고 한다.
- 길신은 일간을 더 도와주고(정인/비견), 덜 소모하고(식신/정재), 덜 손상시킨다(정관).
- 흉신은 일간을 덜 도와주고(편인/겁재), 더 소모하고(상관/편재), 더 손상시킨다(편관).
- 길신은 안정적이고 흉신은 역동적이다.

### ② 이익의 길신, 명분의 흉신

1. 길신
→ 안정성을 추구, 사회 체제에 순응함, 명분보다는 이익이 우선

2. 흉신
→ 안정성을 거부, 사회 체제에 맞서려고 함, 이익보다는 명분이 우선

- 사회(또는 현실)와 타협해서 개인의 이익 추구를 우선으로 하는 십신은 길신이다.
- 사회(또는 현실)와 맞서면서 대의명분 추구를 우선으로 하는 십신은 흉신이다.
- 길신은 이익추구가 우선이고, 흉신은 자존심이 우선이다.

- 길신들은 자신한테 이익이 된다면 간, 쓸개 다 빼줄 수 있다.
- 흉신들은 아무리 자신한테 이익이 돼도, 자기 자존심을 구기면서까지 이익추구는 안 한다.
- 돈을 싫어하는 사람은 없다. 돈 때문에 자존심을 구기기 싫은 사람이 있을 뿐이다.
- 길신은 돈 앞에서 자존심을 구길 수 있고, 흉신은 돈 앞에서 자존심을 구길 수 없다.

1. 길신
→ 안정성을 추구, 사회 체제에 순응함, 명분보다는 이익이 우선

2. 흉신
→ 안정성을 거부, 사회 체제에 맞서려고 함, 이익보다는 명분이 우선

- 사주원국에 길신이 많으면 나 혼자 잘 먹고 잘 사는 인생을 살려고 한다.
- 사주원국에 흉신이 많으면 의리, 명분, 자존심에 목숨 건다.
- 길신은 음(陰)적 성향이고, 흉신은 양(陽)적 성향이다.

### ③ 길신의 속내

→ 자기 이익만 보장된다면 체면이고 자존심이고 다 무시한다.

1. 비견의 속내 → 내가 필요할 때만 상대방을 적절하게 이용하고 싶다.
2. 식신의 속내 → 잘 먹고 잘 살면 그게 최고. 내 밥그릇 누가 건드리는 거 용납 못 한다.
3. 정재의 속내 → 나에게 주어진 일만 잘하고 싶다. 그 이외에 다른 건 신경 쓰고 싶지 않다.
4. 정관의 속내 → 사람들을 다 내 발밑에 두고 싶다. 수단 방법 안 가리고 그렇게 할 거다.

5. 정인의 속내 → 나에게 이득이 된다면 남이 어떻게 되든 말든 상관없다.

### ④ 흉신의 속내

→ 자신의 가치관이나 정의감이 훼손되면 그것이 이익이 돼도 안 한다.

1. 겁재의 속내 → 너를 이기기 위해서라면 내가 어떠한 손해라도 감수할 수 있다.
2. 상관의 속내 → 내 눈에 거슬리는 건 용납 못 한다. 그게 대통령이라고 해도 예외는 없다.
3. 편재의 속내 → 내가 당신들 다 책임져 주고 잘 살게 해 줄 테니, 대신 나를 존경해야 한다.
4. 편관의 속내 → 잘잘못을 철저하게 가린다. 잘못된 것이 나라면 나도 심판의 대상이다.
5. 편인의 속내 → 속세의 부귀는 혐오스럽다. 얽매이지 않고 자유로운 영혼이 되고 싶다.

### ⑤ 흉격이 신왕해야 하는 이유

1. 길신의 속내
– 인간미는 떨어지지만 편하게 살고자 하는 십신
– 길신이 격이면 그것이 그 사람의 가치관

2. 흉신의 속내
– 인간미는 넘치지만 불편하게 살고자 하는 십신
– 흉신이 격이면 그것이 그 사람의 가치관

1. 길신으로 격을 이루는 길격들은 신약해도 큰 문제 없다.
2. 길격이라는 것 자체가 세상과 타협하고 맞춰 가겠다는 게 가치관이기 때문이다.
3. 일간이 약해서 나에게 주도권이 없어도 큰 문제가 되지 않는다.
4. 흉신으로 격을 이루는 흉격들은 신왕해야 한다. 신약한 흉격들은 고통스럽다.

5. 흉격이라는 것 자체가 세상과 타협하지 않고 나만의 길을 가겠다는 게 가치관이기 때문이다.
6. 일간이 약해서 나한테 주도권이 없으면 많은 문제점이 생긴다.
7. 그래서 격이 흉격이면 원국이 신왕해야 당사자가 덜 고통스럽다.

### 마무리 총정리

❶ 길신은 일간을 더 도와주고(정인/비견), 덜 소모하고(식신, 정재), 덜 손상시킨다. (정관)
❷ 흉신은 일간을 덜 도와주고(편인/겁재), 더 소모하고(상관/편관), 더 손상시킨다. (편관)
❸ 길신은 이익추구가 우선이고, 흉신은 자존심이 우선이다. 길신은 음(陰)적 성향이고, 흉신은 양(陽)적 성향이다.
❹ 격으로 잡힌 십신이 길신이면 길격이고, 격으로 잡힌 십신이 흉신이면 흉격이다.
❺ 길격들은 신약해도 큰 문제 없다. 그러나 흉격들은 신약하면 고통스럽다. 사회와 맞서고자 하는 게 흉격이라, 신왕해서 개인 주도권을 갖추어야 흉격을 감당할 수 있다.

## 제 139 강 길신(吉神)과 흉신(凶神) 2, 성격(成格)과 패격(敗格)

### ① 대표적인 길격(정관격, 정인격), 대표적인 흉격(상관격, 편관격)

- 정관격, 정인격은 길격 중에서 아주 대표적인 길격이다.
- 둘 다 일간을 보호한다는 공통점이 있다.
- 정관격은 흉신인 겁재를 극하고, 정인격은 사주의 주인공인 일간을 생하기 때문이다.
- 상관격, 편관격은 흉격 중에서 아주 대표적인 흉격이다.
- 상관격은 길신인 정관을 극하고, 편관격은 사주의 주인공인 일간을 극하기 때문이다.
- 편재격, 편인격은 흉격은 흉격인데 흉격치고는 좀 모호한 부분이 있다.
- 편재격은 세상과 타협하려 하지 않지만 적극적으로 이익을 추구한다.
- 편인격은 이익에는 크게 관심 없지만, 세상과 크게 맞서려고 하지 않는다.
- 겁재격도 흉격이긴 한데 겁재격은 월지가 겁재이기 때문에 신약하기가 힘들다.
- 따라서 흉격 중에 가장 흉격다운 흉격은 상관격, 편관격이다.

### ② 격의 성패(성격과 패격)

[길격과 흉격의 차이점]
- 길격과 흉격은 서로 사회적응도의 차이가 있다.
- 하지만 길격이라고 무조건 사회적응을 잘하는 게 아니다.
- 마찬가지로 흉격이라고 무조건 사회적응을 못하는 게 아니다.
- 월지가 중요하긴 하지만, 월지가 전부가 아니다.
- 사주는 월지 이외의 변수가 있다.
- 길격은 약육강식의 법칙을 실천할 수 있는 기본 조건이다.
- 흉격은 약육강식의 법칙을 실천할 수 없는 기본 조건이다.
- 각각의 기본조건(격)에서 시작하여, 결과적으로 약육강식의 논리를 실천하는지 보는 방법이 있다. 이것을 성격(成格), 패격(敗格)이라고 한다.
- 성격(成格, 격을 이루다) → 결과적으로 약육강식의 논리를 실천한다.
- 패격(敗格, 격을 못 이루다) → 결과적으로 약육강식의 논리를 실천하지 못한다.

※ 길격, 흉격은 "격 자체의 특성"을 의미하는 용어
※ 성격, 패격(또는 파격)은 "격이 무슨 특성이든 결과적으로 원국에서 어떤 역할을 하는가?"를 논하는 용어

### ③ 길격도 패격이 될 수 있고, 흉격도 성격이 될 수 있다

- 길격이 성격이 된 경우는
  이익을 중요하게 생각하는 사람이 이익 추구의 행동을 하는 경우이다.
※ 자신의 이해타산을 위해 수단 방법을 가리지 않는다.
→ 신왕하면 좋고 신약해도 큰 문제가 되지 않는다.

- 길격이 패격이 된 경우는
  이익을 중요하게 생각하는 사람이 명분 추구의 행동을 하는 경우이다.
※ 명분을 추구하지만 그 과정에서 본인이 희생하지는 않는다.
→ 신왕하면 좋고 신약하면 쓰임에 한계가 생긴다.

- 흉격이 성격이 된 경우는
  명분을 중요하게 생각하는 사람이 이익 추구의 행동을 하는 경우이다.
※ 이해타산을 추구하지만 그 과정에서 사회적 책임을 다한다.
→ 신왕해야 하고 신약하면 활용에 한계가 생긴다.

- 흉격이 패격이 된 경우는
  명분을 중요하게 생각하는 사람이 명분 추구의 행동을 하는 경우이다.
- ※ 자신의 신념을 위해 어떠한 손해라도 감수하는 삶을 산다.
- → 신왕해야 문제를 극복하고 신약하면 큰 문제가 생긴다.
- → **길격도 패격이 될 수 있고, 흉격도 성격이 될 수 있다.**

### ④ 성격의 조건

- 길격이든 흉격이든 격에서 출발한다.
- 격에서 출발하여 결과적으로 다른 천간의 길신을 살리고, 흉신을 죽이면 성격이다. (살린다는 기능의 활성화, 죽인다는 기능의 정지를 의미한다.)

| 성격의 조건(길격 기준) | 성격의 조건(흉격 기준) |
|---|---|
| 1. 길신이 길격을 생할 때 | 1. 길신이 흉격을 극할 때 |
| 2. 흉신이 길격을 생할 때 | 2. 흉신이 흉격을 극할 때 |
| 3. 길격이 흉신을 극할 때 | 3. 길격이 흉신을 합할 때 |
| 4. 길격이 흉신을 합할 때 | 4. 흉신이 흉격을 합할 때 |
| 5. 길격이 길신을 생할 때 | 5. 흉격이 길신을 생할 때 |
|  | 6. 흉격이 흉신을 극할 때 |

### ⑤ 패격의 조건

- 길격이든 흉격이든 격에서 출발한다.
- 격에서 출발하여 결과적으로 다른 천간의 길신을 죽이고, 흉신을 살리면 패격이다.

| 패격의 조건(길격 기준) | 패격의 조건(흉격 기준) |
|---|---|
| 1. 길신이 길격을 극할 때 | 1. 길신이 흉격을 생할 때 |
| 2. 흉신이 길격을 극할 때 | 2. 흉신이 흉격을 생할 때 |
| 3. 흉신이 길격을 합할 때 | 3. 흉격이 길신을 합할 때 |
| 4. 길격이 길신을 극할 때 | 4. 길격이 길신을 극할 때 |
| 5. 길격이 길신을 합할 때 | 5. 흉격이 흉신을 생할 때 |

### ⑥ 흉신이지만 길격인 경우, 길신이지만 흉격인 경우

- 녹겁격을 제외한 내격들은 신왕해야 성격이 되어도 그 가치가 크다.
- 식상, 재성, 관살, 인성은 모두 일간의 근을 필요로 하는 십신이기 때문이다.
- 신약 사주는 성격이 되어도 그 가치가 떨어진다. 똑같은 성격이라도 투간된 격이 그 가치가 크다. 실천력의 차이 때문이다.
- 편재는 흉신이지만 격으로 볼 때는 길격이다. (편재격, 정재격 다 길격)
- 편인은 흉신이지만 격으로 볼 때는 길격이다. (편인격, 정인격 다 길격)
- 비견은 길신이지만 격으로 볼 때는 흉격이다. (건록격, 월겁격 다 흉격)

### 마무리 총정리

❶ 길격과 흉격은 서로 사회적응도의 차이가 있다. 하지만 길격이라고 무조건 사회적응을 잘하는 게 아니다. 마찬가지로 흉격이라고 무조건 사회적응을 못 하는 게 아니다.

❷ 명리학에서는 각각의 기본 조건(격)을 시작으로, 사회에 적응했는지 여부를 보는 방법이 있다. 이것을 성격, 패격이라고 한다.

❸ 녹겁격을 제외한 내격들은 신왕해야 성격이 되어도 그 가치가 크다. 식상, 재성, 관살, 인성은 모두 일간의 근을 필요로 하는 십신이기 때문이다.

❹ 길신은 살리고, 흉신을 죽이면 성격이 된다. 반대로 흉신은 살리고, 길신을 죽이면 패격이 된다. 길격도 패격이 될 수 있고, 흉격도 성격이 될 수 있다.

❺ 편재는 흉신이지만 격으로 볼 때는 길격이다. 편인은 흉신이지만 격으로 볼 때는 길격이다. 비견은 길신이지만 격으로 볼 때는 흉격이다.

## 제 140 강  격국별 성패(식신격)

### ① 상신, 기신, 구응신

[상신, 기신, 구응신의 정의]

1. 상신(相神)
   → 격을 성격 시켜 주는 십신, 상신이 존재해야 격이 성격이 된다.

2. 기신(忌神)
   → 격의 성격을 방해하는 십신, 상신을 극하거나 합하는 게 기신이다.
   ① 길격 같은 경우 격을 극하거나 합하는 십신도 기신이다.
   ② 흉격 같은 경우 격을 생해 주는 십신도 기신이다.

3. 구응신(救應神)
   → 기신을 극해서 최종적으로 성격을 만들어 주는 십신
   → 상신과 역할이 비슷하다.

### ② 격국론의 기신

- 격국론에서의 기신은 용신론의 기신과는 성향이 다르다.
- 하지만 둘 다 사주원국에서 나쁜 영향을 주기 때문에 둘 다 기신(忌神)이라고 부른다.
- 기신의 기가 꺼릴 기(忌) 자. 사주원국에서 반가운 존재가 아니라는 뜻이다.

1. 상신이나 구응신은 길신, 흉신 둘 다 가능하다.
2. 그러나 길신으로 상신이나 구응신 쓰는 게 더 가치가 크다.
3. 상신이나 구응신 둘 중 하나가 있어야 성격이 된다.

### ③ 식신격의 성패

[식신격(길격)]
- 식신격은 길격이니 어떻게든 살려야 한다.
- 극을 당하면 안 된다. 합해도 안 된다.
- 합해서 흉신을 묶으면 성격이지만, 식신은 정관과 정인 같은 길신끼리만 합을 하기 때문이다.
- 식신격의 상신(相神)은 비견, 겁재, 편재, 정재, 편관이다.
- 비견, 겁재는 길신인 식신을 생해서 식신격을 성격으로 만들어 준다.
- 편관은 흉신이다. 식신격의 극을 당해서 제거되면 식신격이 성격이 된다.
- 편재, 정재는 그 자체가 길신으로 식신이 생을 해 주면 성격이다.

### ④ 사주명조 예시 1

| 시 | 일 | 월 | 년 |
|---|---|---|---|
| 戊 | 丙 | 壬 | 戊 |
| ○ | ○ | 戌 | ○ |

- 戌 월에 태어난 丙 일간이다.
- 戌 월의 지장간 정기가 년간, 시간에 투간되어서 식신격이 성립이 되었다.
- 사실 격은 한 글자만 투간되는 게 바람직하지만, 그래도 식신격은 식신격이다.
- 식신격이 월간 칠살을 봤으니 성격이 된 경우다.
- 식신이라는 길신이 편관이라는 흉신을 제거했기 때문이다.

⑤ **사주명조 예시 2**

| 시 | 일 | 월 | 년 |
|---|---|---|---|
| 戊 | 丙 | 庚 | 壬 |
| ○ | ○ | 戌 | ○ |

- 戌 월에 태어난 丙 일간이다. 戌 월 지장간 정기 투간해서 식신격이다.
- 시간의 戊 식신이 격인데, 월간의 편재를 생했다. 1차적으로는 성격이다.
- 그다음 월간의 편재가 년간의 편관을 생했다. 편관은 흉신이다.
- 결과적으로 흉신인 편관을 생했으니 패격이다.
- 이처럼 격의 성패를 논하려면 상신만 있다고 성격이 되는 것이 아니다.
- 방해하는 기신이 없는지 끝까지 봐 줘야 한다. 이 사주의 편관은 기신이 된다.
- 차이는 중간이 재성이 있나? 없나? 의 차이다.
- 흉신인 편관을 때려잡아야 하는데, 중간에 재성이 끼어들어서 편관의 극을 방해했다.

⑥ **사주명조 예시 3**

| 시 | 일 | 월 | 년 |
|---|---|---|---|
| 戊 | 丙 | 壬 | 辛 |
| ○ | ○ | 辰 | ○ |

- 위치에 따라서 성패가 변하기도 한다. 이 사주를 보면 辰 월에 태어난 丙 일간이다.
- 辰 월의 지장간 정기인 戊가 투간되어서 식신격이다. 격을 잡은 십신부터 시작한다.
- 모든 격의 성패가 다 그렇다. 시간의 戊가 식신이고 그다음 가까운 것이 월간이다.
- 격의 성패를 논할 때는 일간은 제외한다. 일간과 격은 별개라서 그렇다.
- 시간의 식신이 월간인 편관부터 먼저 만난다. 년간의 정재는 그다음이다.

- 먼저 편관을 만나서 편관을 극했으니 이 사주는 성격이 된 사주다.
- 만약 재성을 먼저 만났으면 상생으로 이어져서 결국은 편관을 살리는 꼴이 된다.
- 지금처럼 식신 → 편관 → 정재로 된 사주에서는 그렇지가 않다. 식신격뿐만 아니라 다른 격들도 그렇다.
- 그 글자의 위치에 따라서도 격의 성패가 달라진다. 가까운 글자부터 반응하니 그렇다.

⑦ **목화식신격, 금수식신격**

1. 목화식신격(甲, 乙 일간의 식신격)은 인성을 봐도 패격이 아니다.
2. 금수식신격(庚, 辛 일간의 식신격)은 정관을 봐도 패격이 아니다.
- 원칙적으로 식신은 길신이라 인성으로 극 당하면 패격이다.
- 같은 길신인 정관을 극하거나 합해도 패격이다.
- 그러나 목화식신격은 사주의 조후가 너무 덥고, 금수식신격은 사주의 조후가 너무 춥다.
- 이런 경우는 조후의 균형을 맞춰 주는 것이 최우선이다.
- 격의 규칙보다는 조후의 규칙이 우선이다. 사주명리학은 계절학이기 때문이다.
- 목화 식신격에 수(인성)를 써도 패격이 안 된다. 도리어 상신이 된다.
- 반대로 금수 식신격에 화(정관)를 써도 패격이 안 된다. 도리어 상신이 된다.
- 식신격, 상관격만의 예외적인 특징이다.

이게 여러분들이 배워야 할 사주명리학입니다! **송재우의 사주에듀**

### 마무리 총정리

① 격국의 성패를 따질 때 상신이나 구응신이 있어야 격이 성격이 된다. 기신이 있고 구응신이 없으면 패격이 된다.

② 상신이나 구응신은 길신, 흉신 둘 다 가능하다. 그러나 길신으로 상신이나 구응신을 쓰는 게 더 가치가 크다.

③ 식신격은 길격이니 어떻게든 살려야 한다. 극을 당하면 안 된다. 합해도 안 된다.

④ 격이 되는 십신부터 시작해서 가까운 순서대로 상생, 상극, 합을 대입한다. 격의 성패는 무슨 십신이 있는가도 중요하지만, 그 십신이 어느 위치에 있는지도 중요하다.

⑤ 식신격에는 일반적인 격의 성패에서 벗어나는 두 가지 예외가 있다. 목화식신격은 인성한테 극 당해도 패격이 아니다. 금수식신격은 정관을 극해도 패격이 아니다. 조후가 먼저다.

# 제 141강 격국별 성패(상관격)

### ① 상관격의 성패

[상관격(흉격)]
- 상관격은 흉격이니 어떻게든 죽여야 한다.
- 극으로 죽여야 한다. 합으로 죽여도 된다.
- 생을 받으면 안 된다. 상관격은 흉격이기 때문이다.
- 상관격의 상신(相神)은 정인, 편인, 편관, 편재, 정재이다.
- 정인, 편인은 흉신인 상관을 극해서 상관격을 성격으로 만들어 준다.
- 편관은 흉신이다. 상관격의 극을 당해서 제거되면 상관격이 성격이 된다.
- 편재, 정재는 그 자체가 길신으로 상관이 생을 해 주면 성격이다.

### ② 사주명조 예시 1

| 시 | 일 | 월 | 년 |
|---|---|---|---|
| 壬 | 乙 | 丙 | 壬 |
| ○ | ○ | 午 | ○ |

- 午 월에 태어난 乙 일간이다. 午 월 지장간 여기가 월간에 투간되어 상관격이다.
- 년간과 시간에 임수 정인이 있어서 상관을 극했다. 따라서 저 사주는 성격이다.
- 壬 정인이 격을 성격 시켜주는 것과 동시에 조후의 문제도 해결했다.

[목화상관희견수(木火傷官喜見水)]
- 목 일간이 상관격이면 사주의 조후가 너무 뜨거워서 오행의 수(水)를 좋아한다.
- 목화식신격과 공통적인 부분이다.

### ③ 사주명조 예시 2

| 시 | 일 | 월 | 년 |
|---|---|---|---|
| 己 | 己 | 庚 | 癸 |
| ○ | ○ | 申 | ○ |

- 申 월에 태어난 己 일간이다. 申 월 지장간 정기가 월간에 투간되어 상관격이다.
- 격이 되는 월간 庚 상관이 년간 癸 편재를 생해서 성격이 되었다.
- 상관격이 흉격이지만 결과적으로 재성이라는 길신을 살리니 성격이 되었다.
- 격에서 그 기운이 시작해서 결국은 길신을 생하거나 흉신을 죽이면 성격이 된다.
- 반대로 길신을 죽이거나 흉신을 생하면 패격이 된다.

### ④ 사주명조 예시 3

| 시 | 일 | 월 | 년 |
|---|---|---|---|
| 丁 | 庚 | 庚 | 辛 |
| ○ | ○ | 子 | ○ |

- 子 월에 태어난 庚 일간이다.
- 子 월의 지장간이 투간된 것이 없어서 子 월의 정기인 癸를 격으로 잡는다. 상관격이다.
- 그런데 일간이 庚이다. 사주 원국이 너무 덥고 추우면 조후가 우선이다.
- 목화 식신격(또는 상관격)이나 금수 식신격(금수 상관격)은 그렇다.
- 원래는 위의 사주 같은 경우 상관격이 시간의 정관을 봐서 패격이 돼야 한다.
- 그러나 庚, 辛 일간의 亥월, 子월은 예외다.
- 게다가 丁 정관이 기신이 되는 비견, 겁재도 동시에 극하고 있다.
- 상관격은 흉격이라 상관을 생해 주는 비견, 겁재는 기신이다.

[금수상관희견관(金水傷官喜見官)]
- 금 일간이 상관격이면 사주의 조후가 너무 차가워서 오행의 화(火)를 좋아한다.
- 금수 상관격에서의 정관은 오행으로 화(火)가 되니까 그렇다.

※ 금수상관격이 투간되지 않아야 금수상관희견관의 가치가 높다.
※ 격이 천간에 뜨면 정관(丙 또는 丁)을 직접적으로 견제하기 때문이다.

### ⑤ 사주명조 예시 4

| 시 | 일 | 월 | 년 |
|---|---|---|---|
| 己 | 癸 | 甲 | 癸 |
| ○ | ○ | 寅 | ○ |

- 寅 월에 태어난 癸 일간이다.
- 寅 월의 지장간 정기가 월간에 투간되어 상관격이다.
- 월간의 상관이 년간의 비견의 생을 받아 1차적으로 패격이 되었다.
- 그러나 시간 己 편관과 월간 甲 상관과 합이 되어서 성격이 되었다.
- 흉신은 합을 하거나 극해 주어서 제구실을 못 하게 해야 성격이 된다.

### ⑥ 사주명조 예시 5

| 시 | 일 | 월 | 년 |
|---|---|---|---|
| 丙 | 乙 | 壬 | 乙 |
| ○ | ○ | 午 | ○ |

- 午월에 태어난 乙 일간이다.
- 午월의 지장간 여기가 시간에 투간되었다. 상관격이다.
- 상관격은 흉격이기 때문에 극을 받으면 바로 성격이 된다.
- 이 사주 월간을 보면 정인이 있다. 월간 정인이 시간의 상관격을 극하고 있다.
- 년간의 乙 비견은 상신인 壬 정인을 방해하지 않는다. 결과적으로 성격이 되었다.

### ⑦ 가장 빼어난 상관격은?

| 시 | 일 | 월 | 년 |
|---|---|---|---|
|  | 甲 |  |  |
|  |  | 午 |  |

| 시 | 일 | 월 | 년 |
|---|---|---|---|
|  | 庚 |  |  |
|  |  | 子 |  |

[가장 빼어난 상관격은?]
- 상관격 중에 午 월의 甲 일간, 子 월의 庚 일간이 상관격의 기질이 가장 잘 드러난다.
- 양일간이 계절의 정점인 왕지월을 만나서 상생과 설기를 잘한다.
- 게다가 목화상관격, 금수상관격은 양을 양으로 설기하고, 음을 음으로 설기하는 상관격이다.
- 양(陽)과 음(陰) 각각 본질이 변하지 않고 설기가 되니 그 작용력도 빼어나다.

### 마무리 총정리

❶ 상관격은 흉격이니 어떻게든 죽여야 한다. 극으로 죽여야 한다. 합으로 죽여도 된다. 생을 받으면 안 된다. 상관격은 흉격이기 때문이다.
❷ 목화상관희견수(木火傷官喜見水)라는 말이 있다. 목 일간이 상관격이면 사주의 조후가 너무 뜨거워서 오행의 수(水)를 좋아한다는 뜻이다.
❸ 금수상관희견관(金水傷官喜見官)이라는 말이 있다. 금 일간이 상관격이면 사주의 조후가 너무 차가워서 오행의 화(水)를 좋아한다는 뜻이다. 그래서 정관도 상신이 된다.
❹ 상관격은 흉격이라 상관을 생해 주는 비견, 겁재는 기신이다.
❺ 상관격 중에 午 월의 甲 일간, 子 월의 庚 일간이 상관격의 기질이 가장 잘 드러난다. 양일간이 계절의 정점인 왕지월을 만나서 상생과 설기를 잘한다.

# 제142강 격국별 성패(편재격, 정재격)

### ① 편재격의 성패

**[편재격(흉신, 격의 성패를 따질 때는 길격)]**
- 편재격은 길격이니 어떻게든 살려야 한다.
- 생으로 살려야 한다. 합으로 죽이면 안 된다.
- 극을 받으면 안 된다. 편재격의 상신(相神)은 식신, 상관, 정관이다.
- 식신, 상관은 길격인 편재를 생하면 성격이 이루어진다.
- 정관은 그 자체가 길신으로 편재가 생을 해 주어야 성격이 이루어진다.

### ② 사주명조 예시 1

| 시 | 일 | 월 | 년 |
|---|---|---|---|
| 辛 | 庚 | 甲 | 癸 |
| ○ | ○ | 寅 | ○ |

- 寅 월에 태어난 庚 일간이다.
- 寅 월의 지장간 정기가 월간에 투간되어 그것을 격으로 잡는다.
- 편재격이다. 년간의 상관이 상신이 되어서 편재를 생한다.
- 1차적으로는 성격이 되었다.
- 그러나 시간의 겁재가 격인 월간을 극해서 패격이 되었다.
- 이런 현상을 성중유패(成中有敗)라고 한다.
- 상신이 있어서 1차적으로는 성격이 되었지만 기신이 있어서 최종적으로는 패격이 된 사주다.
- 성중유패(成中有敗)
  → 처음에는 성격이었으나 결과적으로는 패격이 된 사주이다.
- 좁은 의미에서는 원국에서 성격이 패격으로 변하는 현상을 말한다.
- 넓은 의미에서는 원국에서는 성격인데, 대운의 영향을 받아 패격이 되는 사주를 말한다.

### ③ 사주명조 예시 2

| 시 | 일 | 월 | 년 |
|---|---|---|---|
| 乙 | 辛 | 辛 | 丙 |
| ○ | ○ | 卯 | ○ |

- 卯에 태어난 辛 일간이다. 卯 월의 지장간 정기가 시간에 투간되어 그것을 격으로 잡는다.
- 편재격이다. 격의 성패를 따지려면 격부터 시작해야 하니 시간부터 시작한다.
- 시간인 편재가 월간의 비견을 만나서 1차적으로는 패격이다.
- 그러나 천만다행으로 년간의 정관이 월간의 비견과 합을 해 버렸다. 丙辛합이다.
- 년간의 정관이 월간의 비견과 합을 하니, 기신인 비견이 편재격을 극하지 못한다.
- 이렇게 기신을 극하거나 합해서 결과적으로 성격으로 만들어 주는 것을 구응신이라고 한다.
- 상신하고 비슷한 작용을 한다. 이 사주에서는 년간 정관이 구응신이다.
- 상신은 격에 직접 작용해서 성격을 만들어 내는 것이다.
- 구응신은 성격을 방해하는 기신을 제거해서 결과적으로 성격을 만드는 십신을 뜻한다.
- 이 부분이 차이가 난다. 이런 사주를 패중유성(敗中有成)이라고 한다.
- 패중유성(敗中有成)
  → 처음에는 패격이었으나 결과적으로는 성격이 된 사주이다.
- 좁은 의미에서는 원국에서 패격이 성격으로 변하는 현상을 말한다.
- 넓은 의미에서는 원국에서는 패격인데, 대운의 영향을 받아 성격이 되는 사주를 말한다.
- ※ 성중유패의 반대 개념이 패중유성, 패중유성의 반대 개념이 성중유패

### ④ 정재격의 성패

**[정재격(길격)]**
- 정재격은 길격이니 어떻게든 살려야 한다.
- 생으로 살려야 한다. 합으로 죽이면 안 된다.
- 극을 받으면 안 된다. 정재격의 상신(相神)은 식신, 상관, 정관이다.
- 식신, 상관은 길격인 정재를 생하면 성격이 이루어진다.
- 정관은 그 자체가 길신으로 편재가 생을 해 주어야 성격이 이루어진다. 편재와 같다. 격의 성패를 논할 때는 편재격, 정재격이 같은 기준이다.
- 편재와 정재는 차이점보다 공통점이 더 많기 때문이다.

### ⑤ 사주명조 예시 3

| 시 | 일 | 월 | 년 |
|---|---|---|---|
| 乙 | 戊 | 甲 | 癸 |
| ○ | ○ | 子 | ○ |

- 子 월에 태어난 戊 일간이다.
- 子 월의 지장간 정기 癸가 년간에 투간되어 격으로 잡는다.
- 정재격이다. 년간의 정재격이 월간의 편관을 만나서 패격이 되었다.
- 시간에 길신인 정관이 있지만 성격이 될 수는 없다.
- 길신과 흉신이 공존할 때, 결과적으로 흉신이 사라져야 성격이 된다.

### ⑥ 사주명조 예시 4

| 시 | 일 | 월 | 년 |
|---|---|---|---|
| 辛 | 庚 | 己 | 乙 |
| ○ | ○ | 卯 | ○ |

- 卯 월에 태어난 庚 일간이다.

- 卯 월의 지장간 정기가 년간에 투간되어서 격으로 잡는다.
- 정재격이다. 그런데 월간에 정인이 있어서 년간의 정재격이 월간 정인을 극하고 있다.
- 인성 역시 재성과 마찬가지로 길신이기 때문에 극을 하면 안 된다.
- 중간에 정관이나 편관이 있어서 통관되어야 성격이 된다.
- 재성과 인성이 나란히 있으면 곤란하다. 이 부분은 인수격에서 재를 봐도 마찬가지다.
- 그래서 이 사주는 패격이다. 사주에 재성과 인성을 도와줄 관살이 없기 때문이다.

### 마무리 총정리

❶ 편재격은 길격이니 어떻게든 살려야 한다. 생으로 살려야 한다. 합으로 죽이면 안 된다. 극을 받으면 안 된다.

❷ 정재격은 길격이니 어떻게든 살려야 한다. 생으로 살려야 한다. 합으로 죽이면 안 된다. 극을 받으면 안 된다.

❸ 재성과 인성이 나란히 있으면 곤란하다. 둘 다 길신이라 살려야 하는 존재이기 때문이다. 재성과 인성이 나란히 있는 사주는 관살이 있어서 통관이 이루어져야 성격이 된다.

❹ 처음에는 성격이었으나 결과적으로는 패격이 된 사주가 있다. 이것을 성중유패(成中有敗) 사주라고 한다.

❺ 처음에는 패격이었으나 결과적으로는 성격이 된 사주가 있다. 이것을 패중유성(敗中有成) 사주라고 한다.

# 제 143 강 격국별 성패(편관격, 정관격)

## ① 칠살격의 성패

**[칠살격 또는 편관격(흉격)]**

- 편관격은 흉격이니 어떻게든 죽여야 한다.
- 극으로 죽여야 한다. 합으로 죽여도 된다.
- 생을 받으면 안 된다. 편관격의 상신(相神)은 식신, 상관, 편인, 정인, 겁재다.
- 식신, 상관은 흉격인 편관격을 극하면 사주가 성격이 된다.
- 편인, 정인은 그 자체가 길신으로 편관이 생을 해 주면 성격이 된다.
- 겁재는 흉신이라 편관이 극하면 성격이 된다. (독 으로 독을 물리치는 이이제이 방식)
- 칠살격이 흉하다고는 하는데 상신이나 구응신으로 성격이 되면 그것만큼 좋은 것이 없다. 큰 인물들을 보면 칠살격이 성격이 된 경우가 많다.
- 똑같은 칼도 의사가 쓰면 사람을 살리지만, 강도가 쓰면 사람을 죽이는 것과 같은 이치다.

## ② 사주명조 예시 1

| 시 | 일 | 월 | 년 |
|---|---|---|---|
| 辛 | 壬 | 戊 | 丙 |
| ○ | ○ | 戌 | ○ |

- 戌 월에 태어난 壬 일간이다.
- 戌 월의 지장간 정기가 년간에 투간되어서 월간의 戊가 격이다.
- 칠살격이다. 년간 편재의 생을 받아 1차적으로는 패격이다.
- 그러나 시간의 辛 정인을 생하기 때문에 결과적으로는 성격이 된 사주다.
- 재격에서도 설명했지만 재, 관, 인이 나란히 있으면 통관이 되어야 성격이 이루어진다.
- 그 인성이 일간을 바로 옆에서 생하면 더욱 좋다.

## ③ 사주명조 예시 2

| 시 | 일 | 월 | 년 |
|---|---|---|---|
| 己 | 壬 | 戊 | 甲 |
| ○ | ○ | 辰 | ○ |

- 辰 월에 태어난 壬 일간이다.
- 辰 월의 지장간 정기가 월간에 투간되어서 월간의 戊가 격이다.
- 칠살격이다. 월간 편관이 년간의 식신의 극을 당해서 성격이 된 사주다.
- 그런데 여기서 주목할 부분이 있다. 시간에 정관이 있다.
- 이 사주는 정관과 편관이 뒤섞인 관살 혼잡 사주다.
- 관살혼잡인 경우는 편관을 극하거나 합하는 것이 가장 좋다.
- 그러나 그게 안 되는 경우는 정관이라도 극하거나 합해야 한다.
- 그래야 일간의 부담이 덜하다. 정관격인 경우에도 마찬가지다.

## ④ 사주명조 예시 3

| 시 | 일 | 월 | 년 |
|---|---|---|---|
| 庚 | 壬 | 乙 | 戊 |
| ○ | ○ | 丑 | ○ |

- 丑 월에 태어난 壬 일간이다.
- 丑 월의 지장간 정기가 년간에 투간되어서 년간의 戊가 격이다.
- 칠살격이다. 칠살은 흉격이라 때려잡아야 한다.
- 마침 월간의 상관이 년간의 칠살을 극하려고 한다.
- 그러나 시간의 편인이 월간의 상관과 합을 해서 년간의 칠살이 살아났다.
- 그래서 이 사주는 패격 사주다. 상신인 乙을 합하는 庚이 기신이다.

이게 여러분들이 배워야 할 사주명리학입니다! 송재우의 **사주에듀**

### ⑤ 정관격의 성패

**[정관격(길신)]**
- 정관격은 길격이니 어떻게든 살려야 한다.
- 생으로 살려야 한다. 합으로 죽이면 안 된다. 극을 받으면 안 된다.
- 정관의 상신(相神)은 편재, 정재, 편인, 정인, 겁재다.
- 편재, 정재는 길신인 정관을 생해서 사주를 성격으로 만들어 준다.
- 겁재는 그 자체가 흉신이라서 정관격이 겁재를 극하면 성격이 된다.
- 편인, 정인은 그 자체가 길신으로 정관이 생을 해주어야 성격이 이루어진다.

### ⑥ 사주명조 예시 4

| 시 | 일 | 월 | 년 |
|---|---|---|---|
| 辛 | 壬 | 辛 | 己 |
| ○ | ○ | 未 | ○ |

- 未 월에 태어난 壬 일간이다.
- 未 월의 지장간 정기가 년간에 투간되어서 년간의 己가 격이다.
- 정관격이다. 년간 정관이 월간 정인을 봐서 성격이 되었다.

### ⑦ 사주명조 예시 5

| 시 | 일 | 월 | 년 |
|---|---|---|---|
| 丙 | 甲 | 辛 | 戊 |
| ○ | ○ | 酉 | ○ |

- 酉 월에 태어난 甲 일간이다.
- 酉 월의 지장간 정기가 월간에 투간되어서 월간의 辛이 격이다.
- 정관격이다. 월간의 정관이 년간의 편재한테 생을 받고 있다.
- 1차적으로는 성격이다.
- 그러나 시간의 식신이 월간의 정관과 합이 되었다. 결과적으로 패격이다.
- 정관은 길신이라 극이나 합을 당하면 안 된다.
- 이 사주에서 상신은 년간 戊 편재가 되고, 기신은 시간 丙 식신이 된다.

### ⑧ 사주명조 예시 6

| 시 | 일 | 월 | 년 |
|---|---|---|---|
| ○ | 甲 | 辛 | ○ |
| ○ | ○ | 酉 | 卯 |

- 酉 월에 태어난 甲 일간이다.
- 酉 월의 지장간 정기가 월간에 투간되어서 월간의 辛이 격이다.
- 정관격이다. 그런데 월지 酉와 년지 卯가 서로 卯酉 충을 한다.
- 볼 것도 없다. 패격이다.
- 길격은 월지가 형충(刑沖) 당하면 패격이 된다.
- 길격은 월지가 형충 당하면 패격이 되고, 흉격은 월지가 형충 당하면 성격이 된다.

### 마무리 총정리

❶ 편관격은 흉격이니 어떻게든 죽여야 한다. 극으로 죽여야 한다. 합으로 죽여도 된다. 생을 받으면 안 된다.

❷ 정관격은 길격이니 어떻게든 살려야 한다. 생으로 살려야 한다. 합으로 죽으면 안 된다. 극을 받으면 안 된다.

❸ 정관은 길신이라 극하거나 합하면 안 되는데 예외는 있다. 바로 관살혼잡 사주에서다. 물론 가장 좋은 것은 편관을 죽이는 거지만, 그게 안 되면 정관이라도 죽여야 한다.

❹ 큰 인물들을 보면 칠살격이 성격이 된 경우가 많다. 똑같은 칼도 의사가 쓰면 사람을 살리지만, 강도가 쓰면 사람을 죽이는 것과 같은 이치다.

❺ 길격은 월지가 형충 당하면 패격이 되고, 흉격은 월지가 형충 당하면 성격이 된다.

# 제 144강 격국별 성패(편인격, 정인격, 녹겁격)

### ① 편인격의 성패

**[편인격(흉신, 격의 성패를 따질 때는 길격)]**
- 편인격은 길격이니 어떻게든 살려야 한다.
- 생으로 살려야 한다. 합으로 죽이면 안 된다.
- 극을 받으면 안 된다. 편인격의 상신(相神)은 편관, 정관, 상관이다.
- 편관, 정관은 길격인 편인격을 생해서 사주를 성격으로 만든다.
- 상관은 흉신이라 편인이 극해야 사주가 성격이 된다.

### ② 사주명조 예시 1

| 시 | 일 | 월 | 년 |
|---|---|---|---|
| 壬 | 庚 | 戊 | 丙 |
| ○ | ○ | 戌 | ○ |

- 戌 월에 태어난 庚 일간이다.
- 戌 월의 지장간 정기가 월간에 투간되어서 월간의 戊가 격이다.
- 편인격이다. 년간의 편관은 월간의 편인격을 생해 주니 이 사주에서 상신이 된다.
- 1차적으로 성격이 되었다. 하지만 끝까지 봐야 한다.
- 시간의 壬은 식신이다. 식신은 길신이니 살려야 한다.
- 안타깝게도 월간의 격인 편인이 시간의 식신을 극하고 있다.
- 결과적으로 길신을 극해서 죽였으니 이 사주는 패격이다.

### ③ 사주명조 예시 2

| 시 | 일 | 월 | 년 |
|---|---|---|---|
| 癸 | 庚 | 戊 | 丙 |
| ○ | ○ | 戌 | ○ |

- 戌 월에 태어난 庚 일간이다.
- 戌 월의 지장간 정기가 월간에 투간되어서 월간의 戊가 격이다.
- 편인격이다. 년간의 편관은 월간의 편인격을 생해 주니 이 사주에서 상신이 된다.
- 앞의 사주와 매우 비슷하다. 차이점은 시간의 癸가 상관이라서 죽여야 하는 흉신이다.
- 월간의 편인과 시간의 상관과 戊癸합을 이루었다.
- 흉신인 시간의 상관을 합했으니 이 사주는 성격이 된 사주다.

### ④ 정인격의 성패

**[정인격(길격)]**
- 정인격은 길격이니 어떻게든 살려야 한다.
- 생으로 살려야 한다. 합으로 죽이면 안 된다.
- 극을 받으면 안 된다. 정인격의 상신(相神)은 편관, 정관, 상관이다.
- 편관, 정관은 길격인 정인격을 생해서 사주를 성격으로 만든다.
- 상관은 흉신이라 정인이 극해야 사주가 성격이 된다.

### ⑤ 사주명조 예시 3

| 시 | 일 | 월 | 년 |
|---|---|---|---|
| 壬 | 辛 | 戊 | 丙 |
| ○ | ○ | 戌 | ○ |

- 戌 월에 태어난 辛 일간이다.
- 戌 월의 지장간 정기가 월간에 투간되어서 월간의 戊가 격이다.
- 정인격이다. 바로 옆의 년간 정관이 월간의 정인격을 생해 주고 있다.
- 정인은 길신이니 생을 받아야 한다.
- 1차적으로 성격이 되었다. 상신은 년간의 정관이 된다.

- 시간에 상관이 있다. 병(病)이다. 천간에 흉신은 존재 자체가 병(病)이다.
- 그런데 반갑게도 월간의 정인이 시간의 상관을 극하고 있다.
- 사주에 상신도 있고 동시에 병인 흉신을 제거하니 이 사주는 성격 사주다.

### ⑥ 사주명조 예시 4

| 시 | 일 | 월 | 년 |
|---|---|---|---|
| 庚 | 丙 | 乙 | 戊 |
| ○ | ○ | 卯 | ○ |

- 卯 월에 태어난 丙 일간이다.
- 卯 월의 지장간 정기가 월간에 투간되어서 월간의 乙이 격이다.
- 정인격이다. 정인격은 길격이니 어떻게든 살려야 한다.
- 그런데 참 안타깝게도 시간의 편재가 월지의 정인과 乙庚합을 해 버렸다. 패격이다.
- 그나마 위안이 되는 것이 남은 십신이 식신이라는 길신이라는 점이다.
- 천간에서 격이 합 되어서 패격이 되는 경우 다른 십신이 남는 경우가 있다.
- 그럴 때 길신이 남으면 그나마 사주가 괜찮다.
- 그렇지 않고 흉신이 남으면 사주가 더욱 나빠진다.

### ⑦ 녹겁격의 성패

[녹겁격(비견은 길신, 격의 성패를 따질 때는 흉격)]
- 녹겁격은 흉격이니 어떻게든 죽여야 한다.
- 극으로 죽여야 한다. 합으로 죽여도 된다. 생을 받으면 안 된다.
- 비견, 겁재는 그 성향의 차이가 있다. 비견은 길신, 겁재는 흉신이다.
- 하지만 격으로 쓰일 때는 둘 다 흉격이다.

- 특히 양일간의 월겁재인 양인격은 더욱 그렇다.
- 녹겁격의 상신(相神)은 편관, 정관, 식신이다.
- 편관, 정관은 흉격인 비견, 겁재를 극해서 사주를 성격으로 만든다.
- 식신은 그 자체가 길신으로 비견, 겁재가 생을 해주면 성격이다.

### ⑧ 사주명조 예시 5

| 시 | 일 | 월 | 년 |
|---|---|---|---|
| 庚 | 庚 | 庚 | 癸 |
| ○ | ○ | 申 | ○ |

- 申 월에 태어난 庚 일간이다.
- 천간의 비겁을 격으로 잡을 수 없어서 부득이하게 申 월의 정기인 庚을 격으로 잡는다.
- 건록격이다. 시간과 월간은 같은 비견이니 넘어가고, 년간에 상관이 떠 있다. 패격이다.
- 결과적으로 흉신인 상관을 생했으니 이 사주는 패격이다.
- 만약 년지 자리에 壬 식신이 있었다면 성격이다.

### ⑨ 사주명조 예시 6

| 시 | 일 | 월 | 년 |
|---|---|---|---|
| 庚 | 丙 | 丙 | 壬 |
| ○ | ○ | 午 | ○ |

- 午 월에 태어난 丙 일간이다.
- 천간의 비겁을 격으로 잡을 수 없어서 부득이하게 午 월의 정기인 丁을 격으로 잡는다.
- 월지 겁재가 격인데 양일간의 월지 겁재니 양인격이다. 흉격이니 때려잡아야 한다.
- 아주 반갑게도 년간의 편관이 흉한 양인의 기운을 제압하고 있다.
- 시간의 庚 편재는 년간 壬 편관의 도움을 받아 살아났다.

이게 여러분들이 배워야 할 사주명리학입니다! 송재우의 **사주에듀**

- 천간의 극은 천간의 합과는 다르게 1 대 다수가 가능하기 때문이다.
- 이 사주는 성격이다.
  壬 편관은 위의 사주에서 상신(격국 용신)이자, 억부 용신, 조후 용신이 된다.

### 마무리 총정리

❶ 편인격은 길격이니 어떻게든 살려야 한다. 생으로 살려야 한다. 합으로 죽이면 안 된다. 극을 받으면 안 된다.

❷ 정인격은 길격이니 어떻게든 살려야 한다. 생으로 살려야 한다. 합으로 죽이면 안 된다. 극을 받으면 안 된다.

❸ 녹겁격은 흉격이니 어떻게든 죽여야 한다. 극으로 죽여야 한다. 합으로 죽여도 된다. 생을 받으면 안 된다.

❹ 천간에서 격이 합 되어서 패격이 되는 경우 다른 십신이 남는 경우가 있다. 그럴 때 길신이 남으면 그나마 사주가 괜찮다. 그렇지 않고 흉신이 남으면 사주가 더욱 나빠진다.

❺ 자평진전에서 쓰는 격의 성패는 철저하게 신분제 사회에서 잘 맞는 관법이다. 현대 사회로 보자면 독재국가, 양극화가 심한 나라, 이미 계층이 굳어진 선진국에서 잘 맞는다.

## 제 145강 일간(日干)의 정의

### ① 일간은 그 사람의 정체성이다

- 일간은 사주의 주인공이다.
- 육친적으로 "나"를 상징하는 것이 일간이다.
- 그런 일간이라는 나를 중심으로 아버지, 어머니, 배우자, 자식의 관계를 설정한다.
- 간접추론법인 육친론에서는 "나"를 의미하고 직접추론법인 일간론에서는 "정체성"이 된다.
- ※ 일간은 그 사람만의 타고난 정체성이자 역량이다.
- 간접추론법: 사주원국 여덟 글자로 나와 내 주변 사람들의 관계를 추론하는 방법
- 직접추론법: 사주원국 여덟 글자로 내 인생만 추론하는 방법

### ② 월지와 일간

- 월지(月支)는 그 사람의 "후천적으로 영향을 받는 환경"이다.
- 일간(日干)은 그 사람의 "선천적으로 타고난 정체성"이다.
- 월지가 평상시에 보여지는 모습이라면, 일간은 어려움에 부닥쳤을 때 나타나는 모습이다.
- 월지는 "사회적인 나"라면, 일간은 "나 다운 나"가 된다.
- ※ 월지는 타인과의 관계에서 나타나는 기질이지만 일간은 그렇지가 않다!
- 월지로 그 사람의 성공과 실패, 일간으로 그 사람의 행복과 불행을 본다.
- 월지는 그 사람이 잘 할 수 있는 것이고, 일간은 그 사람이 좋아하는 것이다.
- 월지와 일간이 절지(絕地) 관계인 경우 잘하는 것과 좋아하는 것이 다르다.
- 그 사람의 모든 능력은 월지에서 시작한다.
- 하지만 그 능력을 제대로 쓸 수 있는가? 없는가? 는 일간이 결정한다.

### ③ 일간이 중요한 이유

- 사람은 환경적응의 동물이다. 그래서 월지의 영향을 크게 받는다.
- 하지만 환경을 극복하는 것 또한 사람이다. 그래서 일간의 영향도 크게 받는다.
- 결국, 모든 것을 결정하는 것은 일간이다. 일간에 따라서 월지 활용 능력도 달라진다.
- 축구에 비유하자면 월지는 미드필더이고 일간은 전방 공격수다.
- 제아무리 미드필더가 질 좋은 패스로 전방 공격수한테 기회를 만들어 줘도 전방 공격수가 골 결정력이 부족해서 골을 못 넣으면 별 의미가 없다.
- **반대로 미드필더가 엉망이라 전방 공격수한테 좋은 기회를 못 만들어 줘도 전방 공격수의 역량이 좋으면 스스로 기회를 만들어 골을 넣는다.**
- 일간은 그 자체의 특성만 있는 게 아니다.
- 일간이 무엇이냐에 따라서 월지를 활용하는 폭도 달라진다.
- 똑같은 정관격이라도 甲 일간의 정관격과, 辛 일간의 정관격은 그 능력이 다르다.
- 월지를 가지고 그 사람이 가지고 있는 한계점을 보고 일간을 가지고 한계점을 극복할 수 있는 그 사람만의 역량을 본다.

### ④ 월지의 해석(계절, 십신, 격국)

- 계절의 의미는 주변 사람들에 의해서 형성되는 그 사람의 정서다.
- 그 계절을 십신으로 변환하면 그 사람의 역할이 된다.
- 그 십신이 격이 되면 그 사람의 재능이 된다.
- 이런 계절, 십신, 격국은 대운이 바뀌면 그 영향력을 크게 받는다.
- 계절, 십신, 격국 셋 다 월지에서 시작하기 때문이다.

- 그러나 일간은 대운이 바뀌어도 그 본질이 변하지 않는다.
- 주변 환경과 평가가 달라져도, 타고난 정체성은 달라지는 게 아니기 때문이다.

| 시 | 일 | 월 | 년 |
|---|---|---|---|
| 丁 | 庚 | 丙 | 己 |
|   |   | 寅 |   |

월지 → 계절(목왕절)
     → 십신(편재)
     → 격(칠살격)

일간은 고정적 의미(정체성)

- 사람들은 곧잘 "사람은 변하지 않는다"라는 표현을 많이 쓴다.
- 맞다. 사람은 변하지 않는다. 그걸 알 수 있는 방법이 바로 일간론(日干論)이다.
- 일간을 통해서 그 사람의 "진짜 모습"을 알 수 있다.
- 일간은 사주 상담의 모든 분야에서 영향을 준다.
- 일간을 빼놓고 그 사람의 인생을 논할 수 없다.
- 일간을 부정하는 것은 곧 나 자신의 정체성을 부정하는 것이기 때문이다.

### ⑤ 일간의 영향력

1. 과거의 왕조 사회, 신분제 사회에서는 개인보다는 국가나 가문이 우선이었다. 따라서 사주 해석도 년지, 월지 중심의 해석을 많이 했다.
2. 그러나 개인의 중요성이 강조되는 현내 사회에서는 일간의 해석을 많이 한다.
3. 내가 있고 그다음 세상이 있는 것이지, 세상이 있고 그다음 내가 있는 게 아니기 때문이다.
4. 지금도 그렇지만 앞으로는 일간의 영향력이 더 많이 작용할 것이다.
5. 사회보다는 개인이 중요한 세상이 되었기 때문이다.

## 마무리 총정리

❶ 일간은 간접추론법인 육친론에서는 "나"를 의미하고 직접추론법인 일간론에서는 "정체성"이 된다.
❷ 월지가 평상시에 보여지는 모습이라면, 일간은 어려움에 부닥쳤을 때 나타나는 모습이다. 월지가 "사회적인 나"라면, 일간은 "나다운 나"가 된다.
❸ 일간은 그 자체의 특성만 있는 게 아니다. 일간이 무엇이냐에 따라서 월지를 활용하는 폭도 달라진다.
❹ 일간은 대운이 바뀌어도 그 본질이 변하지 않는다. 주변 환경과 평가가 달라져도, 타고난 정체성은 달라지는 게 아니기 때문이다.
❺ 일간은 사주 상담의 모든 분야에서 영향을 준다. 일간을 빼놓고 그 사람의 인생을 논할 수 없다. 일간을 부정하는 것은 곧 나 자신의 정체성을 부정하는 것이기 때문이다.

# 제146강 갑목(甲) 일간

### ① 갑목 일간의 음양적 관점

[갑목(甲) 일간의 정의]
- 음양적 관점 → 양(陽)
- 오행적 관점 → 목(木)
- 물상적 관점 → 대림목(大林木)
- 십신적 관점 → 비견(比肩)의 행동을 하고, 편재(偏財)의 마음을 가지고 있다.

- 음양적 관점으로 갑목 일간은 양(陽)이다. 기본적으로 능동성을 가지고 있다.
- 남자가 양일간으로 태어나면 남자답게 태어난 것이다.
- 여자가 양일간으로 태어나면 여자답지 못하게 태어난 것이다.
- 생물학적으로 남자는 양이고, 생물학적으로 여자는 음이기 때문이다.
- 일간은 정체성이라서 일간의 음양적 관점은 남성성과 여성성을 보는 기준이 된다.

### ② 갑목 일간의 오행적, 물상적 관점

- 오행적 관점으로 갑목 일간은 목(木)이다.
- 물상적인 의미까지 더하면 대림목(大林木)이다.
- 그래서 갑목 일간 자체가 홀로서기, 선두주자, 일류의식을 가진 사람이다.
- 자립심이 강하고 실제 서열과 관계없이 장남, 장녀 역할을 하는 사람이 갑목 일간이다.
- 목이라서 내가 싫어도 그 사람을 인정하고 같이 어울릴 수 있다.
- 목은 사람과의 유대감을 의미한다. 사람과 함께 웃고 울고 하는 것이 목이다.
- 목은 목인데 갑목이 양목이다 보니 즐거움을 주는 쪽이다.
- 주변 사람들은 갑목 일간을 통해서 편안함을 느낀다.

### ③ 갑목 일간의 십신적 관점

- 십신적 관점으로 갑목 일간은 비견(比肩)의 행동을 하고, 편재(偏財)의 마음을 가지고 있다.
※ 일간의 행동은 그 사람의 타고난 역량이고, 일간의 마음은 그 사람만의 타고난 기호다.
※ 전자는 직업적 능력으로 쓸 수 있고, 후자는 대인관계에서 나타난다.

- 갑목 일간은 비견의 행동을 한다. 대인관계 면에서는 협동심이 좋다.
- 나는 나, 너는 너 서로 존중하면서 협력을 잘한다.
- 그러나 간섭받는 것은 죽기보다 싫어하는 것이 바로 갑목 일간이다.
- 누구의 간섭을 받는 것도 싫고 그냥 자기 스스로 홀로서기 하려는 것이 갑목이다.
- 그렇다고 사람을 배타적으로 보지만은 않는다.
- 필요하면 얼마든지 상대와 함께할 수 있는 것이 바로 갑목 일간이다.
- 갑목 일간은 결혼생활 하다가 배우자와 사별하거나 이혼하게 되면 도리어 홀가분하다.
- 굳이 재혼에 연연하지 않는다. 갑목 일간인 경우는 활동력과 생활력이 강하다.
- 여자가 갑목 일간으로 태어나면 남자한테 의지하려 하지 않는다.
- 남자든 여자든 갑목 일간으로 태어나면 대단히 낙천적이다.
- 갑목 일간의 마음은 편재의 마음이다.
- 편재의 마음이 있기에 내면은 특유의 과시욕과 자기만의 기호가 있다.
- 사람을 쉽게 믿는다. 한마디로 팔랑귀다.
- 호기심도 많아서 여기저기 폭넓게 관심을 둔다.
- 특유의 동정심이 있어서 사람에게 잘 다가가기도 하는 것이 갑목 일간이다.

- 갑목은 자기 자신이 1순위라 남을 그렇게 소중하게 여기지는 않는다.
- 다만 잘 어울릴 뿐이다. 매사가 솔선수범하는 모습이라 직장이나 일터에서 모범적으로 행동하는 사람이다.
- 다만 윗사람에게 잘못 보이면 설친다는 평가를 받을 수 있다.

### ④ 갑목 일간의 리더십

- 리더십 부분에서는 솔선수범의 리더십이다.
- 갑목 일간이 대표가 되면 솔선수범을 보여 주며 아랫사람이 따라오게 하는 리더십을 보여 준다.
- 갑목 일간은 위로 뻗어 오르려는 진취적인 기질과 이상이 높고 크다.
- 갑목 일간은 보기에는 만만하게 보이지만 내면의 성정이 강하다. 한마디로 외유내강이다.
- 그래서 양인격 중에서도 가장 양인격 같지 않은 양인격이 갑목의 양인격이다.
- 스스로 투쟁심을 가지고 남을 이기는 삶이 옳다고 믿는 가치관이 양인격의 가치관이다.
- 하지만 갑목 일간 특유의 어진 마음 때문에 양인격의 가치관이 제대로 발휘되지 못한다.

### ⑤ 갑목 일간과 건록격, 편재격

- 갑목 일간은 격 중에서 건록격과 편재격을 가장 잘 쓴다.
- 갑목 일간 자체가 비견의 행동과 편재의 마음을 가지고 있기 때문이다.
- 이처럼 격국도 일간의 본질이 무엇인가에 따라 활용도가 달라진다.
- 목(木) 일간이 금왕절에 태어나면 나는 가만히 있는데, 주변에서 끊임없는 검증을 요구한다.
- 목 일간 중 갑목 일간은 양목이라 그 스트레스를 극복하려 한다.

※ 일간이 특정 격국을 만나면 시너지 효과가 생긴다.

### 마무리 총정리

❶ 갑목 일간은 음양적 관점으로 양(陽)이다. 기본적으로 능동성을 가지고 있다. 갑목 일간은 생활력이 강하다. 여자가 갑목 일간이면 남자한테 의지하려 하지 않는다.

❷ 갑목 일간은 오행적 관점으로 목(木)이다. 물상적 관점으로 구체화하면 대림목(大林木)이다. 갑목 일간 자체가 홀로서기, 선두주자, 일류의식을 가진 사람이다.

❸ 갑목 일간은 십신적 관점으로 비견의 행동을 한다. 대인관계 면에서는 협동심이 좋다. 그러나 간섭받는 것은 죽기보다 싫어하는 것이 바로 갑목 일간이다.

❹ 갑목 일간은 십신적 관점으로 편재의 마음을 가지고 있다. 내면에 특유의 과시욕과 자기만의 기호가 있다. 사람을 쉽게 믿는다. 호기심도 많아서 팔랑귀다.

❺ 갑목 일간은 격 중에서 건록격과 편재격을 가장 잘 쓴다. 갑목 일간 자체가 비견의 행동과 편재의 마음을 가지고 있기 때문이다.

# 제 147강 을목(乙) 일간

### ① 을목 일간의 음양적 관점

[을목(乙) 일간의 정의]
- 음양적 관점 → 음(陰)
- 오행적 관점 → 목(木)
- 물상적 관점 → 화초목(花草木)
- 십신적 관점 → 겁재(劫財)의 행동을 하고, 정재(正財)의 마음을 가지고 있다.

- 음양적 관점으로 을목 일간은 음(陰)이다. 기본적으로 수동성을 가지고 있다.
- 남자가 음일간으로 태어나면 남자답지 못하게 태어난 것이고 여자가 음일간으로 태어나면 여자답게 태어난 것이다.
- 생물학적으로 남자는 양이고, 생물학적으로 여자는 음이기 때문이다.
- 일간은 정체성이라서 일간의 음양적 관점은 남성성과 여성성을 보는 기준이 된다.

### ② 을목 일간의 오행적, 물상적 관점

- 오행적 관점으로 을목 일간은 목(木)이다.
- 물상적인 의미까지 더하면 화초목(花草木)이다.

- 그래서 을목은 그 자체가 적응력이고 생존력이다.
- 물상적 비유법으로 괜히 화초라고 표현하는 것이 아니다.
- 화초는 뿌리만 살아 있으면 어떻게든 살아남기 때문에 그렇다.
- 을목은 습(濕)의 정점이기 때문에 그 어떤 사람과도 잘 어울릴 수 있다.
- 을목 일간은 타인을 통해서 즐거움과 삶의 의미를 찾으려고 한다.
- 목이라서 내가 싫어도 그 사람을 인정하고 같이 어울릴 수 있다.
- 목은 사람과의 유대감을 의미한다. 사람과 함께 웃고 울고 하는 것이 목이다.
- 목은 목인데 을목이 음목이다 보니 즐거움을 받는 쪽이다.
- 주변 사람들은 을목 일간을 통해서 행복감을 느낀다.

### ③ 을목 일간의 십신적 관점

- 십신적 관점으로 을목 일간은 겁재(劫財)의 행동을 하고, 정재(正財)의 마음을 가지고 있다.

- 을목 일간은 겁재의 행동을 한다.
- 대인관계 면에서는 투쟁심이 좋다.
- 그 부분이 좋게 표출되면 승부욕이 되고, 나쁘게 표출되면 자격지심이 된다.
- 상대방을 통해 자신의 정서적 유대감과 존재감을 찾으려 한다.
- 그래서 을목 일간은 이혼하고 쉽게 재혼을 결심한다. 특히 여자 을목 일간은 더욱 그렇다.
- 을목 일간은 다른 사람들에게 인정을 받기 위해 많은 노력을 한다.
- 음일간이 실리를 중요하게 생각하지만, 음일간 중에 을목 일간은 이익에 그리 밝지가 않다.
- 이익보다는 내가 좋은 사람, 내가 편한 사람이 더 중요하다.
- 저 사람이 꼴 보기 싫으면 같이 일할 수 없다. 그 사람이 실력자라 해도 그렇다.
- 을목 일간은 철저하게 주관인 행동을 한다. 인사 문제에서도 공정성이 떨어진다.
- 만약 당신 직장 상사가 을목 일간이라면, 성과로 인정받을 생각은 버려야 한다.
- 그 시간에 을목 일간 상사와 담배 한 대 같이 피우고 인간적으로 친해지는 게 더 낫다.
- 겁재의 행동을 하니 내 사람, 남의 사람이라는 개념이 뚜렷하다.
- 을목 일간의 마음은 정재의 마음이다. 명분보다는

- 실리가 최우선이다.
- 갑목 일간이 편재의 마음이라 다소 과시욕이 있다면, 을목 일간은 그런 과시욕이 없다.
- 내 것, 내 사람, 내 주변에만 마음을 쏟는다.
- 그런 모습들이 다른 사람들이 봤을 때 한편으로는 얄밉고, 한편으로는 측은하다.
- 공감능력은 좋으나 내가 의지할 수 있는 사람들과만 소통하고 싶어 한다.
- 주변에 사람은 많으나 마음 둘 사람 찾기 어려운 것이 바로 을목 일간이다.
- 남녀를 불문하고 나이 먹어서도 어린아이 같은 마음을 지니고 있다.
- 파트너십 부분에서는 대인 친화적인 파트너십이다.
- 을목 일간이 조력자가 되면 상대방을 정으로 대하는 친구 같은 파트너십을 보여 준다.
- 사람을 정으로 대하고 내 사람 만드는 능력이 탁월하다.
- 을목 일간이 조직이나 집단의 대표가 되면 자기 사람을 꽂아 넣으려고 한다.
- 일단 내 마음이 편한 게 우선이다. 성과는 그다음이다.
- 내 마음이 불편하면 아무것도 할 수 없는 게 을목 일간이기 때문이다.

### ④ 을목 일간과 월겁격, 정재격

- 을목 일간은 격 중에서 월겁격과 정재격을 가장 잘 쓴다.
- 을목 일간 자체가 겁재의 행동과 정재의 마음을 가지고 있기 때문이다.
- 이처럼 격국도 일간의 본질이 무엇인가에 따라 활용도가 달라진다.
- 목(木) 일간이 금왕절에 태어나면 나는 가만히 있는데, 주변에서 끊임없는 검증을 요구한다.

- 목 일간 중 을목 일간은 음목이라 그 스트레스를 회피하려 한다.

### 마무리 총정리

❶ 을목 일간은 음양적 관점으로 음(陰)이다. 기본적으로 수동성을 가지고 있다.
❷ 을목 일간은 오행적 관점으로 목(木)이다. 물상적인 의미까지 더하면 화초목(花草木)이다. 적응력과 생존력이 타의 추종을 불허한다.
❸ 을목 일간은 십신적 관점으로 겁재(劫財)의 행동을 한다. 대인관계 면에서는 투쟁심이 좋다. 좋게 표출되면 승부욕이 되고, 나쁘게 표출되면 자격지심이 된다.
❹ 을목 일간은 십신적 관점으로 정재(正財)의 마음을 가지고 있다. 공감능력은 좋으나 내가 의지할 수 있는 사람들과만 소통하고 싶어 한다.
❺ 을목 일간은 격 중에서 월겁격과 정재격을 가장 잘 쓴다. 을목 일간 자체가 겁재의 행동과 정재의 마음을 가지고 있기 때문이다.

# 제 148 강 병화(丙) 일간

### ① 병화 일간의 음양적 관점

**[병화(丙) 일간의 정의]**
- 음양적 관점 → 양(陽)
- 오행적 관점 → 화(火)
- 물상적 관점 → 태양화(太陽火)
- 십신적 관점 → 식신(食神)의 행동을 하고, 편관(偏官)의 마음을 가지고 있다.

- 음양적 관점으로 병화 일간은 양(陽)이다. 기본적으로 능동성을 가지고 있다.
- 남자가 양일간으로 태어나면 남자답게 태어난 것이고, 여자가 양일간으로 태어나면 여자답지 못하게 태어난 것이다.
- 생물학적으로 남자는 양이고, 생물학적으로 여자는 음이기 때문이다.
- 일간은 정체성이라서 일간의 음양적 관점은 남성성과 여성성을 보는 기준이 된다.

### ② 병화 일간의 오행적, 물상적 관점

- 오행적 관점으로 병화 일간은 화(火)다.
- 물상적인 의미까지 더하면 태양화(太陽火)다.
- 그래서 병화 일간 자체가 자기만의 색깔이 가장 뚜렷하다.
- 개성이라고 해도 되고, 존재감이라고 해도 된다. 한마디로 좌충우돌이다.
- 화라서 경쟁을 당연시하고 끊임없이 다른 사람들에게 영향력을 주려고 한다.
- 화는 사람 간의 서열을 의미한다. 인간관계에서 위아래를 정하는 것이 화다.
- 화는 화인데 병화가 양화다 보니 티 내면서 영향력을 주려고 한다.
- 자화자찬과 공치사에 능하다. 주변 사람들은 병화 일간을 통해서 솔직함을 느낀다.

### ③ 병화 일간의 십신적 관점

- 십신적 관점으로 병화 일간은 식신(食神)의 행동을 하고, 편관(偏官)의 마음을 가지고 있다.
- 병화 일간은 식신의 행동을 한다. 자기만의 색깔이 대단히 뚜렷하다.
- 선생의 입장에서는 병화 일간 학생이 가장 가르치기 힘든 존재다.
- 병화 일간은 자의식이 너무 커서 절대 곧이곧대로 수용하지 않는다.
- 병화 일간은 대단히 단순하고 저돌적이다. 속되게 표현하면 막무가내다.
- 양 중의 양이라서 앞뒤 안 가리고 전진만 한다. 겉보기에는 세상 근심 하나 없다.
- 병화 일간은 대단히 솔직하다. 솔직함이 지나쳐서 가끔 하지 말아야 할 말까지 한다.
- 자기 입장에서는 솔직한 것이고, 다른 사람한테는 곤란한 것이다.
- 겉보기에는 대단히 명랑하다. 그러나 감정 기복이 심하다.
- 사람이 좋을 때는 한없이 밝고 좋다가, 수틀리면 180도 변하는 것이 바로 병화 일간이다.
- 늘 당당하다. 대단히 단순하면서도 변화가 심해서 주변 사람들이 대처하기 힘들다.
- 밝고 긍정적이라 안 좋은 일 있으면 다른 일간에 비해서 비교적 빨리 털어 낸다.
- 빨리 끓고 빨리 식어 버리는 게 병화 일간이다. 뒤끝이 없다. 뭐든지 속전속결이다.
- 변화무쌍한 삶을 살아간다. 겁도 없고 두려움도 없고 기운 충만한 삶을 산다.
- 병화 일간은 그래서 남들의 주목을 많이 받는다. 자기표현과 홍보에 강점이 있다.
- 병화 일간의 마음은 편관의 마음이다. 대단히 보수적이고 까칠하다.

- 내면적으로는 자기 스스로 자기를 괴롭히는 것이 바로 병화 일간이다.
- 어디를 가나 사람들이 나를 주목해 주기를 바라는데, 뜻대로 안 되면 스트레스를 많이 받는다.
- 강박관념이 크고 늘 내적인 스트레스를 지니고 있다. 사람 좋아 보이니 남들이 모를 뿐이다.
- 병화 일간 자체가 남을 지도하고 교정하려는 성향이 커서 교육자에 적합하다.
- 인기를 얻기 쉬워서 연예인으로도 좋지만, 자기만의 색깔이 강해 안티팬도 생기기 쉽다.
- 리더십 부분에서 지도력의 리더십을 보여 준다.
- 병화 일간이 대표가 되면 사소한 거 하나하나 지도를 해서 아랫사람이 따라오게 한다.
- 병화 일간은 사람을 깨우치고 성장시키는 부분에서 보람을 느낀다.
- 병화 일간과의 인간관계는 친구나 동료일 때가 가장 좋다.
- 윗사람이 병화 일간이면 잔소리쟁이가 되고, 아랫사람이 병화 일간이면 말을 안 듣는다.
- 겉보기에는 개방적이지만 사고방식이 많이 보수적이다. 원칙과 예의를 중시한다.
- 문제는 자신은 지키고 싶을 때만 지키면서 상대방한테는 늘 바른 모습을 요구한다.

### ④ 병화 일간과 식신격, 편관격

- 병화 일간은 격 중에서 식신격과 편관격을 가장 잘 쓴다.
- 병화 일간 자체가 식신의 행동과 편관의 마음을 가지고 있기 때문이다.
- 이처럼 격국도 일간의 본질이 무엇인가에 따라 활용도가 달라진다.
- 화(火) 일간이 수왕절에 태어나면 나는 주변 사람을 이끌어 주고 싶은데, 주변에서 외면한다.

- 화 일간 중 병화 일간은 양화라 그 스트레스를 극복하려 한다.

### 마무리 총정리

❶ 병화 일간은 음양적 관점으로 양(陽)이다. 기본적으로 능동성을 가지고 있다. 병화 일간인 경우는 지도력이 강하다.

❷ 병화 일간은 오행적 관점으로 화(火)다. 물상적 관점으로 구체화하면 태양화(太陽火)다. 병화 일간 자체가 좌충우돌, 막무가내, 속전속결이다.

❸ 병화 일간은 십신적 관점으로 식신의 행동을 한다. 대단히 단순하고 저돌적이다. 앞뒤 안 가리고 전진만 한다. 겉보기에는 세상 근심 하나 없다. 대단히 솔직하다.

❹ 병화 일간은 십신적 관점으로 편관의 마음을 가지고 있다. 대단히 보수적이고 까칠하다. 자기 스스로 자기를 괴롭힌다. 강박관념이 크고 늘 내적인 스트레스를 지니고 있다.

❺ 병화 일간은 격 중에서 식신격과 편관격을 가장 잘 쓴다. 병화 일간 자체가 식신의 행동과 편관의 마음을 가지고 있기 때문이다.

# 제 149강 정화(丁) 일간

### ① 정화 일간의 음양적 관점

[정화(丁) 일간의 정의]
- 음양적 관점 → 음(陰)
- 오행적 관점 → 화(木)
- 물상적 관점 → 등촉화(燈燭火)
- 십신적 관점 → 상관(傷官)의 행동을 하고, 정관(正官)의 마음을 가지고 있다.

- 음양적 관점으로 정화 일간은 음(陰)이다. 기본적으로 수동성을 가지고 있다.
- 남자가 음일간으로 태어나면 남자답지 못하게 태어난 것이고 여자가 음일간으로 태어나면 여자답게 태어난 것이다.
- 생물학적으로 남자는 양이고, 생물학적으로 여자는 음이기 때문이다.
- 일간은 정체성이라서 일간의 음양적 관점은 남성성과 여성성을 보는 기준이 된다.

### ② 정화 일간의 오행적, 물상적 관점

- 오행적 관점으로 정화 일간은 화(火)다.
- 물상적인 의미까지 더하면 등촉화(燈燭火)이다.

- 그래서 정화 일간 자체가 성실과 헌신을 의미한다.
- 화라서 경쟁을 당연시하고 끊임없이 다른 사람들에게 영향력을 주려고 한다.
- 화는 사람 간의 서열을 의미한다. 인간관계에서 위아래를 정하는 것이 화다.
- 화는 화인데 정화가 음화다 보니 티 안 내면서 영향력을 주려고 한다.
- 음지에서 묵묵하게 자기 할 일을 한다. 주변 사람들은 정화 일간을 통해서 고마움을 느낀다.

### ③ 정화 일간의 십신적 관점

- 십신적 관점으로 정화 일간은 상관(傷官)의 행동을 하고, 정관(正官)의 마음을 가지고 있다.

- 정화 일간은 상관의 행동을 한다. 상대방이 누구든 자신의 입장을 솔직하게 보여 준다.
- 정화 일간은 특유의 소신이 있다. 잘못된 부분이 있으면 지위고하를 막론하고 지적한다.
- 정화는 꾸준히 한 우물을 판다. 병화가 냄비라면 정화는 뚝배기와 같다.
- 한눈팔지 않고 주어진 일을 묵묵히 하는 사람이 정화 일간이다.
- 정화 일간으로 태어났다는 것 자체 하나만으로도 부리기 쉬운 사람이다.
- 회사 입장에서는 꼭 필요한 직원이다. 여자가 정화 일간이면 헌신적인 아내, 헌신적인 엄마다.
- 정화 일간은 자신의 공적을 내세우고 자랑하지 않는다. 칭찬을 들으면 오히려 어색해한다.
- 내가 중심이 되기보다는 공공의 이익이 우선이다. 그래서 자기 입장은 뒷전이다.
- 사심이 별로 없다 보니 남들에게 보여지는 부분에서 다소 맹하게 보이기도 한다.
- 똑똑해 보이지만 멍청한 짓을 하는 것이 병화이고, 어리석어 보이지만 현명한 짓을 하는 것이 정화이다.
- 음일간들은 자기 이익을 잘 챙기는 데 정화 일간은 자기 이익 챙기는 게 서투르다.
- 정화 일간 특유의 동정심과 헌신성이 있어서 그렇다. 어디 가든 융화를 잘한다.
- 성공과 실패 여부를 떠나서 주변 평판이 좋은 게 바로 정화 일간이다.
- 정화 일간은 맹한 것 같지만 어디 가서 자기 할 말 똑 부러지게 한다.
- 정화 일간의 마음은 정관의 마음이다. 대단히 보수적이고 고지식하다.

- 그냥 자기가 맞다고 생각하는 일을 꿋꿋이 밀고 나간다.
- 흔히 말하는 "꼰대" 기질이 있는 것도 정화 일간이다. 어떨 때 보면 조선 시대 사람 같다.
- 돈 버는 방식도 그렇고 연애나 결혼도 그렇다. 오로지 한길밖에 모른다.
- 좋게 쓰면 헌신이고 성실인데, 나쁘게 쓰면 중독이고 무능이다.
- 2인자의 역할을 잘하기 때문에 누구의 참모 역할을 하면 아주 좋다.
- 사람들을 장악하는 능력은 부족하다. 정화 일간이 사업할 거면 믿을 만한 동업자가 필요하다.
- 정화 일간은 남녀를 불문하고 외유내강형이다.
- 만만해 보이지만 절대 만만하게 보면 안 되는 사람들이다.
- 평상시에는 사람 좋아 보이는데 한번 화나면 폭발하는 부류가 정화 일간이다.
- 이 부분은 병화 일간하고 비슷하다. 차이점이라면 정화는 뒤끝이 길다.
- 정화 일간은 자신의 사고방식을 지나치게 확신한다.
- 자신이 사는 삶의 방식이 늘 옳다고 믿는다. 설득시키기 참 어려운 사람이 정화 일간이다.
- 좋게 말하면 장인 정신이고, 나쁘게 말하면 독재성이다.

### ④ 정화 일간의 상관격, 정관격

- 정화 일간은 격 중에서 상관격과 정관격을 가장 잘 쓴다.
- 정화 일간 자체가 상관의 행동과 정관의 마음을 가지고 있기 때문이다.
- 이처럼 격국도 일간의 본질이 무엇인가에 따라 활용도가 달라진다.
- 화(火) 일간이 수왕절에 태어나면 나는 주변 사람을 이끌어 주고 싶은데, 주변에서 외면한다.

- 화 일간 중 정화 일간은 음화라 그 스트레스를 회피하려 한다.

### 마무리 총정리

❶ 정화 일간은 음양적 관점으로 음(陰)이다. 기본적으로 수동성을 가지고 있다. 정화 일간인 경우는 헌신성이 강하다.

❷ 정화 일간은 오행적 관점으로 화(火)다. 물상적 관점으로 구체화하면 등촉화(燈燭火)다. 정화 일간 자체가 성실, 헌신, 소신이다.

❸ 정화 일간은 십신적 관점으로 상관의 행동을 한다. 상대방이 누구든 자신의 입장을 솔직하게 보여 준다. 잘못된 부분이 있으면 지위고하를 막론하고 지적한다.

❹ 정화 일간은 십신적 관점으로 정관의 마음을 가지고 있다. 대단히 보수적이고 고지식하다. 오로지 한길밖에 모른다. 그냥 자기가 맞다고 생각하는 일을 꿋꿋이 밀고 나간다.

❺ 정화 일간은 격 중에서 상관격과 정관격을 가장 잘 쓴다. 정화 일간 자체가 상관의 행동과 정관의 마음을 가지고 있기 때문이다.

# 제 150강 무토(戊) 일간

## ① 무토 일간의 음양적 관점

**[무토(戊) 일간의 정의]**
- 음양적 관점 → 양(陽)
- 오행적 관점 → 토(土)
- 물상적 관점 → 성원토(城園土)
- 십신적 관점 → 편재(偏財)의 행동을 하고, 편인(偏印)의 마음을 가지고 있다.

- 음양적 관점으로 무토 일간은 양(陽)이다. 기본적으로 능동성을 가지고 있다.
- 남자가 양일간으로 태어나면 남자답게 태어난 것이고 여자가 양일간으로 태어나면 여자답지 못하게 태어난 것이다.
- 생물학적으로 남자는 양이고, 생물학적으로 여자는 음이기 때문이다.
- 일간은 정체성이라서 일간의 음양적 관점은 남성성과 여성성을 보는 기준이 된다.

## ② 무토 일간의 오행적, 물상적 관점

- 오행적 관점으로 무토 일간은 토(土)다.
- 물상적인 의미까지 더하면 성원토(城園土)다.
- 그래서 무토 일간 자체가 인내심과 포용력이 좋다.
- 항상 중립적이다. 그래서 분쟁 조절을 잘한다.
- 누구든 무토 일간의 설득을 쉽게 받아들인다.
- 토라서 포용을 당연시하고 참고 기다릴 줄 안다.
- 어떤 상황이든 절대 무리하지 않는다.
- 토는 사람과의 약속을 의미한다. 사람을 통해서 믿음을 주고받는 것이 토다.
- 토는 토인데 무토가 양토다 보니 사람들에게 믿음을 주려고 한다.
- 보기만 해도 마음이 든든하다. 주변 사람들은 무토 일간을 통해서 안정감을 느낀다.

## ③ 무토 일간의 십신적 관점

- 십신적 관점으로 무토 일간은 편재(偏財)의 행동을 하고, 편인(偏印)의 마음을 가지고 있다.
- 무토 일간은 편재의 행동을 한다. 폭넓은 각계각층의 사람들과 소통하려 한다.
- 그래서 무슨 일이 있으면 사람들이 무토 일간한테 몰려든다. 하소연을 잘 들어 준다.
- 무토 일간은 무슨 일이 일어나면 약방의 감초 같은 존재감을 보인다.
- 사람과 사람 사이의 중재자 역할을 잘한다. 다른 사람 인생에 간여할 일이 많다.
- 무토 일간은 자신을 내세우려고 참견하는 게 아니다. 사건 해결 자체가 목적이다.
- 무토 일간은 그 누구의 편도 아니니까 그렇다. 사건의 중심에 있을 수밖에 없다. (모두를 만족시키려고 한다.)
- 상대방이 말하지 않아도 상대방의 처지가 그냥 눈에 들어온다. 그래서 차마 외면을 못 한다.
- 사건 해결이 목적이다 보니 분쟁 조절을 할 때도 절대 무리하지 않는다.
- 이 점이 병화 일간과 다르다. 병화 일간은 무리해서라도 자기 뜻을 관철시키려고 한다.
- 무토 일간은 대단히 동분서주 바쁘고 자유분방하게 살아간다. 모든 것을 통제하고 조절한다.
- 마치 동네 이장님, 동네 큰형님 같은 역할을 하는 게 무토 일간이다. 대단히 박학다식하다.
- 이 세상 모든 분야에 다 영향력을 행사하려고 하는 그런 능력의 소유자다.
- 무토는 특유의 무뚝뚝함이 있다. 재미없는 사람이다. 어떨 때는 벽같이 느껴진다.
- 분명 누가 시킨 적도 없는데 자기 처지를 돌보지 않고 남의 어려움을 해결해 주고 있다.
- 재미있는 점은 모두를 간섭하려 하지만, 동시에 그 누구에게도 융화되지 않으려고 한다.

- 무토 일간 같은 경우 책임자에 적합한 사람이다. 전체를 총괄하고 일종의 맏형 역할을 한다.
- 무토 일간이 끼어들어도 주변에서 불만을 안 품는 이유가 있다. 선을 안 넘기 때문이다.
- 무토 일간의 마음은 편인의 마음이다. 스스로 외골수를 자처한다.
- 세속적인 욕심이 없다. 아니 좀 더 정확하게 말하면 연연하지 않는다. 그냥 해탈한 느낌이다.
- 무토 일간은 우리가 생각하는 현실이라는 것과 좀 동떨어져 있다.
- 자기가 생각하는 이상향을 이루는 게 중요하다고 생각한다.
- 그 이상향은 무토 일간 개개인에 따라 다르다. 보통 세속적인 부와 명성에 연연하지 않는다.
- 지금 당장 돈을 얼마를 벌고 미래계획을 어떻게 짜고 이런 것에 대단히 취약하다.
- 무토 일간은 정신세계, 형이상학적 세계에 관심을 많이 가진다.
- 그래서 결혼에도 그렇게 연연하지 않는다.
- 좋게 말하면 해탈한 사람이고, 나쁘게 말하면 현실감각이 없는 사람이다.
- 무토 일간은 프리랜서나 중개인 같이 어디에 얽매이지 않는 일이 적합하다.
- 종교인이나 역학인을 해도 잘 맞는다. 위로와 상담 부분에서는 큰 능력을 보여 준다.
- 무토 일간은 타인을 위해서 자기 자신이 기꺼이 감정 쓰레기통이 될 수 있다.
 언론인을 해도 좋다. 무토 일간은 철저한 중립성을 지니고 있기 때문이다.
- 무토 일간은 마음 한구석이 쓸쓸하고 외롭다. 무토 일간은 자발적인 외톨이기 때문이다.
- 그 고집은 누구도 못 꺾는다. 자신의 신념만 지킬 수 있다면 가난도 창피해하지 않는다.

### ④ 무토 일간과 편재격, 편인격

- 무토 일간은 격 중에서 편재격과 편인격을 가장 잘 쓴다.
- 무토 일간 자체가 편재의 행동과 편인의 마음을 가지고 있기 때문이다.
- 이처럼 격국도 일간의 본질이 무엇인가에 따라 활용도가 달라진다.
- 무토 일간은 특정 계절이 그 사람과 크게 안 맞는 경우가 없다.
- 토라는 것은 모든 것을 포용하고, 모든 것에 관여하기 때문이다.
- 그래서 토는 터전이다.

### 마무리 총정리

❶ 무토 일간은 음양적 관점으로 양(陽)이다. 기본적으로 능동성을 가지고 있다. 무토 일간인 경우는 인내심이 강하다.

❷ 무토 일간은 오행적 관점으로 토(土)다. 물상적 관점으로 구체화하면 성원토(城園土)다. 무토 일간 자체가 중립성, 포용력, 안정감, 분쟁 해결이다.

❸ 무토 일간은 십신적 관점으로 편재의 행동을 한다. 각계각층의 사람들과 폭넓게 소통하려 한다. 사람과 사람 사이의 중재자 역할을 잘한다. 다른 사람 인생에 간여할 일이 많다.

❹ 무토 일간은 십신적 관점으로 편인의 마음을 가지고 있다. 스스로 외골수를 자처한다. 세속적인 욕심이 없다. 자기가 생각하는 이상향을 이루는 게 중요하다고 생각한다.

❺ 무토 일간은 격 중에서 편재격과 편인격을 가장 잘 쓴다. 무토 일간 자체가 편재의 행동과 편인의 마음을 가지고 있기 때문이다.

# 제 151 강 기토(己) 일간

### ① 기토 일간의 음양적 관점

[기토(己) 일간의 정의]
- 음양적 관점 → 음(陰)
- 오행적 관점 → 토(土)
- 물상적 관점 → 전원토(田園土)
- 십신적 관점 → 정재(正財)의 행동을 하고, 정인(正印)의 마음을 가지고 있다.

- 음양적 관점으로 기토 일간은 음(陰)이다. 기본적으로 수동성을 가지고 있다.
- 남자가 음일간으로 태어나면 남자답지 못하게 태어난 것이고, 여자가 음일간으로 태어나면 여자답게 태어난 것이다.
- 생물학적으로 남자는 양이고, 생물학적으로 여자는 음이기 때문이다.
- 일간은 정체성이라서 일간의 음양적 관점은 남성성과 여성성을 보는 기준이 된다.

### ② 기토 일간의 오행적, 물상적 관점

- 오행적 관점으로 기토 일간은 토(土)다.
- 물상적인 의미까지 더하면 전원토(田園土)다.
- 그래서 기토 일간 자체가 기회 포착과 가치상승을 의미한다.
- 토라서 포용을 당연시하고 참고 기다릴 줄 안다.
- 어떤 상황이든 절대 무리하지 않는다.
- 토는 사람과의 약속을 의미한다.
- 사람을 통해서 믿음을 주고받는 것이 토다.
- 토는 토인데 기토가 음토다 보니 사람들한테 믿음을 받으려고 한다.
- 주변 사람들은 기토 일간을 통해서 현명함을 느낀다.

### ③ 기토 일간의 십신적 관점

- 십신적 관점으로 기토 일간은 정재(正財)의 행동을 하고, 정인(正印)의 마음을 가지고 있다.

- 기토 일간은 정재의 행동을 한다.
- 나하고 관련 없는 불필요한 부분은 나서지 않는다.
- 그래서 기토가 현명하다. 일간 중에서 최고의 처세술을 가지고 있다.
- 셈도 빠르고, 영리하고, 적당히 손해 볼 줄도 알고, 자기 이득도 중간에서 알아서 잘 취한다.
- 기토 일간은 우리가 생각하는 상식적인 삶의 가장 중심에 서 있는 사람이다.
- 기토 일간 같은 경우는 티 안 나게 자신의 이익과 권력을 탐한다.
- 사람들의 반감을 얻지 않는 선에서 아슬아슬하게 줄타기하며 자신의 이익을 취한다.
- 좋게 말하면 영리한 것이고, 나쁘게 말하면 교활한 것이다.
- 자본주의 사회에 가장 최적화된 사람이 바로 기토 일간이다. 기회 포착을 잘한다.
- 기토 일간은 실리를 추구하지만 절대 무리하지 않는다.
- 기토 일간은 가장 현실적인 인간이다.
- 현실적 처세를 하고, 가장 가까운 사람들을 다룰 줄 알고, 인간관계를 부드럽게 한다.
- 기토 일간은 이익을 취해도 독점하는 법이 없다. 그래서 적을 만들지 않는다.
- 기토 일간이 크게 욕먹지 않는 이유다. 줄 건 주고, 받을 건 받자는 식이다.
- 기토는 습(濕)의 성향을 가지고 있어서 융화도 잘된다. 사람들의 믿음을 이용할 줄 안다.
- 기토 일간은 사람과 어울릴 줄 알고, 받으면 보답할 줄 안다. 스스로 인복을 만든다.
- 기토 일간의 마음은 정인의 마음이다. 이해타산에

대단히 민감하다.
- 기토 일간은 명분도 의리도 다 필요 없다. 그냥 몸 편하게 잘 먹고 잘 사는 게 최고다.
- 나쁘게 말하면 속물적인 부분이 크다. 결혼해도 사람보다는 조건이 우선이다.
- 기토 일간은 돈이 없으면 불행하다고 생각한다. 이 점이 무토 일간과 가장 큰 차이점이다.
- 그러나 적을 만들면서까지 욕심을 부리지는 않는다.
- 기토 일간은 현실적인 마당발이다. 기토 일간은 사람 하나를 만나도 인맥을 만들려고 한다.
- 순수한 목적으로 만나지 않는다.
- 기토 일간은 어떻게 해야 나에게 득이 되고, 내가 몸 편하게 고생 안 할 수 있는지를 안다.
- 가늘고 길게 가자는 주의가 바로 기토 일간이다. 무리 안 하면서 챙길 건 다 챙긴다.
- 기토 일간의 직업 적성을 보자면 투자나 중개업에 특화되었다.
- 어떤 시점에 발을 빼고, 어떤 시점에 발을 들여야 하는지 너무 잘 안다.
- 기회 포착에 능하고 견적도 잘 뺀다.
- 위험 부담을 최소화하니 대박은 못 쳐도 쪽박은 안 찬다.
- 기토 일간이 돈을 버는 이유는 부지런해서가 아니고, 손해 볼 짓을 안 하기 때문이다.
- 고생스러운 거 싫어해서 쉽고 편한 길을 찾는다. 직업적인 내공은 상대적으로 떨어진다.
- 기토 일간은 모험하는 것을 극도로 싫어하기 때문에 큰 부와 권력을 가지기는 어렵다.
- 기토 일간은 기회주의적인 부분이 크다. 그래서 누구를 만나느냐가 인생에서 중요하다.

④ **기토 일간과 정재격, 정인격**

- 기토 일간은 격 중에서 정재격과 정인격을 가장 잘 쓴다.
- 기토 일간 자체가 정재의 행동과 정인의 마음을 가지고 있기 때문이다.
- 이처럼 격국도 일간의 본질이 무엇인가에 따라 활용도가 달라진다.
- 기토 일간은 특정 계절이 그 사람과 크게 안 맞는 경우가 없다.
- 토라는 것은 모든 것을 포용하고, 모든 것에 관여하기 때문이다.
- 그래서 토는 터전이다.

### 마무리 총정리

❶ 기토 일간은 음양적 관점으로 음(陰)이다. 기본적으로 수동성을 가지고 있다. 기토일간인 경우는 기회 포착이 강하다.

❷ 기토 일간은 오행적 관점으로 토(土)다. 물상적 관점으로 구체화하면 전원토(田園土)다. 기토 일간 자체가 현실주의자, 마당발이다.

❸ 기토 일간은 십신적 관점으로 정재의 행동을 한다. 나하고 관련 없는 불필요한 부분은 나서지 않는다. 가장 현실적인 인간이다. 줄 건 주고, 받을 건 받자는 식이다.

❹ 기토 일간은 십신적 관점으로 정인의 마음을 가지고 있다. 이해타산에 대단히 민감하다. 명분도 의리도 다 필요 없다. 그냥 몸 편하게 잘 먹고 잘 사는 게 최고다.

❺ 기토 일간은 격 중에서 정재격과 정인격을 가장 잘 쓴다. 기토 일간 자체가 정재의 행동과 정인의 마음을 가지고 있기 때문이다.

# 제 152 강 경금(庚) 일간

### ① 경금 일간의 음양적 관점

[경금(庚) 일간의 정의]
음양적 관점 → 양(陽)
오행적 관점 → 금(金)
물상적 관점 → 강철금(鋼鐵金)
십신적 관점 → 편관(偏官)의 행동을 하고, 비견(比肩)의 마음을 가지고 있다.

- 음양적 관점으로 경금 일간은 양(陽)이다. 기본적으로 능동성을 가지고 있다.
- 남자가 양일간으로 태어나면 남자답게 태어난 것이고, 여자가 양일간으로 태어나면 여자답지 못하게 태어난 것이다.
- 생물학적으로 남자는 양이고, 생물학적으로 여자는 음이기 때문이다.
- 일간은 정체성이라서 일간의 음양적 관점은 남성성과 여성성을 보는 기준이 된다.

### ② 경금 일간의 오행적, 물상적 관점

- 오행적 관점으로 경금 일간은 금(金)이다.
- 물상적인 의미까지 더하면 강철금(鋼鐵金)이다.
- 경금 일간 자체가 도전이고 혁명이다. 성숙하고 냉정하다.
- 의리와 명분에 죽고 산다. 잔재주를 싫어하고 오로지 실력 지상주의를 추구한다.
- 금이라서 책임감이 있다. 냉정하고 징벌적이지만 자신이 맡은 책임은 끝까지 진다.
- 금은 사람과의 의리를 의미한다. 사람과의 관계에서 의리를 실천한다.
- 금은 금인데 경금이 양금이다 보니 위험을 무릅쓰고 의리를 실천한다.
- 주변 사람들은 경금 일간을 통해서 의협심을 느낀다.

### ③ 경금 일간의 십신적 관점

- 십신적 관점으로 경금 일간은 편관(偏官)의 행동을 하고, 비견(比肩)의 마음을 가지고 있다.
- 경금 일간은 편관의 행동을 한다. 인생 자체가 하나의 실험 무대다.
- 경금 일간은 스스로 불이익을 감수하면서 자신이 원하는 바를 성취하고자 한다.
- 자신만의 신념이 크다. 무모한 짓들을 많이 한다. 그것도 돈 안 되는 짓들을 한다.
- 경금 일간은 자기 자신한테 엄격하다. 그만큼 자기 자신에 대한 자부심도 크다.
- 힘든 것 어려운 것 전혀 두려워하지 않는다. 자신의 역량과는 상관없이 무모하다.
- 여자가 경금 일간으로 태어나면 몸 쓰는 일도 거부감 없이 잘한다.
- 자기 자신을 시험대에 올린다.
- 잘 나가던 직장도 하루아침에 쉽게 때려치울 수 있다.
- 경금 일간은 다양한 인생 경험을 하면서 살아가려고 한다. 삶의 의미가 중요하다.
- 경금 일간은 주변 사람들의 어려움을 자발적으로 해결해 준다.
- 그러면서 대가를 바라지 않는다. 경금 일간 특유의 영웅심이 있어서 그렇다.
- 경금 일간은 실력을 최우선으로 치기 때문에 어느 분야든 두각을 나타낸다. 그러나 자신의 이익을 챙기는 데 너무나도 서투르다. 남에게 이용당하기 딱 좋다.
- 경금 일간은 특유의 객관성이 있다. 그 객관성이 한국 사회에서는 손해로 돌아오기 쉽다.
- 전형적인 외강내유형이다. 겉으로는 아주 강하지만, 속으로는 잔정에 약하다.

- 경금 일간은 총칼을 두려워하지 않는다. 하지만 아이 울음소리에는 마음이 약해진다.
- 경금 일간의 마음은 비견의 마음이다. 그래서 자존감이 크다.
- 경금 일간은 누구를 부러워하거나 상대방과 비교해서 열등감을 가지지 않는다.
- 상대가 나보다 잘나도 기죽지 않는다. 그냥 있는 그대로 보고 인정해 준다.
- 경금은 그 자체가 강건하고 담백해서 조후가 다소 불량해도 비교적 마음의 중심을 잘 잡는다.
- 경금 일간은 누군가에게 의지하려 하지 않는다. 특유의 외골수적인 부분이 있다.
- 오히려 자기 사상과 안 맞는 사람은 상대하려 하지 않는다. 포용력이 좋지가 않다.
- 경금 일간은 명분이나 의리가 우선이라 세상 물정에 어둡다.
- 경금 일간은 자본주의 사회에서 성공하기 어렵다.
- 나만 잘하면 된다는 착각을 하기 때문이다.
- 경금 일간이 돈과 명성을 얻었다는 것은 정말 자기 분야에서 엄청난 실력이 있다는 뜻이다.
- 기회주의자가 판치는 세상에서 경금은 두각을 나타내기 어렵다.
- 경금 일간은 혼자서 모든 것을 다 하려고 하니 힘들다. 정작 본인은 당연하게 생각한다.
- 직업 적성을 보자면 살신성인하는 직업이 잘 어울린다.
- 군인, 경찰, 검찰, 소방관 같은 사명감 있는 직업이 잘 어울린다.

④ **경금 일간과 편관격, 견록격**

- 경금 일간은 격 중에서 편관격과 견록격을 가장 잘 쓴다.
- 경금 일간 자체가 편관의 행동과 비견의 마음을 가지고 있기 때문이다.

- 이처럼 격국도 일간의 본질이 무엇인가에 따라 활용도가 달라진다.
- 금(金) 일간이 목왕절에 태어나면 나는 이름을 떨치고 싶은데, 주변에서 시기 질투한다.
- 금 일간 중 경금 일간은 양금이라 그 스트레스를 극복하려 한다.

마무리 **총정리**

❶ 경금 일간은 음양적 관점으로 양(陽)이다. 기본적으로 능동성을 가지고 있다. 경금 일간인 경우는 실천력이 강하다.
❷ 경금 일간은 오행적 관점으로 금(金)이다. 물상적 관점으로 구체화하면 강철금(鋼鐵金)이다. 경금 일간 자체가 도전적이고 의리와 명분에 죽고 산다.
❸ 경금 일간은 십신적 관점으로 편관의 행동을 한다. 힘든 거, 어려운 거 전혀 두려워하지 않는다. 자신의 역량과는 상관없이 무모하다. 자기 자신을 시험대에 올린다.
❹ 경금 일간은 십신적 관점으로 비견의 마음을 가지고 있다. 자존감이 크다. 누군가에게 의지하려 하지 않는다. 특유의 외골수적인 부분이 있다.
❺ 경금 일간은 격 중에서 편관격과 견록격을 가장 잘 쓴다. 경금 일간 자체가 편관의 행동과 비견의 마음을 가지고 있기 때문이다.

# 제 153강 신금(辛) 일간

### ① 신금 일간의 음양적 관점

[신금(辛) 일간의 정의]
음양적 관점 → 음(陰)
오행적 관점 → 금(金)
물상적 관점 → 주옥금(珠玉金)
십신적 관점 → 정관(正官)의 행동을 하고, 겁재(劫財)의 마음을 가지고 있다.

- 음양적 관점으로 신금 일간은 음(陰)이다. 기본적으로 수동성을 가지고 있다.
- 남자가 음일간으로 태어나면 남자답지 못하게 태어난 것이고 여자가 음일간으로 태어나면 여자답게 태어난 것이다.
- 생물학적으로 남자는 양이고, 생물학적으로 여자는 음이기 때문이다.
- 일간은 정체성이라서 일간의 음양적 관점은 남성성과 여성성을 보는 기준이 된다.

### ② 신금 일간의 오행적, 물상적 관점

- 오행적 관점으로 신금 일간은 금(金)이다.
- 물상적인 의미까지 더하면 주옥금(珠玉金)이다.
- 그래서 신금 일간 자체가 완숙함이다. 냉정함을 넘어서 야멸차다.
- 자기 자신한테 거슬리면 그 누구든 숙청할 수 있다.
- 금이라서 책임감이 있다. 냉정하고 징벌적이지만 자신이 맡은 책임은 끝까지 진다.
- 금은 사람과의 의리를 의미한다. 사람과의 관계에서 의리를 실천한다.
- 금은 금인데 신금이 음금이다 보니 상대방의 의리를 이용한다.
- 주변 사람들은 신금 일간을 통해서 매정함을 느낀다.

### ③ 신금 일간의 십신적 관점

- 십신적 관점으로 신금 일간은 정관(正官)의 행동을 하고, 겁재(劫財)의 마음을 가지고 있다.
- 신금 일간은 정관의 행동을 한다. 그래서 대단히 정치적이다.
- 신금 일간은 어디를 가든 기본적으로 그 지역의 실권자가 누구인지 안다.
- 가장 실속적인 사람이다. 자기에게 유리한지 불리한지에 대한 상황 판단이 정확하다.
- 심하게 말하면 달면 삼키고 쓰면 뱉는다. 살아남기 위해서 수단 방법을 가리지 않는다.
- 신금 일간은 자신한테 이득이 된다면 상대방의 희생은 아무렇지도 않게 여긴다.
- 그래서 목표를 가졌을 때 반드시 이룬다. 그 목표를 이루기 위한 수단 방법을 가리지 않는다.
- 신금 일간은 사회에서의 경쟁력이 대단하다. 그래서 신금 일간을 얕잡아 보면 반드시 당한다.
- 신금 일간으로 타고난 것 자체가 다른 사람들보다 처세적인 측면이 압도적이다.
- 신금 일간은 따지기를 좋아한다. 언제든지 다른 사람과 싸울 준비가 되어 있다.
- 상대하고 대화할 때도 돌려서 표현하는 법 없이 직설적인 화법을 쓴다.
- 신금 일간은 대세를 따라가려고 한다.
- 정치 성향도 보수적이다. 개척이나 모험을 피한다.
- 취직해도 대기업을 가려고 한다. 종교 생활을 해도 큰 교회, 큰 절로 다니려고 한다.
- 신금 일간은 그렇게 대세를 따라가야 덜 위험한 걸 알기 때문이다.
- 신금 일간은 사회 인맥으로 만나면 최고다. 하지만 친구나 가족으로서는 별로다.
- 어떻게든 신분 상승을 하려고 어마어마한 노력을 한다. 그래서 인간미가 없다.

- 신금 일간은 남들 위에 군림하려고 한다. 남들이 내 말을 따라 줄 때 가장 행복해한다.
- 신금 일간의 마음은 겁재의 마음이다. 그래서 대단히 자존심 세고 투쟁적이다.
- 신금 일간은 나보다 잘난 사람 있으면 어떻게든 이기고 싶어 한다.
- 그래서 어딜 가든 마찰이 많을 수밖에 없다.
- 남들에게 무시당하는 것을 절대 못 참는다.
- 사소한 행동 하나도 빈틈을 보이지 않는다.
- 옷 한 벌을 입어도 실밥 하나 삐져나오지 않는다.
- 둘 다 독하지만 그래도 경금 일간은 약자에 대한 인정이 있는데, 신금 일간은 정말 얄짤 없다.
- 내 눈에 거슬리면 그 누구도 용서하지 않는다.
- 부모로서는 키우기 까다로운 자식이다.
- 대신 키운 만큼 보람은 크다. 어딜 가든 자기 앞가림은 하고 사니 그렇다.
- 신금 일간 자체가 굉장히 똑똑하고 남의 약점을 잡아내는 데 최적화되어 있다.
- 사업을 하든 직장생활을 하든 어디에 갖다 놔도 돈 벌고 인정받기 쉽다. 굳이 꼽는다면 승패가 명확하게 갈리는 사업가, 정치인, 의사가 잘 어울린다.
- 신금 일간은 깡패 짓을 해도 혼자 하지 않는다. 반드시 자신의 세력을 만들어서 움직인다.
- 세상이 자기 혼자 잘나고 대단하다고 성공하는 게 아니라는 것을 너무나도 잘 안다. 따지기 좋아하고 원리원칙에 충실하니 학자나 공직자의 길을 가도 좋다.
- 현장에서 활약하는 공안직 공무원보다는, 사무실에서 기획하는 행정직 공무원이 잘 맞는다.
- 신금 일간은 뒤끝이 길다. 억울한 일을 당하면 시간이 흘러도 잊지 않고 복수하려고 한다.

### ④ 신금 일간과 정관격, 월겁격

- 신금 일간은 격 중에서 정관격과 월겁격을 가장 잘 쓴다.
- 신금 일간 자체가 정관의 행동과 겁재의 마음을 가지고 있기 때문이다.
- 이처럼 격국도 일간의 본질이 무엇인가에 따라 활용도가 달라진다.
- 금(金) 일간이 목왕절에 태어나면 나는 이름을 떨치고 싶은데, 주변에서 시기 질투한다.
- 금 일간 중 신금 일간은 음금이라 그 스트레스를 회피하려 한다.

### 마무리 총정리

1. 신금 일간은 음양적 관점으로 음(陰)이다. 기본적으로 수동성을 가지고 있다. 신금 일간인 경우는 정치력이 강하다.
2. 신금 일간은 오행적 관점으로 금(金)이다. 물상적 관점으로 구체화하면 주옥금(珠玉金)이다. 신금 일간 자체가 완숙함이다. 냉정함을 넘어서 야멸차다.
3. 신금 일간은 십신적 관점으로 정관의 행동을 한다. 그래서 대단히 정치적이다. 자기에게 유리한지 불리한지에 대한 상황 판단이 정확하다.
4. 신금 일간은 십신적 관점으로 겁재의 마음을 가지고 있다. 그래서 대단히 자존심 세고 투쟁적이다. 어딜 가든 마찰이 많을 수밖에 없다. 남에게 무시당하는 것을 절대 못 참는다.
5. 신금 일간은 격 중에서 정관격과 월겁격을 가장 잘 쓴다. 신금 일간 자체가 정관의 행동과 겁재의 마음을 가지고 있기 때문이다.

# 제 154 강 임수(壬) 일간

## ① 임수 일간의 음양적 관점

**[임수(壬) 일간의 정의]**
음양적 관점 → 양(陽)
오행적 관점 → 수(水)
물상적 관점 → 강호수(江湖水)
십신적 관점 → 편인(偏印)의 행동을 하고, 식신(食神)의 마음을 가지고 있다.

- 음양적 관점으로 임수 일간은 양(陽)이다. 기본적으로 능동성을 가지고 있다.
- 남자가 양일간으로 태어나면 남자답게 태어난 것이고 여자가 양일간으로 태어나면 여자답지 못하게 태어난 것이다.
- 생물학적으로 남자는 양이고, 생물학적으로 여자는 음이기 때문이다.
- 일간은 정체성이라서 일간의 음양적 관점은 남성성과 여성성을 보는 기준이 된다.

## ② 임수 일간의 오행적, 물상적 관점

- 오행적 관점으로 임수 일간은 수(水)다.
- 물상적인 의미까지 더하면 강호수(江湖水)이다.

- 그래서 임수 일간 자체가 속 깊은 마음이다. 남들이 따라올 수 없는 천재성이다.
- 남들이 가지 않는 길을 가고자 한다. 자신을 세상에 맞추려고 하지 않는다.
- 수라서 지혜가 있다. 시야가 넓다. 눈앞의 현상에 급급해하지 않는다.
- 수는 사람 간의 정보를 의미한다. 사람을 통해서 정보를 주고받는다.
- 수는 수인데 임수가 양수다 보니 정보를 주는 쪽이다.
- 주변 사람들은 임수 일간을 통해서 총명함을 느낀다.

## ③ 임수 일간의 십신적 관점

- 십신적 관점으로 임수 일간은 편인(偏印)의 행동을 하고, 식신(食神)의 마음을 가지고 있다.

- 임수 일간은 편인의 행동을 한다. 나 이외에 다른 사람 모두를 만족하게 하려 한다.
- 임수 일간은 완벽주의자다. 그래서 자기 능력 이상의 일을 떠안고 가는 사람이다.
- 임수 일간은 자기 것은 못 챙기면서 남을 신경 쓴다. 속이 깊고 의리가 있다.
- 임수 일간은 항상 감당하지 못할 일을 혼자서 다 막아 내며 산다.
- 그래서 여자가 임수 일간으로 태어나면 가장 노릇 하는 경우가 많다.
- 임수 일간의 가장 큰 문제점은 모두를 만족하게 하려고 한다. 그래서 스스로 어려움을 자초한다. 남에게 돈 빌려주고 못 받고, 덤터기 쓰기도 하고, 보증도 잘 서 주고, 사기도 잘 당한다.
- 임수 일간은 항상 대의명분과 신의를 중요하게 생각하고 치사한 짓은 못 한다. 내가 손해를 볼지라도 다른 사람에게는 민폐를 안 끼치려 한다.
- 일하는 부분에서는 대단히 합리적이지만, 사람을 대하는 부분에서는 이타적이다. 임수 일간은 자기 소신이 대단하고 타협이 없다. 고집도 세고 집요함까지 심하다.
- 스스로 만족하는 법이 없다. 이상이 너무 높다. 남들이 상상하지도 못한 것을 목표로 잡는다.
- 이런 재능을 잘 쓰면 큰 부와 명성을 얻겠지만, 그렇지 못한 경우는 정말 힘들게 산다.
- 임수 일간의 최대 강점은 자기 포장이 쉽다. 상대방이 그 속을 알기 정말 어렵다.
- 임수 일간의 마음은 식신의 마음이다. 그래서 본능적인 부분이 대단히 강하다.

- 사람이라면 누구나 가지고 있는 식욕, 수면욕, 성욕 이런 부분에서 대단히 솔직하다. 그래서 음주가무를 좋아한다.
- 남들에게 자신의 본능을 보여 주는 것을 창피해하지 않는다.
- 임수 일간은 한국사회의 정서와 잘 안 맞는다.
- 서구적이고 합리적인 사고방식을 가지고 있다. 성문화도 대단히 개방적이다. 어떨 때 보면 뻔뻔할 정도로 자신의 치부를 쉽게 보여 준다.
- 임수 일간은 약자에 대한 동정심도 크다. 생각하고 마음 쓰는 그릇이 크다.
- 병화 일간처럼 남에게 잘 보이려고, 경금 일간처럼 자기만족으로 남을 돕지 않는다.
- 임수 일간은 재능 부분에서 특유의 천재성을 보여 준다.
- 생각의 깊이가 굉장히 깊다. 끝없는 의심과 탐구를 해서 어느 분야에 가도 자신만의 철학을 보여 준다.
- 직업적성 분야로 보면 교육계통이나 예술, 연예 부분에 특화되어 있다.
- 임수 특유의 감수성과 사려 깊음이 잘 어울리는 분야라서 그렇다.
- 위험한 일, 몸 쓰는 일은 별로 적합하지 않다. 임수 일간 본인도 원하지 않는다.
- 지성과 감성이 너무 발달해서 상대적으로 어려움을 극복하는 능력이 떨어진다.
- 신비주의를 추구하기 때문에 대중적인 분야보다는 전문적인 분야가 더 잘 맞는다.

④ **임수 일간과 편인격, 식신격**

- 임수 일간은 격 중에서 편인격과 식신격을 가장 잘 쓴다.
- 임수 일간 자체가 편인의 행동과 식신의 마음을 가지고 있기 때문이다.

- 이처럼 격국도 일간의 본질이 무엇인가에 따라 활용도가 달라진다.
- 수(水) 일간이 화왕절에 태어나면 나는 편하게 지내고 싶은데, 주변에서 가만두지 않는다.
- 수 일간 중 임수 일간은 양수라 그 스트레스를 극복하려 한다.

### 마무리 총정리

❶ 임수 일간은 음양적 관점으로 양(陽)이다. 기본적으로 능동성을 가지고 있다. 임수 일간인 경우는 사고력이 강하다.

❷ 임수 일간은 오행적 관점으로 수(水)다. 물상적 관점으로 구체화하면 강호수(江湖水)다. 임수 일간 자체가 속 깊은 마음이다. 남들이 따라올 수 없는 천재성이다.

❸ 임수 일간은 십신적 관점으로 편인의 행동을 한다. 나 이외에 다른 사람 모두를 만족하게 하려고 한다. 완벽주의자다. 그래서 자기 능력 이상의 일을 떠안고 가는 사람이다.

❹ 임수 일간은 십신적 관점으로 식신의 마음을 가지고 있다. 그래서 본능적인 부분이 대단히 강하다. 식욕, 수면욕, 성욕 이런 부분에서 대단히 솔직하다. 음주 가무를 좋아한다.

❺ 임수 일간은 격 중에서 편인격과 식신격을 가장 잘 쓴다. 임수 일간 자체가 편인의 행동과 식신의 마음을 가지고 있기 때문이다.

# 제 155강 계수(癸) 일간

### ① 계수 일간의 음양적 관점

**[계수(癸) 일간의 정의]**
음양적 관점 → 음(陰)
오행적 관점 → 수(水)
물상적 관점 → 우로수(雨露水)
십신적 관점 → 정인(正印)의 행동을 하고, 상관(傷官)의 마음을 가지고 있다.

- 음양적 관점으로 계수 일간은 음(陰)이다. 기본적으로 수동성을 가지고 있다.
- 남자가 음일간으로 태어나면 남자답지 못하게 태어난 것이고 여자가 음일간으로 태어나면 여자답게 태어난 것이다.
- 생물학적으로 남자는 양이고, 생물학적으로 여자는 음이기 때문이다.
- 일간은 정체성이라서 일간의 음양적 관점은 남성성과 여성성을 보는 기준이 된다.

### ② 계수 일간의 오행적, 물상적 관점

- 오행적 관점으로 계수 일간은 수(水)다.
- 물상적인 의미까지 더하면 우로수(雨露水)이다.
- 그래서 계수 일간 자체가 개인주의다.
- 분별력이 좋아서 손해 보는 짓을 하지 않는다.
- 음 중의 음이라 상대방을 이용해서 자신이 원하는 것을 이루는 능력이 크다.
- 수라서 지혜가 있다. 시야가 넓다. 눈앞의 현상에 급급해하지 않는다.
- 수는 사람 간의 정보를 의미한다. 사람을 통해서 정보를 주고받는다.
- 수는 수인데 계수가 음수다 보니 정보를 받는 쪽이다.
- 주변 사람들은 계수 일간을 통해서 영악함을 느낀다.

### ③ 계수 일간의 십신적 관점

- 십신적 관점으로 계수 일간은 정인(正印)의 행동을 하고, 상관(傷官)의 마음을 가지고 있다.
- 계수 일간은 정인의 행동을 한다.
- 돌다리도 두들겨 보고 행동하는 조심성이 있다.
- 장고 끝에 악수를 두는 사람이 계수 일간이다.
- 너무 신중해서 자기 스스로 손해 보기도 한다.
- 계수 일간은 내가 못하는 것은 조금도 거리낌 없이 다른 사람의 도움을 찾는다. 친화력도 좋고, 누구와도 잘 어울리고, 인맥관계도 잘 만든다. 계수는 마당발이다. 계수는 너무 사람을 안 가리는 게 문제다. 지위 빈천을 가리지 않고 다 포용한다.
- 계수 일간이 추구하는 최고의 가치는 안정성이다. 그래서 사업하는 배우자를 싫어한다. 계수 일간 여자한테는 단돈 백만 원이라도 매달 꼬박꼬박 돈 갖다 주는 남편이 최고다.
- 내 가정, 내 자식에 대한 애착이 대단히 강하다. 그래서 결혼하면 일을 그만두는 경우가 많다.
- 계수 일간은 자신의 한계를 누구보다도 잘 안다. 그래서 허세하고는 아주 거리가 멀다.
- 계수 일간은 사람 보는 눈이 탁월하다.
- 계수 일간의 주변 사람들이 유능한 사람이다. 그래서 계수 일간은 내가 어떤 능력과 역량을 가지고 있느냐가 중요한 게 아니다.
- 부모나 배우자 이런 존재가 정말 중요하다. 계수 일간은 참 영악하고 똑똑하다.
- 계수 일간은 자신을 드러내지 않으면서 자기 뜻을 이룬다. 한마디로 배후 세력이다.
- 보기에는 가장 무능력해 보이지만 실질적으로 가장 유능한 사람이 계수일간이다. 계수 일간은 자기보다 훨씬 잘나고 대단한 사람들을 자기 손바닥에 두고 가지고 논다.

- 계수 일간의 마음은 상관의 마음이다. 그래서 진보적이고 열린 마음을 가지고 있다.
- 계수 일간은 누구든 만날 수 있고, 누구든 사귈 수 있다. 대신 마음은 절대 쉽게 주질 않는다.
- 나보다 못한 사람도 포용하고, 용서할 수 있는 사람이 계수 일간이다.
- 약자의 마음을 가장 잘 헤아리는 사람이 계수 일간이다. 계수 일간 특유의 동정심이 있다. 하지만 그런 동정심도 자신의 이익이 침해되면 가차 없이 버릴 수 있다.
- 계수 일간은 누군가에게 버림받지 않는다. 오히려 먼저 버리는 게 계수 일간이다.
- 그것도 티 안 나게 버린다. 정확히 말하면 그 사람이 알아서 떠나게끔 한다.
- 계수 일간은 꼼꼼하고 방어적이다. 그래서 재무나 인사계열의 업무를 하면 좋다.
- 실무자 위치가 가장 좋다. 계수 일간이 책임자의 위치로 가면 조직에 문제가 생긴다. 계수 일간은 자신을 위해서 다른 사람들 전부를 방패로 쓸 수 있기 때문이다.
- 마음 한구석에 늘 무기력감과 우울감을 가지고 있어서 타인과의 교류가 중요하다. 그래서 혼자 하는 직업이나 직종을 가지면 나쁘다. 돈을 벌어도 정신건강에 안 좋다.
- 을목 일간과 계수 일간은 둘 다 정서적 결핍과 외로움을 타고났다. 특히 계수는 더 심하다.
- 계수 일간이 조후까지 균형을 잃으면 마음의 병이 깊다. 그 부분이 사회생활에 영향을 준다.
- 계수 일간은 경제관념이 아주 좋다. 푼돈도 아껴서 목돈을 만든다. 알부자들이 많다.

### ④ 계수 일간과 정인격, 상관격

- 계수 일간은 격 중에서 정인격과 상관격을 가장 잘 쓴다.
- 계수 일간 자체가 정인의 행동과 상관의 마음을 가지고 있기 때문이다.
- 이처럼 격국도 일간의 본질이 무엇인가에 따라 활용도가 달라진다.
- 수(水) 일간이 화왕절에 태어나면 나는 편하게 지내고 싶은데, 주변에서 가만두지 않는다.
- 수 일간 중 계수 일간은 음수라 그 스트레스를 회피하려 한다.

### 마무리 총정리

❶ 계수 일간은 음양적 관점으로 음(陰)이다. 기본적으로 수동성을 가지고 있다. 계수 일간인 경우는 분별력이 강하다.

❷ 계수 일간은 오행적 관점으로 수(水)다. 물상적 관점으로 구체화하면 우로수(雨露水)다. 계수 일간 자체가 개인주의다. 분별력이 좋아서 손해 보는 짓을 하지 않는다.

❸ 계수 일간은 십신적 관점으로 정인의 행동을 한다. 행동하는 조심성이 있으나, 가끔 장고 끝에 악수를 두기도 한다. 계수 일간의 최고 덕목은 안정성이다.

❹ 계수 일간은 십신적 관점으로 상관의 마음을 가지고 있다. 그래서 진보적이고 열린 마음을 가지고 있다. 나보다 못한 사람도 포용하고, 용서할 수 있다.

❺ 계수 일간은 격 중에서 정인격과 상관격을 가장 잘 쓴다. 계수 일간 자체가 정인의 행동과 상관의 마음을 가지고 있기 때문이다.

# 제 156강 계절의 정의

### ① 명리학에서 계절의 영향

1. 명리학은 자연의 현상과 이치가 사람한테 얼마만큼 영향을 주는가를 알아보는 자연과학이다.
2. 자연의 영향력 중에는 사계절이 있다. 그 사계절의 모습을 사람도 닮는다.
3. 사계절은 자연 발생하고, 번성하고, 결실을 맺고, 쉬어 가는 각각의 이치가 있다.
4. 각 계절에 태어난 사람들은 각 계절의 기운(氣運)을 받고 태어난다.
5. 해당 계절의 기운에 따라 그 의미도 다르다. 그 다른 의미가 우리의 삶에 큰 영향을 준다.
6. 보통 사주 당사자의 정신건강과 주변 사람과의 대인관계를 해석하는 데 쓰인다.
7. 그걸 확장시키면 그 사람의 인생관이 보인다.

### ② 명리학에서 계절의 의미

- 주변 사람들에 의해서 형성되는 정서다.
- 동시에 일간이라는 내가 지금 무엇을 해야 하는지를 파악하는 시기가 된다.
- 계절은 일간 못지않게 중요한 월지에서 나온다. 계절은 월지의 고유영역이다.
- 일간 다음으로 해석의 변수가 적은 게 계절이다.
- 일간이 그 사람의 정체성이기는 하지만 평상시에는 계절을 더 많이 체감한다. 일간은 어려움에 부닥쳤을 때 나오는 본질이고, 계절은 평상시의 마음이기 때문이다.
- 계절은 그 사람의 공감을 이끌어 내는 아주 중요한 해석법이다.

### ③ 계절은 그 사람의 체질과 내면 심리에 영향을 준다

계절은 조후를 판단하는 첫 번째 기준이다. 그 사람의 체질과 내면 심리에 영향을 준다.

1. 목왕절(寅卯辰 月)
→ 봄철, 입춘부터 곡우까지, 한난조습에서 습(濕)을 담당

2. 화왕절(巳午未 月)
→ 여름철, 입하부터 대서까지, 한난조습에서 난(暖)을 담당

3. 금왕절(申酉戌 月)
→ 가을철, 입추부터 상강까지, 한난조습에서 조(燥)를 담당

4. 수왕절(亥子丑 月)
→ 겨울철, 입동부터 대한까지, 한난조습에서 한(寒)을 담당

- 사람이 습하면 나태해지고, 더우면 예민해지고, 건조하면 냉정해지고, 추우면 움츠러든다.
- 한난조습에 따라서 그 사람의 정서적 긴장이 달라진다. 대운의 영향을 가장 많이 받는다.
- 그런 체질과 내면 심리로 그 사람의 삶 전반을 파악한다. 특히 이성관계를 보는 데 탁월하다.
- 체질로 육체적인 사랑을 보고, 내면 심리로 정신적인 사랑을 알 수 있기 때문이다.
- 대운이 바뀌면 가장 먼저 변하는 게 체질과 인연이다. 그다음 역할과 주변의 평가가 변한다.
- 이는 계절적인 영향이 가장 크게 작용하기 때문이다. 격이나 십신은 그다음 작용한다.

### ④ 농사를 연상하면 계절론이 쉽다

- 오행은 물상의 개념을 알고, 십신은 육친과 생극의 개념을 알면 습득이 쉽다.
- 그렇다면 계절을 알려면 어떤 개념을 알고 있어야 쉽게 습득이 될까? 어렵게 생각할 것 없다.
- 처음 계절론을 접하시는 분들은 "농사"를 연상하면 쉽게 이해가 된다.

- 봄은 씨를 뿌려서 농사를 시작하는 시기다. 날이 따뜻해서 싹이 나는 시기다. 그래서 목왕절(寅卯辰 월)생이 가지고 있는 정서는 미숙함과 만족감이다.
- 여름에는 가꾸고 관리해서 농사를 발전시키는 시기다. 날이 무더워서 작물들이 익어 간다. 그래서 화왕절(巳午未 월)생이 가지고 있는 정서는 근면·성실과 경쟁심이다.
- 가을에는 추수해서 농사를 정리하는 시기다. 날이 서늘해서 작물들이 죽기 전에 거둬야 한다. 그래서 금왕절(申酉戌 월)생이 가지고 있는 정서는 성숙함과 책임감이다.
- 겨울에는 농사를 쉰다. 날이 추워서 내년 봄이 올 때까지 어떻게든 버텨야 한다. 그래서 수왕절(亥子丑 월)생이 가지고 있는 정서는 생존력과 불신이다.
→ 사람은 이런 계절의 기운에서 벗어날 수 없다.

### ⑤ 양, 음력을 잘못 알아도 계절은 같은 경우가 많다

2010.12.10. 04:00

| (양력) | 시 | 일 | 월 | 년 |
|---|---|---|---|---|
| | 丙 | 甲 | 戊 | 庚 |
| | 寅 | 午 | 子 | 寅 |

2010.12.10. 04:00

| (음력) | 시 | 일 | 월 | 년 |
|---|---|---|---|---|
| | 甲 | 戊 | 己 | 庚 |
| | 寅 | 辰 | 丑 | 寅 |

계절이 얼마나 큰 영향을 미치는가에 대한 단적인 예

**예시)** 양력으로 丑 월이면 음력으로는 子 월 → 같은 수왕절
양력, 음력 계절이 반드시 일치하는 것만은 아니다.
양력이 2, 5, 8, 11월이면 음력과 계절이 다를 수도 있다.

- 역학인이 양/음력을 잘못 인지해서 명조를 통째로 잘못 뽑아도, 유일하게 일치하는 정보인 "계절"을 통변할 수 있다.
- 같은 계절이면 같은 특성이 존재한다. 그래서 의뢰인의 공감과 신뢰를 이끌어 낸 것이다. (엄밀히 말하면 같은 계절이라도 생지, 왕지, 고지의 계절이 다르다. 하지만 공통점이 있다.)
- 그래서 역학인이 의뢰인의 양, 음력을 엉뚱하게 뽑아도 실제 그 사람의 인생을 많이 벗어나지 않는 통변이 가능했던 것이다.
- 그 정도로 계절적인 의미는 사주를 해석하는 데 많이 영향을 준다.

### ⑥ 계절적 의미 통변의 중요성

- 자기 자신이 아직 사주보는 실력이 부족해서, 사주를 잘 못 보는 경우가 있다.
- 아니면 실력은 좋지만, 당일 상태가 나빠서 집중력 저하로 사주가 안 보이는 때도 있다.
- 또는 사주원국 자체가 워낙 난해해서, 해당 질문에 맞는 통변을 하기 어려울 때도 있다.
- 이런 경우 딴 거 보지 말고 무조건 월지를 보라. 그리고 거기에서 계절적 의미만 통변해라.
- 물론 일간, 격, 오행, 십신, 궁성론 다 중요하고 각각 쓰임새가 크다.
- 하지만 여기에다 계절적인 의미를 추가하면 여러분들의 통변 능력이 크게 향상될 수 있다.
- 극단적으로 표현해서 계절만 알아도 통변이 가능하다.
- 그 정도로 사주명리학에서 계절이란 상대방의 공감과 신뢰를 얻을 수 있는 중요한 기준이다.

### 마무리 총정리

❶ 계절의 의미는 주변 사람들에 의해서 형성되는 정서다. 동시에 일간이라는 내가 지금 무엇을 해야 하는지를 파악하는 시기가 된다. 계절은 월지의 고유영역이다.

❷ 계절은 그 사람의 체질과 내면 심리에 영향을 준다. 사람이 습하면 나태해지고, 더우면 예민해지고, 건조하면 냉정해지고, 추우면 움츠러든다.

❸ 계절론을 처음 접한다면 "농사"를 연상하면 계절이 쉽게 이해가 된다.

❹ 양, 음력을 착각해서 명조를 잘못 뽑아도 계절이 일치하면 계절론을 사용할 수 있다. 그러면 엉뚱한 통변이 나오지 않는다.

❺ 무슨 이유에서든 사주 원국을 해석하기 난해한 순간이 올 때가 있다. 이런 경우 딴 거 보지 말고 무조건 월지를 보라. 그리고 거기에서 계절적 의미만 통변해라.

## 제 157 강 계절의 의미 (목왕절)

### ① 목왕절(木旺節)의 환경

- 목왕절은 계절적으로 습(濕)이 형성되는 시점이다.
- 겨우내 얼어 있던 땅이 녹으면서 땅 위로 수분이 올라오는 시기다.
- 땅속에 있던 많은 생명체가 겨울잠을 끝내고 땅 위로 올라오는 시점이기도 하다. 그래서 봄을 영어로 spring이라고도 한다.
- 온갖 생명체들이 땅 위로 물 위로 허공으로 튀어 나오는 시기이기 때문에 그렇다.
- 목왕절 출생자들은 엄마 배 속에서 태어나는 순간 즉시 이 기운을 받고 태어난다. 그래서 목왕절 생들이 추구하는 정서는 "자기만의 행복감"이다.
- 좋은 것이든 나쁜 것이든 "자신에게 행복감을 주는" 자신만의 습관을 유지하려 한다.

### ② 목왕절생이 가지고 있는 기본 정서

- "나 자신의 행복이 첫 번째이고 그다음이 네 입장이야."
- 특히 卯, 辰 월생들이 더 그렇다. 寅 월은 목왕절이지만 습(濕)이 없어서 목왕절의 특성이 가장 약하게 드러난다.

[습의 기본 의미]

"달라붙다", "노력하지 않아도 거저 주어지다(자연발생적)", "주관적이다", "감성적이다", "낙관적이다"

- 사람과 사람들 간에 관계를 부드럽게 하는 것이 바로 "습"이다.
- 그래서 이디를 가나 어느 성횡에서나 사람 좋다는 말은 쉽게 듣는다.
- 결혼한 후에도 동호회나 모임 활동에 적극적이다.
- 만난 지 얼마 안 된 사람도 금방 친해져서 자기 집에 잘 들인다.

### ③ 목왕절생의 삶의 방식

- 목왕절생의 습관을 억지로 뜯어고치려고 하면 역효과가 난다. 어린아이의 마음과 같아 쉽게 상처를 입기 때문이다.
- 목왕절로 태어나면 자기만의 습관이 너무 뚜렷하다. 같이 사는 배우자는 속 터질 노릇이다.
- 나쁜 습관을 내버려 두자니 눈에 거슬리고 뜯어고치자니 마찰이 크다.
- 사실 계절 중 가정적인 책임감이 가장 떨어지는 사람은 목왕절생이다. 가정이라는 게 같이 사는 가족이 우선시되어야 하는데, 목왕절생은 그렇지가 못하다.
- 남편이 목왕절생이면 자기 쓸 거 다 쓰고 아내한테 생활비를 갖다 준다. 연애할 때는 마냥 좋아 보였던 자유분방함이 결혼 후에는 무책임으로 드러난다.
- 목왕절생은 누구를 책임지려 하지 않는다. 반대로 누구에게 보호를 받는 팔자다. 그렇기에 나이 먹어서도 어린애 같다. 성숙함과는 거리가 멀다.
- 목왕절생들은 주변에서 참 이 사람 저 사람 많이 달라붙는다. 습의 특징이다.
- 필요 없는 인연들조차 잘 뿌리치지 못하고 인간관계를 형성할 수 있는 게 목왕절생이다.
- 사람들을 즐겁게 해 주는 능력이 크다. 그래서 어디 놀러 갈 때 가장 눈에 띈다.
- 연애할 때 썸 타는 상대방이 목왕절생이면 정말 아이처럼 순수한 사랑을 할 수 있다. 목왕절생은 인연에 집착이 심해서 헤어질 때 구질구질한 모습을 자주 보인다.
- 즐겁고 행복한 사랑을 할 수 있다. 다만 책임감 없는 사랑이다. 양일간이면 그나마 낫다. 하지만 일간마저 음일간이면 목왕절생한테 책임감을 기대해서는 안 된다.

- 연애 상대로는 아주 좋지만, 결혼상대로는 그리 적합하질 않다.
- 목왕절생과 잘 지내고 싶으면 밑도 끝도 없는 칭찬을 하면 된다.
- 잘한다 잘한다 하면 더 잘하는 사람이 목왕절생이다.
- 목왕절생은 기본적으로 내가 어떻게 살아야 행복하게 살 수 있을까를 늘 고민하고 실천한다.
- 남들이 볼 때는 참 속 편하다. 자신의 삶이 행복하다면 가난해도 신분이 높질 않아도 괜찮다.
- 아무리 많은 돈을 줘도 자기가 싫으면 안 하는 사람이 목왕절생이다. 그래서 책임감과는 거리가 먼 것이다. 취미를 직업으로 가지면 성공할 수 있다.
- 목왕절생은 사람의 마음을 움직이는 재주가 있다. 그래서 거저 주어지는 것도 많다.
- 주변 사람들의 응원과 지지를 얻기 쉽고 용돈이나 조공도 받기 쉽다.
- 목왕절생은 상대방을 공감해 주고 이해해 주고 다독여 준다.
- 다만 함께해 주지는 않는다. 목왕절생은 각자의 삶을 공동의 책임보다 중요하게 여기기 때문이다.

### 마무리 총정리

❶ 목왕절생들이 추구하는 정서는 "자기만의 행복감"이다. 좋은 것이든 나쁜 것이든 "자신에게 행복감을 주는" 자신만의 습관을 유지하려 한다. 특히 卯, 辰 월생들이 더 그렇다.

❷ 목왕절생은 누구를 책임지려 하지 않는다. 반대로 누군가에게 보호를 받는 팔자다. 그렇기에 나이 먹어서도 어린애 같다. 성숙함과는 거리가 멀다.

❸ 습(濕)은 "달라붙다", "노력하지 않아도 거저 주어지다(자연 발생적)", "주관적이다", "감성적이다", "낙관적이다"라는 기본 의미가 있다.

❹ 목왕절생과는 밀고 당기기를 정말 잘해야 한다. 편하게 해 주면 만만하게 보고, 엄하게 대하면 잔뜩 위축된다.

❺ 목왕절생은 상대방을 공감해 주고 이해해 주고 다독여 준다. 다만 함께해 주지는 않는다. 목왕절생은 각자의 삶을 공동의 책임보다 중요하게 여기기 때문이다.

# 제158강 계절의 의미(화왕절)

### ① 화왕절생의 환경

[화왕절(火旺節)의 환경]
- 화왕절은 계절적으로 난(暖)이 형성되는 시점이다.
- 일조량이 많아지고 기온이 오르면서 땅 위에 있는 습이 대기 중으로 올라가는 시기다.
- 낮의 길이가 길어지고 양기가 극에 달하는 시점이라 동·식물 모두 성장이 빠르고 활동도 많아진다.
- 그 성장이 개별적이지 않고 도미노처럼 연쇄반응을 일으키고, 대기 중에 있는 습이 누적되다 다시 땅으로 쏟아진다. 그게 장마나 스콜(squall)이다.
- 그러다 또다시 더워지면서 생명체들이 마치 대장간의 쇠처럼 담금질을 당한다.
- 화왕절 출생자들은 엄마 배 속에서 태어나는 순간 즉시 이 기운을 받고 태어난다.
- 그래서 화왕절생들이 추구하는 정서는 "집단주의"다. 모든 사람이 사회적 규범을 따라야 하고 거기에 어긋나면 그 꼴을 못 본다.

### ② 화왕절생이 가지고 있는 기본 정서

"나는 제대로 하고 있는데 너희가 잘못하고 있어!" 특히 午, 未 월생들은 더 그렇다. 巳 월은 화왕절이지만 난(暖)이 약해서 화왕절의 특성이 가장 약하게 드러난다.

[난의 기본 의미]
"경쟁하다", "번성하다", "서열을 따지다", "바쁘다", "서로를 비교하다", "숨길 수 없다"

- 화왕절생들은 남한테는 엄격하고 자신한테는 관대하다. 이 때문에 비호감으로 평가받는다. 배우자가 화왕절생이라면 같이 살면서 끊임없는 잔소리에 시달려야 한다. 사주에 수가 약하거나 없을수록 그 강도는 심해진다.
- 아무것도 아닌 것을 가지고 잔소리하고 간섭하려 한다. 그러면서 나름 우월감도 느낀다. 애들한테까지 잔소리가 내려간다. 사소하게 거슬리는 것도 대충 넘어가는 법이 없다. 남의 시선은 많이 의식하기에 때 되면 남들 하는 거 하고 집안에 할 도리는 하고 산다.

### ③ 화왕절생의 삶의 방식

- 화왕절생들은 기본적으로 성장 지향적이고, 일방통행적인 모습을 가지고 있다.
- 남녀 공통이지만 남자라면 더욱더 뚜렷하게 표출이 된다. 남자 자체가 생물학적으로 양(陽)이라서 그렇다.
- 연애할 때도 불같은 사랑을 한다. 다만 지나친 솔직함으로 상대방을 곤란하게 하고 당혹스럽게 만든다.
- 목왕절과 마찬가지로 양적 성향이 강하다 보니 자기중심적인 판단이 앞서게 된다. 물론 차이점은 있다. 목왕절은 자기가 불편해도 상대방한테 싫은 소리를 잘 안 한다.
- 화왕절생들은 자기 눈에 거슬리는 게 있으면 반드시 지적질과 훈계질로 이어진다. 사회적 규범과 관습을 무조건 따라야 한다는 강박관념이 내재되어 있어 그렇다.
- 나는 옳지만, 상대는 그르니 내가 바로잡아 줘야 한다는 도덕 교과서 같은 사람이다. 그냥 사감 선생님 떠올리면 그게 딱 화왕절생이다.
- 여자 입장에서 썸남이 화왕절생이면 매력적으로 보일 수도 있다. 그게 멋있게 보인다. 나쁜 남자 같은 매력이 있다.
- 장점이라면 숨김이 없다. 아니 숨기려고 해도 숨겨지지 않는다.

## 송재우의 사주에듀 이게 여러분들이 배워야 할 사주명리학입니다!

- 자신의 감정이 얼굴과 행동에 그대로 배어 나오는 게 바로 화왕절생이다. 감정 기복은 필연적으로 따라온다.
- 화는 극양이라 빨리 달궈지고 빨리 식고 속전속결이다.
- 화왕절생은 솔직하고 부지런하고 예의를 중요하게 생각한다. 반듯한 이미지가 보기 좋다. 그러나 최고의 문제점은 나는 맞고 너는 틀렸다는 이런 사고방식이다.
- 나중에 헤어지더라도 상대방 욕을 많이 한다. 나는 잘못이 없는데 다 너 때문에 깨진 거라고 상대방 탓을 한다.
- 그래도 책임감은 크니 인간미가 떨어지는 부분만 조금 감수한다면 좋은 배우자가 될 수 있다.
- 화왕절생들은 기본적으로 최고가 되려고 늘 고민하고 노력하고 산다.
- 남들이 볼 때는 참 치열하다. 화왕절생은 삶 자체가 일하기 위해 태어난 팔자다.
- 좋게 표현하면 일복이 참 많은 팔자다. 물론 그 일이 꼭 돈으로 이어지는 것은 아니다.
- 경제활동 이외의 모든 일을 뜻한다. 놀려고 태어난 목왕절과는 팔자가 다르다.
- 계급과 서열을 중시한다. 그래서 권위의식이 대단하다.
- 모양새 나고 권위 있는 것을 좋아하기 때문에 직업을 선택할 때는 적성과 무관하게 선택한다.
- 사회적으로 다수가 선망하는 진로나 직업을 가지는 것이 화왕절생이다.
- 목왕절생처럼 개인의 개성을 크게 중요하게 생각하지 않는다.
- 화왕절생한테 상생이라는 단어는 어울리지 않는다.
- 그저 경쟁해서 나와 너 둘 중 하나만 살아남는다, 이런 사고방식이 크다.
- 화왕절생은 혼자서 일하는 것보다는 많은 사람 속에서 자극받아 가며 일하는 게 좋다.
- 그 방법이 화왕절생의 발전에 많은 도움이 된다.
- 옆에 누가 있어야 자극이 된다.
- 돈 많이 주고 높은 지위에만 오를 수 있으면 사생활 따위는 얼마든지 뒷전으로 미룰 수 있다.
- 화왕절생은 가르치고 이끌어 가느라 다급하다.
- 앞장서서 걷느라 뒤를 못 보는 것이다.
- 화왕절생은 그렇게 살아야 자신이 최고가 된다고 믿는다.

### 마무리 총정리

❶ 화왕절생들이 추구하는 정서는 "집단주의"다. 모든 사람이 사회적 규범을 따라야 하고 거기에 어긋나면 그 꼴을 못 본다. 특히 午, 未 월생들은 더 그렇다.

❷ 화왕절생들은 남한테는 엄격하고 자신한테는 관대하다. 이 부분 때문에 비호감으로 평가받는다. 사주에 수가 약하거나 없을수록 그 강도는 심해진다.

❸ 난(暖)은 "경쟁하다", "번성하다", "서열을 따지다", "바쁘다", "서로를 비교하다", "숨길 수 없다"라는 기본 의미가 있다.

❹ 화왕절생은 절대 간섭하거나 지적을 하면 안 된다. 그냥 자기 하고 싶은 대로 내버려 두면 된다. 화왕절생을 비난하고 지적하는 순간 그 관계는 끝이다.

❺ 화왕절생은 가르치고 이끌어 가느라 다급하다. 앞장서서 걷느라 뒤를 못 보는 것이다. 화왕절생은 그렇게 살아야 자신이 최고가 된다고 믿는다.

## 제 159 강  계절의 의미(금왕절)

### ① 금왕절생의 환경

[금왕절(金旺節)의 환경]
- 금왕절은 계절적으로 조(燥)가 형성되는 시점이다.
- 기온이 높은 화왕절을 거치면서 존재하던 습들이 모두 말라 버리고, 양기가 꺾이고 음기가 시작되면서 찬바람과 서리가 내린다.
- 면역력이 약한 생명체는 죽음을 맞이한다. 그래서 가을을 영어로도 fall이라고도 한다.
- 다 떨어진다는 뜻이다. 이 떨어진다는 의미가 추수를 말하기도 하지만, 화왕절에 제대로 성장 못 한 생명체는 도태된다는 뜻도 된다.
- 냉정하고 엄숙한 계절이 바로 이 금왕절이다.
- 금왕절 출생자들은 엄마 배 속에서 태어나는 순간 즉시 이 기운을 받고 태어난다. 그래서 금왕절생들이 추구하는 정서는 "의미 있는 삶"이다.
- 사소한 행동 하나에도 의미를 두려고 한다. 특히 타인의 측면에서 보고 이해하려는 마음이 강하다. 다만 특유의 까칠함 때문에 사람이 모이기 쉽지 않다.

### ② 금왕절생이 가지고 있는 기본 정서

- "내 사정은 뒤로하고 일단 네 사정을 헤아려 줄게."
- 특히 酉, 戌 월생들은 더 그렇다.
- 申 월은 금왕절이지만 조(燥)하지 않아서 금왕절의 특성이 가장 약하게 드러난다.

[조의 기본 의미]
"분리하다", "노력을 통해 얻어진다", "객관적이다", "냉정하다", "비관적이다"

- 사람과 사람들 간에 관계를 딱딱하게 하는 것이 바로 조(燥)다.
- 금왕절은 화왕절과 더불어서 대인관계 부분에서 불리함을 가지고 있다.
- 가족이라는 게 살면서 관대하게 넘어갈 줄 알아야 하는데 금왕절생은 그게 쉽게 안 된다. 내 가족 일지라도 칼날 같은 냉정함을 보여 준다.
- 화왕절생처럼 개인감정을 넣지는 않는다.

### ③ 금왕절생의 삶의 방식

- 금왕절은 대단히 성숙하다. 목과는 대조적이다. 목은 미숙한 것이니 그렇다.
- 목왕절생은 연애할 때는 호감, 결혼 후에 비호감이다.
- 금왕절생은 연애할 때는 비호감, 결혼 후 호감이다.
- 금왕절이 목왕절만큼 재미있지는 않지만, 책임감이 남달라서 그렇다.
- 항상 자신의 몫은 맨 나중에 챙기는 게 금왕절생이다.
- 금왕절생이 배우자면 어떻게든 가정을 꾸려 나가는 억척스러움을 보여 준다.
- 남편이 돈 못 벌어오면 목왕절생 아내는 "이제 우리 어떻게 살아?" 하며 남편한테 징징댄다.
- 수왕절생 아내는 더는 같이 살 이유가 없으니 이혼하자고 한다.
- 금왕절생 아내는 "내가 대신 벌어 오면 되지 뭐" 하고 가장이 되기를 자처한다.
- 모든 인간관계에서 항상 내 입장보다는 상대 입장이 우선이다. 다만 살갑지 않을 뿐이다.
- 금왕절들은 사랑을 할 때도 의미부여를 많이 한다.
- 금왕절생은 사람을 쉽게 접하려 하지도 않고, 처음 만나는 인연도 쉽게 친해지지 않는다.
- 만나는 인간관계 또한 아무나 만나질 않고 꼭 필요한 사람만 만나려 한다.
- 그래서 상대방 입장에서 꼬시기 참 힘든 사람이 바로 금왕절생이다.
- 금왕절생 앞에서는 잔재주가 통하질 않는다.

## 송재우의 사주에듀 — 이게 여러분들이 배워야 할 사주명리학입니다!

- 심지어 스킨십도 쉽지가 않다.
- 금왕절한테 함부로 스킨십을 시도했다가는 뺨따귀가 남아나지 않는다.
- 처음에는 비호감이지만 사귀면 사귈수록 진국인 게 바로 금왕절생이다.
- 문제라면 금왕절 특유의 까칠함과 애정표현의 서투름으로 인해서 인연이 붙기가 쉽지 않다.
- 가만히 있어도 어중이떠중이 들러붙는 목왕절과는 완전 반대다.
- 맘먹고 찾아가는 상대한테도 퇴짜 맞고 인연이 쉽게 맺어지기 어려운 게 바로 금왕절생이다.
- 대신 한번 이어지면 그 인연이 오래갈 수 있고 좋은 사람을 만날 수 있는 게 금왕절생이다.
- 금왕절생들은 내가 어떻게 살아야 보람 있는 삶을 살까 늘 고민하고 실천하고 산다.
- 금왕절생은 삶 자체가 누군가를 책임지려고 태어난 팔자다.
- 누가 부족해 보이면 자발적으로 나서서 그것을 도와준다.
- 응석받이인 목왕절과는 다르게 자기반성이 먼저인 사람이 금왕절생이다.
- 직업선택에서도 의미 있는 일을 하려고 한다. 족적을 남기고 싶어 한다. 남들이 가지 않는 길을 가서 그 분야의 최고가 되고 싶어 한다.
- 금왕절생은 직업을 사명처럼 여긴다. 직업에 대한 자기만의 철학이 확고하다.
- 자기의 직업관이 성취되지 못하면 미련 없이 일터를 떠날 수 있다.
- 문제를 제기해서 자극을 해야 더 능률이 올라가는 것이 바로 금왕절생이다.
- 금왕절생은 냉정하게 선 긋고 징벌한다. 그러나 함께해 준다.
- 금왕절생은 그게 자신이 해야 할 책임이라 생각한다.

### 마무리 총정리

❶ 금왕절생들이 추구하는 정서는 "의미 있는 삶"이다. 특히 타인의 입장에서 보고 이해하려는 마음이 강하다. 특히 酉, 戌 월생들은 더 그렇다.

❷ 금왕절생들은 내가 어떻게 살아야 보람 있는 삶을 살까 늘 고민하고 실천하고 산다. 금왕절생은 삶 자체가 누군가를 책임지려고 태어난 팔자다.

❸ 조(燥)는 "분리하다", "노력을 통해 얻어진다", "객관적이다", "냉정하다", "비관적이다"라는 기본 의미가 있다.

❹ 금왕절생한테는 그 사람이 좋아하는 걸 하려고 하지 말고, 그 사람이 싫어하는 걸 안 하려고 노력해야 한다.

❺ 금왕절생은 냉정하게 선 긋고 징벌한다. 그러나 함께해 준다. 금왕절생은 그게 자신이 해야 할 책임이라 생각한다.

# 제 160강 계절의 의미(수왕절)

## ① 수왕절의 환경

[수왕절(水旺節)의 환경]
- 수왕절은 계절적으로 한(寒)이 형성되는 시점이다.
- 금왕절에서 시작된 찬바람과 서리가 냉기로 변해 음(陰)기가 극에 달하는 시점이다. 밤이 깊어지고 일조량이 줄어들어서 생명체의 활동이 완전히 정지된 시기다.
- 금왕절이라는 혹독한 심판에서 살아남은 생명체들이 내년 목왕절을 기약하고 겨울잠에 들어간다.
- 겨울잠을 자지 않는 생명체는 그 전에 모아 놓은 먹이나 식량으로 겨울을 나기 시작한다.
- 성장이라는 건 전혀 이루어지질 않고 정체와 침체만이 남은 계절이다.
- 수왕절 출생자들은 엄마 배 속에서 태어나는 순간 즉시 이 기운을 받고 태어난다. 그래서 수왕절생들이 추구하는 정서는 "철저한 실리주의"다.
- 계절 중 이해타산을 최고로 따진다. 내가 갖고자 하면 어떻게든 가져야 한다. 내 수고 없이 남의 수고로 얻을 수 있으면 더 좋다. 참 얄밉게 보이는 부분이다.

## ② 수왕절생이 가지고 있는 기본 정서

- "내가 살아남기 위해서는 무슨 짓이든 할 수 있어."
- 특히 子, 丑 월생들은 더 그렇다. 亥 월은 수왕절이지만 한(寒)이 약해서 수왕절의 특성이 가장 약하게 드러난다.

[한의 기본 의미]
"정지하다", "침묵하다", "혼자 독식하다", "완벽주의", "숨길 수 있다(남들이 알 수 없다)"

- 화왕절생은 사람들 머리 꼭대기 위에 서서 군림하려고 하는 기질이 있다.
- 극과 극은 통한다고 수왕절생 역시 화왕절생과 마찬가지로 특유의 권력욕이 있다. 그래서 수화는 상하관계, 금목은 수평관계다. 물론 차이점은 있다.
- 화왕절의 권력욕은 이해타산과는 무관하게 저 사람을 지도해 줘야 한다는 강박관념이다. 그러나 수왕절의 권력욕은 내가 편하고 내가 필요해서 내 멋대로 하고 싶다는 사고방식이다. 그래서 목적이 달성되기 전까지는 결코 그 속내를 보이지 않는 게 수왕절생이다.

## ③ 수왕절생의 삶의 방식 1

- 수왕절생들은 음(陰)이 극에 달한 계절에 태어났기 때문에 생존본능이 강하다. 배우자가 바람피우는 것은 용서해도 생활비 안 갖다 주는 것은 용서 못한다.
- 수왕절생은 의존적 성향이 강하다. 살아남기 위해서는 체면도 명분도 중요하지 않다.
- 좀 더 구체적으로 표현하자면 상대를 이용해서 자기가 원하는 것을 이루어 내는 능력이 탁월하다.
- 여자 수왕절생이 외모까지 받쳐 준다면 어장관리에 특화된 사람이라 봐도 무방하다. 여자 자체가 생물학적으로 음이니 수왕절생 여자는 천상여자라는 표현이 참 잘 어울린다.
- 수왕절생은 속마음을 알기가 참 힘들다.
- 수왕절생은 자기 속을 쉽게 보여 주질 않아서 상대방을 힘들게 한다.
- 음기가 강하다 보니 우울함과 무기력감은 늘 지병처럼 따라다닌다.
- 내 모든 허물과 부족함을 대신 떠안을 수 있는 사람을 찾는다.
- 상황 판단이 빠르다. 아니다 싶은 건 과감하게 포기하고 철저하게 되는 쪽으로 매달린다.

**송재우의 사주에듀** 이게 여러분들이 배워야 할 사주명리학입니다!

### ④ 계절별 결혼관

1. 목왕절생은 상대방과 있는 게 좋아서 결혼하려 한다. (나의 행복이 기준)
2. 화왕절생은 결혼 적령기의 나이가 돼서 결혼하려 한다. (사회적 시선이 기준)
3. 금왕절생은 상대방을 책임지고 싶어서 결혼하려 한다. (남의 행복이 기준)
4. 그러나 수왕절생은 내가 필요하니까 결혼하려 한다. (나의 이익이 기준)
5. 사랑하지 않아도 얼마든지 결혼생활이 가능한 게 수왕절생이다.
6. 수왕절생들은 그래서 정략결혼도 많이 한다.

### ⑤ 수왕절생의 삶의 방식 2

- 정략결혼이 쉬운 이유가 이해타산 문제도 있지만, 가족의 뜻을 거스르지 못해서 그렇다.
- 가족관계에서 자기 피붙이를 엄청나게 소중히 여기는 게 수왕절생이다.
- 내가 욕먹는 건 참아도 내 부모 형제가 욕먹는 건 못 참는 게 바로 수왕절생이다. 그래서 수왕절생은 결혼해도 자기 시가나 친정이 우선시된다.
- 결혼은 계약이고 그 계약은 언제든지 깨질 수 있다고 생각한다.
- 수왕절생과 잘 지내고 싶으면 내가 쓸모 있는 사람이라는 것을 끊임없이 보여 줘야 한다.
- 나와 내 피붙이 빼고는 세상에 믿을 놈 없다가 바로 수왕절생의 사고방식이다.
- 수왕절생은 기본적으로 내가 어떻게 살아야 이득이 되는 삶을 살까 늘 고민하고 실천한다.
- 내가 필요하면 얼마든지 상대방을 장기판 말처럼 이용하는 것이 바로 수왕절생이다. 다른 사람을 방패막이로 내세워서 끝까지 버티는 사람 또한 수왕절생이다.

- 수왕절생의 신뢰를 얻기는 대단히 어렵다. 오로지 나와 내 가족만 믿는 사람이기 때문이다.
- 수왕절생한테 신뢰를 얻으려면 정말 긴 시간 동안 꾸준히 좋은 모습을 보여 주어야 한다.
- 직업선택에서도 수왕절생은 돈만 잘 벌면 그만이다. 그게 대중적이든 전문적이든 합법이든 불법이든 돈만 된다면 뭐든 가리지 않는다.
- 최소한의 노력으로 최대한의 효과를 얻고자 하는 사람이 수왕절생이다. 날로 먹으면 더 좋다. 수왕절생은 티 안 나게 살피고 남들을 자신의 삶에 이용한다.
- 앞장서서 걷는 이들의 뒤를 따라간다. 수왕절생은 그렇게 살아야 최후의 승자가 된다고 믿는다.

### 마무리 총정리

❶ 수왕절생들이 추구하는 정서는 "철저한 실리주의"다. 계절 중 이해타산을 최고로 따진다. 내가 갖고자 하면 어떻게든 가져야 한다. 특히 子, 丑 월생들은 더 그렇다.

❷ 수왕절생의 권력욕은 내가 편하고 내가 필요해서 내 멋대로 하고 싶다는 사고방식이다. 그래서 목적이 달성되기 전까지는 결코 그 속내를 보이지 않는다.

❸ 한(寒)은 "정지하다", "침묵하다", "혼자 독식하다", "완벽주의", "숨길 수 있다(남들이 알 수 없다)"라는 기본 의미가 있다.

❹ 수왕절생과 잘 해 보고 싶으면 그 사람한테 뭘 얻으려고 하면 안 된다. 자신의 능력적인 부분을 많이 보여 줘야 한다.

❺ 수왕절생은 티 안 나게 살피고 남들을 자신의 삶에 이용한다. 앞장서서 걷는 이들의 뒤를 따라간다. 수왕절생은 그렇게 살아야 최후의 승자가 된다고 믿는다.

이게 여러분들이 배워야 할 사주명리학입니다!

# 송재우의 사주에듀

https://www.48class.com

## 목차 미리보기

**제161강** | 좋은 사주, 나쁜 사주 1
**제162강** | 좋은 사주, 나쁜 사주 2
**제163강** | 좋은 사주, 나쁜 사주 찾아보기
**제164강** | 건강 보기 1
**제165강** | 건강 보기 2
**제166강** | 원국(原局)에 없는 십신(十神)이 운(運)에서 오는 경우
**제167강** | 사주에서 돈이란?
**제168강** | 성장환경 보기
**제169강** | 인간관계 처세술
**제170강** | 진로·적성 보기 1
**제171강** | 진로·적성 보기 2
**제172강** | 궁합(宮合)의 유래, 궁합(宮合)의 가치
**제173강** | 궁합(宮合) 보는 법
**제174강** | 결혼생활이 적합하지 않은 사람
**제175강** | 사주로 보는 이성과의 인연
**제176강** | 현장 상담 요령
**제177강** | 실전 사주 풀어 보기 1
**제178강** | 실전 사주 풀어 보기 2
**제179강** | 실전 사주 풀어 보기 3
**제180강** | 성공하는 역학인의 7가지 상담 윤리

# 실전 6

161~180강

# 제161강 좋은 사주, 나쁜 사주 1

## ① 좋은 사주의 기준

1. 신왕, 신약을 떠나서 일간이 반드시 지지에 통근해야 한다. 특히 寅申巳亥 사생지나 子午卯酉 사왕지에 통근해야 그 의미가 크다.
2. 격국이 뚜렷하고 확실해야 한다. 격이 투간이 되어야 한다.
3. 월지가 상생을 받아야 한다. 특히 년지에서 상생을 받으면 더욱 좋다.
4. 격이 상신이나 구응신이 있어서 성격이 되면 좋다. 상신이나 구응신이 길신이면 더욱 좋다.
5. 조후가 너무 덥거나 춥지 않아야 한다.
6. 사주원국이 상생 관계로 잘 이어져야 한다.
7. 사주의 병(病)이 되는 기신을 극하거나 설하는 용신이 있어야 한다. 그 용신이 통근해야 제구실을 한다. 월지 통근하면 제일 좋다.
8. 사주 원국에서 합과 충이 너무 많으면 안 된다.
9. 사주 원국의 용신을 합하거나 극, 충을 하는 간지가 있으면 안 된다.
10. 천간의 글자들이 지지에 통근해야 한다.
11. 용신이 일간과 가까이 있어야 한다.
12. 가종격이 이루어지지 않아야 한다.

## ② 1번 기준

**[1번 기준(일간이 반드시 지지에 통근해야 한다)]**

- 일간이라는 것은 그 사람의 정체성이다. 그 사람만의 타고난 행동양식이고 그렇게 살아야 그 사람이 행복하다.
- 일간의 근이라는 것은 그 정체성을 실천하고자 하는 의지가 되는데, 일간이 근이 없다는 뜻은 그 사람의 의지력이 없다는 의미다.
- 나답게 살고자 하는 마음이 없는 것이다. 신약하더라도 일간이 통근을 하나라도 하면 나답게 살려고 한다.
- 특히 寅申巳亥 사생지나 子午卯酉의 사왕지의 통근은 무엇을 하고자 하는 생산적인 의지다. 그래서 辰戌丑未 사묘지 통근보다도 가치가 크다.
- 辰戌丑未에 근을 두어도 의지이지만 생산적인 의지는 아니다. 辰戌丑未는 일개 자존심에 지나지 않는다.
- 발전의 寅申巳亥와 유지의 子午卯酉와는 다르게 辰戌丑未는 쇠퇴를 의미하기 때문이다.

## ③ 2번 기준

**[2번 기준(격이 투간이 되어야 한다)]**

- 격국이라는 것은 그 사람의 후천적인 가치관을 의미하는데, 투간이 되지 않으면 그 가치관을 실천하기 어렵다.
- 투간되지 않은 지지는 그저 마음뿐이니까 그렇다. 반드시 투간이 되어야 실천으로 이어진다.
- 투간된 격은 자신의 진로가 확고하다.
- 특히 간여지동된 격은 어떠한 환경과 운에서도 타협이 없다.

## ④ 3번 기준

**[3번 기준(월지가 상생을 받아야 한다)]**

- 월지라는 것은 그 사람의 타고난 환경이다.
- 가정적으로는 양육환경이 되고, 사회적으로는 일터가 된다.
- 그런 월지가 생을 받는다는 의미는 내가 처한 환경이 든든하다는 의미다.
- 특히 년지는 근본이 되니 년지가 월지를 생한다는 의미는 뼈대 있는 가문, 안정적인 일터에 속해 있다는 의미다.
- 일간이라는 내가 실패해도 쉽게 재기할 수 있는 발판이다.

**이게 여러분들이 배워야 할 사주명리학입니다!** 송재우의 **사주에듀**

### ⑤ 4번 기준

**[4번 기준(격이 상신이나 구응신이 있어서 성격이 되면 좋다)]**

- 격은 가치관이자 삶의 목표가 되는데 상신이나 구응신이 있어서 성격이 되어야 사회적으로 크게 쓰인다.
- 패격이 되면 결과적으로 사회와 맞서게 되니 그것으로 인해서 받는 개인적인 고통이 생긴다.
- 특히 계급사회일수록 더더욱 그렇다. 패격사주가 다른 요소로 발복을 한다는 것은 홀로서기 자수성가의 의미다.
- 성격이 되어서 사회의 보호를 받는 팔자에 비하면 당연히 그만큼 고통과 시행착오를 겪게 된다.

### ⑥ 5번 기준

**[5번 기준(조후가 너무 덥거나 춥지 않아야 한다)]**

- 사주에서의 조후는 그 사람의 체질과 내면 심리를 의미한다.
- 조후가 편중된 사주 그것도 수화로 편중된 사주는 문제가 생긴다.
- 음과 양의 극단적인 편중이기 때문에 신체적 건강과 정신적 건강에 문제가 생긴다.
- 조후, 억부, 격국의 관법 중 조후를 최우선으로 보는 이유가 여기에 있다. 아무리 재능이 좋고 배경이 좋고 받을 복이 많아도 건강하지 못하면 아무 소용 없기 때문이다.
- 특히 사람을 대하는 처세에서도 상생을 원하지 않는다. 수나 화가 지나치게 강하다는 것은 다른 사람과 공존하지 않고 나만 돋보이고 나만 살겠다는 의미가 된다.
- 당연히 대인관계 면에서도 문제가 생긴다.

### ⑦ 6번 기준

**[6번 기준(사주원국이 상생 관계로 잘 이어져야 한다)]**

- 상생은 오행과 십신의 능력을 극대화시킬 수 있다.
- 상생을 못 하는 십신은 능력을 쓰는데 목표가 없는 것이고, 상생을 못 받는 십신은 능력을 쓰는 데 준비가 안 된 것이다.
- 상생이라는 상승효과가 있어야 그 사람의 경제활동, 다시 말해 밥벌이가 수월해진다.

### 마무리 총정리

❶ 사주에서 좋은 사주, 나쁜 사주의 차이는 있다.
❷ 좋은 사주, 나쁜 사주의 기준은 여러 가지다.
❸ 좋은 조건만 있는 사주는 없다. 반대로 나쁜 조건만 있는 사주도 없다.
❹ 좋고 나쁨의 기준 중 많은 것이 월지하고 연관되어 있다.
❺ 월지가 상생을 받아야 한다. 특히 년지에서 상생을 받으면 더욱 좋다.

# 제162강 좋은 사주, 나쁜 사주 2

## ① 좋은 사주의 기준

1. 신왕, 신약을 떠나서 일간이 반드시 지지에 통근해야 한다. 특히 寅申巳亥 사생지나 子午卯酉 사왕지에 통근해야 그 의미가 크다.
2. 격국이 뚜렷하고 확실해야 한다. 격이 투간이 되어야 한다.
3. 월지가 상생을 받아야 한다. 특히 년지에서 상생을 받으면 더욱 좋다.
4. 격이 상신이나 구응신이 있어서 성격이 되면 좋다. 상신이나 구응신이 길신이면 더욱 좋다.
5. 조후가 너무 덥거나 춥지 않아야 한다.
6. 사주원국이 상생 관계로 잘 이어져야 한다.
7. 사주의 병(病)이 되는 기신을 극하거나 설하는 용신이 있어야 한다. 그 용신이 통근해야 제구실을 한다. 월지 통근하면 제일 좋다.
8. 사주 원국에서 합과 충이 너무 많으면 안 된다.
9. 사주 원국의 용신을 합하거나 극, 충을 하는 간지가 있으면 안 된다.
10. 천간의 글자들이 지지에 통근해야 한다.
11. 용신이 일간과 가까이 있어야 한다.
12. 가종격이 이루어지지 않아야 한다.

## ② 7번 기준

**[7번 기준(기신을 극하거나 설하는 용신이 있어야 한다)]**
- 사주에서 태왕한 오행이나 십신은 문제점을 일으킨다. 그 태왕한 오행이나 십신이 기신이 된다.
- 기신을 극하거나 설기해서 다스리는 것이 바로 용신인데, 그 용신이 통근을 해야 제구실을 한다.
- 용신이 통근을 못 했거나, 통근했어도 지지가 충 맞으면 용신의 능력이 감소한다. 용신은 문제해결 능력이다.
- 그 용신이 사주원국에 존재해야 기신이라는 문제점을 다스릴 수 있다. 원국에서 용신이 없거나 무력하면 문제해결을 제대로 할 수 없다.
- 운에서 와도 그 한계가 있다. 원국에 용신이 있는 상태에서 용신운을 받아야 발복이 쉽게 되고 그 크기도 크다.
- 극으로 용신 쓰면 단점을 고쳐 나가겠다는 의미가 되고, 설기로 용신 쓰면 장점을 살려서 어려움을 극복하겠다는 의미다.

## ③ 8번 기준

**[8번 기준(합과 충이 너무 많으면 안 된다)]**
- 사주에서 합과 충이라는 것은 대인관계의 맺고 끊음이다.
- 합과 충이 하나씩 있으면 건강한 인간관계를 의미하는데, 두 개 이상 합이 있다거나, 두 개 이상 충이 있으면 대인관계에서 문제점이 발생한다.
- 합이 많으면 거절 못 하는 우유부단함이 문제가 되고, 충이 많으면 다른 사람과의 융화에 문제가 된다.

## ④ 9번 기준

**[9번 기준(용신을 무력하게 하는 간지가 있으면 안 된다)]**
- 7번 설명의 연장선인데, 용신이 합 되면 용신으로서의 가치가 상실된다.
- 용신이 극이나 충을 당해도 마찬가지다. 차이점은 합 된 용신은 아예 쓸 수 없지만, 극이나 충을 당하면 그 능력이 감소될 뿐이지 못 쓰는 것은 아니다.
- 그러나 용신이라는 문제해결 능력에 하자가 생긴다는 점은 똑같다.

⑤ **10번 기준**

[10번 기준(천간의 글자들이 지지에 통근해야 한다)]
- 10번 역시 1번 설명의 연장선이다. 천간은 지지에 통근해야 천간이라는 행위와 능력을 지속해서 쓸 수 있다.
- 통근하지 못한 천간은 그저 일시적인 행동이고 능력 발휘일 뿐이다. 일간만 통근 여부가 중요한 게 아니라, 다른 천간들도 통근해야 그 능력을 제대로 쓴다.
- 통근하지 못한 천간은 상생, 상극의 작용력을 쓰지 못한다. 특히 상극작용은 더욱 그렇다. 천간은 육친의 의미도 되니, 통근 못 한 천간은 해당 육친의 무능이라고 해도 된다.
- 내 인생에서 별 의미 없는 사람이라는 뜻이다.

⑥ **11번 기준**

[11번 기준(용신이 일간과 가까이 있어야 한다)]
- 모든 간지는 일간과 가까워야 우선으로 쓸 수 있다.
- 이것을 명리용어로 유정하다고 한다. 용신 역시 마찬가지인데 용신이 있어도 일간과 떨어져 있으면 용신을 쓰는 데 시간이 걸린다.
- 즉 기신이라는 문제점에 대처하는 데 시간이 걸린다는 의미다. 이것을 무정하다고 표현한다.

⑦ **12번 기준**

[12번 기준(가종격이 이루어지지 않아야 한다)]
- 사주에서 발복을 하는 경우는 두 가지가 있다.
- 단점을 보완해서 발복하는 경우, 장점을 더욱 살려서 발복하는 경우 이렇게 두 가지가 있다. 전자는 정격 사주고 후자는 종격 사주다.
- 둘 다 나름의 장단점이 있다. 그러나 정격은 아닌데 그렇다고 완전한 종격도 아닌 가종격 사주가 있다.

- 이 가종격 사주는 정격의 단점과 종격의 단점을 가지고 있는 사주다.
- 단점을 보완해서 발복하는 사주는 아닌데, 그렇다고 장점을 온전하게 발휘하지도 못하는 사주가 이 가종격 사주다.
- 용신운이 와도 발복이 작고, 기신운에는 종격 사주와 마찬가지로 심한 어려움을 겪게 된다.

⑧ **궁(宮)으로 하는 통변**

[월지로 그 사람의 한계를 본다]
- 월지는 사주의 당사자가 처한 피할 수 없는 환경적 요소다.
- 그 월지로 인해서 얻는 것도 있지만, 잃는 것도 있다. 즉 그 사람의 한계는 월지에서 찾는다.
- 처한 환경은 그 사람의 한계점일 수밖에 없다. 환경 속에 사람이 있는 것이기에 그렇다.

[일간으로 그 사람이 한계를 극복할 수 있는지 그 가능성을 본다]
- 사람은 사회적 동물이고 적응의 동물이다. 그래서 환경의 지배를 받고 자기합리화를 한다.
- 그러나 동시에 환경을 극복하는 존재다. 물론 말처럼 환경을 극복한다는 것이 쉬운 일은 아니다. 그러나 불가능한 것은 아니다.
- 따라서 처한 환경을 극복할 수 있는 가능성은 일간으로 파악한다.

⑨ **태과, 불급, 허로 하는 통변**

- **많다는 것**은 그 사람이 가지고 있는 독보적인 기질이다. 이것이 능력도 되지만 동시에 문제점을 일으킨다. 그 사람이 절제하거나 순응해서 고쳐 쓸 부분이다.
  → (이미 잘하고 있는 것)

- **약하다는 것**은 민폐다. 하고자 하나 그게 잘 이루어지지 않는다는 의미다. 노력해서 개선해야 하는 부분이다.
  → (현재는 부족하지만 노력하면 잘할 수 있는 것)

- **없다는 것**은 그 사람이 포기해야 하는 부분이다. 육친적으로 보면 인연이 없다는 의미이고, 십신적으로 보면 현상의 자각이 안 된다는 의미다. 오행이나 십신이 없다는 것은 그 사람이 포기해야 하는 부분이다. 노력해서 발전하고 극복할 부분이 아니다. 없는 것이 설령 대운이 길게 들어와서 쓰더라도 대운이 끝나면 다시 원래대로 돌아온다.
  → (포기해야 하는 것)

### 마무리 총정리

❶ 월지로 그 사람의 한계를 본다. 환경 속에 사람이 있는 것이기에 그렇다.
❷ 일간으로 그 사람이 한계를 극복할 수 있는지 그 가능성을 본다. 사람은 환경을 극복하는 존재도 되기 때문이다.
❸ 많다는 것은 그 사람이 가지고 있는 독보적인 기질이다. 이것이 능력도 되지만 동시에 문제점을 일으킨다. 그 사람이 절제하거나 순응해서 고쳐 쓸 부분이다.
❹ 약하다는 것은 민폐다. 하고자 하나 그게 잘 이루어지지 않는다는 의미다. 노력해서 개선해야 하는 부분이다.
❺ 없다는 것은 그 사람이 포기해야 하는 부분이다. 육친적으로 보면 인연이 없다는 의미이고, 십신적으로 보면 현상의 자각이 안 된다는 의미다.

# 제 163강 좋은 사주, 나쁜 사주 찾아보기

## ① 사주명조 예시 1

| 시 | 일 | 월 | 년 |
|---|---|---|---|
| 辛 | 庚 | 甲 | 癸 |
| 巳 | 寅 | 寅 | 亥 |

- 1번 → 경금일간이 사화 장생지에 통근(**좋은 조건**)
- 2번 → 월간 갑목이 격, 월지 정기가 투간(**좋은 조건**)
- 3번 → 월지 인목이 년지 해수의 생을 받고 있음 (**좋은 조건**)
- 4번 → 월간의 편재격이 시간의 겁재를 봐서 패격 (**나쁜 조건**)
- 5번 → 목왕절이 수화를 고루 갖춤. 목왕절은 습이 강한 계절인데 인월에 갑목이라 습이 그리 강하지 않음. 게다가 경금/신금 투간함. 한난조습의 균형 (**좋은 조건**)
- 6번 → 금생수, 수생목, 목생화의 구조, 특히 지지가 모두 사생지라 상생이 굉장히 잘됨(**좋은 조건**)
- 7번 → 병이 되는 편재를 극하는 겁재가 용신으로 존재(**좋은 조건**)
- 8번 → 사주에 육합이 하나만 존재(**좋은 조건**)
- 9번 → 용신인 시간의 겁재가 시지 편관의 극을 받고 있음(**나쁜 조건**)
- 10번 → 천간 모두 통근, 특히 년주와 월주는 정기 통근 간여지동(**좋은 조건**)
- 11번 → 병약용신인 겁재가 일간과 바로 붙어 있음 (**좋은 조건**)
- 12번 → 가종격 사주 아님(**좋은 조건**)

## ② 사주명조 예시 2

| 시 | 일 | 월 | 년 |
|---|---|---|---|
| 甲 | 甲 | 丁 | 乙 |
| 子 | 子 | 丑 | 丑 |

- 1번 → 갑목일간이 지지에 통근을 못 함(**나쁜 조건**)
- 2번 → 격이 투간되지 못하고 월지에 머물러 있음 (**나쁜 조건**)
- 3번 → 월지 축토가 월간의 정화한테 생을 받고 있음, 비록 통근은 못 했지만 갑목의 생을 받고 있어서 정화가 월지 축토를 생해 줄 여력은 됨(**좋은 조건**)
- 4번 → 정재격이 상관을 봐서 성격이 됨. 비겁이 있기는 하나 상관이 통관시켜 줌(**좋은 조건**)
- 5번 → 수왕절에 지지 전체가 수기가 아주 강함. 월간에 정화가 있긴 하지만 통근을 못 해서 미약함(**나쁜 조건**)
- 6번 → 인생아, 아생식이 이루어진 사주(**좋은 조건**)
- 7번 → 병이 되는 수기와 습토를 다스릴 인목이 없음(**나쁜 조건**)
- 8번 → 사주에 子丑합이 하나 있음(**좋은 조건**)
- 9번 → 용신인 인목이 없음. 해당사항 없음(**나쁜 조건**)
- 10번 → 천간이 모두 통근을 못 함(**나쁜 조건**)
- 11번 → 용신인 인목이 없어서 역시 해당사항 없음 (**나쁜 조건**)
- 12번 → 가종격 사주는 아님(**좋은 조건**)

### 송재우의 **사주에듀** 이게 여러분들이 배워야 할 사주명리학입니다!

**마무리 총정리**

❶ 일방적으로 좋은 사주도 거의 없고, 일방적으로 나쁜 사주도 거의 없다. 거의 대부분 사주가 좋은 점, 나쁜 점을 모두 가지고 있다.

❷ 복식판단(교차 검증)을 할 때 길한 게 겹치면 더욱 길해지고, 흉한 게 겹치면 더욱 흉해진다. 길흉이 관법별로 엇갈리면 중요한 관법을 우선으로 해석한다.

❸ 사주명리학에서 버릴 관법은 없다. 나름의 논리가 있고 각각 쓰임새가 있기 때문이다. 그러나 더 중요하고 덜 중요한 우선순위는 있다. 이걸 잊으면 안 된다.

❹ 사주 해석할 때 결과의 실패와 과정의 힘듦이 있다. 과정이 힘들어도 결과가 좋을 수 있으니, 과정과 결과를 동일시하면 안 된다.

❺ 여러 가지 관법으로 복식판단을 하면 좀 더 구체적이고, 좀 다양한 해석이 나온다. 그러나 그것보다 더 중요한 것은 한 개를 쓰더라도 제대로 쓰는 것이다.

# 제 164 강 건강 보기 1

### ① 명리학으로 파악하는 질병의 허와 실

사람은 누구나 오장육부를 가지고 있다.

- 오장 → 간장, 심장, 비장, 폐장, 신장
- 육부 → 담, 위, 대장, 소장, 삼초, 방광

그것들이 제 기능을 하는가? 못 하는가? 에 따라 사람의 몸 상태가 달라진다.

사주로 알 수 있는 것은 육체적 건강과 정신적 건강이 있다. 하지만 제일 중요한 것은 병원 진료다. 명리학의 건강 보기는 취약한 부분을 파악해서 미리 예방하기 위해서 쓰는 것이다.

사주로 질병을 알아낸다 하더라도 병원에서 진료를 받는 게 더 정확하다. 그러나 사주를 통해서 내가 선천적으로 어떤 기운이 부족하고 어떤 기운이 문제가 되는지를 알고 대비할 수 있다면 그것 역시 중요한 의미다.

### ② 건강은 오행으로 판단한다

- 사주에서 건강은 철저하게 오행으로 판단한다.
- 십신으로 판단하지 않는다.
- 오행은 본질적인 부분이고 십신은 관계적인 부분이기 때문이다.
- 십신이라는 것은 일간과 다른 오행과의 관계도에서 나온다.
- 그래서 십신으로는 재능과 역할을 판단한다.
- 오행으로 건강과 심리를 판단하는 것이다.

### ③ 십신으로 건강을 보는 경우

예외) 십신으로도 건강 상태를 파악하는 방법 두 가지

1. 신약한데 식신, 상관(특히 상관)이 왕한 사주
2. 신약한데 정관, 편관(특히 편관)이 왕한 사주

1번은 내가 자발적으로 내 능력 이상의 일을 처리한다. 좋게 말하면 주인 의식이고, 나쁘게 말하면 자기 혹사가 된다. 그래서 건강에 문제가 생긴다.

2번은 내 의지와 상관없이 내 능력 이상의 일을 감당할 수밖에 없다. 1번과 마찬가지로 과중한 업무 때문에 몸에 병이 생긴다. 차이점이라면 1번과는 다르게 2번은 타율적이다. 상대한테 강요받는 것이다.

이 두 가지를 제외하고는 십신으로 그 사람의 건강을 알 길은 없다. 신왕하다, 신약하다는 내가 주변 사람들의 도움과 지지를 얼마만큼 받고 있는지를 보는 거다. 건강 또는 신체능력과는 아무 상관 없다. 주도권의 방향을 보는 것이 일간의 왕쇠(旺衰)다.

### ④ 오행으로 보는 장부의 순환

### ⑤ 오행과 간지에 배속된 장부

[사람의 신체와 장기를 오행(五行)으로 분류]
- 목(木)은 머리를 상징한다
- 화(火)는 가슴(심장)을 상징한다.
- 토(土)는 소화기관(비장, 위장)을 상징한다.
- 금(金)은 폐와 창자를 상징한다.
- 수(水)는 신장과 생식기관을 의미한다.

[사람의 신체와 장기를 간지(干支)로 분류]
- 甲, 寅 → 쓸개, 신경계
- 乙, 卯 → 간
- 丙, 巳 → 소장, 눈
- 丁, 午 → 심장, 가슴
- 戊, 辰, 戌 → 위, 옆구리
- 己, 丑, 未 → 비장, 배
- 庚, 申 → 대장, 치아, 관절
- 辛, 酉 → 폐, 기관지
- 壬, 亥 → 방광, 자궁
- 癸, 子 → 신장, 혈액질환

※ 신경계는 뇌, 척수 부위를 의미

## ⑥ 질병을 보는 방법

- 사주에서 질병을 보는 것은 어떤 오행의 태과(太過)와 불급(不及)을 보는 것이다.
- 왕하거나(또는 많거나) 또는 약한 오행에 해당하는 장부에 병이 생기기 쉽다.
- 태과한 오행은 만성질환이 많고 불급한 오행은 급성질환이 많다.
- 일간에 해당되는 오행은 질병에 취약하다.
  예시) 일간이 甲이면 머리와 쓸개에 병이 생길 가능성이 크다.
- 없는 오행은 병으로 치지 않는다. 그러나 운에서 원국에 없는 오행이 들어와서 그것이 원국의 태과한 오행에 극 받으면 그때 해당 오행에 문제가 생긴다.

## ⑦ 편중된 사주가 건강이 나쁜 이유

[적천수]

오행이 화한 사람은 일생 재앙이 없고, 혈기가 어지러우면 평생 병이 많다. 흉한 질병은 기신이 오장에 들어온 것이고, 작은 질병은 객신이 육경에 놀고 있기 때문이다. 木이 水를 못 만나면 혈액병에 걸리고, 土가 火를 못 만나면 원기가 상하고, 금수상관은 차가우면 냉수병(기침병)이고, 더우면 담질환(진한 가래)이다. 火土의 인수는 더우면 담이고, 조열하면 피부병이다. 가래가 많은 자는 木火가 많다. 심한 종기병을 앓는 것은 火와 金이 지지에 많이 뭉쳐 있기 때문이다. 金水가 마르고 허한 즉 신허요, 水土가 서로 싸우면 비위가 샌다. (五行和者 一世無災 血氣亂者 平生多疾 忌神入五臟而病凶 客神遊六經而災小 木不受水者血病 土不受火者氣傷 金水傷官 寒則冷嗽 熱則痰火 火土印綬 熱則風痰 燥則皮瘍 論痰多木火 生毒鬱火金 金水枯傷而腎經虛 水土相勝而脾胃洩)

- 오행세력이 균등하고 상생이 잘 이루어지면 질병에서 자유롭다는 뜻이다.
- 그래서 종격, 가종격, 양기성상격 같이 한두 가지 오행이 극도로 왕한 사주가 힘들다.
- 상대적으로 건강에 많이 취약할 수밖에 없다.
- 종격, 가종격, 양기성상격 사주는 운이 나쁘게 오면 질병으로 큰 고생을 한다.
- 나쁘게 오는 운이란 태과한 오행과 상극의 오행이 오는 운을 의미한다.
  예시) 목이 태과한 사주에 금 또는 토 운이 오면 건강에 큰 문제가 생김

⑧ 태과한 오행은 해당 장부를 쉽게 지치게 한다

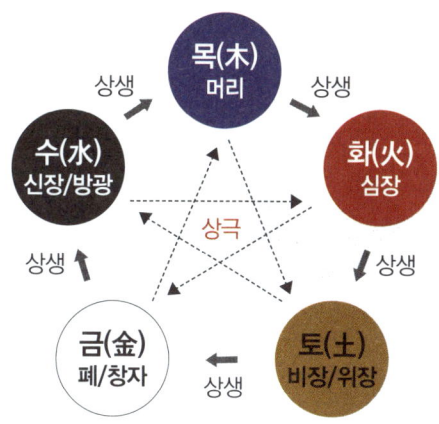

1. 목이 태과하면?
   → 신경계 계통의 질환이 생기기 쉽다.
2. 화가 태과하면?
   → 순환계 계통의 질환이 생기기 쉽다.
3. 토가 태과하면?
   → 소화계 계통의 질환이 생기기 쉽다.
4. 금이 태과하면?
   → 기관지계 계통의 질환이 생기기 쉽다.
5. 수가 태과하면?
   → 비뇨기계 계통의 질환이 생기기 쉽다.

- 태과한 오행의 질병은 해당 신체나 장기의 기능이 뛰어나서 쉽게 소모된다는 의미다.
- 사람은 한계가 있기 때문에 많이 쓰면 무리가 가는 것이니 당연한 이치다.

### 마무리 총정리

❶ 사주로 육체적 건강과 정신적 건강을 알 수 있다. 명리학의 건강 보기는 취약한 부분을 파악해서 미리 예방하기 위해서 쓰는 것이다. 제일 중요한 것은 병원 진료다.

❷ 사주에서 건강은 철저하게 오행으로 판단한다. 십신으로 판단하지 않는다. 그러나 예외는 있다. 식상으로 신약한 사주와 관살로 신약한 사주는 정황으로 그 사람의 건강을 본다.

❸ 사주에서 질병을 보는 것은 어떤 오행의 태과와 불급을 보는 것이다. 태과한 오행은 만성질환이 많고 불급한 오행은 급성질환이 많다. 없는 오행은 병으로 치지 않는다.

❹ 일간에 해당하는 오행은 질병에 취약하다. 계절로는 체질을 본다. 해당 계절의 극을 받는 오행을 취약한 오행으로 본다.

❺ 오행세력이 균등하고 상생이 잘 이루어지면 질병에서 자유롭다는 뜻이다. 그래서 종격, 가종격, 양기성상격같이 한두 가지 오행이 극도로 왕한 사주가 건강이 나빠지기 쉽다.

# 제 165강 건강 보기 2

### ① 명리학적으로 보는 발병 원인

1. 일간의 오행과 연관되는 신체 부위나 장기의 손상이 가장 많다.
2. 원국에서 극을 받거나 충하는 오행(특히 월지로 인해서)의 신체 부위나 장기에 손상이 난다.
3. 대운의 흐름에 의해 극 받는 오행의 신체 부위나 장기가 손상이 난다.
4. 원국에 없는 오행이 운에서 들어오면 연관이 있는 경우가 있다.
5. 과다한 오행과 연관이 있는 경우가 있다.
6. 합거된 오행(천간합, 삼합)과 연관이 있는 경우가 있다.

### ② 남자의 생식 능력

[남자의 경우]
- 화가 약하거나 수가 왕하면 생식기능 능력이 떨어진다.
- 남자의 생식기능은 심장 기능과 밀접한 연관이 있기 때문이다.
- 그러니 화를 극하는 수가 왕하거나, 아니면 화 자체가 약하면 그런 현상이 일어난다.
- 시력은 심장기능과 밀접한 연관이 있으니, 남녀 공통 시력도 약하고 담력도 약하다.

### ③ 여자의 생식 능력

[여자의 경우]
- 수가 약하거나 화 또는 토가 왕하면 생식기능 능력이 떨어진다.
- 여자의 생식기능은 신장 기능과 밀접한 연관이 있기 때문이다.
- 그러니 수를 말려 버리는 화가 왕하거나, 토가 수를 극하거나, 아니면 수 자체가 약하면 그런 현상이 일어난다.
- 여자 사주에 수기가 약하다는 것은 생리가 오래가기 힘들다는 의미다.
- 자녀 계획 있으면 미루지 말고 출산하는 편이 좋다.

### ④ 辰戌丑未 월생의 취약점

1. 특히 辰戌丑未 월에 태어난 사람은 건강관리에 더 특별히 신경 써야 한다.
2. 사람은 태어나는 그 시점부터 행성의 기운과 계절의 기운을 받고 태어난다.
   ① 환절기인 辰戌丑未 월은 사람 체질에 영향을 주는 온도, 습도, 일조량의 변화가 심한 계절이다.
   ② 그래서 사람이 사망하는 시점도, 질병이 생기는 시기도 환절기 때가 제일 많다.
   ③ 辰戌丑未 월에 태어났다는 것은 바로 이런 체질적인 취약함을 가지고 태어났다는 뜻이다.
   ④ 辰戌丑未 월은 변화의 시점이라 격으로 보면 가치관의 흔들림이고, 오행으로 보면 체질의 불안정함이다.

### ⑤ 토와 암

- 암의 발병은 토하고 연관이 많다. 특히 지지 辰戌 丑未와 연관이 깊다. 토는 소화 능력을 의미한다. 토는 모든 것을 포용하기 때문이다.
- 토가 약해도 문제지만 토가 지나치게 왕하면 더 큰 문제가 된다.
- 토가 지나치게 왕하다는 것은 받아들이지 말아야 할 것도 받아들인다는 의미가 된다.
- 토는 음양을 조절하지만 태왕하면 음양의 균형을 깨뜨린다.
- 태과한 토는 화를 설기하니 심장에 무리를 주고 수를 극하니 신장 기능이 원활하기 어렵다.
- 또한, 다른 간지에 토가 많으면 합, 충 변화에 민감하니 이는 체질의 급변함을 의미한다.

※ 핵심
- 토가 왕하다는 것은 호르몬의 변화 편차가 심하다는 것이다.
- 운이 작용하며 삼합이나 방합이 이루어지는 경우는 호르몬의 변화가 급격하게 일어난다.
- 나이 먹으면서 그게 더 크게 작용한다. 그래서 암에 취약한 경우가 많다.
- 기본적으로는 소화기 계통의 질환과 암, 당뇨에 취약하지만 사실상 모든 질병에 취약하다.
- 토가 왕한 사람들은 다른 사람들에 비해서 건강관리에 더 많은 노력을 기울여야 한다.

### ⑥ 명리학적으로 보는 정신건강

- 명리학에서 정신건강은 조후로 판단한다. 정신건강 문제로는 크게 조울증과 우울증이 있다.
- 조울증은 사주가 뜨겁고 건조할수록 쉽게 발생한다. 특히 남자는 더욱 그렇다.
- 우울증은 사주가 춥고 습할수록 쉽게 발생한다. 특히 여자는 더욱 그렇다.
- 일간으로 보자면 조울증의 대표 일간은 丙 일간이고 우울증의 대표 일간은 癸 일간이다.
- 丙 일간으로 태어났다는 것 자체가 감정 기복을 가지고 태어난 것이다.
- 癸 일간으로 태어났다는 것 자체가 무기력감을 가지고 태어난 것이다. 그 외에 조울증과 우울증에 관련된 천간, 지지가 있다.

[조울증과 우울증에 관련된 천간, 지지]
조울증과 관련된 간지
→ 천간 丙, 戊, 辛 지지 午, 未, 酉, 戌
우울증과 관련된 간지
→ 천간 癸, 己, 乙 지지 卯, 辰, 子, 丑

조울증은 덥고 건조한 간지들, 우울증은 차고 습한 간지들과 연관이 있다. 그중 정점은 바로 수화(水火)가 된다. 음양의 극이기 때문에 그렇다. 적당함이 없는 것이다.

- 현대인들이 과거보다 점점 조울증, 우울증이 심해지는 이유에는 조후의 영향이 크다.
- 사람은 태어나면서 받는 계절과 날씨의 영향에 따라 호르몬의 변화가 생긴다.
- 하나 더 추가하자면 기후적인 부분이 있다. 출생 당시 날씨도 영향을 준다. 그래서 날씨까지 고려해야 정확하지만, 사주만으로는 그날 날씨를 알 수 없다. 대신 사령으로 그 시기의 기후를 면밀하게 판단한다.
- 현대에는 지구 온난화에 의해 점점 봄, 가을이 짧아지고 여름, 겨울이 길어지고 있다. 여름, 겨울이 단순히 기간만 길어진 게 아니라 그 온도변화도 크다.
- 지금 태어나는 아기들은 과거에 태어난 아기들에 비해 수(水), 화(火)의 기운을 크게 받는다. 과거보다 조울증과 우울증이 급증하는 이유가 그 때문이다.

### 마무리 총정리

❶ 남자 같은 경우는 화가 약하거나 수가 왕하면 생식기능 능력이 떨어진다. 남자의 생식기능은 심장 기능과 밀접한 연관이 있기 때문이다.

❷ 여자 같은 경우는 수가 약하거나 화 또는 토가 왕하면 생식기능 능력이 떨어진다. 여자의 생식기능은 신장 기능과 밀접한 연관이 있기 때문이다.

❸ 암의 발병은 토하고 연관이 많다. 특히 지지 辰戌丑未와 연관이 깊다. 토는 음양을 조절하지만 태왕하면 음양의 균형을 깨뜨린다. 해당 월이 환절기일 경우 더욱 그렇다.

❹ 조울증은 덥고 건조한 간지, 우울증은 차고 습한 간지와 연관이 있다. 그중 정점은 바로 수화(水火)가 된다. 음양의 극이기 때문에 그렇다. 적당함이 없는 것이다.

❺ 질병에 가장 취약한 부분은 일간의 오행과 연관되는 신체 부위나 장기다.

## 제166강 원국(原局)에 없는 십신(十神)이 운(運)에서 오는 경우

### ① 없던 십신이 운에서 들어오면 안 하던 짓을 하게 된다

[원국에 없다는 것]
- 원국에 없다는 것은 해당 십신에 대한 개념이 없다는 것이다.
- 없는 십신이 운에서 들어오면 그 사람이 평상시에 안 하던 행동을 하게 된다.
- 보통 사람들은 살면서 "아 저 사람 나이 먹더니 변했다!" 이렇게 말을 한다.
- 나이 먹어서 그 사람이 변하는 게 아니다. 바로 운이 변하면 바뀌는 것이다.
- 특히 원국에 없는 십신이 운에서 들어오는 경우가 그렇다. 대운에서 오면 더 크다.
- 대운은 그 사람의 근본적인 역할이 바뀌는 것이니까 그렇다.
- 안 하던 짓 한다는 게 과연 그 사람 당사자한테 어떤 의미일까? 힘들고 어색하다.
- 비록 그것이 용신이나 길신의 의미일지라도 그렇다. 적응하는 데 시간이 걸려서 그렇다.
- 오른손잡이에게 갑자기 왼손 쓰라는 것과 같은 이치다.
- 적응도 힘들고, 적응한들 기존에 쓰던 방식처럼 효율성이 나기도 어렵다.
- 그래도 없는 십신이 대운으로 오면 써먹기가 쉽다. 대운은 기간과 영향이 길기 때문이다.
- 게다가 세운까지 같은 십신으로 온다면 그 작용력을 일으키기 더 쉽다.

### ② 원국에 없는 비겁이 운에서 올 때

[비겁이라는 것]
- 비겁이라는 것은 자연스러운 만남이다.
- 비겁이 없으면 낯가림이 심하다. 한마디로 외골수들이다.
- 비겁운이 온다는 것은 내 주변에 사람들이 찾아와서 접촉하는 것을 의미한다.
- 자립하고자 하고 주어진 현실과 타협을 거부하기 시작한다.
- 없는 비겁운이 오면 그래서 개인적으로는 행복하다.
- 내가 하고 싶은 대로 내 의지대로 살아가려 하니 말이다.
- 비겁운이 오면 사람을 대할 때 수직관계의 대인관계를 거부하고 수평적인 대인관계를 맺으려고 한다. 천간으로 오면 새로운 인연과 사건에 엮이는 것이고, 지지로 오면 스스로 독립하고자 한다.
- 이직이나 퇴사하고도 연관이 있다. 보통 시비와 금전적인 손실로 결말이 난다.
- 재다 신약 사주는 예외다.

### ③ 원국에 없는 식상이 운에서 올 때

[식상이라는 것]
- 식상이라는 것은 변화를 의미한다.
- 식상이 없으면 관을 극하지 않으니 부모님 말씀, 학교, 사회규정에 얽매이며 살아가는 것이다.
- 주어진 것에 의문을 가지지 않고 살아가는 것이다. 변화하지 않는다.
- 곧이곧대로 믿고 따르며 살아간다. 자기 틀 속에 갇혀서 살아가니까 무식상은 그래서 답답하다.
- 틀에서 깨지면 큰일 날 것 같아서 틀에서 벗어나지 않으려는 것이다.
- 한번 믿었던 사람은 끝까지 믿는 것, 한번 불신했던 사람은 끝까지 불신하는 것, 이런 것들이 바로 무식상 사주의 특징이다.
- 직업이나 일도 잘 바꾸려 하지 않고 대체로 세상을 평탄하게 살려고 한다.
- 식상운이 오면 갑작스럽게 사회, 단체, 관계들의 변화가 온다.

- 사회, 단체, 관계들이 마치 속박처럼 느껴진다.
- 이 속에서 내가 계속 있어야 하는가에 대한 의문도 발생한다.
- 이런 부분에서 갈등과 고민이 시작된다. 감당 못할 부분까지 변화하려고 한다. 자퇴, 퇴사, 이혼, 배신과 밀접한 연관이 있다.

### ④ 원국에 없는 재성이 운에서 올 때

**[재성이라는 것]**
- 재성이라는 것은 상대의 처지를 살피고 상대와 교류하고자 하는 것이다.
- 재성이 없으면 내 식대로 사는 것이다. 재성운이 들어오면 사회적응을 시작하려 한다.
- 내 처지가 객관적으로 보이고, 상대방의 처지도 객관적으로 눈에 들어온다.
- 집에만 있던 집돌이, 집순이들은 사회활동을 시작한다. 꼭 경제활동이 아니더라도 취미나 사교로도 타인과 접촉한다.
- 없는 비겁이 들어오는 것이 내 뜻을 알아주는 사람을 만나는 것이라면, 없는 재성이 들어오는 것은 내 영역을 넓히고 과시하기 위해 사람들을 만나러 다니는 것이다. 이때부터 상대방의 부탁을 거절하기 어려워진다.
- 상대방의 사정이 보이니 외면하기 어렵다.
- 결과적으로 남의 처지를 헤아리다가 자기 몫을 못 챙겨 먹는 사태가 발생한다.
- 보통 금전적 지출이 많이 발생한다. 식신격 사주에 재가 들어오거나 정관격 사주에 재가 들어오는 경우는 예외다.

### ⑤ 원국에 없는 관살이 운에서 올 때

**[관살이라는 것]**
- 관살이라는 것은 규칙, 질서, 기본적인 상식들, 틀을 뜻한다. 관살이 없으면 내 맘대로 살아왔다는 뜻이다. 무재가 상대방에게 관심이 없는 것이라면, 무관은 상대방의 지시에 따르지 않는 것이다.
- 형식에 얽매이지 않는다. 윗사람 공경과 거리가 아주 멀다.
- 상대방과의 약속에 무감각하고 자기 입장이 우선이다.
- 특히 신왕할수록 더더욱 그렇다. 관살운이 들어오면 그 사람의 행동에 제약이 생긴다. 자기 뜻대로 되질 않는다.
- 전에는 멀쩡하게 넘어갔던 부분인데 그 시점부터 혹독한 비판을 겪게 된다.
- 심하면 여태까지 그냥 넘어간 잘못도 소급적용되어서 비판을 받는다. 힘들고 억울하다.
- 누군가의 지시에 따라야 하는 상황과 해내야 하는 의무가 생긴다. 자기비하와 열등감에 빠지기 쉽다. 관은 현실을 인지하는 것이기 때문이다.
- 자신의 삶에 모든 분야에서 제약이 걸리고 책임이 주어진다.
- 빚쟁이 같은 경우는 빚 독촉에 시달리기 쉽다.
- 관살이 용신인 사람은 삶의 경쟁력이 생긴다. 주변 사람들이 나에게 양보를 한다.

### ⑥ 원국에 없는 인성이 운에서 올 때

**[인성이라는 것]**
- 인성은 개인적인 호불호를 가리는 것이다. 자신만의 생각이고 관점이다. 인성은 자기가 만들어 놓은 자기만의 큰 틀이기에 그 어떤 것에도 양보할 수 없다. 일종의 아집이다.

- 자신을 소중히 생각해서 몸을 사리는 것이다. 인성이 없으면 개인적인 기호를 보여 주지 않는다.
- 자신을 돌보는 데 관심도 없고 누군가에게 의지하고자 하지도 않는다.
- 특히 신왕하기까지 하면 자립심이 더욱 강하다. 재야의 고수들이 많다. 사회적인 자격을 갖추는 데 연연하지 않기 때문이다.
- 인성운이 들어오면 자격과 위엄을 갖추려고 한다. 그동안 불이익을 받은 것을 인식하게 된다.
- 과거를 반성하게 된다. 여태까지 바보짓하고 살았던 자신을 후회하게 되는 상황이 발생한다.
- 자신의 이익을 찾으려고 하고, 사회적으로 인정받기 위해 스펙 쌓기를 한다. 무인성자가 인성운을 맞이하는 것은 힘든 게 아니라 억울하다.
- 더 좋은 길, 더 좋은 방법을 몰랐다가 인성운에 찾게 된다. 무인성 신약 사주의 인성운은 뜻밖의 행운이다.

### 마무리 총정리

❶ 원국에 없다는 것은 해당 십신에 대한 개념이 없다는 것이다. 없는 십신이 운에서 들어오면 그 사람이 평상시에 안 하던 행동을 하게 된다.

❷ 없는 십신이 운에서 들어오면 힘들고 어색하다. 비록 그것이 용신이나 길신의 의미일지라도 그렇다. 적응하는 데 시간이 걸려서 그렇다.

❸ 없는 십신이 대운으로 오면 써먹기가 쉽다. 대운은 기간과 영향이 길기 때문이다. 게다가 세운까지 같은 십신으로 온다면 그 작용력을 일으키기 더 쉽다.

❹ 나이 먹어서 그 사람이 변하는 게 아니다. 바로 운이 변하면 바뀌는 것이다. 특히 원국에 없는 십신이 운에서 들어오는 경우가 그렇다. 대운에서 오면 더 크다.

❺ 무인성 신약 사주의 인성운은 뜻밖의 행운이다. 편인으로 오면 조건부고, 정인으로 오면 무조건이다. 밥상을 받는 게 편인운이면, 누가 밥까지 떠먹여 주는 게 정인운이다.

# 제 167강 사주에서 돈이란?

### ① 사람들이 궁금해하는 주제

- 예나 지금이나 사람이 소중하게 생각하는 가치는 **건강, 재물, 권력** 이 세 가지다.
- 이 세 가지의 가치는 인류가 멸망할 때까지 변하지 않을 것이다.
- 물론 시대에 따라 변하는 가치도 있다. 과거에는 관직과 자손을 중요하게 여겼다.
- 왕조시대에 관직은 유일한 출셋길이었다. 농경시대에는 자식들 자체가 자산이었다.
- 그래서 자손 번창 즉 다산을 큰 복으로 여겼다. 하지만 지금은 아니다.

※ 흔히 말하는 나쁜 사주란 건강, 돈, 권력 중 어느 것 하나 제대로 갖춘 게 없는 사주를 의미한다.

- 산업혁명이 일어나고 직업이 다양해지면서 관직은 더는 유일한 출세 수단이 아니다.
- 더 이상 농경사회도 아니니 자식의 존재 자체가 자산이 될 수 없다. 자식은 집안의 노동력도 아니고 노후보장의 수단도 아니기 때문에 그렇다.
- 현재나 과거나 공통으로 중요하게 생각하는 가치는 바로 건강과 돈이다.
- 그럼 사주명리학에서는 돈을 무엇으로 판단하고 어떻게 해석할까?
- 그 방식 역시 다양하다. 돈 버는 방식이 다양해졌기 때문이다.

### ② 오행적인 의미에서의 돈

- 오행적인 의미로 보면 돈은 토가 된다. 토가 돈을 의미하는 이유는 토라는 것이 "숙성"을 의미하기 때문이다.
- 목에서 돋아나고, 화로 성장하고, 토로 숙성이 되어서, 금으로 거두어들이고, 수로 쇠퇴한다.
- 오행 중 토는 화와 금 사이에서 숙성을 담당한다.
- 토가 있어야 금이라는 수확에서 알짜 결과가 나온다.
- 만약 토가 없다면 화로 성장만 하다가 다 말라 죽고 타 버린다.
- 그러면 금에서 거둘 때 쭉정이만 나오게 된다.

화 → 토 → 금
(성장) (숙성) (결실)

화 → 금
(성장) (결실)

- 중간에 토가 있어서 양의 성장을 음의 수렴으로 변환을 해 주어야 좋은 수확품이 나온다.
- 사람 팔자도 똑같다. 그래서 사주에 토가 없으면 부가가치가 생길 수 없다.
- 토는 그 자체가 가치상승이다. 그래서 부가가치 상승을 의미한다. 경제적으로는 시세차익이다.
- 그래서 토는 부동산이나 주식 같은 시세차익을 바라보고 하는 투자에 유리하다.
- 명리학적으로 표현하면 화생토생금(火生土生金), 즉 금화교역(金火交易)이다.
- 사람의 인생에 대입하면 자신의 노력을 인내와 절차를 통해 부가가치를 올리는 행위가 된다.
- 토의 유무에 따라 똑같은 재능을 가지고 똑같은 노력을 했어도 그로 인해서 얻는 가치가 달라진다.
- 십신의 재성은 거래를 통한 이익 남기기가 된다. 그래서 주변 상황의 변수를 많이 겪는다.
- 하지만 오행의 토는 가지고 있는 재화를 숙성시켜서 부가가치를 올리는 행위를 의미한다.
- 그래서 진정한 의미의 돈은 육신의 재성이 아니라 오행의 토가 된다.
- 십신의 재성은 부분적인 의미로 돈이 되지만, 오행의 토는 많은 의미로 돈이 된다.
- 천 원짜리를 만 원에 팔아먹을 수 있는 능력이 바로 토에서 나온다.
- 그래서 조금 과장해서 표현한다면 토는 복(福)이다. 토는 모든 것을 받아들이기 때문이다.

- 토는 그 자체가 부유함이고 안정감이다. 그래서 토는 터전이 된다.
- 토는 중심에 있어서 목화금수의 가치를 높이고 목화금수를 조절하고 목화금수의 터전이 된다.

③ **최고의 부가가치는 己와 未**

- 사실 사주에서 토가 없기는 힘들다.
- 목화금수 간지가 각각 4개인데, 토의 간지는 무려 6개나 된다. (戊己 辰戌丑未)
- 그중 최고의 부가가치는 천간 己와 지지 未가 된다. 둘 다 금이라는 수렴으로 가기 직전의 토라서 그렇다.
- 己는 "기회 포착"이고 未는 "극도의 노련함"이 된다.
- 만약 己와 未가 일간과 월령에 해당이 된다면 그 의미는 더더욱 커진다.

④ **십신에서의 돈의 의미(재성, 인성)**

- 십신에도 돈의 의미는 있다. 바로 재성과 인성이다.
- 재성은 현금, 보석 등을 의미하고 인성은 부동산, 채권, 주식 등을 의미한다.
- 식상과 관살은 돈 자체라기보다는 돈을 버는 방식이 된다.
- 비겁은 경제활동 중 주변의 도움과 간섭을 파악하는 데 쓰인다. 자산운용의 주도권도 본다.
- 득비이재(得比理財, 재왕한 사주에서 비겁의 도움을 받는 상황)가 되면 수이이 난다.
- 군겁쟁재(群劫爭財, 재약한 사주에서 비겁의 간섭을 받는 상황)가 되면 손실이 난다.
- 기본적으로 토왕하고 재성 또는 인성이 왕해야 재물 그릇이 크다.
- 신왕하다고 돈 벌고, 신약 하다고 돈 못 버는 것은 아니다.

- 일간의 왕쇠는 누가 중심이 돼서 경제활동을 하고, 자산운용을 하는지를 보는 방법이다.

⑤ **그 사람의 재물복을 보는 방법**

- 비겁과 인성이 있어야 의지하고 도움받을 곳이 있다.
- 원국에 없으면 운에서라도 와야 한다.
- 원국에 상생이 되어야 돈 버는 재주가 있다.
- 격까지 투간되면 그 규모가 더욱 크다.
- 원국에서 재생관(財生官)이 이루어져야 번 돈이 새나가지 않는다.
- 己나 未가 있으면 능력 이상의 자산을 벌 수 있다.
- 일간에 근이 있어야 어려움을 겪어도 포기하지 않는다.

### 마무리 총정리

❶ 오행적인 의미로 보면 돈은 토가 된다. 토가 돈을 의미하는 이유는 토라는 것이 숙성을 의미하기 때문이다.

❷ 토 중에서 최고의 부가가치는 천간 己와 지지 未가 된다. 둘 다 금이라는 수렴으로 가기 직전의 토라서 그렇다. 己는 기회 포착이고 未는 극도의 노련함이 된다.

❸ 십신에도 돈의 의미는 있다. 바로 재성과 인성이다. 식상과 관살은 돈 자체라기보다는 돈을 버는 방식이 된다.

❹ 비겁과 인성이 있어야 의지하고 도움받을 곳이 있나. 원국에 없으면 운에서라도 와야 한다. 비겁이 일간에 근으로까지 작용한다면 어려움을 겪어도 포기하지 않는다.

❺ 원국에 상생이 되어야 돈 버는 재주가 있다. 격까지 투간되면 그 규모가 더욱 크다. 그중에서 재생관(財生官)이 이루어지면 번 돈이 새 나가지 않는다.

# 제168강 성장환경 보기

### ① 형제끼리도 부모의 대우가 다르다
- 가족 문제는 육친론이라는 간접추론법이 있다.
- 육친론도 훌륭한 해석법이기는 하지만 한계와 맹점이 있다.
- 육친은 말 그대로 나를 중심으로 주변 가족이나 지인들 인연의 깊이를 보는 것이다.
- 그러나 양육환경은 주변 사람들의 인연의 깊이만으로 이루어지는 것이 아니다.
- 양육환경은 나와 내 부모 간의 관계를 뜻하는 것이니 그렇다.
- 아무리 특정 육친과 인연이 깊어도 당사자가 체감하는 가정환경은 여러 가지의 모습이다.
- 그리고 같은 부모를 둔 같은 형제일지라도 서로 사주가 다르다.
- 부모들이 대하는 모습이 서로 다를 수밖에 없다.
- 부모도 부모이기 이전에 사람이기 때문에, 자식들을 다 똑같이 대하지 않는다.
- 부모도 자식을 볼 때 마음이 더 가는 자식이 있고, 덜 가는 자식이 있기 때문이다.
- 근본적으로 내가 가지고 태어난 사주에서 나 자신이 감당해야 할 양육환경이 있다.

### ② 양육환경은 월지의 십신
- 양육환경은 무엇으로 판단할까? 바로 월지로 판단한다.
- 월지는 그 사람의 사회환경이지만 동시에 가정환경도 된다.
- 괜히 부모궁이라고 하는 게 아니다.
- 월지는 격, 십신, 계절 이렇게 세 가지의 접근법이 있다.
- 이 중에서 십신으로 접근해야 한다. 사람과 사람 간의 관계도를 알아 가는 데는 십신만큼 좋은 관법이 없기 때문이다.
- 격은 천간 중심의 해석이니 가정과는 거리가 멀고, 계절은 개인의 내면 심리를 보는 부분이다.
- 그렇기 때문에 월지의 십신으로 그 사람의 양육환경을 본다.

### ③ 월지가 비겁인 사람의 양육환경
[월지가 비겁이라는 것]
- 월지가 비겁이라는 것은 나 자신이 부모한테 인정받는 자식이라는 뜻이다.
- 지지의 비겁은 나를 중심으로 결집되는 사람이다.
- 일간이라는 내가 얼마만큼 인정받는가를 보여 주는 척도다.
- 일간은 나 자신이고 월지가 부모궁이기 때문에, 그 월지가 비겁이라는 것은 이미 내 부모가 날 존중하고 있다는 의미다.
- 부모는 내가 잘나서 인정해 주는 게 아니다. 내 능력이 잘나고 못난 것과 상관없다.
- 꼭 신왕 사주가 아니더라도 월지 비겁이면 그런 의미다.
- 월지가 비겁이 아닌 사람들에 비해서 상대적으로 자존감이 강할 수밖에 없다.
- 살아가면서 내 뜻을 존중받고 살아왔다는 의미가 되니 그렇다.
- 특히 월지가 겁재라면 투쟁적이다.
- 다른 자리에도 비겁이 많으면 쟁재나 인설이 일어나기 쉽다.
- 전체적인 사주 구조가 나쁘면 주제 파악을 못 하는 안하무인의 인생을 살게 된다.

### ④ 월지가 인성인 사람의 양육환경
[월지가 인성이라는 것]
- 월지가 인성이라는 것은 나 자신이 부모한테 사랑받는 자식이라는 뜻이다. 지지의 인성은 나에게 도

움이 되는 사람들이다.
- 일간이라는 것은 내가 얼마나 도움을 받을 수 있는가를 보여 주는 척도다.
- 일간은 나 자신이고 월지가 부모궁이기 때문에, 그 월지가 인성이라는 것은 이미 내 부모가 날 사랑하고 있다는 의미다.
- 내가 잘나서 사랑해 주는 게 아니다. 잘나고 못난 것과는 상관없다.
- 특히 월지가 정인이면 더더욱 그렇다. 월지 편인은 조건부 혜택이기 때문이다.
- 월지가 인성이 아닌 사람들에 비해서 상대적으로 의존성이 강할 수밖에 없다.
- 살아가면서 내가 할 일을 양육자(부모 또는 형제)한테 도움받아 왔다는 의미라서 그렇다.
- 전체적인 사주 구조가 나쁘면 상대의 과도한 기대감이 부담돼 현실도피를 하는 인생을 살게 된다.

### ⑤ 월지가 식상인 사람의 양육환경

**[월지가 식상이라는 것]**
- 월지가 식상이라는 것은 나 자신이 부모한테 도움이 되는 자식이라는 뜻이다. 지지의 식상은 내가 신경 쓰고 돌봐야 할 사람들이다.
- 일간은 나 자신이고 월지가 부모궁이기 때문에, 그 월지가 식상이라는 것은 이미 내 부모가 나의 도움을 받고 있다는 의미다. 월지 식상은 어렸을 때부터 애 어른이 많다.
- 부모가 자식을 방관하는 상황이다. 나쁘게 말하면 집안 기강이 무너진 것이다.
- 월지가 식상이 아닌 사람들에 비해서 상대적으로 자립심이 강할 수밖에 없다.
- 살아가면서 앞가림을 스스로 해 오고 살아왔다는 의미다.
- 월지는 일간이라는 나를 동의해 주든지 도와주든지 해야 일간이 편하다.

- 전체적인 사주 구조가 나쁘면 알아주는 이 없이 고군분투를 하는 인생을 살게 된다.

### ⑥ 월지가 재성인 사람의 양육환경

**[월지가 재성이라는 것]**
- 월지가 재성이라는 것은 나 자신이 부모한테 철부지 자식이라는 뜻이다. 지지의 재성은 내가 원하는 것을 요구할 수 있는 사람들이다.
- 일간은 나 자신이고 월지가 부모궁이기 때문에, 그 월지가 재성이라는 것은 이미 내 부모가 나의 요구를 받고 있다는 의미다.
- 월지 재성이라는 게 얼핏 보기에는 월지 인성과 비슷해 보이나 전혀 다르다. 월지 인성이 내가 원하지도 않는데 주어지는 거라면, 월지 재성은 내가 갖고 싶어서 부모한테 요구하는 것이다. 그래서 사람 눈치 보는 데는 아주 귀신이다. 특히 월지가 편재인 경우는 철없는 도련님으로 크기 쉽다.
- 월지 인성처럼 거저 주어지는 게 아니니 부모의 비위도 잘 맞춰야 한다.
- 월지가 재성이 아닌 사람들에 비해서 상대적으로 상황파악에 능하다. 살아가면서 어떻게 처세하는가에 따라 나에게 오는 이익이 달라지니 그렇다.
- 전체적인 사주 구조가 나쁘면 남의 눈치나 보고 뒤치다꺼리를 하는 인생을 살게 된다.

### ⑦ 월지가 관살인 사람의 양육환경

**[월지가 관살이라는 것]**
- 월지가 관살이라는 것은 나 자신이 부모한테 억압받는 자식이라는 뜻이다.
- 지지의 관살은 내가 무조건 따라가야 하는 사람들이다.
- 일간은 나 자신이고 월지가 부모궁이니, 그 월지가 관살이라는 것은 이미 내 부모가 나를 엄격하게 키운다는 의미다.

## 송재우의 사주에듀 — 이게 여러분들이 배워야 할 사주명리학입니다!

- 집안이 엄하고 가풍이 있다. 보통 부모들이 고지식하고 자식을 소유물로 여기는 경향이 많다. 부모인 자신이 못다 한 꿈을 자식한테 강요하는 경우도 많다.
- 부모와 자식 간 관계가 철저히 수직적인 것이 바로 월지 관살이다.
- 똑같은 형제 관계도 월지 비겁인 언니한테는 존중해 주지만, 월지가 관살인 나는 부모의 사랑에서 멀어진다.
- 그게 각자의 인연이 된다. 특히 월지가 정관이 아닌 편관인 경우에는 한술 더 떠서 다른 형제들의 희생양이 되기도 한다.
- 개인적으로 얻어 갈 수 있는 건 책임감이다. 월지가 관살이 아닌 사람들에 비해서 상대적으로 스트레스에 취약하다. 집안에서 내 뜻대로 할 수 있는 게 없다시피 하니까 그렇다.
- 전체적인 사주 구조가 나쁘면 피해의식에 사로잡혀서 남을 원망하는 인생을 살게 된다.

### ⑧ 유년 대운까지 대입해야 더 정확하다

- 월지가 생을 받으면 해당 가정환경이 공고해지는 것이고 극을 받으면 방해를 받는 것이다.
- 이런 월지를 보고 그 사람이 어떻게 부모한테 대접받고 살아왔는가를 알 수 있다.
- 주의할 점은 원국의 월지로만 판단할 부분은 아니다.
- 물론 월지가 중심이고 기본이긴 한데, 정확한 유년의 흐름은 유년 대운도 같이 봐 줘야 한다.

### ⑨ 유년 대운까지 대입해야 더 정확하다

예시) 이 사람이 월지 편관이라 엄하고 무서운 부모한테 양육받는 팔자인데 유년 대운에서 식상운이 온다?

- 이러면 이 사람은 일탈을 한다.
- 그런 무섭고 엄한 부모한테 순종하는 게 아니라 반항하고 그 부모를 벗어나려고 한다.
- 대운에서 인성운이 오면 엄한 부모를 인정하고 받아들이는 처세를 하게 된다.
- 이처럼 그 사람의 유년기를 보고 싶으면 그 사람의 월지 십신을 보고, 그다음에 20살 이전의 대운을 보면 된다. 그래야 그 사람의 유년 시절을 제대로 알 수 있다.
- 계절적인 의미까지 본다면 그 사람이 고민하는 게 무엇인지까지 알 수 있다.

### 마무리 총정리

❶ 월지의 십신으로 그 사람의 양육환경을 본다.
❷ 월지가 생을 받으면 해당 가정환경이 공고해지는 것이고 극을 받으면 방해를 받는 것이다. 이런 월지를 보고 그 사람이 어떻게 부모의 보살핌을 받았는가를 알 수 있다.
❸ 그 사람의 유년기를 보고 싶으면 그 사람의 월지 십신을 보고, 그다음에 20살 이전의 대운을 보면 된다. 그래야 그 사람의 유년 시절을 제대로 알 수 있다.
❹ 같은 부모를 둔 같은 형제일지라도 서로 사주가 다르다. 그래서 부모들이 대하는 모습이 서로 다를 수밖에 없다. 그게 각자의 인연이다.
❺ 월지에서 형성된 가정환경이 그 사람 인생에 큰 영향을 준다. 좋든 싫든 감당해야 할 몫이다. 일간으로 환경을 극복할 가능성을 보고, 대운으로 극복 가능 시기를 본다.

# 제 169강 인간관계 처세술

## ① 인간관계의 종류

[인간관계란?]
- 수직적인 인간관계
- 수평적인 인간관계
- 전략적인 인간관계

- 사주명리학에서 인간관계 처세술을 오행과 십신을 가지고 분류한다.
- 양육환경하고 다르게 꼭 월지에 국한되지는 않는다.
- 그러나 월지가 해석의 중심은 된다.

## ② 수직적인 인간관계(오행)

1. 수직적인 인간관계(오행)
   - 수직적 인간관계[수화(水火)]
   - 오행의 수(水)는 방위로는 북쪽, 화(火)는 방위로는 남쪽을 상징한다.
   - 수화는 상하(上下)의 만남이다. 인간관계로는 수직적 인간관계를 뜻한다.

2. 계절
   - 수왕절은 겨울이고 화왕절은 여름이다.
   - 봄, 가을과는 다르게 모든 생명체가 쾌적하게 살 수 있는 환경이 아니다.
   - 덥고 춥고의 문제는 사느냐 죽느냐의 경쟁이다.
   - 화는 성장의 경쟁이고 수는 생존의 경쟁이다.

권위적이고 수직적인 인간관계가 이루어지는 것이 바로 수화관계다.
사주 전체적으로 금목보다 수화가 더 많을 때 그런 현상이 발생한다.
먼저 일간과 월령을 중심으로 수화 중심 여부를 본다.
그다음 나머지 간지의 수화 중심 여부를 본다.
그렇게 수직적인 인간관계 여부를 본다.

## ③ 수직적인 인간관계(십신)

십신적으로 표현하자면 관인상생(官印相生)이다.
관살이라는 사회의 요구를 인성이라는 방식으로 수용하니 그렇다.

- 정관으로 관인상생하면 줄을 잘 잡아서 충성하겠다는 의미다.
- 편관으로 살인상생하면 맹목적인 충성을 하겠다는 의미다.

방식의 차이점은 있지만, 둘 다 일간이라는 나에게 뭐가 주어지든지 받아들이겠다는 뜻이다.
윗사람을 깍듯하게 대하고 아랫사람을 함부로 대하는 관인상생 역시 수직적 인간관계다.

수화는 오행적 개념이라 타고난 개인적인 자질이다.
관인상생은 십신적 개념이라 남들에게 보여지는 대인 관계적 행위를 나타낸다.
오행의 수화는 그 사람이 개인적으로 사람을 대하는 방식이다.
십신의 관인상생은 대외적으로 사람을 대하는 방식이다.
그래서 십신의 상생 관계는 진로 방향성이 될 수가 있다.

## ④ 수직적인 인간관계(총평)

1. 윗사람이 봤을 때는 충성스러운 부하, 아랫사람이 봤을 때는 꼬장꼬장한 상사다.
2. 사람을 대하는 방식이 수직적이니 권위적인 모습이 강할 수밖에 없다.
3. 갑질도 잘하고, 갑질 당하는 것도 당연시 생각한다. 서열과 족보를 중시하는 팔자다.

- 수직적 인간관계는 월급쟁이 사고방식이다. 위아래가 확실한 조직의 일원에 적합하다.

- 만약 사업을 한다면 개척사업과는 거리가 먼 인허가 사업이나 임대업이 적합하다.
- 블루오션보다는 레드오션 분야가 더 유리하다. 직장생활은 규모가 큰 기업이 좋다.
- 대기업일수록 규율이 엄하고 체계적이니 그렇다.

### ⑤ 수평적인 인간관계(오행)

1. 수평적 인간관계(금목(金木))
오행의 금(金)은 방위로는 서쪽, 목(木)은 방위로는 동쪽을 상징한다.
그래서 금목은 좌우(左右)의 만남이다. 인간관계로는 수평적 인간관계를 뜻한다.

2. 계절
금왕절은 가을이고 목왕절은 봄이다.
겨울, 여름과는 다르게 모든 생명체가 쾌적하게 살 수 있는 환경이다.
습하고 건조하고의 문제는 인연의 문제다.
금은 공적인 인연이고 목은 사적인 인연이다.

비권위적이고 수평적인 인간관계가 이루어지는 것이 바로 금목관계다.
사주 전체적으로 수화보다 금목이 더 많을 때 그런 현상이 발생한다.
먼저 일간과 월령을 중심으로 금목 중심 여부를 본다. 그다음 나머지 간지의 금목 중심 여부를 본다. 그렇게 수평적인 인간관계 여부를 본다.

### ⑥ 수평적인 인간관계(십신)

십신적으로 표현하자면 식상생재(食傷生財)다.
식상이라는 나의 의사를 재성이라는 객관성으로 표현하기 때문이다.

- 식신으로 식상생재하면 상대방의 입장에서 소통한다.
- 상관으로 식상생재하면 내 입장에서 소통한다.

방식의 차이점은 있지만, 둘 다 일간이라는 내가 권위를 버리고 상대와 소통한다.
윗사람, 아랫사람 가리지 않고 다 같은 동료라는 사고방식을 가진 것이 식상생재다.

금목은 오행적 개념이라 타고난 개인적인 자질이다.
식상생재는 십신적 개념이라 남들에게 보여지는 대인 관계적 행위를 나타낸다.
오행의 금목은 그 사람이 개인적으로 사람을 대하는 방식이다.
십신의 식상생재는 대외적으로 사람을 대하는 방식이다.
그래서 십신의 상생 관계는 진로 방향성이 될 수가 있다.

### ⑦ 수평적인 인간관계(총평)

1. 윗사람이 봤을 때는 써먹고 버리기 좋은 놈이고, 아랫사람이 봤을 때는 솔선수범하는 상사다.
2. 사람을 대하는 방식이 수평적이니 소탈한 모습이 강할 수밖에 없다.
3. 대접하는 것도, 대접받는 것도 어색해한다. 실력과 행동을 중시하는 팔자다.

- 수평적 인간관계는 자영업자 사고방식이다. 직장인보다는 사업에 적합하다.
- 직장인의 생활도 잘한다. 식상생재는 주인의식을 가지고 일하기 때문이다.
- 그러나 늘 독립을 꿈꾸니 정년 채우기는 어려운 팔자다.
- 레드오션보다는 블루오션 분야가 좋고, 취업할 때는 규모가 작은 기업이 더 적합하다.
- 중소기업일수록 규율이 자유롭고 내 의지대로 할 수 있는 부분이 많기 때문이다.

### ⑧ 전략적인 인간관계(오행, 십신)

**[전략적 인간관계(토(土))]**
- 오행의 토(土)는 어느 방위에도 속해 있지 않다.
- 토는 중심(中心) 그 자체다. 인간관계로는 전략적 인간관계를 뜻한다.

**십신적으로 표현하자면 재생관살(財生官殺)이다. 수직적이지도 수평적이지도 않다.**

중심에 서서 밀고 당기는 방식으로 사람을 대하는 게 토와 재생관살이다. 토는 오행적 개념이라 타고난 개인적인 자질이다.

재생관살은 십신적 개념이라 남들에게 보여지는 대인 관계적 행위를 나타낸다.
- 오행의 토는 그 사람이 개인적으로 사람을 대하는 방식이다.
- 십신의 재생관살은 대외적으로 사람을 대하는 방식이다.

**그래서 십신의 상생 관계는 진로 방향성이 될 수가 있다.**

### ⑨ 전략적인 인간관계(총평)

- 윗사람이 봤을 때는 처세를 잘하는 놈이고, 아랫사람이 봤을 때는 기회주의적 사람이다.
- 조건만 맞으면 어제의 적이 오늘의 동지가 되고, 어제의 동지가 오늘의 적이 된다.

① 전략적 인간관계는 프리랜서 사고방식이다.
② 어디에도 속하지 않으나, 한편으로 어느 곳에는 속할 수 있는 사람이다.
③ 자영업도 잘 어울리고 직장인도 잘 어울린다.
④ 수직적과 수평적의 중간단계라고 할 수 있다. 협상에 능한 존재이니 그렇다.
⑤ 신왕한 재생관살은 자영업이 더 유리하고, 신약한 재생관살은 직장인 생활이 더 유리하다.
⑥ 신왕해야 일간이라는 내가 주도권을 가져가니 그렇다.

### 마무리 총정리

❶ 사주명리학에서는 인간관계 처세술을 오행과 십신을 가지고 분류한다. 양육환경하고 다르게 꼭 월지에 국한되지는 않는다. 그러나 월지가 해석의 중심은 된다.

❷ 인간관계라는 건 참 복잡하고 그 경우의 수도 많지만 크게 세 가지로 나눌 수 있다. 수직적인 인간관계, 수평적인 인간관계, 전략적 인간관계 이렇게 나누어진다.

❸ 수직적 인간관계는 수화(水火)다. 십신적으로 표현하자면 관인상생(官印相生)이다. 수직적 인간관계는 월급쟁이 사고방식이다. 위아래가 확실한 조직의 일원에 적합하다.

❹ 수평적 인간관계는 금목(金木)이다. 십신적으로 표현하자면 식상생재(食傷生財)다. 수평적 인간관계는 자영업자 사고방식이다. 직장인보다는 사업에 적합하다.

❺ 전략적 인간관계는 토(土)가 된다. 십신적으로 표현하자면 재생관살(財生官殺)이다. 전략적 인간관계는 프리랜서 사고방식이다. 직장인과 사업 둘 다 잘할 수 있다.

# 제170강 진로·적성 보기1

### ① 진로·적성에서 고려하는 사안

[진로·적성 파악하기]
1. 격국으로 보는 가치관
2. 일간으로 보는 정체성
3. 조후로 보는 감수성
4. 길신, 흉신으로 보는 조직적응도
5. 용신으로 보는 문제해결력
6. 상생으로 보는 인간관계 처세술
7. 대운으로 보는 인생 전반의 흐름

- 이러한 관법들을 모두 살핀 후 종합판단해서 진로를 봐야 한다. 그중 격국을 우선으로 살핀다.
- 가치관은 직업선택에서 큰 영향을 주기 때문이다.

※ 위의 기준 중 진로해석의 핵심은 1번, 2번, 3번이다. (전부 일간과 월지와 연관)

※ 그중에서도 1번이 최우선이다.
같은 능력이라도 격국에 따라 쓰임의 형태가 달라지기 때문이다.

### ② 건록격으로 보는 진로

- 비견을 격으로 쓰는 경우는 독립심과 자존심이 강하고 책임감이 강하다.
- 식신과 같이 있을 때는 좋은 연구와 개발에 몰두한다.
- 자존이란 자기 인격의 절대적 가치와 존엄을 스스로 깨닫고 품위를 지키며 자긍심을 가지는 것을 말한다.
- 열정적, 자기중심적, 현재에 초점, 공동의식, 협동심, 경쟁심, 자존심, 적극성 등의 이유로 스스로 분발하는 형태의 학습과 업무수행에 능력을 발휘하는 능력이다.
- 비견은 자기 내부의 몰입감과 지구력이 강하고 이해하고 긍정하는 사안에 적극적이며 깊이 심취한다.

- 한마디로 정의하자면 능동력과 자존감이다.

[해당되는 대학교 학과]
경제학과, 경호학과, 장의사학과, 안경학과, 체육학과, 약학과, 한의학과, 치과, 기계공학과, 수의학과, 방사선과 등

### ③ 월겁격, 양인격으로 보는 진로

- 겁재를 격으로 쓰는 경우는 자존심과 독립심, 추진력이 강하고 재물에 대한 욕구가 강하다. 상대와의 관계에서 이타적 심성이 강하다.
- 반면 선의적인 경쟁으로 이끌지 못하는 경우가 있어 오해의 발생 소지가 있다.
- 경쟁심이 강하고 겁 없고 승부 근성이 강하다. 경쟁은 둘 이상의 관계에서 재물, 명예, 성적, 실적과 같은 목적들에 대하여 이기거나 앞서기 위해 서로 겨루는 것을 말한다.
- 독립적인 성향이 강하고 투철한 경쟁력, 주관적, 모험적, 자존심, 질투심, 적극성이 강하며 체험과 경험, 책임을 감수하는 형태의 학습과 업무에 능력을 발휘하는 능력이다.
- 겁재는 자기 내부의 집중력이 매우 강하고 현재에 초점을 맞추어 주어진 책임을 확실하게 수행한다. 한마디로 정의하자면 경쟁력과 독립심이 있다.

[해당되는 대학교 학과]
경호학과, 장의사학과, 체육과, 외과, 치과, 국제금융학과, 국제정치학과, 조소과 등

### ④ 식신격으로 보는 진로

- 식신을 격으로 쓰는 경우는 연구하는 심성으로 도전하는 실험 정신을 가진다.
- 미래에 대한 관심이 많고 희생과 봉사 정신이 크며 연구와 창의성이 있다.
- 연구란 어떤 일이나 사물에 대하여 깊이 있게 생

각하고 조사하여 진리를 따져 보는 일을 말한다.
- 이해와 친화적, 사교적, 기술과 노하우, 이행능력, 협조적, 감성적, 연구력, 창의성, 양보심, 교합성 등의 능력으로 대인관계의 설득력 등이 우수하다.
- 하워드 가드너(Howard Gardner)의 다중지능이론 대인관계 지능과 유사하다. 식신은 타인에 대한 배려와 주어진 프로그램을 수행하는 연구능력과 창의적인 사고와 생산능력을 발휘한다.
- 한마디로 정의하자면 연구력과 정(情)이 있다.

[해당되는 대학교 학과]
경영학과, 교육학과, 사회복지학과, 의학과, 미래과학과, 미술학과, 어문학과, 섬유공학과, 미생물학과, 식품공학과, 아동심리학과 등

### ⑤ 상관격으로 보는 진로

- 상관을 격으로 쓰는 경우는 자신을 표현하고 상대를 설득할 능력이 있으며 주제를 설명하고 이해시키는 탁월한 능력이 있다.
- 순발력이 좋고 발명과 예능적 소질이 강한 독창성으로 자유로운 업무에 좋다.
- 표현이란 생각이나 느낌, 시각적으로 보이는 사물의 여러 모양과 형태 등을 언어나 몸짓 등으로 나타내고 구술하는 것을 말한다.
- 표현력, 사교성, 감각성, 감수성, 구술능력, 미적 감각, 감정적 묘사, 직설적, 독창적, 모방과 응용, 발상의 변화, 외교력 등의 능력으로 예능적 성향을 말한다.
- 상관은 임기응변과 언어표현능력이 강하고 직설적이고 비판적이며 감수성과 미적 감각이 발달했다. 한마디로 정의하자면 표현력과 응용력이 있다.

[해당되는 대학교 학과]
정신과, 정치외교학과, 연극과, 영상학과, 어문학과, 성악과, 관광통역과, 무역학과, 언론정보학과, 사진예술학과, 언론학과, 호텔학과, 의상학과, 정보통신과, 의약학과 등

### ⑥ 편재격으로 보는 진로

- 편재를 격으로 쓰는 경우는 자기 영역을 확보하려는 심리가 강하고 수리계산이 빠르다. 강한 목표의식을 가지고 행동, 설계, 시공, 개척하며 물리적 변화에 매력을 느낀다.
- 활동범위가 넓어 역마성이 있고 사무 행정에는 적성이 맞지 않는다.
- 탁월한 사업 능력이 있다.
- 평가라는 것은 사물의 가치나 수준 따위를 평하는 것과 또 사람의 능력, 재능, 실적, 업적 등의 정도에 대한 수준 및 가치를 따지는 것을 말한다.
- 수리 능력, 방향감각, 가치 판단력, 기회 포착력, 응용력, 외향적, 활동적, 결과에 초점, 유동적, 공간감각 등의 능력으로 목표에 대한 강한 지향성을 말한다.
- 편재는 사물의 가치평가에 관한 판단과 수리계산 능력이 강하며 변화와 개혁 및 기회 포착과 적응력이 뛰어나다. 한마디로 정의하자면 평가력과 설계력이 있다.

[해당되는 대학교 학과]
경영학과, 항공학과, 토목과, 물리학과, 무역학과, 외교학과, 철도학과, 정형외과, 설치미술학과, 조소학과, 산부인과, 건축학과 등

송재우의 사주에듀  이게 여러분들이 배워야 할 사주명리학입니다!

### 마무리 총정리

❶ 명리학은 과거로부터 오랜 세월 동안 직업 상담을 해 온 학문이다. 명리학을 가지고 그 사람의 재능과 갈 길을 알 수 있다.

❷ 현대 사회가 워낙 복잡하고 다양해서 단식판단으로 진로를 보면 안 된다.

❸ 진로적성을 보는 데 여러 가지 관법이 있지만, 최우선 순위는 격국이다. 진로를 선택하는 데 그 사람이 옳다고 믿는 가치관이 많이 들어가기 때문이다.

❹ 원국으로 역할과 재능을 파악하고, 대운으로 그 사람의 그 계통에서의 성공 여부와 시기를 본다.

❺ 사주명리학으로 진로를 볼 때 사주 이외의 변수인 부모 재력과 신분도 반드시 고려해야 한다. 진로라는 게 자신의 사주만으로 결정되는 것은 아니기 때문이다.

# 제 171 강 진로·적성 보기 2

### ① 정재격으로 보는 진로

- 정재를 격으로 쓰는 경우는 치밀한 관리력이 있으며 편재보다는 가공한 완제품이나 정해진 일을 다루는 일에 민감하다.
- 편인이 함께 있다면 실속 위주로 활동하며 실리적 이익 창출에 탁월하다. 신용을 바탕으로 하므로 실수가 적어 장기적 관리나 행정도 적합하다.
- 설계란 어떠한 목적을 세우고 그 목적에 따라 앞으로 할 일의 절차, 방법, 규모 등을 미리 헤아려 실제적인 계획을 수립하는 일을 말한다.
- 공간능력, 구성력, 계산능력, 치밀함, 섬세함, 현실적 가치판단, 계획성, 논리성 등의 능력이며 노력과 실리적 성향을 말한다.
- 정재는 실리적이고 현실적이며 작은 공간과 작은 수치까지 정교하고 세밀하게 활용하는 능력이 강하고 계획성 및 설계 능력이 뛰어나다.
- 한마디로 정의하자면 수리력과 치밀성이 있다.

[해당되는 대학교 학과]
식품영양학과, 수학과, 경제학과, 경영학과, 금융학과, 내과, 정형외과, 재료분석학과, 회계학과, 건축공학과, 물리학과, 통계학과, 가정관리학과 등

### ② 편관격으로 보는 진로

- 편관을 격으로 쓰는 경우는 도전하는 기분을 즐기며 새로운 것에 대한 모험을 원한다.
- 담백하며 하끈한 성격으로 군인 경찰 등과 같이 힘을 사용하여 명예를 얻고 많은 사람을 이끌어 가는 일에 만족한다.
- 칼, 창, 대포, 무기를 다루는 일에 적합하며 군중의 리더가 되는 학과나 직업이 무난하다.
- 행동이란 인간 생활의 육체적, 정신적, 사회적 영역에서의 명시적 또는 잠재적인 활동을 말한다.
- 기억력, 도전정신, 행동력, 결단력, 수행력, 분별력, 신속성, 개혁성, 인내력 등의 능력이며 결단과 행동적 성향을 말한다.
- 편관은 충성심과 책임감 신속한 판단과 결정력이 강하고 과감한 개혁과 도전정신을 발휘한다. 한마디로 정의하자면 행동력과 결단력이 있다.

[해당되는 대학교 학과]
요리학과, 국방대학, 경찰대학, 경호학과, 사관학교, 정치학과, 체육학과, 신학대학, 장례지도학과, 법학과, 의학과 등

### ③ 정관격으로 보는 진로

- 정관을 격으로 쓰는 경우는 권력과 권위를 중시하며 원리원칙을 고수하고 대중적인 이론을 추구한다.
- 시시비비를 가리고 약자를 보호하는 보호 정신도 강하다.
- 행정직을 담당하는 학과나 법학과 등에 적절하다.
- 관습이나 관행에 의해 학습된 개인의 준법의식, 올바른 심정과 태도, 성격 또는 도덕성 그 자체를 의미한다.
- 지각력, 도덕성, 합리성, 정확성, 공정성, 공익성, 내향적, 보수적, 의무성, 책임감 등의 능력이고 논리성, 규범과 모범적 성향을 말한다.
- 정관은 신사적인 처사와 공정한 판단력이 뛰어나고 정교하고 세심한 업무 파악과 합리적으로 수행하는 능력을 발휘한다.
- 한마디로 정의하자면 절제력과 출세욕이 있다.

[해당되는 대학교 학과]
법학과, 행정학과, 사회과학과, 정치학과, 독서지도학과, 교육학과, 비서학과, 사학과 등

### ④ 편인격으로 보는 진로

- 편인을 격으로 쓰는 경우는 재치 있고 순발력 있으며 신비주의적 성향이 강하고 비현실적이어서 추상적인 면이 많다.
- 종교에 심취하거나 예술적 성향이 있고 보이지 않는 곳에 흥미를 느낀다. 항상 두 가지 이상을 동시에 생각하므로 이런 면에 강점을 두는 학과가 좋다.
- 인식이란 인지 과정의 결과로, 넓은 의미로는 인간 지식의 총체를 말하며 좁은 의미로는 일정 범위의 대상에 대한 깊은 지식을 의미한다.
- 추리력, 순발력, 상상력, 종교성, 자율성, 심리성, 직관성, 선별적 수용성, 예술성의 능력이며 재치와 추구적 성향을 말한다.
- 편인은 재치와 순간 발상, 풍부한 공상 및 상상력이 뛰어나며 대상과 사건에 대한 추리 능력과 가설 능력이 탁월하다.
- 한마디로 정의하자면 인식력과 상상력이 있다.

[해당되는 대학교 학과]
종교학과, 심리학과, 디자인학과, 철학과, 문예창작과, 정신과, 약학과, 교육학과, 정보학과, 무용학과, 음악과, 신문방송학과, 외국어학과, 의학과 등

### ⑤ 정인격으로 보는 진로

- 정인을 격으로 쓰는 경우는 전통을 계승하고 보수 성향이 강하다.
- 고지식한 편이고 정확히 받아서 정확히 주려는 성향으로 교육자에 적합하다. 식상이 같이 있을 경우에는 아이디어가 풍부하고 직관성을 발휘하며 글쓰기나 논설에 탁월하여 신문방송에도 잘 맞는다.
- 사고(思考)라는 것은 목표와 계획, 희망과 바람에 따라 생각과 마음으로 느끼고자 하는 정신 상태를 말한다.
- 이해력, 기록 능력, 인지력, 사고력, 수용적 태도, 역사성, 보수성, 정직성, 시간성, 정리를 통한 안정성 등의 능력으로 과정을 중시하는 명예와 의무적 성향을 말한다.
- 정인은 모든 일을 순서와 순리로 행하는 안정감과 어떠한 교훈이나 이론적 지침을 여과 없이 수용하여 장기적인 안목으로 수행하는 능력이 뛰어나다. 한마디로 정의하자면 사고력과 학습력이 있다.

[해당되는 대학교 학과]
교육학과, 행정학과, 국문학과, 신문방송학과, 문예창작과, 사학과, 유아교육과, 어문학과, 종교학과, 문화인류학과 등

### ⑥ 진로는 격을 우선으로 본다

- 격의 종류에 따라 사회적 재능이 다르다.
- 이것이 기본이고 다른 십신과의 상생상극 여부에 따라서 부분적으로 진로 수정을 할 수 있다.
- ※ 격이 중심이고, 격과 상생상극 하는 십신이 세부적인 방향이다.

### ⑦ 격국 이외의 다른 간명 방식으로 보는 진로

1. 인비식(印比食) 중심과 재관(財官) 중심의 사주로 진로를 나눌 수 있다.
– 인비식(印比食) 중심(사주원국에 재관이 약하거나 없는 경우)
– 전문가형 직업을 갖는 것이 좋다.
– 재관(財官) 중심(사주원국에 인비식이 약하거나 없는 경우)
– 조직형 직업을 갖는 것이 좋다.

2. 인비식(印比食) 중심은 내가 우선인 사람이고, 재관(財官) 중심은 상대방이 우선인 사람이다.
– 인비식(印比食): 규제에서 자유로운 직업을 갖는 것이 좋다.
– 재관(財官): 규제가 많고 엄격한 직업을 갖는 것이 좋다.

3. 길신 중심과 흉신 중심의 사주를 가지고 진로를 나눌 수 있다.
– 사주 원국에 길신이 많으면 안정 추구형이다. 직장 생활에 적합하다.
– 사주 원국에 흉신이 많으면 위험 감수형이다. 자영업에 적합하다.
– 길신과 흉신이 혼합되어 있으면 둘 다 적합하다. 유연성이 있다.

4. 조후를 통해서도 진로를 나눌 수 있다.
– 사주가 난조하면 몸 쓰는 일에 적합하고, 사주가 냉습하면 머리나 감정을 쓰는 일에 적합하다.

5. 일간을 통해서도 진로를 나눌 수 있다.
– 양일간이면 혼자 하는 일이 적합하고, 음일간이면 같이 하는 일이 적합하다.

### 마무리 총정리

❶ 격의 종류에 따라 사회적 재능이 다르다. 이것이 기본이고 다른 십신과의 상생상극 여부에 따라서 부분적으로 진로 수정을 할 수 있다.

❷ 인비식(印比食) 중심과 재관(財官) 중심의 사주로 진로를 나눌 수 있다. 인비식 중심은 규제에서 자유로운 직업을 갖는 것이 좋다. 재관 중심은 규제가 많고 엄격한 직업을 갖는 것이 좋다.

❸ 길신, 흉신을 기준으로 진로를 나눌 수 있다. 원국에 길신이 많으면 직장생활이 적합하다. 원국에 흉신이 많으면 자영업이 적합하다. 혼잡되어 있으면 둘 다 적합하다.

❹ 조후를 통해서도 진로를 나눌 수 있다. 사주가 난조하면 몸 쓰는 일에 적합하고, 사주가 냉습하면 머리나 감정을 쓰는 일에 적합하다.

❺ 일간을 통해서도 진로를 나눌 수 있다. 양일간이면 혼자 하는 일이 적합하고, 음일간이면 같이 하는 일이 적합하다.

# 제 172 강 궁합(宮合)의 유래, 궁합(宮合)의 가치

### ① 궁합의 정의

[궁합(宮合)이란?]
- 사람 간의 상성(相性, 서로 죽이 잘 맞는 정도)을 말한다.
- A와 B라는 사람이 있는데 그 둘이 얼마만큼 상성이 잘 맞는지를 보는 것이 궁합이다.
- 그것이 꼭 남녀 관계에 국한되지는 않는다. 모든 대인관계의 상성을 뜻한다.
- 부모와 자식 사이, 직장 상사와 부하 직원의 사이, 나와 사업 파트너와의 관계 등이 있다.
- 이런 식으로 상성이 있다. 사주마다 특징이 있고 그 특징이 사람마다 작용이 다르다.
- 어떤 사람한테는 좋게 작용하지만, 또 다른 누구에게는 안 좋게 작용하는 것이 궁합이다.
- 그래서 궁합은 절대적 관계가 아닌 상대적 관계가 된다.

### ② 궁합을 안 봐도 되는 예외적인 경우

- 바로 사주 자체가 많은 부분에서 허점 없이 상급인 사주다.
- 이런 사주의 경우는 그 누구와 같이 지내도 좋은 영향을 줄 수 있는 사람이다.
- 그러나 그런 사람은 흔하지가 않다. 그래서 대부분 사람들은 궁합으로 상성을 봐야 한다.
- 사람들은 궁합으로 좋은 짝을 찾으려고 한다. 대단히 잘못된 생각이다.
- 궁합은 좋은 짝을 찾으려 하는 게 아니다. 나쁜 짝을 피하려고 보는 것이 바로 궁합이다.
- 모든 면에서 서로 상성이 좋은 짝은 그 수가 아주 적다.
- 나와 상대방이 서로 머리에서 발끝까지 완벽하게 맞는 사주는 사실상 없다고 봐야 한다.
- 작게나마 안 맞는 부분이 생길 수밖에 없다.

- 그것을 서로 이해하고 맞추어 가는 것이 바람직한 인간관계다.

### ③ 궁합을 보는 목적

- 사람과 사람 사이는 서로 노력해서 맞춰 갈 부분이 있고, 그렇지 못한 부분이 있다.
- 그러나 아무리 맞춰 보려고 해도 그 간극이 너무 크면 맞춰지지 않는다. 맞춰지지 않는 것을 억지로 맞추려고 하면 몸도 마음도 지치고 상처를 입게 된다.
- 그래서 정 맞추기 어려운 부분을 걸러 내기 위해 궁합을 보는 것이다.
- 특정인의 잘잘못을 가리기 위해서 보는 것이 아니다.
- 서로 간에 원만하고 행복한 삶을 살기 위해서 궁합을 보는 것이다. 이 궁합이라는 것이 정치적인 부분도 많다.
- 고전 궁합법 중에 구궁(九宮) 궁합법이 정치적인 목적으로 만들어졌다.

### ④ 구궁(九宮)궁합법의 유래

- 중국 한나라 때 서쪽의 오랑캐라고 일컫는 야만인들이 유목민들을 결합하여 돌궐이니 대월씨니 하는 큰 세력으로 등장하면서 한나라의 공주에게 청혼했다. 당시의 한나라는 문명국이라는 자존심이 있어서 자기들이 오랑캐라고 무시하는 그런 야만인들하고 도저히 결혼을 시킬 수 없었다. 그렇다고 아무 이유 없이 결혼을 거부할 수 없었다. 그런 야만인들의 군사력이 무시할 수 없을 정도로 강했기 때문이다. 한나라 왕실은 진퇴양난에 빠졌다. 고민하다 머리를 써서 합법적으로 거부할 수 있는 명분을 만들어 낸다. 바로 태어난 년으로 궁합을 만들어 남녀의 성기는 서로 볼 수는 없지만, 출생연도를 알면 궁합이 길하고 흉한 것을 알 수 있다고

설득시킨다. 만약 공주를 아내로 맞이하면 공주가 과부가 된다고 거짓으로 알려 그들의 요구를 물리치게 된다.

#### ⑤ 바뀐 결혼관, 바뀐 가치관

- 옛날 왕조시대 사회에서 결혼은 가문과 가문의 결합이었다.
- 그래서 결혼할 남녀의 상성도 궁합(宮合, 집안끼리의 결합)이라고 불렸다.
- 그러나 세월이 흘러서 가문의 자랑보다는 개인의 행복이 중심이 되는 시대로 변했다.
- 물론 현재의 결혼도 양가 집안을 무시할 수 없지만, 과거에 비하면 개인의 비중이 커졌다. 현대 사람들은 이제는 결혼을 의무라고 생각하지 않는다.
- 결혼하는 이유도 가문의 영광보다는 철저하게 개인의 행복을 위해서 결혼한다.
- 사주 해석은 그 사람의 삶을 조명하는 것이라 철저하게 현실반영을 해야 한다.
- 시대가 변하고 사회가 변하면 당연히 궁합법도 달라지는 게 맞다.
- 그러지 못하고 과거 대가족 시절에 쓰던 궁합법을 쓰니 문제가 생긴다.
- 그래서 과거의 궁합법 즉 띠(년지)를 가지고 보는 궁합법은 쓰지 않는 게 맞다.

**[옛날 사람들과 현대 사람들의 가치관 차이]**

1. 경제적인 부분
   - 옛날 사람들: 끼니만 거르지 않으면 뭐든 참을 수 있다. (절대적 빈곤)
   - 현대 사람들: 밥만 먹고 살 수는 없다. 남들이 하는 거 나도 해야 한다. (상대적 빈곤)
2. 이혼 사유
   - 옛날 사람들: 배우자의 부정과 경제적 무능(육체적, 경제적 문제)
   - 현대 사람들: 성격과 가치관의 차이(정신적, 심리적 문제)
- 옛날 같으면 남녀 모두 결혼하는 순간 누구 아빠, 누구 엄마로 불렸다.
- 결혼이라는 것은 "나"를 버리고 "우리 가족"으로 사는 생활이기에 그렇다.
- 하지만 현대 사람들은 결혼해서도 개인의 가치관과 사생활을 존중받으려고 한다.
- 이런 현실적인 부분을 살펴서 궁합을 봐야 악연(惡緣)을 만들지 않는다.

#### 마무리 총정리

❶ 궁합(宮合)이라는 것은 사람 간의 상성(相性, 서로 죽이 잘 맞는 정도)을 말한다. 그것이 꼭 남녀관계에 국한되지는 않는다. 모든 대인관계의 상성을 뜻한다.
❷ 굳이 궁합을 안 봐도 되는 예외적인 경우가 있다. 그건 바로 사주 자체가 많은 부분에서 허점 없이 상급인 사주다. 그러나 그런 사람은 흔하지가 않다.
❸ 궁합은 좋은 짝을 찾으려 하는 게 아니다. 나쁜 짝을 피하려고 보는 것이 바로 궁합이다. 모든 면에서 서로 상성이 좋은 짝은 그 수가 아주 적다.
❹ 궁합이라는 것이 정치적인 부분도 많다. 그중 구궁궁합법은 정치적인 목적으로 만들어졌다. 그러다가 다른 궁합법도 생기고 현재까지 영향을 주고 있다.
❺ 사주 해석은 그 사람의 삶을 조명하는 것이라 철저하게 현실반영을 해야 한다. 그렇다면 사회에 맞춰서 궁합법도 달라지는 게 맞다.

# 제 173강 궁합(宮合) 보는 법

### ① 일간으로 보는 궁합

일간은 정체성이다.
남자는 양으로 태어나 남자답고, 여자는 음으로 태어나야 여자답다.

- 남자가 양일간으로 태어나야 여자를 책임지려고 한다.
- 여자가 음일간으로 태어나야 남자를 따라가려고 한다.
- 남자가 음일간으로 태어나면 남자가 여자에게 의존하려 한다.
- 여자가 양일간으로 태어나면 남자를 따르지 않으려고 한다.
- 남자는 甲, 丙, 戊, 庚, 壬 양일간
- 여자는 乙, 丁, 己, 辛, 癸 이런 음일간으로 태어나는 것이 좋다.
- 그러나 그렇게 되지 않는 경우 여자 양일간 + 남자 음일간의 조합도 괜찮다.
- 잘 어울리지 않아서 그렇지 어쨌든 서로 역할의 균형을 맞출 수 있다.
- 문제는 남자와 여자 둘 다 양일간 이거나, 둘 다 음일간인 경우다.
- 양끼리 만나면 서로 의지하려 하지 않으니 남남 같다.
- 음끼리 만나면 서로 의지하려 하니 원수 같다.
- 가장 좋은 경우 → 남자 양일간 + 여자 음일간
- 괜찮은 경우 → 남자 음일간 + 여자 양일간
- 서로 존중만 하면 괜찮게 지내는 경우 → 남자 양일간 + 여자 양일간
- 서로 불만이 생기기 쉬운 경우 → 남자 음일간 + 여자 음일간

### ② 신왕신약으로 보는 궁합

- 신왕한 사주는 자신이 주도권을 가지기 쉽고, 신약한 사주는 자신이 주도권을 가지기 어렵다.
- 그러니 남자와 여자 어느 한쪽이 신왕하고, 어느 한쪽이 신약한 게 이상적이다.
- 둘 다 신왕하면 주도권을 서로 가지려고 한다.
- 둘 다 신약하면 주도권을 서로 양보하려고 한다.
- 둘 다 신왕하면 사소한 일 가지고도 의견존중을 못 해서 부부싸움이 나기 쉽다.
- 둘 다 신약하면 서로 존중은 하는데 어려운 일 앞에서는 서로 회피하려 한다.
- 둘 다 신약하면 가정문제가 시가나 친정 문제로 번지기가 쉽다.
- 따라서 한쪽이 신왕해서 결정을 해 나가고, 한쪽이 신약해서 그 결정을 따라가는 쪽이 좋다.
- 서로 상의해서 하는 것이 좋겠지만 그래도 결정의 중심은 어느 한쪽이 가지는 게 좋다.
- 남자가 신약하고 여자가 신왕한 이런 조합이 제일 좋다.
- 남자는 양이라 신약해도 스스로 해결할 의지가 있으니 그렇다.
- 여자는 음이라 신왕해도 막무가내 독불장군으로 가기 어렵다.
- 가장 좋은 경우 → 남자 신약 + 여자 신왕
- 괜찮은 경우 → 남자 신왕 + 여자 신약
- 같이 살면서 내적 갈등을 겪기 쉬운 경우 → 남자 신약 + 여자 신약
- 같이 살면서 외적 갈등을 겪기 쉬운 경우 → 남자 신왕 + 여자 신왕

### ③ 일간 합으로 보는 궁합

- 일간과 합이 되는 십신은 재성과 관살이다. 이것은 육친상으로 남편과 아내를 뜻한다.

- 합은 조건 없는 이끌림이다. 일간이 합이 되어 있으면 한눈에 반하기 쉽다. 그런 사람이 결혼을 한다면 현재의 배우자에 충실하기 쉽다.
- 물론 일간합이 안 이루어져 있다고 결혼생활에 하자가 있는 건 아니다.
- 그러나 사주원국에 남자든 여자든 일간합이 이루어져 있으면 애정 문제에서 유리하다.
- 살다가 서로 마음에 안 들어서 싸우더라도 금방 화해할 수 있다.
- 부부금실도 좋아서 당사자가 행복한 결혼생활을 할 수 있다.
- 일간합으로 보는 궁합은 자기 사주(또는 상대방 사주)원국 자체적으로 일어나는 상황이다.
- 내 일간과 상대방 일간과의 합이 아니다.

※ 생/극/합/충 작용력은 철저하게 내 원국과 내 운에서만 발생한다.

### ④ 조후로 보는 궁합(속궁합)

- 조후 같은 경우는 부부간의 잠자리를 보는 부분이다. 보통 체질적인 부분이 많다.
- 성생활이 결혼관계에서 매우 중요하다. 성생활이 잘 안 맞으면 많은 갈등이 생긴다.
- 배우자가 부족한 조후를 채워 주는 사람이면 좋다.
- 내 사주가 한습하면 배우자의 사주는 난조한 것이 속궁합에 좋다.
- 내 사주가 난조하면 배우자의 사주는 한습한 것이 속궁합에 좋다.
- 내 사주가 한습한데 배우자 사주도 한습하면 서로 불쾌하다.
- 내 사주가 난조한데 배우자 사주도 난조하면 서로 짜증 난다.
- 서로 부족한 조후를 해결해 주는 상대를 만나야 결혼 후 성생활이 원만하고 즐겁다.

### ⑤ 격으로 보는 궁합

- 격은 그 사람의 가치관이다. 가치관은 진로선택 말고도 결혼생활에도 중요한 부분이다.
- 부부는 같은 곳을 바라봐야 한다. 상반되는 가치관을 가지면 안 된다.
- 같은 격이나 서로 상생되는 격이면 서로 간에 갈등이 생기지 않는다.
- 서로 격이 상극관계면 둘 사이에 가치관의 문제가 생긴다. 그것 자체가 벌써 싸움의 시작이다.

예시) 상관격의 개방적인 사람과 정관격인 보수적인 사람이 서로 결혼한다고 가정. 그 자체가 벌써 싸움의 시작이다.
이해하려고 해도 이해가 안 되는 것이다.
특히 격이 간여지동 되면 더더욱 그렇다. 간여지동의 격은 타협 없는 완고한 신념이다.

- 가치관이 맞는 경우 → 격이 같은 경우

예시) 내가 정관격이면 배우자도 정관격(또는 편관격)

- 가치관이 맞지는 않지만 이해하고 살 수 있는 경우 → 격이 서로 상생이 되는 경우

예시) 내가 정관격(또는 편관격)일 때 배우자가 편재격(또는 정재격), 편인격(또는 정인격)

- 가치관이 맞지도 않고 서로 이해하고 살 수도 없는 경우 → 격이 서로 상극이 되는 경우

예시) 내가 정관격(또는 편관격)일 때 배우자가 식신격(또는 상관격), 건록격(또는 월겁격)

### ⑥ 십신으로 보는 궁합

- 남자 사주에 여자는 재성이다. 남자가 식상생재가 되어야 여자를 위할 줄 안다.
- 여자 사주에 남자는 관살이다. 여자가 재생관살이 되어야 남자를 위할 줄 안다.

- 남자가 관왕해야 여자를 책임지려 하고 여자가 재왕해야 남자를 따르려고 한다.
- 남자 여자 둘 다 관인상생이 잘 되면 상대방의 관심을 긍정적으로 받아들인다.
- 인성과 식상이 중심이면 정으로 결혼생활을 한다. (남녀 공통)
- 재성과 관살이 중심이면 책임감으로 결혼생활을 한다. (남녀 공통)
- 궁합을 볼 때는 이런 부분도 고려해서 봐야 한다.

### ⑦ 계절로 보는 궁합

- 계절은 그 사람이 겪는 환경이다.
- 같은 계절이면 서로 이해가 잘 된다. 동질감이 생기기 쉽다.
- 반면에 계절이 상극되는 경우는 서로를 이해하기 힘들다.
- 특히 수왕절생과 화왕절생이 만나면 서로 주도권을 가지려고 하니 분쟁의 원인이 된다.
- 서로 공감이 가고 대화가 잘 통하는 경우
    → 같은 계절
- 서로 공감은 안 가도 상대방한테 일방적인 사랑을 받는 경우
    → 계절끼리 상생하는 경우(목왕절 + 화왕절, 화왕절 + 금왕절, 금왕절 + 수왕절, 수왕절 + 목왕절)
- 서로 공감은 안 가도 서로 존중은 할 수 있는 경우
    → 목왕절 + 금왕절
- 서로 공감도 안 가고 서로 존중도 못 하는 경우
    → 수왕절 + 화왕절

### 마무리 총정리

❶ 일간, 신왕신약, 조후는 서로 다른 게 좋다. 반면에 격국과 계절은 서로 같은 게 좋다.
❷ 자기 사주(또는 상대방 사주)에 일간합이 있으면 결혼생활에서 이점이 된다. 그러나 자기 사주(또는 상대방 사주)에 일간합이 없다고 결혼생활이 나쁜 건 아니다.
❸ 남자가 관왕해야 여자를 책임지려 하고 여자가 재왕해야 남자를 따르려고 한다.
❹ 인성과 식상이 중심이면 정으로 결혼생활을 한다. 재성과 관살 중심이면 책임감으로 결혼생활을 한다. 남자, 여자 모두 해당이 되는 부분이다.
❺ 수왕절생과 화왕절생이 만나면 서로 주도권을 가지려고 하니 분쟁의 원인이 된다.

# 제 174 강 결혼생활이 적합하지 않은 사람

### ① 이 사람이 과연 적합한가?

상담에서 질문에 대한 답을 찾기 전에 해야 할 것이 있다.
질문의 답을 찾기 전에 먼저 그 질문에 당사자가 적합한지부터 본다.

의뢰인 — 제가 사업을 하려고 하는데 잘될 수 있습니까?

사업 운을 보기 전에 원국을 보고 "이 사람이 과연 사업에 적합한가?"를 파악한다.
그다음에 질문에 대한 답을 해 주어야 좋은 상담이 된다. 궁합 문제도 마찬가지다.
결혼하고 싶어서 찾아온 사람도 "이 사람이 과연 결혼생활에 적합한가?"부터 파악한다.
결혼생활에 적합하지 않은 사주의 종류에는 여러 가지가 있다.

### ② 무비겁(특히 양일간) 사주

- 사주에서 비겁은 내가 타인과 교류하고자 하는 태도다.
- 그래서 비겁이 많을수록 공동체 의식이 좋다.
- 그런 의미에서 본다면 무비겁 사주는 철저한 개인주의가 된다.
- 원래 결혼이라는 것은 남녀 모두 자기 자신을 버리고 가정을 꾸리는 것을 의미한다.
- 그러나 비겁이 없는 무비겁 사주는 특유의 낯가림이 있어서, 누군가가 내 영역에 들어오는 것을 힘들어한다.
- 특히 甲, 丙, 戊, 庚, 壬 이런 양일간들이 무비겁인 경우 그런 기질이 더욱 크다.
- 홀로서기 하고자 하는 게 양이기 때문이다.

### ③ 극신왕한 사주(특히 남자)

- 이런 경우는 말이 필요 없다. 남녀를 불문하고 안하무인인 사람이다.
- 연월일시 모두 일간의 근을 둔 극신왕한 사주는 매사에 끼어들어서 자신을 드러낸다.
- 한마디로 낄 데 안 낄 데 구분을 못 하는 사람이다.
- 지구는 나를 중심으로 돌아야 한다고 굳게 믿는 사람이다.
- 이런 사람은 결혼생활이 아니더라도 대인관계에서 별로 좋지 않다.
- 결혼생활은 서로 이해하고 서로 맞춰 나가는 것인데, 극신왕한 사주는 상대방의 일방적인 희생을 요구하는 사람이다.
- 그렇게 자기 뜻대로 되질 않으면 분통이 터져서 못 견디는 사람이다.
- 특히 남자 사주가 극신왕하면 그 단점이 더 크게 드러난다.
- 남자 자체가 양(陽)의 성향이기 때문이다.

### ④ 여자 사주에 일지가 식상(특히 상관)인 사주

- 일지라는 것은 개인적인 소망이자 배우자를 대하는 태도를 의미한다.
- 여자 사주에 식상이 있는 경우는 남편의 의견에 고분고분하지 않겠다는 의지다.
- 누구의 잘잘못을 떠나서 남편과의 갈등의 씨앗이 된다.

- 그리고 여자 사주에 일지 식상이라는 것은 남편보다 자식이 우선이라는 뜻도 된다.
- 자연스레 남편과 마찰이 생길 수밖에 없다.

⑤ **재성이 설기가 되는 사주,
관살이 설기가 되는 사주(여자의 경우)**

- 여자 사주에 재성이 설된다는 것은 재성이 약하고 관살이 태왕하다는 뜻이다.
- 관살이라는 남편의 요구를 여자인 내가 감당하기 힘들다는 뜻이다.
- 상대 남자를 내조하기가 너무 힘들다.
- 좀 심하게 비약하면 돈 벌어서 남편한테 다 가져다주는 팔자다. 남자 복이 없는 것이다.
- 여자 사주에 관살이 설되면 무능한 남편을 만난다.
- 괜찮다고 생각한 남자가 기대 이하의 모습을 보여준다.
- 도움이 되기는커녕 반대로 남편 뒷바라지해야 하는 팔자다.
- 재성이 설되는 팔자와 마찬가지로 남편 복이 없는 팔자다.
- 차이점이라면 전자는 남편의 요구를 아내인 내가 못 따라가는 사람이고, 후자는 기대했던 남편이 나를 크게 실망하게 하는 것이다.

⑥ **남녀 모두 비겁이(특히 천간) 많은 사주**

- 사주에서 비겁이 많다는 것은 같은 목적을 가진 경쟁자가 많다는 의미다.
- 대인관계에 있어서 시비와 구설이 많을 수밖에 없다. 이 부분은 남녀관계에서도 마찬가지다.
- 남자 사주에 비겁이 많다는 것은 내가 맘에 드는 여자를 주변 남자들이 탐한다는 의미다. 만나는 여자가 나를 중심으로 양다리 걸치는 사람일 확률이 높다.
- 반대의 경우도 마찬가지다. 여자 사주에 비겁이 많다는 것은 내가 맘에 드는 남자를 주변 여자들이 탐한다는 의미다.
- 이성 관계가 복잡한 상대를 만나기 쉽다. 의처증이나 의부증으로 이어지게 된다. 특히 겁재가 재성과 합하는 경우는 만나는 여자나 남자가 바람기가 있다는 의미다.
- 아주 좋질 않다. 남녀 모두 비겁이 많은 사주는 배우자를 존중하지 않는다는 뜻이다.
- 남자 사주에 비겁이 많으면 일단 여자를 내 맘대로 하고 보자는 식이고, 여자 사주에 비겁이 많으면 일단 남자 간섭을 용납하지 않겠다는 뜻이다.

⑦ **원국에 지나치게 충이 많은 사주**

- 합충은 인연의 만남과 헤어짐을 뜻한다. 그중에서 충은 견해 차이로 인한 대립을 의미한다.
- 문제점이 있으면 숨기지 않고 이의제기해서 상대방과 대립관계의 상황을 만드는 것이 충이다.
- 그래서 사주에 충이 하나쯤은 있어야 그 사람의 대인관계가 건강하다. 충이 없고 합만 있으면 거절 못 하는 우유부단한 삶을 살기 때문이다.
- 그러나 충이 두 개 이상인 경우 그 사람의 독선이 심해진다.
- 조직생활에 어울리지 않는 사람이다.
- 결혼생활도 마찬가지다. 충이 복수로 존재하는 사람은 자기 입장을 굽히지 않고 양보가 없다.
- 특히 子午卯酉 왕지충이 그렇다. 그중에서도 子午충은 더욱 심하다.
- 子午충은 수화의 충이라 누구 한쪽을 죽이고 누구 한쪽이 살아야 한다는 사고방식이라서 그렇다.
- 타협과 관용과는 아주 거리가 멀다. 거기다가 형살까지 더해지면 갈등의 골이 더 커진다.

### ⑧ 조후가 극단적으로 덥거나 추운데 원국에서 해결이 안 되는 사주

- 조후는 그 사람의 정서를 의미한다. 내면 심리를 알 수 있는 부분이다.
- 사주가 너무 덥고 추운 경우는 정서적인 문제를 가지고 있다.
- 그런 조후가 무너진 사주에 용신이 없거나 무력해서 조후의 무너짐이 해결이 안 되는 경우는 결혼 생활에 많은 문제점이 생기게 된다.
- 아무것도 아닌 사소한 일도 갈등의 씨앗이 된다.
- 거기에 원진살이나 귀문관살 같이 대인관계에 문제가 있는 신살이 있는 경우 갈등의 골이 더욱 깊어진다.

### ⑨ 결혼은 나이 먹었다고 하는 게 아니다

- 앞의 기준이 하나, 둘 해당된다고 결혼생활을 못 하는 것은 아니다.
- 세상에 완벽한 사람은 없으니 그렇다. 그러나 셋 이상 해당이 되면 숙고해야 할 필요가 있다.
- 앞의 기준에 많이 해당되면 상대방과의 궁합을 떠나서 그 사람 자체가 결혼생활에 안 맞다.
- 조건, 외모, 성욕, 혼기 등의 이유로 결혼하면 결혼 생활 내내 갈등과 고생을 하게 된다.
- 내 팔자가 결혼생활에 적합하지 않다고 흉이 되는 것이 아니다.
- 오히려 무모하게 결혼해서 나와 배우자 모두를 불행하게 하는 것보다는 백번 낫다.
- 사람의 삶에는 정답이 없는 것이니 위의 기준에 많이 해당해도 기죽을 필요 없다.

### 마무리 총정리

❶ 상담에서 질문에 대한 답을 찾기 전에 해야 할 것이 있다. 질문의 답을 찾기 전에 먼저 그 질문에 당사자가 적합한지부터 본다.

❷ 각각의 기준에 하나, 둘 해당된다고 결혼생활 못 하는 것은 아니다. 세상에 완벽한 사람은 없으니 그렇다. 그러나 셋 이상 해당이 되면 숙고해야 할 필요가 있다.

❸ 결혼생활에 적합하지 않은 사주라도 상대 배우자가 그것을 무조건 다 감수하겠다면 결혼해도 무방하다. 그러나 그렇게 헌신적인 사람을 만나는 것은 복권 당첨만큼 어렵다.

❹ 앞의 기준을 가지고 있어도 당장 문제가 안 드러날 수 있다. 당장 안 터진다고 안심할 게 아니다. 운이 나쁘게 오면 나쁜 결과를 피할 수 없다. 시한폭탄도 폭탄이다.

❺ 다 안다는 생각이 무섭다. 내가 저 사람을 오래 겪어 봤다고 다 안다는 착각을 버려라. 그 사람도 자기 자신을 잘 모른다. 하물며 남인 당신이 어떻게 다 알 수 있는가?

# 제 175 강 사주로 보는 이성과의 인연

### ① 이성의 인연은 재관으로 본다

1. 무재, 무관도 이성과의 인연이 없는 건 아니다.
2. 하지만 재왕자나 관왕자가 이성과의 인연이 더 큰 것은 부정할 수 없다.
3. 남자는 "재성이 편재인가? 정재인가?"에 따라서 인연이 다르다.
4. 여자는 "관살이 편관인가? 정관인가?"에 따라서 인연이 다르다.
5. 그 차이를 알면 의뢰인이 사주를 보러 올 때 이 사람의 인연을 추론할 수 있다.

### ② 여자와 관살

[여자에게 "관"이란 육친으로 남자다]

– 음천간과 합(合)관계가 육친 정관이기 때문이다.
– 하지만 그것 이외에도 여자는 남자한테 구속의 존재이자 보호의 존재이기 때문이다. 극한다는 것이 "간섭하다", "뭔가 요구를 하다"라는 의미를 가지고 있다. 남자는 여자를 관리하려 하고, 여자는 남자에게 관리받는 존재가 되기 때문이다.
– 시대가 변했지만, 아직도 남자란 여자한테 간섭의 존재가 된다.
– 남자가 여자를 사랑하면 제일 많이 하는 행동이 그 여자에 대한 간섭이다.
– 내 여자를 딴 남자의 관심에서 지키겠다는 것이다.

### ③ 여자 사주로 보는 남자 인연(정관)

– 정관, 편관의 차이는 음양의 차이다. 방향성의 차이라는 뜻이다.
– 정관은 일간과 합을 하려 하고 겁재를 극하니 나를 위해 존재하는 육친이다.
– 여자 사주에서 정관은 "나를 이해해 주고 내게 맞춰 주는 남자"다.
– 게다가 합의 관계가 성립된다면 금슬도 좋다. 결혼생활을 사랑으로 영위할 수 있다.
– 일간과 합이 된다면 주도권을 남편이 가지려고 한다.
– 식신과 합이 된다면 주도권은 아내인 내가 가지려고 한다.
– 상관견관 한다면 좋은 남자이긴 한데 내 눈높이가 워낙 높아서 남자가 맘에 안 든다.
– 상관견관의 여자는 남자도 잘났지만 내가 더 잘난 여자라는 뜻이다.
– 만약 합이 이루어지지 않는 정관이라면 그냥 정 없이 계약관계로 결혼생활을 한다.
– 그래도 나한테 도움이 되는 남자다.

### ④ 여자 사주로 보는 남자 인연(편관)

– 편관은 일간을 극하고 겁재와 합을 하려 하니 나를 위해 존재하는 육친이 아니다.
– 여자 사주에서 편관은 "내가 이해해 주고 내가 맞춰 줘야 하는 남자"다.
– 일간과 절대로 합을 할 일이 없으니 부부금실이 좋기 어렵다.
– 만약 부부금실이 좋다면 헌신적인 짝사랑이다. 본인만의 착각이고 상호 간의 사랑이 아니다.
– 겁재와 합을 한다면 남자가 나 말고도 다른 여자에 관심을 보인다.
– 상관과 합을 한다면 일방적으로 내가 남자에게 맞춰 준다.
– 식신제살을 한다면 맘에 안 드는 그 남자를 내가 뜯어고치려고 한다.
– 다소 맘에 안 들어도 능력 하나 보고 그 남자에게 맞춰 주는 것이다.
– 이익이 오더라도 절대 거저 오는 법이 없다. 반드시 여자의 헌신이 있다.
– 하지만 본인이 헌신한다는 것을 인지하지 못하는 경우가 많다.
– 관이라고 다 똑같은 관이 아니다. 정관과 편관의 차이는 하늘과 땅 차이다.

이게 여러분들이 배워야 할 사주명리학입니다! **송재우의 사주에듀**

### ⑤ 남자와 재성

**[남자에게 "재"란 육친으론 여자다]**
- 양천간과 합(合)관계가 육친 정재이기 때문이다.
- 하지만 그것 이외에도 여자는 남자한테 소유의 존재이자 책임의 존재다.
- 그래서 재성(財星)은 십신적 의미로도 소유욕과 영역, 현물(現物)이 된다.
- 남자는 양(陽)이라서 여자를 책임져야 하고, 여자는 음(陰)이라서 남자를 믿어 줘야 한다.
- 우열의 차이가 아닌 역할의 차이다.

### ⑥ 남자 사주로 보는 여자 인연(정재)

- 정재, 편재의 차이는 음양의 차이다. 방향성의 차이라는 뜻이다.
- 남자 사주에서 정재는 "내가 보호해 주어야 하는 여자"다.
- 정재는 일간과 합을 하려 한다. 이유 없이 끌리는 여자다. 순애보의 사랑이다.
- 편인하고 합을 하기도 한다. 나한테만 친절한 게 아니라 내 주변 지인한테도 잘하는 여자다. 정인을 극한다. 내 이익을 포기하면서까지 만나고 싶은 여자다. 보호본능이 매력이다.
- 겁재가 극한다. 그러나 겁재와 합은 안 된다. 가정에 충실한 여자다.
- 식신의 생을 좋아한다. 꾸준한 관심과 애정표현을 좋아하는 여자다.
- 보호받는 것에 소속감과 인정을 느낀다.
- 잘난 맛이 없어도 성실한 남자를 좋아하는 여자다.
- 명품 가방보다는 적금통장을 더 좋아한다.

### ⑦ 남자 사주로 보는 여자 인연(편재)

- 편재는 일간과 합을 하지 않고 일간이 극하는 육친이다.
- 남자 사주에서 편재는 "내가 존중해 주어야 하는 여자"다.
- 목적성이 분명하니 대체로 일터에서 만나게 된다.
- 직장이나 동호회에서 만나다가 서로 사랑하게 되는 경우가 많다.
- 정인하고 합을 하기도 한다. 이 여자를 만나면서 내 가치가 높아진다. 나보다 능력 있다.
- 편인을 극한다. 일단 한 남자를 사귀면 그 남자만 쳐다보는 여자다. 의외로 보수적이다.
- 겁재와 합을 하기도 한다. 주변에 나보다 매력 있는 남자가 많다는 뜻이다.
- 그만큼 여자도 보통 흔녀가 아닌 매력 있는 여자라는 뜻이다.
- 사람은 끼리끼리 만나니까 그렇다. 그게 인연법이다.
- 상관의 생을 좋아하니 수수한 매력보다는 세련되고 감각 있는 남자를 좋아하는 여자다.
- 권태를 쉽게 느끼니 기념일이나 이벤트 같은 걸 잘 챙겨 주면 좋아한다. 삶의 질을 중요시한다.
- 자기만의 기호가 분명한 여자다. 단순하게 밥 먹고 사는 것에 큰 의미를 두지 않는다.
- 관이라고 다 똑같은 관이 아닌 것처럼 재도 다 똑같은 재가 아니다.

### 마무리 총정리

❶ 무재, 무관도 이성과의 인연이 없는 건 아니다. 하지만 재왕자나 관왕자가 이성과의 인연이 더 큰 것은 부정할 수 없다.
❷ 여자 사주에서 정관은 "나를 이해해 주고 내게 맞춰 주는 남자"다.
❸ 여자 사주에서 편관은 "내가 이해해 주고 내가 맞춰 줘야 하는 남자"다.
❹ 남자 사주에서 정재는 "내가 보호해 주어야 하는 여자"다.
❺ 남자 사주에서 편재는 "내가 존중해 주어야 하는 여자"다.

## 제 176 강 현장 상담 요령

### ① 단식판단과 복식판단을 잘 구분하기

- 사주 해석은 크게 두 가지로 나눌 수 있다. 단식판단과 복식판단이다.
- 단식판단은 말 그대로 단편적으로 사주를 해석하는 방식이다.
- 복식판단은 복수의 단식판단으로 교차검증을 해서 사주를 해석하는 방식이다.
- 단식판단은 보통 보편적이고 단편적인 사안을 볼 때 쓰는 방식이고, 복식판단은 특별하고 복잡한 사안을 해석할 때 쓰인다.
- 둘 다 중요하다. 각각 쓰일 때가 다를 뿐이다.
- 그러나 이 단식판단에 대해 부정적인 생각을 가지고 계신 분들이 있다.
- 대단히 잘못된 편견이다. 따지고 보면 복식판단이라는 것도 단식판단의 모임이다.
- 단식 + 단식 + 단식이 바로 복식판단이다. 단식판단을 잘하는 사람이 복식판단도 잘한다.
- 질문에 따라서 단식판단을 써야 할 때가 있고, 복식판단을 써야 할 때가 있다.
- 그런데 단식판단을 써야 할 때 복식판단을 쓰고, 복식판단을 써야 할 때 단식판단을 쓰니 문제가 된다.

### ② 단식을 쓰는 경우, 복식을 쓰는 경우

Q. 복식판단인지 단식판단인지는 어떻게 판단할까?

질문이 단편적이고 보편적이면 단식판단을 쓰고, 질문이 복잡하고 특수성이 있으면 복식판단을 쓰면 된다.

### ③ TMI 주의

[TMI(Too Much Information) 주의]
- 사주명리학 공부를 많이 하면 당연히 아는 것이 많고 그만큼 할 말도 많아진다.

- 그런데 중요한 사실은 상담자의 목적은 자신의 사주 지식을 자랑하는 것이 아니다.
- 의뢰인한테 필요한 말을 해 주는 것이 바로 상담자의 역할이다.
- 물론 너무 단답형의 표현은 성의가 없다. 하지만 그것보다 훨씬 나쁜 것은 불필요한 정보를 주렁주렁 말하는 행동이다.
- 단순 호기심이 아닌 이상 의뢰인은 분명 힘들고 답답한 부분이 있어서 찾아온다. 그러면 의뢰인이 궁금해하는 것을 놓고 설명해야 한다.
- 의뢰인이 궁금해하지도 않는데 주렁주렁 쓸데없는 이야기를 늘어놓으면 상담자와 의뢰인 둘 다 도움이 되질 않는다.
- 의뢰인은 불필요한 정보로 답답해지고, 상담자는 불필요한 정보로 신뢰를 잃어버리고 트집이 잡힌다.
- 통변을 못하는 사람들이 가장 많이 하는 잘못이 바로 TMI(불필요한 정보 남발)이다.
- 결과적으로 듣는 사람한테 아무 도움이 되질 않고 짜증만 유발시킨다.
- 말이 아 다르고 어 다른 부분이 있기 때문에 평상시에 언어구사 능력도 기르는 게 좋다.

### ④ 사주 이외의 변수와 관법도 고려하기

- 사주 상담가는 주 종목이 사주명리학이다.
- 하지만 그것에 너무 얽매일 필요는 없다. 의뢰인은 사주든 뭐든 결과적으로 잘 맞고 제대로 된 상담을 받고 싶어 한다.
- 사주라는 것은 하나의 도구일 뿐이다. 사주 이외에도 관상이나 주역점, 풍수 같은 다른 동양학을 익혀 놓으면 분명 실전상담에서 큰 도움이 된다.
- 그 사람의 거주지도 중요한 사안이다. 똑같은 돈 문제라도 서울 한남동에서 고민하는 내용과 강원도 산골 마을에서 고민하는 내용은 다를 수밖에 없다.

- 그래서 상담할 때 반드시 그 사람의 거주지를 물어봐야 한다. 그리고 연령대에 따라서도 고민의 내용이 달라진다.
- 예를 들어서 똑같은 인성운이라도 10대의 인성운은 졸업장이고, 20대의 인성운은 자격증이고, 30대의 인성운은 주식이나 부동산이 된다.
- 그 사람이 처한 연령대와 상황에 따라서 발현되는 모습이 다르다.
- 그러므로 거기에 맞게 통변을 해야 한다. 사주 해석의 3대 요소는 바로 논리, 의구심, 현실반영이다.

### ⑤ 질문에 답이 있다

이 부분도 중요하다. 병원을 가도 그렇다.
제아무리 뛰어난 명의라도 안색으로만 병을 알 수 있는 의사는 없다.
안다고 해도 한계가 있다.
환자가 자신의 상태를 제대로 설명할 때 올바른 처방을 받을 수 있는 것처럼, 역학자도 의뢰인의 질문과 말을 잘 경청해야 한다.

의뢰인

**사귀는 오빠가 있는데
이 오빠하고 앞으로 얼마나 갈까요?**

이런 경우는 사주를 볼 필요도 없이 십중팔구 오래 못 간다.
인간관계라는 것은 기본적으로 상호신뢰가 이루어져야 그 관계가 오래간다.
이런 질문을 한다는 것 자체가 상대방을 못 믿어서 하는 질문이다.
이런 경우 사주를 보면 실제로도 연애 운이 매우 나쁘다.

### ⑥ 의뢰인의 말을 100% 믿지 않는다

- 의뢰인은 상담자 앞에서 꽤 많은 거짓말을 한다. 이유는 두 가지다.
- 첫 번째는 상담하는 역학인의 실력을 시험해 보기 위해서다.
- 두 번째는 처음 보는 역학인 앞에서 자신의 치부를 드러낼 용기가 없기 때문이다.
- 전자는 그리 많질 않으나 후자는 꽤 많다. 따라서 자신이 중심을 잡고 상담을 해야 한다.
- 사주 해석으로는 특정 결과가 나오는데 의뢰인이 그것과 맞지 않는 말을 하는 경우가 종종 있다.
- 물론 역학인도 사람이다 보니 잘못 볼 수도 있다. 하지만 그것보다는 자신의 체면 때문에 의도적으로 자신의 치부를 숨기는 경우가 생각 이상으로 많다.
- 그렇다고 의뢰인과 싸우라는 것은 아니다.
- 의뢰인이 무슨 말을 하든 존중은 하되, 상담의 중심은 그 사람의 사주가 되어야 한다는 뜻이다.

### 마무리 총정리

❶ 단식판단과 복식판단을 잘 구분해야 사주 상담을 잘할 수 있다.
❷ 불필요한 정보를 남발하지 않아야 사주 상담을 잘할 수 있다.
❸ 사주 이외의 변수와 관법도 고려해야 사주 상담을 잘할 수 있다.
❹ 의뢰인의 질문 의도를 잘 파악해야 사주 상담을 잘할 수 있다.
❺ 의뢰인이 무슨 말을 하든 존중은 하되, 상담의 중심은 그 사람의 사주가 되어야 한다. 그래야 사주 상담을 잘할 수 있다.

# 제 177 강 실전 사주 풀어 보기 1

### ① 사주명조 예시 1

[(坤命) 1982년 7월 7일 표시]

| 시 | 일 | 월 | 년 |
|---|---|---|---|
| 己 | 辛 | 丙 | 壬 |
| 丑 | 卯 | 午 | 戌 |

| 80 | 70 | 60 | 50 | 40 | 30 | 20 | 10 | 대운 |
|---|---|---|---|---|---|---|---|---|
| 戊 | 己 | 庚 | 辛 | 壬 | 癸 | 甲 | 乙 | |
| 戌 | 亥 | 子 | 丑 | 寅 | 卯 | 辰 | 巳 | |

[모든 사주의 두 가지 공통점]

- 5대운(다섯 번째 대운)에서 대운 천간과 원국의 월간과 합을 한다.
- 6대운(여섯 번째 대운)에서 대운 천간과 원국의 월간과 상극관계고, 대운 지지와 원국의 월지와 충을 한다.
- 이것을 천극지충(天剋地沖)이라고 한다.
- 누구나 중년에 흔들리고, 노년 직전에 은퇴를 한다.
- 따라서 6대운에서 천극지충 한다고 무조건 나쁜 운이라고 하면 안 된다.
- 6번째 운은 누구나 천극지충을 한다.
- 이론적으로 대운을 계속 뽑을 수는 있으나 실제 필요한 만큼만 뽑는다.

### ② 사주명조 예시 2

[(坤命) 1982년 7월 7일 표시]

| 시 | 일 | 월 | 년 |
|---|---|---|---|
| 己 | 辛 | 丙 | 壬 |
| 丑 | 卯 | 午 | 戌 |

| 80 | 70 | 60 | 50 | 40 | 30 | 20 | 10 | 대운 |
|---|---|---|---|---|---|---|---|---|
| 戊 | 己 | 庚 | 辛 | 壬 | 癸 | 甲 | 乙 | |
| 戌 | 亥 | 子 | 丑 | 寅 | 卯 | 辰 | 巳 | |

| 26 | 25 | 24 | 23 | 22 | 21 | 20 |
|---|---|---|---|---|---|---|
| 丙 | 乙 | 甲 | 癸 | 壬 | 辛 | 庚 |
| 午 | 巳 | 辰 | 卯 | 寅 | 丑 | 子 |

Q. 올해 39살 되는 여자입니다. 현재 남편하고 사이가 매우 나쁩니다. 제가 아무리 노력해도 남편이 변하지 않습니다. 언제쯤 저와 남편 사이가 개선될까요?

① 관살혼잡 → 남자로 인한 스트레스가 많음
② 편인격 → 물질적 가치를 크게 두지 않음
③ 재성이 설기 됨 → 남자 뒷바라지해 주지만 남자가 고마운 걸 모름

### 마무리 총정리

❶ 모든 사주는 5대운(다섯 번째 대운)에서 대운 천간과 원국의 월간과 합을 한다.
❷ 모든 사주는 6대운(여섯 번째 대운)에서 대운 천간과 원국의 월간과 상극관계고, 대운 지지와 원국의 월지와 충을 한다. 이것을 천극지충(天剋地沖)이라고 한다.
❸ 사주 대운의 흐름을 보면 누구나 중년에 흔들리고, 노년 직전에 은퇴를 한다. 따라서 6대운에서 천극지충 한다고 무조건 나쁜 운이라고 하면 안 된다.
❹ 이론적으로 대운을 계속 뽑을 수는 있으나 실제 필요한 만큼만 뽑는다.
❺ 대운을 뽑았으면 대운을 맞게 뽑았나를 확인한다. 확인법은 6대운에서 천극지충을 하면 대운을 제대로 뽑은 것이다. 그리고 상담에 임한다.

# 제 178강 실전 사주 풀어 보기 2

## ① 사주명조 예시

**[(坤命) 1991년 6월 25일 寅시]**

| 시 | 일 | 월 | 년 |
|---|---|---|---|
| 庚 | 丙 | 甲 | 辛 |
| 寅 | 寅 | 午 | 未 |

| 74 | 64 | 54 | 44 | 34 | 24 | 14 | 4 | 대운 |
|---|---|---|---|---|---|---|---|---|
| 壬 | 辛 | 庚 | 己 | 戊 | 丁 | 丙 | 乙 | |
| 寅 | 丑 | 子 | 亥 | 戌 | 酉 | 申 | 未 | |

| 26 | 25 | 24 | 23 | 22 | 21 | 20 |
|---|---|---|---|---|---|---|
| 丙 | 乙 | 甲 | 癸 | 壬 | 辛 | 庚 |
| 午 | 巳 | 辰 | 卯 | 寅 | 丑 | 子 |

Q. 올해 30살 되는 여자입니다. 현재 화장품 판매원을 하고 있습니다. 제가 이 일을 해서 돈을 벌 수 있을까요? 그리고 올해 남자를 사귀어도 좋을까요?

① 양인격 → 자기중심이 확고
② 인비식 중심 → 조직생활에 맞지 않음
③ 병화 일간 → 교육, 홍보, 상담, 판매에 강점

### 마무리 총정리

❶ 의뢰인의 질문을 듣고 그 의도를 잘 파악한다.
❷ 운을 보기에 앞서서 먼저 원국부터 본다. 질문 종류에 따라서 해당되는 자리나 관법을 사용한다.
❸ 통변을 할 때 사실을 이야기하는 것도 중요하다. 하지만 의뢰인이 내 통변을 어떻게 받아들일까 하는 부분도 생각해야 한다.
❹ 그 사람의 사주원국을 보면 상담자인 내 말을 어떻게 받아들일지 알 수 있다.
❺ 아무리 사실이라도 치명적이게 나쁜 부분은 순화시켜서 표현하는 게 좋다. 그게 그 사람에 대한 배려다.

# 제 179 강  실전 사주 풀어 보기 3

## ① 사주명조 예시

[(乾命) 1989년 4월 1일 未시]

| 시 | 일 | 월 | 년 |
|---|---|---|---|
| 乙 | 辛 | 丁 | 己 |
| 未 | 卯 | 卯 | 巳 |

| 79 | 69 | 59 | 49 | 39 | 29 | 19 | 9 | 대운 |
|---|---|---|---|---|---|---|---|---|
| 己 | 庚 | 辛 | 壬 | 癸 | 甲 | 乙 | 丙 | |
| 未 | 申 | 酉 | 戌 | 亥 | 子 | 丑 | 寅 | |

| 26 | 25 | 24 | 23 | 22 | 21 | 20 |
|---|---|---|---|---|---|---|
| 丙 | 乙 | 甲 | 癸 | 壬 | 辛 | 庚 |
| 午 | 巳 | 辰 | 卯 | 寅 | 丑 | 子 |

Q. 올해 32살 되는 남자입니다. 다니던 직장을 그만두고 동업해서 역학상담소를 개업하려 합니다. 제가 이 분야에서 성공할 수 있을까요?

① 투간된 편재격 → 돈 욕심이 많고 비즈니스 마인드가 좋다.
② 극신약 무비겁 → 뜻을 같이할 동업자가 절실하게 필요함
③ 사주에 습이 강함 → 사색, 직관력이 좋음

## 마무리 총정리

❶ 비겁이 많은 의뢰인은 누가 뭐래도 자기 뜻대로 인생을 사는 사람이다. 비겁이 많은 의뢰인은 이미 결정해 놓고 역학인에게 동의를 받기 위해 역학인을 찾아온다.

❷ 식상이 많은 의뢰인은 사고방식 자체가 불가능은 없다고 생각한다. 식상이 많은 의뢰인은 자꾸 안 되는 것도 될 수 있다고 우긴다.

❸ 재성이 많은 의뢰인은 이미 자신의 문제점을 잘 안다. 그러나 실천을 못 하는 사람들이다. 재성이 많은 의뢰인은 어려움이 닥치면 적당한 선에서 타협한다.

❹ 관살이 많은 의뢰인은 문제가 생기면 못마땅해 하면서 마음속으로 삭히는 경우가 많다. 관살이 많은 의뢰인은 하소연하는 경우가 많다.

❺ 인성이 많은 의뢰인은 세상에는 안 되는 것도 분명 있다고 인정하는 사람이다. 인성이 많은 의뢰인은 안 되는 것에 매달리기 싫고 시간 낭비하기 싫어한다.

# 제 180 강 성공하는 역학인의 7가지 상담 윤리

1. **역학인의 첫째 덕목은 도덕이다. 성직자 이상의 도덕성을 지녀야 한다.**

    역학인은 사람의 인생을 논하고 그 인생의 앞날을 예측해서 설계하는 사람이다. 세 치 혀로 사람을 죽이고 살릴 수 있다.

    의사나 성직자 이상의 도덕성을 가져야 한다.

    의사가 잘못하면 그 사람만 손해를 보지만, 역학인이 잘못하면 그 사람은 물론 그 사람 집안이 망할 수 있다.

    그 사람의 사주를 푸는 것은 그 사람의 인생을 대하는 행동이다.

    이것을 잊으면 안 된다.

2. **역학인은 나이, 성별, 종교, 국적, 재력, 사회적 지위로 사람을 차별하지 않는다.**

    역학인 중에서는 간혹 사람을 보고 차별하는 경우가 종종 있다.

    아무리 높은 지위를 가진 사람이고 재력가라도 하나의 인생이고, 아무리 낮은 지위를 가진 사람이고 가난하더라도 하나의 인생이다.

    삶이 어떻든 그 사람에게는 둘도 없는 소중한 인생이다.

    그런 차별 또한 역학인이 악업(惡業)을 쌓는 행위다.

    그런 악업이 결국 역학인인 내 앞길을 막는다.

3. **역학인은 상담하는 시간 그 순간만큼은 의뢰인의 고민이 바로 내 고민이다.**

    역학인은 의뢰인의 인생을 대신 살아 주지 못한다. 하지만 돈을 받고 상담하는 그 시간만큼은 그 사람의 고민이 내 고민이라고 생각해야 한다.

    그게 올바른 직업윤리다. 의뢰인은 속이 타고 절박한데 내 일 아니라고 관전자의 태도로 상담에 임하는 것은 좋지 않다.

    같이 기뻐하고 같이 슬퍼할 수 있는 태도를 보이는 것도 중요하다.

4. **수준 높은 상담을 위해서 엄격한 자기 절제와 꾸준한 역학 공부는 필수다.**

    대단히 중요한 부분이다. 사주 상담이라는 게 아무리 다양한 지식과 경험이 있어도 심신이 불안하면 제대로 된 상담을 할 수 없다.

    사주 상담은 특정 시간에 강한 집중력으로 사주에 집중하고 의뢰인과 소통해야 하기 때문이다. 평상시 적절한 신체활동으로 활력을 키우고, 명상이나 기도로 정신을 맑게 해 주는 것이 좋다. 취미를 가지는 것은 좋으나 사심이 들어가는 주색 잡기는 멀리하는 게 좋다. 상담 현장에서는 대부분의 의뢰인이 현실적인 어려움과 두려움을 가지고 역학인을 찾아온다.

    감정도 일종의 기운이라서 쉽게 전염이 된다. 제아무리 마음이 밝고 열려 있는 역학인이라도 종일 마음이 힘든 의뢰인과 대화하고 같이 고민하다 보면, 그 부정적인 감정 기운의 영향을 받는다.

    그래서 역학인의 첫째 덕목은 바로 감정 조절(mind control)이다. 부정적인 감정이 쌓이면 빨리 비우고 털어 낼 줄 알아야 한다. 그래야 다음 의뢰인한테 건강하고 올바른 상담을 할 수 있다.

    자기 마음이 병든 역학인은 절대 의뢰인의 힘든 마음을 공감할 수도, 받아 줄 수도, 냉철하게 이끌어 줄 수도 없다.

    상담해 주는 역학인의 마음이 건강해야 의뢰인이 용기와 안정감을 얻어서 간다. 그래서 역학은 활인업(活人業)이다.

    더 좋은 상담을 위해 꾸준한 공부도 해야 한다. 그래야 발전이 있고 후발주자와의 경쟁에서도 이길 수 있다.

    제일 중요한 부분은 감정조절이다.

### 5. 비록 의뢰인이 도덕적으로 다소 허물이 있더라도 역학인은 비난하면 안 된다.

상담현장에는 정말 별의별 사람들이 다 온다.
그중에는 다소 비도덕적인 사람들이 오기도 한다.
그래도 그 사람을 비난하면 안 된다.
그 사람은 정말 큰 용기를 내서 자기 치부를 역학인한테 드러내는 것이기 때문이다. 그만큼 나를 믿고 찾아온 사람이다.
그 사람들은 혼나려고 온 게 아니라 절실하게 도움을 받고자 온 사람들이다. 돈을 받은 그 순간과 상담 시간만큼은 역학인이 의뢰인 처지에서 생각하고 행동해야 한다.

### 6. 피드백의 기본은 경청이다. 뻔한 하소연 같아도 일단은 들어야 한다.

사주 상담은 문제해결을 위해서 오는 것도 있지만, 하소연하기 위해서 오는 부분도 있다.
따라서 상담시간에는 기꺼이 감정 쓰레기통이 되어 주어야 한다.
그렇게 답답함을 토로하는 것 자체만으로도 의뢰인은 큰 힘을 얻는다.
그런 뻔한 하소연을 듣는 것을 아주 싫어하는 역학인들이 있는데 그 태도를 고쳐야 많은 의뢰인을 상대할 수 있다.

### 7. 역학인은 상담 시 편견을 가지면 안 된다.

역학인은 직업 특성상 많은 사람을 만나고, 그 사람 수만큼 많은 사주를 접한다. 자연히 특정 사람에 대한 편견이 생기기 쉽다.
이는 상담 시 의뢰인한테까지 영향을 미친다. 사람을 잘 알고 안 만큼 상담에 도움이 되는 건 사실이지만, 지식과 경험이 편견으로 변하면 오히려 상담에 도움이 되지 않는다.
항상 객관적인 시점에서 상담에 임해야 한다.

- 역학인이라는 것은 사람의 삶을 다루는 직업이다.
- 그만큼 전문적인 실력과 높은 도덕성, 그리고 엄격한 자기 관리가 이루어져야 한다. 그렇게 해야 여러분들이 존경받고 오래갈 수 있다. 돈과 명성은 그러면 자연히 따라오게 된다.
- 현실에 만족하지 않고 어떤 의뢰인을 만나더라도 그게 다 공부라고 생각해야 한다. 그렇게 해야 여러분들의 역학 상담에 발전이 있다.

### 마무리 총정리

❶ 역학인의 첫째 덕목은 도덕이다. 성직자 이상의 도덕성을 지녀야 한다.
❷ 역학인은 나이, 성별, 종교, 국적, 재력, 사회적 지위 등으로 사람을 차별하지 않는다.
❸ 역학인은 상담하는 시간 그 순간만큼은 의뢰인의 고민이 바로 내 고민이다.
❹ 수준 높은 상담을 위해서 엄격한 자기 절제와 꾸준한 역학 공부는 필수다.
❺ 피드백의 기본은 경청이다. 뻔한 하소연 같아도 일단은 들어야 한다.

# MEMO

지금까지 공부하시느라 정말 수고 많으셨습니다.